Edition Dienstleistungsmanagement

Herausgegeben von Professor Dr. Stefan Gewald

Bisher erschienene Werke:

Gewald, Hotel-Controlling, 2. Auflage
Gewald (Hrg.), Handbuch des Touristik-
und Hotelmanagement, 2. Auflage
Henschel, Hotelmanagement, 2. Auflage
Henschel, Internationaler Tourismus
Maurer, Luftverkehrsmanagement, 3. Auflage
Schmidt, Handbuch Airlinemanagement

Hotelmanagement

Von
Prof. Dr. U. Karla Henschel

2., vollständig überarbeitete Auflage

R. Oldenbourg Verlag München Wien

Bibliografische Information Der Deutschen Bibliothek

Die Deutsche Bibliothek verzeichnet diese Publikation in der Deutschen Nationalbibliografie; detaillierte bibliografische Daten sind im Internet über <http://dnb.ddb.de> abrufbar.

© 2005 Oldenbourg Wissenschaftsverlag GmbH
Rosenheimer Straße 145, D-81671 München
Telefon: (089) 45051-0
www.oldenbourg.de

Das Werk einschließlich aller Abbildungen ist urheberrechtlich geschützt. Jede Verwertung außerhalb der Grenzen des Urheberrechtsgesetzes ist ohne Zustimmung des Verlages unzulässig und strafbar. Das gilt insbesondere für Vervielfältigungen, Übersetzungen, Mikroverfilmungen und die Einspeicherung und Bearbeitung in elektronischen Systemen.

Gedruckt auf säure- und chlorfreiem Papier
Gesamtherstellung: Druckhaus „Thomas Müntzer" GmbH, Bad Langensalza

ISBN 3-486-57710-7

Inhaltsverzeichnis

Abkürzungsverzeichnis XV

Vorbemerkungen XIX

1 **Die Bestimmung des Hotelmanagements und die Einordnung der Hotellerie in die Tourismuswirtschaft** 1
 1.1 Die Bestimmung des Hotelmanagements 1
 1.2 Die Einordnung der Hotellerie in die Tourismuswirtschaft 2

Fragen und Aufgaben zum Kapitel 1 9

2 **Ausgewählte Strukturmerkmale der Hotellerie** 10
 2.1 Die Differenzierungsmöglichkeiten 10
  2.1.1 Wirtschaftsprinzip / Unternehmenszweck 10
  2.1.2 Funktion / Aufgabe / Leistungsangebot / Betriebsart 11
  2.1.3 Eigentumsverhältnisse / Betriebsführung 13
  2.1.4 Betriebsgröße 13
  2.1.5 Unternehmensform / Rechtsform 15
  2.1.6 Konzeptionsform / Konzentrationsgrad 17
  2.1.7 Standort 19
  2.1.8 Betriebsdauer 19
  2.1.9 Verbindung zu Verkehrsmitteln 20
  2.1.10 Qualitätsstufen / Umfang der Leistungen 20
 2.2 Die Struktur der Hotellerie nach Betriebsarten 23

Fragen und Aufgaben zum Abschnitt 2.1 und 2.2 28

 2.3 Die Individualhotellerie und die Kettenhotellerie 28
  2.3.1 Die Individualhotellerie 30
  2.3.2 Die Kettenhotellerie 32

Fragen und Aufgaben zum Abschnitt 2.3 37

 2.4 Konzentrationstendenzen in der Hotellerie 37
  2.4.1 Der Nachweis und Grad der Konzentration 37
  2.4.2 Entwicklungen auf dem Hotelmarkt 41
   2.4.2.1 Entwicklungen auf der Nachfrageseite 41

2.4.2.2 Entwicklungen auf der Angebotsseite 43
2.4.3 Marktsegmentierung und Markenpolitik 47
2.4.4 Franchising als Expansionsstrategie 52
2.4.5 Die Bildung von Hotelkooperationen 56

Fragen und Aufgaben zum Abschnitt 2.4.............................59

2.5 Die Hotelkapazitäten und ihre Nutzung 60
    2.5.1 Das Kapazitätsproblem der Hotellerie 60
    2.5.2 Die Stufen der Leistungserstellung 65
    2.5.3 Das Problem der Nutz- und Leerkosten 67

Fragen und Aufgaben zum Abschnitt 2.5.............................69

3 Der Hotelbetrieb und seine Leistungen 70

3.1 Der Hotelbegriff und die Funktionen des Hotels 70
    3.1.1 Zum Begriff Hotel 70
    3.1.2 Die Funktionen des Hotels... 71
        3.1.2.1 Die Produktionsfunktion 72
        3.1.2.2 Die Handelsfunktion...................................... 73
        3.1.2.3 Die Dienstleistungsfunktion 73

3.2 Die Leistungen des Hotelbetriebes..................................... 73
    3.2.1 Die Hotelleistung als Dienstleistungsbündel 73
    3.2.2 Die Beherbergungsleistung.. 76
    3.2.3 Die Bewirtungsleistung.. 77
    3.2.4 Die Komplementärleistungen 78
    3.2.5 Hotelleistungen im Tagungs- und Kongressbereich.... 79

3.3 Die Eigenschaften der Hotelleistung................................... 80

Fragen und Aufgaben zum Kapitel 3..................................83

4 Die Organisation des Hotelbetriebes 84

4.1 Die Bereiche des Hotels 84
    4.1.1 Der Beherbergungsbereich 84
    4.1.2 Der Bewirtungsbereich 89

4.2 Die Aufbauorganisation und ihr Instrumentarium 91
    4.2.1 Das lineare Liniensystem... 92

4.2.2	Das Funktionensystem	92
4.2.3	Das Stabliniensystem	93
4.2.4	Die Sparten- oder Divisionsorganisation	94
4.2.5	Die Matrixorganisation	95
4.2.6	Die Instrumente der Aufbauorganisation	96

4.3 Die Ablauforganisation und ihr Instrumentarium 100

Fragen und Aufgaben zum Kapitel 4 .... *105*

5 Qualitätsmanagement in der Hotellerie 106

5.1 Die Qualität von Hotelleistungen 106
    5.1.1 Die Elemente der Qualität 106
    5.1.2 Qualität als Ergebnis eines Vergleichsprozesses 109
    5.1.3 Serviceketten als Instrument des Qualitätsmanagements 113

5.2 Die Qualitätssicherung als Führungsaufgabe 116
    5.2.1 Qualitätsmanagementsystem nach der ISO-Norm 9000 ff. 116
    5.2.2 Total Quality Management 119

5.3 Qualitätsauszeichnungen 124
    5.3.1 Der Malcolm Baldrige National Quality Award 124
    5.3.2 Der European Quality Award 125

5.4 Hotelklassifizierung und Qualität 126
    5.4.1 Das Anliegen und Wesen einer Hotelklassifizierung 126
    5.4.2 Die Deutsche Hotelklassifizierung 129

Fragen und Aufgaben zum Kapitel 5 .... *135*

6 Das Unternehmensleitbild im Hotel 136

6.1 Der Begriff und der Inhalt des Unternehmensleitbildes........136
6.2 Die Funktionen des Unternehmensleitbildes...................... 137
6.3 Der Prozess der Erarbeitung des Unternehmensleitbildes ... 137

Fragen und Aufgaben zum Kapitel 6 .... *139*

7 Planung im Hotelbetrieb 140

- 7.1 Planung und Managementebenen 140
- 7.2 Der Inhalt und die Schritte der strategischen Planung im Hotelbetrieb 143
- 7.3 Die Anwendung ausgewählter Analysemethoden in der strategischen Planung 146
  - 7.3.1 Die Potenzialanalyse 146
  - 7.3.2 Der Produktlebenszyklus 150
  - 7.3.3 Die GAP-Analyse 151
  - 7.3.4 Die Portfolio-Technik 152
  - 7.3.5 Die Szenario-Technik 154
  - 7.3.6 Die Nutzwertanalyse 156
- 7.4 Die Unternehmens- und Umweltanalyse als Grundlage der strategischen Planung 157
  - 7.4.1 Die Unternehmensanalyse 157
  - 7.4.2 Die Umweltanalyse 159
- 7.5 Die Bestimmung von Strategischen Erfolgspotenzialen, Strategischen Geschäftsfeldern, Zielen und Strategien 162
  - 7.5.1 Die Bestimmung Strategischer Erfolgspotenziale und Strategischer Geschäftsfelder 162
  - 7.5.2 Die Zielbildung 163
  - 7.5.3 Die Planung von Strategien 165
    - 7.5.3.1 Die Planung von Unternehmensstrategien 166
    - 7.5.3.2 Die Planung von Geschäftsfeldstrategien 169
    - 7.5.3.3 Die Planung funktionaler Strategien 169
- 7.6 Das Unternehmenskonzept als Zusammenfassung der strategischen Planungsentscheidungen 170
- 7.7 Die Erstellung von Budgets im Hotel 175
  - 7.7.1 Die Nutzung des Uniform System of Accounts for the Lodging Industry 176
  - 7.7.2 Die ertragswirtschaftliche Budgetierung 183
    - 7.7.2.1 Beispiel zur Erstellung eines Logisbudgets 185
    - 7.7.2.2 Das Gesamtbudget 192
    - 7.7.2.3 Die Budgetkontrolle als kurzfristige Erfolgsrechnung 192
  - 7.7.3 Das Investitionsbudget 192

7.7.4　Die Null-Basis-Budgetierung 196
7.8　Die dispositive Planung im Hotel 197
　　7.8.1　Die Merkmale der dispositiven Planung 197
　　7.8.2　Die Dienstplangestaltung als Beispiel für die dispositive Planung 197

Fragen und Aufgaben zum Kapitel 7 .... *201*

8　Personalmanagement im Hotel **203**
8.1　Definition, Ziele und Aufgaben des Personalmanagements 203
8.2　Merkmale der Beschäftigung in der Hotellerie 204
8.3　Die Berücksichtigung von Besonderheiten der Hotellerie im Personalmanagement 207
8.4　Die Planung des Personalbedarfs 210
　　8.4.1　Die Einordnung in die Personalmanagementprozesse 210
　　8.4.2　Die Bedarfsarten 212
　　　　8.4.2.1　Der Grundbedarf 212
　　　　8.4.2.2　Der Einsatzbedarf 213
　　　　8.4.2.3　Der Reservebedarf 213
　　　　8.4.2.4　Der Ersatz-, Zusatz- und Freisetzungsbedarf 214
　　8.4.3　Die Ermittlung des quantitativen Bedarfs 215
　　8.4.4　Die Ermittlung des qualitativen Bedarfs 218
　　8.4.5　Die zeitliche Bedarfsplanung 221
8.5　Die Möglichkeiten der Personalbeschaffung, Mitarbeiterauswahl und Einführung neuer Mitarbeiter 222
　　8.5.1.　Die Personalbeschaffung. 222
　　　　8.5.1.1　Die interne Personalbeschaffung 222
　　　　8.5.1.2　Die externe Personalbeschaffung 224
　　8.5.2　Die Mitarbeiterauswahl 225
　　8.5.3　Einführung neuer Mitarbeiter 226
8.6　Der Personaleinsatz 229
　　8.6.1　Die Glättung des Arbeitsaufkommens 230
　　8.6.2　Die Arbeitszeitflexibilisierung 231
　　8.6.3　Der flexible Einsatz in verschiedenen Arbeitsbereichen 235

8.7 Mitarbeitermotivation und Führungsstil ... 237
    8.7.1 Die optimale Leistung als Ziel des Motivierungsprozesses ... 237
    8.7.2 Die Einflussfaktoren auf die Motivation ... 238
    8.7.3 Die Ziele und Dimensionen des Führungsverhaltens ... 240
        8.7.3.1 Die Ziele des Führungsverhaltens ... 240
        8.7.3.2 Die Dimensionen des Führungsverhaltens ... 242
    8.7.4 Die Anwendung alternativer Führungsstile ... 247
        8.7.4.1 Der autoritäre Führungsstil ... 247
        8.7.4.2 Der patriarchalische Führungsstil ... 248
        8.7.4.3 Kooperative – demokratische Führungsstile ... 248
    8.7.5 Die Effizienz von Führungsstilen ... 249
    8.7.6 Die Vermeidung von Führungsfehlern im Motivationsprozess ... 252

Fragen und Aufgaben zum Kapitel 8 ... *255*

9 Investition und Finanzierung in der Hotellerie ... 257

9.1 Einordnung des Finanzierungsproblems in das Hotelmanagement ... 257
9.2 Die Finanzierungsanlässe und Investitionsarten ... 260
    9.2.1 Investitionen als Finanzierungsanlass ... 260
    9.2.2 Umfinanzierung als Finanzierungsanlass ... 262
    9.2.3 Anschlussfinanzierung als Finanzierungsanlass ... 263
    9.2.4 Sonstige Finanzierungsanlässe ... 263
9.3 Bedingungen für die Finanzierung ... 263
    9.3.1 Die Kapitalintensität der Investitionen ... 264
    9.3.2 Die Anlageintensität von Hotels ... 269
    9.3.3 Der Kapitalumschlag in der Hotellerie ... 272
    9.3.4 Die Kapitalstruktur in der Hotellerie ... 275
    9.3.5 Der Verschuldungsgrad der Hotellerie ... 278
    9.3.6 Die Belastung durch den Kapitaldienst ... 281
    9.3.7 Das Absatzrisiko der Hotelleistungen ... 281
9.4 Möglichkeiten der Finanzierung von Investitionen ... 283
    9.4.1 Die Möglichkeiten der Innenfinanzierung ... 283
        9.4.1.1 Die Überschussfinanzierung ... 283

9.4.1.2 Die Finanzierung aus Vermögensumschichtungen 287
9.4.2 Die Möglichkeiten der Außenfinanzierung 288
9.4.2.1 Die Beteiligungsfinanzierung 288
9.4.2.2 Die Kreditfinanzierung 291
9.4.2.3 Die Finanzierung über öffentliche Förderprogramme 296

9.5 Leasing und Factoring als Finanzierungsalternative 298
9.5.1 Die Nutzung des Leasing in der Hotellerie 298
9.5.2 Die Anwendung des Factoring in der Hotellerie 300

9.6 Investitionsrechnungen als Entscheidungshilfe 302
9.6.1 Die Anwendung statischer Verfahren 302
9.6.1.1 Die Kostenvergleichsrechnung 303
9.6.1.2 Die Gewinnvergleichsrechnung 303
9.6.1.3 Die Rentabilitätsrechnung 304
9.6.1.4 Die Amortisationsrechnung 306

9.6.2 Die Anwendung dynamischer Verfahren 307
9.6.2.1 Die Kapitalwertmethode 307
9.6.2.2 Die Methode des internen Zinsfußes 308

Fragen und Aufgaben zum Kapitel 9 311

10 Kostenmanagement im Hotel 312

10.1 Das Kostenproblem der Hotellerie 312
10.2 Die Nutzung von Informationen aus dem betrieblichen Rechnungswesen für Entscheidungen im Kostenmanagement 316
10.2.1 Die Kostenartenrechnung im Hotel 318
10.2.2 Die Kostenstellenrechnung im Hotel 322
10.2.3 Die Kostenträgerrechnung im Hotel 323

10.3 Die Anwendung von Kalkulationsverfahren 324
10.3.1 Kalkulationsverfahren für Bewirtungsleistungen 325
10.3.1.1 Die einfache Zuschlagskalkulation 325
10.3.1.2 Die differenzierende Zuschlagskalkulation 326
10.3.1.3 Die Rohaufschlagskalkulation 327
10.3.1.4 Die Faktorkalkulation 329
10.3.1.5 Die Kalkulation mit absoluten Rohaufschlägen 329

10.3.1.6   Das Prime-Cost-Verfahren 330

10.3.2   Die Kalkulation von Beherbergungsleistungen 334
   10.3.2.1   Die Divisionskalkulation 334
   10.3.2.2   Die Äquivalenzzahlenkalkulation 335
   10.3.2.3   Die Arrangementkalkulation 336

10.4   Die Anwendung der Deckungsbeitragsrechnung und der Break-even-Analyse 336
   10.4.1   Die Nutzung der Deckungsbeitragsrechnung bei Entscheidungen 341
      10.4.1.1   Die Entscheidung zu Eigenfertigung oder Fremdbezug 341
      10.4.1.2   Die Sortimentskontrolle und Entscheidungen zu Sortimentsveränderungen 342
      10.4.1.3   Die Entscheidung zur Verlängerung von Öffnungszeiten oder zu Zusatzgeschäften 343
      10.4.1.4   Die Entscheidung zum direkten Absatz oder indirekten Absatz 343
   10.4.2   Die Anwendung der Break-even-Analyse 345

Fragen und Aufgaben zum Kapitel 10..348

11   Hotelmarketing als Managementbereich 350

11.1   Die Besonderheiten des Hotelmarketings 350
   11.1.1   Zum Begriff des Hotelmarketings 350
   11.1.2   Entwicklungsphasen des Hotelmarketings 350
   11.1.3   Hotelmarketing als Dienstleistungsmarketing 352

11.2   Schritte zur Erstellung eines Marketingkonzeptes 353
11.3   Die Gewinnung von Informationen - Die Marktdiagnose und Marketingprognose 355
   11.3.1   Der Umfang der Informationen 356
      11.3.1.1   Informationen über die Nachfrage 356
      11.3.1.2   Informationen über das Hotel 359
      11.3.1.3   Informationen über die Konkurrenz 360
      11.3.1.4   Informationen über die Umwelt 361
   11.3.2   Verfahren zur Informationsbeschaffung 362
      11.3.2.1   Die Sekundärforschung 362
      11.3.2.2   Die Primärforschung 364

11.3.3 Die Informationsquellen 370
    11.3.3.1 Die externen Informationsquellen 370
    11.3.3.2 Die internen Informationsquellen 370

11.4 Die Ableitung von Marketingzielen 372
    11.4.1 Die Hierarchie der Ziele 372
    11.4.2 Die Bestimmung von Marketingzielen 374

11.5 Die Formulierung von Marketingstrategien 376
    11.5.1 Die Marktfeldstrategien 378
    11.5.2 Die Marktimpulsstrategien 379
    11.5.3 Die Marktsegmentierungsstrategien 380
    11.5.4 Die Marktarealstrategien 382

11.6 Die Bestimmung der Marketingmaßnahmen - der Marketingmix 382
    11.6.1 Die Leistungspolitik 384
    11.6.2 Die Preis- und Konditionenpolitik 389
        11.6.2.1 Die Preispolitik 389
        11.6.2.2 Die Konditionenpolitik 394
    11.6.3 Die Anwendung von Yield-Management 396
    11.6.4 Die Kommunikationspolitik 405
        11.6.4.1 Die Werbung 406
        11.6.4.2 Die Verkaufsförderung 411
        11.6.4.3 Die Öffentlichkeitsarbeit 413
    11.6.5 Die Distributionspolitik 415

11.7 Die Marketingkontrolle 417

Fragen und Aufgaben zum Kapitel 11 .... *419*

12 Öko-Management im Hotel 421

12.1 Die Notwendigkeit des Öko-Managements für Hotelbetriebe 421
12.2 Das Nachfragepotenzial für umweltverträgliche Hotelprodukte 427
12.3 Die Ebenen, Instrumente und Maßnahmen des Öko-Managements 432
    12.3.1 Die Ebenen des Öko-Managements 433
        12.3.1.1 Die normative Managementebene 433
        12.3.1.2 Die strategische Managementebene 435

        12.3.1.3   Die operative Managementebene...................... 438

    12.3.2   Die Instrumente und Maßnahmen im Öko-Management.. 438

12.4 Grenzen des Öko-Managements im Hotelbetrieb................. 441
    12.4.1   Der Konflikt zwischen Ökologie und Ökonomie 441
    12.4.2   Die Überlastung und Überforderung des Hoteliers .. 443
    12.4.3   Mangelnde Kooperationsbereitschaft 443
    12.4.4   Die Einstellungen und Verhaltensweisen der Mitarbeiter 443
    12.4.5   Der Gast als externer Faktor 444

Fragen und Aufgaben zum Kapitel 12..*445*

Formelsammlung...**446**

Literaturverzeichnis..**450**

Sachwortverzeichnis...**459**

Abkürzungsverzeichnis

Abb.	Abbildung
Afa	Absetzung für Abnutzung
AG	Aktiengesellschaft
Azubi	Auszubildender
Bd.	Band
BEP	Break-even-Point
BMWi	Bundesministerium für Wirtschaft und Technologie
BWA	Betriebswirtschaftliche Auswertung
bzw.	beziehungsweise
C	Celsius
CH	Schweiz
COSTPAR	Cost per available Room
d.h.	das heißt
dar.	darunter
DATEV	Datenverarbeitungsorganisation für die Angehörigen der steuerberatenden Berufe
dav.	davon
DEHOGA	Deutscher Hotel- und Gaststättenverband e.V.
DEKRA	Deutscher Kraftfahrzeug-Überwachungsverein e.V.
DFV	Deutscher Fremdenverkehrsverband
DM	Deutsche Mark
DTV	Deutscher Tourismusverband e.V.
DWIF	Deutsches Wirtschaftswissenschaftliches Institut für Fremdenverkehr an der Universität München
DZ	Doppelzimmer
DZT	Deutsche Zentrale für Tourismus
e.V.	eingetragener Verein
EBITDA	Earnings Before Interest, Taxes, Depreciation and Amortization
EC	Euro Cheque
EDV	Elektronische Datenverarbeitung
EFQM	European Foundation for Quality Management
einschl.	einschließlich
EQA	European Quality Award

Erfa-Gruppe	Erfahrungsaustausch-Gruppe
ERP	European Recovery Program
ETM	European Travel Monitor
EU	Europäische Union
EZ	Einzelzimmer
F&B	Food and Beverage
f.	und folgende (Seite)
ff.	und folgende (Seiten)
FIF	Forschungsinstitut für Freizeit und Tourismus Universität Bern
GbR	Gesellschaft bürgerlichen Rechts
GDS	Global Distribution System
GE	Geldeinheiten
GfK	Gesellschaft für Konsum-, Markt- und Absatzforschung
ggf.	gegebenenfalls
GmbH	Gesellschaft mit beschränkter Haftung
GOP	Gross Operating Profit
GWG	Geringwertige Wirtschaftsgüter
Hrsg.	Herausgeber
i.d.R.	in der Regel
i.e.S.	im engeren Sinne
i.S.	im Sinne
i.w.S.	im weiteren Sinne
IH&RA	International Hotel and Restaurant Association
IHA	Internationaler Hotelverband
IHK	Industrie- und Handelskammer
inkl.	inklusive
ISO	International Organisation for Standardization
ITB	Internationale Tourismusbörse
k.A.	keine Angabe(n)
KG	Kommanditgesellschaft
kg	Kilogramm
KMU	kleine und mittlere Unternehmen
l	Liter
lt.	laut
MBNQA	Malcolm Baldrige National Quality Award
min.	Minuten
Mio.	Millionen

Mrd.	Milliarden
Nr.	Nummer
o.ä.	oder ähnliche(s)
o.g.	oben genannt(e)
o.O.	ohne Ortsangabe
o.S.	ohne Seitenangabe
o.V.	ohne Verfasser
OHG	Offene Handelsgesellschaft
ÖHT	Österreichische Hotel- und Tourismusbank Ges.m.b.H.
ÖHV	Österreichische Hoteliervereinigung
ÖPNV	Öffentlicher Personennahverkehr
p.a.	per annum
PC	Personalcomputer
PCO	Professional Congress Organizer
PKW	Personenkraftwagen
PLZ	Postleitzahl
qm	Quadratmeter
resp.	respektive
REVPAR	Revenue per available Room
ROE	Return on Equity
ROI	Return on Investment
ROIC	Return on Invested Capital
SEP	Strategisches Erfolgspotenzial
SGF	Strategisches Geschäftsfeld
SHV	Schweizer Hotelier-Verein
SKR	Sonderkontenrahmen
sog.	sogenannte(r)
StBA	Statistisches Bundesamt
Std.	Stunde(n)
STLA	Statistisches Landesamt
SWV	Schweizer Wirteverband
TDM	Tausend Deutsche Mark
T€	Tausend Euro
TQM	Total Quality Management
Tsd.	Tausend
TUI	Touristik Union International
TÜV CERT	Technischer Überwachungsverein Zertifizierungsgemeinschaft e.V.

TV	Television
U & R	Urlaub und Reisen
u.ä.	und ähnliche(s)
u.a.	und andere(s)
u.a.	unter anderem, unter anderen
u.a.m.	und andere(s) mehr
u.dgl.	und dergleichen
USALI	Uniform System of Accounts for the Lodging Industry
u.g.	unten genannt(e)
u.U.	unter Umständen
USP	Unique Selling Proposition
USt.	Umsatzsteuer
usw.	und so weiter
v.a.	vor allem
VBT	Vollbelegungstage
versch.	verschiedene
vgl.	vergleiche
WTO	World Tourism Organization
WZ	Wirtschaftszweig
z.B.	zum Beispiel
ZIHOGA	Zentrale und Internationale Management- und Fachvermittlung für Hotel- und Gaststättenpersonal
z.Z.	zur Zeit

Vorbemerkungen

In den letzten Jahren sind verschiedene Publikationen erschienen, die die Hotellerie zum Gegenstand haben. Das ist sicher kein Zufall, da die immer schwieriger werdende Marktsituation Hotels zunehmend in den Fokus von Wissenschaftlern und Praktikern stellt. Im Vergleich zu anderen Wirtschaftszweigen ist jedoch noch immer ein Nachholebedarf in der wissenschaftlichen Durchdringung der Hotellerie festzustellen, zumal sich allgemeine Kenntnisse der Betriebswirtschafts- oder Managementlehre offensichtlich nicht einfach auf die Hotellerie mit ihren Besonderheiten übertragen lassen.

In langjähriger Tätigkeit in Lehre und Forschung machte sich immer mehr der Mangel eines systematisch aufgebauten Lehr- und Arbeitsbuches bemerkbar, was mich letztlich zu der vorliegenden Publikation bewog. Ihr liegt der Gedanke zu Grunde, verschiedene Managementbereiche und –aufgaben in ihren Besonderheiten in Bezug auf die Hotellerie zu verstehen und das betriebswirtschaftliche Instrumentarium entscheidungsorientiert zu nutzen.

Das Buch richtet sich daher vor allem an Studierende an Berufsakademien, Fachhochschulen und Universitäten, die sich mit Fragen des Hotelmanagements beschäftigen, aber auch an Führungskräfte und Unternehmer im Hotel- und Gaststättengewerbe, die an betriebswirtschaftlichem und Managementwissen interessiert sind.

Der Aufbau des Buches folgt folgender Herangehensweise:
Ausgehend von der Einordnung der Hotellerie in die Tourismuswirtschaft werden ausgewählte Strukturmerkmale der Hotellerie und Entwicklungen auf dem Hotelmarkt betrachtet. In Abgrenzung von anderen Betriebsarten der Beherbergung werden der Hotelbetrieb charakterisiert und seine Leistungen dargestellt. Dem schließt sich die Organisation des Hotelbetriebes als Managementaufgabe an.
In Anbetracht der Bedeutung der Qualität der Hotelleistung und der Mitarbeiter für den Erfolg von Hotelunternehmungen nehmen Fragen des Qualitätsmanagements sowie des Personalmanagements einen wichtigen Platz ein.
Festlegungen im Rahmen der Unternehmenspolitik bilden den Ausgangspunkt für die Behandlung der strategischen, operativen und dispositiven Planung im Hotel. Der Komplex Investition und Finanzierung beschäftigt sich vor allem mit den Bedingungen, unter denen

Investitionen in der Hotellerie vorzunehmen sind sowie den Möglichkeiten ihrer Finanzierung. Im Kostenmanagement werden ausgehend von der Nutzung des betrieblichen Rechnungswesens Kalkulationsmodelle sowie Möglichkeiten der Anwendung der Deckungsbeitragsrechnung und Break-even-Analyse im Rahmen von Managemententscheidungen näher betrachtet.

Im Kapitel Hotelmarketing wird die Herangehensweise im Marketingplanungsprozess in den Mittelpunkt gerückt. Die Darstellung wird abgeschlossen mit der Durchsetzung des Öko-Managements im Hotelbetrieb.

Auf die Spezifik der beiden grundsätzlich unterschiedlichen Konzeptionsarten der Hotellerie – der Kettenhotellerie und der Individualhotellerie – wird, wo dies nötig ist, besonders eingegangen.

Wenn sich in einem Lehrbuch auch keine Patentlösungen vermitteln lassen, so soll der systematische Aufbau das Verständnis für das Ineinandergreifen sehr unterschiedlicher, aber komplexer Managemententscheidungen fördern. Deshalb wird zur Darstellung von Zusammenhängen oft mit Verweisen oder Wiederholungen gearbeitet. Um dem Leser eine Selbstkontrolle des angeeigneten Wissens zu ermöglichen, sind am Ende der Kapitel bzw. einzelner Abschnitte Fragen und Aufgaben zu finden.

Der zu begrenzende Umfang des vorliegenden Buches zwingt allerdings zu Einschränkungen in der Tiefe. Deshalb muss auf weiterführende Einzelbetrachtungen verwiesen werden.

Die Publikation wäre sicherlich nicht entstanden, wenn nicht Freunde und Kollegen durch Gespräche und hilfreiche Anregungen daran mitgewirkt hätten. Dafür möchte ich mich bei ihnen bedanken.

Dank gilt auch Jeannette Hall und ganz besonders Claudia Brauer sowie Kirsten Jahns, Studierende an der Hochschule Harz, die mir Hinweise aus studentischer Sicht gaben und mich bei der technischen Gestaltung des Textes sowie beim Korrekturlesen unterstützten.

Ebenso möchte ich mich bei Herrn Martin Weigert, Cheflektor im Oldenbourg Verlag, bedanken, der mich letztlich zum Vorhaben ermutigte.

Wernigerode   Karla Henschel

1 Die Bestimmung des Hotelmanagements und die Einordnung der Hotellerie in die Tourismuswirtschaft

1.1 Die Bestimmung des Hotelmanagements

Unter *Hotelmanagement* wird ganz allgemein die Führung von Hotelunternehmungen[1] verstanden. In Anlehnung an die Managementdefinition von ULRICH[2] beschäftigt sich Hotelmanagement mit dem *Gestalten, Lenken und Entwickeln einer Hotelunternehmung als zweckorientiertes soziales System.*

Das wirft die Frage auf, welche Aufgaben sich damit für ein Hotel ergeben. Wie in anderen Unternehmungen umfasst die Führung von Hotelbetrieben sehr unterschiedliche *Aufgabenbereiche*:
- die Politik der Hotelunternehmung,
- die Planung der Hotelunternehmung,
- die Organisation der Hotelunternehmung,
- die Sicherung der Qualität der Hotelleistungen,
- die Personalführung,
- die Investition und Finanzierung,
- die Nutzung des Rechnungswesens für Management-Entscheidungen sowie
- das Marketing.

In diesen Bereichen sind durch das Hotelmanagement *Entscheidungen* auf unterschiedlichen Ebenen zu treffen:

Auf *normativer Ebene* sind es Entscheidungen zur Unternehmenspolitik, von denen andere Entscheidungen abgeleitet werden, d.h. es werden generelle Unternehmensfragen geklärt. Dazu gehören die Ziele, die Grundsätze und das Verhalten der Hotelunternehmung.

In den Bereich der *strategischen Ebene* fallen Entscheidungen zu den Strategischen Erfolgspotenzialen und Geschäftsfeldern des Ho-

---

[1] Die Begriffe Unternehmung, Unternehmen und Betrieb werden als Synonyme verwendet, ebenso Hotel, Hotelunternehmung, Hotelunternehmen und Hotelbetrieb

[2] Vgl. Ulrich, Management, S. 11

tels sowie den zu verfolgenden Strategien, die dazu dienen, die Ziele der Hotelunternehmung zu erreichen.

Auf der *operativen Ebene* werden Entscheidungen zu Maßnahmen getroffen, die der Umsetzung von Konzepten dienen, die auf der strategischen Ebene geplant werden, z.B. im Bereich der Personalführung, des Marketing, des Qualitätsmanagements usw..

Demzufolge hat das Hotelmanagement unterschiedliche Aufgabenbereiche und Dimensionen, woraus sich Strukturen, Verhalten und Aktivitäten im Hotel ergeben.[3]

Es stellt sich auch die Frage, ob Hotelmanagement nur Großbetriebe und Hotelketten betrifft oder jeden Hotelbetrieb. Unabhängig von der Betriebsgröße oder Form der Betriebsführung sind in jedem Hotel vielfältige Entscheidungen zu treffen, wenngleich die Betriebsgröße schon die Vielfalt und Dimension der Entscheidungsprozesse beeinflusst. Es müssen die Ziele der Hotelunternehmung und Verantwortungen festgelegt werden. Aufgaben sind in bestimmten Abfolgen zu erledigen. Das Verhalten der Mitarbeiter untereinander ist zu gestalten. Es müssen geeignete Mitarbeiter und günstige Finanzierungsmöglichkeiten ausgewählt werden. Es sind Entscheidungen zu den Zielgruppen, den künftig anzubietenden Leistungen, den Lieferanten, den Vertriebswegen für die Hotelprodukte zu treffen u.a.m..

Insofern ist Hotelmanagement i.S. von Gestalten, Lenken und Entwickeln eines zweckorientierten sozialen Systems – wie es jede Hotelunternehmung darstellt – nicht allein Angelegenheit von Großbetrieben oder Kettenhotels, sondern die Notwendigkeit ergibt sich ebenso für Klein- und Mittelbetriebe.

1.2 Die Einordnung der Hotellerie in die Tourismuswirtschaft

Es gibt keine einheitliche und verbindliche Definition, welche Unternehmung sich als Hotel bezeichnen darf. National und international hat es nicht an Versuchen gefehlt, eine einheitliche Auffassung

---
[3] Vgl. Kaspar, Management, S. 48

zum Hotelbegriff durchzusetzen, allerdings ohne Erfolg.[4] Damit ist die Bestimmung und Abgrenzung der Hotellerie nicht unproblematisch.

Ein *Hotel* ist ein *touristischer Betrieb*. Durch die Teilnahme am Tourismus hat der Reisende vorübergehend seinen persönlichen Haushalt verlassen. Seine Bedürfnisse nach Wohnen und Nahrung müssen nun außerhalb des eigenen Haushaltes befriedigt werden. Das geschieht in dafür spezialisierten Beherbergungs- und Bewirtungsbetrieben.

Da die Bedürfnisse nach Wohnen und Nahrung und die Möglichkeiten ihrer Befriedigung sehr unterschiedlich sind, gibt es dementsprechend unterschiedliche Beherbergungs- und Bewirtungsbetriebe. Sie alle haben die *Funktion*, einen kurzfristigen und vorübergehenden Bedarf nach Beherbergungs- und Bewirtungsleistungen[5] sowie ggf. weiteren Leistungen zu decken, der im Rahmen eines touristischen Vorgangs besteht.

Die Summe der Beherbergungsbetriebe ist das *Beherbergungsgewerbe*.

Die amtliche deutsche Statistik versteht unter *Beherbergungsbetrieben* bzw. *Beherbergungsstätten:*

---

[4] So hatte bereits 1926 der damalige Internationale Hotelbesitzerverein auf seiner Generalversammlung in Budapest den Entwurf eines Gesetzes zum Schutz der Firmenbezeichnung „Hotel" vorgelegt. Dieser Vorschlag enthielt ein Anforderungsprofil für ein Hotel und wurde einzelnen Länderregierungen zugeleitet. In keinem Land hat dieser Vorschlag jedoch seine Verwirklichung gefunden. Vgl. Walterspiel, Einführung, S. 37 ff.

[5] In der Literatur steht dafür meist der Begriff Verpflegungsleistungen. Verpflegungsleistungen schließen jedoch auch die Verpflegung in Einrichtungen der Gemeinschaftsverpflegung, wie Schülerspeisung, Krankenanstalten, bei der Armee, Strafvollzugsanstalten u.ä. ein. Die Befriedigung des Nahrungsbedürfnisses erfolgt in diesen Einrichtungen i.d.R. nicht als freizügige Alternativentscheidung des Konsumenten, sondern ist in Bezug auf den Leistungsumfang und –zeitpunkt, die Wahlmöglichkeiten oder Qualitätsansprüche von anderen Gesichtspunkten abhängig (z.B. im Krankenhaus von einer medizinischen Indikation). Die Verpflegung in der Hotellerie hat eine völlig andere Qualität. Deshalb wird mit dem Begriff Bewirtungsleistungen eine bewusste Abgrenzung zu anderen Verpflegungsleistungen vorgenommen, um den Servicegedanken als den für Hotellerie und Gastronomie tragenden Gedanken zu unterstreichen. Vgl. Abschnitt 3.2.3

„Betriebe, die nach Einrichtung und Zweckbestimmung dazu dienen, mehr als acht Gäste (im Reiseverkehr) gleichzeitig zu beherbergen. Hierzu zählen auch Unterkunftsstätten, die Gästebeherbergung nicht gewerblich und/oder als Nebenzweck betreiben".[6]

Abbildung 1: Die Differenzierung der Beherbergungsbetriebe

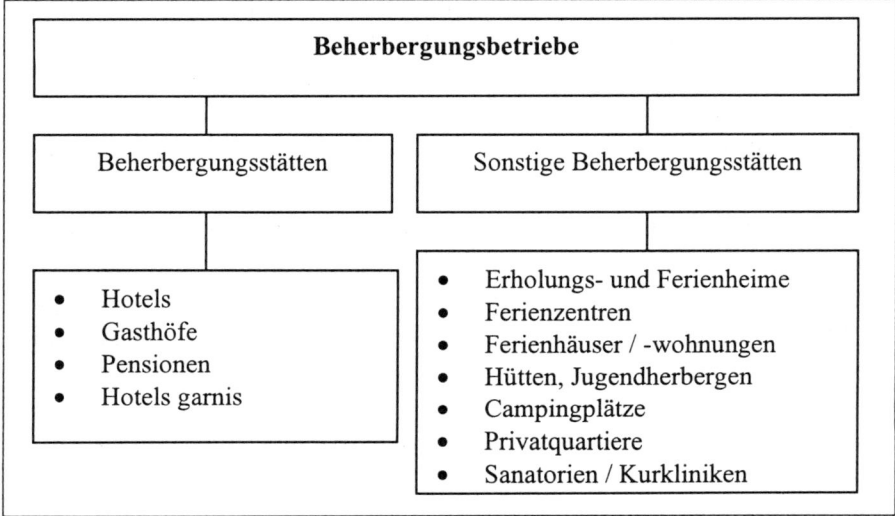

Die Tourismuswissenschaft differenziert das Beherbergungsgewerbe in Hotellerie und Parahotellerie.

Die *Hotellerie* ist das Kernstück des Beherbergungsgewerbes. Es stellt die funktionale Ganzheit der Einrichtungen dar, die den komplexen Bedarf von Touristen nach Beherbergungs-, Bewirtungs- und Komplementärleistungen während ihres Aufenthaltes am Tourismusort decken.

Die *Parahotellerie* ist die funktionale Ganzheit der Einrichtungen, die ergänzend zur traditionellen Hotellerie vor allem den Bedarf nach Beherbergungsleistungen decken. Bewirtungsleistungen sind eingeschränkt bzw. fehlen ganz, ebenso Komplementärleistungen.

---

[6] Statistisches Bundesamt, Tourismus 1996, S. 262

Abbildung 2: Die Differenzierung des Beherbergungsgewerbes nach Hotellerie und Parahotellerie

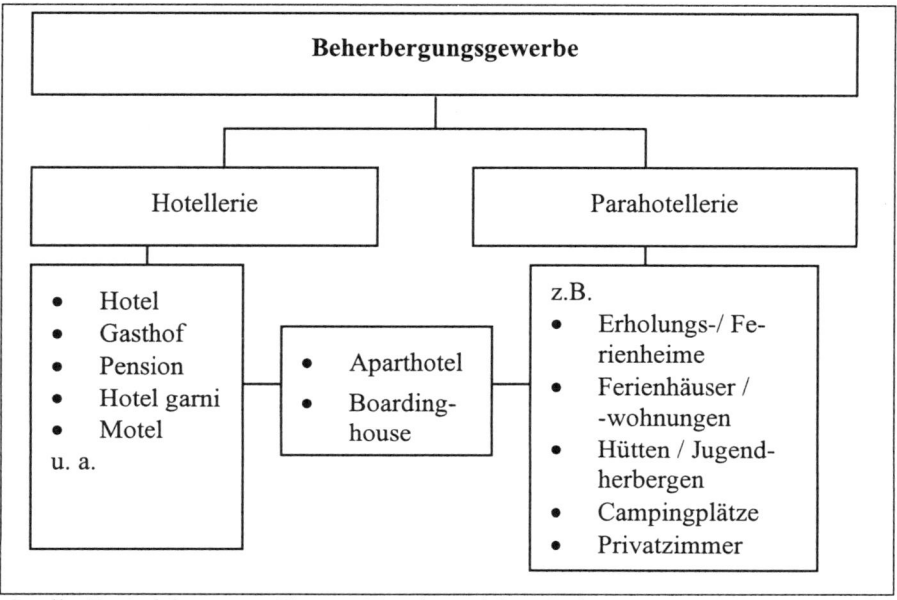

Quelle: In Anlehnung an Kaspar, Tourismuslehre, S. 82

Die Hotellerie kann differenziert werden in
- die *Hotellerie im weiteren Sinne*
  Darunter sind die in der amtlichen Statistik ausgewiesenen Betriebsarten *Hotels, Gasthöfe, Pensionen und Hotels garnis* zu verstehen.
  Der Deutsche Hotel- und Gaststättenverband e.V. (DEHOGA) spricht hier auch vom klassischen Beherbergungsgewerbe.
- die *Hotellerie im engeren Sinne*
  Darunter sind nur die *Hotels* als Betriebsart zu verstehen.

Die Hotellerie und die Parahotellerie gehören zum *Gastgewerbe*. Zum Gastgewerbe gehören ebenfalls das *Gaststättengewerbe* und die *Kantinen* einschließlich der *Caterer*.

Abbildung 3: Die Struktur des Gastgewerbes

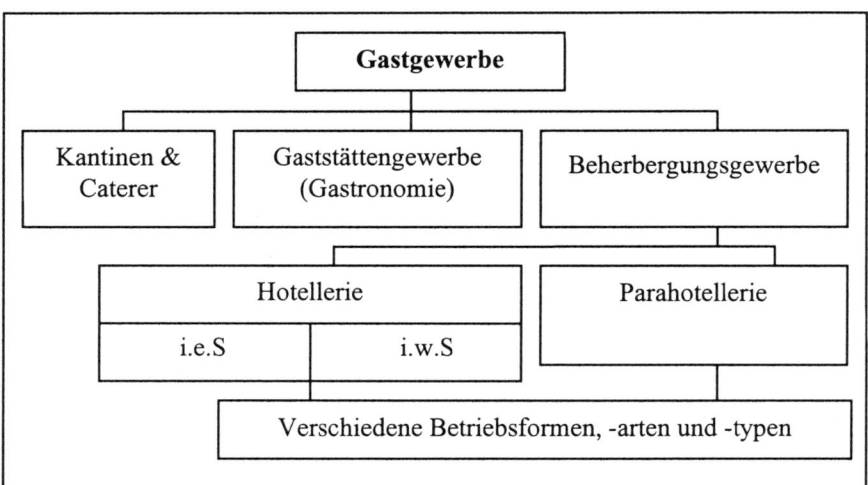

Diese Gliederung wird ebenfalls in der amtlichen Systematik zu Grunde gelegt.

Abbildung 4: Die Systematik des Gastgewerbes und seiner Betriebe[1]

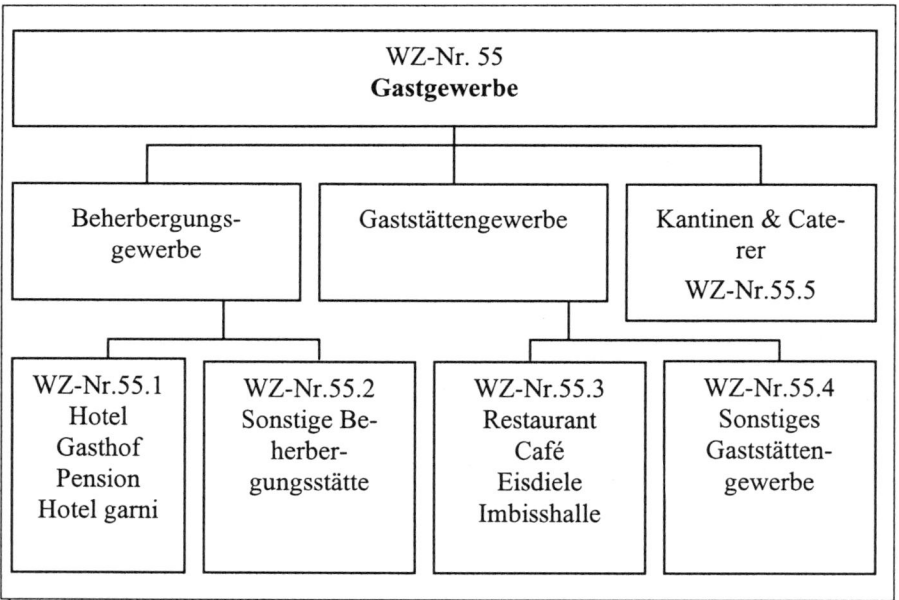

[1] Nach der Klassifikation der Wirtschaftszweige des Statistischen Bundesamtes

Zwischen dem *Gastgewerbe* und der *Tourismuswirtschaft* besteht ein funktioneller Zusammenhang.

Es gehören *funktionell* diejenigen Gastgewerbebetriebe zur Tourismuswirtschaft, die mit einem touristischen Vorgang verbunden sind, d.h. wo die Inanspruchnahme von Leistungen auf eine touristische Motivation (einschl. des Geschäftstourismus) zurückzuführen ist.

Von einer touristischen Motivation kann generell bei der Inanspruchnahme von Leistungen der Beherbergungsbetriebe ausgegangen werden. Sieht man vom Tagestourismus ab, ist Tourismus ohne das Beherbergungsgewerbe nicht möglich. Folglich ist das Beherbergungsgewerbe – und darunter die Hotellerie – ein bedeutender Bereich der Tourismuswirtschaft.

Abbildung 5: Der Zusammenhang von Gastgewerbe und Tourismuswirtschaft

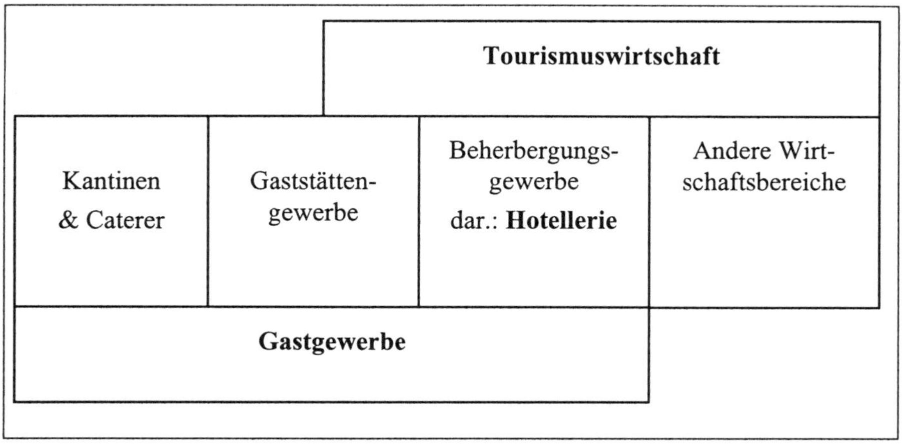

Kantinen & Caterer	Gaststättengewerbe	Tourismuswirtschaft	
		Beherbergungsgewerbe dar.: **Hotellerie**	Andere Wirtschaftsbereiche
Gastgewerbe			

Bei der Inanspruchnahme von Bewirtungsleistungen ist zu differenzieren:
- *Gaststätten* zählen dann *funktionell* zur Tourismuswirtschaft, wenn ihre Leistungen von *Ortsfremden* in Anspruch genommen werden, deren Motivation i.d.R. *touristischer Art* ist, unabhängig davon, ob es sich um Urlaubs-, Freizeit- oder Geschäftstouristen handelt.
- *Gaststätten* zählen *funktionell nicht* zur Tourismuswirtschaft, wenn ihre Leistungen von *Ortsansässigen* in Anspruch genommen werden. Hier liegt *keine touristische Motivation* vor, son-

dern die Inanspruchnahme von Bewirtungsleistungen ist im Zusammenhang mit der Vergesellschaftung der Ernährung zu sehen.

Damit unterscheiden sich auch die Nachfrager im Grad der Komplexität ihrer Bedürfnisse bzw. in ihren Ansprüchen an die Leistungen von Gastgewerbebetrieben. Der Ortsfremde weist als Nachfrager den höchsten Grad der Komplexität der Bedürfnisse auf, da ihm die Alternative des persönlichen Haushaltes während seines touristischen Aufenthaltes fehlt. Demgegenüber sind die Bedürfnisse des Ortsansässigen weitaus weniger komplex und die des Betriebsangehörigen beschränken sich nur auf die Befriedigung des Nahrungsbedürfnisses während der Arbeitspausen.

Abbildung 6: Nachfrager, Leistungen und Anbieter im Gastgewerbe

Nachfrager	Leistung	Anbieter
Ortsfremder	Beherbergung Bewirtung	**Hotel**
Ortsansässiger	Bewirtung	*Gaststätte* **Hotel**
Betriebsangehöriger	Bewirtung (Verpflegung)	*Kantine*

Mit seinen Leistungen ist das Gastgewerbe ein wichtiger Leistungsträger der deutschen Tourismuswirtschaft.
In 241.861 Betrieben des Gastgewerbes werden mehr als 55,6 Mrd. Euro Jahresumsatz erzielt.[7] Von ca. 2,5 Millionen Beschäftigten in der Tourismuswirtschaft sind über 980.000 im Gastgewerbe beschäftigt. Hinzu kommen noch über 93.500 Auszubildende.[8]

---

[7] Vgl. DEHOGA (Hrsg.), Jahrbuch 2003/2004, 2. Umschlagseite
[8] Vgl. ebenda

Fragen und Aufgaben zum Kapitel 1

1. Was ist unter Hotelmanagement zu verstehen?
2. Stellen Sie Zusammenhänge zwischen Aufgabenbereichen und Ebenen des Hotelmanagements graphisch dar!
3. Welche Funktionen haben Beherbergungs- und Bewirtungsbetriebe und warum?
4. Was wird unter Hotellerie und Parahotellerie sowie unter Hotellerie im weiteren und im engeren Sinne verstanden?
5. Wie ordnen sich Beherbergungs- und Bewirtungsbetriebe in das Gastgewerbe ein?
6. Begründen Sie aus funktioneller Sicht die Zugehörigkeit des Gastgewerbes zur Tourismuswirtschaft!
7. Ordnen Sie Gastgewerbe und Beherbergungsgewerbe in die Tourismuswirtschaft ein!

2 Ausgewählte Strukturmerkmale der Hotellerie

2.1 Die Differenzierungsmöglichkeiten

Ebenso wie das Beherbergungsgewerbe existiert auch die Hotellerie in vielfältigen Formen. Das ist darauf zurückzuführen, dass die Bedürfnisse nach Wohnen und Nahrung sowie weitere Bedürfnisse, die Touristen auf ihrer Reise haben, auf unterschiedliche Art und Weise befriedigt werden können und unterschiedlichsten Einflüssen unterliegen. Das führt dazu, dass

- eine relativ große Zahl unterschiedlicher Betriebsarten existiert,
- eine ausgeprägte Dynamik der Betriebsarten vorliegt, die sich an Veränderungen in den Verbrauchsgewohnheiten der Gäste, Modeströmungen o.ä. anpasst,
- sich die Bedeutung der einzelnen Betriebsarten ändern kann.

Die existierenden Betriebsarten und -formen können anhand unterschiedlicher Kriterien differenziert werden (vgl. Abb. 14).

2.1.1 Wirtschaftsprinzip / Unternehmenszweck

Danach ist zu unterscheiden zwischen einem erwerbswirtschaftlich geführten Betrieb und einem nicht erwerbswirtschaftlich geführten Betrieb.

Bei *erwerbswirtschaftlich* geführten Betrieben besteht der Zweck in der Gewinnerwirtschaftung und einer möglichst hohen Verzinsung des investierten Kapitals.

Bei *nicht erwerbswirtschaftlich* geführten Betrieben stehen soziale oder gemeinnützige Zwecksetzungen im Vordergrund.
Oft werden diese Betriebe auch als Nebenbetriebe geführt, d.h. die Leistungserstellung dient nicht dem Hauptzweck der Unternehmung. Die Beherbergungs- und Bewirtungsleistungen können i.d.R. auch nicht von jedermann in Anspruch genommen werden, sondern sie stehen nur einem bestimmten Personenkreis zur Verfügung. Nicht erwerbswirtschaftlich geführte Beherbergungsbetriebe sind überwiegend im Bereich der Parahotellerie zu finden, z.B. Erholungs-

und Ferienheime, Gästehäuser, Einrichtungen sozialer oder religiöser Vereinigungen.

Das Wirtschaftsprinzip bzw. der Unternehmenszweck hat Auswirkungen auf die Gestaltung, Lenkung und Entwicklung des Betriebes, wie z.B. auf die Erwirtschaftung und Verwendung des Gewinns, die Finanzierung, Organisation u.a..

Im Einzelfall und in bestimmtem Maße können nicht erwerbswirtschaftlich geführte Betriebe auch als Konkurrenten für erwerbswirtschaftlich geführte Beherbergungsbetriebe auftreten.

Die erwerbswirtschaftlich geführten Betriebe dominieren im Beherbergungsgewerbe.

2.1.2 Funktion / Aufgabe / Leistungsangebot / Betriebsart

Das Leistungsangebot geht von der Funktion und der Aufgabe aus, die der jeweilige Betrieb zu erfüllen hat. Danach können u.a. folgende Betriebsarten unterschieden werden:

Hotel: Diese Betriebsart bietet dem Gast das umfassendste und komplexe Angebot an Beherbergungs-, Bewirtungs- und Komplementärleistungen.[9]

Veränderungen im Nachfrageverhalten führen immer wieder zu neuen, speziellen Leistungsangeboten, die sich in entsprechenden Varianten zeigen, wie *Öko-Hotel, Biohotel, Frauenhotel, Kunsthotel, Themenhotel, Boutiquehotel* u.ä., mit denen Marktnischen besetzt werden. Die Ausweitung des Geschäftstourismus und die Zunahme von Tagungen, Kongressen und Seminaren führt zur Herausbildung von spezialisierten *Tagungs- bzw. Kongresshotels*.[10] Der zunehmenden Komplexität des Bedarfs passt sich das *All-Suite-Hotel* an, welches meist in Städten vorkommt und eine typische Kombination von Schlaf- und Wohnraum aufweist.

Hotel garni: Es bietet neben der Beherbergung nur Frühstück und Getränke, eventuell ein eingeschränktes Speiseangebot an.

Pension: Sie unterscheidet sich vom Hotel durch einen begrenzten Umfang an Bewirtungs- u.a. Leistungen i.d.R. nur für Hausgäste.

---
[9] Vgl. Abschnitt 3.2
[10] Vgl. Henschel, Hotellerie, S. 127 ff.

Gasthof: Er bietet Beherbergungs- und Bewirtungsleistungen an, die jedermann zugänglich sind. Er unterscheidet sich vom Hotel dadurch, dass meist neben dem Gastraum keine weiteren Aufenthaltsräume zur Verfügung stehen und der Schwerpunkt auf dem Angebot von Speisen und Getränken liegt.

An Bedeutung zugenommen hat das *Aparthotel bzw. Boardinghouse* oder auch *Residenzhotel* als Zwischenform zwischen Hotellerie und Parahotellerie. Dabei handelt es sich um Wohnungen oder Zimmer, die hotelmäßig genutzt werden. Die Ausstattung der Räumlichkeiten ist stärker an privaten Wohnungen ausgerichtet. Meist ist eine Kochgelegenheit vorhanden. Das Dienstleistungsangebot kann eingeschränkt sein oder hotelmäßigen Service umfassen, wie z.B. Wäschedienst, Fitnesscenter, Fax- und Internetanschluss, Parkplatz in der Tiefgarage, Restaurants, Sekretariatsdienste, Tagungsmöglichkeiten u.ä.. Boardinghouses wenden sich meist an Langzeitgäste im städtischen Umfeld (Geschäftstouristen), denen häufig Rabatte gewährt werden. Häufig ist diese Betriebsart auch als Mischform anzutreffen, die Kurz- und Langzeitaufenthalte ermöglicht.[11]

Die Hotels dominieren als Betriebsart. Sie haben sowohl den höchsten Anteil an den Betrieben insgesamt als auch einen wachsenden Anteil in der Hotellerie i.w.S..

Abbildung 7: Die Struktur der Hotellerie nach Betriebsart

Jahr[1]	Hotel	Hotel garni	Pension	Gasthof	Gesamt
1981	9.306	10.964	7.739	13.688	41.697
1985	9.447	9.752	8.220	12.887	40.306
1989	10.105	10.190	6.041	11.610	37.946
1993	11.486	9.405	6.319	11.129	38.339
1997	13.365	9.463	6.547	10.711	40.086
1998	13.535	9.247	6.712	10.558	40.049
1999[2]	13.557	8.883	6.591	10.269	39.300

1) vor 1993 nur früheres Bundesgebiet, 2) Die Statistik der Beherbergungskapazitäten, auf der diese Daten beruhen, wurde aller sechs Jahre letztmalig im Jahr 1999 durchgeführt.
Quellen: DEHOGA (Hrsg.), Jahrbücher 1997/1998, S. 59; 1998/1999, S. 244; 1999/2000, S. 281.

---

[11] Vgl. DEHOGA (Hrsg.), Jahrbuch 1997/1998, S. 68

2.1.3 Eigentumsverhältnisse / Betriebsführung

Hier wird das Rechtsverhältnis berührt, in welchem der Unternehmer zum Hotelbetrieb steht. Danach können im Wesentlichen unterschieden werden:

Eigentümerbetrieb: Der Eigentümer ist gleichzeitig der Inhaber. Die Führung des Betriebes erfolgt durch den Eigentümer oder die Eigentümerfamilie (Familienbetrieb) selbst.

Pachtbetrieb: Der Eigentümer und der Inhaber sind unterschiedliche Personen. Der Eigentümer ist der Verpächter, der Inhaber der Pächter. Der Betrieb wird durch den Inhaber geführt, d.h. der Eigentümer ist an der Betriebsführung nicht beteiligt.

Im Managementvertrag geführter Betrieb: Ein Investor / Eigentümer stellt eine Hotelimmobilie zur Verfügung und beauftragt eine Hotelgesellschaft, den Betrieb zu führen. Dafür stellt die Hotelgesellschaft ihr Management-Know How zur Verfügung.[12]

Eigentümer- und Pachtbetriebe sind die klassischen Betreiberformen im deutschen Hotelgewerbe.

2.1.4 Betriebsgröße

Als Maßstab für die Betriebsgröße bei Hotels können die Anzahl der Betten bzw. Zimmer, die Höhe des Umsatzes oder die Anzahl der Beschäftigten pro Hotelbetrieb herangezogen werden.
In der Praxis wird eine Differenzierung hauptsächlich nach der Anzahl der Betten bzw. Zimmer vorgenommen. Danach wird unterschieden zwischen *Klein-, Mittel- und Großbetrieben.*
Eine einheitliche quantitative Grenze für die Zuordnung gibt es bisher nicht, vielmehr sind unterschiedliche Größenordnungen zu finden.[13]

---

[12] Vgl. Abschnitt 2.3
[13] Vgl. Seitz, Hotelmanagement, S. 25; Hank-Haase, Hotelmarkt, S. 22; Reith, Betriebswirtschaftslehre, Bd. 1, S. 34

Abbildung 8: Beispiele für Betriebsgrößendifferenzierungen

Betriebsgröße	Individualhotellerie (Europa)	Kettenhotellerie
Kleinbetrieb	< 30, < 45, < 70 Betten	Bis ca. 100 Zimmer
Mittelbetrieb	< 100, < 150 Betten	> 100 bis ca. 300 Zimmer
Großbetrieb	Ab 100, > 150 Betten	> 300 Zimmer

Die Betriebsgröße kann als ein Indikator für die *potenzielle* Marktmacht angesehen werden. Die tatsächliche Marktposition ergibt sich jedoch aus der Nutzung der Kapazitäten, die sehr unterschiedlich sein kann.

In Deutschland dominieren kleine und mittlere Betriebe.

Abbildung 9: Die Betriebsgrößengruppen von Beherbergungsbetrieben auf der Basis der Kapazitätserhebungen von 1993 und 1999

Betriebsgröße Anzahl Betten	Anzahl der Betriebe	Anteil an Betrieben in %	Anzahl der Betten	Anteil an den Betten in %
Kleinbetriebe 9 – < 30 Betten				
1.1.1993	31.122	62,4	523.841	25,3
1.1.1999	27.006	60,2	555.389	22,6
Mittelbetriebe 30 – 99 Betten				
1.1.1993	14.971	30,0	752.928	36,3
1.1.1999	16.845	30,9	857.935	34,9
Großbetriebe ab 100 Betten				
1.1.1993	3.092	7,6	796.300	38,4
1.1.1999	4.894	8,9	1.043.752	42,5
Beherbergungsgewerbe insgesamt				
1.1.1993	49.902	100,0	2.073.069	100,0
1.1.1999	54.557	100,0	2.457.076	100,0

Quellen: Statistisches Bundesamt, Tourismus 1997, S. 74, Tourismus 2000/2001, S. 64 und eigene Berechnungen

Die Daten der Kapazitätserhebung zeigen deutlich den Trend zum größeren Betrieb. Betrug 1993 die durchschnittliche Anzahl Betten je Beherbergungsbetrieb 41,5 Betten, so waren es 1999 durchschnittlich 45 Betten.
Das belegen auch andere Untersuchungen. So ist z.B. in den Hotelbetrieben, die von 1993 bis 1997 am Hotelbetriebsvergleich des DWIF teilgenommen hatten, die Betriebsgröße von durchschnittlich 102,4 Betten pro Betrieb (1993) auf 110,2 Betten pro Betrieb (1997) oder 59,7 Zimmer pro Betrieb (1993) auf 63,2 Zimmer pro Betrieb (1997) gestiegen.[14]

2.1.5 Unternehmensform / Rechtsform

Nach der Unternehmens- bzw. Rechtsform können Hotelbetriebe unterschieden werden:

Die *Einzelfirma* ist traditionell am weitesten verbreitet. Das ist vor allem darin begründet, dass
- die Mehrzahl der Hotelbetriebe Klein- und Mittelbetriebe sind, die durch eine Einzelperson geführt werden können,
- die Gründung eines solchen Betriebes relativ einfach ist, z.B. ohne den Nachweis von Mindestkapital oder fachlichen Voraussetzungen,
- die Selbständigkeit und die Entscheidungsfreiheit des Unternehmers als wichtige Wertvorstellungen in der Hotellerie weit verbreitet sind.

Personengesellschaften existieren in der Hotellerie vor allem als Kommanditgesellschaft (KG) oder Offene Handelsgesellschaft (OHG).
Die *Gesellschaft bürgerlichen Rechts (GbR)* ist eine weitere Gesellschaftsform, die in der Hotellerie anzutreffen ist.
Kapitalgesellschaften treten auf in Form
- der *Gesellschaft mit beschränkter Haftung (GmbH)*. Sie ist in der Hotellerie relativ weit verbreitet. Häufig handelt es sich dabei auch um in Deutschland ansässige Tochtergesellschaften interna-

---
[14] Vgl. Maschke, Möller, Hotelbetriebsvergleich 1997, S. 9

tional tätiger Hotelketten (z.B. Best Western Deutschland, Etap, Ibis, Novotel, Sofitel).
- der *Aktiengesellschaft (AG)*. Sie ist bei Großbetrieben oder Hotelketten zu finden, bei denen i.d.R. ein hoher Kapitalbedarf vorliegt.

Rechtsformen wie die *Genossenschaft* sind nur vereinzelt anzutreffen (z.B. als Einkaufsgenossenschaften, Winzergenossenschaften). Darüber hinaus treten die *GmbH & Co. KG* und die *AG und Co. KG* als Mischformen auf. Die Form des *eingetragenen Vereins (e.V.)* ist bei Hotelkooperationen anzutreffen.

Abbildung 10: Übersicht über Unternehmensformen in der Hotellerie

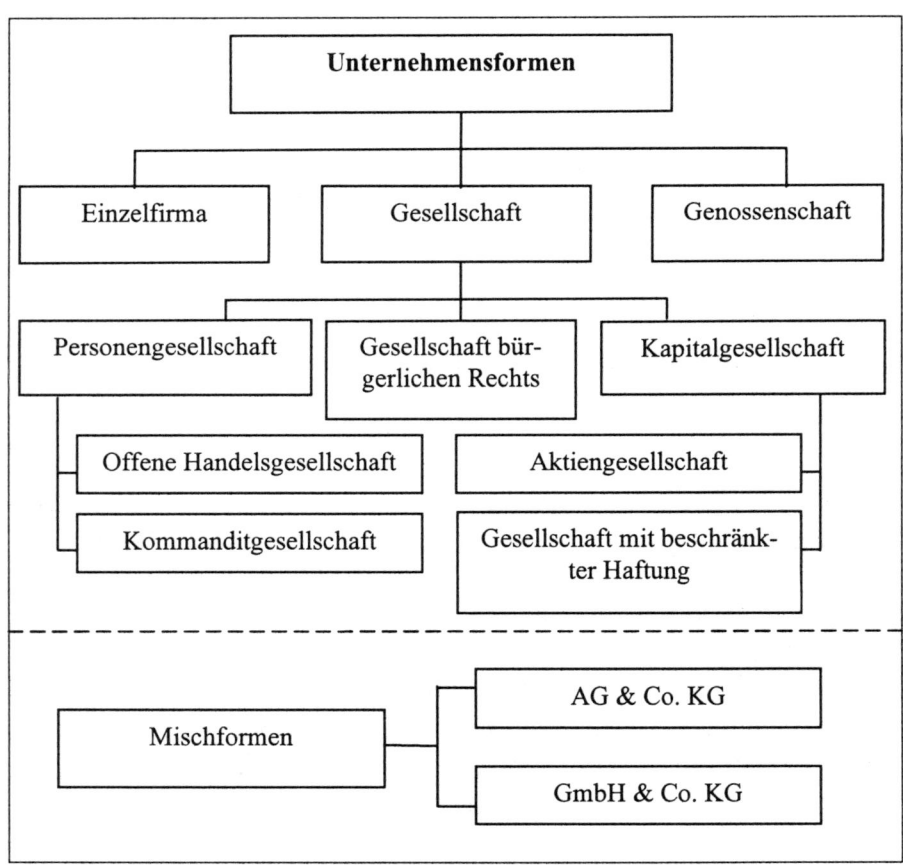

Die Unternehmens- bzw. Rechtsform ist eng verbunden mit der Betriebsgröße. So sind kleinere Hotel i.d.R. Einzelunternehmen oder Personengesellschaften. Größere Betriebe tendieren auf Grund des notwendigen Kapitalbedarfs zu Kapitalgesellschaften.

Abbildung 11: Ausgewählte Beispiele für die juristische Form von Hotelketten und Hotelkooperationen

Juristische Form	Name	Konzeptionsgrad	Hotels in Deutschland
Einzelfirma	City Partner Hotels	Hotelkooperation	49
	Country Partner Hotels	Hotelkooperation	49
GbR	Relais du Silence	Hotelkooperation	37
	Kolping Hotels & Resorts	Hotelkooperation	7
GmbH	Maritim	Hotelgruppe	36
	Wellness-Hotels Deutschland	Hotelkooperation	43
GmbH & Co KG	Romantik Hotels International	Hotelkooperation	89
	Günnewig	Hotelgruppe	9
AG	Steigenberger Hotels & Resorts	Hotelgruppe	68
	Marriott International	Hotelgruppe	38
AG & Co. KG	Hartl Resort Hotels	Hotelgruppe	10
e.V.	Ringhotels	Hotelkooperation	153
	Flair Hotels	Hotelkooperation	130

Quelle: o.V., Hotellerie 2004, S. 10 ff.

2.1.6 Konzeptionsform / Konzentrationsgrad

In der Hotellerie gibt es zwei grundsätzlich unterschiedliche unternehmerische Konzeptionen:
- das individuell, vom Einzelunternehmer (oder seiner Familie) geführte Hotel (Individualhotellerie, Privathotellerie, mittelständische Hotellerie) und
- das von einer Konzernzentrale gesteuerte und von einem Manager geführte Hotel.

Danach können unterschieden werden:

Kettenhotels: Das sind Hotels nationaler oder internationaler Hotelgesellschaften bzw. Hotelkonzerne, die in unterschiedlichen Rechtsformen oder Formen der Betriebsführung betrieben werden und eine bestimmte, einheitliche Konzeption, meist im Sinne einer Marke verfolgen. Es kann in diesem Zusammenhang auch von der Markenhotellerie gesprochen werden.[15] Die Kettenhotels sind Ausdruck der Konzentration auf dem Hotelmarkt.[16]

Individualhotels[17]: Das sind Einzelhotels, die stark von den Vorstellungen des Unternehmers und seiner Persönlichkeit geprägt sind sowie sehr unterschiedliche Konzeptionen verfolgen. Sie prägen das Bild der deutschen Hotellerie.

Daneben gibt es die *Hotels von Hotelkooperation*, die dem Wesen nach Individualhotels sind, d. h. juristisch und wirtschaftlich selbständige Hotel, die von einem Einzelunternehmer geführt werden. Sie haben sich jedoch freiwillig zusammengeschlossen, um betriebliche Aufgaben (z.B. Einkauf, Werbung, Reservierung, Personaltraining, Marktforschung) gemeinsam effizienter zu lösen. Sie können einheitliche oder unterschiedliche Konzeptionen in Abhängigkeit von ihren Kooperationsfeldern verfolgen.[18] Hotels von Kooperationen sind ebenfalls Ausdruck von Konzentrationstendenzen auf dem Hotelmarkt.

Abbildung 12: Konzeptionsform / Konzentrationsgrad

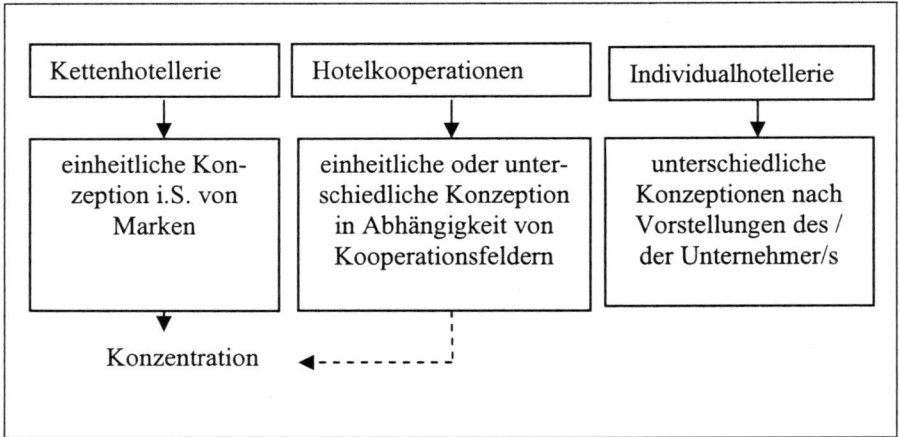

---
[15] Vgl. Abschnitt 2.4.3
[16] Vgl. Abschnitt 2.3.2 und 2.4.1
[17] Der in diesem Zusammenhang oft verwendete Begriff Privathotel ist unter dem Eigentums- und Rechtsaspekt ungenau, da auch die Hotels von Hotelgesellschaften privatrechtliche Unternehmen darstellen.
[18] Vgl. Abschnitt 2.4.5

2.1.7 Standort

Der Standort prägt wesentlich das Leistungsangebot[19] und die Aufenthaltsdauer der Gäste. Nach dem Standort kann generell unterschieden werden nach:

Ferienhotel (Resorthotel): Das Ferienhotel ist auf einen längerfristigen Urlaubstourismus ausgerichtet. Es existiert in vielen Formen, z.B. als Strandhotel, Sporthotel, Skihotel usw.. Ein Ferienhotel verfügt i.d.R. über eine Reihe von Freizeitanlagen und Freizeitmöglichkeiten.

Stadthotel (Passantenhotel): Das Stadthotel ist auf einen kurzfristigen Aufenthalt ausgerichtet und weist einen relativ hohen Anteil von Geschäftsreisenden auf.

Kurhotel: Das Kurhotel basiert auf der Existenz natürlicher Heilfaktoren eines Standortes und dient einem längerfristigen Kuraufenthalt. Da der Aufenthalt in einem Kurhotel i.d.R. mit einer medizinischen Indikation verbunden ist, bestehen Unterschiede im Leistungsumfang und in der Leistungsstruktur zum Ferien- oder Stadthotel, wobei sich allerdings mit der Entwicklung eines modernen Gesundheitstourismus Grenzen zunehmend verwischen werden.

2.1.8 Betriebsdauer

Die touristische Nachfrage ist saisonabhängig. Das hat Auswirkungen auf die Betriebsdauer bzw. die Öffnungszeit von Hotelbetrieben. Danach kann unterschieden werden zwischen *ganzjährig geöffneten Hotels, Ein-Saison-Hotels* und *Zwei-Saison-Hotels*.
Die Öffnungszeit der Hotels hängt vom Standort ab. So sind Stadthotels i.d.R. ganzjährig geöffnet, während Ferienhotels in Abhängigkeit von den Bedingungen am konkreten Standort eine Saison (Winter oder Sommer) oder zwei Saisons (Winter und Sommer) geöffnet haben können. Weiterhin besteht ein Zusammenhang zwischen dem Konzeptionsgrad und der Öffnungsdauer, indem Kettenhotels zu einer längeren Öffnungsdauer tendieren.

---

[19] Vgl. Abschnitt 11.6.1

2.1.9 Verbindung zu Verkehrsmitteln

Historisch gesehen haben sich die ersten Betriebsarten der Hotels in Verbindung mit der Entwicklung der Verkehrsmittel herausgebildet. So hat z.B. die Bezeichnung „Hotel zur Post" wohl ihren historischen Ursprung in der Beherbergung und Bewirtung von Reisenden und als Wechselplatz für Pferde in den Vorformen des modernen Tourismus.

Mit der Entwicklung des Eisenbahnverkehrs gab es das *Bahnhofshotel,* welches heute seine Ausprägung z.B. in den Intercity-Hotels hat, die sich in Bahnhofsnähe befinden und auf die Bedürfnisse vor allem kurzfristig Reisender bzw. Geschäftsreisender ausgerichtet sind.

Im Zusammenhang mit der Zunahme des internationalen Tourismus, der Internationalisierung der Wirtschaft, dem damit zunehmenden Geschäftstourismus und sich ausweitenden Flugverkehr entstanden *Flughafenhotels,* die sich auch immer mehr zu modernen Tagungs- und Kongresshotels profilieren. Mit der zunehmenden Motorisierung und den spezifischen Bedürfnissen der motorisierten Touristen entwickelten sich die *Motels,* bei denen oft die Bewirtungsfunktion ausgegliedert und ein hoher Grad an Selbstbedienung typisch ist.

2.1.10 Qualitätsstufen / Umfang der Leistungen

Diese Differenzierung ist an die Bestimmung der Qualität der Hotelleistung gebunden. Eine gebräuchliche Unterscheidung richtet sich nach *Qualitäts- bzw. Hotelklassen (Hotelkategorien),* denen ein bestimmter Umfang an Ausstattung und Service zugrunde liegt. Allerdings können die Kriterien, die für eine Qualitätsklasse oder Hotelkategorie gelten, sehr unterschiedlich sein.

International ist eine Differenzierung von Hotels nach Qualitätsstufen durch die Kennzeichnung mit Sternen üblich. Danach können unterschieden werden:[20]

*****Hotels (Luxus-Hotels),* ****Hotels (First-Class-Hotels),* *** Hotels (Komfort-Hotels),* **Hotels (Standard-Hotels),* *Hotels (Tourist-Hotels).*

---

[20] Vgl. Abschnitt 5.4

In der internationalen Hotellerie, insbesondere auch in den Markenstrategien amerikanischer Hotelkonzerne, ist zu beobachten, dass weitere Differenzierungen im Hinblick auf den Umfang und das Niveau an Ausstattung sowie Service erfolgen, wie z.B. in den Bezeichnungen *Luxury-Hotel, Full-Service-Hotel, Budget-Hotel, Low-Budget-Hotel, Economy-Hotel.*

Dabei muss beachtet werden, dass diese Differenzierungen nicht durch einheitliche Definitionen gestützt werden und Grenzen fließend sind. So lässt sich in der Praxis kaum abgrenzen, wann es sich um ein Budget-, ein Low-Budget- oder ein Economy-Hotel handelt. Ein niedriger Preis allein eignet sich kaum als Abgrenzungskriterium, denn dann würde in Deutschland eine Vielzahl von familiengeführten Pensionen und Gasthöfen und kleinen Hotels auch diesen Hotels zugerechnet werden müssen, was aber nicht der Fall ist. Deshalb ist die Bezeichnung der Budget-, Low-Budget- oder Economy-Hotels eher bei Hotels von Hotelgesellschaften anzutreffen.[21]

Zusammenfassend lassen sich für die deutsche Hotellerie folgende Strukturmerkmale feststellen:

Abbildung 13: Strukturmerkmale der deutschen Hotellerie

- Die erwerbswirtschaftlich geführten Betriebe dominieren.
- Die Hotels prägen die Hotellerie.
- Der Eigentümerbetrieb und der Pachtbetrieb bestimmen die Hotellerie.
- Kleine und mittlere Hotels prägen die Hotellerie.
- Die Einzelfirma ist typisch.
- Es dominieren die Individualhotels.
- Es überwiegen Mittelklassehotels.

---

[21] Vgl. DEHOGA (Hrsg.), Jahrbuch 1998/1999, S. 73

Abbildung 14: Gliederungskriterien für das Beherbergungsgewerbe

Kriterium	Ausprägung (in Beispielen)
Wirtschaftsprinzip / Unternehmenszweck	* erwerbswirtschaftlich geführt * nicht erwerbswirtschaftlich geführt
Funktion / Aufgabe / Leistungsangebot / Betriebsarten	* Hotel * Erholungs-/ * Gasthof Ferienheim * Pension * Gästehaus * Hotel garni * Ferienhaus/ * All-Suite-Hotel -wohnung * Aparthotel / * Ferienzentrum Boardinghouse * Vereinsheim * Jugendherberge
Eigentumsverhältnisse / Betriebsführung	* Eigentümerbetrieb * Pachtbetrieb * im Managementvertrag
Betriebsgröße	* Groß-, Mittel- und Kleinbetrieb
Unternehmensform / Rechtsform	* Einzelfirma * Personengesellschaft (KG, OHG) * Kapitalgesellschaft (GmbH, AG) * eingetragener Verein (e.V.)
Konzeptionsform / Konzentrationsgrad	* Kettenhotel * Individualhotel * Hotel einer Hotelkooperation
Standort	* Ferienhotel * Berghotel * Stadthotel * Strandhotel
Betriebsdauer / Öffnungszeit	* ganzjährig geöffneter Betrieb * Ein-Saison-Betrieb * Zwei-Saison-Betrieb
Verbindung zu den Verkehrsmitteln	* Bahnhofshotel * Flughafenhotel * Motel
Qualitätsstufen / Leistungsumfang	* Luxushotel * First-Class-Hotel * Drei-, Zwei-, Ein-Stern(e)-Hotel * Budget- / Low-Budget-Hotel * Full-Service-Hotel * Economy-Hotel

2.2 Die Struktur der Hotellerie nach Betriebsarten

Das Statistische Bundesamt erhebt regelmäßig Daten über das Beherbergungs- bzw. Gastgewerbe, die Aussagen über die Struktur und Entwicklung der Hotellerie zulassen.
Folgende Statistiken können vor allem herangezogen werden:

- die *Beherbergungsstatistik*
Auf der Grundlage des Gesetzes über die Statistik der Beherbergung im Reiseverkehr (Beherbergungsstatistikgesetz – BeherbStatG – vom 22. Mai 2002, BGBl. I S. 1642) ist die sog. Beherbergungsstatistik eine wichtige Informationsquelle.
Sie gilt für alle Beherbergungsstätten ab neun Betten und erfasst monatlich Ankünfte, Übernachtungen von Gästen (einschl. Touristikcamping) sowie die Zahl der im Berichtsmonat angebotenen Gästebetten bzw. Stellplätze auf (Touristik-) Campingplätzen. Bei den Betriebsarten der Hotellerie i.w.S. werden zusätzlich die Zahl der angebotenen sowie der belegten Gästezimmer ausgewiesen. Bei ausländischen Gästen wird eine Differenzierung nach deren Herkunftsländern vorgenommen. Daten werden differenziert nach Betriebsarten, Betriebsgrößengruppen, Bundesländern / regionalen Gliederungen, Gemeindegruppen (Heilbäder, Seebäder, Luftkurorte u.a.) ausgewiesen.[22]
Mit der Neufassung des Beherbergungsstatistikgesetzes wurde die im sechsjährigen Turnus durchgeführte Kapazitätserhebung im Beherbergungsgewerbe (letztmalig 1999) eingestellt.

- die *Gastgewerbestatistik*
Diese Statistik enthält ebenfalls Informationen zur Hotellerie (Gesetz über die Statistik im Handel und Gastgewerbe – Handelsstatistikgesetz – HdlStatG – vom 14.12.2001, BGBl. I S. 3438).
Es werden monatliche und jährliche Stichprobenerhebungen bei Unternehmen durchführt, die einen jährlichen Mindestumsatz von 50.000 € netto aufweisen. Monatlich erfasst werden Umsatz sowie Voll- und Teilzeitbeschäftigte. Jährlich erfolgen Erhe-

---

[22] Vgl. Statistisches Bundesamt, Tourismus 2003, S. 226

bungen zu Beschäftigten, Umsatz, Aufwendungen, Investitionen.[23]

- die *Umsatzsteuerstatistik*
  Die Erhebungen erfolgen seit 1996 jährlich (vorher zweijährig) zum Gastgewerbe (Gesetz über Steuerstatistiken vom 11. Oktober 1995, BGBl. I S. 1250, zuletzt geändert durch Artikel 18 des Gesetzes vom 26. Juni 2001, BGBl. I S. 1310)
  In der Umsatzsteuerstatistik sind alle Unternehmen erfasst, die zur Umsatzsteuer-Voranmeldung verpflichtet sind und einen steuerbaren Jahresumsatz von mehr als 16.617 Euro aufweisen.
  Es werden Aussagen zur Anzahl der steuerpflichtigen Unternehmen und den steuerbaren Umsätzen getroffen, differenziert nach Betriebsarten, Bundesländern und Umsatzgrößengruppen.[24]

Die Daten aus den hier aufgeführten Statistiken sind nicht untereinander vergleichbar und eignen sich je nach Informationsbedarf mehr oder weniger.
So erfasst die Umsatzsteuerstatistik die Unternehmen, während die Beherbergungsstatistik die Beherbergungsstätten als Basis hat. In der Umsatzsteuerstatistik begründet ein Besitzerwechsel oder eine Rechtsformänderung beim selben Unternehmen auch jeweils einen neuen Fall von Umsatzsteuerpflichtigkeit. Damit liegt die Anzahl der Unternehmen in der Umsatzsteuerstatistik höher als die Anzahl der Betriebe aus den anderen Statistiken. Auch hinsichtlich der eindeutigen Differenzierung nach Betriebsarten weist die Umsatzsteuerstatistik Schwächen auf. Sie ist aber die einzige Statistik, die in relativ kurzen Zeitabständen sämtliche Umsätze des Gastgewerbes als Vollerhebung erfasst.

Weitere Statistiken können für eine Reihe von Tatbeständen genutzt werden (z.B. Statistik der Verbraucherpreise, Insolvenzstatistik).

Über 70 % der Betriebe im Beherbergungsgewerbe insgesamt (einschließlich der Parahotellerie und der Sanatorien und Kurkliniken)

---

[23] Vgl. ebenda, S. 219
[24] Vgl. ebenda, S. 232

gehören zur Hotellerie i.w.S. und fast jeder vierte Beherbergungsbetrieb ist ein Hotel.

Abbildung 15: Die Struktur des Beherbergungsgewerbes nach Betriebsarten (geöffnete Betriebe 2002)

Betriebsart	Anzahl der Betriebe	Anteil in %	Anzahl der Betten	Anteil in %
Hotel	13.104	24,1	932.811	37,3
Gasthof	10.421	19,2	234.060	9,3
Pension	5.391	9,9	134.218	5,3
Hotel garni	9.246	17,0	311.857	12,4
Hotellerie i.w.S. gesamt	38.162	70,2	1.612.946	64,3
Parahotellerie gesamt	15.120	27,8	721.153	28,7
Sanatorium, Kurklinik	1.090	2,0	174.589	7,0
Beherbergungsgewerbe gesamt	54.372	100,0	2.508.688	100,0

Quelle: Statistisches Bundesamt, Tourismus 2003, S. 104 und eigene Berechnungen

Die herausragende Stellung der Betriebsart Hotel lässt sich auch an der *Bettenkapazität* nachweisen. Fast zwei Drittel der Betten des Beherbergungsgewerbes gehören zur Hotellerie i. w. S., wobei jedes dritte Bett (37,3 %) in einem Hotel zu finden ist. Es überwiegt damit die Betriebsart Hotel, gefolgt vom Gasthof, dem Hotel garni und der Pension.

Betrachtet man die Hotellerie i.w.S. im Einzelnen, so ergibt sich folgendes Bild:

Abbildung 16: Der Anteil der Betriebsarten an den Betrieben 2002

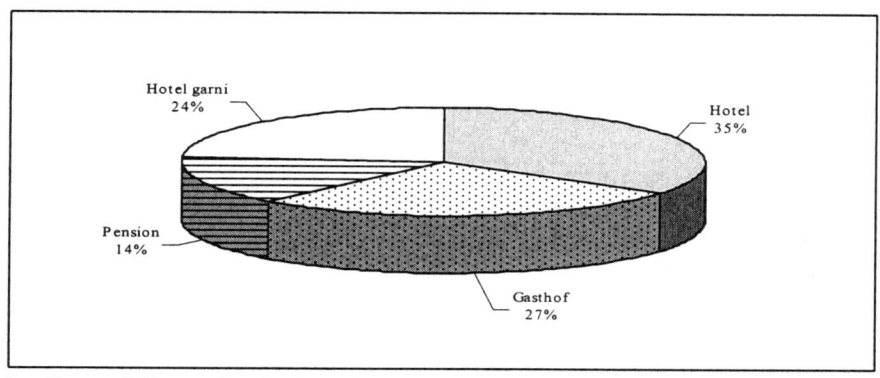

Quelle: nach Daten des Statistischen Bundesamtes, Tourismus 2003, S. 104

Noch deutlicher lässt sich die herausragende Stellung der Betriebsart Hotel nachweisen, wenn die Bettenkapazität als Basis gewählt wird. Über die Hälfte der Betten entfallen auf die Hotels.

Abbildung 17: Der Anteil der Betriebsarten an den Betten

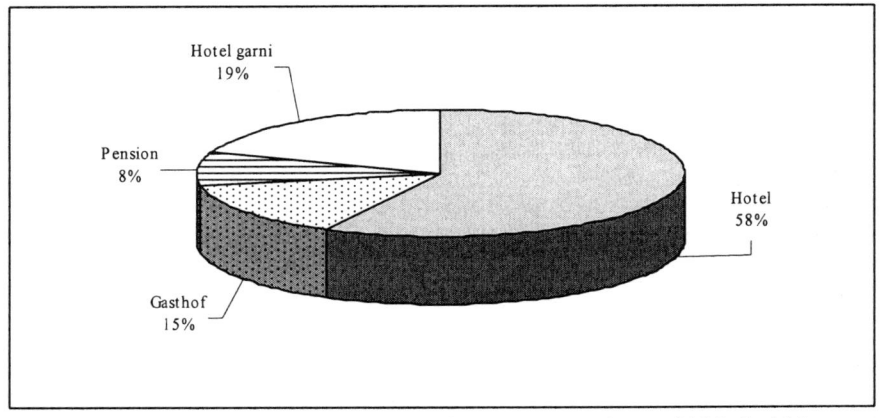

Quelle: nach Daten des Statistischen Bundesamtes, Tourismus 2003, S. 104

Die *Entwicklung* in den einzelnen Betriebsarten verläuft nicht gleichmäßig. Die Bedeutung des Hotels steigt, während die der anderen Betriebsarten abnimmt.

Abbildung 18: Die Entwicklung der Betriebsarten 1981 – 2002[1]

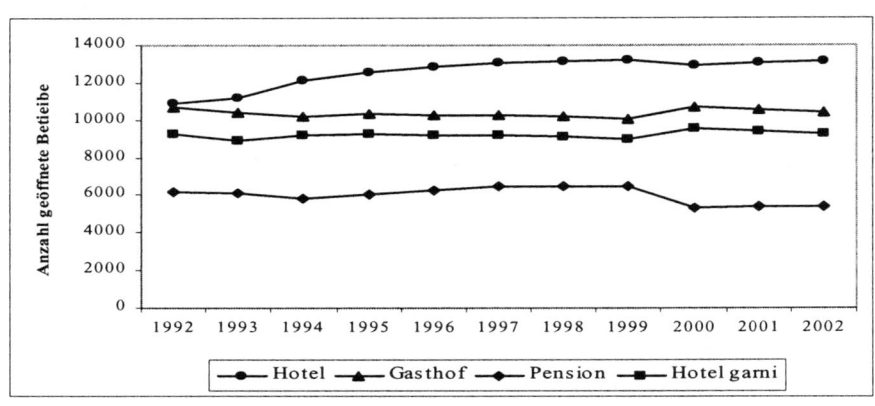

[1] vor 1993 nur altes Bundesgebiet
Quellen: nach Daten des DEHOGA (Hrsg.), Jahrbuch 1997/1998, S. 59; Jahrbuch 1998/1999, S. 244; Jahrbuch 1999/2000, S. 281; Statistischen Bundesamtes, Tourismus 2003, S. 104

ist ebenfalls nachweisbar, dass die Betriebe im Durchschnitt größer geworden sind, d.h. die Anzahl Betten pro Betrieb ist gewachsen. Das lässt sich bei allen Betriebsarten nachweisen.[25]

Die Ursachen für die *Bedeutungszunahme des Hotels* und den *Trend zu größeren Betrieben* liegen vor allem

- in einem *veränderten Verbraucherverhalten*. Die Gäste sind anspruchsvoller geworden, da sich ihr eigener Lebensstandard verbessert hat. Sie verfügen über mehr Reiseerfahrung und zeigen immer weniger Risikoneigung beim Reisen. Hieraus resultieren wachsende Ansprüche an die Hotelleistung als Leistungspaket, sowohl an den Leistungsumfang (Quantität) als auch an die Qualität. Diese Ansprüche können am ehesten von Hotels erfüllt werden, die ein komplexes Angebot bereitstellen. Das zeigen gestiegene Übernachtungsanteile der Hotels an den Gesamtübernachtungen.

Abbildung 19: Die Übernachtungen in der Hotellerie (i.w.S) in Mio.

Jahr[1]	Hotel	Gasthof	Pension	Hotel garni	Gesamt
1981	63,8	23,7	32,4[2]	19,0	138,7[2]
1985	61,7	20,9	17,9	28,1	128,6
1989	78,1	21,1	16,2	31,5	146,9
1993	94,7	22,8	18,2	32,9	168,6
1997	105,5	19,5	15,4	32,7	173,1
1999	114,9	20,1	15,3	35,0	185,3
2002	119,3	18,8	13,9	37,5	189,5

[1] vor 1993 nur früheres Bundesgebiet, [2] einschl. Fremdenheime und Pensionen
Quellen: DEHOGA (Hrsg.), Jahrbuch 1997/1998, S. 60; Jahrbuch 1998/1999, S. 266; Jahrbuch 1999/2000, S. 276; Statistisches Bundesamt, Tourismus 2003, S. 108

- in *Wirtschaftlichkeitsgründen*. In Bezug auf die Leistungseinheit (Bett) können größere Betriebseinheiten kostengünstiger produzieren. Das wird zusätzlich durch die zunehmende Technisierung und Computerisierung nicht nur im Tourismus allgemein, sondern auch in der Hotellerie begünstigt. Der Anschluss z.B. an Computer-Reservierungssysteme ist erst ab einer bestimmten

---

[25] Vgl. Abschnitt 2.4.1

Betriebsgröße bzw. einer bestimmten Anzahl von Übernachtungen sinnvoll. Die „Grundausstattung" an Technik ist hingegen oft unabhängig von einer bestimmten Betriebsgröße.

- in den *Veränderungen im Hotelangebot* selbst. Der Wettbewerb auf dem Hotelmarkt hat sich verschärft, indem immer mehr Hotels von Hotelketten auf den Markt drängen, die ein komplexes und risikoarmes Angebot offerieren können. Die kleineren Hotels, Gasthöfe, Pensionen müssen „nachziehen" und ihr Angebot vervollkommnen. Sie müssen erweitern, ausbauen, anbauen usw., so dass auch diese Betriebe tendenziell größer werden. Wer dazu nicht in der Lage ist, hat auf dem Markt kaum Chancen. Es finden unter diesem Aspekt auch Marktbereinigungsprozesse statt.

Fragen und Aufgaben zum Abschnitt 2.1. und 2.2

1. *Verschaffen Sie sich einen Überblick über die generellen Gliederungskriterien für Beherbergungsbetriebe mit entsprechenden Beispielen!*
2. *Durch welche Strukturmerkmale ist die deutsche Hotellerie gekennzeichnet? Begründen Sie diese!*
3. *Weisen Sie nach, dass Hotels als Betriebsart im Beherbergungsgewerbe dominieren!*
4. *Die Einzelfirma ist die am weitesten verbreitete Unternehmens- bzw. Rechtsform in der deutschen Hotellerie. Welches sind die Gründe dafür?*
5. *Gibt es eine Ober- und Untergrenze in der Betriebsgröße für Hotelbetriebe?*
6. *Woran ist bei den Beherbergungsbetrieben der Trend zum größeren Betrieb feststellbar und welches sind die Gründe dafür?*

2.3 Die Individualhotellerie und die Kettenhotellerie

Die Individualhotellerie und die Kettenhotellerie stellen zwei unterschiedliche unternehmerische Konzeptionen dar. Daneben existieren die Hotels von Hotelkooperationen, die jedoch immer mehr das Verhalten von Kettenhotels annehmen.[26]

Zur Struktur des Hotelmarktes nach Individualhotellerie und Kettenhotellerie gibt es keine verlässlichen Statistiken. Mitte / Ende der 90er Jahre wurde – gemessen an der *Anzahl der Betriebe* – von ca. 83 % Individualhotels, 7 % Kettenhotels und 10 % Hotels von Kooperationen ausgegangen. Gemessen an der *Zimmerzahl* wurden 50 % den Individualhotels, 32 % den Kettenhotels und 18 % den Hotels von Kooperationen zugeordnet.[27]

Geht man von der *Markenhotellerie* aus, ergibt sich folgendes Bild. Unter Markenhotellerie verstehen der DEHOGA und der Hotelverband Deutschland (IHA) Hotelgesellschaften und Hotelgruppen, die
- über mindestens vier Hotels verfügen,
- wovon sich zumindest eines in Deutschland befindet und
- die mit einer eigenen Dachmarkenstrategie am deutschen Hotelmarkt operieren, die sich u.a. im Hotelnamen zeigt.[28]

Demnach wären 7,7 % der Betriebe und 31,8 % der Zimmer der Markenhotellerie zuzuordnen. Das Übergewicht der Individualhotellerie ist somit noch immer deutlich ausgeprägt. Dabei muss allerdings auch berücksichtigt werden, dass unter der Markenhotellerie viele kleine Hotelkooperationen, die die o. g. Bedingungen nicht erfüllen, nicht erfasst sind.

---

[26] Deshalb unterscheidet der DEHOGA auch nicht mehr zwischen Hotelgesellschaften und Hotelkooperationen, sondern spricht in diesem Zusammenhang von Markenhotellerie.
[27] Vgl. Hank-Haase, Hotelmarkt 1996, S. 27
[28] Vgl. DEHOGA (Hrsg.), Jahrbuch 2003/2004, S. 42

Abbildung 20: Die Struktur des deutschen Hotelmarktes

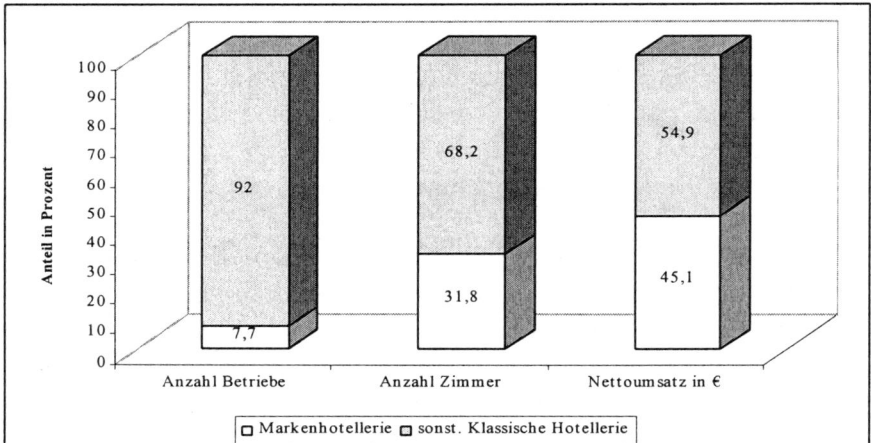

Quelle: Nach Daten Hotelverband Deutschland, Hotelmarkt 2004, S. 50

2.3.1 Die Individualhotellerie

Unter Individualhotellerie ist die Summe der *Einzelunternehmungen* zu verstehen, die vom *Unternehmer* oder der *Familie des Unternehmers* (Familienbetrieb) geführt werden. Das sind i.d.R. *Eigentümerbetriebe* oder *Pachtbetriebe*.
Die Individualhotellerie ist charakteristisch für den westlichen Teil Europas.

Charakteristische *Merkmale* der Individualhotellerie sind:
- Es gibt die Einheit von Eigentum / Kapital und Geschäftsführung (Eigentümerbetrieb) bzw. die Einheit von Inhaber und Geschäftsführung (Pachtbetrieb) in Person des Hoteliers.
- Der Einzelunternehmer trägt die volle Verantwortung, das volle Risiko und die volle Haftung für den Erfolg der Unternehmung.
- Sie dominieren im unteren und mittleren Qualitäts- und Preissegment.
- Es handelt sich überwiegend um kleine und mittlere Unternehmen (KMU).[29]

---

[29] So sind z.B. in Europa 99 % aller touristischen Unternehmen KMU. Das Beherbergungs- und Gaststättengewerbe hat daran den wesentlichen Anteil. Vgl. EU (Hrsg.), Agenda 2010, o. S.

Die *Vorteile* des Individualhotels sind:
- Der Unternehmer erhält den gesamten Gewinn (bestreitet aber den Lebensunterhalt daraus).
- Er kann allein entscheiden und sein unternehmerisches Können frei entfalten.
- Das Unternehmen ist stark von der Persönlichkeit des Unternehmers bzw. der Unternehmerfamilie geprägt. Es herrscht eine persönliche Atmosphäre.
- Das Hotel zeichnet sich durch flache Hierarchien und hohe Flexibilität aus.
- Der Direktkontakt zum Gast ermöglicht schnelles Reagieren auf Gästewünsche und ein hohes Maß an Individualität.
- Die persönliche Anwesenheit des Hoteliers im Hotel ist für den Gast häufig ein Qualitätsmerkmal.

Damit hat die Individualhotellerie wichtige Potenziale, die im Wettbewerb genutzt werden können.

Nachteile des Individualhotels sind:
- Der Unternehmer haftet unbeschränkt, d.h. auch mit seinem Privatvermögen.
- Es herrscht eine „Einzelkämpfersituation" vor, Arbeitsteilung und die Delegierung von Aufgaben sind kaum möglich.
- Der Hotelier ist permanent überlastet, Tagesaufgaben überwiegen, während für strategisches Herangehen kaum Zeit bleibt.
- Die familiären Belastungen sind durch unregelmäßige Arbeitszeiten und eine ständige Anwesenheit im Hotel relativ hoch.
- Eigenkapitalschwäche, Schwierigkeiten bei der Kapitalbeschaffung und begrenzte Kreditmöglichkeiten, Probleme bei der Stellung von Kreditsicherheiten sowie die permanente Gefahr der Verschuldung kennzeichnen die finanzwirtschaftliche Situation[30].
- Häufig fehlt Wissen in der Unternehmensführung, und das betriebswirtschaftliche Denken hat nicht immer Vorrang.
- Oft treten Probleme bei der Nachfolgeregelung auf.

---

[30] Vgl. Kapitel 9

Bei den Individualhotels ist ein sehr unterschiedliches Qualitätsniveau zu verzeichnen. Dabei zeigt sich, dass Hotels, die in Qualität investieren und unverwechselbare Produkte schaffen sowie flexibel auf Gästewünsche eingehen können, wettbewerbsfähig sind. Dagegen unterliegen die Betriebe einem hohen Wettbewerbsdruck und der Gefahr, aus dem Markt auszuscheiden, die Qualitätsstandards nicht erfüllen können, wenig investieren, austauschbare Produkte anbieten und Managementdefizite aufweisen.

2.3.2 Die Kettenhotellerie

Unter der Kettenhotellerie ist die Summe der Hotels einer *Hotelgesellschaft* (Hotelkonzern, Hotelkette) zu verstehen, die unter *einheitlicher Leitung* (Zentrale) geführt werden. Die Kettenhotels verfolgen eine bestimmte, *einheitliche Konzeption* im Sinne einer Marke. Daher wird in diesem Zusammenhang auch oft von *Markenhotellerie* gesprochen.

Charakteristische *Merkmale* der Kettenhotellerie sind:
- Die Hotels sind kapitalmäßig, organisatorisch und i. d. R. auch juristisch miteinander verbunden.
- Die wirtschaftliche Selbständigkeit der einzelnen Hotels kann ganz oder teilweise eingeschränkt sein.
- Kettenhotels können als Eigentümerbetriebe (i. S. von Filialbetrieben), Pachtbetriebe, Franchisebetriebe oder im Managementvertrag geführte Betriebe existieren.
- Die Führung der einzelnen Hotels obliegt einem Manager bzw. Generalmanager, der im Angestelltenverhältnis zum Eigentümer steht.
- Es erfolgt die Trennung von Kapital / Eigentum auf der einen Seite und Geschäftsführung / Management auf der anderen Seite. Daraus ergibt sich eine für die Kettenhotellerie typische Funktionsentkopplung.

Vorteile der Kettenhotels sind:
- Das betriebswirtschaftliche Denken (z.B. im Hinblick auf die Verzinsung des Kapitals) hat Vorrang.
- Das unternehmerische Risiko kann innerhalb der Kette verteilt werden.

- Auf Grund der Betriebsgröße bestehen Rationalisierungsvorteile gegenüber den Individualhotels (kostengünstigere Leistungserstellung bezogen auf die Leistungseinheit). Die Standardisierung von Leistungen ist besser möglich als in Individualhotels. Demzufolge können Produktivitätsstandards eher erreicht werden als in den Individualhotels, was zu Kostenvorteilen führt. Es kann darüber hinaus eine Einheitlichkeit der Leistungen (z.B. hinsichtlich der Zimmergröße, Zimmerausstattung, Bewirtungsleistungen, Komplementärleistungen) geschaffen werden, die der gesunkenen Risikobereitschaft der Gäste entgegenkommt.
- Kettenhotels verfügen über ein gestaffeltes Management (Top-, Middle-, Lower-Management), wodurch sie in der Lage sind, Managementaufgaben arbeitsteilig zu lösen.
- Die Zentralisierung wichtiger betrieblicher Funktionen (z. B. Einkauf, Marketing, Marktforschung, Rechnungswesen / Controlling, Budgetierung) ist möglich, woraus sich Kostenvorteile ergeben.
- Personalprobleme können besser und effizienter gelöst werden (z.B. Rotations- und Aufstiegsmöglichkeiten, Motivation von Mitarbeitern und Führungskräften).
- Die Vertriebsmöglichkeiten sind durch die Größe der Kette und durch konzerneigene Computer-Reservierungs-Systeme wesentlich größer und günstiger als die der Individualhotels.
- Die Hotels der jeweiligen Kette profitieren vom Imagetransfer innerhalb der Kette.

Nachteile der Kettenhotels bestehen darin, dass
- ausgeprägte Hierarchien eine gewisse Schwerfälligkeit verursachen,
- ein Verlust an Individualität in der Leistungserstellung eintritt, verbunden mit einer weniger persönlichen Atmosphäre in den Hotels,
- auch die Gefahr des negativen Imagetransfers zwischen den Hotels einer Kette besteht.

Abbildung 21: Die Funktionsentkopplung in der Hotellerie

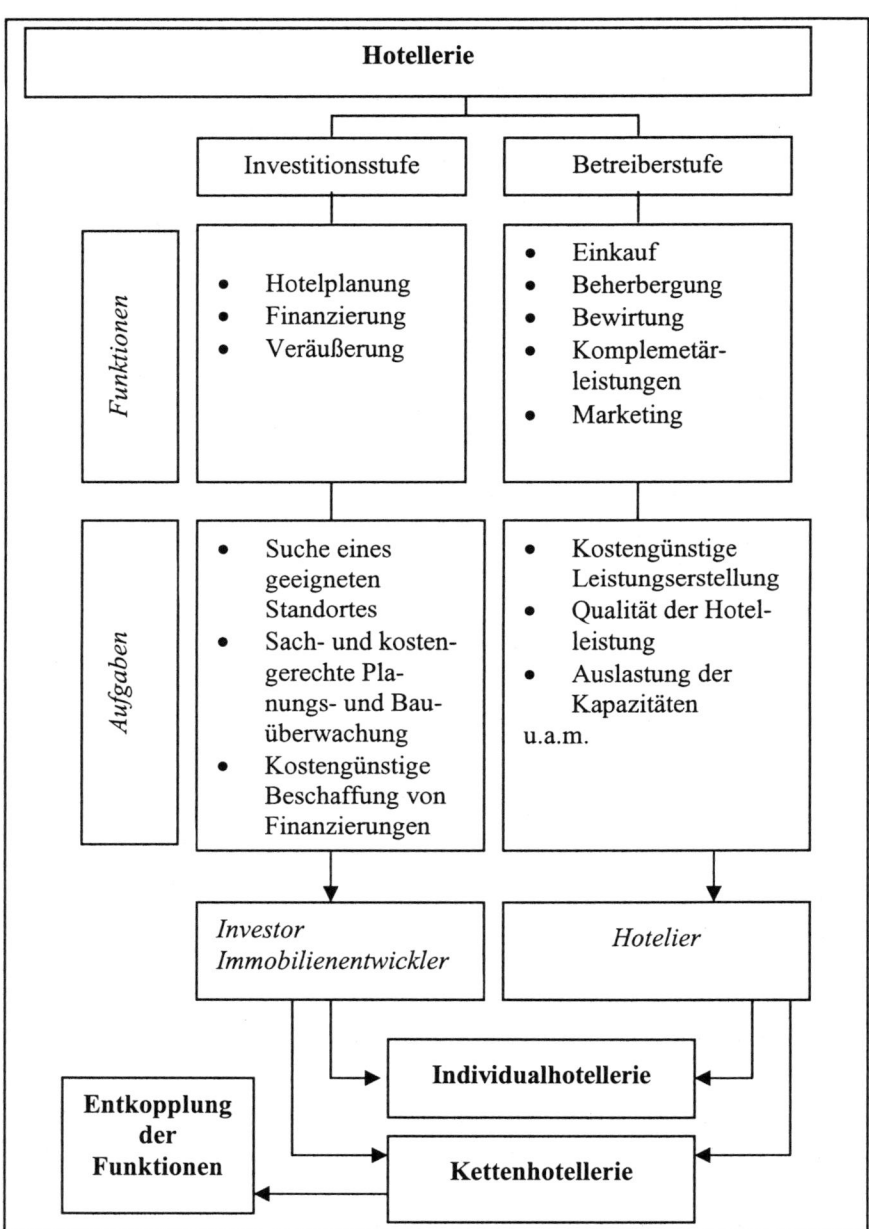

Quelle: In Anlehnung an Schultze, Diagnose, S. 120 ff.

Die Hotels einer Hotelkette können als Eigentümerbetrieb, Pachtbetrieb, Franchisebetrieb[31] oder im Managementvertrag betrieben werden.
Während in der deutschen Hotellerie der Eigentümer- und Pachtbetrieb vorherrschend ist, gewinnen Franchise- und Managementverträge, auch im Zusammenhang mit dem Vordringen ausländischer Hotelgesellschaften, an Bedeutung.

Beim *Managementvertrag* handelt es sich um einen Betreibervertrag bzw. einen Betriebsführungsvertrag im Sinne eines Geschäftsbesorgungsvertrages.
Er basiert auf der Trennung von Kapital und Management. Ein Investor / Eigentümer / Bauträger / Besitzer / Besitzgesellschaft will oder kann das Hotel nicht selbst betreiben, sondern beauftragt damit einen Betreiber. Der Betreiber kann eine Hotelgesellschaft sein, welche ihr Hotelführungssystem (Managementsystem) als Know How zur Verfügung stellt. Die Hotelgesellschaft fungiert dabei als Systemgeber, der Investor / Eigentümer als Systemnehmer.
Die Hotel-(Management-)gesellschaft ist im Auftrag und auf Rechnung des Investors / Eigentümers tätig. Sie betreibt das Hotel im eigenen Namen. Verträge werden von der Hotelgesellschaft in eigenem Namen, aber auf fremde Rechnung abgeschlossen.
Gewinne und Verluste gehen auf das Konto des Eigentümers, d.h. neben dem Investitionsrisiko liegt auch das unternehmerische Risiko – anders als beim Pachtvertrag – beim Eigentümer. Damit ist er vom Wirken der Hotelgesellschaft abhängig. Insofern wird er sich für die Betreibung des Hotels auch eine erfolgreiche Hotelgesellschaft aussuchen.
Für die Inanspruchnahme des Managementsystems zahlt der Investor / Eigentümer als Systemnehmer an den Systemgeber, die Hotelgesellschaft, eine Managementgebühr, die sog. Management fee. Die Managementgebühr ist i.d.R. keine Fixgebühr, sondern eine „gespaltene" Gebühr, die sich aus einem umsatzabhängigen (z.B. ein bestimmter Prozentsatz vom Umsatz) und einem ergebnisabhängigen Teil (z.B. ein bestimmter Prozentsatz vom GOP bzw. Betriebsergebnis nach Gemeinkosten[32]) zusammensetzt.

---

[31] Vgl. Abschnitt 2.4.4
[32] Vgl. Abschnitt 7.7.1

Abbildung 22: Beispiel für die Zusammensetzung der Managementgebühr

Vorgabe Zusammensetzung (im Managementvertrag geregelt): 3 % vom Umsatz und 10 % vom GOP	
Umsatz	10.000.000 GE
GOP	3.000.000 GE
Management fee	
3 % vom Umsatz	300.000 GE
10 % vom GOP	300.000 GE
Summe	600.000 GE

Die Managementgebühr, die der Investor / Eigentümer an die Hotelgesellschaft zu zahlen hat, wären 600.000 GE. Er selbst erhält 2,4 Mio. GE, aus dem die anlagebedingten Kosten (Besitzkosten) und der Gewinn zu decken sind.

Je höher der Umsatz und vor allem auch das Betriebsergebnis ausfallen, um so höher ist die Managementgebühr. Daher wird die Hotelgesellschaft bestrebt sein, in Bezug auf die betriebsbedingten Kosten, für die die Hotelgesellschaft verantwortlich ist, sparsam zu wirtschaften.[33]

Die Managementgebühr dient der Hotelgesellschaft zur Deckung solcher Aufwendungen, wie zentrale Werbung der Hotelgesellschaft, weltweit operierende Computer-Reservierungs-Systeme (GDS), Planung, Kontrolle und Verwaltung oder Aus- und Weiterbildung des Personals zur Sicherung eines bestimmten Qualifikationsstandards.

Da der Investor / Eigentümer das wirtschaftliche Risiko trägt, übt er Kontrolle aus, indem die Hotelgesellschaft ein Budget erarbeiten muss, welches vom Eigentümer zu genehmigen ist. Der Investor / Eigentümer kann dabei bestimmte Anforderungen stellen, wie z.B. garantierte Mindestumsätze bzw. GOP. Durch monatliche Berichterstattungen über Budgeterfüllung und Ergebnisrechnung erfolgt eine ständige Kontrolle durch den Betreiber.

Für Hotelgesellschaften stellt der Managementvertrag eine Möglichkeit dar, ohne eigenen oder mit nur geringem Kapitalbedarf zu expandieren und den Bekanntheitsgrad der Kette zu erhöhen. Nachtei-

---

[33] Vgl. Abschnitte 7.6.1 und 10.2.1

lig kann sich hingegen auswirken, dass die Hotelimmobilie nicht als Kreditsicherung für die Hotelgesellschaft zur Verfügung steht.

Da Hotelgesellschaften konkurrieren und sich Investoren / Eigentümer zunehmend auch Erfahrungen im Hotelmanagement angeeignet haben, sind Veränderungen zu beobachten, die auf eine steigende Marktmacht der Besitzer hinweisen. So wird die Vertragsdauer reduziert, stärker Einfluss auf die Mitbestimmung bei geschäftspolitischen Leitlinien und auf die operative Geschäftstätigkeit (z.B. Stellenbesetzungen von Managern) genommen oder es wird die Beteiligung der Hotelgesellschaft am finanziellen Risiko erwartet.

Fragen und Aufgaben zum Abschnitt 2.3

> 1. *Begründen Sie, weshalb bei Individual- und Kettenhotellerie von unterschiedlichen Konzeptionsformen gesprochen werden kann und weisen Sie nach, dass damit auch ein unterschiedlicher Konzentrationsgrad erreicht wird!*
> 2. *Stellen Sie die Merkmale sowie Vor- und Nachteile der Individualhotellerie und Kettenhotellerie in einer Übersicht zusammen!*
> 3. *In welchen Betreiberformen können Kettenhotels geführt werden? Arbeiten Sie die Unterschiede zwischen diesen Formen heraus! Welche Trends sind erkennbar?*
> 4. *Charakterisieren Sie das Wesen und den Inhalt eines Managementvertrages!*
> 5. *Worin und für wen sehen Sie Vor- oder Nachteile eines Managementvertrages?*
> 6. *Weshalb soll eine Managementgesellschaft bestrebt sein, die betriebsbedingten Kosten niedrig zu halten?*

2.4 Konzentrationstendenzen in der Hotellerie
2.4.1 Der Nachweis und Grad der Konzentration

Unter Konzentration kann allgemein die *Ballung von ökonomischen Größen, Mitteln und Gestaltungsmöglichkeiten* verstanden werden.

Bezugsgrößen für die Konzentration in der Hotellerie sind die *Betriebsgröße* (Anzahl der Betten bzw. Zimmer pro Hotelbetrieb, Umsatz pro Unternehmen, Beschäftigte pro Unternehmen), der *Anteil der Hotels von Ketten und Kooperationen* an den gesamten Hotels [34] oder das Verhältnis von *Markteintritten und –austritten*.

Anzahl der Betten pro Hotelbetrieb
Die Hotellerie ist durch kleine Betriebe geprägt. Betrachtet man die Daten der Abb. 9, so lässt sich feststellen, dass über 90 % der Betriebe Klein- und Mittelbetriebe (d.h. mit einer Kapazität bis zu 100 Betten) waren. Das spricht für eine relativ geringe Konzentration.
Die durchschnittliche Anzahl Betten je Betrieb betrug 2002 statistisch gesehen in der Betriebsart Hotel 71 Betten. Die anderen Betriebsarten weisen geringere Größen auf.

Abbildung 23: Die durchschnittliche Anzahl der Betten pro Hotelbetrieb[1]

Betriebsart	1981	1987	1993	1997	2002
Hotel	46	53	61	66	71
Gasthof	19	20	22	23	23
Pension	20	22	23	23	25
Hotel garni	22	23	27	31	34
Hotellerie i.w.S.	26	30	36	39	42

1) 1981 und 1987 früheres Bundesgebiet
Quellen: Statistisches Bundesamt, Tourismus 1996, S. 73; Tourismus 2003, S. 104 und eigene Berechnungen

Bei allen Betriebsarten lässt sich ein Trend zum größeren Betrieb nachweisen. Das ist auch darauf zurückzuführen, dass kleine Betriebe, die nicht mehr den gewachsenen Ansprüchen der Gäste genügen können, im Wettbewerb nicht bestehen und aus dem Markt ausscheiden. Dafür spricht, dass vor allem Hotels mit einer Kapazität unter 40 Zimmern von überdurchschnittlichen Umsatz- und Ertragseinbußen betroffen sind. Weiterhin ist davon auszugehen, dass die Ketten- und Kooperationshotels i.d.R. über mehr Betten pro Hotelbetrieb als der Durchschnitt verfügen, da sie den gestiegenen Gästeerwartungen über ein komplexes Angebots entsprechen wollen.

---
[34] Vgl. Abschnitt 2.3

Umsatz pro Unternehmen
Hotels weisen – verglichen mit anderen Wirtschaftszweigen – mit durchschnittlich 856.000 Euro steuerbarem Jahresumsatz (Lieferungen und Leistungen) relativ geringe Umsätze pro Unternehmen bzw. Steuerpflichtigem auf. Die anderen Betriebsarten liegen noch darunter. Allerdings lässt sich auch anhand der Entwicklung des durchschnittlichen Umsatzes pro Unternehmen nachweisen, dass sich Konzentrationsprozesse vollziehen.

Abbildung 24: Der durchschnittlich steuerbare Jahresumsatz pro Unternehmen in T€

Betriebsart	1980	1990	1994	2001
Hotel	370,6	651,1	698,1	856,5
Gasthof	128,8	164,7	174,7	193,9
Pension	81,6	127,6	128,1	125,4
Hotel garni	100,5	169,3	183,4	256,8
Hotellerie i.w.S.	180,7	277,3	296,6	370,1

Quelle: Statistisches Bundesamt, Tourismus 2003, S. 163 und eigene Berechnungen

Konzentration wird ebenfalls an der Verteilung des Umsatzes deutlich. Wie die Abb. 20 zeigt, erwirtschaftet die Markenhotellerie mit i.d.R. größeren Betrieben 45,1 % des Umsatzes der Hotellerie i.w.S., obwohl ihr Anteil an den Betrieben nur 7,7 % ausmacht.

Allerdings muss festgestellt werden, dass die Konzentration in der Hotellerie im Vergleich mit anderen Branchen, z.B. mit dem Lebensmitteleinzelhandel, relativ gering ist. So hatte sich 1999 im Lebensmitteleinzelhandel die Zahl der Betriebe per Saldo seit 1970 halbiert. 1998 vereinigten die Top Ten der Branche 84 % und die führenden 30 Handelsunternehmen 97 % des Gesamtumsatzes auf sich.[35]

Beschäftigte pro Unternehmen
Die Hotellerie weist eine geringe Anzahl von Beschäftigten pro Unternehmen auf. Das trifft ebenfalls auf alle Betriebsarten zu. So beschäftigte z.B. das größte Hotel Deutschlands, das Estrel Residence

---
[35] Vgl. Doepner, Kaufmann, S. 73 f.

& Congress Hotel, Berlin (1.125 Zimmer und 2.250 Betten), 1997 „nur" 250 Vollzeit–Mitarbeiter.[36]

Der relativ geringe Konzentrationsgrad zeigt sich auch in der Verteilung der Beschäftigten. So waren z.B. 54 % der Beschäftigten des Gastgewerbes in Arbeitsstätten mit bis zu neun Mitarbeitern tätig.[37]

Abbildung 25: Die Anzahl Beschäftigter pro Unternehmen

Betriebsart	Beschäftigte pro Unternehmen 1985[1]	Beschäftigte pro Unternehmen 1993
Hotel	14,2	17,9
Gasthof	5,3	6,2
Pension	3,8	3,4
Hotel garni	3,7	5,7
Hotellerie i.w.S.	7,4	9,4

1) früheres Bundesgebiet
Quelle: eigene Berechnungen nach Daten Statistisches Bundesamt, Tourismus 1999, S. 184

Obwohl eine Zunahme der Beschäftigten pro Unternehmen zu verzeichnen ist, wird der Konzentrationseffekt auf Grund abnehmender Beschäftigtenzahlen im Beherbergungsgewerbe abgeschwächt[38].

Markteintritte / Marktaustritte
Beim Vergleich der *Markteintritte und –austritte* im Gastgewerbe zeigt sich, dass die Gastgewerbebetriebe insgesamt zunehmen, die kleinen Betriebe jedoch stark abnehmen. So war z.B. für das Jahr 1998 gegenüber 1997 bei den Hauptniederlassungen (+76) und den Zweigniederlassungen (+1.806) eine positive Entwicklung festzustellen. Bei den Kleingewerbebetrieben hingegen gab es ein Minus von 10.237 Betrieben. Das spricht sowohl für eine Marktbereinigung als auch für Konzentration.[39] Allerdings muss dabei berücksichtigt werden, dass niedrige Markteintrittsbarrieren für das Gastgewerbe den Prozess der Marktbereinigung hemmend beeinflussen.

---

[36] Vgl. Bohl, Jahr, S. 68
[37] Vgl. Statistisches Bundesamt, Tourismus 1999, S. 183
[38] Vgl. Kapitel 8.2
[39] Vgl. DEHOGA (Hrsg.), Jahrbuch 1998/1999, S. 248 ff.

Insgesamt lässt sich feststellen:
- Bei der Hotellerie handelt es sich um eine zersplitterte Branche, die durch eine Vielzahl kleiner Unternehmen und viele Unternehmen im Besitz von Privatunternehmern charakterisiert ist und in der echte Branchenführer fehlen.
- Im Vergleich zu anderen Wirtschaftszweigen liegt eine relativ geringe Konzentration vor.
- Der Konzentrationsprozess schreitet jedoch weiter fort. Das zeigt sich in der zunehmenden Betriebsgröße bei allen Betriebsarten.
- Der Konzentrationsprozess ist mit einer Marktbereinigung verbunden.

2.4.2 Entwicklungen auf dem Hotelmarkt

Die Konzentrationsprozesse in der Hotellerie sind Ausdruck von Veränderungen, die sich auf dem Hotelmarkt sowohl nachfrage- als auch angebotsseitig vollziehen.

2.4.2.1 Entwicklungen auf der Nachfrageseite

Auf der Nachfrageseite sind sehr unterschiedliche Entwicklungen festzustellen. Das sind vor allem:

Wachsende Flexibilität und Kurzfristigkeit in der Nachfrage, die sich äußert
- im Trend zum kürzeren Reisen,
- im Trend zum häufigeren Reisen,
- in einem kurzfristigen Buchungsverhalten und „Preisverhandlungen".

Steigendes Anspruchsniveau der Gäste, das sich zeigt
- in der Bevorzugung eines komplexen Angebotes,
- in der stärkeren Beachtung des Preis-Leistungs-Verhältnisses,
- in dem Anspruch, immer mehr Qualität (auch für weniger Geld) zu erhalten,
- in einem gewachsenen umwelt- und gesundheitsbewussten Verhalten.

Zunehmendere Differenzierung von Ansprüchen, die verbunden sind mit
- einer Polarisierung der Nachfrage (Low-Budget-Bereich – Luxus-Bereich),
- einer abnehmenden Nachfrage nach undifferenzierten Angeboten und einer stärkeren Hinwendung zu Nischenprodukten,
- sehr unterschiedlichen Ansprüchen ein und desselben Gastes zu verschiedenen Anlässen bzw. Gelegenheiten.

Gewachsene Reiseerfahrungen und *Sättigungserscheinungen,* die die Nachfrage beeinflussen durch
- die Verlagerung der Nachfrage,
- einen kleiner werdenden Markt,
- kritischere Gäste,
- zunehmende Beschwerdehäufigkeit.

Gesunkene Risikobereitschaft beim Reisen, die verbunden ist mit
- einer zunehmenden Qualitäts- und Markenorientierung,
- der Bevorzugung von Kettenhotels i. S. von Produktsicherheit
- zunehmenden Sicherheitsbedürfnissen nach dem 11. September 2001.

Trend zum billigeren Reisen, der sich äußert
- in einer steigenden Nachfrage im Niedrigpreissegment,
- in der Verlagerung der Nachfrage in Low-Budget- und Economy-Hotels,
- im Sparen an Nebenausgaben.

Zunehmende Erlebnisorientierung beim Reisen, die sich zeigt
- in veränderten Gästeerwartungen im Hinblick auf den Erlebniswert,
- in mehr „action" und Abwechslung während des Aufenthaltes.

Es wirken ebenfalls *Veränderungen der Nachfrage im Geschäftstourismus,* insbesondere im Tagungs- und Kongressbereich, indem
- sich die Nachfrage vom Luxus- und First-Class-Bereich in die Mittelklasse und in den Economy-Bereich verlagert,
- die Veranstaltungen und somit die Reisedauer verkürzt werden,

- Veranstaltungen mit weniger Teilnehmern und „schlankeren" Programmen gewählt werden sowie
- an Nebenausgaben gespart wird.

Diese Trends wirken nicht alle gleichzeitig und sind teilweise auch gegenläufig. Sie führen aber zu neuen Anforderungen an die Hotelleistungen im Hinblick auf die Angebotsgestaltung. Sie sind ggf. auch mit Umsatzeinbußen für die Hotels verbunden und verstärken den Wettbewerbsdruck besonders für die Individualhotellerie.

2.4.2.2 Entwicklungen auf der Angebotsseite

Die Entwicklungen auf der Angebotsseite sind vor allem gekennzeichnet durch:
- einen *Angebotsüberhang*, bei dem sich das Angebot schneller als die Nachfrage entwickelt hat.[40] Das zeigt sich vor allem in *sinkenden Auslastung* und *aggressiver Preispolitik*.
- die *fortschreitende Konzentration* mit größeren Betrieben und der Expansion von Hotelketten und Hotelkooperationen, Bildung von Allianzen, Joint Ventures, Co-Branding, verbunden mit *Marktbereinigungsprozessen*.
- Bestrebungen der Business-Hotellerie verstärkt in die Ferienhotellerie zu drängen, um sich damit ein „zweites Standbein" zu schaffen. Zunehmend ist die Bezeichnung *Hotels & Resorts* in den Kettennamen zu finden (z.B. bei Steigenberger Hotels & Resorts, Kempinski Hotels & Resorts, Westin Hotels & Resorts u.a.).
- Aktivitäten von Hotelgesellschaften im *Time-Sharing-Bereich*.
- eine *zunehmende Trennung von Kapital und Management*. Hotelinvestitionen erfolgen nicht immer unter dem Aspekt der Nachfragesituation, sondern Investoren suchen eine langfristige Kapitalanlage, die eine angemessene Verzinsung des investierten Kapitals ermöglicht.

Auch die Trends auf der Angebotsseite verstärken den Wettbewerbsdruck und zwingen Hotelunternehmen zu Expansionsstrategien.

Die Entwicklungen auf dem Hotelmarkt vollziehen sich unter den Bedingungen der *Globalisierung,* einer gesellschaftlichen, politi-

---
[40] Vgl. Abschnitt 2.5

schen und wirtschaftlichen Entwicklung, die weltweite Expansion bedeutet. Man muss heute davon ausgehen, dass der Hotelmarkt auf Grund der entstandenen Überkapazitäten und sich erschöpfender Expansionsmöglichkeiten auf vielen heimischen Märkten weltweit ein Käufermarkt geworden ist.[41] In der Vergangenheit und heute suchten und suchen Investoren in allen Regionen der Welt nach neuen Anlagemöglichkeiten. Diese sind häufig in weniger wirtschaftlich stabilen, aber touristisch attraktiven Ländern zu finden.

Da auf Grund der möglichen Funktionsentkopplung in der Hotellerie Investoren bzw. Eigentümer und Betreiber von Hotels nicht identisch sein müssen, ergeben sich in der Hotellerie günstige Bedingungen für die globale Ausdehnung der Aktivitäten von Investoren und Betreibern.

Abbildung 26: Entwicklungen auf dem Hotelmarkt

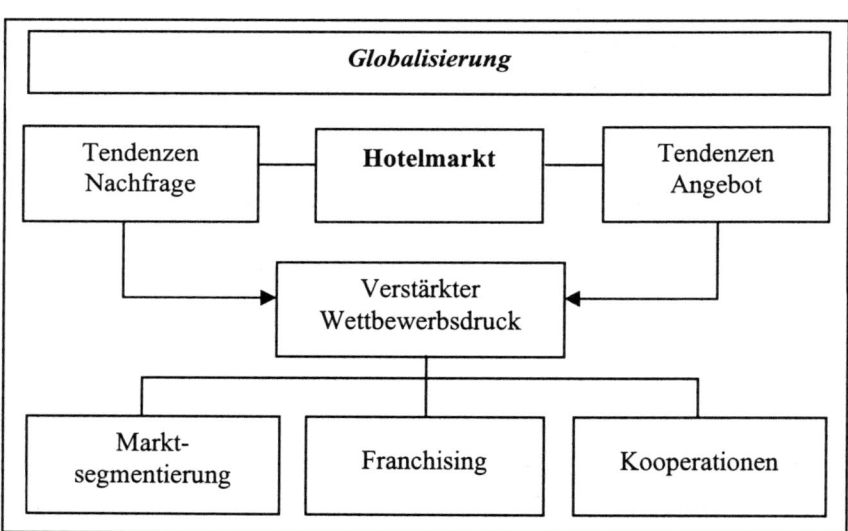

Für die Globalisierung in der Hotellerie ist eine ungleichmäßige Entwicklung charakteristisch. Sie zeigt sich z.B. darin, dass die weltweiten Hotelkapazitäten von 1980 bis 1997 um 77,9 % gestiegen sind, in der Region Ostasien / Pazifik jedoch ein Zuwachs auf 879 % zu verzeichnen ist.[42]

---

[41] Vgl. Keller, Globalisierung, S. 38
[42] Vgl. WTO, Tourism, S. 10

Abbildung 27: Die Entwicklung der weltweiten Hotelkapazitäten

Region	Betten in Tsd.			Entwicklung in % 1980 = 100	
	1980	1985	1997	1985	1997
Europa	8.542	8.637	11.375	101,1	133,2
Amerika	6.336	6.933	9.334	107,7	145,0
Ostasien/Pazifik	763	1.694	6.708	222,0	879,2
Afrika	269	525	825	195,2	306,7
Mittlerer Osten	141	254	400	180,1	283,7
Südasien	126	198	310	157,1	246,0
Welt	16.277	18.241	28.952	112,1	177,9

Quelle: WTO, Tourism, S. 10 und eigene Berechnungen

Zwar befindet sich noch immer der größte Teil der Hotelbetten in Europa, aber der Marktanteil Europas sinkt, z.B. von 52,5 % im Jahr 1980 auf 39,3 % im Jahr 1997. Das ist auf das langsamere Wachstum der Hotelkapazitäten in Europa gegenüber den anderen Regionen zurückzuführen. Abnehmendes Wachstum trifft auch auf die amerikanische Region zu. In Folge des rasanten Wachstums konnte die Region Ostasien / Pazifik ihren Marktanteil von 4,7 % im Jahr 1980 auf 23,2 % im Jahr 1997 steigern.[43]
Diese Situation wird dadurch begünstigt, dass immer neue touristische Destinationen auf den Markt kommen und Überkapazitäten im Flugbereich vorhanden sind,[44] die entsprechende Hotelkapazitäten „fordern". Auf Grund billigerer Produktionsfaktoren (z.B. Arbeit) als auf den heimischen Märkten sind die Hotelkonzerne in der Lage, neue, qualitativ hochwertige Produkte zu günstigeren Preisen anzubieten. Die Ausweitung des weltweiten Hotelangebotes führt dazu, dass auch im nationalen Rahmen Belegungsraten sinken, Preise verfallen und Gewinne reduziert werden. Die Folge ist ein verstärkter Preiswettbewerb, an dem Klein- und Mittelbetriebe meist nicht teilnehmen können, da sie keine Kostenvorteile oder Expansionsmöglichkeiten auf anderen Märkten haben.
Die schnell fortschreitenden Entwicklungen im Telekommunikationsbereich fördern diese Prozesse, denn für die Nachfrager wird der weltweite Hotelmarkt transparenter. Sie werden noch „freier" in ihren Entscheidungen werden, da ihnen notwendige Informationen

---
[43] Vgl. ebenda
[44] Vgl. Keller, Globalisierung, S. 38

über telematische Distributionskanäle aktuell und schnell zur Verfügung stehen.

Abbildung 28: Die acht größten Hotelgesellschaften der Welt (2004)

Rang	Gruppe	Zimmer	Hotels	In Ländern	Marken (Beispiele)
1	InterContinental Hotels	536.318	3.520	100	Holiday Inn, Express by Holiday Inn, Crown Plaza, Inter-Continental, Forum, Staybridge
2	Cendant Corporation	518.747	6.402	23	Days Inn, Howard Johnson, Super 8, American Host Inn, Ramada[1], Travelodge[2], Knights Inn, Wingate Inn
3	Marriott International	490.564	2.718	64	Marriott Hotels & Resorts, Courtyard by Marriott, Renaissance Hotels & Resorts, The Ritz-Carlton, Fairfield Inn by Marriott, Marriott, Executive Stay, Town Place Suite by Marriott, Marriott Vacation Club International
4	Accor	453.403	3.894	90	Sofitel, Novotel, Mercure, Suite-hotel, Ibis, Etap, Formule 1, Motel 6, Red Roof Inn, Studio 6, Coralia Club, Accor Thalasso
5	Choice Hotels International	388.618	4.810	40	Clarion, Quality, Comfort Inn, Comfort Suites, Sleep Inn, Rodeway Inn, Econo Lodge, MainStay Suites
6	Hilton Hotels Corporation	348.483	2.173	50	Hilton Hotels, Conrad Hotels, Hilton Garden Inn, Doubletree, Embassy Suites, Hampton Inns, Hampton Inns & Suites, Holton Grand Vacations Club, Homewood Suites by Hilton,
7	Best Western International	310.245	4.110	79	Best Western
8	Starwood Hotels & Resorts	229.247	738	82	St. Regis, The Luxury Collection, Sheraton, Westin, W Hotels, Four Points by Sheraton

[1] nur USA, [2] nur Nordamerika,
Quellen: o.V., Hotellerie 2004, S. 8 und Homepages der Hotelgesellschaften

Globalisierung ist ein Prozess, an dem hauptsächlich die Hotelkonzerne teilhaben. Ausdruck ihres Expansionsdranges sind u.a. Strategien der Marktsegmentierung und Markenpolitik, die sich in allen großen Hotelgesellschaften beobachten lassen.

Damit sind auch Auswirkungen auf die unabhängigen Hotels verbunden, die sich, um im Wettbewerb bestehen zu können, über Franchising an Hotelketten an- oder zu Hotelkooperationen zusammenschließen. Dadurch wachsen die Hotelgesellschaften weiter, bei denen sich Global Player herausgebildet haben.[45]

2.4.3 Marktsegmentierung und Markenpolitik

Marktsegmentierung bedeutet, den *Hotelmarkt* nachfrageseitig nach bestimmten Marktsegmenten zu *differenzieren*. In einzelnen Segmenten werden unterschiedliche Hotelprodukte als Marken entwickelt, die speziell ausgerichtete Konzepte für genau definierte Gäste-(Ziel-)gruppen darstellen.

Man spricht in diesem Zusammenhang auch zunehmend von der *Markenhotellerie*.[46]

Die Möglichkeiten der Marktsegmentierung und des Angebotes unterschiedlicher Marken ergeben sich *nachfrageseitig*. Zum einen kann das Bedürfnis nach Beherbergung auf sehr unterschiedliche Art und Weise befriedigt werden und zum anderen hat sich die Nachfrage seit längerer Zeit immer mehr differenziert.

Die Strategie der Marktsegmentierung ist ebenfalls in Entwicklungen auf der *Angebotsseite* begründet. In den 70er bis in die 80er Jahre hinein expandierte die Kettenhotellerie vor allem im Vier-Sterne- und Fünf-Sterne-Bereich, dessen Hauptklientel die Geschäftsreisenden sind. Einerseits wurde davon ausgegangen, dass im *Geschäftstourismus* die größte Nachfrageentwicklung erfolgen wird und andererseits wollten Hotelketten mit einem entsprechenden Hotel an jedem 1-a-Standort präsent sein, auch unabhängig von der Nachfrage.

---

[45] Vgl. Henschel, Tourismus, S. 67 ff.
[46] Vgl. Abschnitt 2.3

Die Entwicklung führte zu weitgehender Marktsättigung und Stagnation im First-Class- und Luxus-Bereich.[47]

Zu Beginn der 90er Jahre wurde immer deutlicher, dass sich auch auf dem Hotelmarkt der Wandel vom Verkäufer- zum Käufermarkt endgültig vollzogen hatte. Die Auslastung der Hotels ging immer mehr zurück. Hinzu kam, dass die Anfang der 90er Jahren einsetzende Rezession Unternehmen veranlasste, Einsparungen in ihren Reisekostenbudgets vorzunehmen und zunehmend ein professionelles Business Travel Management zu betreiben. Dadurch verlagerte sich die Nachfrage im Geschäftsreisemarkt vom Vier-Sterne- und Fünf-Sterne-Bereich in die Mittelklassehotels und sogar noch darunter.

Aber nicht nur im Geschäftstourismus sondern auch im *Urlaubs- und Freizeittourismus* richtete sich die Nachfrage verstärkt auf das mittlere und untere Preissegment, verbunden mit einer höheren Reiseerfahrung und daraus resultierenden Vergleichsmöglichkeiten sowie einem höheren Preisbewusstsein der Gäste. Das Preis-Leistungs-Verhältnis stand zunehmend im Mittelpunkt von Reiseentscheidungen.

Diese Veränderungen griffen die Hotelketten auf und verlagerten ihre Investitionsaktivitäten auf den Drei-Sterne-, vor allem aber auf den Zwei-Sterne- und Ein-Stern-Bereich. Als führend kann der französische Hotelkonzern Accor angesehen werden, der mit standardisierten Hotelbauten im Budget- bzw. Low-Budget-Bereich mit den Hotelmarken Ibis, Etap und Formule 1 expandierte. Andere Hotelketten folgten mit ähnlichen Konzepten.

Abbildung 29: Beispiele für Low-Budget-Ketten in Deutschland

Gesellschaft	Hotels	Zimmer Anzahl /Größe m^2	Preis DZ in DM
Accor / Ibis	46	140 / 16	90 –155
Accor / Etap	32	80 / 14	65 – 85
Ramada garni	7	110 / 24	150 – 180
Good Night Inn	4	100 / 20	100
Sol Inn	4	100 / 20	100 – 150
Sleep & Go	2	50 / 16	79

Quelle: o.V., Boom, S. 132

---

[47] Vgl. Seitz, Hotelmanagement, S. 33

Bei den *Low-Budget-Hotels* steht die Beherbergungsleistung im Vordergrund. Die Hotels sind stark funktionell ausgerichtet und haben standardisierte Zimmer, die eine Grundausstattung aufweisen. Sie verfügen über sehr begrenzte oder gar keine Bewirtungsmöglichkeiten. Das Angebot an Komplementärleistungen[48] fehlt i.d.R. auch. Weitere Einsparungen werden in öffentlichen Räumen (z.B. Empfangshalle), und den Grundflächen von Zimmern vorgenommen. Auch ist die zeitliche Verfügbarkeit von Dienstleistungen eingeschränkt.[49] Low-Budget-Hotels befinden sich oft in verkehrsgünstigen Randlagen oder Gewerbegebieten (z.B. Formule 1, Etap). So können sowohl die Baukosten (günstigere Bodenpreise in Stadtrandlagen bzw. Gewerbegebieten) als auch die Betriebskosten (z.B. geringere Personalkosten auf Grund des eingeschränkten Dienstleistungsumfangs) wesentlich günstiger gehalten werden als in den Full-Service Hotels. Es ist jedoch auch zu beobachten, dass Hotelketten mit Low-Budget-Konzepten in citynahe Standorte oder in Innenstadtlagen gehen. Unter Beachtung des Preis-Leistungs-Verhältnisses sind auch sie in der Lage, Zimmerpreise zu ermöglichen, die sowohl für Geschäftsreisende als auch für Freizeitgäste attraktiv sind.

Die Budget-Konzepte werden von den Hotelgesellschaften als *Marken* entwickelt und bieten so Sicherheit und Zuverlässigkeit, was der gesunkenen Risikobereitschaft der Gäste entgegenkommt. So leistet z.B. Ibis eine 15-Minuten-Service-Garantie, in deren Rahmen sich das Hotel verpflichtet, auftretende Mängel innerhalb von 15 Minuten zu beseitigen. Ausdruck der Qualitätsorientierung von Ibis ist auch die Zertifizierung nach der ISO-Norm 9002.[50]

In den letzten Jahren hat die Anzahl der Budget-Hotels stark zugenommen. Nach Schätzungen des DEHOGA hat dieser Bereich einen Umsatzanteil von etwa drei Prozent im klassischen Beherbergungsgewerbe erreicht[51], wobei von weiteren Wachstumspotenzialen auszugehen ist.

---

[48] Vgl. Abschnitt 3.2.4
[49] Vgl. Seitz, Hotelmanagement, S. 35
[50] Vgl. Abschnitt 5.2.1
[51] Vgl. DEHOGA (Hrsg.), Jahrbuch 1998/1999, S. 73

Heute ist zu verzeichnen, dass die führenden internationalen und nationalen Hotelketten in allen Marktsegmenten vertreten sind. Die *Marktsegmentierung* ist damit eine der bevorzugten Strategien von Hotelkonzernen geworden, wie das auch bei den führenden Gesellschaften zu sehen ist.

Mit dieser Entwicklung verschärft sich die Situation für die Individualbetriebe, die ihre hauptsächlichen Aktivitäten im Ein-Stern- bis Drei-Sterne-Bereich haben. Da die Kettenhotels mit der Marktsegmentierung auch eine Risikostreuung vornehmen, einen bekannten Namen haben und einen bestimmten Standard weltweit garantieren, sind sie in dieser Beziehung gegenüber den Individualhotels im Vorteil. Daraus kann allerdings nicht der Schluss abgeleitet werden, dass die Individualhotellerie keine Markenpolitik betreiben kann. Viele Beispiele zeigen, dass es möglich ist, mit einem unverwechselbaren Angebot eine Einzelmarke zu positionieren.[52]

Durch ihre Marktsegmentierung haben sich Hotelgesellschaften schnell entwickelt. Während 1985 die Anzahl der in Deutschland tätigen Hotelgesellschaften 41 mit 1.068 Hotels betrug, waren es im Jahr 2004 111 Hotelgesellschaften mit 3.230 Hotels.[53]

Abbildung 30: Die Entwicklung der Hotelgesellschaften in Deutschland

Jahr	Hotelketten		Hotelkooperationen	
	Anzahl	Anzahl Hotels	Anzahl	Anzahl Hotels
1985	26	244	15	824
1995	67	786	28	1.163
	Anzahl Hotelgesellschaften		Anzahl Hotels	
1998	121		2.750	
2001	112[1]		2.907	
2004	111		3.230	

[1] geänderte Erfassung
Quellen: DEHOGA (Hrsg.) Jahrbuch 1995/1996, S.165, Jahrbuch 1998/1999, S. 64, Jahrbuch 2003/2004, S. 42

Es ist zu beobachten, dass sich Veränderungen immer schneller vollziehen und in- und ausländische Ketten auch miteinander koope-

---
[52] Vgl. Münster, Konzentrationswelle, S. 148 ff.
[53] Vgl. DEHOGA (Hrsg.), Jahrbuch 2003/2004, S. 42

rieren, so z.B. ein Joint Venture der Schörghuber Unternehmensgruppe und Starwood Hotels & Resorts als ArabellaSheraton oder ein Co-Branding von Ramada und Treff. Des Weiteren ist ein verstärktes Engagement internationaler Hotelketten auf dem deutschen Hotelmarkt zu beobachten. Allerdings muss man berücksichtigen, dass im Vergleich zu anderen Ländern, der deutsche Hotelmarkt einen geringen Anteil von Hotels aufweist, die der Markenhotellerie zuzuordnen sind.[54]

Abbildung 31: Das Markengefälle in der Hotellerie

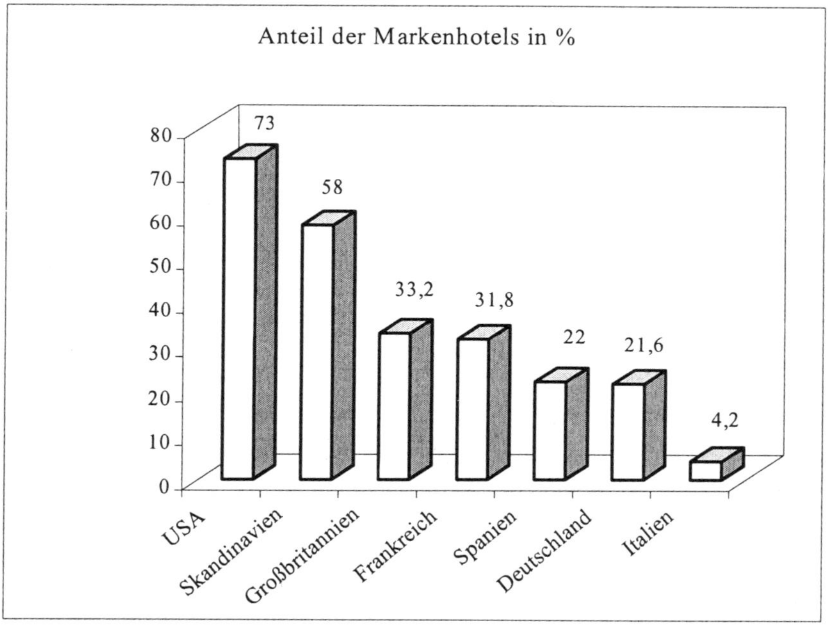

Anteil der Markenhotels in %

- USA: 73
- Skandinavien: 58
- Großbritannien: 33,2
- Frankreich: 31,8
- Spanien: 22
- Deutschland: 21,6
- Italien: 4,2

Quelle: Münster, Hotelketten, S. 110

Die mit der Markenbildung verbundenen Auswirkungen auf den *Gast* bestehen darin, dass er sich immer weniger an den Leistungen eines Einzelbetriebes orientiert, sondern am guten Ruf einer Marke bzw. einer Kette und wenn er die Hotels am Ort nicht kennt, immer den bekannten Namen bevorzugen wird, bevor er ein unbekanntes Hotel, quasi als No-name-Produkt, wählt. Es kommt damit immer mehr zu einer Verlagerung von Gästeströmen zur Markenhotellerie. Das drückt sich – trotz Verschiebungen – auch in der Bekanntheit

---
[54] Vgl. Abschnitt 2.3

von Hotelgesellschaften bzw. Hotelmarken aus. So belegten z.B. in repräsentativen Umfragen der GfK Nürnberg sowohl in gestützter als auch in ungestützter Bekanntheit die Hotelmarken Hilton, Holiday Inn, Maritim, Steigenberger und Ibis erste Plätze.[55]

Für die *Individualhotels* kann sich hieraus die Schlussfolgerung ableiten, dass sie ihr Leistungsangebot profilieren und positionieren, um dadurch für den Gast transparent zu sein.
Als ein Instrument bietet sich die Hotelklassifizierung an, mit der auch die Individualhotels über eine Kurzbotschaft (Sterne) gleichberechtigt mit den Kettenhotels am Markt auftreten können.[56]

2.4.4 Franchising als Expansionsstrategie

Franchising bietet sich für Hotelketten als Strategie an, die Markenpolitik durchzusetzen, indem nicht in eigene Hotels investiert wird, sondern Hotelbetreibern ein Paket an Leistungen zur Verfügung gestellt wird. Hotelketten nutzen Franchising, um langfristiges Wachstum zu sichern.
Beim Franchising handelt es sich um eine *vertikale Kooperationsform*, bei der Franchisegeber (Hotelkette) und Franchisenehmer (Betreiber des Hotels) im Rahmen eines vertraglichen Dauerschuldverhältnisses Rechte und Pflichten für beide Seiten regeln. Im Mittelpunkt des Franchising steht das *Leistungsprogramm,* in das sich Franchisegeber und Franchisenehmer einbringen.

Indem der Franchisegeber dem Franchisenehmer die Nutzung seines Konzeptes überlässt, ist ein einheitliches Auftreten aller Franchisenehmer am Markt gewährleistet. Das betrifft z. B. Namen, Marken, Zeichen oder das Erscheinungsbild sowie ein systemkonformes Verhalten und gemeinsame Strategien.

Während Franchising für die Kettenhotellerie eine geeignete Strategie ist, ohne große Investitionen rasch zu expandieren, stellt es für die mittelständische Hotellerie eine Möglichkeit der Existenzsicherung und -erhaltung bei wachsendem Wettbewerbsdruck dar.

---

[55] Vgl. Heyer, Bewegung, S. 32 f.
[56] Vgl. Abschnitt 5.4

Abbildung 32: Das Leistungsprogramm des Franchisegebers [57]

- Durchführung oder Hilfestellung bei Betriebsplanung, Aufbau und Einrichtung,
- Belieferung mit Waren, Ausstattung, Ausrüstung oder Nachweis von gelisteten Lieferanten zu festgelegten Konditionen,
- Betriebswirtschaftliches Know How (z.B. Controlling, Rechnungswesen, Standortanalyse, Marktforschung, Public Relations, Werbung, Verkaufsförderung, Personalakquisition, -planung und -schulung),
- Überlassen des Systems mit seiner „Gebrauchsanleitung" (Betriebshandbuch),
- Erlaubnis und Verpflichtung zum Gebrauch von Produkt-, Firmen- und Markenzeichen,
- Entwicklung von Marketingkonzepten,

Motivation der Franchisenehmer u.a..

Abbildung 33: Das Leistungsprogramm des Franchisenehmers [58]

- Bereitstellung der notwendigen Immobilie bzw. Kapitals,
- Bereitstellung des notwendigen Personals,
- Unternehmerische Initiative und persönliches Engagement bei Hotelführung,
- Risikoübernahme und Umsatzverpflichtung,
- Abnahme und Bezahlung des Leistungspaketes einschl. der notwendigen Betriebsausstattung,
- Verpflichtung zur Einhaltung von Qualitätsstandards,
- Zahlung von Eintrittsgebühr und laufenden Gebühren,
- Periodische Lieferung von betriebswirtschaftlichen Daten.

In der Hotellerie sind drei Varianten des Franchising anzutreffen: [59]
1. Der Franchisegeber unterstützt den Franchisenehmer mit einem Gesamtleistungspaket. Der Franchisenehmer baut das Hotel und erhält dabei Hilfe und Unterstützung durch den Franchisegeber (z.B. bei Standortanalyse, Hotelplanung und Finanzierung, Konstruktion und Gestaltung sowie bei operativen Tätigkeiten, wie Marketing, Schulung).
2. Der Franchisegeber plant, baut und finanziert das Hotel entsprechend seinem Standard. Anschließend verkauft er das Hotel an

---

[57] Vgl. Seitz, Hotelmanagement, S. 89
[58] Vgl. ebenda, S. 86
[59] Vgl. ebenda, S. 87 f.

den Franchisenehmer, der es betreibt. Das Leistungspaket beschränkt sich auf die operative Tätigkeit.
3. In reduzierter Form wird der Hotelier nur in bestimmten operativen Funktionen vom Franchisegeber unterstützt. Dabei stellt der Franchisegeber sein System u.a. seinen Markennamen (Namensfranchising) oder sein Reservierungssystem einem Betreiber zur Verfügung. Der Franchisenehmer muss dabei allerdings bestimmte vorgegebene gestalterische und operative Standards sowie produktpolitische Kriterien des Franchisegebers erfüllen.

Die Vorteile, die sich für Franchisegeber und Franchisenehmer ergeben, sind in folgendem zu sehen:

Abbildung 34: Vorteile für Franchisegeber und Franchisenehmer

Franchisegeber	Franchisenehmer
Schnellere Expansion als mit Filialbetrieben (kein eigenes Kapital erforderlich)	Risikoloser Markteintritt durch Anschluss an ein bekanntes System mit erfolgserprobter Idee
Steigen des Bekanntheitsgrades des Namens, der Marke	Unterstützung durch das Know How des Franchisegebers (z.B. Marktforschung, Werbung, Öffentlichkeitsarbeit, Schulung, Technik, Rechtshilfe)
Präsenz an weniger rentablen Standorten eher möglich (Personal- und Kapitalkosten entfallen, höhere Leistungsmotivation bei selbständigen Unternehmern)	Günstige Konditionen (Einkauf, Versicherungen) durch Aushandeln der Konditionen durch den Franchisegeber
Bessere Rationalisierungsmöglichkeiten (ein Leistungspaket für alle Betriebe)	Wettbewerbsvorteile auf regionalen Märkten durch Gebietsschutz
Weiterentwicklung des Konzeptes durch Franchisegebühren ab einer bestimmten Größe	Geringere kaufmännische Qualifikationen gefordert durch Konzentration von betrieblichen Funktionen in der Zentrale (Marketing, Rechnungswesen)
	Leichterer Übergang zur Selbständigkeit (z.B. Betriebshandbuch)
	Finanzierungshilfen durch den Franchisegeber
	Günstigere Einschätzung der Bonität durch Banken und niedrigeres Insolvenzrisiko

Neben den Vorteilen ergeben sich aber auch *Nachteile*, die bei Entscheidungen zu berücksichtigen sind.

Abbildung 35: Nachteile für Franchisegeber und Franchisenehmer

Franchisegeber	Franchisenehmer
Franchisebetriebe sind schwerer kontrollierbar als Filialbetriebe	Akzeptanz von Kontrollen
Gefahr der Starrheit und geringen Flexibilität des Systems durch eingeschränkte Eingriffsmöglichkeiten	Einschränkung der unternehmerischen Selbständigkeit durch die Weisungsgebundenheit an den Franchisegeber
Schwachstellen einzelner Betriebe wirken sich negativ auf das Image des gesamten Systems aus	Möglicher negativer Imagetransfer
Konflikte mit den Franchisenehmern auf Grund ausgeprägter Selbständigkeit der Franchisenehmer einerseits und ihrer notwendigen Systemgebundenheit andererseits	Ggf. entstehen Kosten (Investitionen), um Anforderungen des Franchisegebers zu erfüllen
	Ggf. Bezugsbindungen an Franchisegeber
	Nachvertragliche Wettbewerbsverbote bei Vertragsauflösung (für bestimmten Zeitraum kein Unternehmen mit gleichem o. ä. Zweck betreiben)

Für die Nutzung des Know Hows des Franchisegebers zahlt der Franchisenehmer eine Franchisegebühr (Franchise fee), die sich i.d.R. aus mehreren Bestandteilen (fix oder variabel) zusammensetzt.

Abbildung 36: Beispiel für die Zusammensetzung der Franchisegebühr

- Einmalige Eintrittsgebühr (Initial)
  Fix oder zimmerzahlabhängig (z.B. 350 $ pro Zimmer, mindestens 35.000 $)
- Laufende Lizenzgebühr (Royalty)
  Umsatzabhängig (z.B. 4 % vom monatlichen Zimmerumsatz)
- Laufende Marketinggebühr
  Umsatzabhängig (z.B. 2 % vom monatlichen Zimmerumsatz)
- Laufende Gebühr für Reservierungssystem
  Umsatzabhängig (z.B. 2,5 % vom monatlichen Zimmerumsatz)

Im europäischen Hotelmarkt und darunter auch in Deutschland ist Franchising im Vergleich zum amerikanischen Hotelmarkt relativ gering entwickelt. In Deutschland gehören traditionell Selbständigkeit im unternehmerischen Handeln und Tragen des Kapitalrisikos zusammen. Franchising bedeutet, ein solches unternehmerisches Selbstverständnis aufzugeben. Aus diesem Grunde kann wohl auch davon ausgegangen werden, dass sich Franchising eher in einer reduzierten Form des Franchisevertrages entwickeln wird.[60]

Abbildung 37: Die Struktur des Hotelmarktes in den USA und in Europa

	USA	Europa
Kettenhotellerie	64 %	15 %
dar.: Franchisebetriebe	68 %	10 %
Management/ Pacht	17 %	50 %
Eigentum	15 %	40 %

Quelle: Schultze, Diagnose, S. 117

2.4.5 Die Bildung von Hotelkooperationen

Die zunehmende Dynamik im Hotelmarkt und der sich verschärfende Wettbewerb erfordern von den unabhängigen Hoteliers nach Alternativen zu suchen, stärker strategisch zu denken, Marketing zu betreiben und sich mehr mit Personalentwicklung zu beschäftigen. Eine Alternative besteht in Hotelkooperationen. Dabei handelt es sich um *freiwillige Zusammenschlüsse* wirtschaftlich und rechtlich selbständiger Einzelhotels mit dem *Ziel*, gemeinsam betriebliche Aufgaben effizienter zu lösen.

Die Felder der Kooperation sowie die Intensität der Kooperation können sehr unterschiedlich sein. So kann z.B. auf folgenden *Feldern* zusammengearbeitet werden:
- Erfahrungsaustausch,
- Marketing (Marktforschung, Produktgestaltung, Werbung, PR-Maßnahmen, Vertrieb / Reservierung),
- Einkauf,
- Aus- und Weiterbildung.

---
[60] Vgl. Seitz, Hotelmanagement, S. 90 f.

Nach der *Intensität der Zusammenarbeit* lassen sich *Stufen* der Hotelkooperationen feststellen: [61]
1. Stufe: Informations- und Erfahrungsaustausch,
2. Stufe: Gemeinsame Marktforschung (Beschaffung und Auswertung von Marktinformationen),
3. Stufe: Ausgliederung einer betrieblichen Funktion, z.B. Einkauf (Einkaufskooperation),
4. Stufe: Ausgliederung mehrerer betrieblicher Funktionen (Einkauf, Reservierung, Werbung, Schulung),
5. Stufe: Bildung einer institutionellen Kooperationsführung im Hinblick auf die Professionalisierung des Managements der Kooperation,
6. Stufe: Rechtliche Ausgliederung (GmbH, GmbH & Co. KG, e.V.) [62].

Die erste und zweite Stufe stellen *zwischenbetriebliche Formen* dar. Mit zunehmender Komplexität von Aufgaben spielen *überbetriebliche Formen* (Stufen drei bis sechs) eine Rolle.

Hotelkooperationen können lokal, regional, national und international tätig werden. Daher ist es auch schwierig, Hotelkooperationen zu quantifizieren. Man kann davon ausgehen, dass mehr Hotelkooperationen bestehen als statistisch, z.B. vom DEHOGA, ausgewiesen werden. Das betrifft besonders die lokal und regional tätigen Kooperationen und die, die mit einer relativ niedrigen Intensität zusammenarbeiten.

Bei der *Bildung von Kooperationen* ist zu beachten:
- die richtige Auswahl der Kooperationsmitglieder,
- der Name der Hotelkooperation,
- der Aufbau einer USP,
- ein professionelles Management in überbetrieblichen Formen der Kooperation,
- ein ausreichendes (Marketing-)Budget der Kooperation,
- das Vermeiden von „Vereinsmentalität".

---

[61] Vgl. ebenda, S. 50
[62] Vgl. Abschnitt 2.1.5

Für die Aufnahme in eine Hotelkooperation sind i.d.R. Aufnahmekriterien zu erfüllen, die in den einzelnen Kooperationen unterschiedlich sind (z.b. Familienbesitz, persönliche Führung, Flächendeckung, Baustil, Erscheinungsbild, Betriebsgröße).
Die Mitgliedschaft in einer Hotelkooperation ist mit *Beiträgen* verbunden, deren Zusammensetzung sich zwischen den Kooperationen unterscheidet. Sie bestehen meist aus unterschiedlichen Bestandteilen (einmaliger Aufnahmebetrag, Jahresbeitrag, Mindestjahresbeitrag, Gebühren pro Zimmer, Marketingumlage, Reservierungsgebühren usw.) und können sich auf unterschiedliche Größen beziehen (z.B. Umsatz, Logisumsatz, Standort, Zimmeranzahl, Sitzplätze im Restaurant, tatsächliche Buchungen).

Obwohl sich die Unterschiede zwischen Hotelketten und Hotelkooperationen zunehmend verwischen und es für den Gast auch uninteressant ist, ob es sich um einen Kettenbetrieb oder Kooperationsbetrieb handelt, tritt in der Praxis ein Problem auf. Kettenhotels sind Betriebe mit gleicher Angebotsstruktur und gleichem Standard. Die Mitglieder von Hotelkooperationen weisen häufig in Größe, Struktur, Leistungen oder Standard sehr Unterschiede auf, so dass für den Gast eine Marke nicht immer sichtbar wird.
Die Effizienz der Zusammenarbeit in einer Hotelkooperation – und damit als Alternative für die Individualhotellerie gegen das Vordringen der Hotelketten – hängt wesentlich davon ab, wie es gelingt, die Vorteile einer Hotelkette zu erreichen (z. B. Produkthomogenität, professionelles Bearbeiten der Kooperationsfelder, professionelles Management usw.).

Die letzten Jahre zeigen allerdings, dass die Hotels, die zu Kooperationen gehören, eine günstigere Entwicklung zu verzeichnen haben als die Mehrzahl der Individualhotels.[63]

---

[63] Vgl. DEHOGA, Konjunkturberichte

Fragen und Aufgaben zum Abschnitt 2.4

1. Begründen Sie Konzentrationstendenzen auf dem Hotelmarkt! Weisen Sie dabei nach, dass die Hotellerie im Vergleich zu anderen Wirtschaftszweigen einen relativ geringen Konzentrationsgrad aufweist, die Konzentration in der Hotellerie aber zunimmt!
2. Weisen Sie nach, dass Entwicklungen auf der Nachfrage- und Angebotsseite zu einem verstärkten Wettbewerbsdruck führen, dem besonders die Individualhotellerie ausgesetzt ist!
3. Charakterisieren Sie Globalisierungserscheinungen auf dem Hotelmarkt und zeigen Sie Auswirkungen dieses Prozesses auf die Nachfrager und die Anbieter!
4. Was ist unter Marktsegmentierung zu verstehen und begründen Sie, weshalb die Marktsegmentierung eine Strategie der Hotelketten im Globalisierungsprozess darstellt!
5. Zeigen Sie beispielhaft wie führende Hotelketten Marktsegmentierung betreiben!
6. Welche Auswirkungen ergeben sich durch Marktsegmentierung
   a. für die Kettenhotellerie
   b. für die Individualhotellerie
   c. für die Nachfrager?
7. Begründen Sie, weshalb die Low-Budget-Hotels in den letzten Jahren einen Aufschwung erlebten! Wie schätzen Sie die weitere Entwicklung ein?
8. Wieso kann Franchising als eine Expansionsstrategie für Hotelketten angesehen werden?
9. Charakterisieren Sie das Leistungsprogramm im Franchising!
10. Setzen Sie sich mit den Vor- und Nachteilen des Franchising auseinander! Wann raten Sie einem Individualhotelier zu Franchising?
11. Arbeiten Sie die Gründe für das Entstehen von Hotelkooperationen heraus!
12. Welche Aspekte sollten bei der Bildung einer Hotelkooperation berücksichtigt werden?
13. Wo sehen Sie Vor- und Nachteile einer Hotelkooperation?
14. Wie schätzen Sie die Entwicklung der Hotelkooperationen in Deutschland ein?

2.5 Die Hotelkapazitäten und ihre Nutzung
2.5.1 Das Kapazitätsproblem der Hotellerie

Unter der *Kapazität* eines Hotels ist zunächst die Anzahl der Beherbergungsmöglichkeiten (Betten / Zimmer) zu verstehen, die geeignet sind, Gäste aufzunehmen. Dabei ist zu unterscheiden zwischen

- einer *theoretisch möglichen, technischen Kapazität,* die die Anzahl der in einem Hotel vorhandenen Betten oder Zimmer umfasst und
- der *nutzbaren Kapazität,* die sich auf die Betten / Zimmer bezieht, die während einer bestimmten Periode (Öffnungszeit) den Gästen zur Nutzung zur Verfügung gestellt werden.

Die theoretisch mögliche Kapazität ist i.d.R. größer als die nutzbare Kapazität. Dieser Unterschied ergibt sich daraus, dass

- nicht alle Hotelbetriebe das ganze Jahr über geöffnet haben (365 Tage), sondern aus unterschiedlichen Gründen einen kürzeren Öffnungszeitraum aufweisen (z.B. saisonale Einflüsse, Rekonstruktion, Eigentümer- oder Betreiberwechsel). So waren z.B. im Oktober 2003 2,3 % der Hotels und 3,3 % der Hotels garnis ganz oder teilweise geschlossen.[64]
- nicht alle Behrbergungsmöglichkeiten (Betten / Zimmer) uneingeschränkt während der Öffnungszeit zur Verfügung stehen, sondern ebenfalls aus unterschiedlichen Gründen nicht in den Leistungsprozess eingebracht werden (z.B. Renovierungen, Reparaturen, Personalunterkünfte, Verwandten-/ Bekanntenbesuche

Das bedeutet, dass immer nur eine bestimmte Kapazität angeboten wird, die unterschiedlich groß ist und nur im Idealfall mit der technischen Kapazität übereinstimmt. Daher wird in der Praxis i.d.R. für die Kapazität die Anzahl der Betten (oder Zimmer) zu Grunde gelegt, die in einer bestimmten Öffnungszeit verfügbar sind. Dafür verwendet man den Terminus *Bettentage,* der das Produkt aus angebotenen Betten und Anzahl der Öffnungstage in einer Periode darstellt:

Bettentage = Anzahl der Betten · Anzahl der Öffnungstage

---

[64] Vgl. Hotelverband Deutschland, Hotelmarkt 2004, S. 15

Die *Nutzung der Hotelkapazität* bezeichnet die Inanspruchnahme der Beherbergungsmöglichkeiten (Betten / Zimmer) durch die Gäste. Sie gibt Auskunft darüber, in welchem Maße die Hotelkapazitäten nachgefragt werden. Dafür werden auch die Begriffe *Auslastung, Belegung oder Beschäftigung* (im Zusammenhang mit Kosten) benutzt. Das Maß für die nachgefragten Betten sind die *Übernachtungen*. Die Auslastung wird dann nach folgender Formel berechnet:

$$Auslastung = \frac{Übernachtungen}{angebotene\ Bettentage}$$

Die Auslastung der Kapazitäten ist unzureichend. Wie die Daten der Abb. 38 zeigen, liegt die Kapazitätsnutzung nur bei einem Drittel der angebotenen Betten.

Abbildung 38: Auslastung der angebotenen Kapazität in der Hotellerie i.w.S.

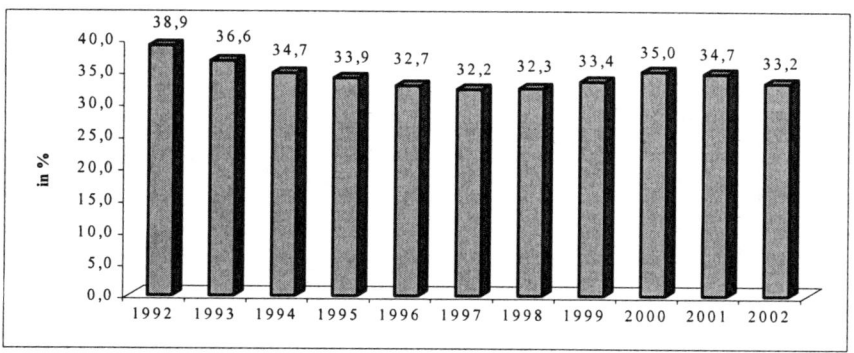

Quelle: Statistisches Bundesamt, Tourismus 2003, S. 103

Dabei weist die Betriebsart Hotel noch die „günstigste" Auslastung auf, wohl auch deshalb, weil sie am ehesten dem gestiegenen Anspruchniveau von Gästen entsprechen kann.

Abbildung 39: Durchschnittliche Auslastung der angebotenen Betten in der Hotellerie i.w.S. nach Betriebsarten – in %

Betriebsart	1980	1985	1990	1995	2000	2002
Hotel	38,9	36,9	42,3	35,8	37,9	35,7
Hotel garni	37,2	37,0	341,4	35,3	36,1	34,4
Gasthof	23,9	23,4	29,2	25,2	24,0	22,9
Pension	35,2	34,4	40,1	34,1	32,3	30,2

Quelle: Statistisches Bundesamt, Statistisches Jahrbuch, versch. Jahrgänge

Wenn angebotene Kapazitäten und genutzte Kapazitäten gegenübergestellt werden, dann ist feststellbar, dass in den zurückliegenden Jahren sowohl die angebotenen Kapazitäten als auch die genutzten Kapazitäten – ausgedrückt in Übernachtungen – gestiegen sind.
Allerdings entwickelten sich die angebotenen Kapazitäten seit Mitte der 80er Jahre schneller als die Übernachtungen. So stiegen die angebotenen Bettentage von 1984 bis 2002 um 50,3 % während die Übernachtungen im gleichen Zeitraum um 49,3 % zunahmen.[65]

Abbildung 40: Die Entwicklung der Übernachtungen, angebotenen und nicht genutzten Kapazität in der Hotellerie i.w.S. von 1984-2002

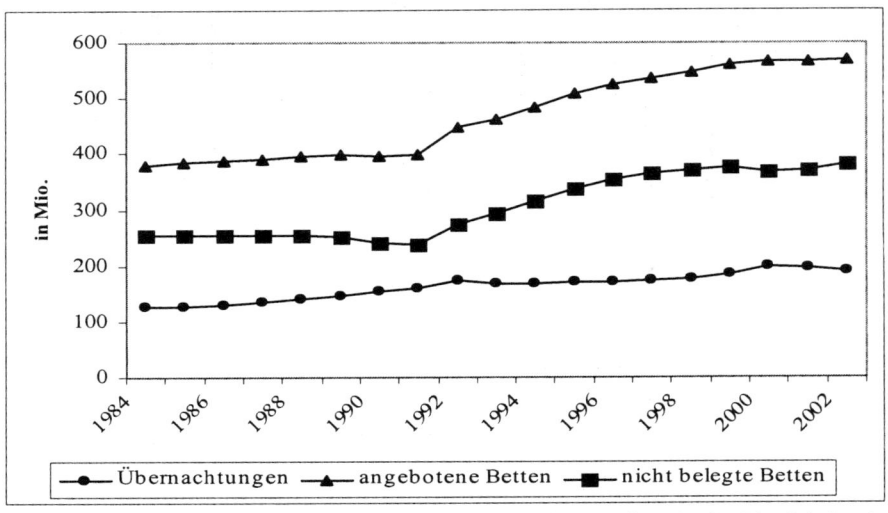

Quellen: Nach Daten DEHOGA (Hrsg.), Jahrbuch 1998/1999, S. 59; Jahrbuch 1999/2000, S. 61, Jahrbuch 2003/2004, S. 40

---

[65] Vgl. DEHOGA (Hrsg.), Jahrbuch 1999/2000, S. 62

Das bedeutet auch, dass die Auslastung der angebotenen Betten von 1992 bis 1997 ständig zurückgegangen ist, seit 1998 bis 2000 auf 35 % anstieg und 2002 33,2 % betrug. Das bedeutet, dass nur ein Drittel der angebotenen Kapazitäten der Hotellerie i.w.S genutzt werden.[66]

Damit charakterisieren *Überkapazitäten* die Hotellerie, die darauf zurückzuführen sind, dass sich das Angebot schneller als die Nachfrage entwickelt hat. Die Ursache dafür liegt vor allem in der Expansionspolitik vieler Hotelgesellschaften sowie der Entwicklung von Hotelkapazitäten in Ostdeutschland, auch verbunden mit dem steuerlichen Engagement von Investoren. Dieser Trend setzt sich fort, wenngleich steuerliche Vergünstigungen nunmehr reduziert sind. So waren z.B. 2003 355 Hotelprojekte (Hotelumbau, -anbau, -neubau) mit 38.121 Zimmern in Bau oder in der Planung, die in den nächsten drei Jahren auf den Markt kommen werden.[67]

Überkapazitäten und die damit verbundene sinkende Nutzung der Kapazität führen zum Preisverfall. Es werden Preise gesenkt, um Gäste zu gewinnen und Kapazitäten besser auszulasten. Sinkende Preise führen letztlich unter der Bedingung von Überkapazitäten jedoch dazu, dass weniger Umsatz realisiert wird und die Mittel für den Unterhalt oder die Erneuerung der Kapazitäten nicht mehr im notwendigen Umfang erwirtschaftet werden können. Die Folge ist, dass der Komfort bzw. die Qualität der Leistung sinken. Das bewirkt weitere Preissenkungen, was wiederum dazu führt, dass sich das Betriebsergebnis verschlechtert. Ein Kreislauf beginnt.

---

[66] Vgl. Statistisches Bundesamt, Tourismus 2003, S. 103
[67] Vgl. Hotelverband Deutschland, Hotelmarkt 2004, S. 19

Abbildung 41: Die Folgen der Angebotsexpansion

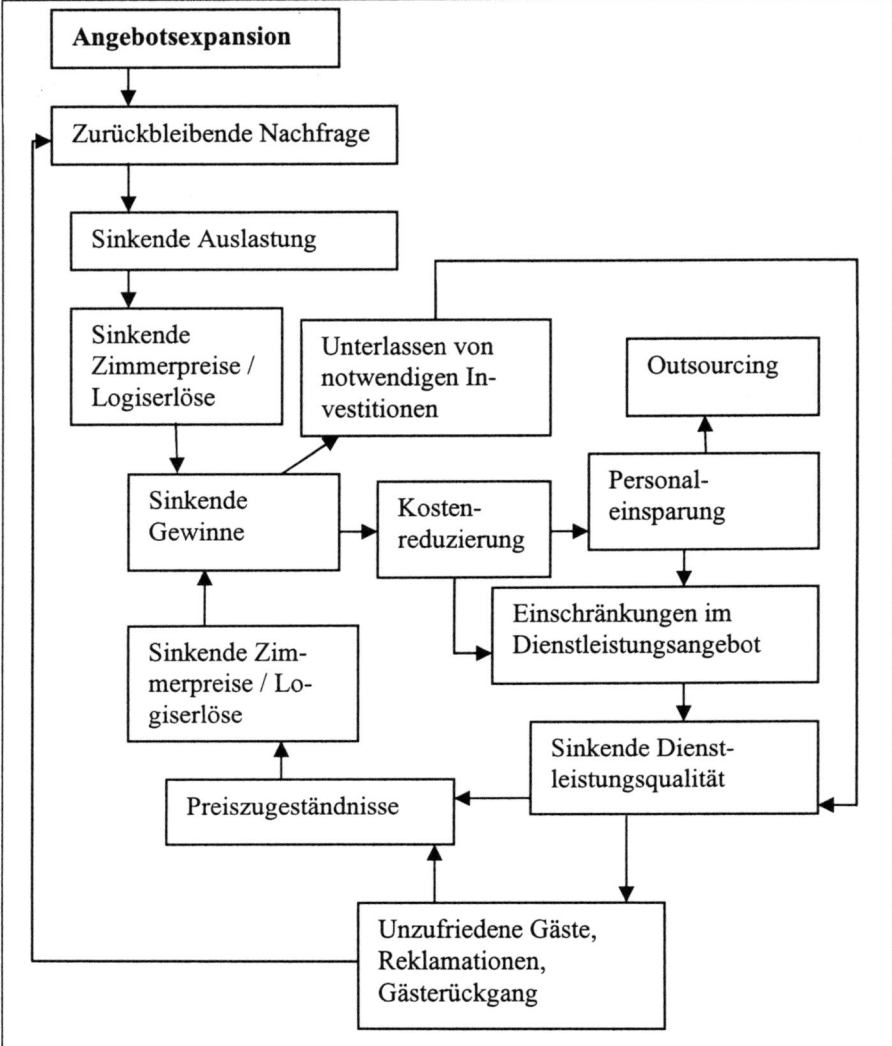

Allerdings sind Überkapazitäten in der Hotellerie nichts Ungewöhnliches. Dabei handelt es sich jedoch um *Überkapazitäten,* die darauf zurückzuführen sind, dass in der Hotellerie eine *sehr labile Nachfrage* auf ein *relativ starres Angebot* trifft.

Der Hotelbetrieb muss seine Kapazitäten den Nachfragespitzen annähern, will er
- den Bedarf der Nachfrager decken,
- keine neuen Konkurrenten zulassen oder

- Umsatzspitzen realisieren, die für den Erfolg des Hotels notwendig sind.[68]

Das heißt, in Zeiten der verminderten Nachfrage gibt es Leerkapazitäten, die um so problematischer werden, wenn das Hotel stark saisonabhängig ist.

Der Gast setzt jedoch auch Überkapazitäten voraus. Ein Zimmer soll stets für ihn vorhanden sein, auch wenn es nicht vorher reserviert wurde. Er will sich das Zimmer oder den Platz im Restaurant aussuchen können. In diesem Sinne können Überkapazitäten für den Gast sogar ein Qualitätsmerkmal darstellen.

2.5.2 Die Stufen der Leistungserstellung

Mit den strukturellen Überkapazitäten entsteht für den Hotelbetrieb ein betriebswirtschaftliches Problem, das mit den unterschiedlichen Stufen der Leistungserstellung im Hotel und den dabei entstehenden Kosten verbunden ist.

Abbildung 42: Die Stufen der Leistungserstellung im Hotel und deren Kosten

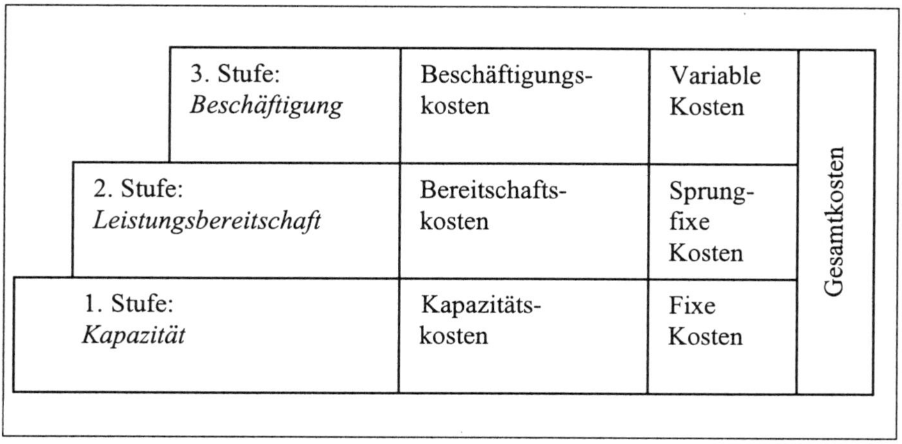

	3. Stufe: *Beschäftigung*	Beschäftigungskosten	Variable Kosten
2. Stufe: *Leistungsbereitschaft*		Bereitschaftskosten	Sprungfixe Kosten
1. Stufe: *Kapazität*		Kapazitätskosten	Fixe Kosten

(Gesamtkosten)

1. Stufe: Kapazität
Die Kapazität ist die Grundlage für die Leistungserstellung. Es muss ein Hotelgebäude vorhanden sein mit einer entsprechenden Anzahl

---
[68] Vgl. Walterspiel, Einführung, S. 135

von Betten und weiteren Anlagen, die die Erbringung der Hotelleistung überhaupt ermöglichen.

Damit sind Kosten verbunden, *die Kapazitätskosten*. Das sind die Kosten, die zur Herstellung und Aufrechterhaltung der Kapazität im Sinne einer *statischen Betriebsbereitschaft* erforderlich sind, z.B. Abschreibungen, Zinsen für Fremdkapital zur Finanzierung der Anlagen, Steuern (Grundsteuern), Versicherungen oder auch Grundgebühren für Wasser, Energie, TV. Diese Kosten fallen immer an, unabhängig davon, ob die Kapazität genutzt wird oder nicht. Sie tragen *fixen* Charakter.

2. Stufe: Leistungsbereitschaft
Ein Hotel muss für den Empfang des Gastes leistungsbereit sein. Das ist der Fall, wenn zur Kapazität zusätzliche Voraussetzungen geschaffen werden, um den Gast zu beherbergen. Es muss entsprechendes Personal vorhanden sein, Räumlichkeiten müssen vorbereitet sein (saubere und geheizte Zimmer, gedeckte Tische), Werbung muss betrieben werden usw..

Die Kosten, die dafür entstehen, sind die *Bereitschaftskosten*, z.B. Personalkosten (Löhne für die Festangestellten), Energiekosten, Reinigungskosten, Werbekosten, Warenkosten für die Personalverpflegung. Der Hauptteil der Bereitschaftskosten sind die Personalkosten.

Mit der Leistungsbereitschaft hat aber noch kein Gast die Leistungen in Anspruch genommen. Insofern entstehen die Bereitschaftskosten auch unabhängig davon, ob ein Gast kommt oder nicht. Während die Kapazitätskosten Kosten der statischen Betriebsbereitschaft darstellen, sind die Bereitschaftskosten Kosten der *dynamischen Betriebsbereitschaft*.

Ein Hotel kann unterschiedliche Bereitschaftsstufen wählen, in Abhängigkeit vom zu erwartenden Nachfrageverlauf. Insofern können sich die Bereitschaftskosten auch von Bereitschaftsstufe zu Bereitschaftsstufe ändern. Man spricht daher auch von *sprungfixen Kosten*. In der Praxis sind fixe und sprungfixe Kosten allerdings schwer zu trennen, deshalb werden die Bereitschaftskosten i.d.R. den fixen Kosten zugerechnet.

3. Stufe: Beschäftigung
Sie tritt ein, wenn der Gast die Hotelleistungen in Anspruch nimmt. Die Beschäftigung ist Ausdruck der *Kapazitätsnutzung*. Die Kosten,

die mit dem Aufenthalt der Gäste im Hotel entstehen, sind die *Beschäftigungskosten*. Es sind *variable Kosten*, d.h. sie steigen mit dem Grad der Beschäftigung an und umgekehrt. Dazu zählen solche Kosten wie Warenkosten, umsatzabhängige Energiekosten (Küche), Personalkosten (Aushilfen), Wäschereinigungskosten, Kosten für Verbrauchsmaterial (Reinigung, Bäder), Telefonkosten, Reparaturkosten u.a.m.. Der Hauptteil der variablen Kosten sind die Warenkosten.

2.5.3 Das Problem der Nutz- und Leerkosten

Die Überkapazitäten, sowohl die strukturellen als auch diejenigen, die durch die schnellere Angebotsentwicklung entstehen, führen zu kostenwirtschaftlichen Problemen.
Ein Hotel weist eine *typische Kostenstruktur*[69] auf. Sie ist dadurch geprägt, dass ein hoher Anteil an fixen Kosten auftritt (70 bis 90 %), der vor allem durch Personalkosten sowie Mieten / Pachten oder Fremdkapitalzinsen verursacht wird.[70] Damit ist der größte Teil der Kosten *nicht* von der Beschäftigung abhängig.

Unter dem Aspekt der Nutzung der Kapazität können die *Fixkosten* in Nutz- und Leerkosten differenziert werden.
Nutzkosten entfallen auf die genutzte Kapazität, *Leerkosten* auf die nicht genutzte Kapazität.[71] Mit zunehmender Beschäftigung nimmt der Anteil der Nutzkosten an den Fixkosten zu und der Anteil der Leerkosten ab.
Da der Anteil der Nutzkosten an den Fixkosten von der Beschäftigung abhängig ist, heißt das, dass nur den Nutzkosten Erträge gegenüberstehen. Leerkosten hingegen belasten das betriebliche Ergebnis. Ein hoher Anteil an Leerkosten ist im allgemeinen ein Indikator dafür, dass die Kapazität an die Beschäftigung anzupassen ist. Das ist im Hotel wegen der starren Kapazitäten jedoch nur bedingt möglich. Auf Grund des ohnehin hohen Fixkostenanteils können demzufolge Kostenanpassungen kaum vorgenommen werden.

---

[69] Vgl. Abschnitt 10.1
[70] Vgl. INTERHOGA (Hrsg.), Unternehmensvergleich, S. 59, 75
[71] Vgl. Schierenbeck, Grundzüge, 15., S. 684

Abbildung 43: Der Zusammenhang zwischen Nutzkosten und Leerkosten

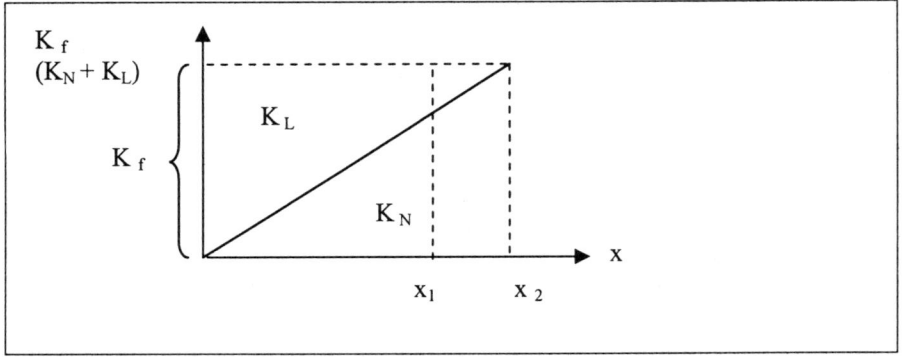

Legende:
K_f = Fixkosten
x_1 = Istbeschäftigung
x_2 = Sollbeschäftigung
x = Beschäftigung (Kapazitätsnutzung)
K_N = Nutzkosten
K_L = Leerkosten

Wie aus der Abbildung hervorgeht, sinken mit zunehmender Beschäftigung die Leerkosten und sind bei einer zu erreichenden Sollbeschäftigung (x_2) gleich Null. Eine niedrigere Auslastung (x_1) erhöht die Leerkosten. Deshalb ist der Anteil der Leerkosten an den Fixkosten so gering wie möglich zu halten, d.h. das Hotelmanagement muss die *Leerkosten minimieren.*

Das ist u.a. möglich über

- die Weckung von Nachfrage über die Produktgestaltung, z.B. in Form von besonderen Angeboten, die zusätzlich Gäste ansprechen.
- die Weckung von Nachfrage über den Preis, mit dem Ziel die Kapazitätsauslastung zu erhöhen. Die Entscheidung über den Preisspielraum kann durch die Deckungsbeitragsrechnung bzw. Break-even-Analyse[72] fundiert werden, um nicht der Gefahr einer ruinösen Preispolitik zu unterliegen. In diesem Zusammenhang kommt es aus ertragswirtschaftlicher Sicht allerdings nicht auf die höchstmögliche Kapazitätsauslastung an, sondern darauf, dass der größtmögliche Ertrag (Yield) erreicht wird. Maßnahmen des Yield-Managements bieten sich hierbei an.[73]

---

[72] Vgl. Abschnitt 10.4
[73] Vgl. Abschnitt 11.6.3

- die Erhöhung der Aufenthaltsdauer der Gäste
  Die Aufenthaltsdauer beeinflusst die Kosten, da mit einer geringen Aufenthaltsdauer auch ein relativ hoher Arbeitsaufwand für die ständige Wiederherstellung der Leistungsbereitschaft entsteht (dynamische Betriebsbereitschaft). Es steigen nicht nur die fixen Kosten (z.b. Personalkosten), sondern es wächst auch die Ungewissheit, ob die Kapazität im Anschluss an den Aufenthalt des Gastes mit einer geringeren Aufenthaltsdauer wieder genutzt wird.
- Zusammenarbeit mit anderen Anbietern (z.B. Hotels, Reiseveranstaltern), die eine bestimmte Auslastung (bedingt) garantieren.
- Maßnahmen einer anderweitigen Nutzung der Hotelkapazitäten (z.b. Personalunterkünfte).
- Maßnahmen der zeitweiligen oder dauernden Stilllegung von Kapazitäten. Bei einer Kapazitätsanpassung z.B. durch die zeitweilige Schließung eines Restaurants oder durch Personalabbau ist zu sichern, dass dadurch keine Qualitätsminderung eintritt.

Fragen und Aufgaben zum Abschnitt 2.5

1. *Zeigen Sie die Entwicklung der Nachfrage und des Angebotes auf dem deutschen Hotelmarkt sowie die sich daraus ergebenden Konsequenzen für die Auslastung von Kapazitäten!*
2. *Berechnen Sie die Auslastung der möglichen und angebotenen Kapazität für folgendes Beispiel:*
   Öffnungstage: 30
   Mögliche Bettenzahl: 180
   Angebotene Bettenzahl: 165
   Übernachtungen: 2.800
3. *Stellen Sie das Problem der Überkapazitäten dar und beurteilen Sie es im Zusammenhang mit den Stufen der Leistungsbereitschaft im Hotel!*
4. *Inwieweit beeinflussen die Stufen der Leistungserstellung die Kostenstruktur im Hotel?*
5. *Stellen Sie den Zusammenhang von Nutzkosten und Leerkosten sowie Beschäftigung (Auslastung) dar!*
6. *Weshalb sind die Leerkosten ein Problem?*
7. *Welche Möglichkeiten gibt es, die Höhe der Leerkosten zu beeinflussen?*

3 Der Hotelbetrieb und seine Leistungen
3.1 Der Hotelbegriff und die Funktionen des Hotels
3.1.1 Zum Begriff Hotel

Der Begriff „Hotel" ist weder betriebswirtschaftlich noch rechtlich eindeutig definiert. Die Schwierigkeit einer einheitlichen Begriffsbestimmung resultiert hauptsächlich aus dem unterschiedlichen Leistungsumfang und der nicht homogenen Leistungsstruktur eines Hotels auf Grund der differenzierten und sich ständig ändernden Bedürfnisse nach den Leistungen der Beherbergungsunternehmungen. Aus der Vielzahl unterschiedlicher Definitionen des Hotels[74] können allgemeingültige Merkmale für eine Hotelunternehmung genannt werden.

Abbildung 44: Die Merkmale von Hotelunternehmungen

- erwerbswirtschaftlich geführter Betrieb,
- für den kurzfristigen und vorübergehenden Aufenthalt für jedermann vorgesehen,
- kombiniert Produktions-, Handels- und Dienstleistungstätigkeit und bietet Beherbergungs- und Bewirtungs- sowie weitere Leistungen an,
- weist neben Restaurationsräumen weitere, von Gästen gemeinschaftlich nutzbare Räumlichkeiten auf,
- weist einen höheren Standard im Vergleich zu anderen Beherbergungsunternehmungen auf,
- verfügt über eine Mindestanzahl an Zimmern oder Betten.

Die amtliche deutsche Statistik erfasst unter der Bezeichnung Hotel die
„Beherbergungsstätten, die für jedermann zugänglich sind und in denen ein Restaurant – auch für Passanten – vorhanden ist sowie in der Regel weitere Einrichtungen oder Räume für unterschiedliche Zwecke (Konferenzen, Seminare, Sport, Freizeit, Erholung) zur Verfügung stehen."[75]

---

[74] Vgl. Hunziker, Krapf, Fremdenverkehrslehre, S. 53 f.; Bernecker, Fremdenverkehr, S. 169; Kaspar, Tourismuslehre, S. 82 f.; Schwaninger, Gestaltung, S. 2
[75] Statistisches Bundesamt, Tourismus 1997, S. 265

Der DEHOGA definiert ein Hotel in Abgrenzung zu anderen Betriebsarten des Beherbergungsgewerbes als

„... Beherbergungsbetrieb mit angeschlossenem Verpflegungsbetrieb für Hausgäste und Passanten. Es zeichnet sich durch einen angemessenen Standard seines Angebotes und entsprechende Dienstleistungen aus.

Ein Hotel sollte folgende Mindestanforderungen erfüllen:
- Es werden 20 Gästezimmer angeboten.
- Ein erheblicher Teil der Gästezimmer ist mit eigenem Bad/Dusche und WC ausgerüstet.
- Ein Hotelempfang steht zur Verfügung."[76]

Diese Definition hat durch Vereinbarung mit dem Deutschen Fremdenverkehrsverband e.V. (DFV)[77] allgemein Eingang in die deutsche Tourismuswirtschaft gefunden.

3.1.2 Die Funktionen des Hotel

Die Funktionen eines Hotelbetriebes können betrachtet werden aus:

- *Nachfragersicht*

Aus Nachfragersicht besteht die Funktion des Hotelbetriebes darin, kurzfristig und vorübergehend Aufenthalt im Rahmen eines touristischen Vorgangs zu gewähren und die mit der Abwesenheit vom persönlichen Haushalt entstehenden Bedürfnisse durch entsprechende Leistungen zu befriedigen. In diesem Sinne erfüllt ein Hotel Funktionen des Haushaltes.

- *Sicht der Leistungserstellung*

Aus Sicht der Leistungserstellung lassen sich Produktions-, Handels- und Dienstleistungsfunktion unterscheiden, die im Hotel ausgeführt werden, um Leistungen zur Befriedigung der Gästebedürfnisse zu erbringen.

---

[76] DEHOGA (Hrsg.), Jahrbuch 1995/1996, S. 91
[77] Heute Deutscher Tourismusverband e.V. (DTV)

3.1.2.1 Die Produktionsfunktion

Sie ist notwendig, um Bedürfnisse nach Nahrung zu befriedigen, die während eines touristischen Vorgangs entstehen. Die Erscheinungsform der Produktionsfunktion ist die Speiseproduktion. Darunter ist die Herstellung (i. S. der Fabrikation) von *Speisekomponenten* zu verstehen, die im Hotel durch weitere Tätigkeiten zu verzehrfertigen Speisen (Gerichten) vervollkommnet werden.

Im betriebswirtschaftlichen Sinne handelt es sich bei der Speiseproduktion um eine *Hilfsleistung*, da das Ergebnis des Produktionsprozesses – die Speisekomponente – in unveränderter Form an den Gast nicht absetzbar ist. Die Speisekomponente ist nach ihrer Herstellung nicht konsumreif, d.h. nicht verzehrfertig, sondern es sind weitere Tätigkeiten notwendig, um die Nahrungsbedürfnisse des Gastes im Hotel zu befriedigen (z.B. temperieren, portionieren, zusammenstellen, anrichten). Diese Tätigkeiten sind dem Charakter nach Dienstleistungen, die erst ausgeführt werden, wenn eine Bestellung durch den Gast erfolgt. Die Speiseproduktion ist demzufolge eine *Produktion auf Bestellung*, wobei Art, Umfang oder Rhythmus der Produktion weitgehend durch den Gast bestimmt werden. Als Hilfsleistung geht die Speiseproduktion in die Bewirtungsleistung ein.

Durch die Produktionsfunktion unterscheidet sich der Hotelbetrieb von allen anderen touristischen Betrieben. Diese Funktion kann mehr oder weniger stark ausgeprägt sein.

Der Umfang der Produktionsfunktion beeinflusst die Kostenhöhe und -struktur im Hotel durch arbeits- und damit kostenaufwendige Vor- und Zubereitungsarbeiten. Deshalb wird zunehmend auf sog. Convenience Foods zurückgegriffen. Darunter sind vorbereitete Rohstoffe und / oder bereits zubereitete Komponenten zu verstehen, die lediglich noch eine Endbearbeitung (z.B. erwärmen, portionieren u.ä.) im Hotel notwendig machen. Dadurch entfallen in den Hotelküchen aufwendige Vor- und Zubereitungsarbeiten, und die Abhängigkeit des Produktionsrhythmus vom Nachfragerhythmus wird durch die Verlagerung von Produktionsprozessen in spezialisierte Speiseproduktionsbetriebe gemindert. Somit kann der Umfang der Produktionsfunktion im Hotel durch den Einsatz von Convenience Food oder Outsourcing von Produktionsprozessen (z.B. bei der Kuchenherstellung) abnehmen.

3.1.2.2 Die Handelsfunktion

Der *Wareneinkauf, die Lagerung und der Warenverkauf* im Hotelbetrieb sind typische Handelsfunktionen. Dabei kann der Verkauf der Waren in unveränderter Form (z.B. bei Getränken oder sog. Handelsware) oder in be- bzw. verarbeiteter Form (z.B. im Rahmen der Speiseproduktion) erfolgen.

Die Relation zwischen Produktions- und Handelsfunktion ist stark vom konkreten Speise- und Getränkeangebot abhängig und beeinflusst die Kostenhöhe und –struktur. So verursacht ein umfangreiches Weinangebot im Hotel entsprechende Kosten für das Weinlager.[78]

3.1.2.3 Die Dienstleistungsfunktion

Der Leistungsprozess des Hotels wird durch die Dienstleistungsfunktion geprägt. Sie besteht darin, solche Dienstleistungen für den Gast zu erbringen, die ihm *Aufenthalt* gewähren und den *Konsum* von Speisen und Getränken *an Ort und Stelle* ermöglichen.

Die Dienstleistungsfunktion wird dadurch bestimmt, dass der Empfänger der Dienstleistung, also der Gast, persönlich anwesend sein muss, um die Dienstleistungen in Anspruch nehmen zu können. Daher ist ein Hotel ein *kundenpräsenzbedingter* Dienstleistungsbetrieb.[79]

Die Dienstleistungsfunktion bestimmt die anderen Funktionen. So wird z.B. die Produktion von Speisekomponenten als Produktion auf Bestellung durch die Nachfrage und Dienstleistungen im Service bestimmt.

Im Rahmen der Dienstleistungsfunktion werden Beherbergungs-, Bewirtungs- und Komplementärleistungen erbracht, die in ihrer Gesamtheit die Hotelleistung darstellen.

3.2 Die Leistungen des Hotelbetriebes
3.2.1 Die Hotelleistung als Dienstleistungsbündel

Die Aufgabe des Hotels ist es, dem Gast während seiner Abwesenheit vom persönlichen Haushalt *Aufenthalt* zu gewähren und dabei umfangreiche Bedürfnisse in unterschiedlichen *Bedürfniskomplexen*,

---
[78] Vgl. Abschnitt 9.2.1
[79] Vgl. Walterspiel, Einführung, S. 131

wie Wohnen, Nahrung, Bekleidung, Hygiene, Information, Unterhaltung zu befriedigen. Dazu muss das Hotel entsprechende Leistungen bereitstellen und zwar in dem Umfang, in der Qualität und zu der Zeit, wie der Gast es wünscht. Für die Bedürfnisbefriedigung ist aber nicht die Einzelleistung (z.B. die Beherbergungsleistung) ausschlaggebend, sondern die Hotelleistung als Ganzes i. S. eines *Leistungsbündels*. Wie dieses im Einzelnen gestaltet wird, ist von den Bedürfnissen und Erwartungen der Gäste abhängig, die sich in unterschiedlichen Anforderungen an die Hotelleistung äußern (z.B. Anforderungen von Geschäftsreisenden oder von Urlaubsreisenden).[80]

Die *Hotelleistung* ist folglich die *Gesamtheit* aller im Hotel auftretender, miteinander mehr oder weniger verflochtener Dienstleistungen, die den komplexen Bedarf des Gastes decken. Sie besteht aus Beherbergungs-, Bewirtungs- und Komplementärleistungen und schließt weitere Faktoren am Tourismusort[81] ein.
Die Hotelleistung ist dadurch geprägt, dass
- in sie nicht nur die Leistungen eingehen, die das Hotel unmittelbar erbringt, sondern ebenso natürliche und sozio-kulturelle Faktoren, die durch den Standort des Hotels gegeben sind,
- sie auch Faktoren des abgeleiteten Angebotes beinhaltet, wie z.B. die Verkehrsanbindung oder Elemente der touristischen Infrastruktur.

Diese Faktoren sind es – sofern es sich nicht um Geschäftstourismus handelt – die die Entscheidung für einen touristischen Ort bewirken, was die Entscheidung für ein bestimmtes Hotel nach sich zieht.

Insofern muss die Hotelleistung in einer mehrdimensionalen Sicht gesehen werden.

---

[80] Vgl. Abschnitt 5.1
[81] Vgl. Kaspar, Tourismuslehre, S. 66 ff.

Abbildung 45: Die Dimensionen der Hotelleistung

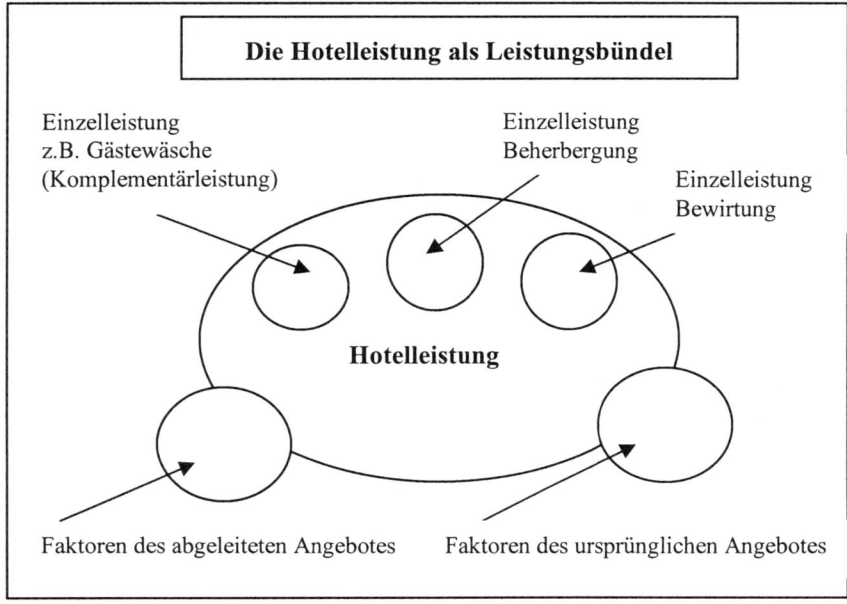

Im betriebswirtschaftlichen Sinne stellen Beherbergungs- und Bewirtungsleistungen *Hauptleistungen* des Hotels dar, während Komplementärleistungen *Nebenleistungen* sind.

Abbildung 46: Die Haupt-, Neben- und Hilfsleistungen im Hotel

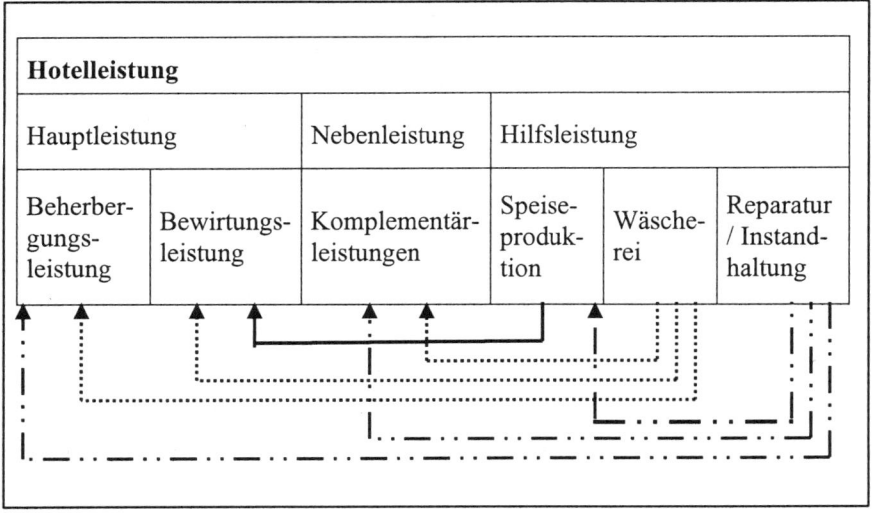

Die Hauptleistungen entsprechen dem Hauptzweck des Hotels und sind als solche direkt an den Gast absetzbar. Die Nebenleistungen entsprechen nicht dem Hauptzweck des Hotels, sind aber auch direkt an den Konsumenten absetzbar. Demgegenüber sind die Hilfsleistungen nicht direkt absetzbar, sondern sie gehen in die Haupt- oder Nebenleistungen ein. Die Betrachtung der Hilfsleistungen ist im Hotel insofern von Bedeutung, da sich hier ein Ansatzpunkt für Rationalisierung im Sinne von Outsourcing ergibt.

3.2.2 Die Beherbergungsleistung

Die *Beherbergungsleistung* beinhaltet die zeitweilige *Vermietung* von Wohnraum (Wohnräumen) und Ausstattungen sowie die Bereitstellung weiterer Voraussetzungen für einen kurzfristigen und vorübergehenden Aufenthalt von Personen im Rahmen eines touristischen Vorgangs. Die Beherbergungsleistung stellt eine *Kombination* aus Sachgütern und Dienstleistungen dar und ist eine Hauptleistung des Hotels.

Die Beherbergungsleistung ist ein *Mietdienst*, indem die Räumlichkeiten zur Nutzung überlassen werden. Darin eingeschlossen sind persönliche Leistungen, wie z.B. das Ein- und Auschecken des Gastes, die Dienstleistungen des Etagenpersonals, die Dienste des Portiers u.a. Betreuungsleistungen, die bei der Überlassung von Räumlichkeiten vom Hotelpersonal erbracht werden.
Die Beherbergungsleistung entsteht als Dienstleistung, wenn der Gast das Hotel aufsucht und die Leistung in Anspruch nimmt. Damit fallen *Erstellung, Absatz und Konsum* der Beherbergungsleistung örtlich und zeitlich zusammen.

Auf Grund einer labilen Nachfrage nach Beherbergungsleistungen ergibt sich für den Hotelbetrieb ein Risiko. Ein Hotel muss permanent leistungsbereit sein, wodurch bereits Kosten entstehen, ohne dass bekannt ist, ob die Leistung abgesetzt werden kann. Zwar kann durch eine Vorabbuchung von Beherbergungsleistungen dieses Risiko gemindert werden. Dadurch wird die Beherbergungsleistung an sich jedoch noch nicht abgesetzt, sondern lediglich ein Anspruch darauf.

Die *Messung* der Beherbergungsleistung erfolgt
- *mengenmäßig* an der *Anzahl der Übernachtungen* und
- *wertmäßig* am *Logis-Umsatz* (Beherbergungsumsatz).

3.2.3 Die Bewirtungsleistung

Die *Bewirtungsleistung* beinhaltet den *Verkauf* von Speisen und Getränken sowie die zeitweilige *Vermietung* von Räumlichkeiten, Ausstattungen und Ausrüstungen zum Verzehr der Speisen und Getränke an Ort und Stelle. Auch die Bewirtungsleistung stellt eine *Kombination* aus Sachgütern und Dienstleistungen dar und ist eine Hauptleistung des Hotels.
Neben der Bereitstellung eines Angebotes von Speisen und Getränken in einem konsumreifen, d.h. verzehrfertigen Zustand in entsprechenden Räumlichkeiten und den erforderlichen Ausstattungen schließt sie die Betreuung, Beratung und Bedienung des Gastes als personenbezogene Dienstleistungen ein. Die Bewirtungsleistung entsteht erst dann, wenn der Gast das Restaurant aufsucht, seine Bestellung aufgibt und die bestellten Speisen und Getränke dort konsumiert.
Das Angebot von Speisen und Getränken, die Möglichkeiten der räumlichen Gestaltung und Ausstattung sowie die Bedienung des Gastes können sehr unterschiedlich sein. Insofern sind die Variationsmöglichkeiten der Bewirtungsleistungen im Hotel vielfältig.
Als *Kombination von Handels- und Mietdienst* grenzt sich die Bewirtungsleistung von der Beherbergungsleistung ab, die nur einen Mietdienst darstellt.

Die *Messung* der Bewirtungsleistung ist *mengenmäßig* komplizierter als die der Beherbergungsleistung, da die Bewirtungsleistungen wegen ihrer Verschiedenartigkeit nicht ohne weiteres aggregiert werden können. Möglichkeiten der Messung bestehen z.B. in der Anzahl der verkauften Gerichte / Gedecke / Portionen, der Anzahl der Gäste u.ä..
Auf Grund der Unzulänglichkeiten der mengenmäßigen Messung wird die Bewirtungsleistung meist *wertmäßig* gemessen, z.B. differenziert nach Speiseumsatz, Getränkeumsatz, Handelswarenumsatz. Entsprechend der betrieblichen Leistungsstruktur kann eine weitere Untergliederung erfolgen.

Abbildung 47: Die Gemeinsamkeiten und Unterschiede der Beherbergungs- und Bewirtungsleistungen

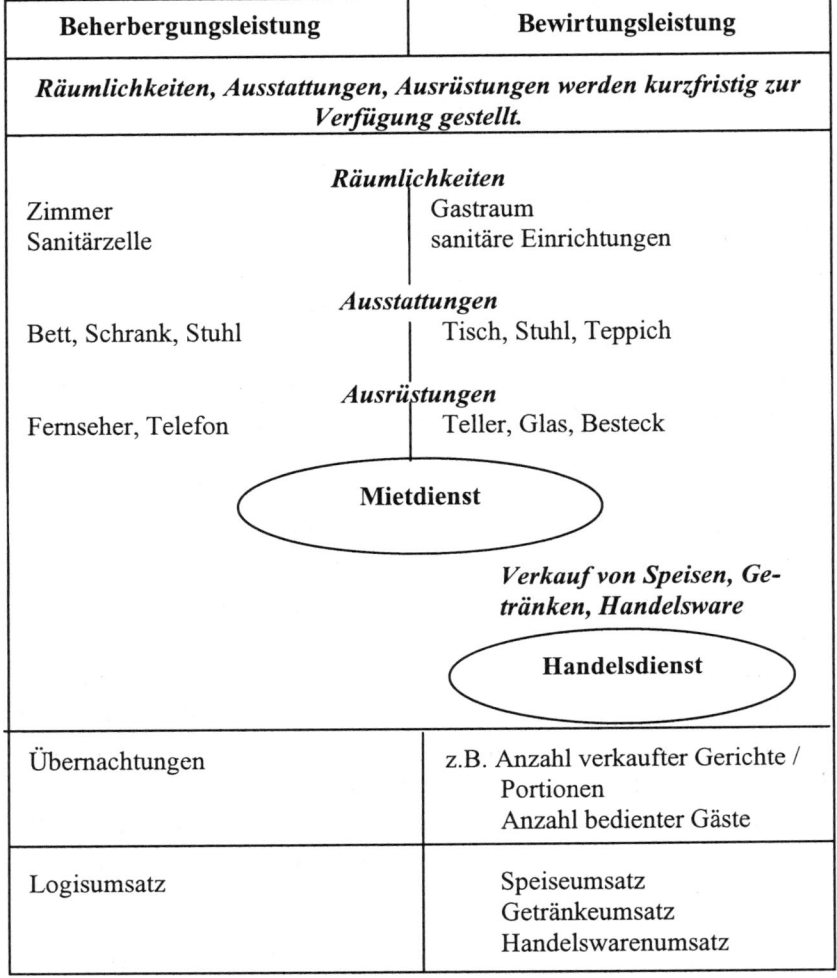

3.2.4 Die Komplementärleistungen

Die *Komplementärleistungen* ergänzen die Beherbergungsleistung. Es sind vielfältige Leistungen, die Bedürfnisse in *unterschiedlichen Komplexen*, wie Hygiene / Körperpflege, Bekleidung, Verkehr, Information, Unterhaltung o.ä., befriedigen.

Es handelt sich um Nebenleistungen, da sie nicht dem Hauptzweck des Hotels entsprechen, aber während des Aufenthaltes vom Gast nachgefragt werden.

Dabei kann es sich entweder um sachbezogene Dienstleistungen (z.B. Reparaturen, Ausleihe von Sportgeräten) oder um personenbezogene Dienstleistungen (z.B. Massagen, Sauna, Besorgung von Karten) handeln.

Die Komplementärleistungen werden entweder durch das Hotel *selbst* (z.B. Besorgung der persönlichen Wäsche des Gastes) oder *durch Dritte* (z.B. Reparaturen an Gegenständen des Gastes) erbracht. Ihr Umfang kann als Maßstab für einen bestimmten Standard der Hotelleistung betrachtet werden.[82]

Abbildung 48: Die Komplementärleistungen im Hotel

Komplementärleistungen	
Sachbezogene Komplementärleistungen	Personenbezogene Komplementärleistungen
z.B. Reparaturen, Aufbewahrung, Ausleihe	z.B. Körperpflege, medizinische Betreuung, Information
Vermittelte Dienstleistungen	Eigene Dienstleistungen

3.2.5 Die Leistungen im Tagungs- und Kongressbereich

Bei diesen Leistungen handelt es sich um unterschiedliche Leistungskombinationen:
- die Kombination von Beherbergungs-, Bewirtungs- und Komplementärleistungen.
  In diesem Fall stellt das Hotel alle mit Tagungen und Kongressen in Verbindung stehenden Leistungen „unter einem Dach" zur Verfügung, wie
  - die Beherbergungsleistung,
  - vielfältige Bewirtungsleistungen,
  - Tagungsräume in verschiedenen Größen,
  - einen Tagungsservice,
  - Komplementärleistungen im Freizeit- und Fitnessbereich,
  - Rahmen- und Beiprogramme.[83]

---
[82] Vgl. Abschnitt 5.4
[83] Vgl. Henschel, Hotellerie, S. 127

- tagungsspezifische Bewirtungsleistungen, indem Tagungsräume, ggf. mit entsprechendem Equipment zur Verfügung gestellt, d.h. vermietet und tagungsspezifische gastronomische Leistungen (z.B. Businessmenü) erbracht werden.[84]
- die Vermietung von Räumlichkeiten, die mit oder ohne Equipment erfolgt, aber ohne weitere Leistungen.

Das Wesen der im Tagungs- und Kongressgeschäft erbrachten Leistungen entspricht demzufolge denen der Beherbergungs-, Bewirtungs- und Komplementärleistungen.

3.3 Die Eigenschaften der Hotelleistung

Als Dienstleistung ist die Hotelleistung durch folgende wesentliche Merkmale charakterisiert:

1. immateriell, abstrakt
Die Tätigkeiten zur Befriedigung der Bedürfnisse des Gastes schlagen sich nicht in Sachgütern nieder, sondern sie werden unmittelbar als Tätigkeit konsumiert. Damit ist die Hotelleistung abstrakt, was zur Folge hat, dass die Gäste sehr unterschiedliche Vorstellungen von der Hotelleistung haben. Ein- und dieselbe Leistung kann durch die verschiedenen Gäste ganz unterschiedlich beurteilt werden. Hinzu kommt, dass die potenziellen Gäste eines Hotels die Hotelleistung vorher nicht sehen, nicht vergleichen und nicht auf der Grundlage des Augenscheins auswählen können, so wie das beim Warenkauf der Fall ist.

2. Kombination von sach- und personenbezogenen Dienstleistungen
Die Tätigkeiten zur Befriedigung der Bedürfnisse des Gastes beziehen sich sowohl auf Sachgegenstände (z.B. Reinigung des Hotelzimmers, Anrichten / Servieren von Speisen, Ausleihe von Sportgeräten) als auch direkt auf die Person, d.h. den Gast (z.B. Auskunft über Veranstaltungen, Beratung bei der Menüauswahl, Massagen).

---

[84] Vgl. ebenda, S. 140

3. Einbeziehung des Gastes als externer Faktor

Die Hotelleistung erfordert den Gast als externen Faktor. Der Gast muss bei der Leistungserstellung persönlich anwesend sein. Er beeinflusst den Prozess der Leistungserstellung, indem er Leistungsumfang, -qualität, -rhythmus und -zeitpunkt bestimmt.

4. nicht lager- und nicht transportfähig

Die Erstellung, der Absatz und der Konsum der Hotelleistung fallen in örtlicher und zeitlicher Hinsicht zusammen (sog. uno-actu-Prinzip). Die Erstellung der Hotelleistung muss zeitlich mit dem Absatz und Konsum synchronisiert und örtlich mit der Nachfrage in Übereinstimmung gebracht werden. Deshalb müssen die Voraussetzungen für die Leistungserstellung, wie Bettenkapazitäten oder Personal zu dem Zeitpunkt und an dem Ort zur Verfügung stehen, wann und wo sie nachgefragt werden. Die Hotelleistung ist somit immer standortgebunden. Ein Ausgleich von Nachfrageschwankungen ist auf Grund des immateriellen Charakters nicht möglich. Die ständige Leistungsbereitschaft hat zur Folge, dass

- die Hotelleistung, die nicht zu einem bestimmten Zeitpunkt und an einem bestimmten Ort abgesetzt werden kann, verfallen ist. Sie kann zu einem späteren Zeitpunkt oder an einem anderen Ort nicht mehr gewinnbringend verwertet werden.
- eine nicht befriedigte Nachfrage durch eine nachträgliche „Lieferung" nicht ausgeglichen werden kann, denn entweder besteht der Bedarf des Gastes nach der Hotelleistung nicht mehr oder der Bedarf ist durch einen anderen Mitbewerber gedeckt worden.
- strukturelle Überkapazitäten entstehen.

5. komplementär

Die Hotelleistung ist eng verbunden mit

- anderen touristischen Leistungen. So kann die Hotelleistung erst erbracht werden, wenn eine touristische Verkehrsleistung vorausgegangen ist. Ob eine bestimmte Hotelleistung in Anspruch genommen wird oder nicht, kann von der Beratung im Reisebüro abhängen usw..
- den Faktoren des ursprünglichen und abgeleiteten Angebotes am Tourismusort. Die Auswahl eines Hotels kann von der Beschaffenheit natürlicher Faktoren (z.B. Sauberkeit des Strandes, Schneesicherheit, Lärm), von kulturellen Faktoren (z.B. Se-

henswürdigkeiten) oder vom abgeleiteten Angebot (z.B. Vorhandensein eines Kongresszentrums) an einem jeweiligen Standort des Hotels abhängen. Die Hotelleistung ist somit immer *standortgebunden* und *-abhängig*.

6. *substituierbar*
Die Hotelleistung ist in mehrfacher Hinsicht substituierbar:
- Der Gast kann aus einer Vielzahl von unterschiedlichen Hotelleistungen auswählen. Er muss z.b. bei wiederholtem Aufenthalt an einem Ort nicht immer das gleiche Hotel aufsuchen.
- Die Leistung eines Hotels kann durch Leistungen in anderen Beherbergungsformen, z.B. eine Ferienwohnung, ersetzt werden.
- Die Hotelleistung kann durch andere Dienstleistungen bzw. Sachgüter ersetzt werden. So kann z.b. anstelle einer Geschäftsreise eine Videokonferenz durchgeführt werden. Es kann auf eine Reise und die damit verbundenen Hotelleistungen verzichtet werden, wenn Sachgüter (z.B. Wohnungseinrichtung, Auto) angeschafft werden, oder die Hotelleistung kann durch ein Wohnmobil ersetzt werden u.ä..

7. *starken Nachfrageschwankungen ausgesetzt*
Die Nachfrage nach Hotelleistungen ist u.a. auf Grund ihrer Substituierbarkeit sehr labil und außerdem von einer Vielzahl von Faktoren abhängig, die der Hotelier z. T. nicht voraussehen (z.B. Wetter, Naturkatastrophen) und nicht bzw. nur bedingt beeinflussen kann (z.B. Mode, Trends, konjunkturelle Entwicklungen). Daher weist die Nachfrage ausgeprägte Rhythmen auf, die in Abhängigkeit vom Standort oder von den Gästegruppen zeitlich (tageszeitlich, wöchentlich, saisonal) sehr unterschiedlich ist. Das führt dann dazu, dass der Absatz der Hotelleistungen im Verlaufe einer Periode stark schwanken kann.

8. *personalintensiv*
Die Hotelleistung ist eine personalintensive Dienstleistung. Da die vom Gast erwartete Gastlichkeit nur im direkten Kontakt zwischen Dienstleistendem und Gast erreicht werden kann, ist die menschliche Arbeit der *entscheidende Gestaltungsfaktor* bei der Erstellung der Hotelleistung. Ausdruck dafür ist, dass die Personalkosten den größten Kostenblock im Hotel darstellen. Der Ersatz der menschlichen Arbeit ist – im Vergleich mit anderen Bereichen der Wirtschaft –

eingeschränkt, besonders in den Bereichen, die dem Gast zugewandt sind. Das schränkt Produktivitätssteigerungen ein. Hinzu kommt, dass auf Grund der labilen Nachfrage die Beanspruchung des Personals sehr schwankt und oft nicht planbar ist.

Fragen und Aufgaben zum Kapitel 3

1. Was ist unter der Produktionsfunktion eines Hotels zu verstehen?
2. Wieso ist die Speiseproduktion eine Hilfsleistung?
3. Stellen Sie die Hotelleistung als Leistungspaket dar und weisen Sie nach, dass Faktoren des ursprünglichen Angebotes für die Hotelleistung entscheidend sein können!
4. Welche Eigenschaften prägen die Hotelleistung?
5. Welche Konsequenzen können aus den Eigenschaften der Hotelleistung für unterschiedliche Aufgabenbereiche des Hotelmanagements abgeleitet werden?
6. Welche Eigenschaften der Hotelleistung sprechen für eine Zusammenarbeit mit einem Reiseveranstalter?
7. Wodurch unterscheiden sich Beherbergungs- und Bewirtungsleistungen?
8. Inwieweit kann der Umfang an Komplementärleistungen Aussagen über den Standard der Hotelleistung liefern und wie schätzen Sie die Bedeutung der Komplementärleistungen unter dem Aspekt der Trends in der Nachfrageentwicklung ein?

4 Die Organisation des Hotelbetriebes
4.1 Die Bereiche des Hotels

Die Hotelleistung wird arbeitsteilig in verschiedenen Bereichen des Hotels erbracht, wovon die wichtigsten der Beherbergungsbereich und der Bewirtungsbereich sind. Das Vorhandensein weiterer Bereiche (z.B. Tagungs- und Kongressbereich) sowie die konkrete Zusammensetzung der Bereiche kann in Abhängigkeit von vielen Faktoren (z.B. Leistungsangebot, Hotelkategorie, Betriebsgröße, personelle Voraussetzungen, Raumangebot, Standortbedingungen) sehr unterschiedlich sein, ist aber immer auf das Vorhandensein des Beherbergungs- und Bewirtungsbereiches zurückzuführen.

4.1.1 Der Beherbergungsbereich

Der Beherbergungsbereich umfasst die baulichen Anlagen und die Dienstleistungen des Hotelpersonals, die mit der Nutzung von Räumlichkeiten im Zusammenhang mit dem kurzfristigen und vorübergehenden Aufenthalt von Touristen verbunden sind.

Abbildung 49: Der Beherbergungsbereich

Beherbergungsbereich				
Bauliche Anlagen (Hardware)			Dienstleistungen des Hotelpersonals (Software)	
Hotelzimmer	Sonstige bauliche Anlagen		Empfangsbereich	Etagenbereich
Produktive Flächen	Produktive Flächen	Unproduktive Flächen		

Die baulichen Anlagen (Hardware) umfassen in Abhängigkeit von den o.g. Faktoren
- die Hotel- (Gäste-)zimmer,
- den Empfang (Lobby),
- die gemeinschaftlich nutzbaren Aufenthaltsräume,
- die Tagungs-, Konferenz-, Bketträume,
- die Sport-, Fitness-, Wellnessanlagen,
- die Verkehrs- und Etagenflächen,

- die Technik- und Betriebsräume,
- die Garagen, Parkplätze,
- weitere Räume (z.B. Ladengeschäfte, Büros).[85]

Die *Hotelzimmer* stellen für die Beherbergungsleistung das wichtigste Element dar. Sie dienen als Schlaf-, Ruhe-, Wohn- oder Arbeitsraum und haben folglich unterschiedliche Funktionen zu erfüllen. Das ist bei der Gestaltung der Hotelzimmer und ihrer Nutzungsbereiche (Schlaf-, Sanitär-, Wohn-, Arbeits-, Staubereich) in Abhängigkeit von den Bedürfnissen und Anforderungen der Gäste zu beachten.[86] So sind bei der Gestaltung der Hotelzimmer in einem Strandhotel andere Aspekte zu berücksichtigen als in einem Tagungshotel.

Hotelzimmer können weiterhin unterschieden werden nach der
- *Zimmerkategorie* (Einzelzimmer, Doppelzimmer, Zweibettzimmer, Studio, Appartement, Suite),
- *Zimmergröße*. Gesetzlich ist in Deutschland für Einzelzimmer eine Mindestgröße von 8 m^2 und für Doppelzimmer 12 m^2 vorgeschrieben. Die Zimmergröße hängt stark vom Standard des Hotelbetriebes ab. So werden bei der Deutschen Hotelklassifizierung für die einzelnen Hotelkategorien Zimmergrößen vorgegeben.[87]
International geht der Trend zu größeren Zimmern. Allerdings ist auch der Gegentrend festzustellen, dass im Zusammenhang mit der Entwicklung der Low-Budget-Hotellerie kleinere und stark funktionell ausgerichtete Hotelzimmer gebaut werden, die wegen der niedrigeren Investitionskosten pro Zimmer preisgünstig angeboten werden können.
- *Zimmerausstattung*. Sie hängt im Wesentlichen vom Standard des Hotels ab. Im Rahmen der Deutschen Hotelklassifizierung werden ebenfalls Anforderungen an die Zimmerausstattung in Abhängigkeit von der Hotelkategorie gestellt.
Bei der Zimmerausstattung ist zu beachten, dass
  - die Ansprüche der Gäste ständig wachsen und gleichzeitig differenzierter werden,

---

[85] Vgl. Hänssler, Management, S. 97
[86] Vgl. ebenda, S. 98
[87] Vgl. Abschnitt 5.4.2

- unterschiedliche Zielgruppen (z.B. Geschäftsreisende oder Urlaubsreisende) *unterschiedliche* Anforderungen an die Zimmerausstattung haben und
- spezielle Zielgruppen (z.B. Menschen mit Behinderungen, Familien mit Kindern) *besondere* Anforderungen an die Einrichtung und Ausstattung haben.

Die für Hotelzimmer benötigten Flächen werden als *produktive Flächen*[88] bezeichnet, weil mit diesen Flächen (Logis-)Umsatz erzielt wird. Zu diesen Flächen zählen auch die sonstigen baulichen Anlagen, mit denen ebenfalls eine Umsatzerwirtschaftung möglich ist (Tagungsräume, Shops, Sportanlagen usw.). Häufig werden diese Flächen auch an andere Betreiber vermietet.

Für die Qualität der Hotelleistung und das reibungslose Funktionieren des betrieblichen Ablaufs spielen weitere sonstige bauliche Anlagen eine wichtige Rolle, wie der Empfangsbereich, Aufenthaltsräume, Verkehrs- und Etagenflächen, Technikflächen oder Betriebsräume. Sie werden als *unproduktive Flächen*[89] bezeichnet, weil ihnen nicht unmittelbar Umsatz gegenübersteht. Welchen Umfang diese Flächen aufweisen, hängt vom Standard des Hotels ab. Unter Effektivitätsgesichtspunkten sind unproduktive Flächen jedoch möglichst klein zu halten.

Die Differenzierung der baulichen Flächen hat besonders für den Investitionsbereich Bedeutung. So sind bei der Planung von Hotelbauten nicht nur die Flächen für die Hotelzimmer zu berücksichtigen, sondern auch die sonstigen baulichen Anlagen.[90]

Die für den Beherbergungsbereich maßgebenden *Dienstleistungen des Hotelpersonals* (Software[91]) werden im *Empfangs- und Etagen-(Hausdamen-)bereich* erbracht. Es zeigt sich immer mehr, dass nicht die baulichen Anlagen die Qualität der Hotelleistung bestimmen, sondern diese zunehmend von der Tätigkeit des Personals in o.g. Bereichen beeinflusst wird.

---

[88] Vgl. Hänssler, Management, S. 108
[89] Vgl. ebenda
[90] Vgl. Abschnitt 9.3.1
[91] Vgl. Abschnitt 5.1.1

So ist z.B. in der Deutschen Hotelklassifizierung auch der Umfang der personellen Leistungen im Empfangsbereich ein Kriterium für eine bestimmte Hotelkategorie.[92]
Problematisch ist, dass die Personalkosten meist den größten Kostenblock im Hotel darstellen[93] und somit die personellen Dienstleistungen im Empfangs- oder Etagenbereich rationalisierungsanfällig sind.

Der *Empfangsbereich* ist verantwortlich für[94]
- die Planung der Zimmerbelegungen,
- die Bearbeitung von Zimmerreservierungen und –stornierungen,
- den Check In und Check Out der Gäste,
- die Beratung und Betreuung der Gäste,
- die Erstellung der Gästerechnungen,
- die Abrechnung mit Reiseveranstaltern und Reisemittlern,
- die Vermittlung von Telefongesprächen,
- die Gästekorrespondenz,
- die Erstellung von Statistiken.

In kleinen und mittleren Hotelbetrieben werden diese Tätigkeiten von einem oder wenigen Mitarbeitern ausgeführt. Mit zunehmender Betriebsgröße vertieft sich die Arbeitsteilung und die anfallenden Tätigkeiten werden arbeitsteilig organisiert.

Eine *klassische* Arbeitsteilung[95] besteht in der
- *Reservierung*

Sie ist verantwortlich für die Zimmerreservierung, Anfragen, Buchungen, Verhandlungen mit Reiseveranstaltern und -mittlern sowie Unternehmen (Geschäftstourismus).
- *Rezeption*

Die Aufgaben der Rezeption bestehen in der Zimmerdisposition, im Check In und Check Out der Gäste, in der Rechnungslegung für Gäste, in der Aufbewahrung von Wertsachen u.a..

---

[92] Vgl. Abschnitt 5.4.2
[93] Vgl. Abschnitt 10.1
[94] Vgl. Hänssler, Management, S. 111 ff.
[95] Vgl. ebenda

- *Portiersloge (Concierge)*
Sie ist verantwortlich für die Verwahrung der Zimmerschlüssel, die Gästepost, das Gästegepäck, die Gästefahrzeuge, Abholung von Gästen, Botendienste oder Besorgungen für Gäste usw..
- *Telefonzentrale*
Sofern keine Selbstwählanlagen vorhanden sind, übernimmt sie die Vermittlung der Telefongespräche im Hotel.
- *Nachtdienst (Night Audit)*
Der Nachtdienst ist für die Empfangstätigkeiten und die Sicherheit im Hotel während der Nacht verantwortlich. Der Tagesabschluss (Datensicherung des Tages) und die Vorbereitung des folgenden Tages sind wichtige Aufgaben des Night Auditors.

Die Arbeitsteilung wird in den Hotels unterschiedlich praktiziert, wobei immer mehr dazu übergegangen wird, eine strikte Trennung zwischen den Aufgabenbereichen zu vermeiden und *Aufgaben flexibel* zu organisieren.

Der *Hausdamenbereich* hat die Aufgabe, Zimmer, Etagenflure und –treppen, öffentliche Bereiche (z.B. Hotelhalle, Restaurant, Toiletten, Fitnessbereich) sowie Ausrüstungen (z.B. Bett- oder Tischwäsche) und persönliche Gegenstände des Gastes (z.B. Wäschedienst) zu reinigen und zu pflegen. Die Reinigung des Küchenbereiches gehört i.d.R. nicht dazu. Die Aufgabenverteilung kann betrieblich sehr unterschiedlich sein.

Die *klassische* Aufgabenverteilung in einem größeren Hotel sieht im Hausdamenbereich vor:[96]
- *Hausdame (Gouvernante)*
Als Leiterin der Hausdamenabteilung ist sie für die Organisation der Arbeitsabläufe, die Erstellung der Dienstpläne, die Kontrolle der Zimmer sowie die Planung des Personalbedarfs zuständig.
- *Zimmermädchen*
Sie sind für die Reinigung und Pflege der Zimmer und der genannten weiteren Räumlichkeiten verantwortlich.
- *Spätdienst*
Er ist verantwortlich für die Vorbereitung der Zimmer am Abend (Couverture).

---

[96] Vgl. ebenda, S. 113

- *Wäscherei / Näherei*
Sie erledigt die Reinigung, Lagerung und Reparatur der gesamten Hotelwäsche sowie der Gästewäsche.

Auf Grund des Kostendruckes und im Rahmen des Lean-Managements gehen immer mehr Hotelbetriebe dazu über, Aufgaben aus dem Hausdamenbereich auszugliedern und an Fremdfirmen zu übergeben. So erfolgt Outsourcing z.B. bei der Reinigung der Zimmer, öffentlicher Räume, Fenster oder bei der Wäscherei. So können Personalkosten gespart und das Problem einer hohen Fluktuation, eines hohen Krankenstandes und geringer Attraktivität der Arbeit im Hausdamenbereich umgangen werden.

4.1.2 Der Bewirtungsbereich

Dieser Bereich (auch Gastronomiebereich oder Food & Beverage-Bereich) erbringt die Bewirtungsleistung und kann in einem Hotel sehr unterschiedlich ausgeprägt sein. Der F&B-Bereich umfasst sowohl Bereiche, in denen Umsätze getätigt werden (Restaurants bzw. Outlets) als auch Bereiche, in denen keine Umsätze entstehen (z.B. Stewarding).

Auf Grund eines relativ hohen Niveaus an betriebsbedingten Kosten stellt sich im Hotel für den F&B-Bereich oft die Frage, ob der Bereich oder Teile davon selbst oder durch einen Pächter betrieben wird.

In Abhängigkeit von der Größe des Hotels und seinen Aufgaben kann von folgender *Grundgliederung* des F&B-Bereiches ausgegangen werden:[97]
- *Restaurant(s)*
Ein Hotel kann über ein oder mehrere Restaurants verschiedener Kategorien und mit unterschiedlichen Speise- und Getränkeangeboten verfügen. Auch die Betreibung der Restaurants kann unterschiedlich geregelt sein.
- *Bar*
Als Kommunikationszentrum im Hotel kann eine Bar als Tages- oder als Nachtbar geführt werden. Das Angebot ist getränkeorien-

---
[97] Vgl. ebenda, S. 119 ff.

tiert, mit meist nur wenigen Speisen. Das Angebot an Unterhaltungsleistungen (z.B. Musik und andere Darbietungen) hängt von der verfolgten Konzeption der Bar ab.

- *Café*

Ein Café dient ebenfalls als Kommunikationszentrum und ist häufig an den Empfangsbereich angegliedert. Auch hier ist das Angebot eher getränkeorientiert und die Auswahl an Speisen begrenzt.

- *Bankettabteilung*

Die Bankettabteilung ist verantwortlich für den Verkauf, die Organisation und Betreuung von Veranstaltungen (Tagungen, Kongresse, Feierlichkeiten, Events usw.). Die Bankettabteilung arbeitet sehr eng mit anderen Abteilungen des Hotels zusammen.[98]

- *Etagenservice*

Der Etagenservice ist verantwortlich für den Service von Speisen und Getränken auf den Hotelzimmern. Den Hauptteil macht das Frühstück aus. Er übernimmt auch die Verteilung sog. „Set ups" (Obstkorb, Pralinen), die von der Küche nach Angaben des Empfangs zusammengestellt und den Gästen z.B. zur Begrüßung auf die Zimmer gestellt werden.

- *Poolbar*

Sie kommt in der ausgeprägten Form eigentlich in größeren Hotels mit umfangreichen Freizeitbereichen vor, in denen Getränke und vereinzelt auch Speisen konsumiert werden.

- *Büffet (Servicebar)*

Dieser Bereich ist für die ordnungsgemäße Ausgabe der Getränke sowie die Kontrolle des Getränkebestandes verantwortlich.

- *Küche(n)*

In der / den Küche(n) werden Speisekomponenten produziert und zu Speisen zusammengestellt.

Die Sortimentsbreite und –tiefe sowie die Fertigungstiefe sind je nach Speisen- und Getränkeangebot der verschiedenen Outlets sehr unterschiedlich, wobei sich die Tendenz der Ausgliederung von arbeitsaufwendigen Vor- und Zubereitungsarbeiten und der Einsatz von Convenience Foods immer mehr durchsetzt.

Die Arbeitsteilung nach sog. Posten (z.B. Gardemanger, Entremetier, Saucier), Standardisierung und Produktionsplanung[99] tragen

---

[98] Vgl. Henschel, Hotellerie, S. 145
[99] Vgl. Hänssler, Management, S. 125 ff.

dazu bei, einen reibungslosen Ablauf der Produktionsprozesse in der (den) Küche(n) zu gewährleisten.
- *Stewarding*

Dieser Bereich ist verantwortlich für die Reinigung, Pflege und Kontrolle des Geschirrs und Bestecks, die Entsorgung der Abfälle sowie die Sauberkeit in den Bereichen, in denen keine Gäste verkehren (Küchen, Gänge). Häufig werden – aus den gleichen Gründen wie im Hausdamenbereich – Aufgaben des Stewarding an Fremdfirmen vergeben.

Da die Leistungen im Hotel arbeitsteilig erbracht werden, ergibt sich die Notwendigkeit zur Organisation, d.h. es ist eine Ordnung nötig, die einen Zusammenhang zwischen den einzelnen Bereichen des Hotels herstellt.

4.2 Die Aufbauorganisation und ihr Instrumentarium

Unter *Aufbauorganisation* ist eine auf Dauer gerichtete, planvolle Zuordnung von menschlicher Arbeit und Betriebsmitteln zur Erstellung der Hotelleistung zu verstehen. Sie ist auf die Erfüllung der Unternehmensziele gerichtet und soll die Rahmenbedingungen schaffen, unter denen die betrieblichen Aktivitäten bei möglichst günstigen Bedingungen ablaufen können.

Als *statische Organisation* regelt sie die Aufgaben des Hotels und schafft im Hotel bestimmte Strukturen sowie eine hierarchische Ordnung. Institutionell angelegt erfolgt mit der Aufbauorganisation die Gliederung des Hotels in arbeitsteilige Einheiten und deren Koordination. Im Mittelpunkt der Aufbauorganisation stehen folglich die *Aufgaben*, die ein Hotel zu erfüllen hat.

Die Aufgaben werden zu *Stellen* zusammengefasst und diese wiederum zu *Abteilungen*. Die Stellen und Abteilungen stellen Organisationseinheiten dar, die unterschiedlich miteinander verbunden sein können.

Die Organisationslehre unterscheidet verschiedene *Organisationssysteme*, die auch in der Hotellerie Anwendung finden und zu unterschiedlichen Organisationsstrukturen in Hotels führen.

4.2.1 Das lineare Liniensystem

Die Unterstellung folgt einer linearen Linie. Eine klare Abgrenzung der Aufgaben und Verantwortungen, eindeutige Weisungsbefugnisse sowie Disziplin sind die *Vorteile* dieses Systems. *Nachteilig* kann sich auswirken, dass es mehrere Hierarchiestufen und damit längere Dienstwege gibt. Fällt ein Mitarbeiter aus, ist das System relativ schwerfällig und starr. Es sind nur bedingt schnelle Reaktionen auf Veränderungen möglich. Das Liniensystem ist ein klassisches und bevorzugtes System in kleinen und mittleren Hotels.

Abbildung 50: Beispiel für das Liniensystem aus dem F&B-Bereich

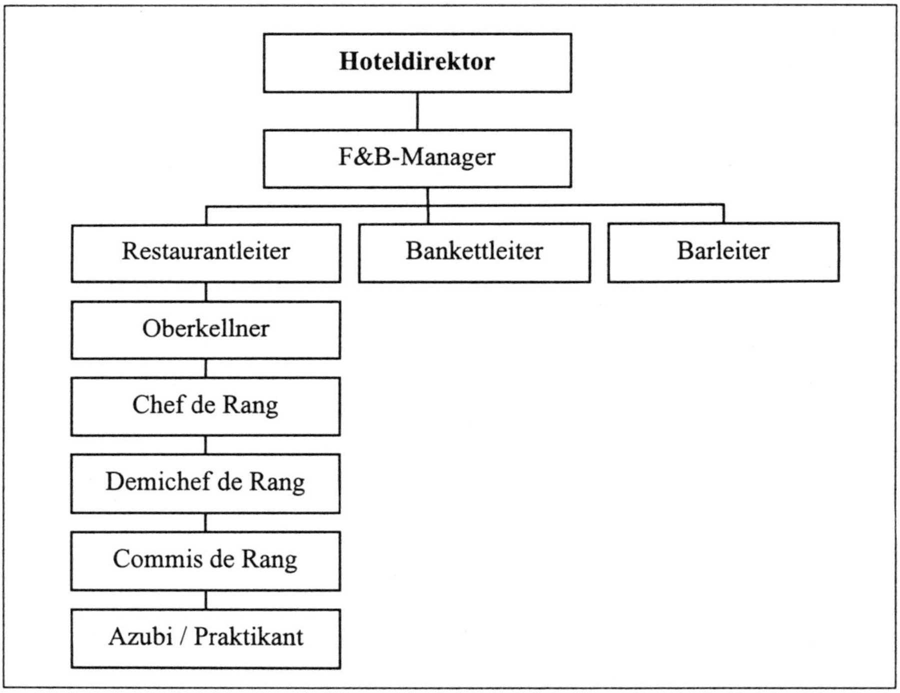

```
                    Hoteldirektor
                          |
                    F&B-Manager
          _____|_____
          |               |               |
   Restaurantleiter   Bankettleiter    Barleiter
          |
      Oberkellner
          |
      Chef de Rang
          |
    Demichef de Rang
          |
     Commis de Rang
          |
    Azubi / Praktikant
```

Quelle: In Anlehnung an Hänssler, Management, S. 79

4.2.2 Das Funktionensystem

Bei diesem System werden bestimmte Aufgaben zu Funktionen zusammengefasst, die von Spezialisten wahrgenommen werden. So können Spezialwissen und Fähigkeiten der Mitarbeiter gezielter genutzt und bestmöglichst eingesetzt werden. Das bedeutet jedoch, dass eine Stelle Anweisungen von verschiedenen übergeordneten Stellen bekommt. Die geteilte Verantwortung und die sachlich begrenzte Anweisungsbefugnis können bei Mitarbeitern zu Unklarheiten und Widersprüchen führen und Spannungen erzeugen, was die Arbeitsdisziplin beeinträchtigen kann. Trotzdem ist das Funktionensystem mit zunehmender Betriebsgröße sinnvoll.

Abbildung 51: Beispiel für das Funktionensystem aus dem F&B-Bereich

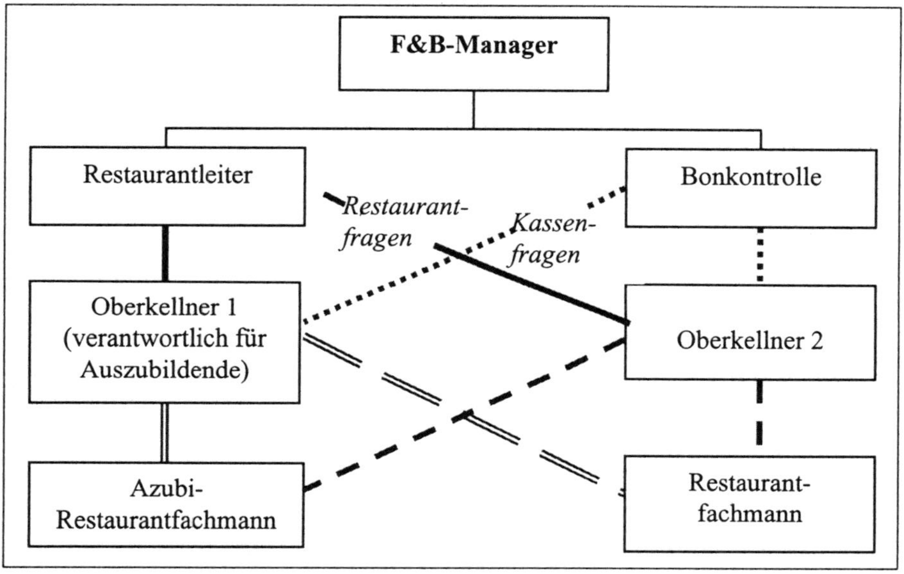

```
                    ┌─────────────────┐
                    │  F&B-Manager    │
                    └─────────────────┘
                            │
         ┌──────────────────┼──────────────────┐
┌────────────────┐                      ┌────────────────┐
│ Restaurantleiter│     Restaurant-     │  Bonkontrolle  │
│                │      fragen  Kassen- │                │
└────────────────┘            fragen    └────────────────┘
         │                                       │
┌────────────────┐                      ┌────────────────┐
│  Oberkellner 1 │                      │                │
│(verantwortlich │                      │  Oberkellner 2 │
│für Auszubildende)│                    │                │
└────────────────┘                      └────────────────┘
         │                                       │
┌────────────────┐                      ┌────────────────┐
│    Azubi-      │                      │  Restaurant-   │
│Restaurantfachmann│                    │   fachmann     │
└────────────────┘                      └────────────────┘
```

4.2.3 Das Stabliniensystem

Hier werden das Linien- und das Funktionensystem kombiniert, indem bestimmte Funktionen in sog. Stäben konzentriert und einer Instanz zugeordnet werden. Die Stabsstelle berät die Instanz, sie erledigt Aufgaben für sie und unterbreitet Vorschläge.
Von *Vorteil* ist, dass Spezialwissen und -kenntnisse besser genutzt und die Instanz entlastet werden. In der Unterstellung bleibt eine klare Linie erhalten, die beim Funktionensystem verloren geht. Da Stabsstellen vorrangig beratende Funktion und keine Weisungsbefugnis haben, kann das in der Praxis dazu führen, dass sich die dort Beschäftigten benachteiligt fühlen und die Gefahr des Eingreifens der Stabsstellen in Entscheidungen besteht. Dieser *Nachteil* kann durch die Übertragung von Mitentscheidungsrechten gemindert werden.

Durch den Einsatz von Spezialisten in den Stabsstellen handelt es sich um ein relativ teures System, so dass es hauptsächlich für größere Hotels bzw. Hotelketten geeignet ist.

Abbildung 52: Beispiel für das Stabliniensystem aus dem F&B-Bereich

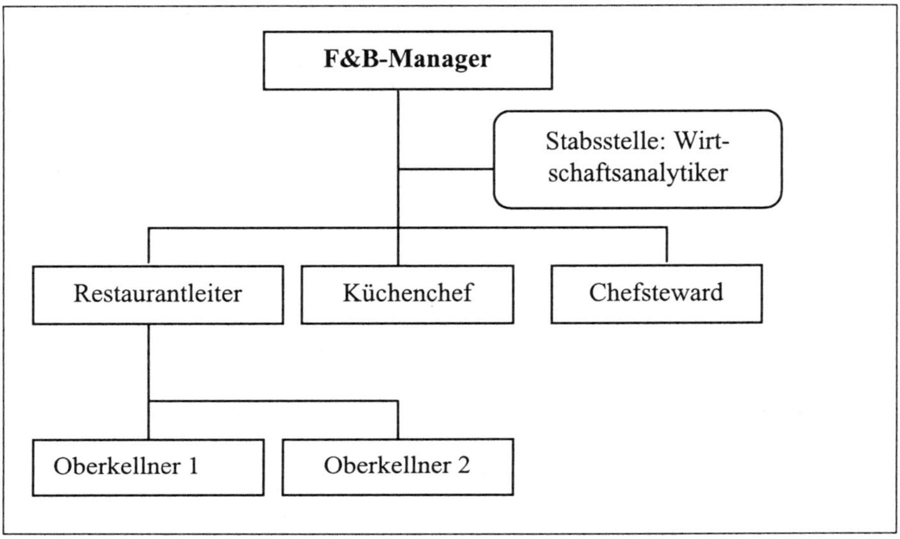

```
                    F&B-Manager
                         |
                         |——— Stabsstelle: Wirtschaftsanalytiker
                         |
        ┌────────────────┼────────────────┐
   Restaurantleiter   Küchenchef      Chefsteward
        |
   ┌────┴────┐
Oberkellner 1  Oberkellner 2
```

4.2.4 Die Sparten- oder Divisionsorganisation

Unterhalb der Unternehmensleitung werden weitgehend selbständige Sparten (Divisionen, Geschäftsbereiche) gebildet. Sie besitzen alle wichtigen Funktionen des Unternehmens (z.B. Einkauf – Leistungserstellung – Absatz). Sie sind *relativ autonom* und stellen quasi ein Unternehmen im Unternehmen dar, d.h. sie sind als Profit Center konzipiert. Die Sparten- bzw. Divisionsbildung kann nach unterschiedlichen Aspekten erfolgen, z.B. nach Leistungen, Produkten, Marken, Kategorien, Märkten, Regionen usw..

Durch die Sparten- bzw. Divisionsbildung kann eine bessere Hinwendung zum Produkt erfolgen und die Unternehmensleitung entlastet werden. Bessere Überschaubarkeit, schnelleres Reagieren oder eine stärkere Motivation der qualifizierten Führungskräfte durch Autonomie sind weitere *Vorteile* des Systems.

Nachteile können darin bestehen, dass die Sparten u. U. konkurrieren oder dass eine potenzielle Divergenz von Sparten- bzw. Divisions- und Unternehmenszielen besteht.

Die Sparten- bzw. Divisionsorganisation ist bei Hotelketten zu finden. Sie eignet sich besonders bei Expansionsstrategien, wenn z.B. das internationale Geschäftsfeld ausgedehnt werden soll.

Abbildung 53: Beispiel für die Sparten- bzw. Divisionsorganisation

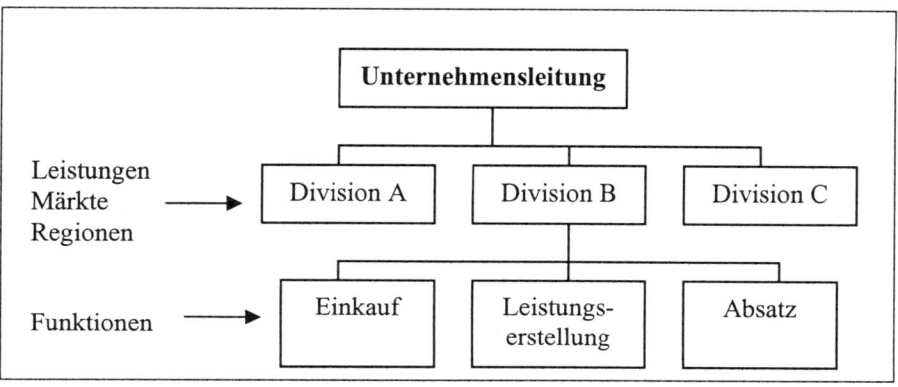

4.2.5 Die Matrixorganisation

Hierbei handelt es sich um eine mehrdimensionale Organisationsform, bei der sich objektorientierte und funktionsorientierte Organisationsstrukturen überlagern. Dazu werden unterhalb der Unternehmensleitung vertikale, objektorientierte Strukturen geschaffen. Diese Objekte können Leistungen, Märkte, Betriebstypen u.ä. (z.B. Stadthotels, Ferienhotels, Tagungshotels) sein. Für sie sind die jeweiligen Manager im Sinne von „Objektmanagern" verantwortlich. Betriebliche Funktionen wie z.B. Einkauf, Lager, Verkauf, Marketing werden horizontal, funktionsorientiert organisiert und von „Funktionsmanagern" wahrgenommen. Dadurch können die Unternehmensleitung entlastet und Spezialwissen sowie Fähigkeiten von Führungskräften effektiv genutzt werden.

Die Abwicklung von Aufgaben kann sehr gründlich erfolgen, da Entscheidungen gemeinsam von den „Objektmanagern" und dem jeweiligen „Funktionsmanager" getroffen werden. Es sind jedoch eine Reihe von Abstimmungsprozessen und Zeit nötig, da niemand das alleinige Anordnungsrecht besitzt. Diese Situation ist gewollt, da davon ausgegangen wird, dass die gemeinsame Suche nach Lösungen zu besseren Ergebnissen führt und dadurch der Erfolg für das Unternehmen steigt. Bei unterschiedlichen Auffassungen kann es allerdings zu Zeitverlusten oder Konflikten kommen. Die Anwendung der Matrixorganisation ist folglich mit einer exakten Abgrenzung von Kompetenzen zwischen den Objekt- und Funktionsbereichen sowie mit Teamorientierung im Unternehmen verbunden.

Abbildung 54: Beispiel für die Matrixorganisation

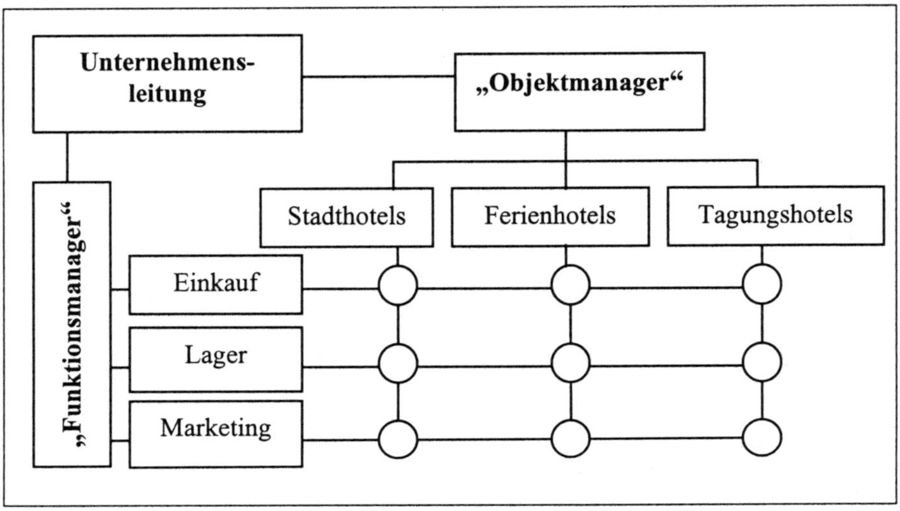

```
                Unternehmens-
                  leitung ─────────── „Objektmanager"
                    │                      │
         ┌──────────┼──────────┬───────────┼───────────┐
„F       │     Stadthotels   Ferienhotels  Tagungshotels
 u       │          │           │           │
 n       ├─ Einkauf ─○───────────○───────────○
 k       │          │           │           │
 t       ├─ Lager  ─○───────────○───────────○
 i       │          │           │           │
 o       └─ Marketing ○──────────○───────────○
 n
 s
 m
 a
 n
 a
 g
 e
 r"
```

In der Praxis kommen diese Organisationsformen meist nicht in ihrer reinen Form, sondern in *Mischformen* vor. Bei der Entscheidung für eine bestimmte Organisationsform bzw. ihrer Kombinationen muss beachtet werden, dass die entstehenden Strukturen weder die Initiative und Kreativität der Mitarbeiter und Führungskräfte noch die Anpassungsfähigkeit der Hotelunternehmung an Veränderungen einschränken.

4.2.6 Die Instrumente der Aufbauorganisation

Um den organisatorischen Aufbau eines Hotels sichtbar zu machen, können auch in der Hotellerie verschiedene Instrumente eingesetzt werden.

Das Organigramm
Im Organigramm wird dargestellt, welche Funktionen ausgeübt und welche Bereichs-, Abteilungs- und Stellengliederung (Organisationseinheiten) vorgenommen wird. In Abhängigkeit vom gewählten Organisationssystem werden die Organisationseinheiten miteinander

verbunden, so dass sich Leitungsbeziehungen und Unterstellungen ergeben.

Das Organigramm liefert grundsätzliche Informationen zum Aufbau eines Hotels und den Hierarchien. Es gibt keine ausreichende Auskunft über die Verteilung von Funktionen, Verantwortungen oder Kompetenzen.

Die Gliederung eines Organigramms hängt von den auszuübenden Funktionen / Aufgaben und der Betriebsgröße ab.

Abbildung 55: Beispiel eines Organigramms

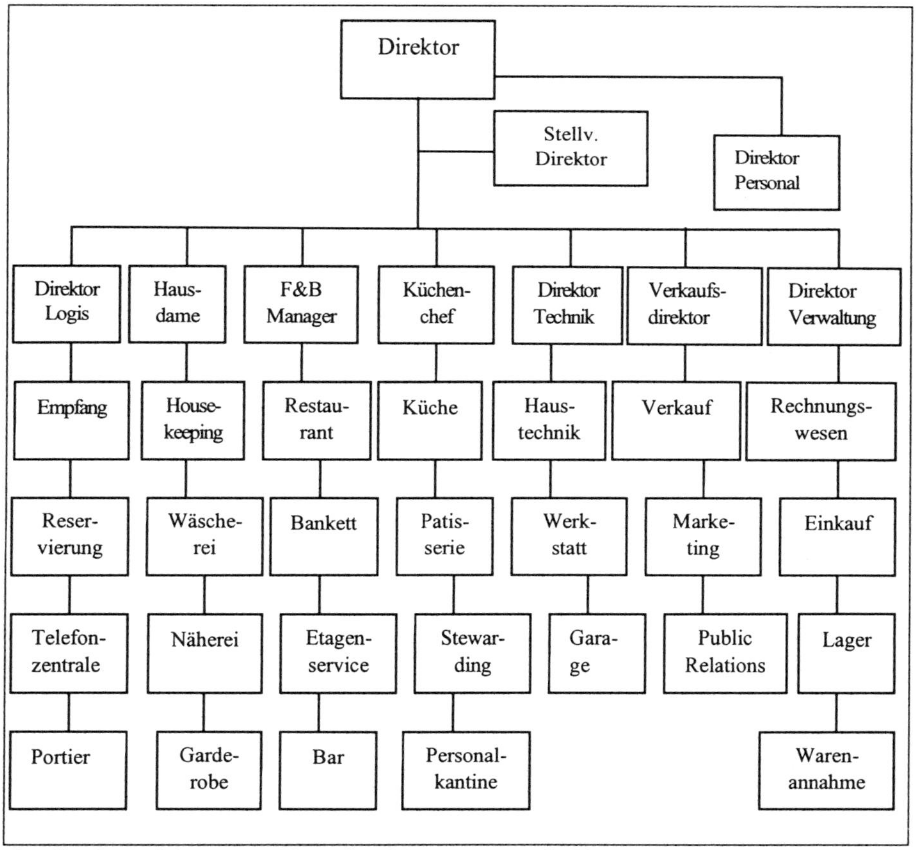

Direktor Logis	Haus-dame	F&B Manager	Küchen-chef	Direktor Technik	Verkaufs-direktor	Direktor Verwaltung
Empfang	House-keeping	Restaurant	Küche	Haus-technik	Verkauf	Rechnungs-wesen
Reservierung	Wäscherei	Bankett	Patisserie	Werkstatt	Marketing	Einkauf
Telefonzentrale	Näherei	Etagenservice	Stewarding	Garage	Public Relations	Lager
Portier	Garderobe	Bar	Personalkantine			Warenannahme

(Übergeordnet: Direktor, Stellv. Direktor, Direktor Personal)

Quelle: In Anlehnung an Hänssler, Management, S. 78

Unter dem Zwang, Personalkosten zu senken, werden klassische Strukturen der Aufbauorganisation zunehmend hinterfragt. Es wird die Organisation gestrafft, indem Aufgaben verändert und Hierarchiestufen abgebaut werden. Dazu werden im Rahmen von *Lean-Management* z.B.

- für Mitarbeiter Aufgaben erweitert,
- Mitarbeitern mehr Kompetenz und Verantwortung übertragen,
- Verantwortungsbereiche erweitert,
- Anforderungsprofile an die Qualifikation der Mitarbeiter verändert,
- Abteilungen zusammengefasst.[100]

Das Funktionsdiagramm
In einem Funktionsdiagramm[101] können Aufgaben und Aufgabenträger näher beschrieben werden. Es stellt anschaulich dar, wie mehrere Stellen bei der Erfüllung eines Aufgabenkomplexes zusammenwirken, d.h. wer welche Aufgaben mit welcher Verantwortung wahrnimmt. Dabei werden die Aufgaben in Teilaufgaben zerlegt und einzelnen Aufgabenträgern mit entsprechenden Verantwortlichkeiten und Kompetenzen zugeordnet. Zuständigkeiten in verschiedenen Funktionsbereichen (z.B. Einkauf, Marketing, Personal) können so besser abgegrenzt werden.

Das Funktionsdiagramm liefert damit detailliertere Informationen als das Organigramm. Mit wachsender Aufgabenvielfalt kann daher ein Funktionsdiagramm nützlich sein.

Abbildung 56: Auszug für ein Funktionsdiagramm zur Einkaufsfunktion

Aufgabenträger / Teilaufgaben	Einkaufsleiter	Lagerverwalter	Lagerist	Direktor
Lagerbestandskontrolle	E	An	Aus	
Bedarfseinschätzung				E
Bestellung	E			

Legende:
E = Entscheidung   Aus = Ausführung   An = Anordnung

---

[100] Vgl. Hänssler, Management, S. 83
[101] Vgl. Schwaniger, Gestaltung, S. 98 ff.

Die Stellenbeschreibung

Die Stellenbeschreibung[102] ist ein weiteres Instrument der Aufbauorganisation. Es ist die verbindliche Regelung für eine Stelle, die die Einordnung der Stelle im Hotel, deren Aufgaben, Befugnisse und Verantwortungen, Anforderungen an den Stelleninhaber und Kommunikationsbeziehungen u.a.m. festlegt.

Die Stellenbeschreibung ist umfassender als das Funktionsdiagramm und grenzt noch deutlicher den Aufgaben- und Verantwortungsbereich eines Stelleninhabers gegenüber einem anderen ab. Die Stellenbeschreibung ist aufgaben- und nicht personenbezogen und vom Wechsel des Stelleninhabers unabhängig. Eine Stellenbeschreibung ist regelmäßig zu überprüfen und anzupassen, wenn sich Aufgaben der Stelle ändern.

Abbildung 57: Beispiel für den Aufbau einer Stellenbeschreibung [103]

1.	Bezeichnung der Stelle
2.	Organisationszugehörigkeit der Stelle (Abteilung, Bereich)
3.	Instanzielle Einordnung (Vorgesetzte, Untergebene)
4.	Stellvertreterfunktion (aktiv: Wen vertritt der Stelleninhaber? passiv: Wer vertritt den Stelleninhaber?)
5.	Kurzbezeichnung der Hauptaufgaben der Stelle
6.	Einzelauflistung der Aufgaben, Befugnisse und Verantwortung
7.	Besondere Aufgaben, Einzelaufträge
8.	Informationsfunktion (aktiv: Wen hat der Stelleninhaber worüber zu informieren? passiv: Von wem erhält der Stelleninhaber welche Informationen?)
9.	Zusammenarbeit mit anderen Abteilungen
10.	Interne und externe Mitarbeit
11.	Anforderungen an den Stelleninhaber (z.B. Ausbildung, Kenntnisse, Erfahrung)
12.	Bewertungsmaßstäbe (z.B. Vorgabe von Leistungsstandards, Ziele)
13.	Organisationsrichtlinien der Stellenbeschreibung (Datum der Erarbeitung, nächste Überprüfung, Verteiler, Unterschriften)

Eine exakte Stellenbeschreibung hat für Mitarbeiter und Vorgesetzte eine Reihe von Vorteilen.

---

[102] Vgl. Waltz, Stellenbeschreibungen; Jamin u.a., Organisation, S. 47 ff.
[103] Vgl. Kaspar, Management, S. 242; Jamin u.a., Organisation, S. 47 ff.

Abbildung 58: Vorteile der Stellenbeschreibung für Mitarbeiter und Vorgesetzte

Mitarbeiter	Vorgesetzter
Zeigt Einordnung des Mitarbeiters im Hotel sowie die Art und den Umfang der zu erfüllenden Aufgaben	Ist Grundlage für die Dienstaufsicht und Erfolgskontrolle der unterstellten Mitarbeiter
Informiert über Verantwortungen und Kompetenzen	Lässt „Rückdelegation" von Verantwortung leichter erkennen
Ermöglicht eine Selbstkontrolle	Ist Hilfsmittel für die Beurteilung der Leistungen der unterstellten Mitarbeiter
Gibt Sicherheit gegenüber einer informellen Organisation	

4.3 Die Ablauforganisation und ihr Instrumentarium

Die *Ablauforganisation* regelt den Ablauf von Prozessen im Hotel im Sinne des Neben- und Nacheinander von Vorgängen, die zur Erfüllung betrieblicher Aufgaben notwendig sind. Folglich ist die Ablauforganisation der Aufbauorganisation nachgeordnet. Sie kann als die *dynamische Organisation* eines Hotels verstanden werden.

In der Ablauforganisation wird davon ausgegangen, dass Aufgabenträger zur Erfüllung von Aufgaben unterschiedliche Arbeitsgänge ausführen, die in einen sinnvollen Zusammenhang – den Arbeitsablauf – gebracht werden müssen. Dazu müssen Entscheidungen getroffen werden wo, wann, welche Arbeitsgänge durch wen durchzuführen sind. Eine *optimale* Anordnung und Gestaltung von Arbeitsabläufen ist anzustreben, die auf folgende *Ziele* ausgerichtet ist:
- Sicherung einer hohen Wirtschaftlichkeit der Arbeitsprozesse,
- Sicherung der Qualität der Hotelleistung und
- Verbesserung der Arbeitsbedingungen der Mitarbeiter.

Diese Zielstellungen können *Teilziele* der Ablauforganisation enthalten, z.B.
- die maximale Auslastung der Geräte in der Küche oder
- die maximale Auslastung der Arbeitszeit von Mitarbeitern.

Die Anwendung von Instrumenten der Ablauforganisation wird stark von der Betriebsgröße des Hotels beeinflusst, d.h. mit zunehmender Betriebsgröße wächst deren Notwendigkeit.

Die Ablauforganisation basiert auf *Arbeitsstudien*, in denen der Ist-Zustand von Arbeitsprozessen entweder gesamt oder in Teilen unter bestimmten Aspekten untersucht wird. Arbeitsstudien gehen von einer kritischen Hinterfragung der existierenden Arbeitsabläufe aus, um mit den gewonnenen Informationen Prozessabläufe effizienter zu gestalten.
Im Hotel sind verschiedene Arbeitsstudien möglich. Welche durchgeführt werden, hängt davon ab, welche Entscheidungen zu treffen sind und welche Informationen benötigt werden.

Abbildung 59: Übersicht über Arbeitsstudien im Hotel

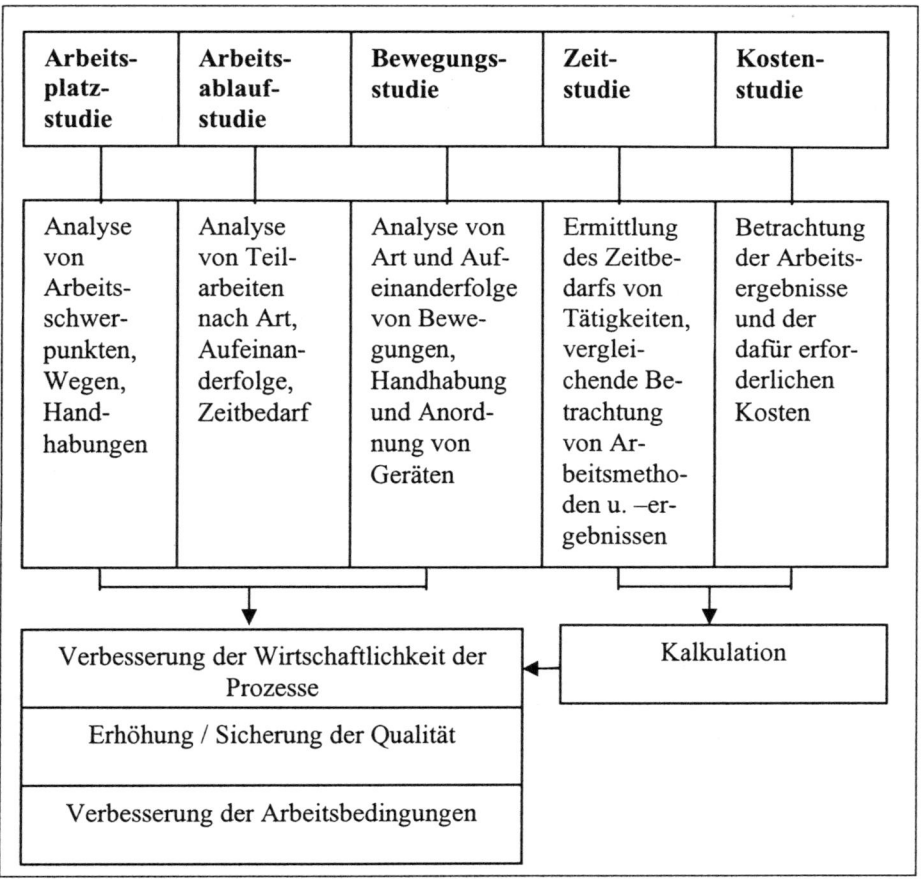

Quelle: In Anlehnung an Reith, Betriebswirtschaftslehre 2, S. 289

- *Die Arbeitsplatzstudie*
Sie wird angewandt, um eine hohe Wirtschaftlichkeit von Prozessen am Arbeitsplatz sowie die Qualität der Hotelleistung zu sichern und /

oder die Arbeitsbedingungen für Mitarbeiter an den betreffenden Arbeitsplätzen zu verbessern. Sie sollte auch angewandt werden, wenn ein hoher Anteil von Überstunden anfällt.
In der Studie können Arbeitsschwerpunkte, Wege oder Handhabungen untersucht und im Ergebnis Arbeitsschwerpunkte neu festgelegt oder Wege verändert angeordnet werden, z.B. die Gestaltung kurzer, kreuzungsfreier Wege, Zeitersparnis oder der Ausschluss von Unfallgefahren.[104]

- *Die Bewegungsstudie*

Eng verbunden mit der Arbeitsplatzstudie ist die *Bewegungsstudie*, bei der die Art und Aufeinanderfolge von Bewegungen, die Handhabung von Geräten und deren Anordnung untersucht werden. Sie dient vor allem der Verbesserung der Arbeitsgestaltung (z.B. in der Hotelküche durch sinnvoll angeordnete, gut greifbare Arbeitsmittel und Arbeitshilfsmittel) sowie der Qualität und Effizienz von Prozessen.

- *Die Arbeitsablaufstudie*

Hierbei werden Teilarbeiten sowie einzelne Tätigkeiten nach ihrer Art, Aufeinanderfolge und ihrem Zeitaufwand betrachtet. Die Häufigkeit von Tätigkeiten, ihr Umfang, ihre Verteilung, der Zeitaufwand und die Ursachen für die einzelnen Tätigkeiten können damit festgestellt werden.
Arbeitsablaufstudien dienen dazu, die Wirtschaftlichkeit der Arbeitsprozesse und die Arbeitsbedingungen der Mitarbeiter zu verbessern sowie die Qualität der entsprechenden Leistungen zu sichern. Sie eignen sich besonders im Rahmen des Qualitätsmanagements, indem kritische Ereignisse in Abläufen erkannt und entsprechende Veränderungen vorgenommen werden können.[105]

Folgendes Frageschema kann einer Arbeitsablaufstudie zu Grunde gelegt werden:

---

[104] Vgl. Reith, Betriebswirtschaftslehre 2, S. 289
[105] Vgl. Abschnitt 5.1.2

Abbildung 60: Beispiel für das Frageschema zur Arbeitsablaufstudie

---
a) kritische Überprüfung des IST-Zustandes

Was?	Warum ist diese Tätigkeit notwendig?
Wer?	Warum übt diese Person die Tätigkeit aus?
Wo?	Warum ist diese Tätigkeit dort notwendig?
Wann?	Warum ist diese Tätigkeit zu diesem Zeitpunkt notwendig?
Wie?	Warum wird diese Tätigkeit auf diese Weise ausgeübt?

b) Festlegung des SOLL-Zustandes

Was?	Was soll getan werden?
Wer?	Wer soll es tun?
Wo?	Wo soll es getan werden?
Wann?	Wann soll es getan werden?
Wie?	Wie soll es getan werden?

Quelle: In Anlehnung an Schwaninger, Gestaltung, S. 175

- *Die Zeitstudie*

Bei Zeitstudien steht die benötigte Zeit für Tätigkeiten bzw. Vorgänge im Vordergrund. Sie werden meist in Verbindung mit Arbeitsablaufstudien vorgenommen. Die Informationen aus Zeitstudien dienen der Erstellung von zeitlichen Vorgaben und Normen für Tätigkeiten, indem Arbeitsmethoden und -ergebnisse vergleichend betrachtet werden.

Sie spielen für die Kalkulation (z.B. beim Prime-Cost-Verfahren)[106] eine besondere Rolle und sind unter dem Aspekt der hohen und wachsenden Personalkosten von Bedeutung.

- *Die Kostenstudie*

In der Kostenstudie werden Arbeitsergebnisse (Kostenträger) mit den Herstellungskosten vergleichend betrachtet. Weiter können Kostenstudien bei Maschinen und Geräten durchgeführt werden, indem Anschaffungs- und Betriebskosten sowie die Kapazität verglichen werden.[107] Informationen aus Kostenstudien werden für Kalkulationen genutzt.[108]

---

[106] Vgl. Abschnitt 10.3.1.6
[107] Vgl. Reith, Betriebswirtschaftslehre 2, S. 292
[108] Vgl. Abschnitt 10.3

Die Durchführung von Arbeitsstudien im Hotel ist nicht unproblematisch. Einerseits tritt das Problem auf, dass der Gast als externer Faktor in den Leistungsprozess einbezogen ist und demzufolge auch Einfluss auf den Ablauf von betrieblichen Prozessen hat. Insofern können sich positive Wirkungen (z.B. das Einbringen zusätzlichen Wissens des Gastes) oder negative Wirkungen (z.B. die Änderung der Wünsche des Gastes während des Leistungsprozesses) auf Prozesse ergeben, die Ergebnisse verändern.
Andererseits können sich Mitarbeiter durch Arbeitsstudien kontrolliert fühlen und befürchten, dass die Arbeitsintensität unzumutbar erhöht bzw. ihr Arbeitsplatz „eingespart" werden soll. Das kann dazu führen, dass Mitarbeiter bei der Durchführung von Arbeitsstudien eventuell betont langsam arbeiten und die Ergebnisse verfälscht sind. Diese Probleme können dadurch abgeschwächt oder gelöst werden, indem
- Arbeitsstudien rechtzeitig ankündigt, die Mitarbeiter über die Ziele sowie die arbeitstechnischen und personellen Konsequenzen aufklärt werden,
- die Mitarbeiter aktiv in die Erarbeitung der Studien einbezogen werden, um die Schwachstellen im eigenen Bereich und Verbesserungspotenziale selbst zu ermitteln.

In jedem Fall sollten die Mitarbeiter dazu motiviert werden, ihren Good-Will-Beitrag einzubringen.[109]

---

[109] Vgl. Abschnitt 8.7

Fragen und Aufgaben zum Kapitel 4

1. In welchem Zusammenhang stehen die baulichen Anlagen und die Dienstleistungen des Hotelpersonals im Beherbergungsbereich?
2. Was ist unter produktiven und unproduktiven Flächen im Beherbergungsbereich zu verstehen?
3. Weshalb gehen Hotels dazu über, Aufgaben aus dem Beherbergungs- und Bewirtungsbereich auszugliedern?
4. Was ist unter Aufbauorganisation und Ablauforganisation im Hotel zu verstehen und in welchem Zusammenhang stehen beide zueinander?
5. Beschreiben Sie die im Hotel angewandten Organisationssysteme und nennen Sie deren Vor- und Nachteile!
6. Welche Ziele werden mit der Ablauforganisation verfolgt?
7. Welche Instrumente der Ablauforganisation können im Hotel wozu genutzt werden?
8. Welche Probleme können bei der Durchführung von Arbeitsstudien im Hotel auftreten?

5 Qualitätsmanagement in der Hotellerie
5.1 Die Qualität von Hotelleistungen
5.1.1 Die Elemente der Qualität

Die zunehmende Konkurrenz, notwendige Kosteneinsparungen, Rationalisierung, wachsende Uniformierung des Angebotes oder Veränderungen im Gästeverhalten sind Erscheinungen, die die Qualität in der Hotellerie – wie in anderen Branchen auch – immer mehr in den Mittelpunkt des Managements stellen.

Der Begriff der Qualität hat sich in den letzten Jahren gewandelt. Lange Zeit stand auch im Hotel die materielle Beschaffenheit der Hotelleistung, die Hardware, im Vordergrund. Inzwischen haben die „weichen" Faktoren, wie die Servicebereitschaft, Kompetenz oder Zuverlässigkeit des Personals an Bedeutung gewonnen.

Sehr allgemein kann Qualität als Güte eines Produktes (einer Sach- oder Dienstleistung) im Hinblick auf seine Eignung für den Verwender definiert werden. Die Frage nach der Qualität der Hotelleistung ist somit die Frage wie „gut" die Hotelleistung als Leistungsbündel im Hinblick auf die Eignung für den Gast ist. Dabei ist zu beachten, dass die Qualität der immateriellen Hotelleistung schwieriger bestimm- und messbar ist als die Qualität von Sachgütern.

Die Eignung der Hotelleistung für den Gast ergibt sich aus unterschiedlichen *Komponenten.* ROMEISS-STRACKE[110] differenziert nach Hardware, Umwelt und Software. Sie stellen auch im Hotel Qualitätselemente dar, die in unterschiedlichem Maße durch den Hotelier bzw. das Hotelmanagement beeinflusst werden können.

Die Qualität der *Hardware* zeigt sich in der *funktionalen Qualität.*[111] Damit ist verbunden, dass
- die materiellen Ausstattungen, die der Gast im Hotel nutzt (z.B. Dusche, Fön, Salzstreuer, Fahrrad) auch die Funktion leisten, die der Gast von ihnen erwartet,

---

[110] Vgl. Romeiß-Stracke, Service-Qualität, S. 20
[111] Vgl. ebenda, S. 24

- die Anforderungen an die Zusammensetzung der Hardware in Abhängigkeit von den Bedürfnissen verschiedener Gästegruppen (z.B. Urlaubsreisende, Geschäftsreisende) unterschiedlich sind,
- die funktionale Qualität der einzelnen Hardware-Faktoren nicht gegeneinander austauschbar ist, da auch die materielle Ausstattung als Leistungsbündel angesehen wird,
- das Niveau der einzelnen Hardware-Faktoren übereinstimmen muss, um den Gast nicht zu verunsichern.

Abbildung 61: Die Qualitätselemente der Hotelleistung

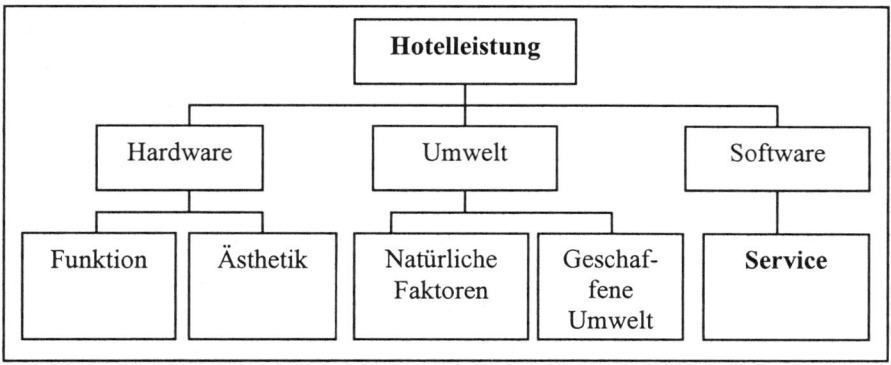

Quelle: In Anlehnung an Romeiß-Stracke, Service-Qualität, S. 20

Die Qualität der Hotelleistung zeigt sich weiterhin in der *ästhetischen Qualität*.[112] Das betrifft u.a.
- die Architektur von Hotelbauten und ihr Erscheinungsbild,
- die Innenarchitektur, Accessoires und Dekorationen,
- Licht- und Schattenwirkungen,
- Luft- und Raumtemperaturen.

Die Erwartungen an die ästhetische Qualität sind teilweise sehr veränderlich und unterliegen stark dem Zeitgeschmack (z.B. die Innenausstattung, Accessoires usw.).

Die funktionale und ästhetische Qualität kann maßgeblich durch den Hotelier beeinflusst werden.

Ein Hotel existiert immer in einer ganz bestimmten *Umwelt*.[113]

---

[112] Vgl. ebenda, S. 24
[113] Vgl. ebenda, S. 21

Dabei handelt es sich bekannterweise um
- die *natürlichen Faktoren des ursprünglichen Angebotes*. In Anbetracht der Komplementarität der Hotelleistung werden in Qualitätsbetrachtungen auch solche Faktoren einbezogen, wie die Güte des Bodens (z.B. Strandqualität), des Wassers, der Luft oder der Fauna und Flora.
- die *geschaffene Umwelt*. Das betrifft die städtebauliche Gestaltung, die Lage des Hotels und dessen Einordnung in die Umwelt, die in den Erwartungen der Gäste eine nicht zu unterschätzende Rolle spielen.

Der Beeinflussung der Qualität der Umwelt durch den Hotelier sind Grenzen gesetzt. Sie darf aus diesem Grunde aber nicht vernachlässigt werden und ist deshalb Gegenstand des Öko-Managements von Hotels.[114]

Die *Servicequalität* ist die entscheidende Komponente der Qualität der Hotelleistung. Service ist die *Kernkompetenz* eines Hotels. Darunter ist die *Fähigkeit und Bereitschaft* des Personals zu verstehen, eine Dienstleistung in der Form und zu dem Zeitpunkt zu erbringen, wie es der *Gast wünscht*. Daher entsteht die Servicequalität immer in Interaktion mit dem Gast. Deshalb sind die Mitarbeiter im Hotel der wichtigste Faktor für die Qualität der Hotelleistung. Das Hotelmanagement hat eine besondere Führungsverantwortung, Qualität zu steuern und solche Voraussetzungen zu schaffen, damit die Mitarbeiter ein Qualitätsdenken und entsprechende Verhaltensweisen entwickeln können.

Da die Erstellung der Hotelleistung den Gast als externen Faktor benötigt, nimmt der Gast auch – im Unterschied zur Sachgüterproduktion – Einfluss auf die Erstellung der Hotelleistung und folglich auch auf ihre Qualität.

---

[114] Vgl. Kapitel 12

Abbildung 62: Die Beeinflussung der Produktion und Qualität von Sachgütern und Hotelleistungen

Sachgüterproduktion	Erstellung der Hotelleistung
Der Kunde hat keinen Einfluss auf den Produktionsprozess (z.B. auf den Produktionsrhythmus).	Der Gast hat Einfluss auf den Dienstleistungsprozess (z.B. auf den Dienstleistungsrhythmus durch Festlegung des Dienstleistungszeitpunktes).
Der Kunde wirkt nicht aktiv im Produktionsprozess mit.	Der Gast fungiert aktiv als externer Faktor im Dienstleistungsprozess (z.B. deutlich bei der Selbstbedienung).
Die Produktion auf Lager und Transport ist möglich.	Produktion, Absatz und Konsum der Hotelleistung fallen zusammen, es ist keine Lagerung und kein Transport möglich.
Die Produktion erfolgt für einen anonymen Markt.	Die Erstellung der Hotelleistung erfolgt für einen „bekannten" Gast, da die Dienstleistungserstellung auf Bestellung erfolgt.
Die Begutachtung / der Test ist vor dem Kauf möglich.	Ein Test vor der Inanspruchnahme der Hotelleistung ist nicht möglich.
Ein Umtausch / eine Wandlung bei Mängeln ist möglich.	Der Umtausch der Hotelleistung bei Mängeln ist nicht möglich.
Der Kunde hat keinen Einfluss auf die Qualität des Sachgutes.	**Der Gast hat Einfluss auf die Qualität der Hotelleistung.**

5.1.2 Qualität als Ergebnis eines Vergleichsprozesses

Das Qualitätsproblem im Hotel wird dadurch kompliziert, dass die Bedürfnisse und Erwartungen der Gäste wesentlich die Qualität der Hotelleistung bestimmen. Da diese sehr verschieden sind, kann ein- und dieselbe Leistung durchaus unterschiedlich durch den einen oder anderen Gast hinsichtlich der Qualität bewertet werden.
Die Bedürfnisse des Gastes, seine Erwartungen und Anforderungen an die Qualität der Hotelleistung sind deshalb der Ausgangspunkt für die Bestimmung der Qualität der Hotelleistung. Deshalb muss Qualität aus der *Sicht des Gastes* definiert werden. Sie geht von den Erwartungen des Gastes an die Güte der Hotelleistung sowie der Wahrnehmung der Dienstleistungsgüte durch den Gast aus.

Qualität der Hotelleistung ist dann gegeben, wenn die *angebotene Hotelleistung* übereinstimmend mit der vom Gast *erwarteten Hotelleistung wahrgenommen* wird. Dabei wird die Hotelleistung stets als Summe von Teilleistungen eines *Leistungsbündels* wahrgenommen. In diesem Sinne ist die Qualität der Hotelleistung das *Ergebnis* eines *Vergleichsprozesses* durch den Gast, in dem Erwartungen und Wahrnehmungen gegenüberstehen.

Abbildung 63: Die Qualität im Hotel als Ergebnis eines Vergleichsprozesses

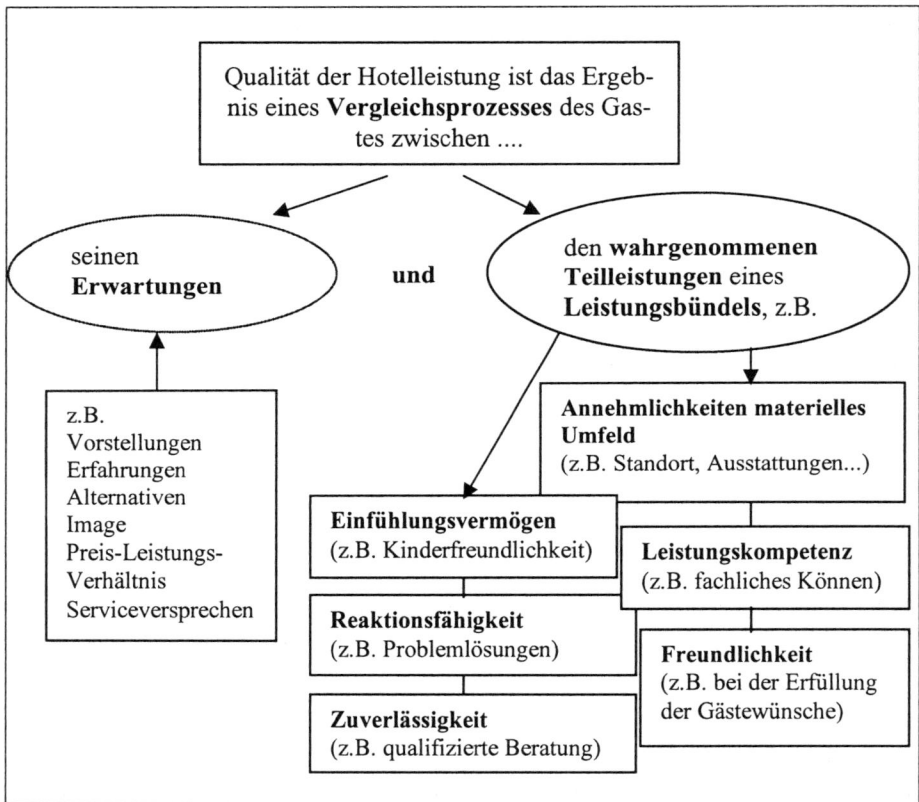

Quelle: In Anlehnung an den SERVQUAL-Ansatz von Zeithaml, Parasuraman und Berry, Qualitätsservice, S. 38 ff.

Die Erwartungen an die Qualität wie auch die Wahrnehmungen können bei den einzelnen Gästen sehr unterschiedlich ausgeprägt sein. So werden Erwartungen u.a. beeinflusst von
- den bisherigen Erfahrungen des Gastes,
- seinen eigenen Vorstellungen,

- seinem Wissen um Alternativen,
- dem Image des Hotels,
- dem Preis-Leistungsverhältnis,
- einem Serviceversprechen des Hotels.

Je nachdem wie die geprägten Erwartungen durch die wahrgenommenen Teilleistungen des Leistungsbündels Hotelleistung erfüllt werden, beurteilt der Gast die Qualität der Hotelleistung insgesamt. Dabei spielen neben den Anforderungen an die materiellen Annehmlichkeiten – in Anlehnung an den SERVQUAL-Ansatz von ZEITHAML, PARASURAMAN und BERRY[115] – solche „weichen" Faktoren eine wichtige Rolle, wie
- die Leistungskompetenz der Mitarbeiter,
- das Einfühlungsvermögen der Mitarbeiter,
- die Reaktionsfähigkeit der Mitarbeiter,
- die Zuverlässigkeit der Mitarbeiter und
- die Freundlichkeit der Mitarbeiter.

Zwischen den Dienstleistungen, die der Gast erwartet und die vom Hotel erbracht werden, können erhebliche *Lücken* klaffen. Diese können sich zeigen in einer fehlenden Übereinstimmung zwischen
1. den Erwartungen der Gäste und den Vorstellungen des Hotelmanagements von den Gästeerwartungen,
2. den Vorstellungen des Hotelmanagements von den Gästeerwartungen und den im Hotel angebotenen Leistungen,
3. der tatsächlichen Leistungserstellung und dem Leistungsangebot,
4. der tatsächlichen Leistungserstellung und dem Leistungsversprechen des Hotels in der Kommunikation nach außen (z.B. im Unternehmensleitbild oder in der Werbung).

Daraus resultiert eine zentrale Lücke, die sich letztlich
5. im Widerspruch zwischen der vom Gast erwarteten Qualität und der von ihm im Hotel erlebten Qualität zeigt.[116]

---

[115] Vgl. Zeithaml, Parasuraman, Berry, Qualitätsservice, S. 38 ff.
[116] Vgl. ebenda, S. 51 ff.

Abbildung 64: Die Lücken zwischen erwarteter und erlebter Qualität

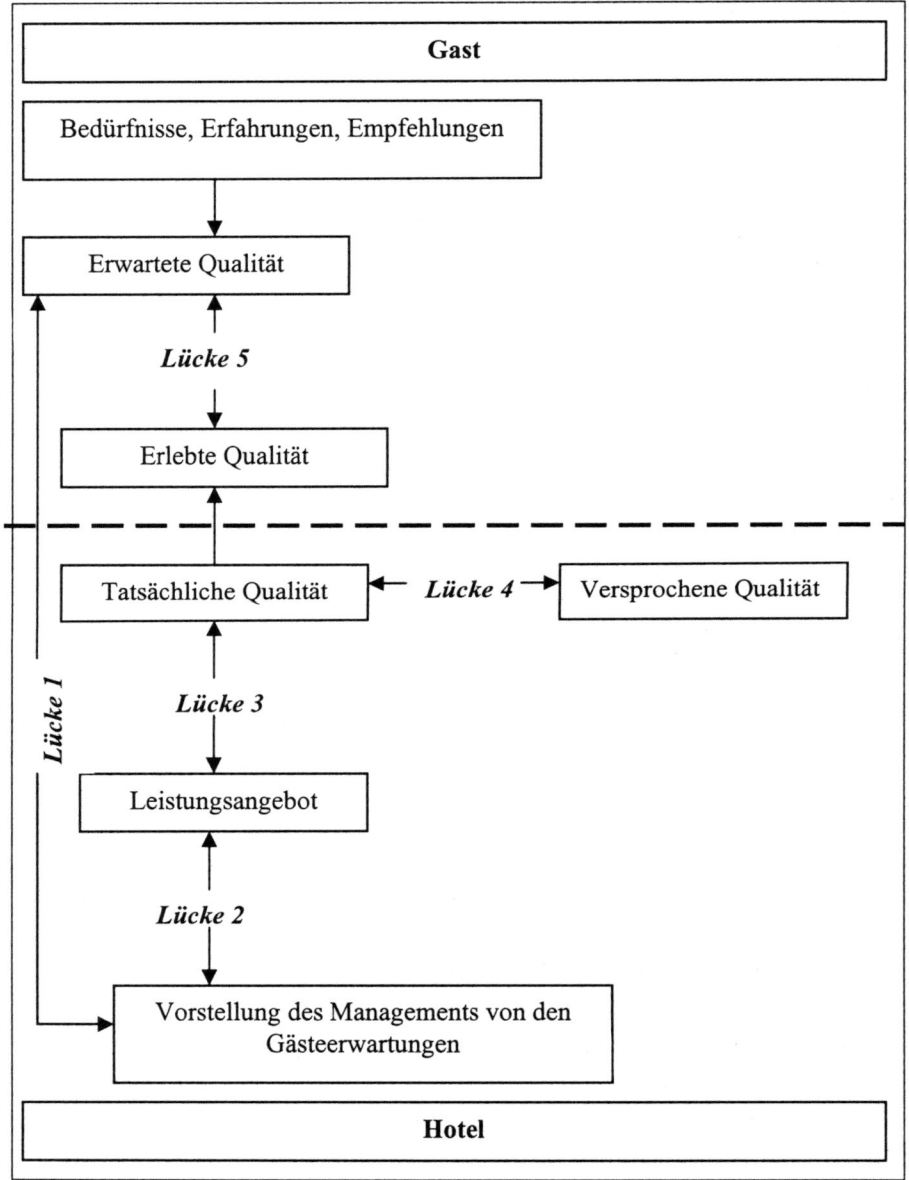

Quelle: In Anlehnung an Zeithaml, Parasuraman, Berry, Qualitätsservice, S. 62

Qualitätsmanagement muss darauf gerichtet sein, diese Lücken zu erkennen, zu schließen und künftig zu vermeiden. Je weiter die erwarteten Leistungen von den erbrachten bzw. erlebten Leistungen abweichen, desto schwieriger ist es für das Hotel, zufriedene Gäste zu haben und diese an sich zu binden. Gästezufriedenheit und Qualität der Hotelleistung sind dann gleichzusetzen.

5.1.3 Serviceketten als Instrument des Qualitätsmanagements

Die Qualität der Hotelleistung wird vom Gast nicht einseitig beurteilt, sondern stets als Bestandteil einer gesamten *Dienstleistungskette*. Das entspricht dem komplementären Charakter der touristischen Dienstleistungen.

Abbildung 65: Vereinfachtes Beispiel für eine Dienstleistungskette „Urlaub"

Dienstleistungskette „Urlaub"
Touristische Dienstleistungen von
⇒Reisebüro⇒Eisenbahn⇒Hotel⇒Unterhaltungsgaststätte⇒Spaßbad.....

Quelle: In Anlehnung an Müller, Tourismus-Management, S. 108

Die Hotelleistung ist Bestandteil dieser Kette und prägt das Gesamterlebnis „Urlaub" ebenso wie die anderen Dienstleistungen, d.h. wenn in einem Bereich Schwächen auftreten, so beeinflusst das die gesamte Kette negativ.

Da die Hotelleistung ein Bündel einzelner Leistungen ist, die sich aneinander reihen und in unterschiedlichen Leistungsbereichen erbracht werden (z.B. im Empfang, Restaurant, Tagungsbereich, Fitnessbereich), können Dienstleistungsketten oder *Serviceketten* auch für die Hotelleistung gebildet werden.

Abbildung 66: Vereinfachtes Beispiel einer Servicekette für ein Hotel

Hotelleistung
⇒Information⇒Reservierung⇒Ankunft⇒Zimmerbezug⇒Aufenthalt⇒ Check Out⇒Nachbetreuung

Quelle: In Anlehnung an Müller, Tourismus-Management, S. 108

Da die Bedürfnisse, Erwartungen und Wahrnehmungen der Gäste sehr unterschiedlich sind und die Hotelleistung eine immaterielle Leistung ist, die von Menschen erbracht wird, kann es zu Fehlern und Missverständnissen bei der Erstellung der Hotelleistung kommen. Solche Vorkommnisse sind *kritische Ereignisse,* die als Qualitätsdefizite oder –mängel vom Gast identifiziert werden.[117] Sie werden als besonders unbefriedigend erlebt werden und fallen u.U. immer wieder ein, wenn vom entsprechenden Hotel oder auch nur von einem Hotelaufenthalt die Rede ist.

Die *Serviceketten* dienen dazu, solche kritischen Ereignisse in den Gast-Hotel-Kontakten aufzudecken und Maßnahmen festzulegen, die Lücken vermeiden. Sie sind damit ein wichtiges *Instrument,* um die Dienstleistungsprozesse im Hotel unter dem Qualitätsaspekt systematisch zu erfassen, zu strukturieren und zu überprüfen.

Das Aufspüren von kritischen Ereignissen ist darauf ausgerichtet, einen zufriedenen Gast zu „erzeugen", damit er nach seinem Hotelaufenthalt als Positiv- und nicht als Negativmultiplikator in Erscheinung tritt.

Abbildung 67: Die Wirkung der Gästezufriedenheit und Gästeunzufriedenheit

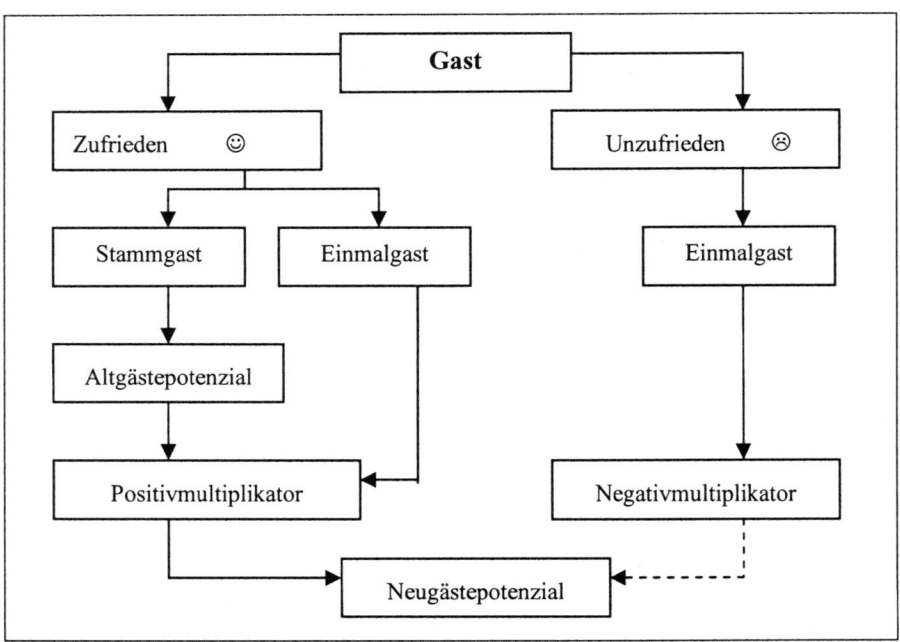

---

[117] Vgl. Müller, Tourismus-Management, S. 109

Indem kritische Ereignisse erkannt werden, können für die immaterielle Hotelleistung Standards festgelegt werden, die den Mitarbeitern Orientierung für ihr Handeln sind.

Die *Bildung von Serviceketten* muss aus der Sicht des Gastes erfolgen und kann im Hotel in mehreren Schritten vorgenommen werden:[118]
1. Aufbau und Strukturierung der Servicekette
2. Aufspüren von „kritischen Ereignissen"
3. Festlegen von Qualitätsstandards
4. Ableiten von Maßnahmen und Setzen von Prioritäten

1. *Aufbau und Strukturierung der Serviceketten*
Es ist Klarheit darüber zu erlangen, für welche Gästegruppen Serviceketten gestaltet werden sollen.
Der Beginn und das Ende der Servicekette sowie die einzelnen Phasen der Kette (Vorher, im Hotel, Nachher)[119] müssen festgelegt werden. In den jeweiligen Phasen sind dann die einzelnen Dienstleistungselemente zu bestimmen (z.B. Vorher: Reservierung; im Hotel: Ankunft, Zimmerbezug, Aufenthalt, Check Out; Nachher: Reklamationsbearbeitung, „Gästepflege").

2. *Aufspüren von kritischen Ereignissen*
In den einzelnen Phasen und Dienstleistungselementen wird betrachtet, was für den Gast wichtig ist und wo kritische Ereignisse auftreten können, die vom Gast als störend empfunden werden. Beobachtungen, Ergebnisse aus Gästebefragungen oder Gästereklamationen[120] können hierbei ebenso als Informationsquellen genutzt werden wie die Erfahrungen von Mitarbeitern.

3. *Festlegen von Qualitätsstandards*
Es werden Festlegungen i.S. von Standards für die einzelnen Dienstleistungselemente getroffen, die nicht nur und nicht vor allem sachliche Grundlagen betreffen, sondern entsprechende Verhaltensweisen der Mitarbeiter. Sie sind Maßstab für das Handeln der Mitarbeiter, deren Einhaltung gewährleistet, dass keine kritischen Ereignisse

---

[118] Vgl. ebenda, S. 110
[119] Vgl. ebenda, S. 109; Romeiß-Stracke, Service-Qualität, S. 33
[120] Vgl. Abschnitt II.3.2

eintreten und ein hohes Maß an gleichbleibender Qualität erreicht wird.

4. *Ableiten von Maßnahmen*
In diesem Schritt wird überlegt, welche Maßnahmen einzuleiten sind, um die Qualitätsstandards durchzusetzen. Die Maßnahmen werden beschrieben, und es sind Verantwortungen und ggf. Prioritäten für die Durchsetzung festzulegen.

Für die Bildung von Serviceketten sind geeignete Mitarbeiter auszuwählen. Um eine entsprechende Akzeptanz und das Engagement der Mitarbeiter für Qualität zu fördern, empfiehlt es sich, solche Personen einzubeziehen, die in den zu untersuchenden Prozessen beschäftigt sind. Auf diese Weise kann man von ihren Kenntnissen und Erfahrungen profitieren. Weiterhin sind solche Bedingungen zu schaffen, die es ermöglichen, dass ausreichend Zeit für die Erarbeitung der Serviceketten zur Verfügung steht.

5.2 Die Qualitätssicherung als Führungsaufgabe

Qualität der Hotelleistung setzt sich nicht im Selbstlauf durch, sondern ist Ergebnis eines längeren konsequenten und zielorientierten Prozesses, der mit Hilfe eines Qualitätsmanagementsystems zu führen ist.

5.2.1 Qualitätsmanagementsystem nach der ISO-Norm 9000 ff.

Die ISO Norm 9000 (reformiert als ISO 9000:2000) stellt eine Normenreihe (ISO 9000 bis ISO 9004) dar, nach der ein Qualitätsmanagementsystem beschrieben wird. Nach unterschiedlichen Aspekten werden darin Elemente (Normen) definiert, die für den Aufbau eines Qualitätsmanagementsystems erforderlich sind (wie Führungs-, Aufbau-, Ablaufelemente).[121]
Es werden keine Qualitätsstandards, sondern Verfahren festgelegt, nach denen die Einhaltung von selbstgesetzten Qualitätsstandards nachgewiesen werden muss. Das bedeutet, dass die Norm nicht festlegt, *wie* etwas zu organisieren oder auszuführen ist, sondern *was* zu tun ist, um ein Qualitätsmanagementsystem aufzubauen und zu un-

---
[121] Vgl. Müller, Tourismus-Management, S. 59 ff.

terhalten. So wird z.B. gefordert, dass die Qualität der Dienstleistungen ständig verbessert wird, nicht aber wie dieselben erbracht werden.
Die Normenreihe wurde für den Industriebereich entwickelt, wird aber auch in Dienstleistungsunternehmen umgesetzt.

Das Kernstück des Qualitätsmanagementsystems nach ISO 9000 ist ein *Qualitätshandbuch*, welches die vorgeschriebenen Elemente hinsichtlich ihrer prozessualen Umsetzung z.B. in einem Hotelbetrieb enthält (z.B. als Verfahrensanweisung, Arbeitsanweisung, Checkliste).

Die Umsetzung des Qualitätsmanagementsystems wird durch unabhängige, akkreditierte Zertifizierungsgesellschaften (z.B. TÜV-CERT, DEKRA) in einem *Audit* überprüft und zertifiziert. Dabei muss nachgewiesen werden, dass im Hotel nach bestimmten Verfahren und Vorgaben gearbeitet und Normenkonformität erreicht wird. Das *Zertifikat* hat eine Gültigkeit von drei Jahren.

Die reformierte Normenreihe ISO 9000:2000 besitzt einen prozessorientierten Ansatz.[122] Danach ist die Einführung des Qualitätsmanagementsystems mit einer Prozessanalyse verbunden, in der die betriebsspezifischen Führungsprozesse (z.B. Definition der Unternehmenspolitik, Schulung der Mitarbeiter in Bezug auf Qualität), die Leistungsprozesse (z.B. Bearbeitung einer Reservierungsanfrage) und die unterstützenden Prozesse (z.B. Informationsfluss im Hotel) untersucht werden, um den Hotelbetrieb transparenter zu machen, vorhandene Abläufe zu optimieren und Fehler zu vermeiden.
Die erarbeiteten Qualitätsstandards werden ebenfalls in einem Qualitätshandbuch dokumentiert. Die Einbeziehung der entsprechenden Mitarbeiter in diesen Prozess lässt deren Ideen in das Handbuch einfließen und fördert ihr Qualitätsbewusstsein.

Die Prozessanalyse, die Modellierung der Prozesse und die Dokumentation im Handbuch sowie die Zertifizierung nehmen einen längeren Zeitraum in Anspruch (ca. 12 – 18 Monate).

---

[122] Vgl. ebenda, S. 62 ff.

Die *Vorteile* einer Zertifizierung nach ISO 9000:2000 sind für den Hotelbetrieb u.a. darin zu sehen, dass
- Strukturen untersucht, Arbeitsprozesse analysiert und dadurch deren Transparenz erhöht wird sowie optimale Strukturen und Prozessabläufe gestaltet werden können,
- Lücken im Dienstleistungsprozess erkannt und vermieden werden können,
- die Motivation und das Qualitätsbewusstsein der Mitarbeiter sowie ihre Zufriedenheit steigen,
- die Konkurrenzfähigkeit durch verbesserte Qualität steigt.

Risiken der Zertifizierung bestehen vor allem darin, dass
- durch Normenvorschriften eine Einengung stattfinden kann, die die Kreativität der Mitarbeiter und Innovation einschränkt,
- sich Mitarbeiter durch Formalismus in ihrem Handlungsspielraum eingeengt fühlen können,
- die Begeisterung für Qualitätsmanagement oft nach der Zertifizierung nachlässt.

Untersuchungen in der mittelständischen Hotellerie zeigen, dass die Zertifizierung nach der bisherigen ISO 9000 ff. bei den Individualhoteliers eher ein negatives Image hat und viele Hoteliers einem Qualitätsmanagementsystem ziemlich unentschlossen gegenüberstehen.[123]

So hatten z.B. bis Mitte 1999 nur ca. 30 Hotels ihr Qualitätsmanagementsystem zertifizieren lassen. Die Gründe dafür sind sehr unterschiedlich. Sie reichen von einer ungenügenden Information zu den Zielen und Auswirkungen von Qualitätsmanagementsystemen über Kostenaspekte bis hin zu einer generellen Ablehnung.[124]

Die geringe Akzeptanz belegten auch die von der Zeitschrift Top hotel erfassten 124 Hotelgesellschaften und -kooperationen, wonach lediglich 14 Gesellschaften bzw. Kooperationen eine Zertifizierung nach der ISO-Norm vornehmen ließen bzw. sie geplant hatten.[125]

Für die Individualhoteliers, die ein Qualitätsmanagementsystem eingeführt haben und es zertifizieren ließen, war wichtig, den Hotelbe-

---

[123] Vgl. Jäntsch, Qualitätsmanagementsysteme, S. 65
[124] Vgl. ebenda, S. 64 ff.
[125] Vgl. o.V., Hotellerie 2000, S. 14 ff.

trieb effektiver zu organisieren, Arbeitsprozesse zu strukturieren und zu kontrollieren, um eine höhere Gästezufriedenheit, eine bessere Zusammenarbeit von Management und Mitarbeitern oder eine Verbesserung betrieblicher Kennzahlen zu erreichen. Es zeigte sich auch, dass das Stammgästepotenzial im Ergebnis der Implementierung des Qualitätsmanagementprozesses erhöht werden konnte. Allerdings nehmen Gäste nicht so sehr das Zertifikat wahr und wissen i.d.R. auch nicht, was sich konkret dahinter verbirgt. Sie stellen aber sehr wohl positive Veränderungen in der Qualität der Leistungen fest.

Die Wirkungen auf die Mitarbeiter werden positiv beurteilt. Durch ihre aktive Einbeziehung in den Zertifizierungsprozess und regelmäßige Schulungen konnte nicht nur die Identifikation mit dem Hotelunternehmen verbessert werden, sondern auch die Mitarbeiterzufriedenheit. Die Sensibilisierung gegenüber den Wünschen der Gäste konnte gesteigert und Mitarbeiterpotenziale besser ausgenutzt werden.

Dem Management war es durch das Qualitätsmanagementsystem möglich, den Stand und die Entwicklung des Unternehmens besser zu überblicken, die Entscheidungssicherheit zu erhöhen sowie betriebliche Ergebnisse (z.B. Ertragsstrukturen, Kosten) zu verbessern.[126]

5.2.2 Total Quality Management

Total Quality Management (TQM) ist eine umfassende Managementphilosophie und ein Führungssystem, welches auf der Mitwirkung aller Mitarbeiter im Hotel beruht und die Qualität der Hotelleistung in den Mittelpunkt der Tätigkeit stellt. Dabei werden alle Bereiche des Hotels einbezogen, unabhängig davon, welche Gästebeziehung besteht. Die Orientierung aller Aktivitäten im Hotel erfolgt an den Wünschen und Erwartungen der Gäste. Das Management trägt die Verantwortung und die Initiative für eine konsequente und ständige Qualitätsverbesserung.

TQM basiert auf drei wesentlichen Aspekten:[127]

---

[126] Vgl. Jäntsch, Qualitätsmanagementsysteme, S. 68 ff.
[127] Vgl. Müller, Tourismus-Management, S. 44

- Es wird ein Qualitätsanspruch i.S. eines Leistungsniveaus festgelegt, welches erreicht werden soll, um gästesegmentspezifische Wünsche und Bedürfnisse der Mitarbeiter zu befriedigen (Soll-Qualität).
- Die Festlegung des Qualitätsanspruches ist keine einmalige Aktion. Das Leistungsniveau ist so zu pflegen, dass es den sich entwickelnden Gäste- und Mitarbeiterbedürfnissen entspricht, d.h. es ist kontinuierlich zu entwickeln.
- Der Qualitätsanspruch ist zu sichern, indem das erreichte Leistungsniveau ständig überprüft und bei Abweichungen sofort reagiert wird.

TQM ist durch folgende *Merkmale* gekennzeichnet:[128]

1. Gästeorientierung
Als wichtigstes Merkmal gilt die *konsequente Gästeorientierung*. Im Vordergrund steht die optimale Erfüllung der Gästewünsche. Dabei ist die *Hierarchie der Gästeerwartungen*[129] zu beachten, mit denen unterschiedliche Nutzenserwartungen verbunden sind.

Abbildung 68: Die Hierarchie der Gästeerwartungen

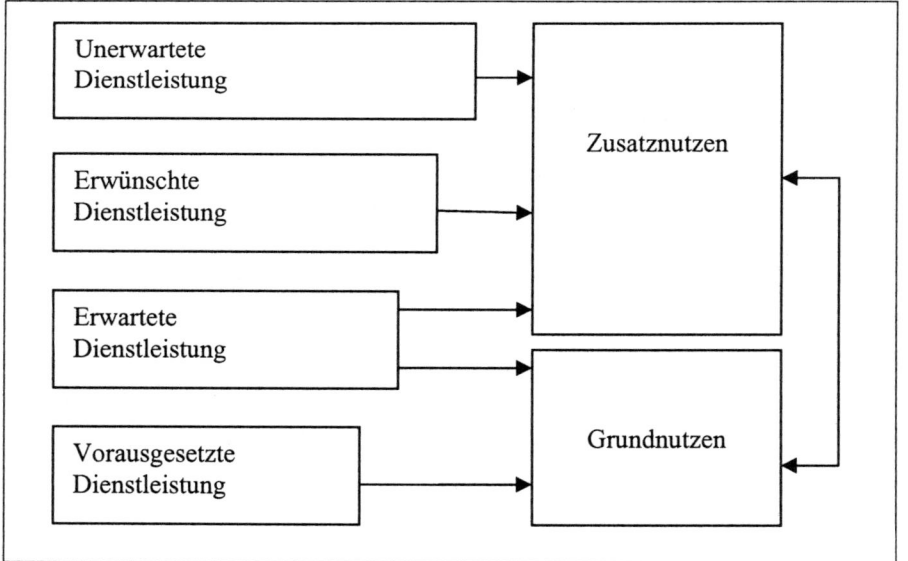

---

[128] Vgl. ebenda, S. 45 ff.
[129] Vgl. ebenda, S. 82

Die *vorausgesetzte Dienstleistung* beinhaltet die Leistungen, die für den Gast beim Konsum derselben selbstverständlich sind und die für ihn einen Grundnutzen beinhalten.
Dem folgt die *erwartete Dienstleistung*. Das sind die Leistungen, die der Gast aus Erfahrung heraus kennt und erwartet. Das kann für ihn entweder Grundnutzen oder schon Zusatznutzen darstellen.
Die nächste Hierarchiestufe ist die *erwünschte Dienstleistung*. Dazu zählen Leistungen, die der Gast nicht als selbstverständlich voraussetzt, deren Vorhandensein er aber als angenehm empfindet.
Die höchste Hierarchiestufe ist die *unerwartete Dienstleistung*. Das sind Überraschungen, die den Gast begeistern können.
Die beiden letzten Stufen stellen für ihn einen Zusatznutzen dar.

Es ist zu beachten, dass sich mit der Zeit die Gästeerwartungen verändern können, indem aus dem Erwünschten das Erwartete bzw. aus dem Unerwarteten das Erwünschte bzw. Erwartete wird. Daher sind die Gästeerwartungen ständig neu zu ermitteln und zu bewerten. Möglichkeiten der Ermittlung der Gästeerwartungen bieten sich täglich im Hotel auf relativ einfache Art und Weise durch Beobachtung, das Gästegespräch, die systematische Auswertung von Gästebefragungen und –reklamationen.

2. *Mitarbeiterorientierung*
Sie spielt eine sehr wichtige Rolle, weil der personelle Faktor bei der Leistungserstellung im Hotel der entscheidende Gestaltungsfaktor ist. Insofern ist jeder Mitarbeiter in seinem Bereich für die Qualität der Hotelleistung verantwortlich, unabhängig davon, ob er im direkten oder indirekten Gästekontakt steht.
Die Entwicklung eines entsprechenden *Qualitätsbewusstseins bei den Mitarbeitern* ist demzufolge ein wesentlicher Ansatzpunkt im Qualitätsmanagement. Die Motivation der Mitarbeiter, ihre Integration in Entscheidungen zur Qualität, Teamarbeit oder materielle und immaterielle Anreize sind in diesem Zusammenhang wichtige Aspekte der Mitarbeiterführung.

3. *Gäste- und Mitarbeiterzufriedenheit*
Sie gehören im TQM unmittelbar zusammen. Gäste sind dann zufrieden, wenn ihre Erwartungen an die einzelnen Teilleistun-

gen im Hotel und an die Hotelleistung als Leistungsbündel erfüllt werden. Letztlich werden aber nur zufriedene Mitarbeiter in der Lage sein, die Gästeerwartungen zu erfüllen und Qualität anzubieten.

Abbildung 69: Der Zusammenhang von Gästen, Mitarbeitern und Management

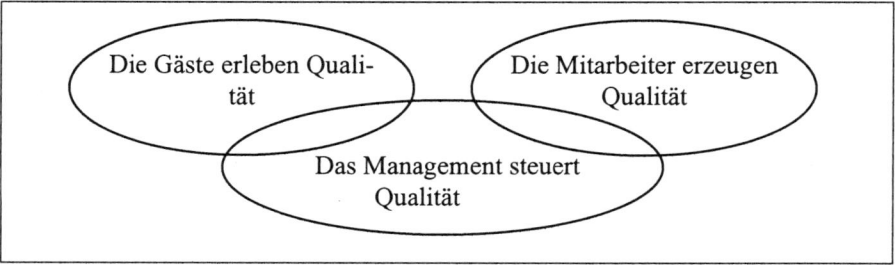

Quelle: In Anlehnung an Schweiz Tourismus u.a. (Hrsg.), Qualitäts-Gütesiegel, Modul 5

4. *Führungsverantwortung*
TQM muss als Managementphilosophie vom Hotelier bzw. von den Führungskräften vorgelebt werden. Das Hotelmanagement hat die Verantwortung für die „Steuerung" der Qualität. Qualitätsfragen sind daher immer „Chefsache" und können eigentlich nicht delegiert werden.

5. *Umweltorientierung*
TQM kann nicht nur ein nach innen gerichtetes Vorgehen sein, sondern berücksichtigt auch die Qualitätsansprüche, die Gesellschaft und Umwelt an die Hotelunternehmung stellen. Daher gehören TQM und Öko-Management[130] zusammen.

6. *Prozessdenken*
Die Hotelleistung ist das Ergebnis vieler Arbeitsprozesse, die miteinander verknüpft sind. Die Qualität der Einzelprozesse beeinflusst die Qualität des Gesamtprozesses und seiner Ergebnisse. Zur Sicherung der Qualität ist daher eine permanente Überwachung der betrieblichen Arbeitsabläufe und Prozesse erforderlich. Die Planung, Realisierung und Kontrolle der Qualität sowie die Fehlerkorrektur sind notwendige Stufen in diesem Prozess.

---

[130] Vgl. Kapitel 12

7. *Verbesserungsprozess*
TQM ist ein ständiger Verbesserungsprozess i.S. der Qualitätsentwicklung.

Abbildung 70: Der Qualitätsverbesserungsprozess

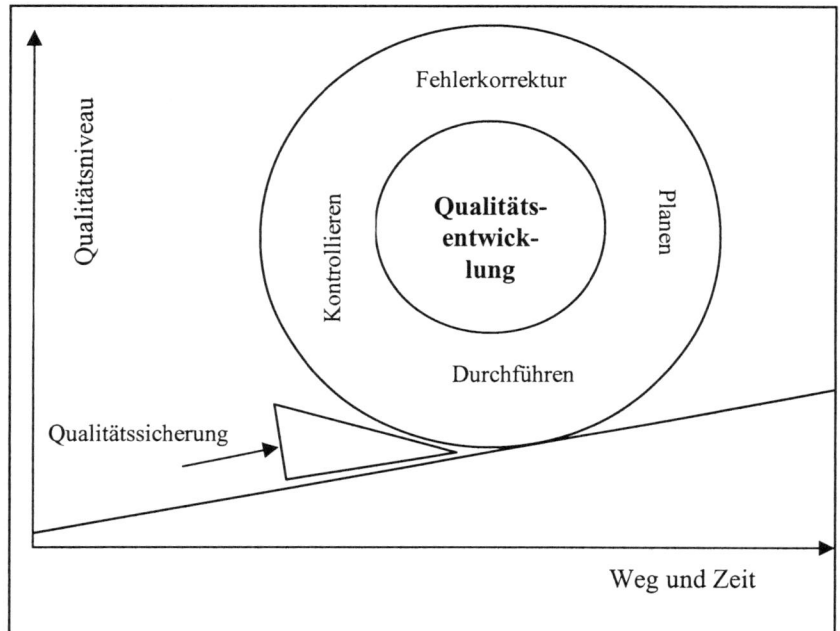

Quelle: In Anlehnung an Müller, Tourismus-Management, S. 47

In diesem Prozess sind Arbeitsprozesse kritisch zu hinterfragen und zu verbessern, indem auftretende Fehler als Chancen für Verbesserungen erkannt und genutzt werden. Dazu ist es erforderlich, die kritischen Ereignisse, die im Dienstleistungsprozess eintreten, zu erkennen und Maßnahmen festzulegen, wie diese zu schließen bzw. auszuschließen sind.

8. *systematisches und strukturiertes Vorgehen*
Beim TQM handelt es sich nicht um spontane Managemententscheidungen, sondern um ein systematisches und strukturiertes Vorgehen, welches einer gründlichen Vorbereitung bedarf und alle an der Erstellung der Hotelleistung Beteiligten letztendlich einschließt.
Dabei ist zu beachten, dass der Umsetzungsprozess in Abhängigkeit von der Größe und Struktur des Hotelbetriebes mehrere

Jahre dauern kann und folglich nicht nur Engagement, sondern ebenso Ausdauer des Managements und aller Mitarbeiter gefragt sind.

5.3 Qualitätsauszeichnungen

Unter Qualitätsauszeichnungen (Quality Awards) ist die Vergabe von Preisen zu verstehen, welche von bestimmten Institutionen für Unternehmen verliehen werden, die ein hervorragendes Qualitätsmanagement aufweisen. Sie dokumentieren öffentlichkeitswirksam das Qualitätsverständnis und -bewusstsein im Unternehmen und die erfolgreiche Umsetzung eines Qualitätsmanagementsystems. Qualitätsauszeichnungen können für Unternehmen einen Anreiz darstellen, ihr Qualitätsmanagementsystem zu vervollkommnen, um somit ihre Wettbewerbsfähigkeit zu verbessern.

Für die Hotellerie sind vor allem der Malcolm Baldrige National Quality Award und der European Quality Award von Bedeutung.

5.3.1 Der Malcolm Baldrige National Quality Award

Der Malcolm Baldrige National Quality Award (MBNQA) – benannt nach einem früheren Wirtschaftsminister der USA – wird seit 1988 jährlich vom amerikanischen Wirtschaftsministerium an Unternehmen in den Kategorien Industrieunternehmen, Dienstleistungsunternehmen und mittelständische Unternehmen verliehen, die sich durch ein erfolgreiches Qualitätsmanagement auszeichnen. Der MBNQA basiert auf TQM und legt folgende Kriterien zu Grunde:[131]

- Unternehmensführung (Leadership),
- Information und Analyse (Information and Analysis),
- Strategische Qualitätsplanung (Strategic Quality Planning),
- Human Ressource Management (Human Resource Development and Management),
- Prozessqualität-Management (Management of Process Quality),
- Qualitäts- und Betriebsergebnis (Quality and Operations Results),

---

[131] Vgl. Bruhn, Qualitätsmanagement, S. 290

- Kundenorientierung und –zufriedenheit (Customer Focus and Satisfaction).

Die einzelnen Kriterien werden weiter differenziert und bei der Bewertung unterschiedlich gewichtet [132].

Im Jahr 1992 erhielt Ritz-Carlton als erste Hotelgesellschaft die höchste Auszeichnung der USA für Qualitätsmanagement und 1999 konnte Ritz-Carlton als erstes Dienstleistungsunternehmen diesen Erfolg wiederholen.
Beispielgebend für die Umsetzung ihrer Qualitätsphilosophie hat Ritz-Carlton die sog. Goldenen Standards geschaffen. Sie enthalten 20 Grundsätze der auf Qualität ausgerichteten Unternehmensphilosophie. Auf einer Karte im Scheckkartenformat, die außerdem das „Credo", das „Motto" (We are Ladies and Gentlemen Serving Ladies and Gentlemen) und die „Drei Stufen der Dienstleistung" enthält, werden diese von den Mitarbeitern ständig mitgeführt. Tägliche Besprechungen und Schulungen (120 Trainingsstunden je Angestellter pro Jahr) sind weitere Formen, um eine kontinuierliche Qualitätssicherung über die Mitarbeiter zu gewährleisten.

5.3.2 Der European Quality Award

Der European Quality Award (EQA) der European Foundation for Quality Management (EFQM) ist eine Reaktion auf den MBNQA und hat zum Ziel, den Gedanken des TQM in Europa zu verbreiten.
Der EQA basiert auf dem sog. „EFQM Excellence Modell", das darauf ausgerichtet ist, durch Einbindung aller Mitarbeiter in einen kontinuierlichen Verbesserungsprozess bessere Ergebnisse zu erzielen.[133]
Das Konzept geht weiter als die ISO-Normenreihe, da von einem ganzheitlichen Managementansatz ausgegangen wird.
Das Konzept des „EFQM Excellence Modell" basiert auf acht Eckfeilern:
- Ergebnisorientierung,
- Kundenorientierung,
- Führung und Zielkonsequenz,

---

[132] Vgl. ebenda, S. 293
[133] Vgl. www.deutsche-efqm.de, EFQM - Modell Grundlagen

- Management mit Prozessen und Fakten,
- Mitarbeiterentwicklung und –beteiligung,
- Kontinuierliches Lernen, Innovation und Verbesserung,
- Aufbau von Partnerschaften,
- Verantwortung gegenüber der Öffentlichkeit.[134]

Das Modell unterscheidet nach Ergebnissen und Befähigern. Es geht davon aus, dass hervorragende Ergebnisse in Bezug auf die Leistung, die Gäste (Gästezufriedenheit), die Mitarbeiter (Mitarbeiterzufriedenheit) und die Gesellschaft (Wahrnehmung der gesellschaftlichen Verantwortung) nur durch eine Führung zu erreichen ist, die strategisch herangeht und Mitarbeitern, Partnerschaften sowie Ressourcen einen wichtigen Platz einräumt.[135]

Preisträger des European Quality Award wurde z.B. 1998 und 2003 das Hotel Schindlerhof in Nürnberg in der Kategorie kleine Unternehmen.[136]

5.4 Hotelklassifizierung und Qualität
5.4.1 Das Anliegen und Wesen einer Hotelklassifizierung

Die Hotelklassifizierung ist ein Instrument zur Bewertung des Leistungsangebotes von Hotels. Es existiert national und international eine Vielzahl von Klassifizierungen verschiedener Institutionen (staatliche Stellen, Hotels selbst, Hotelverbände, Reiseveranstalter, Verbraucherschutzverbände, Hotelführer, Branchenfremde usw.), die nach den unterschiedlichsten Kriterien und Kennzeichnungen erfolgen.

Den Klassifizierungen von Hotels ist gemeinsam, dass sie das Vorhandensein eines bestimmten Angebotes und einen bestimmten Standard bezeichnen, den der Gast in einer bestimmten Kategorie bzw. Klasse erwarten kann. Bei der Klassifizierung von Hotels werden *Klassen* (Kategorien) gebildet, welche Unterschiede im Leistungsangebot bzw. -umfang durch eine *Kennzeichnung* (z.B. durch Sterne) sichtbar machen. Damit wird das Ziel verfolgt, das heterogene Hotelangebot übersichtlicher und transparenter zu machen.

---

[134] Vgl. European Foundation for Quality Management, Eckfeiler, S. 5
[135] Vgl. European Foundation for Quality Management, Excellence, S. 4
[136] Vgl. www.deutsche-efqm.de

In der Vergangenheit wurde eine einheitliche Hotelklassifizierung in der Bundesrepublik Deutschland mehrheitlich abgelehnt, auch von der Hotellerie selbst. Es wurde dafür eine Reihe von Argumenten angeführt, die allerdings unterschiedlich zu bewerten sind:
- Die Hotelleistung ist ein schwer bewertbarer Untersuchungsgegenstand, die Dienstleistungsqualität kann nicht bewertet werden.
- Mit einer Klassifizierung sind ein hoher bürokratischer Aufwand und hohe Kosten verbunden.
- Die Subjektivität überwiegt bei einer Selbsteinschätzung.
- International existieren zu große Unterschiede, einheitliche Kriterien sind daher nicht möglich.
- Der Preis gilt als Kriterium für die Qualität der Leistung und genügt als Orientierungsmaßstab für den Gast.
- Es entsteht ein Investitionsdruck für die kleineren Hotels, um eine bestimmte Klasse zu erreichen. Diesem Druck können diese nicht standhalten.
- Eine Hotelklassifizierung kann als Instrument zur differenzierten Besteuerung und zur Investitionslenkung (Fördermöglichkeiten) für bestimmte Klassen missbraucht werden.
- Die Wettbewerbssituation wird verschlechtert, wenn bei der Einordnung in eine niedrigere Klasse als bisher das bisherige Image des Hotels negativ verändert wird.
- Die Probleme in der Personalbeschaffung verschärfen sich bei niedrigklassigeren Hotels, da Mitarbeiter höherklassige Hotels bevorzugen könnten.
- Präferenzen von Kettenhotels entfallen, da diese sich mit gleichklassigen kleineren Individualhotels messen müssen.

Demgegenüber stehen die *Vorteile* einer *einheitlichen* Hotelklassifizierung:
- Die bisher unterschiedlichen Klassifizierungssysteme werden durch eine einheitliche Beschreibung des Hotelangebotes vereinheitlicht.
- Die Markttransparenz für die Marktteilnehmer erhöht sich. Das betrifft sowohl die Nachfrager als auch die Anbieter. Gäste aus dem In- und Ausland erhalten eine klare Orientierung über das Angebot, besonders auch der mittelständischen Hotellerie und damit einen besseren Verbraucherschutz. Für Partner der Hotels,

wie Reiseveranstalter, Reisemittler, Firmen und Organisationen im Geschäftstourismus, liegen nachvollziehbare Kriterien für die Hotelkategorien vor.

- Informations- und Reservierungssysteme verlangen eine Beschreibung des Hotelangebotes nach bestimmten Merkmalen. Die Aufnahme der Hotels in diese Systeme wird dadurch erleichtert.
- Mittelständische Hotels, die nicht den Bekanntheitsgrad der Kettenhotels haben, können sich durch die Kennzeichnung in den jeweiligen Kategorien gleichberechtigt mit Kettenhotels am Markt positionieren. Wettbewerbsnachteile der kleineren Hotels werden somit eingeschränkt, die Identität der kleineren Betriebe wird gestärkt.
- Die Klassifizierung kann als Anreiz für Investitionen dienen und die Leistungsmotivation fördern. Damit ist ein positiver Effekt auf Leistungsverbesserung und Qualitätssteigerung in der Hotellerie insgesamt zu verzeichnen.
- Beim Zusammenschluss zu Hotelkooperationen kann auf die einheitlichen Kriterien der Hotelklassifizierung zurückgegriffen werden.

Eine sinnvolle Klassifizierung ist jedoch an bestimmte *Voraussetzungen* gebunden:
- Sie muss auf messbaren und kontrollierbaren, d. h. nachvollziehbaren Kriterien basieren. Das ist insofern schwierig, da der Standard von Hotels auch auf Kriterien beruht, die nicht objektiv bewertbar sind. Insofern kann eine Hotelklassifizierung immer nur bestimmte, nämlich eindeutig messbare Aspekte des Angebotes erfassen.
- Der Aufwand für die Erhebung, Umsetzung und Pflege muss vertretbar sein.
- Es ist eine einheitliche Bewertung des Angebotes zu gewährleisten und Unterschiede im internationalen Maßstab sollten minimiert werden.

5.4.2 Die Deutsche Hotelklassifizierung

Seit 1996 steht nach verschiedenen „Vorläufermodellen" die Deutsche Hotelklassifizierung des DEHOGA als bundesweit einheitliches System zur Klassifizierung von Beherbergungsbetrieben zur Verfügung. Die Initiative dazu kam vor allem von den kleinen und mittelständischen Hotels, die sich gegenüber Kettenhotels zunehmend benachteiligt sahen. Im verschärften Preiswettbewerb diente der Preis immer weniger der Qualitätsorientierung der Gäste. Außerdem war bei der wachsenden Bedeutung moderner Informations- und Reservierungssysteme für den Absatz der Hotelleistung eine eindeutige Leistungsbeschreibung immer notwendiger geworden.
Die Deutsche Hotelklassifizierung wird unter Federführung des DEHOGA und seiner Landesverbände durchgeführt. Die Teilnahme an der Deutschen Hotelklassifizierung ist *freiwillig*. Es können sich nicht nur DEHOGA-Mitgliedsbetriebe beteiligen, sondern alle konzessionierten Betriebe mit mehr als acht Gästebetten. Es erfolgen keine Reglementierungen, staatliche oder sonstige Eingriffe.

In der Deutschen Hotelklassifizierung werden *fünf Klassen* gebildet, die mit *Sternen* und einer *Wortmarke* bezeichnet werden. Für Hotel garni werden maximal vier Sterne vergeben.

Abbildung 71: Die Klassen der Deutschen Hotelklassifizierung [137]

* **Tourist**
Unterkunft für einfache Ansprüche
• Einzelzimmer 8 qm, Doppelzimmer 12 qm
• Empfangsdienst
• Erweitertes Frühstück
• Etagendusche / -WC
• Telefax am Empfang
• Depotmöglichkeit

---

[137] Vgl. www.hotelsterne.de

** ** Standard**
Unterkunft für mittlere Ansprüche
- Einzelzimmer 12 qm, Doppelzimmer 16 qm
- Frühstücksbuffet
- 70 % der Zimmer mit Dusche oder Bad / WC
- 70 % der Zimmer mit Farb-TV
- Getränkeangebot im Betrieb
- Sitzgelegenheit pro Bett
- Tisch

** *** Komfort**
Unterkunft für gehobene Ansprüche
- Einzelzimmer 14 qm, Doppelzimmer 18 qm
- Alle Zimmer mit Dusche oder Bad / WC
- 12 Stunden besetzte Rezeption, 24 Stunden erreichbar
- Getränkeangebot auf jedem Zimmer
- Alle Zimmer mit Farb-TV
- Bargeldloses Zahlen mit Karten
- Restaurant

** **** First Class**
Unterkunft für hohe Ansprüche
- Einzelzimmer 16 qm, Doppelzimmer 24 qm
- Frühstück und Speisen im Roomservice
- Minibar oder 24 Stunden Roomservice
- Bademantel auf Wunsch, Kosmetikspiegel, Fön
- Sessel / Couch
- Waschen und Bügeln der Gästewäsche
- Hotellobby, Restaurant, Hotelbar

** ***** Luxus**
Unterkunft für höchste Ansprüche
- Einzelzimmer 18 qm, Doppelzimmer 26 qm
- Suiten
- 24 Stunden besetzte Rezeption mit Concierge
- Zusätzliche Waschbecken, Kosmetikartikel
- Safe im Zimmer
- Empfangshalle, Restaurant, Hotelbar

Für die Bewertung hat der DEHOGA Bewertungskriterien und Bewertungsmodalitäten verbindlich festgelegt, die bundesweit einheitlich angewendet werden.

Die den Klassen zugrunde liegenden *Bewertungskriterien* sind ausschließlich *objektive Kriterien* wie die Zimmerausstattung und das Angebot an verschiedenen Dienstleistungen. Subjektive Eindrücke finden keine Berücksichtigung. Die Bewertungskriterien basieren auf Standards des internationalen Hotelmarktes und sind veröffentlicht und frei zugänglich.[138]

Es werden 19 *Mindestkriterien* zu Grunde gelegt, die mit zunehmender Klasse höhere Anforderungen beinhalten.

Hinzu kommen *zusätzliche Kriterien* (Punkte) aus den Bereichen

- Gebäude / Raumangebot
- Einrichtung / Ausstattung
- Service
- Freizeit
- Angebotsgestaltung
- Hauseigener Tagungsbereich.

Mit zunehmender Klasse steigt die notwendige Anzahl der zu erreichenden Punkte. Die Hotels, die innerhalb einer Kategorie deutlich mehr zusätzliche Bewertungspunkte haben als sie benötigen, können den Zusatz „Superior" führen.

Für Hotels garnis gelten weniger zusätzliche Bewertungspunkte.

Abbildung 72: Anzahl der zu erreichenden Bewertungspunkte in den unterschiedlichen Klassen

Klasse	Mindestanzahl Bewertungspunkte
* - Stern	80 bzw. 50 bei Hotel garni
** - Sterne	120 bzw. 90 bei Hotel garni
*** - Sterne	180 bzw. 150 bei Hotel garni
**** - Sterne	270 bzw. 250 bei Hotel garni
***** - Sterne	420

Quelle: www.hotelsterne.de

Die *organisatorische Durchführung* der Klassifizierung obliegt unabhängigen Gesellschaften (z.B. Landesgewerbeförderstelle des DEHOGA Sachsen-Anhalt GmbH; SAXONIA Fördergesellschaft für das Hotel- und Gaststättengewerbe im Freistaat Sachsen mbH), die von den Landesverbänden im DEHOGA beauftragt werden.

---

[138] Vgl. ebenda

Abbildung 73: Beispiel der Mindestkriterien für ein Drei-Sterne-Hotel

	Mindestkriterien	*** Sterne
1	Rezeption	Separate, eigenständige Rezeption; 12 Stunden besetzt; 24 Stunden telefonisch von innen und außen erreichbar
2	Frühstücksservice	Frühstücksbuffet
3	Getränkeservice	Getränkeangebot auf dem Zimmer
4	Speiseservice	Mittagessen mindestens 2 Std. oder Abendessen mindestens 3 Std.
5	Telefon	100 % der Zimmer mit Telefon samt mehrsprachiger Bedienungsanleitung und Direktwahlmöglichkeit
6	Zimmergrößen	Einzelzimmer 14 qm, Doppelzimmer 18 qm
7	Suiten	Keine
8	Sanitärkomfort	Zusätzlich zu den Kriterien im Zwei-Sterne-Bereich: 100 % der Zimmer mit Dusche / WC oder Bad / WC, Duschvorhang /-wand, Badetuch, Ablagefläche, Schaumbad oder Duschgel, Fön auf Wunsch
9	Zimmerausstattung	Zusätzlich zu den Kriterien im Zwei-Sterne-Bereich: Kofferablage, Ankleidespiegel, Aufhängemöglichkeit für Kleidersack, zusätzliche Beleuchtung am / über dem Tisch, Zusatzdecke und –kopfkissen auf Wunsch
10	Gästeartikel	Hotelinformationen (Serviceleitfaden), Schreibgerät und Notizblock, Nähzeug und Schuhputzutensilien auf Wunsch
11	Waschen und Bügeln der Gästewäsche	Kein
12	Safe/Depotmöglichkeit	Safe im Zimmer oder zentraler Stelle (z.B. Empfang)
13	Empfangsbereich	Sitzgruppe am Empfang
14	Unterhaltungselektronik im Zimmer	100 % der Zimmer mit Radioprogramm und Farbfernseher samt Fernbedienung
15	Bargeldlose Zahlung	Zusätzlich zu den Kriterien im Zwei-Sterne-Bereich: Akzeptanz von Kreditkarten oder ec-Cash oder Elektronischem Lastschriftverfahren
16	Telefax	Am Empfang
17	Hotelbar	Keine
18	Restaurant	1
19	Mindestanzahl Bewertungspunkte	180 Punkte bzw. 150 Punkte Hotel garni

Quelle: www.hotelsterne.de

Für die Klassifizierung füllen die Hotels Erhebungsbögen aus, die die Kriterien für die vorgesehene Hotelkategorie enthalten. Die Bögen werden elektronisch ausgewertet, und es wird eine Einordnung in die entsprechende Hotelkategorie vorgenommen. In jedem Fall werden Plausibilitätskontrollen und zusätzliche Stichproben nach dem Zufallsprinzip durch speziell gebildete Kommissionen durchgeführt. Zur Gewährleistung der Neutralität gehören diesen Kommissionen Vertreter sowohl des Gastgewerbes als auch der zuständigen Tourismusverbände an. Eventuelle Unstimmigkeiten können in einem Schieds- oder Schlichtungsverfahren bei der Industrie- und Handelskammer geklärt werden. Bleibt ein solches Verfahren erfolglos, kann der Rechtsweg beschritten werden. Da die Kriterien zur Hotelklassifizierung veröffentlicht sind, ist die Einstufung auch für jedermann nachprüfbar.

Für die jeweilige Klasse wird ein Schild vergeben, das die Hotels im Außenbereich anbringen können und das neben dem Hotelnamen die Anzahl der verliehenen Sterne und den Schriftzug Deutsche Hotelklassifizierung enthält. Darüber hinaus erhält das Hotel eine Urkunde, die im Innenbereich ausgehängt werden kann.
Die Klassifizierung ist für drei Jahre gültig und muss regelmäßig wiederholt werden.[139]

Die *Kosten* für die Klassifizierung sind für Mitglieder des DEHOGA oder Nichtmitglieder, für die Erstklassifizierung oder Folgeklassifizierung sowie nach Ländern unterschiedlich hoch.

Bis zum Januar 2005 hatten 7.601 Betriebe an der Deutschen Hotelklassifizierung teilgenommen. Betrachtet man die Struktur der bisher an der Deutschen Hotelklassifizierung teilgenommenen Hotelbetriebe, so ist erkennbar, dass der Schwerpunkt im Drei-Sterne-Bereich liegt. Diese Verteilung lässt den Schluss zu, dass besonders die mittelständischen Individualhotels die Chance der Hotelklassifizierung nutzen, um sich mit einer bestimmten Qualität ihrer Leistungen am Markt zu positionieren.[140]

---

[139] Vgl. ebenda
[140] Vgl. ebenda

Abbildung 74: Die Teilnahme der Bundesländer an der Hotelklassifizierung (Anzahl der Betriebe, Stand 01.01.2005)

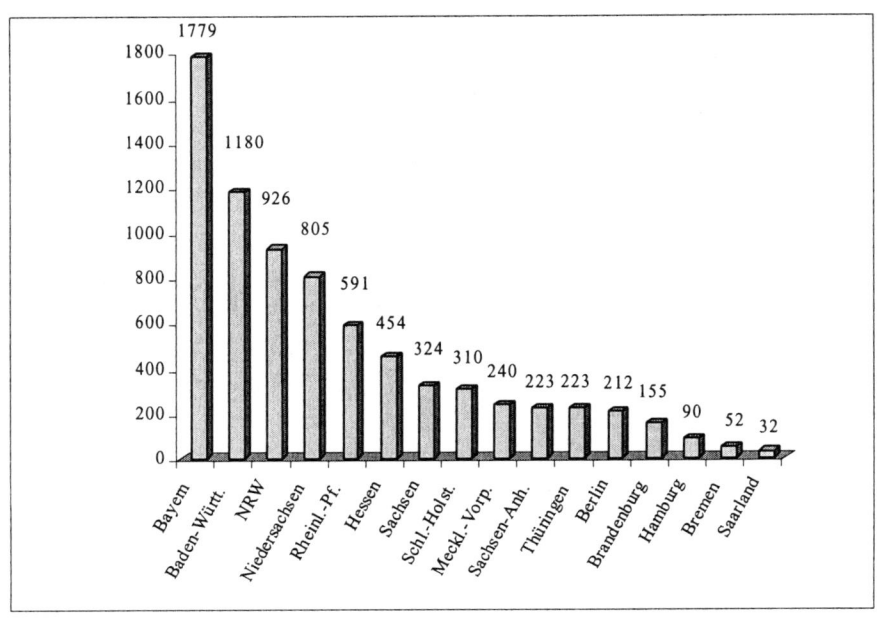

Quelle: Daten www.hotelsterne.de

Abbildung 75: Die Ergebnisse der Deutschen Hotelklassifizierung nach Klassen (Stand: 01.01.2005)

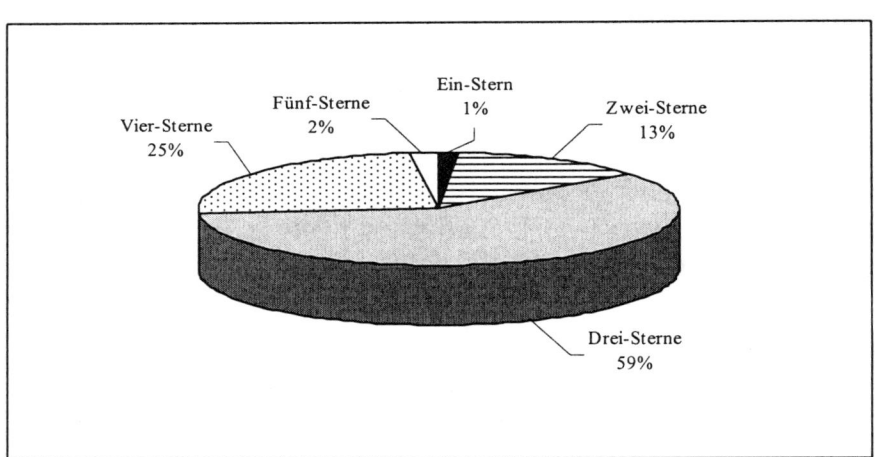

Quelle: Nach Daten www.hotelsterne.de

Fragen und Aufgaben zum Kapitel 5

1. *Beschreiben Sie die Qualitätselemente der Hotelleistung!*
2. *Welche Rolle spielen natürliche Faktoren des ursprünglichen Angebotes bei der Sicherung der Qualität der Hotelleistung und wie kann das Hotelmanagement darauf Einfluss nehmen?*
3. *Weshalb spielt die Servicequalität eine so entscheidende Rolle bei der Qualitätsbewertung der Hotelleistung?*
4. *Erklären Sie den Zusammenhang von Gästeerwartungen und Gästewahrnehmungen als Voraussetzung für die Angebotsgestaltung im Hotel! Schließen Sie in Ihre Überlegungen auch die Hierarchie der Gästeerwartungen ein!*
5. *Welche Merkmale kennzeichnen TQM im Hotel?*
6. *Wie kann / muss das Hotelmanagement TQM durchsetzen?*
7. *Charakterisieren Sie TQM als Prozess!*
8. *Was ist unter Serviceketten zu verstehen?*
9. *Charakterisieren Sie die Schrittfolge zur Erarbeitung von Serviceketten!*
10. *Bilden Sie Serviceketten für eine von Ihnen definierte Gästegruppe!*
11. *Worin sehen Sie Vorteile und Nachteile der Zertifizierung nach ISO 9000 ff.?*
12. *Nennen und beschreiben Sie Qualitätspreise!*
13. *Kennzeichnen Sie die Voraussetzungen für eine sinnvolle Hotelklassifizierung!*
14. *Setzen Sie sich mit Pro- und Contra-Argumenten einer Hotelklassifizierung auseinander!*
15. *Stellen Sie den Inhalt und den Prozess der Deutschen Hotelklassifizierung dar!*

6 Das Unternehmensleitbild im Hotel
6.1 Der Begriff und der Inhalt des Unternehmensleitbildes

Unternehmensleitbilder sind ein Instrument der Unternehmenspolitik, in denen unternehmenspolitische Grundsätze zusammengefasst werden. Das Unternehmensleitbild beinhaltet eine Idealvorstellung vom Hotel, die in Zukunft erreicht werden soll. Es legt Zweck, Ziel und Verhalten des Hotels fest. In diesem Sinne kommen im Unternehmensleitbild die Managementphilosophie, unternehmerische Visionen und die Unternehmenskultur zum Ausdruck.[141]

Als grundlegende Willenserklärung der Unternehmensleitung stellt das Unternehmensleitbild eine Führungsvorgabe für die Mitarbeiter dar und dient als Orientierung für alle Beschäftigten.[142]

Ein Unternehmensleitbild kann in kurzen *Kernsätzen* Aussagen zu den folgenden Aspekten enthalten:

Abbildung 76: Mögliche Bausteine eines Unternehmensleitbildes

Leitidee	Wie sieht sich das Hotel? Welche Position hat das Unternehmen? Welche Absichten hat das Hotel für die Zukunft?
Markt	Wo und für wen wird das Hotel tätig? Welches sind die Zielgruppen?
Leistungsprogramm	Welches Angebot wird bereitgestellt? Was unterscheidet das Hotel von den Mitbewerbern? Was kann der Gast erwarten (Qualität, Preis)?
Beziehung nach außen	Wie verhält sich das Hotel gegenüber Lieferanten, Gästen, Mitbewerbern, Kreditgebern, Umwelt, Behörden usw.?
Organisation	Wie wird der Leistungsprozess im Hotel organisiert (z.B. Arbeitsteilung, Sorgfalt, Kollegialität, Ehrlichkeit)?
Führung und Mitarbeiter	Welche Anforderungen werden an die Mitarbeiter gestellt? Welche Rolle spielen die Mitarbeiter im Hotel?
Wirtschaftlichkeit	Wie wird mit den finanziellen Mitteln im Hotel im Hinblick auf Leistungsverbesserung umgegangen?

---
[141] Vgl. Kaspar, Management, S. 58 f.
[142] Vgl. ebenda, S. 73

An Unternehmensleitbilder werden nicht nur inhaltliche Anforderungen gestellt. Sie müssen einerseits möglichst *allgemein*, andererseits aber hinreichend *spezifisch* sein. Sie sollen *umfassend*, aber auch so *knapp* und *prägnant* wie möglich sein. Es empfiehlt sich, Unternehmensleitbilder schriftlich zu verfassen, da sie als Vorgabe für die Mitarbeiter sowie als Information für die Öffentlichkeit dienen sollen und demzufolge kommuniziert werden müssen.

6.2 Die Funktionen des Unternehmensleitbildes

Das Unternehmensleitbild hat Funktionen nach außen und nach innen.

Funktionen nach außen
Das Unternehmensleitbild soll eine einheitliche und klare Erscheinung des Unternehmens nach außen vermitteln. Indem es Aufschluss über Angebot, Arbeit, Organisation, Verhalten, Führung und Absichten für die an der Hotelunternehmung Interessierten gibt (z.B. Gäste, Lieferanten, Kreditgeber, Konkurrenz, Stellenbewerber, Behörden, amtliche Institutionen, Öffentlichkeit), soll es ein bestimmtes Image und Vertrauen in das Unternehmen schaffen.

Funktionen nach innen
Das Unternehmensleitbild bildet eine Grundlage und Richtlinie für das Verhalten der Mitarbeiter und Führungskräfte. Wenn sich die Mitarbeiter und das Führungspersonal mit dem Leitbild identifizieren können, werden sie motiviert, und ein verantwortliches Handeln wird gefördert. Das Leitbild kann auch als Grundsatzdokument dienen, auf das sich Mitarbeiter und Führungskräfte berufen können.

6.3 Der Prozess der Erarbeitung des Unternehmensleitbildes

Die Erarbeitung eines Leitbildes ist ein Prozess, der ausgehend von der Klärung *unternehmensbezogener Wertvorstellungen*[143] die *Stär-*

---

[143] Vgl. Langer, Unternehmensführung, S. 230 ff.

ken und Schwächen sowie die *Chancen und Gefahren* für die Hotelunternehmung ermittelt.[144]

Abbildung 77: Der Prozess der Erarbeitung eines Unternehmensleitbildes

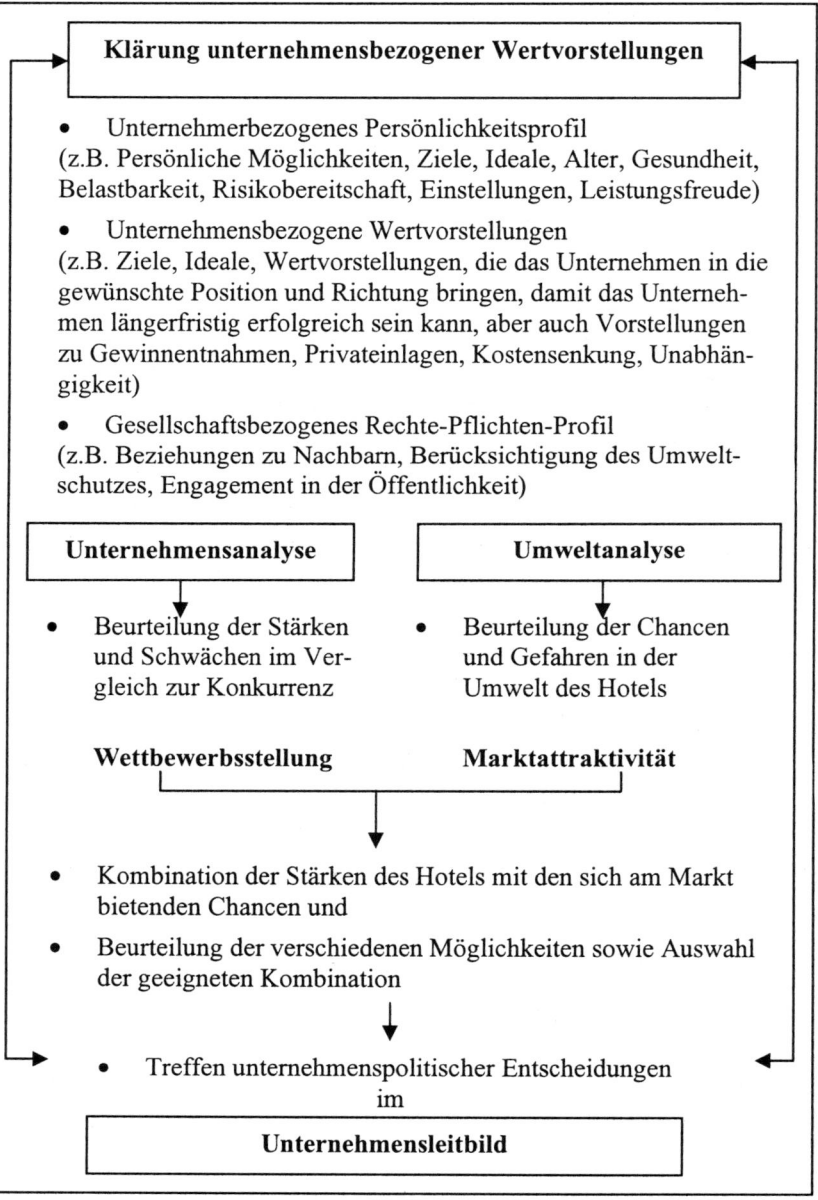

---
[144] Vgl. Abschnitt 7.4

Aus der Beurteilung der Stärken und Schwächen sowie der Chancen und Gefahren können *Wettbewerbsstellung* und *Marktattraktivität* der Hotelunternehmung festgestellt werden.

Ziel ist es, die Stärken des Hotels mit den sich am Markt bietenden Chancen miteinander zu kombinieren. Da es immer verschiedene Kombinationsmöglichkeiten gibt, ist die Auswahl aus den sich bietenden Alternativen als unternehmenspolitische Entscheidung auf der obersten Managementebene, im *normativen* Management, zu treffen.[145] Diese Entscheidungen spiegeln sich im Unternehmensleitbild wider.

Da letztlich alle Führungskräfte und Mitarbeiter das Unternehmensleitbild umsetzen müssen, ist es jedoch sinnvoll, diese in den Prozess der Erarbeitung des Unternehmensleitbildes einzubeziehen.

Fragen und Aufgaben zum Kapitel 6

1. Charakterisieren Sie das Unternehmensleitbild als Instrument der Unternehmenspolitik und ordnen Sie es in das normative Management ein!
2. Erstellen Sie ein Unternehmensleitbild für ein von Ihnen gewähltes fiktives Hotel mit Hilfe inhaltlicher Bausteine!
3. Weisen Sie anhand des erstellten Unternehmensleitbildes dessen Funktionen nach!
4. Beschreiben Sie den Prozess der Erarbeitung eines Unternehmensleitbildes!

---

[145] Vgl. Kaspar, Management, S. 56 ff.

7 Planung im Hotelbetrieb
7.1 Planung und Managementebenen

Die erfolgreiche Führung von Hotelunternehmungen setzt die systematische Auseinandersetzung mit vergangenen und zu erwartenden Tatbeständen und die daraus abzuleitenden Entscheidungen voraus. Das erfolgt im Prozess der Planung, in dem Informationen verarbeitet und spätere Abläufe gedanklich vorweggenommen werden. Unter Berücksichtigung unterschiedlicher Umwelteinflüsse ergeben sich zukünftige Handlungsalternativen, aus denen Entscheidungen zu treffen sind.

Unter *Planung* im Hotel ist ein *systematischer* und *informationsverarbeitender Prozess* der quantitativen, qualitativen und zeitlichen Bestimmung zukünftiger Ziele, Mittel und Verfahren zur mittelbaren Gestaltung, Lenkung und Entwicklung der Hotelunternehmung zu verstehen. Der Planungsprozess verläuft in mehreren Phasen.

Abbildung 78: Die Phasen der Planung

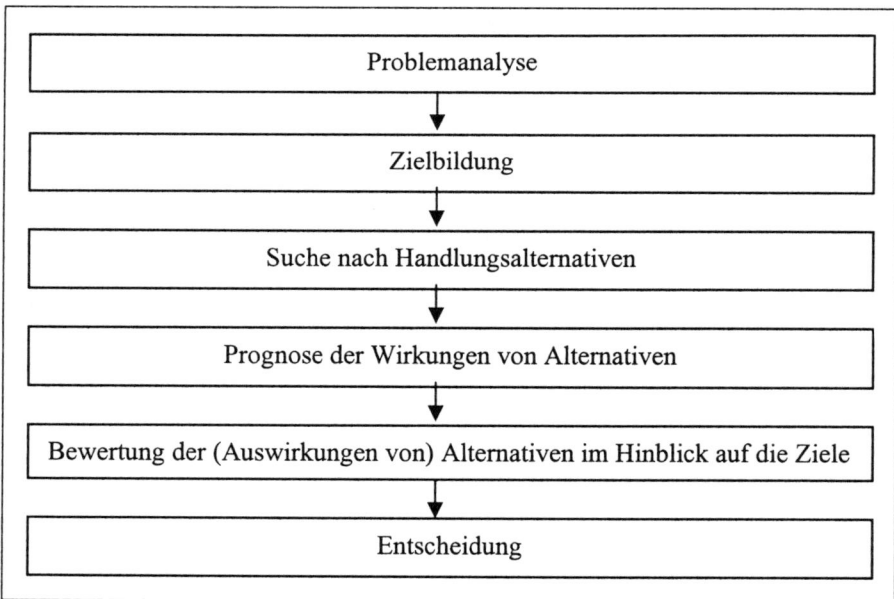

Die Planung im Hotelbetrieb erfolgt in unterschiedlichen Unternehmensebenen und Zeithorizonten.

Abbildung 79: Planung und die Managementebenen im Hotel

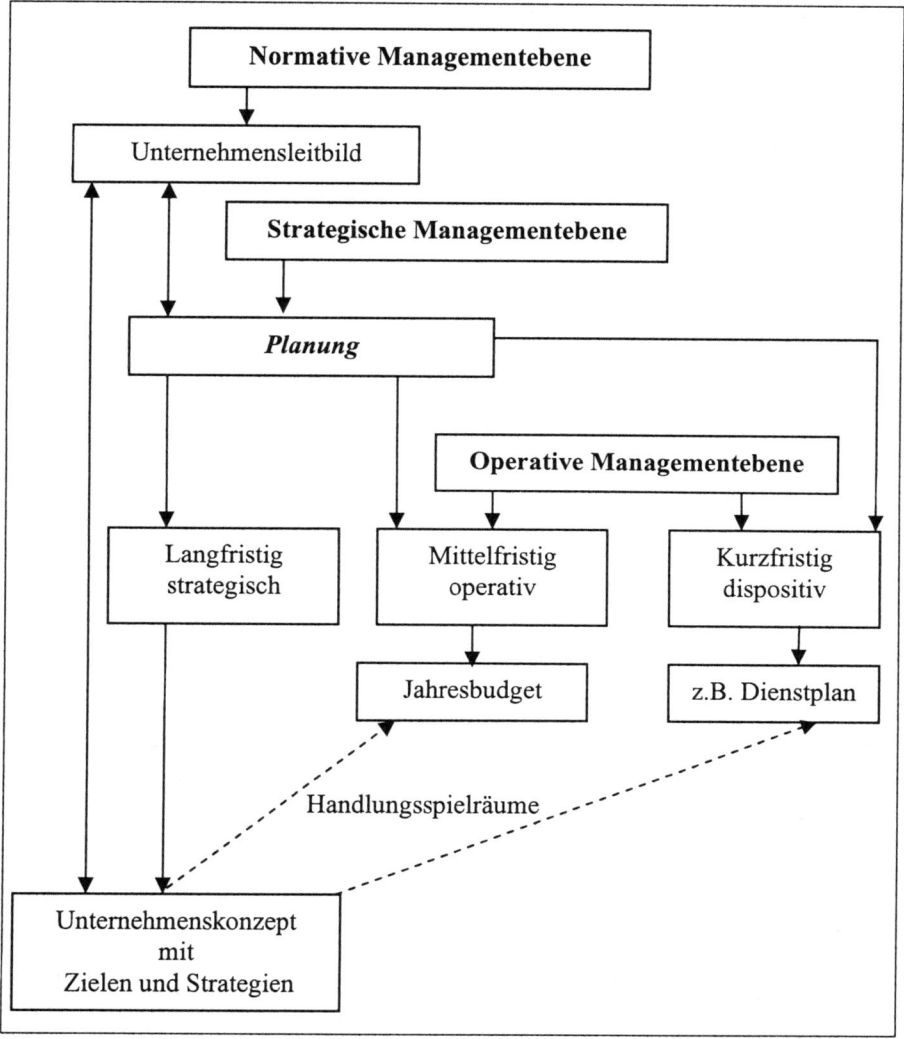

Die Entscheidungen auf der *normativen Managementebene* sind auf die Entwicklung und die Lebensfähigkeit des Unternehmens gerichtet, indem die grundsätzlichen Leitlinien für das Hotel festgelegt werden (Grundsatzplanungen). Sie tragen den Charakter von konstitutiven Entscheidungen. Als Instrument dient das *Unternehmensleitbild,* das Ziele, Zweck und Verhalten des Hotels enthält und einen Sollzustand darstellt.

Zu den Grundsatzplanungen des normativen Managements gehören weitere konstitutive Entscheidungen wie der Standort oder die Rechtsform.

Abbildung 80: Die Entscheidungen auf der normativen Managementebene

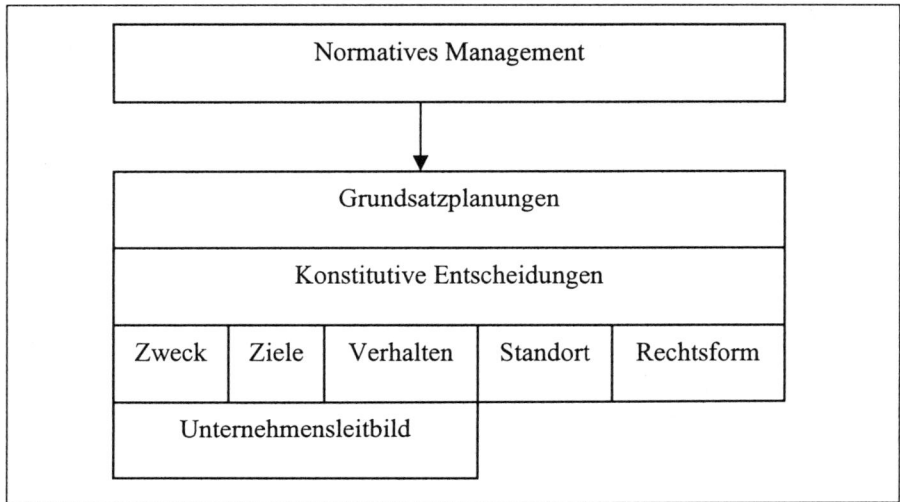

Auch auf der Ebene des *strategischen Managements* werden langfristige Entscheidungen getroffen. Es werden die Strategischen Erfolgspotenziale (SEP) bestimmt und die *langfristigen* Ziele und Strategien für das Hotel festgelegt, um die Wettbewerbsfähigkeit des Hotels zu sichern. Dabei geht es nicht nur um die bestehenden SEP, sondern auch um die zukünftigen.

Entscheidungen auf der Ebene des *operativen Managements* sollen sicherstellen, dass die in der strategischen Planung festgelegten Ziele erreicht werden. Maßstab ist die Wirtschaftlichkeit des Hotels mit den Ziel- bzw. Steuerungsgrößen Liquidität und Erfolg. Der Zeithorizont ist *kürzer* als bei strategischen Entscheidungen. Bei den Instrumenten, die im operativen Management genutzt werden, nimmt das *Jahresbudget* eine zentrale Stellung ein.

Im Hotel ist eine Vielzahl von *dispositiven Planungen* anzutreffen. Sie sind noch *kurzfristiger* angelegt und dienen der Steuerung von häufig im Hotel ablaufenden Prozessen.[146] Darunter fallen die Bele-

---

[146] Vgl. Kaspar, Management, S. 277

gungsplanung, die Personaleinsatzplanung, die Produktionsplanung in der Küche, die Speisekartenplanung, die Veranstaltungsplanung usw..

Abbildung 81: Die Orientierungsgrößen, Maßstäbe und Instrumente auf den Managementebenen

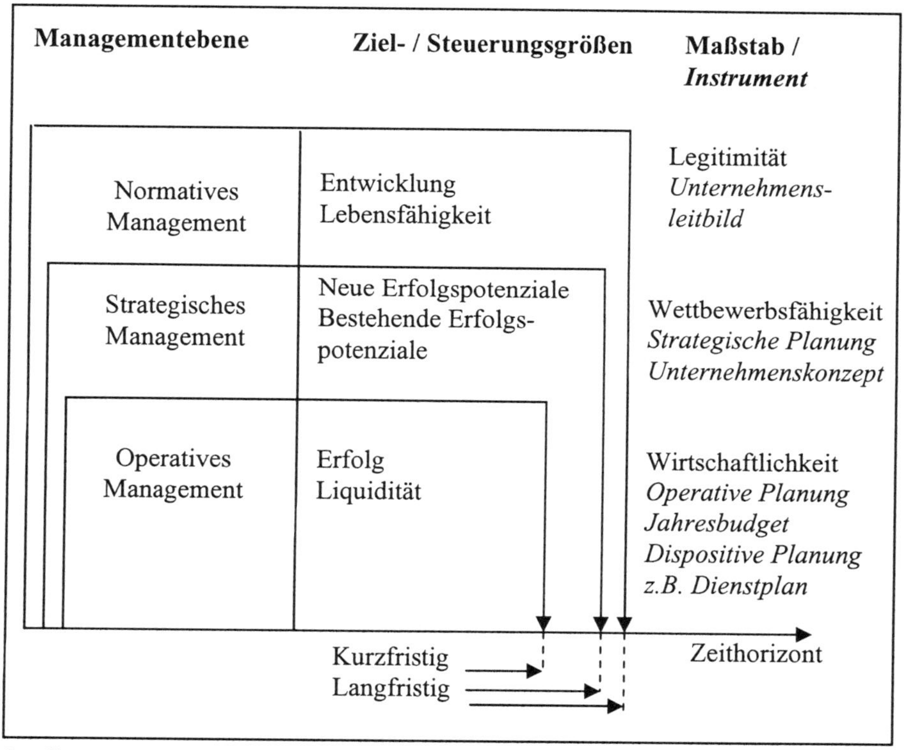

Managementebene	Ziel- / Steuerungsgrößen	Maßstab / Instrument
Normatives Management	Entwicklung Lebensfähigkeit	Legitimität *Unternehmensleitbild*
Strategisches Management	Neue Erfolgspotenziale Bestehende Erfolgspotenziale	Wettbewerbsfähigkeit *Strategische Planung Unternehmenskonzept*
Operatives Management	Erfolg Liquidität	Wirtschaftlichkeit *Operative Planung Jahresbudget Dispositive Planung z.B. Dienstplan*
	Kurzfristig ⟶ Langfristig ⟶	Zeithorizont

Quelle: In Anlehnung an Kaspar, Einführung, S. 39

7.2 Der Inhalt und die Schritte der strategischen Planung im Hotelbetrieb

In der strategischen Planung werden die im Unternehmensleitbild getroffenen Entscheidungen konkretisiert und die operativen und dispositiven Handlungsspielräume des Hotels bestimmt. Maßstab ist die Wettbewerbsfähigkeit des Hotels. Deshalb ist die Bestimmung der SEP eine wesentliche Grundlage, um die Ziele und die Strate-

gien zur Erreichung der Ziele bestimmen zu können. Das Ergebnis der strategischen Planung ist das Unternehmenskonzept.[147]
In der Praxis ist strategische Planung hauptsächlich in Großbetrieben anzutreffen. In Klein- und Mittelbetrieben überwiegt die operative Planung, mehr aber noch die dispositive Planung. Auch wenn die Klein- und Mittelbetriebe strategische Planung nicht in ihrer Geschlossenheit anwenden, lohnt es sich trotzdem für diese Betriebe, strategische Ansätze zu verfolgen, um sich mit künftigen Entwicklungen gedanklich auseinander zu setzen. Dadurch können Sach- sowie Zeitzwänge vermieden und das Risiko von Fehlentscheidungen begrenzt werden. Auch wenn die Entscheidungen kaum unter der Bedingung Sicherheit, sondern unter Risiko, viel mehr noch unter Unsicherheit getroffen werden müssen, schmälert das nicht den Wert strategischer Überlegungen.

In der *strategischen Planung* bieten sich für ein Hotel folgende Schritte an:
1. Analyse des Hotels *(Unternehmensanalyse)* zur Feststellung der Stärken und Schwächen und Analyse der Umwelt des Hotels *(Umweltanalyse)* zum Erkennen der Chancen und Gefahren,
2. Bestimmung der *Strategischen Erfolgspotenziale und Strategischen Geschäftsfelder* unter Berücksichtigung der Stärken und Schwächen sowie der Chancen und Gefahren,
3. Bestimmung der *Ziele* und Entwicklung von (alternativen) *Strategien* zur Umsetzung der Ziele,
4. Bewertung der Alternativen und Auswahl der *Unternehmensstrategie(n)*,
5. Konkretisierung in *Geschäftsfeldstrategien,*
6. Ableitung *funktionaler Strategien*, z.B. von Marketingstrategien oder Finanzierungsstrategien.

---

[147] Vgl. Abschnitt 7.6

Abbildung 82: Die Schritte der strategischen Planung

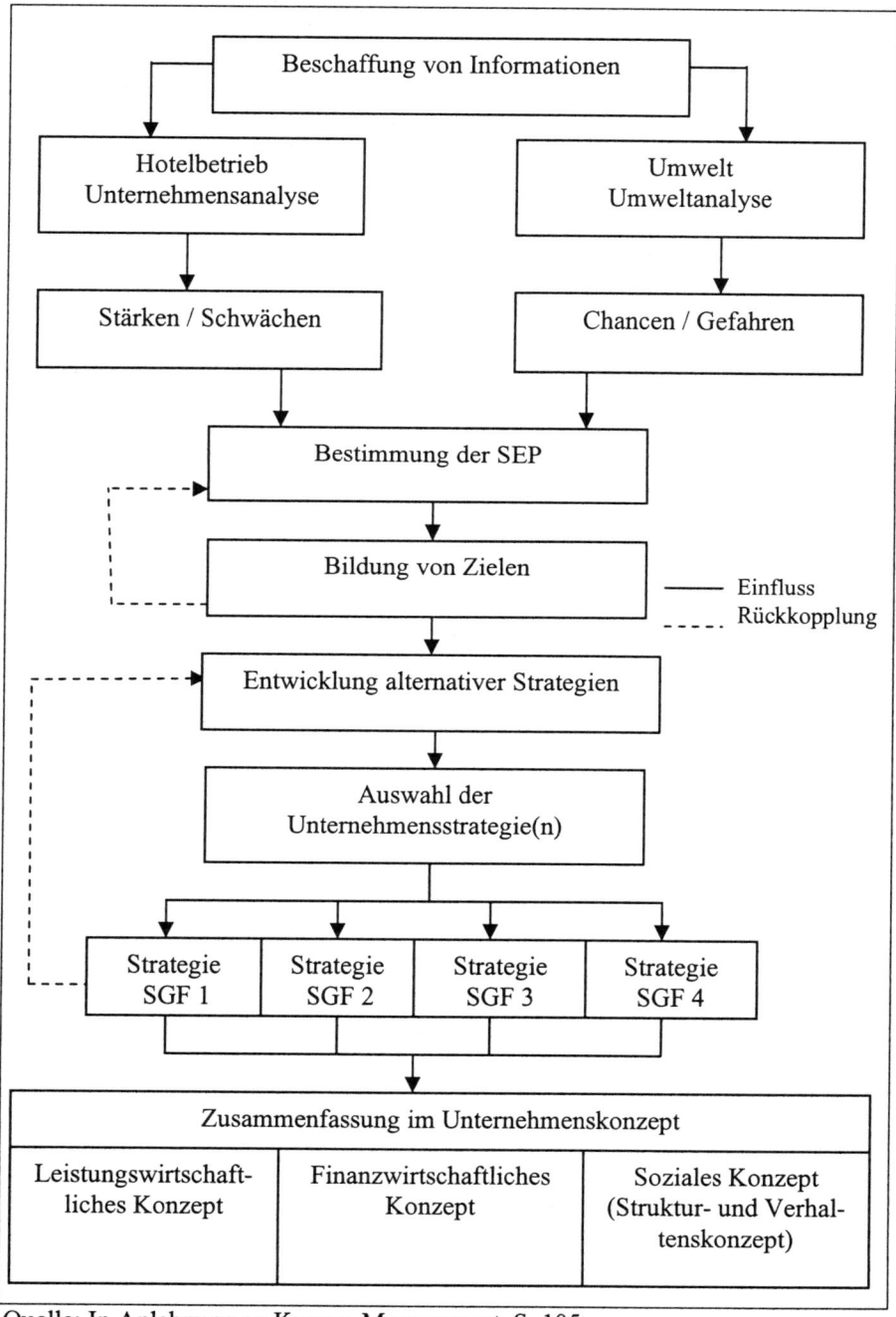

Quelle: In Anlehnung an Kaspar, Management, S. 105

7.3 Die Anwendung ausgewählter Analysemethoden in der strategischen Planung

Um Entscheidungen im Rahmen der strategischen Planung treffen zu können, werden Informationen benötigt, die aus Analysen zu gewinnen sind. Dafür bieten sich verschiedene Analysemethoden an.

7.3.1 Die Potenzialanalyse

Potenzialanalysen dienen zur Diagnose von Ressourcen des Hotelunternehmens. Dabei können unterschieden werden:

a. *Unternehmungspotenziale*
Sie stellen die *Stärken* bzw. *Schwächen* des Hotels gegenüber seinen Mitbewerbern dar. Daraus leitet sich die *Wettbewerbsstellung* des Hotels ab.

b. *Marktpotenziale*
Sie kennzeichnen die *Chancen* und *Gefahren* für das Hotel, die sich aus dem Marktzustand und der Marktentwicklung ergeben. Das Hotel wird am Markt gemessen, und es wird die *Marktattraktivität* bestimmt.

Potenzialanalysen werden in Form von Stärken- und Schwächen-Profilen und Chancen- und Gefahren-Profilen nach folgendem Prinzip erstellt:
1. Es werden *Bestimmungsfaktoren* bzw. *Kriterien* festgelegt, die die Wettbewerbsstellung (Stärken und Schwächen) und die Marktattraktivität (Chancen und Gefahren) kennzeichnen. Sie werden in Abhängigkeit von den betrieblichen Gegebenheiten (Betriebsgröße, Leistungsumfang u.ä.) unternehmensindividuell festgelegt.
2. Die Kriterien werden im Hinblick auf die Mitbewerber und den Marktzustand bzw. die Marktentwicklung *bewertet* (z.B. mit 1 bis n oder stark bis schwach).
3. Durch die Verbindung der jeweiligen Bewertungspunkte ergibt sich das jeweilige Profil.

Das *Problem* von Potenzialanalysen liegt
- in der Subjektivität bei der Auswahl und Bewertung der ausgewählten Kriterien,
- im Einfluss verschiedenster Faktoren auf die Kriterien, der oft nur geschätzt werden kann oder
- nicht ausreichend vorhandenen Daten von Mitbewerbern.

Auf Grund der Heterogenität von Hotelbetrieben ist der Inhalt von Potenzialanalysen sehr unterschiedlich. So zeigt KASPAR[148] auf der Basis der Unternehmensanalyse das Prinzip eines Stärken- und Schwächen-Profils für ein Hotel. Darin werden Aussagen zu den verschiedenen Leistungsfunktionen im Hotel getroffen, wie
- monetärer Kreislauf,
- Marketing,
- Leistungserstellung,
- Einkauf,
- Personal.

Daneben werden auch solche Faktoren, wie Stärken und Schwächen der Führung oder der Organisation (Führungsfunktionen) einbezogen.[149]

Der Schweizer Hotelier-Verein (SHV), der Schweizer Wirteverband (SWV), der Deutsche Hotel- und Gaststättenverband (DEHOGA) und die Österreichische Hoteliervereinigung (ÖHV) haben ein Stärken- und Schwächen-Profil sowie Chancen- und Gefahren-Profil vorgeschlagen, das nach einzelnen Leistungsbereichen im Hotel erstellt und betriebsindividuell angeglichen werden kann.[150]

---

[148] Vgl. Kaspar, Management, S. 99, 103 ff.
[149] Vgl. Abschnitt 7.4
[150] Vgl. DEHOGA u.a. (Hrsg.), Marketing, Konzeptheft

Abbildung 83: Beispiel für ein Stärken- und Schwächen-Profil

Kriterien	Bewertung	Positiv				Negativ	
		6	5	4	3	2	1
Marktstellung							
Eigener Marktanteil						●	
Bekanntheitsgrad des eigenen Angebotes						●	
Image, Positionierung aus der Sicht der Gäste				●			
Gästetreue						●	
Leistungsvermögen							
Strategische Erfolgspositionen				●			
Eignung der Hardware (z.B. Gebäude, Einrichtung)				●			
Qualität der Dienstleistungen						●	
Qualität der Sachleistungen				●			
Anzahl der Mitarbeiter						●	
Fähigkeiten der Mitarbeiter					●		
Qualität der Führung					●		
Qualität der Organisation						●	
Margen- und Kostenstruktur						●	
Kapazitätsauslastung				●			
Unternehmerische Flexibilität					●		
Finanzielles Potenzial						●	
Marketing							
Unique Selling Propositions				●			
Preis-Leistungs-Verhältnis					●		
Verkaufswege						●	
Verkaufsförderung					●		
Werbung				●			
Public Relations						●	

Quelle: In Anlehnung an DEHOGA u.a. (Hrsg.), Marketing, Konzeptheft, Formular 10

Abbildung 84: Beispiel für ein Chancen- und Gefahren-Profil

Kriterien	Bewertung Positiv					Negativ
	6	5	4	3	2	1
Markt						
Größe des Marktes (Marktvolumen)			●			
Marktwachstum (mittel- bis langfristig)				●		
Saisonabhängigkeit					●	
Bereitschaft der Gäste für Neuerungen			●			
Reaktion der Gäste auf Preisänderungen				●		
Durchschnittsumsatz pro Gast		●				
Gewinnaussichten			●			
Mitbewerber						
Zahl der Mitbewerber					●	
Qualität der Mitbewerber		●				
Preise der Mitbewerber				●		
Absatzwege der Mitbewerber				●		
Kommunikation der Mitbewerber				●		
Investitionen der Mitbewerber						●
Weitere Kriterien						
Konjunkturrisiken					●	
Politische Risiken		●				
Wetterrisiken					●	
Umweltbelastungen		●				
Arbeitsmarktsituation						●

Quelle: In Anlehnung an DEHOGA u.a. (Hrsg.), Marketing, Konzeptheft, Formular 9

7.3.2 Der Produktlebenszyklus

Die Bestimmung des Produktlebenszyklus geht von der Überlegung aus, dass der Absatz eines Produktes durch bestimmte Phasen gekennzeichnet ist. Der Produktlebenszyklus beinhaltet den *Wachstumsverlauf* von Produkten bzw. Leistungen des Hotels (z.b. Spezialitätenrestaurant, Wellnessangebot) oder Märkten (z.B. Tagungs- und Kongressmarkt) in einem idealtypischen zeitlichen Verlauf.

Die einzelnen *Phasen* des Zyklus stellen den Absatz eines Produktes, in einem bestimmten Geschäftsfeld oder Markt dar. Sie lassen sich am Umsatzverlauf messen, z. B. Umsatzentwicklung im Spezialitätenrestaurant, in der Nachtbar, in verschiedenen Zimmerkategorien, im Tagungsbereich, im Fitnessangebot usw..

Abbildung 85: Der Verlauf eines Produktlebenszyklus

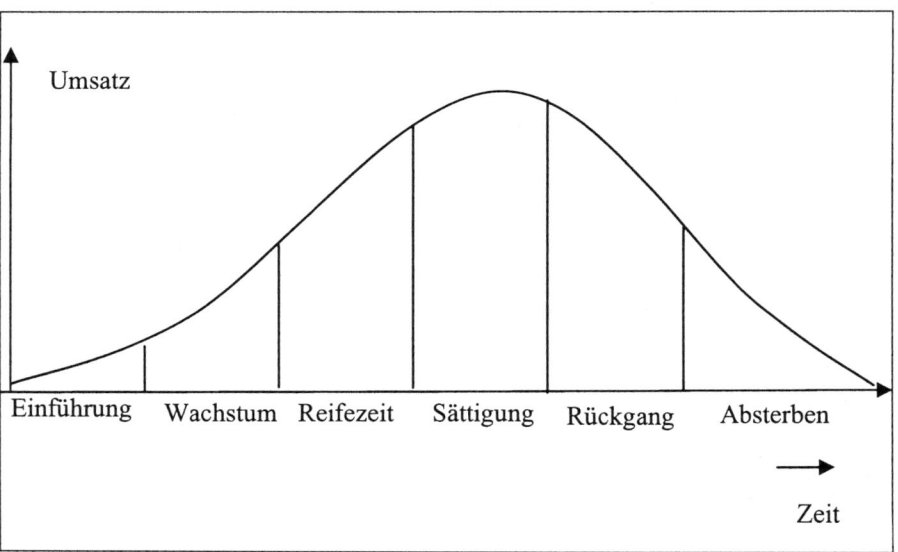

Im Rahmen der strategischen Planung besteht die *Aufgabe*, die derzeitige Lage der Produkte zu ermitteln, um Anhaltspunkte für künftige Entwicklungen zu haben. Daraus lassen sich Schlussfolgerungen ableiten, z.B. für welche Produkte wann eine Strategie der Produktentwicklung notwendig wird oder wann welche Produkte aus dem Angebot genommen werden sollten.

Da ein Hotel stets mehrere Produkte anbietet, ist eine möglichst gleichmäßige Verteilung der Produkte auf die einzelnen Phasen des

Produktlebenszyklus zu erreichen, auch unter dem Aspekt des notwendigen Kapitalbedarfs.

Das *Problem* der Nutzung des Produktlebenszyklus liegt im Hotel darin, dass
- auf Grund der labilen Nachfrage nach Hotelleistungen die Einschätzung der entsprechenden Phasen schwierig ist,
- ständige Marktbeobachtungen notwendig sind, um rechtzeitig Veränderungen zu erkennen,
- sich der Produktlebenszyklus auf Grund schneller Nachfrageveränderungen und technischer Entwicklungen zunehmend verkürzt.

Je diskontinuierlicher Veränderungen auftreten, umso eingeschränkter ist die Aussagekraft des Produktlebenszyklus.

7.3.3 Die GAP-Analyse

Bei der GAP-Analyse geht es um das Erkennen von *strategischen Lücken*. Dazu werden Vergangenheitswerte in die Zukunft projiziert. Auf Grundlage der gewonnenen Informationen wird überprüft, ob das Hotel ein gesetztes Ziel, z.B. eine bestimmte Umsatzhöhe, mit den gegenwärtigen Strategien erreichen kann.

Dabei stehen folgende Fragen im Mittelpunkt:
- Welche Zielgröße (z.B. Umsatz im Tagungsbereich, Umsatz im Gruppengeschäft) soll mit einer bestimmten Strategie erreicht werden?
- Welche Entwicklung hat sich bisher vollzogen und wie wird sich die Größe ohne Veränderung der Strategie zeigen?

Unterscheidet sich die Zielstellung von der voraussichtlichen Entwicklung, dann wird von einer strategischen Lücke (GAP) gesprochen. Wird eine Lücke festgestellt, sind Entscheidungen in der strategischen Planung zu treffen, indem die bisherige Strategie modifiziert oder eine neue Strategie verfolgt wird.

Abbildung 86: Die GAP-Analyse

Quelle: In Anlehnung an Hopfenbeck, Managementlehre, S. 609

7.3.4 Die Portfolio-Technik

Die verschiedenen Ansätze der Portfolio-Technik[151] können auch im Hotel genutzt werden.
Die Portfolio-Technik geht von der Überlegung aus, die einzelnen Produkte, Geschäftsfelder oder Märkte des Hotels nicht isoliert voneinander zu betrachten, sondern eine *Gesamtplanung* vorzunehmen. Durch die Portfolio-Technik kann visualisiert werden, wie ausgewogen die einzelnen Produkte bzw. Geschäftsfelder sind und es lassen sich Strategien ableiten.

Das bekannte *Marktwachstums- / Marktanteilsportfolio* der Boston Consulting Group (Vier-Felder-Portfolio) geht von zwei Determinanten aus:
- dem durchschnittlichen *Marktwachstum* als Indikator für das Wachstumspotenzial, z.B. eines SGF und die Stellung im Produktlebenszyklus und den Investitionsbedarf sowie
- dem relativen *Marktanteil,* der sich aus dem Marktanteil der Unternehmung gemessen am Marktanteil des stärksten Konkurrenten ergibt und Ausdruck der Wettbewerbsposition ist.

---

[151] Vgl. Schierenbeck, Grundzüge, 15., S. 122 ff.

Durch die Positionierung von Produkten bzw. SGF im Portfolio lassen sich Rückschlüsse auf Erfolgspotenziale und Entscheidungen für strategische Verhaltensweisen ableiten.

In Verbindung mit dem Produktlebenszyklus und den notwendigen Investitionen können Entscheidungen hinsichtlich der Ressourcenzuteilung (finanzielle Mittel, Personal) in der Hotelunternehmung getroffen werden, die ein längerfristiges Gleichgewicht der Zahlungsströme und eine ausgewogene Investitionspolitik erwarten lassen.

Abbildung 87: Das Marktwachstums- / Marktanteilsportfolio und der Produktlebenszyklus

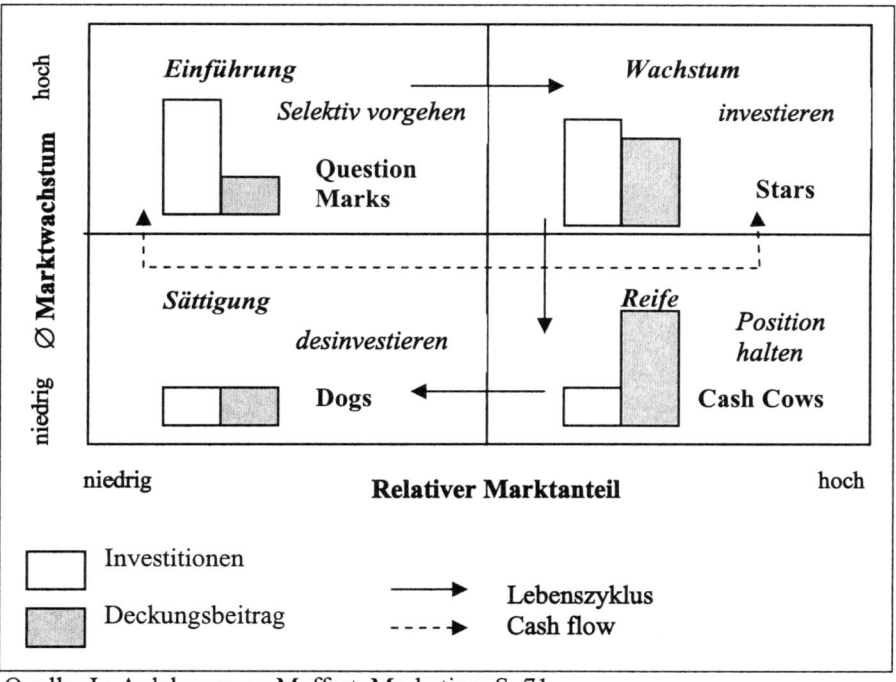

Quelle: In Anlehnung an Meffert, Marketing, S. 71

Question Marks
Hierbei handelt es sich um Produkte oder SGF, die sich in der Einführungsphase befinden, d.h. mit denen ein Markteinstieg erfolgt. Sie weisen einen relativ niedrigen Marktanteil auf, aber ein hohes Marktwachstum. Ihre Position ist ambivalent, und sie erfordern gegenwärtig hohe finanzielle Mittel. Hier ist ein *selektives Vorgehen* von Vorteil.
Stars

Sie zeichnen sich durch einen hohen Marktanteil und ein hohes Marktwachstum aus. Sie benötigen hohe finanzielle Mittel, die von ihnen aber weitestgehend selbst erwirtschaftet werden. Stars sind zu fördern, indem in sie *investiert* wird.

Cash Cows
Sie haben einen hohen Marktanteil, aber kaum wachsende oder stagnierende Märkte. Sie erwirtschaften einen hohen Cash Flow. Da kein nennenswertes Marktwachstum mehr zu verzeichnen ist, werden Investitionen nur zur Erhaltung des Marktanteils eingesetzt. Die Cash Cows können die für die Questions Marks notwendigen finanziellen Mittel zur Verfügung stellen. Ihre *Position ist zu halten*.

Dogs
Sie sind durch einen niedrigen Marktanteil und ein niedriges Marktwachstum gekennzeichnet. In diese Produkte ist *nicht mehr zu investieren*, sondern es sind Überlegungen anzustellen, sie *aus dem Angebot* zu nehmen.

Auch das von McKinsey entwickelte Neun-Felder-Portfolio lässt sich in der Hotellerie anwenden.[152]

7.3.5 Die Szenario-Technik

Mit der Szenario-Technik können mögliche *alternative* zukünftige Situationen beschrieben werden. Dabei werden Faktoren in einer bestimmten Bandbreite erfasst, die das Hotel bzw. den zu untersuchenden Markt beeinflussen. Die Variationsbreite der Faktoren differiert in Abhängigkeit vom Zeithorizont.

Zunächst wird ein *Ziel* vorgegeben und die *Faktoren* bestimmt, die diese Zielvorgabe beeinflussen können. Danach erfolgt die Ausarbeitung des Szenarios. So könnte ausgehend von einem erreichten Zustand die unter normalen Bedingungen zu erwartende Entwicklung dargestellt werden, z.B. die Entwicklung der Übernachtungen in den letzten und folgenden fünf Jahren. Das erfolgt i.d.R. durch die Fortschreibung des bisherigen Trends in Form eines *Trendszenarios*. Bei der Annahme veränderter Bedingungen verändert sich folglich

---

[152] Vgl. DEHOGA u.a. (Hrsg.), Marketing, S. 66

das Szenario (vgl. in Abb. 88, Szenario A). Beim Eintreten von Störfaktoren weicht die Entwicklung vom Szenario ab, so dass Entscheidungen und Maßnahmen nötig sind, um die Entwicklung in Richtung Zielvorgabe zu beeinflussen.
Oft werden dem Trendszenario *Extremszenarien* gegenübergestellt, die eine besonders günstige bzw. besonders ungünstige Entwicklung widerspiegeln. Die *Beurteilung* der Szenarien erfolgt dann unter dem Aspekt der Glaubwürdigkeit oder Nützlichkeit.[153]

Abbildung 88: Die Szenario-Technik

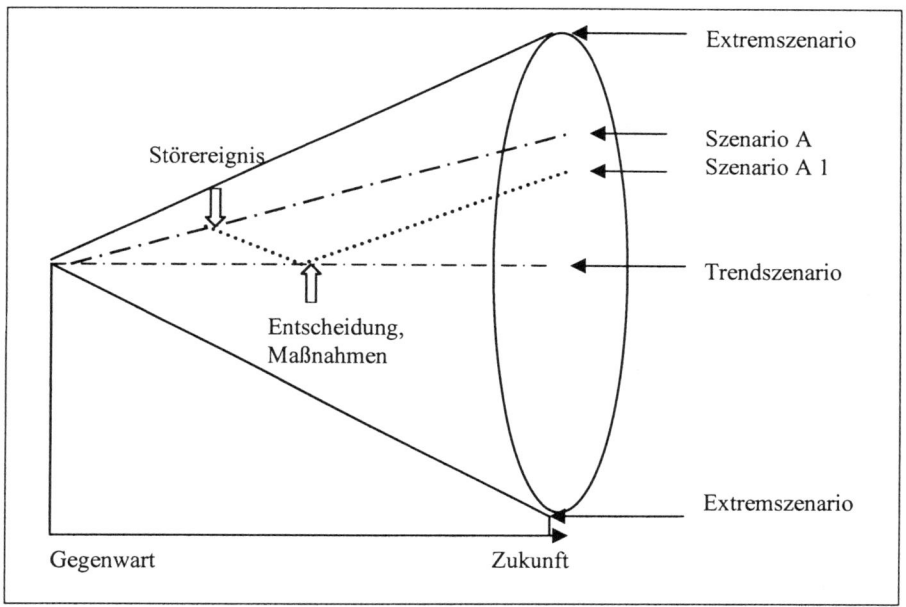

Quelle: In Anlehnung an Hopfenbeck, Managementlehre, S. 540

Die Szenario-Technik ermöglicht es, *qualitative Aspekte* der zukünftigen Entwicklung in der Umwelt des Hotels zu erfassen und damit Chancen und Gefahren für das Hotel zu erkennen. Da sich gedanklich mit alternativen Entwicklungen auseinandergesetzt wird, können rechtzeitig spätere Problemfelder erkannt und ein möglicher Handlungsspielraum eingeschätzt werden. Die Umsetzung in der strategischen Planung erfolgt dann durch die Ausrichtung
- an einem Szenario mit den größten Chancen oder
- an Entwicklungslinien, die allen Szenarien gemeinsam sind.

---

[153] Vgl. Hafner, Profitabilität, S. 150

Das Erstellen von Szenarien
- fördert das Denken in Alternativen und mindert demzufolge die Unsicherheit für den Hotelier bei auftretenden Veränderungen. Da auch für die nicht ausgewählten Zukunftsbilder skizzenhaft Alternativpläne („Schubkastenpläne") erstellt werden, kann man bei Veränderungen auf diese zurückgreifen.
- sensibilisiert den Hotelier für das Erkennen bedeutsamer Entwicklungen in der Unternehmensumwelt und damit für das frühzeitige Feststellen von Chancen und Gefahren für das Unternehmen.

Probleme bei der Anwendung der Szenario-Technik können bestehen in
- der Erfassung von Daten und deren Verdichtung,
- einer Beeinträchtigung der Objektivität,
- einem hohen Aufwand.

7.3.6 Die Nutzwertanalyse

Auch die Nutzwertanalyse ist ein Verfahren zur *Bewertung* von *Alternativen*. Hier erfolgt die Auswahl einer Alternative auf der Grundlage bestimmter, vorgegebener Kriterien.
Dabei wird wie folgt vorgegangen:
Es werden *Kriterien* ausgewählt, nach denen bewertet werden soll. Diese Kriterien können z.B. sein: [154]
- Wirtschaftliche Kriterien, z.B. geringe Investitionen, hoher Marktanteil, hoher Umsatz, geringe Kosten, Qualität, u.a.,
- Strategische Grundsätze, die zu befolgen sind, wie Konzentration der Kräfte, Ausnutzung von Stärken und Marktchancen, Ausnutzung von Synergieeffekten, Schaffung einer zweckmäßigen Organisation, Ausnutzen von Kooperationsmöglichkeiten, Risikoausgleich, Einfachheit u.a..

Die ausgewählten Kriterien werden mit einem *Gewichtungsfaktor* belegt.
Die Kriterien für die zur Auswahl stehenden Strategien werden *gewichtet*. Dazu wird der Erreichungsgrad des Kriteriums mit 1 bis n bewertet und mit dem Gewichtungsfaktor multipliziert.

---
[154] Vgl. Kaspar, Management, S. 118

Danach werden die *Summe* der gewichteten Kriterien und eine *Rangfolge* gebildet. Die Alternative mit der höchsten Gesamtpunktzahl ist die günstigste Variante.

Abbildung 89: Beispiel für die Bewertung alternativer Strategien mittels Nutzwertanalyse

Kriterien		Strategie A		Strategie B		Strategie C	
Wirtschaftliche Kriterien	G	E	G*E	E	G*E	E	G*E
Geringe Investitionen	3	3	9	3	9	3	9
Hoher Marktanteil	4	4	16	3	12	4	16
Hoher Umsatz	4	3	12	2	8	4	16
Hohe Qualität	5	4	20	3	15	5	25
Geringe Kosten	3	1	3	2	6	3	9
Strategische Grundsätze							
Kräftekonzentration	5	3	15	4	20	4	20
Ausnutzen der Stärken	5	4	20	2	10	3	15
Ausnutzen v. Marktchancen	4	1	4	4	16	3	12
Umweltverträglichkeit	5	2	10	5	25	2	10
Gesamtpunktzahl			109		121		132
Rang			3		2		1

G = *Gewichtungsfaktor*   E = *Erreichungsgrad*
Quelle: In Anlehnung an Kaspar, Management, S. 113

7.4 Die Unternehmens- und Umweltanalyse als Grundlage der strategischen Planung
7.4.1 Die Unternehmensanalyse

Das Ziel der Unternehmensanalyse ist es, Aussagen über
- die Stellung der eigenen Unternehmung im Wettbewerb zu treffen und
- die Stärken und Schwächen der Unternehmung gegenüber der Konkurrenz und der Unternehmensumwelt aufzuzeigen,

um damit ein umfassendes und objektives Bild über die vergangene und die zu erwartende Entwicklung des Hotelbetriebes zu erhalten.
Der Inhalt einer solchen Analyse sowie der Umfang und die Dichte der Daten sind von den betrieblichen Bedingungen abhängig.

Abbildung 90: Der Inhalt einer Unternehmensanalyse

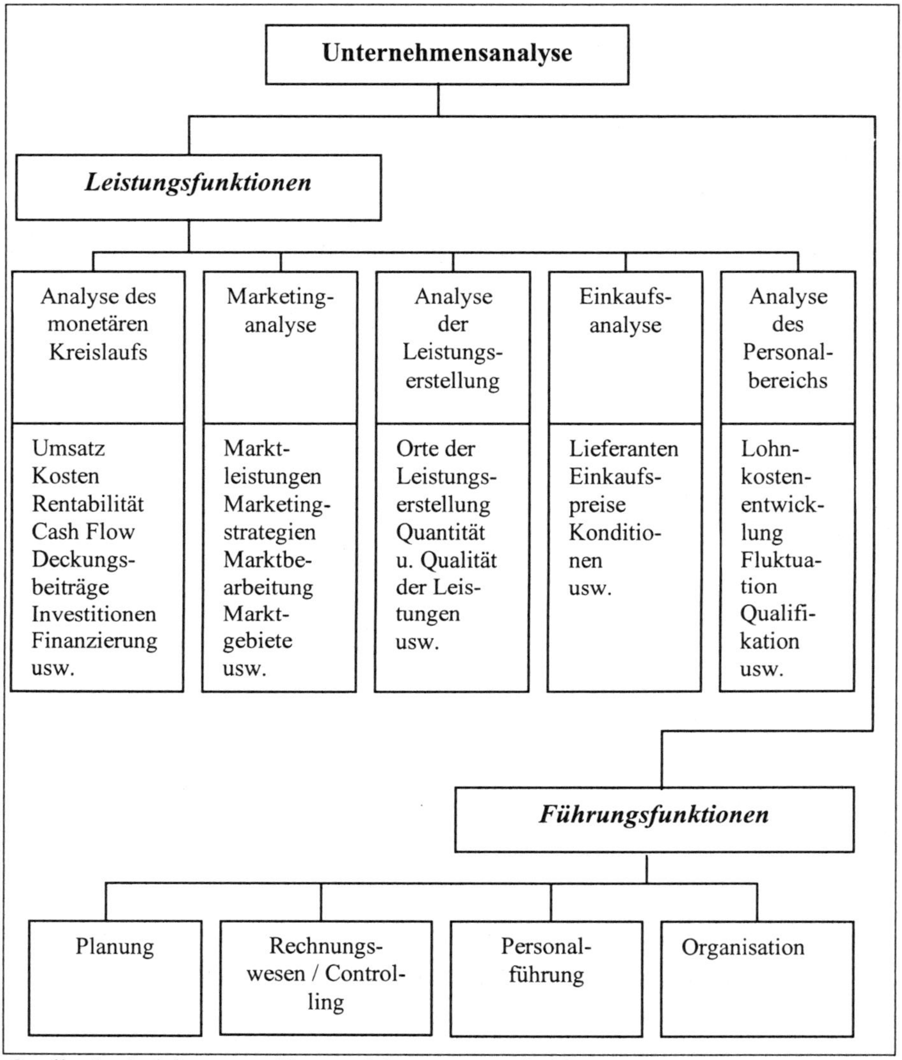

```
                        Unternehmensanalyse
                                │
                      Leistungsfunktionen
    ┌──────────────┬──────────────┬──────────────┬──────────────┐
 Analyse des    Marketing-     Analyse         Einkaufs-      Analyse
 monetären      analyse        der             analyse        des
 Kreislaufs                    Leistungs-                     Personal-
                               erstellung                     bereichs

 Umsatz         Markt-         Orte der        Lieferanten    Lohn-
 Kosten         leistungen     Leistungs-      Einkaufs-      kosten-
 Rentabilität   Marketing-     erstellung      preise         entwick-
 Cash Flow      strategien     Quantität       Konditio-      lung
 Deckungs-      Marktbe-       u. Qualität     nen            Fluktua-
 beiträge       arbeitung      der Leis-       usw.           tion
 Investitionen  Markt-         tungen                         Qualifi-
 Finanzierung   gebiete        usw.                           kation
 usw.           usw.                                          usw.

                         Führungsfunktionen
         ┌──────────────┬──────────────┬──────────────┐
      Planung      Rechnungs-       Personal-      Organisation
                   wesen / Control-  führung
                   ling
```

Quelle: In Anlehnung an Kaspar, Management, S. 99

KASPAR[155] zeigt o.g. Grundschema für den Inhalt von Unternehmensanalysen, welches in der praktischen Umsetzung variiert werden kann.

Von besonderer Wichtigkeit ist die Analyse der finanzwirtschaftlichen Aspekte (monetärer Kreislauf). Die aus der Analyse gewonne-

---

[155] Vgl. ebenda, S. 99

nen Informationen können bewertet und in einem Stärken- und Schwächen-Profil dargestellt werden.

7.4.2 Die Umweltanalyse

Ein Hotelunternehmen ist mit einer vielfältigen Unternehmensumwelt konfrontiert[156], deren Einflüsse in der Umweltanalyse zu untersuchen sind.
Das *Ziel* besteht darin,
- Klarheit über die Chancen und Gefahren zu erlangen, die sich für den Hotelbetrieb aus der Unternehmensumwelt ergeben,
- Möglichkeiten zu finden, wie Chancen durch den Hotelbetrieb, ggf. mit neuen Strategien, genutzt werden können und
- Gefahren zu minimieren, die sich aus der Unternehmensumwelt ergeben.

Auf Grund der vielfältigen Einflüsse, die auf einen Hotelbetrieb wirken, eignet sich eine gedankliche Differenzierung der Umweltanalyse, wie sie KASPAR[157] zeigt. Er unterscheidet zwischen der Umweltanalyse im engeren Sinne und der Umweltanalyse im weiteren Sinne.

Die *Umweltanalyse im weiteren Sinne* erfasst die Faktoren, die indirekt Einfluss auf eine einzelne Hotelunternehmung haben.

---

[156] Vgl. ebenda, S. 19
[157] Vgl. ebenda, S. 109

Abbildung 91: Der Inhalt einer Umweltanalyse im weiteren Sinne

Quelle: In Anlehnung an Kaspar, Management, S. 109

Die *Umweltanalyse im engeren Sinne* berücksichtigt die Einflussfaktoren, die direkt das Hotel betreffen. Dabei ist zu beachten, dass nicht nur die Absatzmärkte, sondern auch die unterschiedlichen Beschaffungsmärkte analysiert werden müssen.

Abbildung 92: Der Inhalt einer Umweltanalyse im engeren Sinne

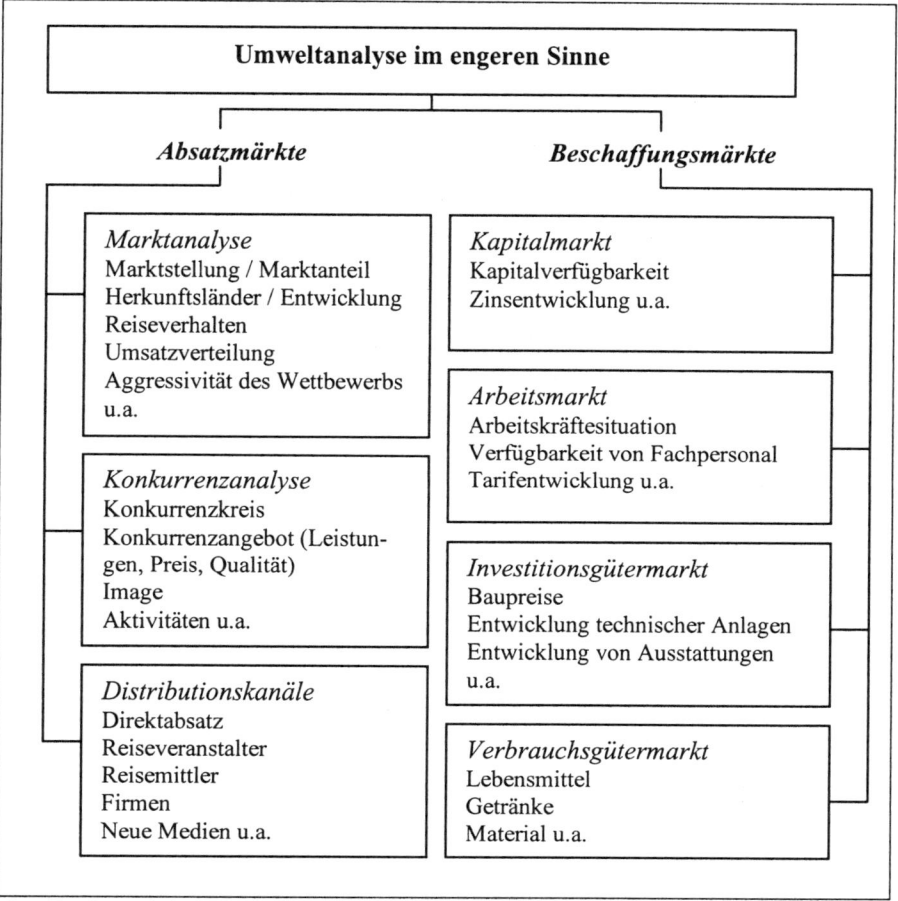

Quelle: In Anlehnung an Kaspar, Management, S. 109

Sowohl bei der Umweltanalyse im weiteren Sinne als auch im engeren Sinne bestimmen die betrieblichen Gegebenheiten (Größe, Bedeutung des Hotels, Gästegruppen, Konkurrenzsituation) den Umfang und die Dichte der Analyse. Der Schwerpunkt liegt in jedem Fall aber auf der Markt- und Konkurrenzanalyse.

Die Ergebnisse der Umweltanalyse lassen sich im Chancen-Gefahren-Profil darstellen und charakterisieren die Marktattraktivität der angebotenen Leistungen bzw. des Hotels.

7.5 Die Bestimmung von Strategischen Erfolgspotenzialen, Strategischen Geschäftsfeldern, Zielen und Strategien

7.5.1 Die Bestimmung Strategischer Erfolgspotenziale und Strategischer Geschäftsfelder

Die Bestimmung von Strategischen Erfolgspotenzialen und Strategischen Geschäftsfeldern ist ein entscheidender Schritt in der Planung.

Unter *Strategischen Erfolgspotenzialen* (SEP) sind *überdurchschnittliche Fähigkeiten* der Hotelunternehmung gegenüber ihren Konkurrenten zu verstehen, die bewusst geschaffen werden, um langfristig überdurchschnittliche Ergebnisse zu erreichen.[158] Sie können als *besondere Voraussetzungen* für die Leistungserstellung bezeichnet werden.

Beispiele für SEP können z.B. sein: [159]
- Konsequente Spezialisierung auf die Bedürfnisse und die Nutzenserwartungen bestimmter Gästegruppen, auch im Rahmen einer Nischenpolitik,
- Schnelleres Aufspüren neuer Gästebedürfnisse und schnellere Einführung innovativer Produkte als die Mitbewerber,
- Überzeugendste Qualität als bester Anbieter am Ort,
- Attraktives Konzept, welches nur mit großem Aufwand und mit zeitlicher Verzögerung imitiert werden kann,
- Günstigste „Produktionskosten" gegenüber den Mitbewerbern bei gleicher Qualität,
- Fähigste Mitarbeiter (gutes Image als Arbeitgeber, bestes Anreizsystem),
- Bester Standort, Tradition, Atmosphäre, wenn es z.B. den Mitbewerbern nur schwer oder gar nicht möglich ist, einen Standort in vergleichbarer Lage zu bekommen.

---

[158] Vgl. Kaspar, Management, S. 97; Buer, Gestaltung, S. 33
[159] Vgl. DEHOGA u.a. (Hrsg.), Marketing, S. 48 f.

Beim Aufbau von SEP ist zu beachten:
- Damit SEP langfristig Erfolg bringen können, dürfen sie nicht kurzfristig kopierbar sein.
- Sie brauchen einen längeren Aufbau, um eine wettbewerbsentscheidende Stärke zu haben (z.B. die Qualifizierung der Mitarbeiter).
- Der Hotelbetrieb sollte sich auf wenige SEP beschränken, um das Wesentliche hervorzuheben.
- SEP sind nicht auf Dauer vorhanden. Sie können über die Jahre zur Normalität werden. Daher ist es notwendig, SEP zu „pflegen" und kontinuierlich zu erneuern.

Ein *strategisches Geschäftsfeld* bzw. eine strategische Geschäftseinheit (SGF) im Hotel stellt eine Produkt-Markt-Kombination dar, die sich von anderen deutlich abgrenzt und die ein klar definiertes Bündel von Hotelleistungen erstellt und vermarktet. Verschiedene SGF unterliegen demzufolge auch unterschiedlichen Marktchancen und Marktrisiken.

Ein SGF weist einen Zielmarkt auf, der durch Gästegruppen und / oder ein geografisches Gebiet eindeutig bestimmt ist. Mit SGF kann sich das Hotel gegen Mitbewerber abgrenzen,[160] und es können für die SGF eigenständige Strategien entwickelt werden.

Ein SGF verfügt somit über
- eine eigenständige Marktaufgabe,
- ein ausreichendes Marktpotenzial,
- identifizierbare Konkurrenten und
- eine relative organisatorische Autonomie.

Durch die Planung der SGF ist es möglich, die Unternehmensstrategie zu konkretisieren, um die langfristigen Ziele besser zu erreichen.

7.5.2 Die Zielbildung

Planung ist immer zielgebunden, d.h. auf die Erreichung bestimmter Ziele ausgerichtet. Die Zielbildung im Hotel betrifft i.d.R. nicht nur ein Ziel, sondern es werden mehrere Ziele verfolgt, die ein *Zielsystem* bilden. In diesem System können die Ziele sehr unterschiedlich

---

[160] Vgl. Kaspar, Management, S. 93

sein, was u.U. die gleichzeitige oder gleichrangige Verfolgung von Zielen ausschließt.

Abbildung 93: Beispiele für unterschiedliche Ziele im Zielsystem

Ziel	Beispiele
Übergeordnet	Gewinnmaximierung
Untergeordnet	Kostensenkung im Weinlager
Quantitativ	
Monetär	Erhöhung des Umsatzes
	Erhöhung der Durchschnittsrate pro Zimmer
Nicht monetär	Erhöhung der Bettenkapazität oder Auslastung
Qualitativ	Erhöhung der Gästezufriedenheit
	Imageprofilierung
Langfristig	Änderung der Eigentums- / Rechtsform
Mittelfristig	Erweiterung der Hotelparkanlage
Kurzfristig	Erweiterung des Speiseangebotes
Kompatibel	Angebotsveränderung – Preisveränderung
Komplementär	Erhöhung der Auslastung – Erhöhung der Gästezahlen
Konkurrierend	Erhöhung der Rentabilität – Erhöhung der Liquidität
Indifferent	Beitritt zu einer Kooperation – Erhöhung der Mitarbeiterqualifikation

Bei Zielentscheidungen sind bestimmte *Anforderungen* zu beachten:
- Ziele müssen *operational* formuliert werden, d.h. mit Zielgröße, Zielausmaß, Zeitbezug.
- Ziele müssen *widerspruchsfrei* formuliert werden, d.h. sie dürfen sich gegenseitig nicht ausschließen.
- Ziele müssen *realistisch* formuliert werden, d.h. sie müssen in der praktischen Tätigkeit auch umsetzbar sein. Das ist besonders bei der Ableitung von Teilzielen für einzelne Abteilungen im Hotel zu berücksichtigen.
- Ziele sollen *kooperativ* erreicht werden, d.h. Mitarbeiter sollen an der Ausarbeitung von Zielen beteiligt werden, um eine höhere Identifikation für die Zielerreichung zu gewährleisten.
- Bei der Formulierung mehrerer Ziele sind *Prioritäten* in der Zielerreichung zu setzen, d.h. Ziele sind nach Primär- und Sekundärzielen zu gewichten.

7.5.3 Die Planung von Strategien

Strategien beinhalten Entscheidungen, um bestimmte Ziele zu erreichen. Sie sind auf den langfristigen Erfolg des Hotels und die Erhaltung seiner Wettbewerbsfähigkeit ausgerichtet. Sie legen die *grundsätzliche Entwicklungsrichtung* des Hotels fest, sind durch Mehrperiodigkeit gekennzeichnet und demzufolge keine kurzfristig wirksamen Einzelmaßnahmen.

Abbildung 94: Der Zusammenhang von Strategie und Taktik

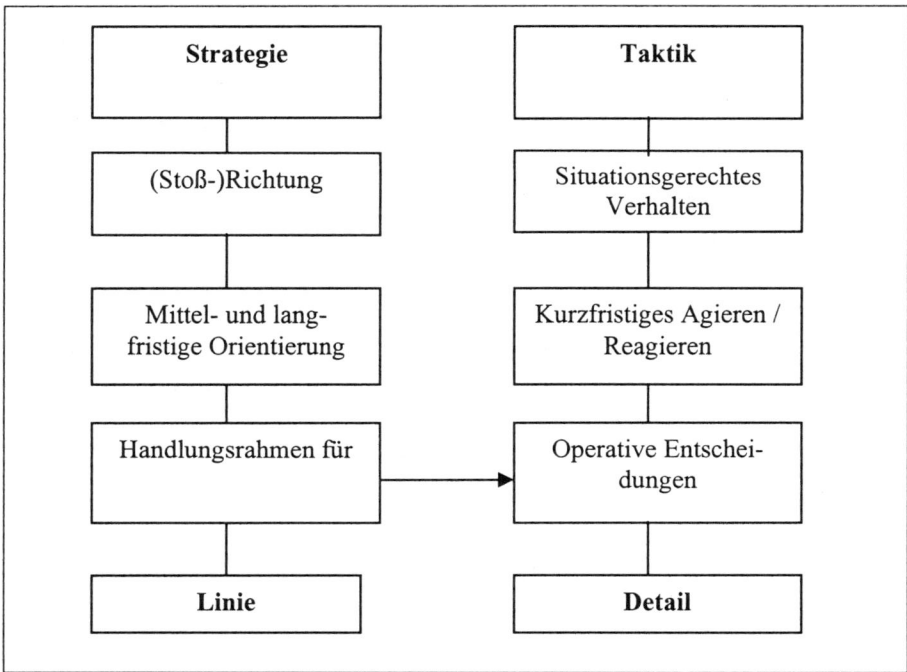

Im Rahmen der strategischen Planung sind die geeigneten Strategien festzulegen, mit denen die Unternehmensziele erreicht und die Strategischen Erfolgspositionen genutzt werden können.

Die Ergebnisse der Unternehmensanalyse und der Umweltanalyse liefern notwendige Informationen für die Strategienfindung.

Bei der Bestimmung von Strategien ist zwischen Unternehmungsstrategie, Geschäftsfeldstrategie und funktionalen Strategien zu unterscheiden.

7.5.3.1 Die Planung von Unternehmensstrategien

Dem Hotelunternehmen stehen eine Vielzahl von Strategien zur Verfügung. Bei der Bestimmung der Unternehmungsstrategie(n) wird das Grundverhalten des Hotels festgelegt. Das kann aus unterschiedlichen Sichtweisen erfolgen.[161]

Strategien der unternehmerischen Grundausrichtung

Diese Strategien gehen von den jeweiligen Stärken bzw. Schwächen im eigenen Angebot und den Chancen, die sich dafür am Markt ergeben, aus. Danach können unterschieden werden:
- *Wachstumsstrategien,* wenn die Ziele des Hotels auf eine Vergrößerung, z.B. des Marktanteils, ausgerichtet sind. Die u.g. Produkt-Markt-Strategien würden die Wachstumsstrategie untersetzen.
- *Konsolidierungsstrategien* betreffen vor allem Maßnahmen, die darauf gerichtet sind, eine höhere Wirtschaftlichkeit zu erreichen. Sie könnten z.B. die Kostensenkung oder die Neuorganisation des betrieblichen Ablaufs betreffen.
- *Schrumpfungsstrategien* beinhalten den Abbau defizitärer Bereiche bzw. Leistungen oder den Rückzug in eine Marktnische.
- *Eliminierungsstrategien* bedeutet das Aufgeben von Leistungen oder Bereichen, bei denen das Angebot schwach ist oder nur geringe Marktchancen bestehen.

Strategien der Produkt-Markt-Kombination (Marktfeldstrategien)

Hier steht die Frage, welche Produkte auf welchen Märkten angeboten werden.
- Mit der *Strategie der Marktdurchdringung* soll mit dem vorhandenen Angebot der bisherige Markt intensiver bearbeitet und abgeschöpft werden, z.B. durch Direktmarketing. Das Ergebnis kann eine stärkere Gästebindung (Stammgäste) sein.
- Bei der *Strategie der Marktentwicklung* sollen mit dem bisherigen Angebot neue geografische Märkte oder Zielgruppen erschlossen werden.
- Mit der *Strategie der Produkt- oder Angebotsentwicklung* werden die bisherigen Zielgruppen oder geografischen Märkte durch

---
[161] Vgl. ebenda, S. 121 ff.

neue Produkte angesprochen. Die Veränderung von Gästebedürfnissen ist dabei ein wichtiger Ausgangspunkt.
- Bei der *Strategie der Diversifikation* werden neue Produkte angeboten, mit denen neue geografische Märkte oder Zielgruppen erschlossen werden sollen.

Abbildung 95: Die Marktfeldstrategien

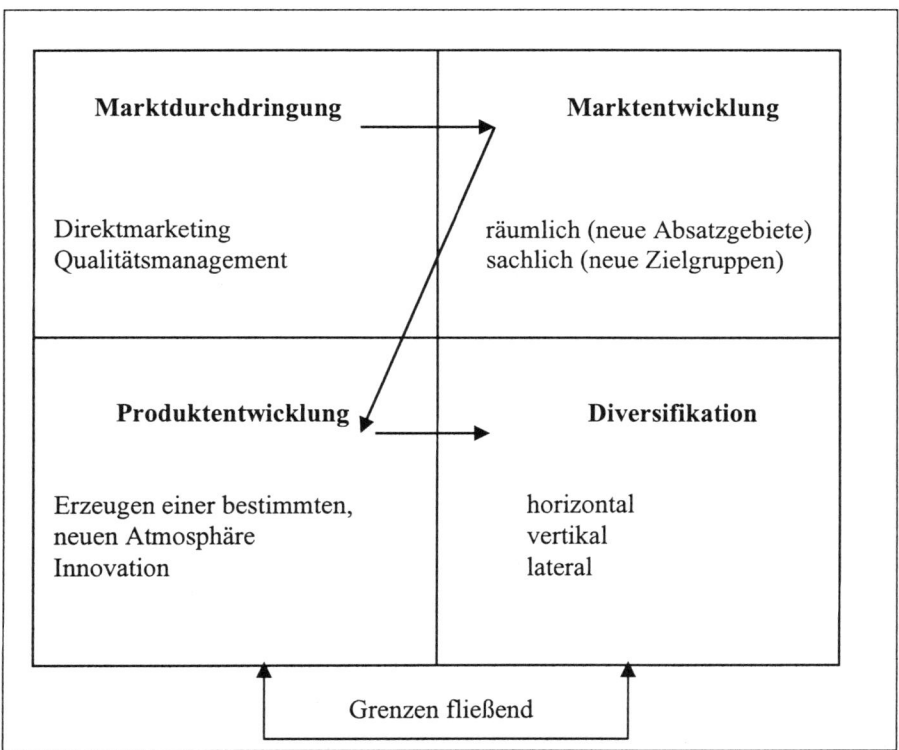

Abhebungs- bzw. Ausweichstrategien

Diese Strategien zeigen sich in:
- *Kostenführerschaft.* Sie ist darauf gerichtet, auf Grund einer kostengünstigen Leistungserstellung den Marktanteil durch unterdurchschnittliche Preise zu steigern (Niedrigpreisstrategie).
- *Qualitätsführerschaft.* Es werden Leistungen mit überragender Qualität angeboten, mit denen auch überdurchschnittliche Preise erzielt und Marktanteile gewonnen werden können.
- *Nischenstrategie.* Sie eignet sich für die Hotels, die keine Kosten- bzw. Preisvorteile erlangen können und die auch nicht in der

Lage sind, am Qualitätswettbewerb teilzunehmen. Sie sind aber in der Lage, den Bedarf eines ganz bestimmten Gästekreises so zu decken, dass sie sich dadurch von ihren Mitbewerbern abheben.

Internationalisierungsstrategien[162]

Sie sind besonders unter dem Aspekt der zunehmenden Internationalisierung und Globalisierung touristischer Märkte von Bedeutung und spielen vor allem bei Expansionsüberlegungen von Hotelkonzernen und Hotelkooperationen eine Rolle.
- Bei einer *internationalen Strategie* werden Aktivitäten ins Ausland verlegt. Allerdings dominieren die Aktivitäten der Muttergesellschaft im Heimatmarkt.
- Eine *multinationale Strategie* verfolgt eine starke Auslandsorientierung unter Berücksichtigung lokaler Besonderheiten.
- Eine *globale Strategie* trennt Inlands- und Auslandsaktivitäten nicht und berücksichtigt keine nationalen oder lokalen Besonderheiten.

Kooperationsstrategien

Die Strategien aus der Sicht der Kooperation berücksichtigen die Tatsache, dass die Hotelleistung eine komplementäre Leistung ist, d.h. mit anderen touristischen Leistungen in einem engen Zusammenhang steht und der Erfolg eines Hotels vom Grad der Kooperation mit anderen Unternehmen oder Organisationen mitbestimmt wird. Vor allem unter dem Gesichtspunkt der Expansion von Unternehmen bieten sich Kooperationsstrategien an. Das sind z.B.
- *Strategische Allianzen*, die darauf ausgerichtet sind, die Marktposition zu stärken oder abzusichern,
- eine *Franchisestrategie,* die Franchisegebern ermöglicht ohne eigenes Kapital relativ schnell zu expandieren und den Bekanntheitsgrad einer Marke zu erhöhen. Für Franchisenehmer bietet sich hierbei die Möglichkeit, von einem bewährten Konzept zu profitieren und das Marktrisiko zu vermindern.[163]

---

[162] Vgl. Henselek, Planung, S. 114
[163] Vgl. Abschnitt 2.4.4

- Eine *Joint-Venture-Strategie,* bei der in einer Gemeinschaftsunternehmung gemeinsame Aufgaben (z.B. Hotelprojekte) bewältigt und so das Risiko und der Erfolg der Unternehmenstätigkeit geteilt werden.

Im Prozess der Strategienfindung ist in *Alternativen* zu denken und aus diesen *auszuwählen.* Das Kriterium muss dabei sein, die Strategie(n) zu wählen, die am besten geeignet ist (sind), die SEP durchzusetzen, die Überlegenheit über die Konkurrenz zu erlangen und langfristig überdurchschnittliche Ergebnisse zu erreichen. Um eine Auswahl treffen zu können, müssen die alternativen Strategien bewertet werden. Als eine nicht monetäre Bewertung bietet sich dabei die Nutzwertanalyse an.[164]

7.5.3.2 Die Planung von Geschäftsfeldstrategien

Die Geschäftsfeldstrategien konkretisieren – bezogen auf das jeweilige Geschäftsfeld – die Unternehmensstrategie(n).

So können bei einer Wachstumsstrategie als Unternehmensstrategie in den einzelnen SGF unterschiedliche Strategien verfolgt werden, etwa im SGF 1 die Strategie der Produktentwicklung und im SGF 2 die Strategie der Marktdurchdringung usw..

Die Geschäftsfeldstrategien sind zugleich auch Bestandteil *funktionaler Konzepte*, wie des Finanzierungskonzeptes, in dem u.a. der Finanzbedarf für die Produktentwicklung seinen Niederschlag findet.

7.5.3.3 Die Planung funktionaler Strategien

Unter *funktionalen Strategien* sind Strategien für betriebliche Funktionen zu verstehen, wie für Marketing, Finanzierung, Beschaffung, Organisation oder Mitarbeiterführung.
Die funktionalen Strategien sind demnach Bestandteil der jeweiligen funktionalen Konzepte, z. B. des Marketingkonzeptes, des Beschaffungskonzeptes. Die Stufe der funktionalen Strategien bildet den Übergang zur mittelfristigen Planung.
Daraus lässt sich eine Hierarchie der Strategien ableiten.

---

[164] Vgl. Abschnitt 7.3.6

Abbildung 96: Die Hierarchie der Strategien

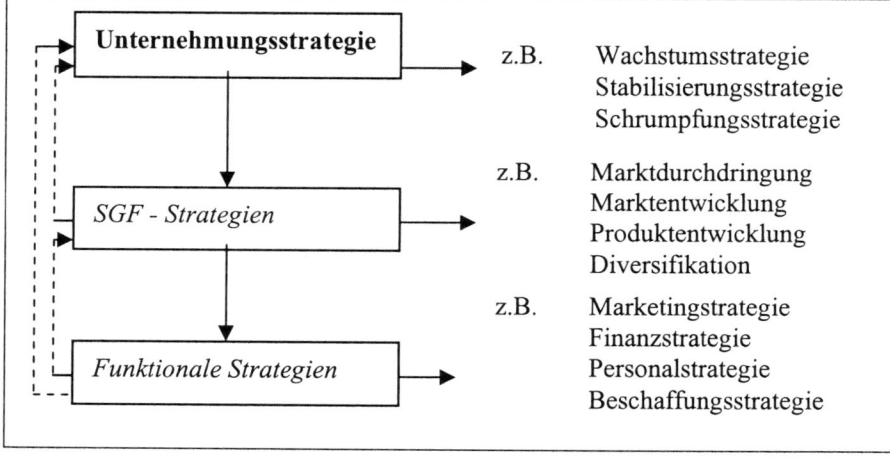

7.6 Das Unternehmenskonzept als Zusammenfassung der strategischen Planungsentscheidungen

Das *Unternehmenskonzept* ist Instrument der strategischen Planung. In ihm spiegeln sich die Entscheidungen wider, die im Planungsprozess getroffen wurden. Es konkretisiert das Unternehmensleitbild. Während das Unternehmensleitbild für die Öffentlichkeit sowie für die Mitarbeiter und Führungskräfte bestimmt ist, stellt das Unternehmenskonzept ein *unternehmensinternes Instrument* dar.

Im Sinne eines gedanklichen Modells kann bei der inhaltlichen Anlage eines Unternehmenskonzeptes von zwei Dimensionen ausgegangen werden:[165]
- einer ersten Dimension, die zwischen dem *leistungswirtschaftlichen Teilkonzept* (materielle Seite), *finanzwirtschaftlichen Teilkonzept* (finanzielle, monetäre Aktivitäten) und *sozialen Teilkonzept* (humane Seite, Verhalten) unterscheidet,
- einer zweiten Dimension, die *Ziele, Leistungspotenziale* (Mittel) und *funktionale Strategien* (Verfahren) für die o.g. Teilkonzepte enthält.

---

[165] Vgl. Kaspar, Management, S. 131

Abbildung 97: Die Dimensionen des Unternehmenskonzeptes

	Aktivitäten		*Strukturen / Verhalten*
	Leistungswirtschaftliches Konzept	Finanzwirtschaftliches Konzept	Soziales Konzept
Ziele			
Leistungspotenziale (Mittel)			
Funktionale Strategien (Verfahren)			

Quelle: In Anlehnung an Kaspar, Management, S. 131

KASPAR[166] gibt einen Überblick über ein in diesem Sinne aufgebautes Unternehmenskonzept (vgl. Abb. 98).

Das *leistungswirtschaftliche Konzept* des Hotels ist der Teil des Unternehmenskonzeptes, der die Besonderheiten des Hotelbetriebes berücksichtigen kann[167], indem Aussagen zu den zu erbringenden Leistungen getroffen werden. Dazu werden Ziele, Leistungspotenziale und funktionale Strategien festgelegt.
So werden bei der Festlegung der *leistungswirtschaftlichen Ziele* Entscheidungen getroffen hinsichtlich der
- *Marktziele*, z.B.[168]

Welche Märkte oder Marktsegmente (Zielgruppen) sollen bearbeitet werden?
Welcher Marktanteil soll erreicht werden?
Welches Umsatzvolumen soll erreicht werden?
- *Produktziele*, z.B.

Welche Produkte / Leistungen sollen für die Gäste erstellt werden?
In welchem Umfang sollen die Leistungen angeboten werden?
Welche Qualität soll erreicht werden?

---

[166] Vgl. ebenda, S. 134
[167] Vgl. ebenda, S. 138
[168] Vgl. ebenda, S. 133

Abbildung 98: Überblick über ein Unternehmenskonzept

	Leistungswirtschaftliches Konzept	Finanzwirtschaftliches Konzept	Soziales Konzept (Struktur- und Verhaltenskonzept)
Ziele	Marktziele Bedürfnisse Märkte Marktstellung Umsatzvolumen **Produktziele** Sortimentsstruktur Qualität Quantität → **Produkt-Markt-Konzept**	**Ertragsziele** Rentabilität (z.B. ROI) **Liquiditätsziele** Liquiditätsgrade Liquiditätsreserven	**Gesellschaftsbezogen** keine Beeinträchtigung Einheimischer **Mitarbeiterbezogen** Erhöhung der Flexibilität **Organisationsbezogen** Verkürzung der Informationswege
Leistungspotenziale	Personelles Potenzial Räumliches Potenzial Technisches Potenzial Zeitliches Potenzial Güterpotenzial	Kapitalvolumen Kapitalstruktur	**Gesellschaftsbezogen** Image des Hotels **Mitarbeiterbezogen** Qualifikationsstand **Organisationsbezogen** anpassungsfähige Organisation
Funktionale Strategien	Marktleistung Innovation Imitation **Leistungserstellung** z.B. Speiseproduktion **Marketingstrategien** **Beschaffungsstrategien**	**Finanzierungsstrategien** Gewinnausschüttung Kapitalbeschaffung Eigenkapitalerhöhung	**Gesellschaftsbezogen** Bezug bei einheimischen Produzenten **Mitarbeiterbezogen** Entwicklung kooperativer Führung **Organisationsbezogen** Straffung von Arbeitsabläufen

Quelle: In Anlehnung an Kaspar, Management, S. 134

Im Ergebnis entsteht ein entsprechendes *Produkt-Markt-Konzept,* welches die Ansprüche der jeweiligen Zielgruppe(n) und die Angebotsparameter miteinander verbindet.

Abbildung 99: Die Zusammenhänge im Produkt-Markt-Konzept

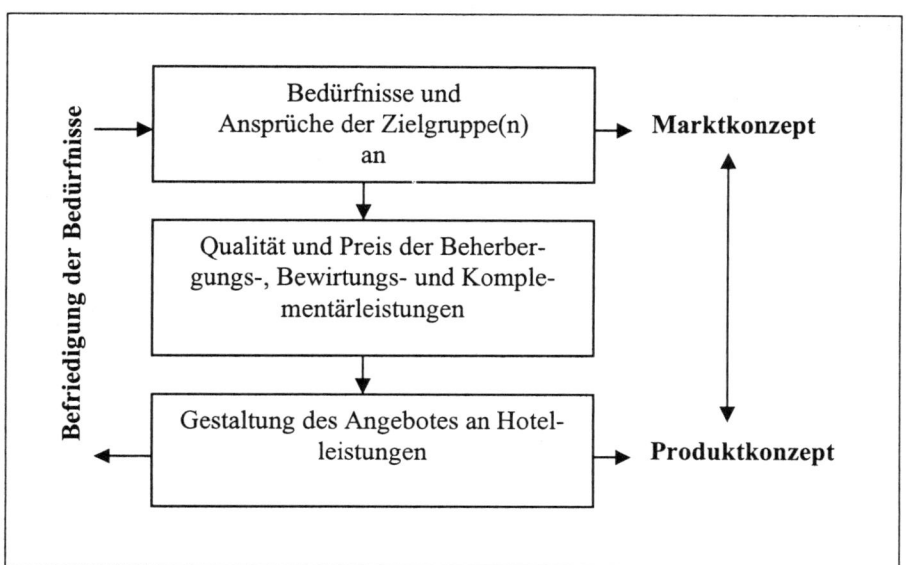

Die Leistungsfähigkeit des Hotels hängt davon ab, in welchem Maße die dafür erforderlichen materiellen und immateriellen *Leistungspotenziale* zur Verfügung stehen. Das betrifft
- das *personelle* Potenzial (z.B. Qualifikationen der Mitarbeiter oder des Führungsnachwuchses),
- das *räumliche* Potenzial (z.B. Gästeräume),
- das *technische* Potenzial (z.B. Anlagen, Ausstattung mit Computertechnik) und
- das Potenzial an Verbrauchsgütern (z.B. Lagerbestände).

Mit den getroffenen Entscheidungen werden Rahmenbedingungen für zukünftige Beschaffungsmaßnahmen geschaffen.

Bei der Festlegung der *funktionalen Strategien* geht es um die Entwicklung der *Marktleistung* des Hotels (z. B. Innovation, Imitation, Diversifikation), um *Marketingstrategien* oder *Strategien zur Beschaffung* der Leistungspotenziale.

Das *finanzwirtschaftliche Konzept* erfasst die monetäre Seite des Hotels. Hier werden Festlegungen getroffen zu den *monetären Zielen* (Umsatz, Liquidität, Gewinn oder Rentabilität), den dafür notwendigen *Potenzialen* in Form von einzusetzenden finanziellen Mitteln (Gestaltung des Kapitalvolumens und der Kapitalstruktur), den

Wirtschaftlichkeits- und finanziellen Strategien (z.B. die Steigerung der Wirtschaftlichkeit des Hotels oder die Kapitalbeschaffung, die Eigenkapitalerhöhung, die Kapitelüberwachung sowie die Gewinnausschüttung).

Im *sozialen Konzept* werden Aussagen getroffen, die weder materiell durch die Leistung noch monetär erfasst werden. Gegenstand sind das Verhalten des Hotels in Bezug auf die Mitarbeiter sowie die strukturellen, organisatorischen Aspekte. Hier fließen in besonderem Maße die gesellschaftlichen Wertvorstellungen der Unternehmensleitung ein, die im Unternehmensleitbild festgelegt sind.

Ziele des sozialen Konzeptes betreffen *gesellschaftsbezogene Ziele* (z. B. das Verhalten des Hotels in Bezug auf die Umwelt und die Einheimischen), *mitarbeiterbezogene Ziele* (z. B. die Erhöhung des Qualifikationsstandes der Mitarbeiter) und *Organisationsziele* (z. B. die Verkürzung der Informationswege im Hotel).

Die Entscheidungen zu den *Potenzialen* betreffen das *gesellschaftsbezogene Potenzial* (z.B. das Prestige des Gastgewerbes, Potenzial der ortsansässigen Lieferanten), *mitarbeiterbezogene Potenzial* (z.B. den Qualifikationsstand, den Fort- und Weiterbildungsbedarf), das *organisationsbezogene Potenzial* (z.B. eine hohe Flexibilität und Anpassungsfähigkeit in der Organisation).

Bei den *funktionalen Strategien* werden Entscheidungen im sozialen Konzept getroffen zu *gesellschaftsbezogenen Strategien* (z.B. Geschäftsmoral, Verhalten gegenüber gesellschaftlichen Gruppierungen, Einkauf bei einheimischen Produzenten), *mitarbeiterbezogenen Strategien* (z.B. Führungsstil, Schaffung von Anreizsystemen) und *organisationsbezogenen Strategien* (z.B. Zusammenlegung von Funktionen, Straffung von Arbeitsabläufen).

Der *Nutzen* eines solchen inhaltlichen Aufbaus des Unternehmenskonzeptes besteht vor allem darin, dass erkennbar ist

- inwieweit für geplante Leistungen (Geschäftsfelder) die notwendigen finanziellen, personellen, organisatorischen Potenziale vorhanden sind,

- ob die Aktivitäten des Hotels (leistungs- und finanzwirtschaftliches Konzept) mit Strukturen übereinstimmen (soziales Konzept) oder
- ob das Verhalten und die Strukturen übereinstimmen (z.B. Organisationsstrukturen und Mitarbeiterführung).[169]

7.7 Die Erstellung von Budgets im Hotel

Die Umsetzung der normativen und strategischen Konzepte erfolgt auf der *operativen Managementebene*. Hier werden gesetzte Normen (Unternehmensleitbild) und Strategien (Unternehmenskonzept) in Aktivitäten umgesetzt. Auf dieser Ebene kann unterschieden werden nach

- operativer Planung (mittelfristig, ein Jahr) und
- dispositiver Planung (weniger als ein Jahr).

Die mittelfristige operative Planung soll sichern, dass die in der strategischen Planung entwickelten Produkt-Markt-Konzepte verwirklicht werden können. Das erfordert die Berücksichtigung der finanziellen Auswirkungen, die die geplanten Leistungen verursachen. Das Instrument dazu ist das Budget. Es ist detaillierter als das Unternehmenskonzept der strategischen Planung und beinhaltet die Festlegung von konkreten Vorgaben, die in Geld oder Mengengrößen definiert sind. Das Budget enthält Planzahlen, die auf die Markt- und Unternehmenssituation sowie die Unternehmensziele abgestimmt sind. In diesem Sinn ist es der verbindliche Wirtschaftsplan für alle Hotelbereiche.

Die Erstellung des Budgets wird in der Praxis nach dem explorativen Ansatz vorgenommen, d.h. es werden Daten der vergangenen Perioden genutzt, die für die kommende Periode auf Grund Auswertung von Marktdaten und Schätzungen modifiziert werden.

Die Budgetierung kann liquiditätsorientiert (Finanzplanung), ertragswirtschaftlich orientiert und investitionsorientiert vorgenommen werden.

---

[169] Vgl. ebenda, S. 135

7.7.1 Die Nutzung des Uniform System of Accounts for the Lodging Industry

Das Uniform System of Accounts for the Lodging Industry (USALI)[170] ist eine Grundlage zur Darstellung des finanzwirtschaftlichen sowie leistungs- und kostenwirtschaftlichen Status von Hotelbetrieben.
Es wurde bereits 1926 von der Hotel Association of New York City für amerikanische Hotels als Handbuch entwickelt und liegt z.Z. in der neunten Auflage vor. Das USALI wird heute vor allem von Hotels genutzt, die international tätigen Hotelketten angehören.

Mit Hilfe des USALI kann die Betriebsabrechnung in der Hotellerie einheitlich erfolgen. Auf der Grundlage von Standardkontenrahmen und standardisierten Formularen können Finanzrechnungen, Erfolgsrechnungen, Kennzahlen usw. erstellt werden, wodurch die Vergleichbarkeit von Hotelunternehmen gegeben ist.

Seit 2000 liegt eine deutsche Bearbeitung des USALI vor.[171] Damit haben auch deutsche Hotelbetriebe eine Grundlage für ein einheitliches Rechnungswesen, wodurch zugleich interne und externe Betriebsvergleiche erleichtert werden.

Das USALI basiert auf der Unterscheidung zwischen dem externen und internen Rechnungswesen.

Die Vorschriften für die *externe Rechnungslegung* betreffen für alle Unternehmen
- die Bilanz (Kapitel 1) und
- die Gewinn- und Verlustrechnung (Kapitel 2)

sowie für Kapitalgesellschaften zusätzlich
- den Anhang, d.h. Erläuterungen zur Bilanz und Gewinn- und Verlustrechnung (Kapitel 3) und
- den Lagebericht der Geschäftsführung, d.h. Aussagen zu bestimmten Sachverhalten, die aus dem Jahresabschluss nicht ersichtlich sind (Kapitel 4),

---

[170] Vgl. Educational Institute of American Hotel & Motel Association (Hrsg.), USALI
[171] Vgl. INTERHOGA (Hrsg.), Betriebsabrechnung

- die Cash-Flow-Analyse und das Cash-Flow-Statement, mit denen zusätzlich die Finanz-, Vermögens- und Ertragslage dargestellt werden können (Kapitel 5).

Der Schwerpunkt des USALI liegt in der *internen* Rechnungslegung. Die *Abteilungsberichte* (Kapitel 6) stellen das Kernstück des Systems dar. In ihnen wird das Ergebnis der einzelnen Abteilungen des Hotels ermittelt.

Abbildung 100: Der Inhalt der Einheitlichen Betriebsabrechnung

Teil I	**Finanzwirtschaftliche Abschlüsse**
Kapitel 1	Bilanz
Kapitel 2	Gewinn- und Verlustrechnung
Kapitel 3	Anhang
Kapitel 4	Lagebericht
Kapitel 5	Cash-Flow-Analyse und Cash-Flow-Statement
Kapitel 6	Vorschriften für die Abteilungsberichte
Kapitel 7	Bericht für Spielkasinos
Kapitel 8	Jahresabschluss für von Managementgesellschaften geführte Betriebe
Teil II	**Finanzwirtschaftliche Analyse**
Kapitel 9	Darstellungsformen finanzwirtschaftlicher Abschlüsse
Kapitel 10	Kennzahlenanalyse und Statistiken
Kapitel 11	Break-Even-Analyse
Kapitel 12	Budgetierung der betrieblichen Vorgänge und Budgetkontrolle
Kapitel 13	Richtlinien für die Zuordnung der Gemeinkosten zu den Abteilungen
Teil III	**Aufzeichnung finanzwirtschaftlicher Informationen**
Kapitel 14	Muster einer tabellarischen Darstellung der Konten
Kapitel 15	Vereinfachungsregeln für Betriebe mit begrenztem Dienstleistungsangebot
Teil IV	**Verzeichnis der Aufwendungen**
Teil V	**Beispiel für den Abschluss nach der Einheitlichen Betriebsabrechnung**

Quelle: INTERHOGA (Hrsg.), Betriebsabrechnung

Die Ergebnisrechnung des USALI basiert auf dem Prinzip der Teilkostenrechnung. Dazu wird wie folgt vorgegangen:

1. Differenzierung der Abteilungen des Hotels in Profit Center (operative Abteilungen) und Serviceabteilungen (Gemeinkostenbereich)

Unter *Profit Center* sind die Abteilungen zu verstehen, in denen Erträge erwirtschaftet werden.

Serviceabteilungen sind die Bereiche im Hotel, in denen keine Erträge, sondern nur Aufwendungen entstehen. Das sind die Aufwendungen, die für die operative Tätigkeit anfallen, aber nicht auf die einzelnen Profit Center umverteilt werden und damit den Charakter von Gemeinkosten tragen.

Abbildung 101: Die Profit Center und Serviceabteilungen in der Einheitlichen Betriebsabrechnung

Profit Center (operative Abteilungen)	
	Logis
	Speisen
	Getränke
	Telekommunikation
	Garagen und Parken
	Golfplatz
	Golf Shop
	Gästewäsche
	Fitness und Wellness
	Schwimmbad
	Tennisplätze
	Tennis Shop
	Sonstige operative Abteilungen (z.B. Friseur, Zeitungskiosk, Boutique usw.)
	Vermietungen / Sonstiges
Serviceabteilungen (Gemeinkosten)	
	Verwaltung und Allgemeines
	Personalabteilung
	EDV
	Sicherheitsdienst
	Marketing
	Franchisegebühren
	Transport
	Reparaturen und Instandhaltung
	Energie und Wasser

Quelle: INTERHOGA (Hrsg.), Betriebsabrechnung, S. 249

Das USALI bzw. die Einheitliche Betriebsabrechnung enthält detaillierte Vorgaben für 14 Abteilungsberichte, einschließlich sonstiger operativer Abteilungen und Vermietungen / Sonstiges und erfasst neun Bereiche, in denen Gemeinkosten anfallen. Die konkrete Differenzierung nach operativen Abteilungen und Serviceabteilungen hängt vom Leistungsumfang des Hotels ab. Die zu bildenden Abteilungen sollten mit der Organisationsstruktur des Hotels übereinstimmen, um z.b. Kostenverantwortlichkeiten festlegen zu können.

2. Differenzierung der Aufwendungen
Die Aufwendungen werden unterschieden nach den Aufwendungen, die den operativen Abteilungen *direkt zurechenbar* sind und den Aufwendungen, die nicht auf die operativen Abteilungen umverteilt, sondern den Serviceabteilungen als *Gemeinkosten* zugerechnet werden.
Zu den Aufwendungen der operativen Abteilungen zählen der Wareneinsatz, die Personalaufwendungen und sonstige (direkt zurechenbare) Aufwendungen.

Abbildung 102: Beispiel für die Aufwendungen der operativen Abteilung Logis

Personalaufwendungen	Löhne und Gehälter
	Sonstige Personalaufwendungen
Sonstige Aufwendungen	Kabel- / Satellitenfernsehen
	Provisionen
	Aufmerksamkeiten
	Fremddienstleistungen
	Unterbringung von Gästen außer Haus
	Gästebeförderung
	Wäscherei und Reinigung
	Wäsche
	Betrieblicher Bedarf
	Reservierung
	Telekommunikation
	Personalschulungen
	Berufskleidung
	Sonstiges

Quelle: In Anlehnung an INTERHOGA (Hrsg.), Betriebsabrechnung, S. 30

3. Zuordnung der Erträge und der Aufwendungen zu den operativen Abteilungen und Ermittlung der einzelnen *Abteilungsergebnisse*.

4. Ermittlung der *Ergebnisse der operativen Abteilungen insgesamt.*

5. Zuordnung der nicht den operativen Abteilungen direkt zurechenbaren Aufwendungen als *Gemeinkosten* zu den Serviceabteilungen, differenziert nach Personal- und sonstigen Aufwendungen.

6. Ermittlung *Gemeinkosten* der Serviceabteilungen *insgesamt.*

7. Ermittlung des *Betriebsergebnisses nach Gemeinkosten.* Sie erfolgt durch die Subtraktion der Summe Serviceabteilungen von der Summe der Abteilungsergebnisse. Das Betriebsergebnis nach Gemeinkosten wird in der Praxis häufig als *Gross Operating Profit (GOP)* bezeichnet. Er gilt als Gradmesser für den Erfolg des Hotelmanagements und dient u.a. auch als Berechnungsbasis für die Managementvergütung. Der GOP wäre auch mit dem Betriebsergebnis I gleichzusetzen. Der Terminus GOP ist jedoch nicht mehr im USALI enthalten.

8. Ermittlung des *Betriebsergebnisses vor Zinsen, Abschreibungen und Einkommen-/ Ertragsteuern* durch Subtraktion von Managementgebühren und anlagebedingten Kosten, wie Pacht / Miete / Leasing, Betriebs- und Objektsteuern sowie Versicherungen vom Betriebsergebnis nach Gemeinkosten. Das Ergebnis wird als EBITDA (Earnings before Interest, Taxes, Depreciation and Amortization) bezeichnet.

9. Ermittlung des *Betriebsergebnisses vor Abschreibungen und Einkommen-/ Ertragssteuern,* indem die Zinsen in Abzug gebracht werden.

10. Ermittlung des *Betriebsergebnisses vor Einkommen-/ Ertragsteuern* durch Subtraktion der Werte für Abschreibungen und Veränderungen des Anlagevermögens.

11. Durch Subtraktion der Steuern vom Einkommen und vom Ertrag wird das *Ergebnis* ermittelt.

Die Ergebnisübersicht hat dann folgendes Aussehen:[172]

---

[172] Vgl. INTERHOGA (Hrsg.), Betriebsabrechnung, S. 249

Abbildung 103: Die Ergebnisübersicht

	Erträge	Wareneinsatz	Person.-aufwendungen	Sonst. Aufwendungen	Ergebnis
Operative Abteilungen					
Logis					
Speisen					
Getränke					
Telekommunikation					
Garagen und Parken					
Golfplatz					
Golf Shop					
Gästewäsche					
Fitness und Wellness					
Schwimmbad					
Tennisplätze					
Tennis Shop					
Sonstige Operative Abteilungen					
Vermietung und Sonstiges					
Summe operative Abteilungen					
Serviceabteilungen (Gemeinkosten)					
Verwaltung u. Allgemeines					
Personalabteilung					
EDV					
Sicherheitsdienst					
Marketing					
Franchisegebühren					
Transport					
Reparaturen u. Instandhaltung					
Energie u. Wasser					
Summe Serviceabteilungen					
Summen					
Betriebsergebnis nach Gemeinkosten					
Managementvergütung					
Pacht / Mieten / Leasing, Betriebs- u. Objektsteuern, Versicherungen					
Betriebsergebnis vor Zinsen, Abschreibungen und Einkommen-/ Ertragsteuern					
Zinsen					
Betriebsergebnis vor Abschreibungen und Einkommen-/ Ertragssteuern					
Abschreibungen					
Veränderungen des Anlagevermögens					
Betriebsergebnis vor Einkommen-/ Ertragsteuern					
Steuern vom Einkommen und vom Ertrag					
Ergebnis					

Quelle: INTERHOGA (Hrsg.), Betriebsabrechnung, S. 249

Auf der Grundlage der Struktur der Ergebnisrechnung können Verantwortlichkeiten für Ergebnisse – auch unter dem Aspekt der Beeinflussbarkeit und Kontrollierbarkeit von Kosten – festgelegt werden. In einem Kettenhotel stellt sich das wie folgt dar:

Abbildung 104: Die Verantwortlichkeiten für Ergebnisse

Ergebnis / Kosten	Zu den operativen Abteilungen zurechenbar	Im Hotel durch Management beeinflussbar oder kontrollierbar	**Verantwortlich**
Erträge			
- Wareneinsatz	Direkt	Beeinflussbar Kontrollierbar	
- Personalaufwendungen	Direkt	Beeinflussbar Kontrollierbar	
- sonstige Aufwendungen	Direkt	Beeinflussbar Kontrollierbar	
= Abteilungsergebnis			Abteilungsleiter
- Gemeinkosten	Nicht direkt	Beeinflussbar Kontrollierbar	
= BE nach Gemeinkosten			Generalmanager
- Managementvergütung	Nein	Nicht beeinflussbar Nicht kontrollierbar	
- Pacht / Miete usw.	Nein	Nicht beeinflussbar Nicht kontrollierbar	
- Zinsen	Nein	Nicht beeinflussbar Nicht kontrollierbar	
- Abschreibungen	Nein	Nicht beeinflussbar Nicht kontrollierbar	
= BE vor Einkommens-/ Ertragssteuer			Eigentümer, Unternehmensleitung

BE = Betriebsergebnis

Die *Vorteile* der Einheitlichen Betriebsabrechnung liegen darin, dass
- bei der Erstellung betrieblicher Rechenwerke durch vorgegebene Schemata eine Hilfestellung gegeben wird,
- die Beurteilung der einzelnen Abteilung mit relativ geringem Aufwand erfolgen kann,
- Verantwortlichkeiten deutlicher sichtbar gemacht werden können,

- das System international einheitlich anwendbar ist,
- Vergleiche zwischen gleichgelagerten Hotelunternehmungen im nationalen und internationalen Rahmen möglich sind,
- Zusammenhänge für an der Hotelunternehmung Interessierte (Investoren, Kreditgeber) überschaubar und vergleichbar werden.

Ein *Nachteil* des Systems ist allerdings darin zu sehen, dass die Gefahr besteht, das Ergebnis der operativen Abteilungen als alleinigen Maßstab für die Wirtschaftlichkeit der Abteilung zu betrachten. Da die einzelnen Abteilungen einen unterschiedlichen Anteil an den Gemeinkosten oder den anlagebedingten Aufwendungen (z.B. Pacht, Miete, Leasing) haben, können sich durchaus unterschiedliche Wirkungen ergeben. Eine Kostenrechnung nach Verantwortungsbereichen kann Abhilfe schaffen. Das USALI gibt auch dafür Hinweise.[173]

7.7.2 Die ertragswirtschaftliche Budgetierung

Das ertragswirtschaftliche Budget wird auch als *Betriebsbudget* bezeichnet. Es umfasst die Planung der Erlöse, Kosten und Ergebnisse für den Hotelbetrieb und setzt sich aus *Abteilungsbudgets* zusammen, die der betrieblichen Organisationsstruktur des Hotels entsprechen.

Abbildung 105: Beispiel für die Gliederung eines Betriebsbudgets

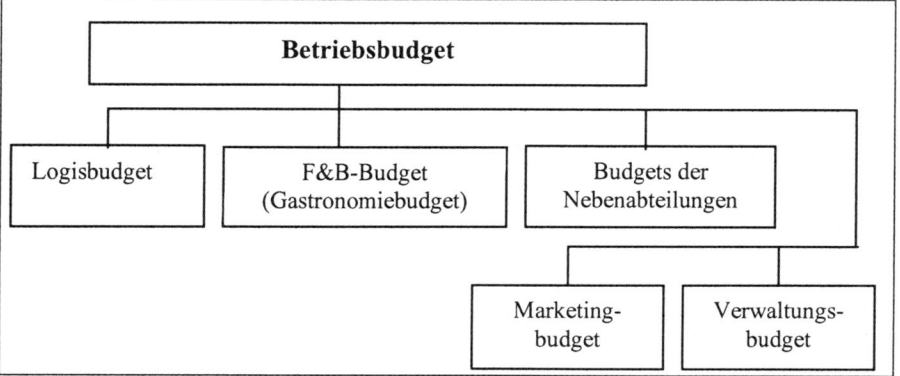

Quelle: In Anlehnung an DEHOGA (Hrsg.), Budget, S. 77

---

[173] Vgl. INTERHOGA, Betriebsabrechnung, S. 218 ff.

Die Abteilungsbudgets lassen sich bei Bedarf detaillierter untergliedern mit dem Zweck, das Betriebsbudget möglichst genau zu erstellen.

Abbildung 106: Beispiel für die Untergliederung des Logisbudgets

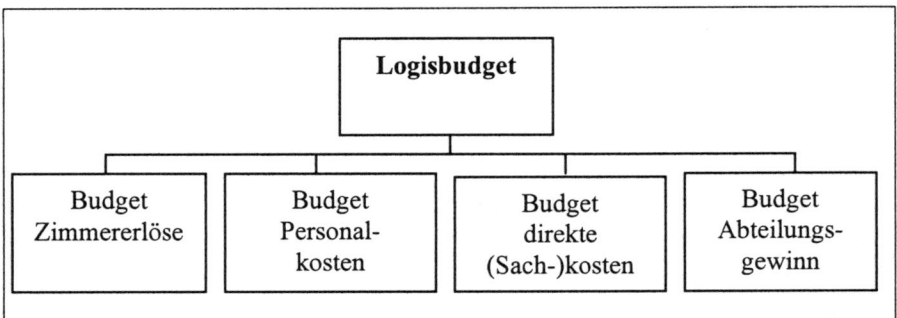

Quelle: In Anlehnung an DEHOGA (Hrsg.), Budget, S. 78

Der Zeithorizont des ertragswirtschaftlichen Budgets beträgt i.d.R. ein Jahr, d.h. es wird auf der Grundlage relativ kurzfristiger Unternehmensziele erstellt, die sich aus der jeweiligen Angebots- und Nachfragesituation ergeben. Das Budget wird gewöhnlich im vierten Quartal für das folgende Geschäftsjahr erstellt, was eine hohe Aktualität des zu Grunde liegenden Datenmaterials ermöglicht.

Das Budget ist *Steuerungsinstrument*, da es den Sollzustand für alle Abteilungen des Hotels festlegt. Es dient als *Kontrollinstrument*, denn durch den Vergleich von Soll- und Ist-Werten kann jederzeit schnell auf unvorhergesehene Entwicklungen, z.B. auf der Erlös- oder Kostenseite, reagiert werden.

Die wesentlichen *Vorteile der Budgetierung* sind in folgendem zu sehen:
Durch die Budgetierung werden wirtschaftliche Zusammenhänge transparent gemacht, indem einzelne Betriebsbereiche (Abteilungen) planerisch gestaltet werden.
Das wird bei der ertragswirtschaftlichen und Investitionsbudgetierung deutlich. So ist bei der Finanzierung von Investitionen zu entscheiden, welche Investitionen in welcher Höhe mit Eigen- oder mit Fremdkapital zu finanzieren sind. Aus dem ertragswirtschaftlichen Budget ist ersichtlich, welche Abteilungen in welchem Umfang Mittel für die Finanzierung erwirtschaften können und welche Gewinne

im Hotel insgesamt für die Selbstfinanzierung zur Verfügung stehen. Das Investitionsbudget zeigt, wann die finanziellen Mittel in welcher Höhe zur Verfügung stehen müssen.
Die Betriebsführung wird durch die Vorgabe von quantifizierten Zielen erleichtert, da diese Steuerungs- und Kontrollinstrument sind. Durch eine Budgetkontrolle ist es möglich, Unwirtschaftlichkeit im Verlaufe des Jahres zu erkennen und entsprechend einzugreifen.
Von Vorteil ist auch, dass mit der Budgetierung ein Prozess in Gang gesetzt wird, in dem sich die an der Budgetierung Beteiligten mit ihren Ideen und Vorschlägen einbringen und somit sich auch stärker mit den betrieblichen Zielen identifizieren können.[174]

7.7.2.1 Beispiel zur Erstellung eines Logisbudgets[175]

In Anwendung des explorativen Ansatzes werden Daten der vergangenen Jahre zu Grunde gelegt und für das kommende Jahr in Auswertung der Marktdaten und von Schätzungen die Plangrößen festgelegt. Die Ermittlung der Größen kann in vier Schritten oder Teilbudgets vorgenommen werden:

Abbildung 107: Die Schritte zur Ermittlung des Logisbudgets

1. Ermittlung der Zimmererlöse
2. Ermittlung der Personalkosten
3. Ermittlung der direkten (Sach-)kosten
4. Ermittlung des Abteilungsgewinns (Deckungsbeitrag)

1. Die Ermittlung der Zimmererlöse

Bei der Ermittlung der Erlöse muss von folgenden Überlegungen ausgegangen werden:
- Die Zimmerkapazität wird nur im Ausnahmefall zu 100 % ausgelastet sein.
- Die Auslastung der Kapazitäten unterliegt mehr oder weniger saisonalen Einflüssen, d.h. sie ist nicht gleichmäßig während des Jahres.

---

[174] Vgl. Gewald, Hotel-Controlling, S. 101
[175] Die Darstellung orientiert sich an dem Vorgehen gemäß DEHOGA (Hrsg.), Das Budget in der Hotellerie, Bonn 1992

- Die Preise, zu denen die Zimmer vermietet werden können, sind in Abhängigkeit von den jeweiligen Marktgegebenheiten unterschiedlich hoch.
- Auf Grund der Nachfrageschwankungen empfiehlt es sich, eine monatsgenaue Budgetierung vorzunehmen.

Da die Zimmererlöse das Produkt aus der Anzahl absetzbarer Zimmer und den durchschnittlich erzielbaren Zimmerpreisen darstellen, sind zunächst diese beiden Größen zu ermitteln.

a. Die Ermittlung der Anzahl absetzbarer Zimmer

Das kann auf unterschiedliche Art erfolgen:[176]
- durch die *tagesgenaue Ermittlung*
Für jeden Tag wird einzeln die Anzahl der Zimmer ermittelt. Dabei werden Saison, Feiertage, eventuelle Messetage, Großveranstaltungen, bereits vorliegende Buchungen u.ä. einbezogen.
- durch die *monatsgenaue Ermittlung*
Hierbei werden die durchschnittlichen Monatswerte zu Grunde gelegt. Saison, Feiertage usw. werden nur grob berücksichtigt. Erfahrungswerte spielen dabei eine besondere Rolle. Es ist eine einfache und schnelle Ermittlung, allerdings zu Lasten der Genauigkeit.
- durch die *saisonweise Ermittlung*
Es wird für eine Saison geplant, wobei der Monat vernachlässigt wird. Dabei ist festzulegen, für wie viele Saison- bzw. Zwischensaisonzeiten zu planen ist. Dieses Vorgehen eignet sich besonders für Saisonbetriebe. Für monatliche Soll-Ist-Vergleiche, basierend auf Ergebnissen der Buchhaltung, sind jedoch aufwendige Umrechnungen notwendig.
- durch die *Ermittlung von Tagestypen*
Es wird davon ausgegangen, dass es im Jahresverlauf Tage mit ähnlicher Belegung und Preisstruktur gibt, z.B.
  - Normale Wochentage,
  - Wochenenden / Feiertage,
  - Tage mit Sonderfunktionen, wie z. B. Tagungen / Seminare, Messen, öffentliche Veranstaltungen,
  - Ferien usw..

---

[176] Vgl. DEHOGA (Hrsg.), Budget, S. 87 f.

Planung   187

Für die einzelnen Monate kann dann die Anzahl der unterschiedlichen Tagestypen ermittelt werden.

Im vorliegenden Beispiel zur Ermittlung eines Logisbudgets wird eine Budgetierung auf der Basis von Tagestypen vorgenommen.

Abbildung 108: Beispiel zur Festlegung von Tagestypen in einem Stadthotel

	1996				1997			
Datum	W-tag	Tages-typ	SVA	RN	W-tag	Tages-typ	SVA	RN
01. Feb	Do	Werk		241	Sa	Wend		190
02. Feb	Fr	S 2		104	So	Wend		190
03. Feb	Sa	Wend		93	Mo	Werk		255
04. Feb	So	Wend		86	Di	Werk		255
05. Feb	Mo	Werk		241	Mi	Werk		255
06. Feb	Di	Werk		197	Do	Werk		255
07. Feb	Mi	Werk		173	Fr	S 1	FN	112
08. Feb	Do	Werk		216	Sa	S 1	FN	112
09. Feb	Fr	S 2		138	So	S 1	FN	112
10. Feb	Sa	Wend		110	Mo	S 1	FN	112
11. Feb	So	Wend		126	Di	S 1	FN	112
12. Feb	Mo	Werk		241	Mi	S 1	FN	112
13. Feb	Di	Werk		241	Do	Werk		255
14. Feb	Mi	Werk		203	Fr	Messe 1	Ambien	332
15. Feb	Do	Werk		194	Sa	Messe 1	Ambien	322
16. Feb	Fr	S 2		152	So	Messe 1	Ambien	322
17. Feb	Sa	S 1	FN	159	Mo	Messe 1	Ambien	322
18. Feb	So	S 1	FN	79	Di	Messe 1	Ambien	332
19. Feb	Mo	S 1	FN	110	Mi	Werk		255
20. Feb	Di	S 1	FN	136	Do	Werk		255
21. Feb	Mi	S 1	FN	159	Fr	S 2		210
22. Feb	Do	Werk		241	Sa	Wend		190
23. Feb	Fr	Messe 1	Ambien	281	So	Wend		190
24. Feb	Sa	Messe 1	Ambien	281	Mo	Werk		255
25. Feb	So	Messe 1	Ambien	281	Di	Werk		255
26. Feb	Mo	Messe 1	Ambien	281	Mi	Messe 2	Musikm	301
27. Feb	Di	Messe 1	Ambien	281	Do	Messe 2	Musikm	301
28. Feb	Mi	Werk		231	Fr	Messe 2	Musikm	301
29. Feb	Do	Werk		169				
			Gesamt	5.445			Gesamt	6.470

Legende:
SVA   = Sonderveranstaltungen   RN   = Roomnights
W-tag   = Wochentag   Werk   = Werktag
Wend   = Wochenende   S   = Sondertag
FN   = Fastnacht   Ambien = Ambiente
Musikm = Musikmesse

Da die Nutzung der Hotelkapazitäten an verschiedenen Tagen nicht gleichmäßig ist, müssen unterschiedliche Zimmerbelegungen und Doppelbelegungen berücksichtigt werden.

Unter der *Zimmerbelegung* ist die prozentuale Nutzung der Zimmerkapazitäten im jeweiligen Tagestyp zu verstehen, z.B. in einem Stadthotel am normalen Wochentag 50 %, am Wochenende 35 % Belegung.

$$Zimmerbelegung\ in\ \% = \frac{belegte\ Zimmer}{angebotene\ Zimmer} \cdot 100$$

Die *Doppelbelegung (Doppelbelegungsfaktor)* misst die Belegung der Zimmer in Personen. Sie wird wie folgt ermittelt:

$$Doppelbelegungsfaktor = \frac{Übernachtungen}{vermietete\ Zimmer}$$

Der Doppelbelegungsfaktor unterscheidet sich an den verschiedenen Tagestypen. So kann z.B. in einem Stadthotel die Doppelbelegung am normalen Wochentag 1,3 betragen, an den Wochenenden 1,6.

Die Zimmerbelegung und die Doppelbelegung werden anhand der Datenbasis (Vergangenheitswerte, bereits vorhandene Buchungen usw.), der Erfahrungen und der Erwartungen für das Planjahr festgelegt.

Nach der Festlegung von Tagestypen, Zimmer- und Doppelbelegung werden für die einzelnen Monate die Anzahl der belegten Zimmer und belegten Betten (Übernachtungen) für jeden Tagestyp ermittelt. Das erfolgt für die belegten Zimmer in den einzelnen Monaten durch die Auszählung der jeweiligen Tagestypen, die mit der durchschnittlichen Zimmerbelegung multipliziert und für den jeweiligen Monat summiert werden.

$$Z_{Mx} = \sum_{i=1}^{n} T_i \cdot B_i$$

Legende: Z_{Mx} = *Anzahl belegter Zimmer im Monat x*
T_i = *Tagestyp* B_i = *Belegung am Tagestyp i*

Die Anzahl der belegten Betten bzw. Übernachtungen ergibt sich als Produkt aus der Anzahl belegter Zimmer je Tagestyp und dem jeweiligen Doppelbelegungsfaktor.

$$\ddot{U}_{Mx} = \sum_{i=1}^{n} Z_i \cdot D_i$$

Legende: $\ddot{U}_{Mx}$ = Übernachtungen im Monat x
Z_i = Anzahl belegter Zimmer am Tagestyp i
D_i = Doppelbelegung am Tagestyp i

Mit den errechneten Werten und der Gegenüberstellung zur angebotenen Kapazität ist gleichzeitig eine Aussage über die anzustrebende Auslastung der Kapazitäten für die einzelnen Monate und insgesamt für das Jahr möglich.

b. Die Ermittlung der durchschnittlich erzielbaren Zimmerpreise

Hier muss von folgenden Prämissen ausgegangen werden:
- In einem Hotel werden i.d.R. die Zimmer zu unterschiedlichen Preisen, d.h. in unterschiedlichen Preiskategorien angeboten.
- Je nach Markt- bzw. Nachfragesituation sind unterschiedlich hohe Zimmerpreise je Preiskategorie in den unterschiedlichen Tagestypen erzielbar.
So ist in einem Stadthotel an einem normalen Wochentag ein höherer Zimmerpreis in allen Preiskategorien zu erwarten als an einem Wochenendtag und an einem Messetag ein höherer als an einem normalen Wochentag.
- Erfahrungsgemäß sind die Zimmer an den jeweiligen Tagestypen in den verschiedenen Preiskategorien unterschiedlich belegt. So können z.B. am normalen Wochentag 50 % der Zimmer in der niedrigsten Preiskategorie, 30 % in der mittleren Preiskategorie und 20 % in der höchsten Preiskategorie abgesetzt werden. An einem Messetag verschiebt sich die Relation zu Gunsten der höchsten Preiskategorie.
Das bedeutet, dass die Belegungsanteile der Tagestypen an den Preiskategorien festgelegt werden müssen.

Die Aufgabe im Rahmen der Budgetierung besteht darin, auf Grundlage der Daten und der Erwartung festzulegen, welche Zimmerpreise künftig unter diesen Prämissen zu erzielen sind.

Für jeden Tagestyp wird ein Durchschnittspreis errechnet, der die Basis für die Ermittlung der Zimmererlöse ist.

$$\text{Durchschnittspreis } T_i = \frac{\sum_{k=1}^{n} \text{Anteil}_k \cdot p_k}{100}$$

Legende:
T_i = *Tagestyp* p = *Preis* k = *Preiskategorie*

Die Zimmererlöse werden dann als Produkt aus der Anzahl der belegten (absetzbaren) Zimmer je Monat und dem Durchschnittspreis für jeden Tagestyp und Monat ermittelt.

$$\text{Zimmererlöse}_{M_x} = \sum_{i=1}^{n} Z_i \cdot \text{Durchschnittspreis } T_i$$

Legende:
M_x = *Monat x* Z_i = *Anzahl belegter Zimmer am Tagestyp i*

Auf diese Art und Weise kann auch die monatliche Verteilung des Umsatzes ausgewiesen werden, was eine Steuerung der Erlöserwirtschaftung möglich macht.

2. Die Ermittlung der Personalkosten

Bei der Ermittlung der Personalkosten werden verschiedene Personalbedarfsarten zu Grunde gelegt.[177] Das betrifft den erforderlichen Grundbedarf, um die Leistungen der Logisabteilung grundsätzlich und unabhängig von der Belegung der Zimmer zu erbringen sowie den Einsatzbedarf und den Reservebedarf, die die Zimmerbelegung berücksichtigen und während des Jahres unterschiedlich hoch sind.

Die Ermittlung der Personalkosten wird auf der Grundlage der notwendigen Stellen vorgenommen. Unter Berücksichtigung von Grund-, Einsatz- und Reservebedarf wird nach festangestellten Mitarbeitern und belegungsabhängigen Saisonkräften differenziert.

Wie die Zimmererlöse werden auch die Personalkosten monatsgenau budgetiert. Dazu wird die monatlich notwendige Anzahl der Mitarbeiter festgelegt, unter Beachtung, dass die Anzahl der belegungsab-

---

[177] Vgl. Abschnitt 8.4.2

hängigen Stellen in den jeweiligen Monaten unterschiedlich groß ist. Ebenso werden Bruttolohn bzw. -gehalt pro Mitarbeiter monatlich geplant. Das ermöglicht die Berücksichtigung von Lohn- bzw. Gehaltsveränderungen in den entsprechenden Monaten. Einmalige Zahlungen, wie Urlaubsgeld oder Weihnachtsgeld können im Monat der Auszahlung als Gesamtsumme budgetiert werden. Es kann auch eine monatliche Umlage gebildet werden, wenn monatlich entsprechende Rückstellungen erfolgen. Weiterhin sind pro Monat die Sozialleistungen (gesetzliche, tarifliche Aufwendungen, Kranken-, Renten-, Arbeitslosen-, Pflegeversicherung usw.) sowie sonstige Personalkosten (z.B. Aufwendungen für Kost und Logis, Transport von Mitarbeitern) zu budgetieren.

3. Die Ermittlung der direkten (Sach-)kosten

Das sind die Sachkosten, die neben den Personalkosten dem Logisbereich *direkt zugerechnet* werden können. Um diese Kosten monatlich genau planen zu können, sind sie zu unterscheiden in:

- *Kosten*(-arten), die in gleichmäßiger Höhe anfallen und die *pauschal* im Monat veranlagt werden können, wie Blumen, Dekorationen, Reinigungsmittel.
- *Kosten*(-arten), die *belegungsabhängig* sind und sich in ihrer monatlichen Höhe nach der jeweiligen Belegung unterscheiden. Die Basis zur Berechnung der Kosten können entsprechende Richtwerte sein (z.B. bei Wäschereikosten Wäschebedarf 2,5 kg Wäsche pro Zimmer, Kosten pro Kilo 2,30 GE oder Gästeartikel je Zimmer 1,50 GE).
- *Kosten*(-arten), die *periodisch* anfallen, z.B. Kosten für Fremdreinigung der Fenster. Diese Kosten sind dann in dem Monat zu planen, in dem die Leistungen ausgeführt werden.
- *Kosten*(-arten), die *prozentual vom Umsatz* abhängen, z.B. Reisebüroprovisionen.

Die Differenzierung dieser Kosten hängt von den betrieblichen Gegebenheiten ab.

4. Die Ermittlung des Abteilungsgewinns

Aus der Zusammenfassung von Zimmererlösen, Personalkosten und direkten (Sach-)kosten kann der Abteilungsgewinn (Deckungsbeitrag der Logisabteilung) errechnet werden.

Abbildung 109: Die Ermittlung des Abteilungsgewinns

Zimmererlöse
- Personalkosten
- direkte (Sach-)kosten
= Abteilungsgewinn Logis (Deckungsbeitrag)

7.7.2.2 Das Gesamtbudget

Die Budgetierung der anderen operativen Abteilungen (z.B. Restaurant, Tagungsräume) erfolgt in ähnlicher Art und Weise. Des Weiteren werden die Personal- und Sachkosten geplant, die in den Serviceabteilungen anfallen, wie Verwaltung, Marketing, Reparatur und Instandhaltung oder Energie.

Die Summe der Abteilungsergebnisse (Ergebnisse der operativen Abteilungen) minus Kosten der Serviceabteilungen ergibt das Betriebsergebnis nach Gemeinkosten.

7.7.2.3 Die Budgetkontrolle als kurzfristige Erfolgsrechnung

Das nach Monaten erstellte Betriebsbudget ermöglicht über den Soll-Ist-Vergleich eine monatsgenaue und kurzfristige Erfolgskontrolle.

Dabei werden die erreichten Ergebnisse des Berichtsmonats den geplanten Werten gegenübergestellt. So lassen sich Abweichungen rechtzeitig erkennen und Gegenmaßnahmen ergreifen.

Im Vergleich zu den kumulierten Werten für das Jahr ergibt sich auch der Überblick über den Stand der entsprechenden Werte zum jeweiligen Zeitpunkt bezogen auf das Gesamtjahr. Daraus ist ersichtlich, inwieweit das angestrebte Jahresziel erreicht wird und ob Maßnahmen zur Zielerreichung eingeleitet werden müssen (z.B. Kosteneinsparungen, Marketingmaßnahmen).

7.7.3 Das Investitionsbudget

Um die im Unternehmenskonzept fixierten Produkt-Markt-Konzepte umzusetzen und die Wettbewerbsfähigkeit des Hotels zu erhalten bzw. zu erhöhen, sind Investitionen notwendig. In diesem Zusammenhang sind Entscheidungen zum Bedarf und zur Verwendung von Finanzmitteln zu treffen. Im Investitionsbudget werden die *Maß-*

nahmen und der *Finanzierungsbedarf* zur Realisierung von Investitionen geplant.

Im Hotel werden sehr unterschiedliche Investitionen vorgenommen, wobei nicht alle Gegenstand des Investitionsbudgets sind. Daher müssen die Investitionen im Hotel differenziert werden.[178]

Abbildung 110: Die Differenzierungsmöglichkeiten von Investitionen

Art der Investition	Sachinvestition Finanzinvestition Immaterielle Investition
Wirkung der Investition	Neuinvestition Erweiterungsinvestition Ersatzinvestition Rationalisierungsinvestition
Dringlichkeit der Investition	A-Investition B-Investition C-Investition

Nach der *Art der Investition* können unterschieden werden
- Sachinvestitionen (Grundstücke, Maschinen, Rohstoffe),
- Finanzinvestitionen (z.B. Beteiligung an anderen Unternehmen),
- Immaterielle Investitionen (z.B. in Ausbildung).

Gegenstand des Investitionsbudgets sind *Sachinvestitionen*.

Nach der *Wirkung der Investitionen* kann differenziert werden nach
- Neuinvestitionen

Das sind Investitionen, die erstmalig im Hotel durchgeführt werden (z. B. Bau eines Gästefahrstuhles, Kauf eines Kraftfahrzeuges für den Gästeshuttle).
- Erweiterungsinvestitionen

Sie dienen der Vergrößerung der Hotelkapazitäten (z. B. Errichtung eines Hotelanbaues mit Tagungsmöglichkeiten).
- Ersatzinvestitionen

Dabei werden bisherige Wirtschaftsgüter ersetzt und wiederbeschafft (z.B. Austausch einer defekten Spülmaschine, Kauf neuer Gästebettwäsche).

---

[178] Vgl. DEHOGA (Hrsg.), Budget, S. 123 ff.

- Rationalisierungsinvestitionen

Sie dienen dazu, betriebliche Prozesse wirtschaftlicher zu gestalten (z.B. Kauf eines energiesparenden Herdes).

Dazu werden im Investitionsbudget Entscheidungen getroffen.

Nach der *Dringlichkeit der Investition* gibt es nach dem A-B-C-Prinzip:
- A-Investitionen

Das sind *sehr dringende* Investitionen zur Aufrechterhaltung der Leistungsbereitschaft. Sie betreffen die Wirtschaftsgüter, die für die Leistungsbereitschaft unabdingbar sind (z.B. Betten u.a. Mobiliar, Küchenherd). Diese Investitionen haben Vorrang vor allen anderen. Ihrer Wirkung nach kann es sich handeln um z. B.
  - Ersatzinvestitionen (z.B. Wiederbeschaffung für ein beschädigtes Gästebett),
  - Rationalisierungsinvestitionen (z. B. Einbau eines leistungsfähigeren Kühlaggregates).

A-Investitionen sind auch dringende, unvorhergesehene Reparaturen, z.B. bei der Funktionsstörung eines Fahrstuhles. Sie sind aber nicht Gegenstand des Investitionsbudgets, da sie nicht planbar sind.
- B-Investitionen

Das sind Investitionen *mittlerer Dringlichkeit*, die zur Sicherung einer reibungslosen Leistungserstellung notwendig sind. Diese Investitionen sind erforderlich, um die Leistungserstellung nicht nur grundsätzlich – wie bei den A-Investitionen gefordert – sondern auch durchgängig zu ermöglichen. Diese Investitionen sind häufig Ersatzinvestitionen für Güter, die einem ständigen und raschen Verbrauch, Verschleiß oder Schwund unterliegen (z.B. Besteck, Tischwäsche, Handtücher) oder Investitionen in die Wartung und Instandhaltung technischer Anlagen.

Der Leistungsprozess kann – auch wenn notwendige Investitionen nicht erfolgen – fortgeführt werden, ggf. aber mit einer eingeschränkten Qualität.
- C- Investitionen

Das sind wenig dringende, doch oft *leistungsverbessernde* Investitionen. Sie können dann zusätzlich vorgenommen werden, wenn die Leistungsbereitschaft und -erstellung gewährleistet sind.

Sie dienen z.B. der
- Leistungs- bzw. Qualitätsverbesserung (z. B. durch die Anschaffung neuer, bisher nicht vorhandener Maschinen, Geräte oder Einrichtungsgegenstände i. S. einer Neuinvestition),
- Verbesserung der technischen Ausstattung (z.b. Anschaffung einer leistungsfähigeren Telefonanlage),
- Erweiterung von Kapazitäten (z. B. Erweiterungsinvestitionen in Tagungskapazitäten),
- Rationalisierung von Arbeitsvorgängen zur Steigerung der Produktivität durch die Einführung von Geräten oder Maschinen (z.b. leistungsfähigere Küchenmaschinen, Computer).

Da es sich bei den C-Investitionen um leistungs- bzw. qualitätsverbessernde Entscheidungen handelt, sind diese besser langfristig zu planen, insbesondere dann, wenn damit bauliche Veränderungen (mit länger dauernden Genehmigungsverfahren) verbunden sind. Diese sollten dann Gegenstand der strategischen Planung sein.

Ein Investitionsbudget kann Aussagen für die jeweiligen Abteilungen treffen hinsichtlich
- der Investitionsart (Neu-, Erweiterungs-, Ersatz-, Rationalisierungsinvestition),
- der Dringlichkeit der Investition (A-, B-, C-Investition),
- des Zeitpunktes der Anschaffung,
- der Höhe der Investitionskosten,
- der Begründung des Investitionsbedarfes.[179]

Um realistisch planen zu können, empfiehlt es sich, Bedarfslisten der Abteilungen in Verantwortung der Abteilungsleiter zu erstellen, aus denen die Dringlichkeit der Investition ersichtlich wird. Gleichfalls ist der Zeitpunkt (Quartal, Monat) der Investition festzulegen, da zum Anschaffungstermin die Finanzmittel zur Verfügung stehen müssen. Das Investitionsbudget ist dann ein Ausgangspunkt für das finanzwirtschaftliche Budget. Es ist auch sinnvoll, neben der A-B-C-Dringlichkeit eine Prioritätenliste der einzelnen Investitionsmaß-

---

[179] Vgl. ebenda, S. 128 ff.

nahmen festzulegen. Damit ist es möglich, z.B. bei Umsatz- bzw. Gewinnrückgängen sofort zu erkennen, welche Vorhaben gestoppt bzw. gestrichen werden müssen.

7.7.4 Die Null-Basis-Budgetierung

Die vorgestellte Herangehensweise der Budgetierung basiert auf Vergangenheitswerten, die für die Folgejahre fortgeschrieben werden, indem die Erlös- und Kostenwerte des Vorjahres für die einzelnen Abteilungen des Hotels höher oder niedriger für das Folgejahr angesetzt werden. Ein solches Vorgehen birgt die Gefahr in sich, dass neue Marktverhältnisse und / oder Unwirtschaftlichkeit im eigenen Bereich nicht ausreichend beachtet werden.[180]

Dem kann durch die Null-Basis-Budgetierung (Zero-Base-Budgetierung) entgegengewirkt werden. Dabei werden bisherige Budgetansätze bewusst in Frage gestellt, um zu einer realistischen Neuplanung zu gelangen. Das betrifft vor allem die Gemeinkostenbudgets, die sich im Laufe der Zeit als feste Größen etablieren.[181]
Bei der Null-Basis-Budgetierung werden die Kostenträgergemeinkosten[182] in einem neuen Ansatz geplant. Das sind die Kosten, die – wie beschrieben – den operativen Abteilungen oder den Serviceabteilungen zugeordnet werden können. Das erfolgt unter dem Aspekt, dass diese Kosten von den entsprechenden Verantwortlichen beeinflusst werden können.
Die Kostenstellengemeinkosten, wie Mieten / Pachten, Steuern, Versicherungen, Zinsaufwendungen oder Abschreibungen werden nicht berücksichtigt, da sie nicht von den Entscheidungsträgern im Hotel beeinflusst werden können.[183]
Um zu einem sinnvollen Neuansatz zu kommen, müssen die Hotelbereiche auf mögliche Rationalisierungspotenziale untersucht werden. Die Vereinfachung von Arbeitsabläufen oder die Beschleunigung von Arbeitsprozessen führen zu Kosteneinsparungen und zu Produktivitätssteigerungen. Dabei ist jedoch sicherzustellen, dass die Qualität der Leistungen nicht beeinträchtigt wird.

---

[180] Vgl. ebenda, S. 145
[181] Vgl. Gewald, Controlling, S. 108
[182] Vgl. ebenda, S. 47
[183] Vgl. ebenda, S. 109

Da die Null-Basis-Budgetierung mit zeit- und kostenaufwendigen Analysen verbunden ist, wird sie nicht jährlich, sondern in größeren Zeitabständen (z.B. aller drei bis vier Jahre) vorgenommen.[184]

7.8 Die dispositive Planung im Hotel
7.8.1 Die Merkmale der dispositiven Planung

Die dispositive Planung beschäftigt sich mit Prozessen, die oft im Hotel ablaufen, wie der wöchentliche Personaleinsatz (Dienstplanung), die kurzfristige Belegungsplanung (Zimmerplanung) oder eine wöchentliche Speiseangebotserstellung. Auch die Planung von einmaligen Projekten oder Aktionen kann dazu gezählt werden, z.B. Werbeaktionen oder Spezialitätenwochen.

Die dispositive Planung hat keine einheitliche Planungsmethodik. Sie orientiert sich sehr stark an fachlich-technischen Gesichtspunkten[185] und weist starke betriebliche Unterschiede auf. Sie ist oft intuitiv geprägt und basiert stark auf Erfahrungswerten.

7.8.2 Die Dienstplangestaltung als Beispiel für die dispositive Planung

Ein Dienstplan regelt den Einsatz des Personals in zeitlicher Hinsicht, indem die Einsatzzeiten und die freien Tage der Mitarbeiter festgelegt werden. Da er i.d.R. für eine bestimmte Zeit im voraus erstellt wird, können die Mitarbeiter ihre Wünsche in Bezug auf die Arbeitszeiten einbringen und ihre Freizeit besser planen, was einen Nachteil der Arbeit im Hotel – eine unregelmäßige Arbeitszeit – teilweise abschwächt. „Dienst nach Wunsch" ist somit im Hotel bedingt möglich. Er ist abhängig von den Schwankungen der Nachfrage, auf die der Hotelbetrieb reagieren muss, ggf. auch mit Dienstplanänderungen. Kurzfristige Dienstplanänderungen sollten aber die Ausnahme darstellen, wenn dies auch der Notwendigkeit nach größtmöglicher und damit oft kurzfristiger Flexibilität im Personaleinsatz entgegensteht.

---

[184] Vgl. DEHOGA (Hrsg.), Budget, S. 145
[185] Vgl. Kaspar, Management, S. 278

Bei der Dienstplangestaltung im Hotel ist folgendes zu beachten:
- Ein Hotel muss 24 Stunden leistungsbereit sein. Eine eingeschränkte Leistungsbereitschaft (z.B. nachts) ist zwar für die Leistungsbereiche anzunehmen, ändert jedoch nichts an einer ständigen Leistungsbereitschaft eines Hotels insgesamt. Die normale tägliche Arbeitszeit der Mitarbeiter reicht deshalb auf vielen Stellen nicht aus, um die permanente Leistungsbereitschaft zu sichern. Deshalb ist es notwendig, auf diesen Stellen mehrere Personen nacheinander einzusetzen.
- Auf Grund der Nachfrageschwankungen wird zu verschiedenen Zeiten unterschiedlich viel Personal benötigt. Demzufolge ist der Personaleinsatz in Abhängigkeit von der erwarteten Nachfrage zu staffeln. Je besser es dabei gelingt, das Personal und die anfallende Arbeitsmenge in Übereinstimmung zu bringen, umso effizienter ist der Personaleinsatz.
- Der Personaleinsatz ist so zu planen, dass die Leistungsbereitschaft der Mitarbeiter in hohem Maße mit der anfallenden Arbeitsmenge übereinstimmt.

Um diesen Erfordernissen gerecht zu werden, ist ein *systematisches* Vorgehen bei der Dienstplanerstellung angebracht.
Das erfordert zunächst eine Differenzierung der Stellen entsprechend ihrer Abhängigkeit von der zu erwartenden Nachfrage. Danach ist zwischen Stellen zu unterscheiden, die
- beschäftigungsunabhängig sind, z.B. Direktion, Abteilungsleiter, Verwaltung,
- beschäftigungsbezogen sind, d.h. in einem bestimmten Verhältnis zur erwartenden Nachfrage stehen, mit den verschiedenen Bereitschaftsstufen des Hotels korrespondieren und längerfristig auf- und abgebaut werden können, z.B. Empfangspersonal, Personal im Verkaufsbereich,
- beschäftigungsabhängig sind und sich direkt an der Anzahl der Gäste orientieren. Auf der Grundlage von Standards / Richtwerten werden diese Stellen den Nachfrageschwankungen angepasst. Das betrifft z.B. das Servicepersonal, Etagenpersonal, Küchenpersonal oder Teilzeit- und Aushilfskräfte. Diese Stellen können zeitlich gestaffelt mit Mitarbeitern besetzt werden.

Für die Erstellung eines Dienstplanes für das Servicepersonal, z.B. in einem Hotelrestaurant, bietet sich folgende Methodik an:

1. Analyse des Nachfrageverlaufes pro Wochentag und Monat

Sie dient der Ermittlung der täglich anfallenden Arbeitsmenge. Das ist die Anzahl der stündlich zu bedienenden Gäste, die durch Zählung ermittelt wird. Das erfolgt für die einzelnen Wochentage und Stunden der Öffnungszeit des Restaurants. So können Nachfrageschwankungen erfasst werden, wobei auftretende Besonderheiten, wie Feiertage oder Veranstaltungen und Einflüsse (z.B. Wetter) beachtet werden müssen.

2. Bestimmung der durchschnittlichen Auslastung pro Wochentag und Stunde

Die einzelnen Tage der Woche und Stunden eines Tages werden miteinander verglichen. Im Ergebnis entsteht unter Zuhilfenahme des arithmetischen Mittels eine durchschnittliche Beschäftigung für jede Stunde des betreffenden Wochentages.

3. Bestimmung des erforderlichen Personalbedarfs

Der erforderliche Personalbedarf wird in Abhängigkeit vom Nachfrageverlauf und auf der Basis von Produktivitätswerten ermittelt. Dazu kann die Anzahl der von einem Mitarbeiter im Servicebereich pro Stunde zu bedienenden Gäste als Soll-Produktivität zu Grunde gelegt werden (z.B. als Erfahrungswert 10 bis 20 zu bedienende Gäste pro Servicemitarbeiter). Dieser Wert hängt vom Angebot und Serviceumfang ab und kann betriebsindividuell unterschiedlich sein. Die Zeiten für die Vorbereitung (mise-en-place) und Schlussarbeiten im Restaurant sind zusätzlich zu berücksichtigen. Die auf der Grundlage der Gästeanzahl und der Soll-Produktivität erforderliche Anzahl von Servicemitarbeitern pro Stunde dient als Basisinformation für die Erstellung des Dienstplanes.

4. Festlegung gestaffelter Arbeitszeiten pro Mitarbeiter

Auf der Basis der berechneten Mitarbeiteranzahl pro Stunde werden die Arbeitszeiten für die Vollzeitkräfte und Teilzeitkräfte entspre-

chend gestaffelt. Daraus ist der zeitliche Einsatz für die einzelnen Mitarbeiter ersichtlich, z.B. für
Mitarbeiter A: 10:00 Uhr – 18:00 Uhr,
Mitarbeiter B: 10:00 Uhr – 15:00 Uhr und 18:00 Uhr – 21:00 Uhr,
Mitarbeiter C (Teilzeit): 11:00 Uhr – 15:00 Uhr.
An diesem Beispiel wird eine Besonderheit der Hotellerie deutlich, dass nämlich mit Teildiensten gearbeitet wird (Mitarbeiter B), einer Arbeitszeitform, die in der Hotellerie nicht unüblich ist.
Es zeigt sich am gewählten Beispiel weiterhin, dass die Teilzeitbeschäftigung in „Stoßzeiten", d.h. Zeiten der größten Nachfrage, sinnvoll ist (Mitarbeiter C).

5. Erstellung des Dienstplanes

Mit den im vierten Schritt gewonnenen Informationen kann der Dienstplan erstellt werden, der für den einzelnen Mitarbeiter den zeitlichen Einsatz festlegt.
In Abhängigkeit von den betrieblichen Erfordernissen wird der Dienstplan i.d.R. für mehrere Wochen erstellt. Das ermöglicht auch die Berücksichtigung von Arbeitszeitwünschen der Mitarbeiter. Je unabhängiger der Dienstleistungsprozess von Nachfrageschwankungen ist, umso weiter kann im Voraus geplant werden.
Beim Vorhandensein mehrerer Restaurants im Hotel bzw. im Zusammenhang mit dem Bankettbereich empfiehlt sich die gemeinsame Erstellung der Dienstpläne, da durch eine Kombination u.U. Personal ggf. effizienter eingesetzt und der Teildienst vermieden werden kann.

Fragen und Aufgaben zum Kapitel 7

1. Erläutern Sie den Zusammenhang von strategischer, operativer und dispositiver Planung im Hotel und zeigen Sie dabei die Beziehungen zur normativen, strategischen und operativen Managementebene!
2. Erläutern Sie die Schritte der strategischen Planung im Hotel!
3. Beschreiben Sie Analysemethoden und zeigen Sie deren Vorteile und Nachteile!
4. Stellen Sie den Zusammenhang von Produktlebenszyklus und Marktanteil-Marktwachstums-Portfolio her!
5. Beschreiben Sie den Inhalt einer Unternehmensanalyse!
6. Beschreiben Sie den Inhalt einer Umweltanalyse im weiteren und engeren Sinne!
7. Formulieren Sie strategische Ziele am Beispiel eines selbstgewählten Hotels!
8. Formulieren und begründen Sie Unternehmensstrategien und Geschäftsfeldstrategien am Beispiel eines selbstgewählten Hotels!
9. Welche Entscheidungen sind in einem Unternehmenskonzept zu treffen?
10. Welchen Nutzen hat ein zweidimensional angelegter inhaltlicher Aufbau eines Unternehmenskonzeptes?
11. Stellen Sie den Zusammenhang zwischen strategischer Planung und Budgetierung her!
12. Was ist unter dem Uniform System of Accounts for the Lodging Industry (USALI) und der Einheitlichen Betriebsabrechnung zu verstehen?
13. Worin unterscheiden sich Profit Center und Serviceabteilungen?
14. Wie kann das Betriebsergebnis nach der Einheitlichen Betriebsabrechnung ermittelt werden?
15. Worin liegen die Vor- und Nachteile der Einheitlichen Betriebsabrechnung?
16. Charakterisieren Sie ein ertragswirtschaftliches Budget als Planungs-, Steuerungs- und Kontrollinstrument! Ordnen Sie dabei die kurzfristige Erfolgsrechnung ein!
17. Nennen Sie die wichtigsten Vorteile der Budgetierung!
18. Was ist unter der Null-Basis-Budgetierung zu verstehen und wann und wie ist eine Null-Basis-Budgetierung sinnvollerweise vorzunehmen?

19. Von welchen Prämissen ist bei der Budgetierung der Zimmererlöse auszugehen?
20. Was drückt der Doppelbelegungsfaktor aus?
21. Was ist bei der Budgetierung der Personal- und Sachkosten für den Logisbereich zu beachten?
22. Beschreiben Sie den Inhalt eines Investitionsbudgets!
23. Wozu dient die dispositive Planung?
24. Welche Prämissen muss die Dienstplangestaltung im Hotel berücksichtigen?

8 Personalmanagement im Hotel

8.1 Definition, Ziele und Aufgaben des Personalmanagements

In der Unternehmensführung haben Fragen des Personalmanagements einen immer bedeutenderen Stellenwert. Abgesehen davon, dass die Hotelleistung personalintensiv ist, lässt sich die Bedeutungszunahme des Personals auf weitere Ursachen zurückführen. Das sind veränderte Umweltbedingungen für die Hotels, die sich in Nachfrageveränderungen und einer verschärften Wettbewerbssituation äußern. Neuerungen in Wissenschaft, Technik und Technologie sowie Information und Kommunikation stellen höhere und sich schneller ändernde Anforderungen an Wissen und Können sowie Fähigkeiten und Fertigkeiten der Mitarbeiter. Für den Unternehmenserfolg ist das Personal ein wesentlicher Faktor, zudem Mitarbeiter mit entsprechenden Qualifikationen, Motivation und Engagement zunehmend ein Engpass geworden sind. Außerdem sind die Personalkosten ein Problem, mit dem sich Hoteliers auseinandersetzen müssen. So stellt der DEHOGA-Konjunkturbericht Winter 2003/2004 wiederholt fest, dass neben den Betriebskosten die Personalkosten zu den drängendsten Problemen in der Hotellerie zählten.[186]

Personalmanagement i. w. S. umfasst alle Aktivitäten, die die Bereitstellung, den Einsatz und die Entwicklung des Personals im Hotel betreffen und auf die Unternehmensziele ausgerichtet sind.[187]

Personalmanagement i. e. S. ist der Prozess des unmittelbaren und mittelbaren Einwirkens des Vorgesetzten auf den ihm unterstellten, weisungsgebundenen Mitarbeiter sowie das Zusammenwirken zwischen beiden.

Die *Ziele des Personalmanagements* bestehen
- in der wirtschaftlichen Bereitstellung und dem optimalen Einsatz geeigneter Mitarbeiter, um einen größtmöglichen Beitrag zur Erreichung der Unternehmensziele zu leisten und

---

[186] Vgl. DEHOGA (Hrsg.), Konjunkturbericht Winter 2003/04, S. 15
[187] Vgl. Zegg, Arbeitsplatz, S. 28

- in der Verwirklichung der persönlichen Ziele der Mitarbeiter in ausreichendem Maße.[188]

Die *Hauptaufgabe des Personalmanagements* ist es, Mitarbeiter in der richtigen Anzahl, mit der geeigneten Qualifikation, an der richtigen Stelle und zum richtigen Zeitpunkt bereitzustellen, einzusetzen und zu entwickeln. Dabei sind Lösungen zu finden, die Konflikte zwischen den wirtschaftlichen und sozialen Zielen ausschließen oder zumindest minimieren.

8.2 Merkmale der Beschäftigung in der Hotellerie

Im Gastgewerbe insgesamt waren 2003 981.000 Beschäftigte zu verzeichnen. Mit 307.000 Beschäftigten hat das Beherbergungsgewerbe einen Anteil von 31,2 %.[189] Damit ist ihre Anzahl seit 1993 mit 1.228.113 Beschäftigten (lt. Handels- und Gaststättenzählung) gesunken.[190] Für das Jahr 2002 stellte sich die Situation wie folgt dar:

Abbildung 111: Beschäftigte im Gastgewerbe 2002

WZ	Wirtschaftszweig / Betriebsart	Anteil an den Beschäftigten des Gastgewerbes in %
55.1	Hotellerie i.w.S.	29,0
55.11	Hotels, Gasthöfe, Pensionen	25,8
55.11.1	dar. Hotels	19,0
55.12	Hotels garnis	3,3
55.2	Sonst. Beherbergungsgewerbe	1,9
55.3	Restaurants, Cafés, Eisdielen, Imbisshallen	46,2
55.4	Sonst. Gastgewerbe	14,5
55.5	Kantinen und Caterer	8,4

Quelle: Statistisches Bundesamt, Tourismus 2003, S. 55

Tendenziell ist ein Rückgang der Beschäftigung zu beobachten. Mit Ausnahme des Jahres 2001 wurden die Arbeitsplätze seit 1995 ab-

---

[188] Vgl. ebenda, S. 30
[189] Vgl. DEHOGA (Hrsg.), Jahrbuch 2003/2004, 2. Umschlagseite
[190] Vgl. Statistisches Bundesamt, Tourismus 1999, S. 184

gebaut. Das betraf sowohl die Vollzeit- als auch die Teilzeitbeschäftigten.

Abbildung 112: Die Entwicklung der Beschäftigten im Gastgewerbe

Jahr	Beschäftigte insgesamt		Vollzeitbeschäftigte		Teilzeitbeschäftigte	
	2000 = 100	Veränderung gegenüber Vj. in %	2000 = 100	Veränderung gegenüber Vj. in %	2000 = 100	Veränderung gegenüber Vj. in %
1994	118,6	x	118,6	x	118,7	x
1995	116,4	- 1,9	114,7	- 3,3	118,4	- 0,3
1996	113,7	- 2,3	110,1	- 4,0	118,0	- 0,3
1997	112,1	- 1,4	105,6	- 4,1	119,9	+ 1,6
1998	110,3	- 1,6	102,6	- 2,9	119,5	- 0,3
1999	103,3	- 6,3	101,5	- 1,1	105,4	- 11,8
2000	100	- 3,2	100	- 1,4	100	- 5,1
2001	101,2	+ 1,2	101,0	+ 1,0	101,5	+ 1,5
2002	98,8	- 2,4	97,5	- 3,4	100,3	- 1,2

Quelle: Statistisches Bundesamt, Tourismus 2003, S. 55

Neben den Beschäftigten stärken insgesamt 93.535 Auszubildende das Arbeitskräftepotenzial des Gastgewerbes. Es wird in sechs gastgewerblichen Berufen ausgebildet, wobei im letzten Jahrzehnt tendenziell eine positive Entwicklung zu verzeichnen ist. So stiegen von 1993 bis 2003 die fortbestehenden und neu begonnenen gastgewerblichen Ausbildungsverhältnisse von 61.104 auf 93.535.[191]

Abbildung 113: Entwicklung aller fortbestehenden und neu abgeschlossenen Ausbildungsverträge

Beruf	2002	2003	Veränderung
Koch / Köchin	38.073	38.828	2,0
Restaurantfachmann / -fachfrau	14.662	14.745	0,6
Hotelfachmann / -fachfrau	29.818	29.441	- 1,3
Hotelkaufmann / -kauffrau	1.369	1.329	- 2,9
Fachmann / Fachfrau für Systemgastronomie	2.336	2.765	18,4
Fachkraft im Gastgewerbe	5.710	6.427	12,6
Summe	91.968	93.535	1,7

Quelle: DEHOGA (Hrsg.), Jahrbuch 2003/2004, S. 94

---

[191] Vgl. DEHOGA (Hrsg.), Jahrbuch 2003/2004, S. 93

Die *Teilzeitbeschäftigung* spielt im Gastgewerbe insgesamt und auch in der Hotellerie eine bedeutende Rolle. Der Arbeitsprozess im Hotel weist einige Besonderheiten auf, die der Teilzeitarbeit entgegenkommen. Da das Hotel ständig leistungsbereit sein muss, reicht die normale tägliche Arbeitszeit der Mitarbeiter nicht aus, um die Leistungsbereitschaft auf bestimmten Stellen abzusichern. Der Arbeitsanfall ist jedoch nicht über die gesamte Öffnungszeit des Hotels gleich, da die schwankende Nachfrage einerseits zu Spitzenbelastungen und andererseits zu Leerzeiten führt. Das bedingt einen unterschiedlichen Bedarf an Mitarbeitern zu verschiedenen Zeiten, die von der normalen Arbeitszeit abweichen.

Der Anteil der Teilzeitbeschäftigung liegt im Gastgewerbe insgesamt bei 45,6 %.[192] In der Hotellerie kann man auf Grund der längeren Öffnungsdauer mit einer niedrigeren Teilzeitbeschäftigung als im Gaststättengewerbe rechnen, wobei sie aus gleichem Grunde in den Hotels niedriger ist als in den anderen Betriebsarten.

Das Gastgewerbe insgesamt ist durch einen hohen Anteil an *weiblichen Beschäftigten* gekennzeichnet. In der Hotellerie i.w.S. betrug er 2002 65,7 %.[193] Hier besteht ein enger Zusammenhang zur Teilzeitbeschäftigung, da Frauen eher eine Teilzeitbeschäftigung bevorzugen als Männer.

Der Anteil *ausländischer Erwerbstätiger* beträgt im Gastgewerbe insgesamt 26,6 %.[194] Dazu gehören sowohl Selbständige als auch Arbeitnehmer. So werden z.B. rund 20 bis 25 % der gastronomischen Betriebe von Ausländern geführt.[195] In den letzten Jahren ist der Anteil ausländischer Erwerbstätiger relativ stabil geblieben. Es kann davon ausgegangen werden, dass ihr Anteil in der Hotellerie geringer ist als in der Gastronomie, auf Grund der leichteren Gründung einer gastronomischen Einrichtung gegenüber einem Hotel. Bei der Beschäftigung ausländischer Arbeitnehmer ist zwischen Saisonarbeitnehmern aus Nicht-EU-Staaten und Gastarbeitnehmern, die auf Grund von staatlichen Abkommen tätig werden, zu unterscheiden.

---

[192] Vgl. Statistisches Bundesamt, Tourismus 2003, S. 55
[193] Vgl. ebenda, S. 162
[194] DEHOGA (Hrsg.), Jahrbuch 1999/2000, S. 292
[195] ebenda, S. 214

Das Gastgewerbe ist generell durch eine hohe *Fluktuation* gekennzeichnet, d.h. durch hohe Personalabgänge pro Jahr, gemessen am durchschnittlichen Personalbestand. Fluktuationsraten von 60 % und mehr sind nicht ungewöhnlich.[196] Obwohl gerade für die Hotellerie sog. „Lehr- und Wanderjahre" der (jungen) Mitarbeiter typisch sind und auch ein Qualifikationsnachweis sind und Karrierebaustein bedeuten können, entstehen dem Hotelbetrieb durch die Fluktuation erhebliche Kosten und Produktivitätseinbußen.

8.3 Die Berücksichtigung von Besonderheiten der Hotellerie im Personalmanagement

Auch im Personalmanagement sind die Besonderheiten der Hotellerie zu beachten, die Auswirkungen auf Personalmanagementprozesse haben:
1. Auf Grund verschiedener Faktoren, wie z. B. der Saison- und Witterungsabhängigkeit, herrscht in der Hotellerie eine *labile Nachfrage,* die zu differenziertem Arbeitsanfall, unterschiedlichen Tages-, Wochen- und Jahresrhythmen und einem schwankenden Arbeitskräftebedarf führt.
Das hat Konsequenzen für die Personalplanung und den Personaleinsatz.

2. Das *Angebot* der Hotellerie ist relativ *unelastisch.* Daraus resultiert eine eingeschränkte Reaktionsfähigkeit in der Beschäftigung. Deshalb entstehen Differenzen bei der Kapazitätsbereitstellung und Kapazitätsnutzung, was zu hohen Präsenzzeiten der Mitarbeiter und nicht ausgenutzter Arbeitszeit führt. Schätzungsweise sind bis zu 20 % der Arbeitszeit Präsenzzeit. Dieser Anteil kann in den unterschiedlichen Hotelbereichen unterschiedlich hoch sein und außerhalb der Saison noch höher liegen.[197]
Im Personalmanagement muss demzufolge mit Maßnahmen des Personaleinsatzes (Flexibilisierung) darauf reagiert werden.

---

[196] Hänssler, Management, S. 170; Zegg, Arbeitsplatz, S. 175
[197] Vgl. Zegg, Arbeitsplatz, S. 83

3. Da die *Hotelleistung nicht lagerfähig* ist, gibt es kaum Möglichkeiten, durch „Produktion auf Lager" auf Nachfrageschwankungen zu reagieren und diese auszugleichen. Die sich daraus ergebenden Spitzen und Täler im Arbeitsanfall führen zu unterschiedlichen Belastungen der Mitarbeiter.
Aufgabe des Personalmanagements ist es, das Personal so einzusetzen, dass eine weitgehende Anpassung an den Nachfragerhythmus erfolgt, z.B. durch einen flexiblen Personaleinsatz und flexible Arbeitszeiten der Mitarbeiter.

4. Die Hotelleistungen sind zu *unattraktiven Zeiten* zu erbringen. Die Öffnungszeiten weichen von denen anderer Dienstleistungsbranchen (Banken, Versicherungen, Verwaltungen) ab. Durch die labile Nachfrage bedingt, sind außerdem Überstunden im Hotel an der Tagesordnung. Es werden deshalb besondere Anforderungen an die Bereitschaft des Personals zur Erbringung der Dienstleistung gestellt.
Das Personalmanagement ist hinsichtlich der Mitarbeitermotivation (z.B. Ausgleich unattraktiver Arbeitszeiten durch vielfältige Tätigkeiten) und des Personaleinsatzes gefordert.

5. Die Hotellerie ist geprägt durch einen *hohen Anteil kleiner und mittlerer Betriebe*. Diese haben nur wenige Mitarbeiter und eingeschränkte Möglichkeiten der Personalentwicklung. Das Qualifikationsniveau des Personals ist im Vergleich zu anderen Wirtschaftszweigen nicht hoch. Hinzu kommt, dass das Gastgewerbe nicht zu den weiterbildungsaktiven Branchen gezählt werden kann. Da qualifizierte Mitarbeiter jedoch ein wesentliches Erfolgspotenzial darstellen, ergeben sich für die kleinen Betriebe Probleme. Eine Kooperation mit anderen Hotelbetrieben auf dem Gebiet der Personalentwicklung kann eine Lösung darstellen.

6. *Die hohe Mitarbeiterfluktuation* führt zu erhöhten Kosten für die Rekrutierung und Einarbeitung neuen Personals. Die Fluktuationskosten werden mit etwa zehn Prozent der Lohnsumme angenommen, wahrscheinlich liegen sie aber noch höher.[198] Es tritt ein Produktivitätsverlust und ggf. auch ein Imageverlust ein, da fluktuationswillige Mitarbeiter vom Zeitpunkt ihrer Entschei-

---

[198] Vgl. ebenda, S. 175

dung, das Hotel zu verlassen bis zum Ausscheiden, i.d.R. nicht ihre volle Leistungsfähigkeit einsetzen. Der ständige Personalwechsel beeinträchtigt die Personalplanung und langfristig auch die Personalentwicklung.
Maßnahmen zur Mitarbeitermotivation und ein entsprechender Führungsstil können sich positiv auf die Fluktuation auswirken.

7. Die *Personalintensität* der Hotelleistung ist eine weitere Besonderheit. Der Personalaufwand stellt die größte Aufwandsposition in Hotels dar. So machen die Personalkosten in Abhängigkeit von der Betriebsart bis zu 46 % des Betriebsumsatzes aus.[199] Dabei ist zu berücksichtigen, dass in diesen Kosten bei der Einzelunternehmung der kalkulatorische Unternehmerlohn und die unbezahlte Familienarbeit nicht enthalten sind. Wenn Umsätze stagnieren oder zurückgehen, kann steigenden Personalkosten meist nicht entsprochen werden. Oftmals wird der Weg des Personalabbaus zur Kosteneinsparung gewählt, was zu Qualitätseinbußen führen kann. Außerdem gibt es geringere Rationalisierungsmöglichkeiten als in anderen Branchen, um menschliche Arbeit durch Maschinenarbeit zu ersetzen.
Die richtige Planung des Personalbedarfs, die Mitarbeiterauswahl und der Personaleinsatz sind in diesem Zusammenhang besonders wichtig.

8. Die Arbeit im Gastgewerbe ist durch ein *niedriges Prestige* gekennzeichnet. Unregelmäßige Arbeitszeiten, ein niedriges Lohnniveau, Arbeitsbedingungen, die zu gesundheitlichen Beeinträchtigungen führen können oder Tätigkeiten mit geringen Qualifikationsanforderungen tragen erheblich dazu bei. Es gibt jedoch auch eine Reihe von Vorzügen, die das Arbeiten im Gastgewerbe attraktiv machen können, wie flexible Arbeitszeiten, vielfältige Tätigkeiten, ein relativ sicherer Arbeitsplatz u.ä.. Aufgabe des Personalmanagements ist es, Mitarbeiter so einzusetzen, dass diese Vorzüge zur Wirkung kommen und auch so kommuniziert werden.

---

[199] Vgl. INTERHOGA (Hrsg.), Unternehmensvergleich, S. 21

Aus den o. g. Punkten leitet sich ab, dass ein effizienter Umgang mit dem Produktionsfaktor Personal notwendig ist. Auf Grund der hohen Personalkosten und der ständigen Verteuerung der menschlichen Arbeitskraft geht vom Personal ein *steigender Kostendruck* aus. Maßnahmen wie
- das Auswechseln teurer durch billigere, weniger qualifiziertere Mitarbeiter,
- der Abbau von Dienstleistungen,
- die Einsparung von Mitarbeitern und Verteilung der Arbeit auf weniger Arbeitskräfte,
- das Sparen von Kosten für Fort- und Weiterbildung, Erfolgsbeteiligungen usw.

können kurzfristig Einsparungen zur Folge haben. Gleichzeitig wird jedoch die Wettbewerbsstellung negativ beeinflusst, indem die Qualität der Hotelleistung, die Motivation der Mitarbeiter oder der Ruf des Hotels als Arbeitgeber beeinträchtigt werden.

Demgegenüber sind Maßnahmen, wie
- eine mitarbeitergerechte Personalführung,
- eine vorausschauende Personalplanung und ein sorgfältiger Personaleinsatz zur Erhöhung der Produktivität des Personals,
- Sorge tragen für einen guten Ruf als Arbeitgeber,
- Mitarbeiter zu mehr und besseren Leistungen und zur Einbringung ihres Goodwill-Potenzials[200] zu motivieren

langfristig darauf gerichtet, Reserven im personellen Potenzial zu aktivieren und als Wettbewerbsfaktor zu nutzen.

8.4 Die Planung des Personalbedarfs
8.4.1 Die Einordnung in die Personalmanagementprozesse

Bei der Planung des Personalbedarfs ist davon auszugehen, dass nur so viel Personal beschäftigt wird wie nötig ist, um eine entsprechende Quantität und Qualität zu gewährleisten und dass mit dem vorhandenen Personal eine höchstmögliche Produktivität erreicht wird.

Eine möglichst genaue *Personalbedarfsplanung* ist einer der wichtigsten Personalmanagementprozesse im Hotel. Auf Grund des variablen Personalbedarfs kann die Personalplanung zu Kosteneinspa-

---
[200] Vgl. Abschnitt 8.7

rungen beitragen, ohne dass durch ständige kurzfristige Personalanpassungen das Betriebsklima gefährdet oder der Ruf als Arbeitgeber negativ beeinflusst wird.

Abbildung 114: Der Zusammenhang von Personalmanagementprozessen

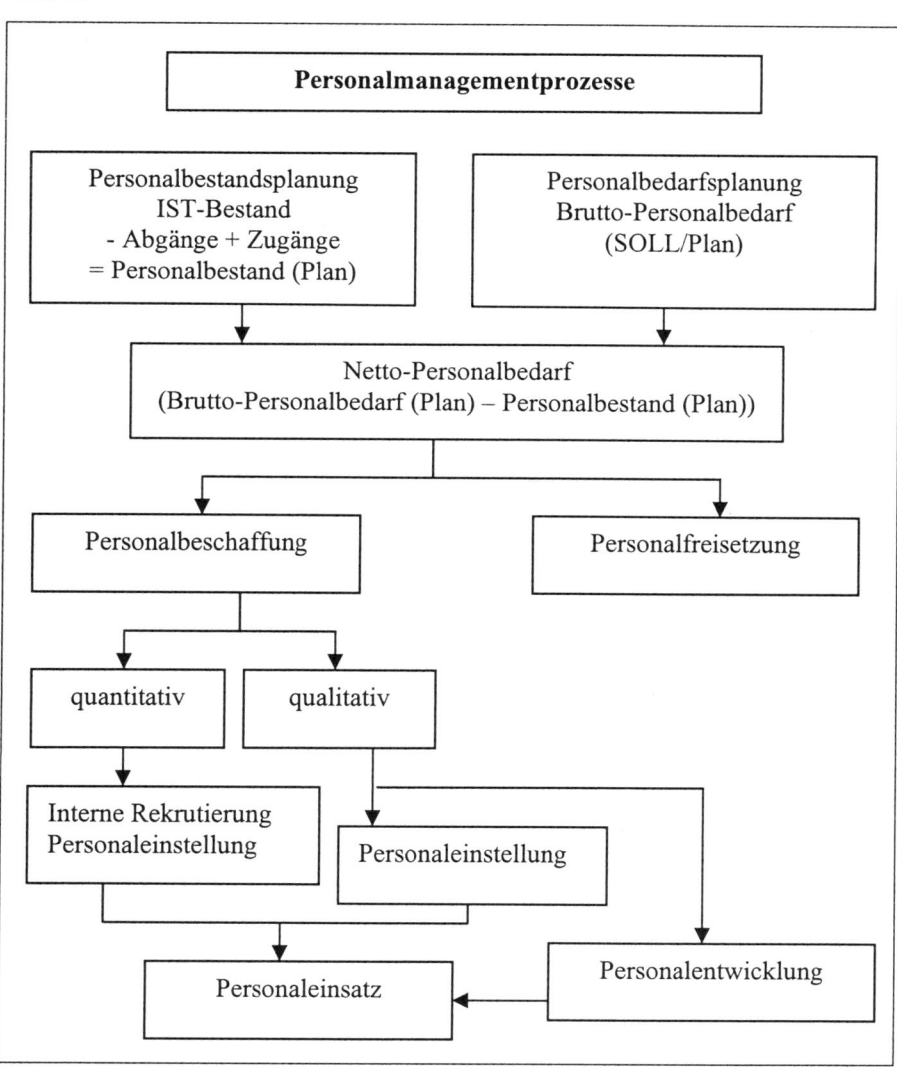

Die Planung des Personalbedarfs erfolgt auf der Grundlage einer Bestandsanalyse, indem in der *Personalbestandsplanung* aus dem IST-Bestand (qualitativ und quantitativ) unter Berücksichtigung voraussichtlicher Zu- und Abgänge der Personalbestand (Plan) ermittelt wird.

Im Rahmen der *Personalbedarfsplanung* wird ausgehend von den unternehmerischen Zielstellungen (z.B. quantitative und qualitative Leistungsentwicklung) der voraussichtliche *Brutto-Personalbedarf* bestimmt.

Die in der Personalbestandsplanung und Personalbedarfsplanung ermittelten Größen werden gegenübergestellt, woraus sich der *Netto-Personalbedarf* ergibt. Durch die Gegenüberstellung wird sichtbar, ob Personal freizusetzen ist, weil der momentane Personalbestand für die anfallenden Aufgaben zu umfangreich ist (*Personalfreisetzung*) oder ob zusätzliches Personal eingestellt werden muss, um die Quantität oder Qualität des Bestandes auszugleichen (*Personalbeschaffung*). In diesem Zusammenhang ist zu überprüfen, ob im Hotel eigenes Personal vorhanden ist, das für die zu besetzenden Stellen in Frage kommt oder ob Neueinstellungen vorzunehmen sind.

Die qualitative Ergänzung des Personalbestandes kann einerseits durch Weiterbildungsmaßnahmen für eigene Mitarbeiter geschehen, um diese in neuen Bereichen einsetzen zu können (*Personalentwicklung*), andererseits durch die Einstellung neuer Mitarbeiter. Letztlich sollen mit Hilfe der *Personaleinsatzplanung,* die Mitarbeiter so eingesetzt werden, dass sowohl die Unternehmensziele als auch die persönlichen Ziele der Mitarbeiter erfüllt werden.

8.4.2 Die Bedarfsarten

Da der Bedarf an Personal in der Hotellerie variabel ist, ist es sinnvoll, nach verschiedenen *Bedarfsarten* zu unterscheiden.

8.4.2.1 Der Grundbedarf
Der Grundbedarf[201] soll die Kapazität und eine bestimmte Leistungsbereitschaft sichern. Er ist unabhängig von der konkreten Beschäftigung.

---

[201] Vgl. Zegg, Arbeitsplatz, S. 118 f.

Die betreffenden Stellen sind langfristig und für das ganze Jahr zu besetzen. Dazu zählen die Direktion, Abteilungsleiter (Küche, Service, Empfang, Etage, Technik) und ein Teil des Büro-, Küchen-, Service-, Empfangs-, Etagen- und des Technikpersonals.
Der Grundbedarf verursacht fixe Kosten. Um die Stellenanzahl und anfallende Personalkosten gering zu halten, sind Stellenkombinationen in Zeiten mit geringer Auslastung möglich, indem vom Personal des Grundbedarfs zeitweilig andere Aufgaben mit übernommen werden.

8.4.2.2 Der Einsatzbedarf

Der Einsatzbedarf[202] ist beschäftigungsabhängig. Er steht in einem bestimmten Verhältnis zum erwarteten Beschäftigungsvolumen, d.h. der Kapazitätsauslastung. Der Einsatzbedarf variiert zwischen den verschiedenen Stufen der Leistungsbereitschaft und kann mittelfristig entsprechend den Geschäftserwartungen auf- oder abgebaut werden. Das gilt vor allem für Stellen in den operativen Abteilungen wie Zimmermädchen, Empfangsmitarbeiter, Köche, Restaurantfachleute. Der angestrebte Qualitätsstandard hat Einfluss auf die Anzahl der Stellen.
Der Einsatzbedarf ist so zu planen, dass die Mitarbeiter während der gesamten Einsatzzeit ausgelastet sind. Deshalb empfiehlt es sich, bei Saisonbetrieben nach den jeweiligen Saisonzeiträumen differenziert zu planen. Die Möglichkeit der befristeten Beschäftigung von Mitarbeitern oder flexible Jahresarbeitszeiten können hierbei genutzt werden.

8.4.2.3 Der Reservebedarf

Der Reservebedarf[203] umfasst die Stellen, die sich unmittelbar aus wöchentlichen und täglichen Beschäftigungsschwankungen ableiten lassen. Das betrifft ebenfalls die Mitarbeiter in den operativen Abteilungen.
Oftmals werden diese Stellen mit festangestellten Teilzeitbeschäftigten oder Arbeitskräften besetzt, die Arbeit auf Anfrage leisten und entsprechend den betrieblichen Erfordernissen kurzfristig zur Verfügung stehen. Daneben können für Ferienzeiten oder den Fall, dass

---

[202] Vgl. ebenda, S. 119
[203] Vgl. ebenda

Mitarbeiter wegen Krankheit ausfallen, Aushilfen auf Abruf eingesetzt werden.

Dem Reservebedarf kommt eine besondere Bedeutung zu, da durch ihn Auslastungsspitzen abgefangen werden können. Grundbedarf, Einsatzbedarf und Reservebedarf stehen mit den Stufen des Leistungsprozesses im Hotel[204] in einem bestimmten Zusammenhang.

Abbildung 115: Die Stufen der Leistungserstellung und die Bedarfsarten

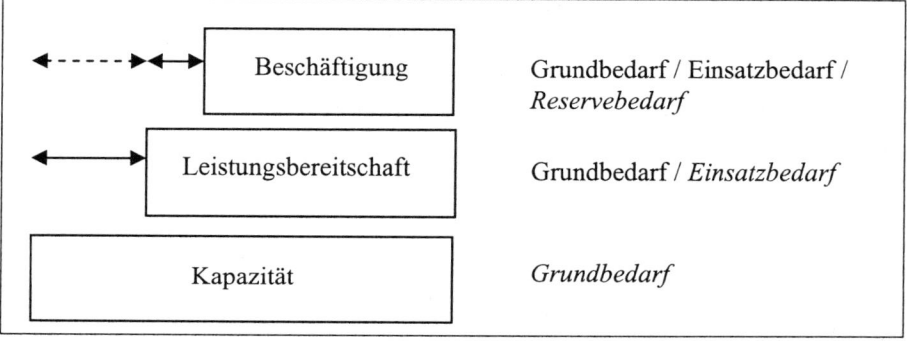

8.4.2.4 Der Ersatz-, Zusatz- und Freisetzungsbedarf

Wenn Personalabgänge (z.B. infolge von Fluktuation oder Versetzungen) erfolgen, die durch Personalzugänge nicht ausgeglichen werden können, tritt ein *Ersatzbedarf* auf. Dies betrifft lang- und mittelfristig Beschäftigte. Bei der Planung ist zu überprüfen, ob die frei werdenden Stellen noch notwendig oder ob Einsparungen möglich sind.

Zusatzbedarf kann dann entstehen, wenn im Hotel z.B. neue Leistungen angeboten werden, die Kapazität erweitert wird oder Veränderungen in den Arbeitsbedingungen (z.B. kürzere Arbeitszeiten) erfolgen.

Freisetzungsbedarf liegt vor, wenn Rationalisierungsmaßnahmen, neue Organisationsformen, eine Verkleinerung der angebotenen Leistungspalette oder eine dauerhaft rückläufige Auslastung es notwendig machen, dass Personal freigesetzt werden muss.

---

[204] Vgl. Abschnitt 2.5

Die *Ermittlung des Personalbedarfs* erfolgt unter Berücksichtigung quantitativer, qualitativer und zeitlicher Aspekte, wobei in der Praxis die Trennung nicht vorgenommen wird, da immer ein konkreter Bedarf an Mitarbeitern mit bestimmten Qualifikationen zu bestimmten Zeiten besteht.

Abbildung 116: Die Dimensionen der Personalbedarfsplanung

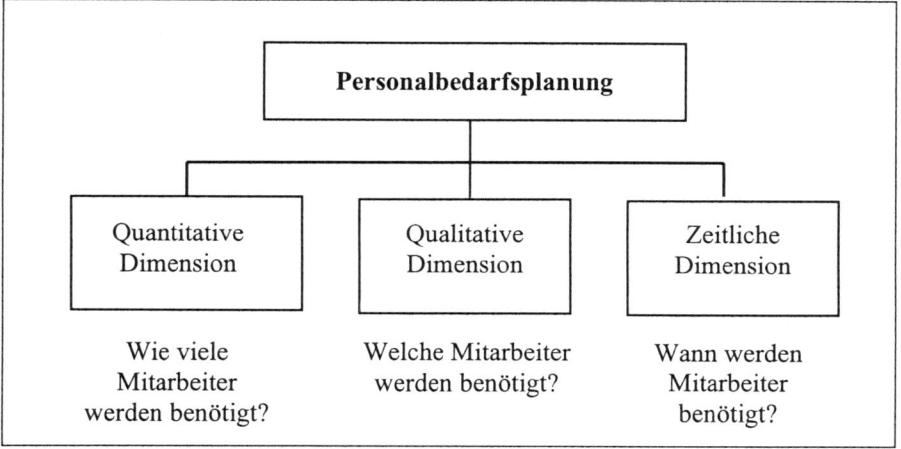

Quelle: In Anlehnung an Zegg, Arbeitsplatz, S. 177

8.4.3   Die Ermittlung des quantitativen Bedarfs

Der quantitative Bedarf kann nach unterschiedlichen Verfahren ermittelt werden:

1. *Schätzungen*
   In Klein- und Mittelbetrieben oder einzelnen Abteilungen eines großen Hotels wird der Bedarf oft über Schätzungen ermittelt, indem sich in Abhängigkeit von verschiedenen Faktoren, z.B. der Hotelkategorie, an sehr unterschiedlichen Werten orientiert wird. Das können z.B. im Luxus-Hotel ein Mitarbeiter pro Zimmer, die Reinigung von 16 Zimmern pro Zimmermädchen und Schicht, die Bedienung von zehn Gästen oder Plätzen pro Servicemitarbeiter o.ä. sein.
   Die Schätzungen basieren auf Erfahrungen und Urteilen von internen (Mitarbeiter, Führungskräfte, Unternehmer) oder externen Experten (Unternehmensberater).

Diese Methode ist relativ einfach anwendbar, setzt jedoch entsprechende fundierte Erfahrungen voraus. Sie hat den Nachteil der Subjektivität und berücksichtigt u.U. zu wenig stattfindende Veränderungen.

2. *Mathematisch-statistische Verfahren*
Mathematisch-statistische Verfahren (z.B. Trendextrapolationen, Regressions- und Korrelationsrechnungen) sind in der kleinstrukturierten Hotellerie mit oft wechselndem Personalbedarf wenig geeignet.

3. *Statische, organisationsorientierte Bedarfsermittlung*
Diese Methode der Bedarfsermittlung leitet sich aus der Organisationsstruktur des Hotels ab. Dabei wird der Personalbedarf aus dem Organigramm des Hotels sowie den Stellen in den Organisationseinheiten bestimmt. Es erfolgt eine grobe Bedarfsermittlung, da keine Differenzierung nach den Bedarfsarten vorgenommen und die unterschiedliche Beschäftigung, d.h. die anfallende Arbeitsmenge zu verschiedenen Zeiten, nicht berücksichtigt wird. Bei diesem Verfahren wird häufig durch kurzfristige Personaldispositionen auf Nachfrageschwankungen reagiert.

Die Methode ist relativ einfach anwendbar und weit verbreitet, da die Grundlage, ein Organigramm, in jedem Hotel vorhanden sein sollte. Sie eignet sich für solche Bereiche, die unabhängig von der Beschäftigung besetzt sein müssen, wie z.B. den Empfang.

Der Bedarf wird wie folgt ermittelt:[205]

$$P = \frac{ST \cdot \ddot{O}_d}{S_d}$$

Legende:
ST = Stellen lt. Organigramm
$\ddot{O}_d$ = Öffnungsdauer in Stunden

S_d = Schichtdauer in Stunden
P = Personalbedarf

---

[205] Vgl. Zegg, Arbeitsplatz, S. 124

> Beispiel:
> Im Empfangsbereich sind 4 Stellen zu besetzen. Bei einer Öffnungsdauer von 24 Stunden und einer durchschnittlichen Schichtdauer von 8 Stunden würde sich rein rechnerisch ein Personalbedarf von 12 Stellen ergeben.

Bei der Ermittlung des Personalbedarfs ist zu beachten, dass die Mitarbeiter nicht täglich und das ganze Jahr zur Verfügung stehen, sondern Wochenenden, arbeitsfreie Tage, Urlaubstage und Krankentage die Einsatzzeit mindern. Der sich daraus ergebende *Anwesenheitsfaktor* ist demzufolge zu berücksichtigen.

> Beispiel:
> Ermittlung des Anwesenheitsfaktors
> 365 Tage im Jahr
> - 104 Tage für Wochenenden
> - 12 arbeitsfreie Tage (Feiertage)
> - 25 Urlaubstage (betriebsindividuell durchschnittlich ermittelt)
> - 11 Krankentage (betriebsindividuell durchschnittlich ermittelt)
> = 213 Tage Anwesenheit
> Somit ergibt sich ein Anwesenheitsfaktor von 1,7 (365 : 213).

4. *Arbeitswissenschaftliche, analytische Methode*
Der Personalbedarf lässt sich im Hotel anhand von arbeitswissenschaftlichen Methoden bestimmen, die auf Arbeitsstudien basieren. Unter Berücksichtigung der anfallenden Arbeitsmenge sowie der notwendigen und verfügbaren Arbeitszeit kann für bestimmte Bereiche des Hotels, z.B. im Etagenbereich, der Personalbedarf ermittelt werden. Damit sind genauere Ergebnisse als auf der Basis der Organisationsstruktur zu erzielen.
Die Ermittlung erfolgt nach folgender Formel:[206]

$$P = \frac{AM \cdot BZ \cdot V}{AS}$$

Legende:
$AM = \varnothing$ *Arbeitsmenge* $\qquad V = $ *Verteilzeitfaktor*
$BZ = \varnothing$ *Bearbeitungszeit je Zimmer* $\qquad P = $ *Personalbedarf*
$AS = \varnothing$ *Arbeitszeit pro Mitarbeiter*

---

[206] Vgl. ebenda, S. 125

Die Arbeitsmenge korrespondiert mit der erwarteten Auslastung und ist für den Etagenbereich die Anzahl der zu reinigenden Zimmer. Die Bearbeitungszeit je Zimmer kann durch Arbeitsstudien (Arbeitsablaufstudie, Zeitstudie)[207] oder Ablaufdiagramme ermittelt werden. Es wird auch oft von Schätzungen, Erfahrungen oder Selbsteinschätzung der betroffenen Mitarbeiter ausgegangen. Die Bearbeitungszeit hängt vom Gästestatus („Bleiberzimmer" oder „Abreisezimmer") sowie von einer Reihe weiterer betriebsindividueller Faktoren ab (z.B. Zimmergrößen, Zimmerausstattungen, Lage der Zimmer, Hotelkategorie, eingesetzte technische Mittel). Weiterhin sind Rüstzeiten zu berücksichtigen, die z.B. beim Beladen der Etagenwagen anfallen.

Der Verteilzeitfaktor berücksichtigt Pausen und Ermüdungen der Mitarbeiter. Außerdem sind Wartezeiten (z.B. vor Fahrstühlen) oder Wege einzubeziehen. Diese Zeiten können ebenfalls durch Messung ermittelt werden.

Die Arbeitszeit ergibt sich aus der vertraglich vereinbarten Arbeitszeit der jeweiligen Mitarbeiter.

Die Grenze dieser Methode besteht darin, dass notwendige Arbeitsstudien relativ arbeits- und kostenintensiv sind. Außerdem lässt sie sich nur in Bereichen durchführen, wo mit Zeitvorgaben gearbeitet werden kann. Für den Empfangsbereich hingegen, wo bestimmte Tätigkeiten und der dafür erforderliche Zeitaufwand stark von sehr unterschiedlichen Gästewünschen geprägt sind, lassen sich Bearbeitungszeiten (pro Gast) kaum sinnvoll bestimmen.

8.4.4 Die Ermittlung des qualitativen Bedarfs

Um den qualitativen Bedarf zu ermitteln, ist die genaue Kenntnis der Anforderungen, die ein Arbeitsplatz an einen Mitarbeiter stellt, erforderlich.

Die Ermittlung basiert auf der Arbeitsbewertung. Instrumente wie Stellenbeschreibungen oder Funktionsdiagramme können diesbezügliche Informationen liefern.

---

[207] Vgl. Abschnitt 4.3

Darüber hinaus bieten sich Nachfolge- und Laufbahnpläne in größeren Hotels an, mit denen langfristig auf die personelle Absicherung von Stellen mit geeigneten Mitarbeitern Einfluss genommen wird.

Abbildung 117: Beispiele für Anwendungsbereiche einer Stellenbeschreibung

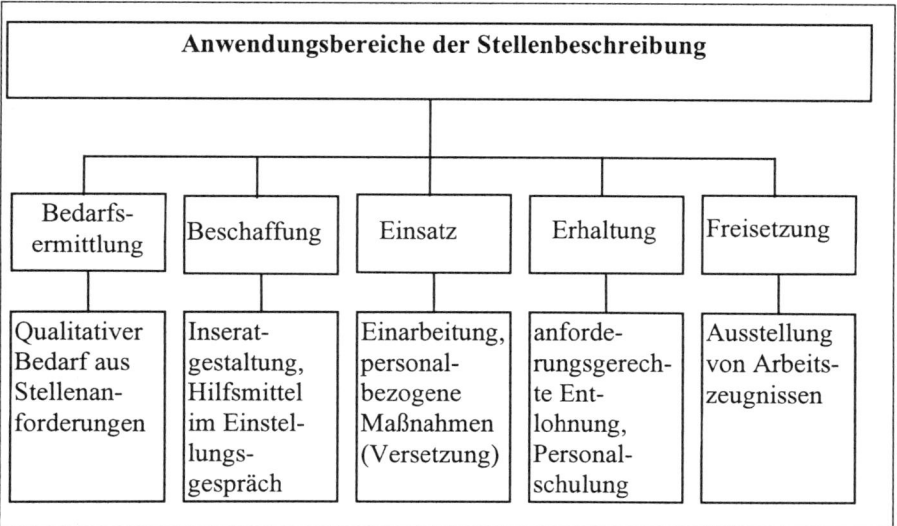

Quelle: In Anlehnung an Zegg, Arbeitsplatz, S. 131

Die Bestimmung des qualitativen Bedarfs basiert auf stellenabhängigen *Anforderungsmerkmalen,* die je nach Stelle mehr oder weniger ausgeprägt sein können. Sie umfassen neben allgemeinen, körperlichen und geistigen Anforderungen auch Verhaltensmerkmale, die eine Stelle voraussetzt. Bei Führungsstellen kommen zusätzliche Anforderungen in Bezug auf die Führungsqualifikation hinzu.

Abbildung 118: Beispiel der Anforderungsmerkmale

Merkmalsgruppe	Merkmale (Beispiele)
Allgemeine Anforderungen	Alter, Geschlecht
Kenntnismerkmale Schulbildung / Studium Beruflicher Werdegang Fachwissen Erfahrung	Ausbildung, Fortbildung (Meister) besondere Kenntnisse, Fremdsprachen Beruf, Branche, Unternehmen
Körperliche Anforderungen	Belastbarkeit (physisch, psychisch), Körperhaltung, manuelle Geschicklichkeit, Umgebungseinflüsse (Wärme, Lärm) usw.
Geistige Anforderungen	Auffassungsgabe, Urteilsfähigkeit, Analytisches Denkvermögen, Kreativität, Gedächtnis, Lernbereitschaft, Sprachliches Ausdrucksvermögen, Betriebswirtschaftliches Denken, Technisches Verständnis
Verhaltensmerkmale Arbeitsverhalten Sozialverhalten	Konzentration, Sorgfalt, Problembewusstsein, Zuverlässigkeit, Vielseitigkeit, Selbständigkeit u.a. Anpassungsvermögen, Kontaktfähigkeit, Kooperationsbereitschaft, Teamorientierung, Durchsetzungsvermögen u.a.
Führungseigenschaften Führungsfähigkeiten Administrative Befähigung Motivationsbefähigung	Zielsetzung, Planung, Organisation, Kontrolle, Delegation

In der Phase der qualitativen Bedarfsplanung ist der Zusammenhang zwischen Stellenbeschreibung und den Anforderungsmerkmalen herzustellen und ein *Anforderungsprofil* für die Stelle zu erarbeiten.

Abbildung 119: Der Zusammenhang von Stellenbeschreibung und Anforderungsprofil

Stellenbeschreibung	Anforderungsprofil
Bezeichnung der Stelle: Empfangsmitarbeiter / in *Organisationszugehörigkeit:* Empfang *Instanzielle Einordnung:* Vorgesetzte: Empfangschef, Schichtführer Unterstellte: Auszubildende, Praktikanten *Stellvertreterfunktion:* Aktiv: Mitarbeiter Empfang Passiv: Mitarbeiter Empfang *Hauptaufgaben:* Betreuung der nationalen und internationalen Gäste *Einzelaufgaben:* Vorbereitung und Durchführung des Check In und Check Out, Gästebetreuung, Rechnungslegung *Besondere Aufgaben:* Dem Wesen nach zur Tätigkeit gehörende Aufgaben oder Aufgaben aus betrieblichen Notwendigkeiten auf Weisung des Vorgesetzten *Kompetenzen und Befugnisse:* Reklamationsbehandlung bis zu einem Wertumfang von GE 200 *Informationsfunktion:* Über besondere Vorkommnisse bei Schichtübergabe	*Ausbildung:* Abgeschlossene Berufsausbildung in anerkanntem Hotelausbildungsberuf oder Hotelfachschule *Erfahrungen:* Tätigkeit im Empfang während der Ausbildung, 3 Jahre Berufserfahrung im Hotel gleicher Kategorie *Fähigkeiten:* Englisch sicher in Wort und Schrift, sicher im Umgang mit EDV, Arbeitserfahrungen mit einer Hotelsoftware *Eigenschaften / Verhalten:* Freundliches, zuvorkommendes Auftreten, guter sprachlicher Ausdruck, Problembewusstsein, schnelle Reaktionsfähigkeit, Lernbereitschaft, Teamfähigkeit *Äußere Erscheinung:* Gepflegt, dezent (Frisur, Kleidung, Make-up, Schmuck) *Alter:* 25-30 Jahre

Quelle: In Anlehnung an Hänssler, Management, S. 131

8.4.5 Die zeitliche Bedarfsplanung

Auf Grund der *Saisonabhängigkeit* von Hotelbetrieben spielt die zeitliche Personalbedarfsplanung eine besondere Rolle. Sie kann für einen kurzen (bis zu drei Monaten), mittleren (drei Monate bis zu einem Jahr) oder langen (ein Jahr und länger) Zeitraum erfolgen. Es muss mindestens für die Periode geplant werden, für die die Personaleinstellungen benötigt werden, d.h. in einem Zwei-Saison-Betrieb muss der Personalbedarf zweimal jährlich geplant werden. Bei der zeitlichen Bedarfsplanung ist die hohe Fluktuation zu berücksichtigen, da sich bedingt durch den häufigen Personalwechsel die Personalsituation schnell ändert.

Weiterhin ist eine Abstimmung mit anderen Teilplänen, wie dem Investitionsplan oder dem Marketingplan vorzunehmen und zu beachten, dass für die Rekrutierung von Führungspersonal i.d.R. mehr Zeit benötigt wird als für Personal des operativen Bereichs.[208]

8.5 Die Personalbeschaffung, Mitarbeiterauswahl und Einführung neuer Mitarbeiter
8.5.1 Die Personalbeschaffung

Die Personalbeschaffung umfasst alle Maßnahmen zur Gewinnung der erforderlichen Mitarbeiter. Ausgangspunkt ist der ermittelte Personalbedarf.
Bei der Gewinnung von Mitarbeitern kann zwischen interner und externer Personalbeschaffung unterschieden werden.

8.5.1.1 Die interne Personalbeschaffung
Möglichkeiten der internen Personalbeschaffung sind das Um- und Versetzen von Mitarbeitern, die Entwicklung und Beförderungen von Mitarbeitern sowie die Übernahme von Auszubildenden.

Vorteile der internen Personalbeschaffung bestehen darin, dass diesen Mitarbeitern betriebliche Abläufe bekannt sind und sie eine kürzere Einarbeitungszeit benötigen. Auf Grund von bisherigen Erfahrungen kann die Eignung der Mitarbeiter für die entsprechenden Stellen besser beurteilt werden. Ebenso können Mitarbeiter durch einen Aufstieg zu mehr Leistung motiviert und die Fluktuation im Hotel eingeschränkt werden.

---

[208] Vgl. Zegg, Arbeitsplatz, S. 134 f.

Abbildung 120: Der Zusammenhang von Personalbedarf und Personalbeschaffung

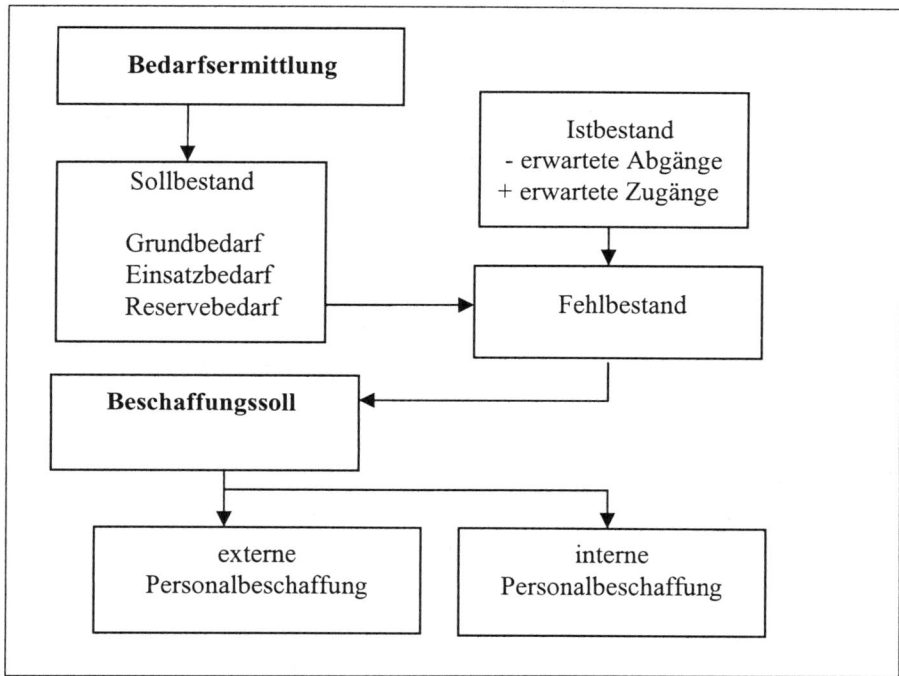

Die interne Personalbeschaffung weist auch *Nachteile* auf. Bei der Besetzung von Stellen mit Mitarbeitern aus dem eigenen Hotel wird ggf. auf neue Ideen von außen verzichtet. Zusätzlich können bei der Entwicklung bzw. Vorbereitung des Mitarbeiters Fortbildungskosten entstehen.

Kleinere Betriebe stoßen bei der internen Personalbeschaffung sehr schnell an Grenzen, da ihr Mitarbeiterstamm klein ist. Deshalb eignet sich diese Möglichkeit vor allem für Hotelketten.

Um die Vorteile der internen Personalbeschaffung nutzen zu können und Fehlentscheidungen zu minimieren, ist es erforderlich, dass regelmäßige Leistungs- und Qualifikationseinschätzungen der Mitarbeiter durch ihre Vorgesetzten erfolgen.

Zu den *Instrumenten* der internen Mitarbeitergewinnung zählen vor allem Stellenausschreibungen am „schwarzen Brett", gezielte Personalentwicklungs- und Schulungsmaßnahmen oder auch Eigenbewerbungen der Mitarbeiter.

8.5.1.2 Die externe Personalbeschaffung

Sind interne Möglichkeiten im Hotelbetrieb erschöpft, muss auf externe Quellen zurückgegriffen werden. Welche Möglichkeiten der externen Personalbeschaffung genutzt werden können, hängt von verschiedenen *Faktoren* ab, z.B. von der Arbeitsmarktsituation, der Bedeutung und den Anforderungen der zu besetzenden Stelle oder der verfügbaren Zeit für die Personalbeschaffung. Gerade letzteres ist auf Grund des differenzierten Arbeitsanfalls und der hohen Fluktuation oft ein Problem für Hotelbetriebe.

Externe *Quellen* sind die örtlichen Arbeitsämter oder Fachvermittlungsstellen. Weiterhin bietet sich das Studium von Stellengesuchen oder das Schalten von Stellenanzeigen an. Kontakte zu Bildungseinrichtungen, wie Hotelfachschulen, Berufsakademien oder Fachhochschulen sind für die Gewinnung von Führungskräften nützlich (sog. College-Recruiting). Anwerbungen aus anderen Betrieben oder Anwerbung ausländischer Mitarbeiter durch Kontakte mit der ZIHOGA[209] sind weitere Möglichkeiten der externen Personalbeschaffung. Außerdem können Zeitarbeitsfirmen oder Personalberatungs- und -vermittlungsunternehmen kontaktiert werden.

Ebenso können die eigenen Mitarbeiter bei der Vermittlung von Bedeutung sein. Auch eine entsprechende Öffentlichkeitsarbeit wie Tag der offenen Tür oder die Teilnahme an Publikumsmessen stellen Möglichkeiten zur Gewinnung von neuen Mitarbeitern dar.

Möglichkeiten zur Personalbeschaffung über neue Medien, z.B. das Internet, werden zunehmend genutzt. Vor allem die Hotelgesellschaften nutzen *Online-Jobbörsen*, um Mitarbeiter zu finden. Der Vorteil besteht u.a. in Kosten- und Zeitersparnis und einer hohen Aktualität.[210]

Trotz der Bedeutungszunahme solcher Jobbörsen, spielen jedoch die klassischen Beschaffungsmöglichkeiten, vor allem die traditionelle Stellenanzeige, noch immer eine wichtige Rolle. Das vor allem deshalb, weil die Mehrzahl der kleinen und mittleren Hotels noch nicht online erreichbar ist.

---

[209] Zentrale und Internationale Management- und Fachvermittlung für Hotel- und Gaststättenpersonal
[210] Vgl. Cimbal, Mitarbeiter, S. 42 f.

Um die Stellenanzeige erfolgreich einzusetzen, ist ihrer Formulierung besondere Aufmerksamkeit zu schenken. Sie muss Problemlösungscharakter haben und dem potenziellen Mitarbeiter vermitteln, welche Vorteile diese Stelle gegenüber einer bisherigen Stelle hat. Das betrifft allerdings nicht nur Stellenanzeigen in Printmedien, sondern auch in den neuen Medien, die ungleich bessere Möglichkeiten haben, die künftige Tätigkeit zu visualieren.

8.5.2 Die Mitarbeiterauswahl

Beim Prozess der Mitarbeiterauswahl werden das *Anforderungsprofil* der Stelle und das *Leistungs- und Persönlichkeitsprofil* des Bewerbers gegenübergestellt.

Abbildung 121: Die Gegenüberstellung im Personalauswahlverfahren

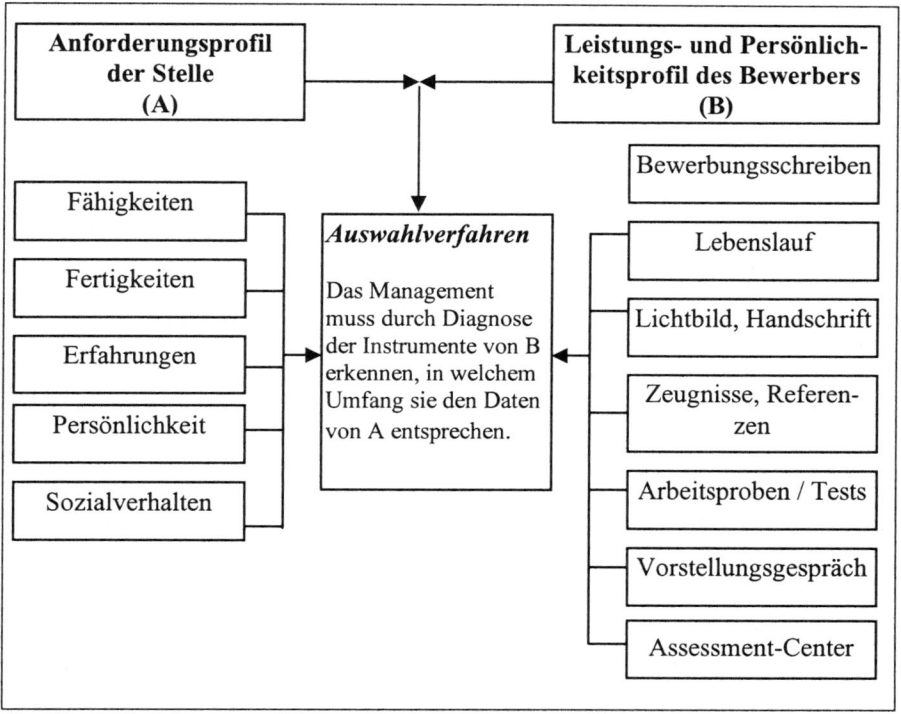

Quelle: In Anlehnung an Richter, Personalführung, S. 327

Bei der Auswahl der Mitarbeiter ist festzustellen, inwieweit Fähigkeiten, Fertigkeiten, Wissen und Erfahrungen des Bewerbers mit den Anforderungen der Stelle übereinstimmen und ob die Vorstellungen, Interessen und Wünsche des Bewerbers mit den betrieblichen Interessen im Einklang stehen.

Die Merkmale, die die Persönlichkeit des Bewerbers betreffen, lassen sich oft nur bedingt mit den traditionellen Auswahlinstrumenten überprüfen, so dass eine Diskrepanz zwischen den eingesetzten Instrumenten und den angestrebten Zielen bestehen kann.

Wenn in der Hotellerie noch immer vor allem die Bewerbungsunterlagen und das Vorstellungsgespräch für die Personalauswahl genutzt werden, muss klar sein, dass damit eine Reihe von Anforderungen an den Bewerber, z.B. die Teamfähigkeit, kaum zu bewerten ist. Assessment Center eignen sich besser, Merkmale des Sozialverhaltens zu testen. Obwohl in der Hotellerie bereits genutzt, spielen sie vor allem wegen der geringen Bewerberzahl und der erforderlichen Professionalität in der Durchführung eine relativ geringe Rolle.[211]

8.5.3   Die Einführung neuer Mitarbeiter

Die Einarbeitung neuer Mitarbeiter erfolgt oft nicht planmäßig. Das liegt häufig daran, dass zum Zeitpunkt des Eintritts neuer Mitarbeiter kein Einarbeitungskonzept vorliegt, der zuständige Vorgesetzte „zufällig" nicht im Hause oder im Urlaub ist usw..

Es ist bekannt, dass die Mehrheit der neuen Mitarbeiter, die nach relativ kurzer Zeit das Unternehmen wieder verlassen, diese Entscheidung in den ersten Monaten treffen. Deshalb ist der Einführung und der Einarbeitungszeit von Mitarbeitern eine besondere Aufmerksamkeit zu widmen.

Die ersten Stunden, Tage und Wochen prägen entscheidend die Einstellung zum Unternehmen, und es werden in dieser Zeit bewusst oder unbewusst die „Weichen" für später gestellt. Der Eintritt in einen neuen Betrieb ist ein Stressfaktor ersten Ranges für den neuen Mitarbeiter. Die erste Zeit im Unternehmen ist für ihn eine Phase großer Verunsicherung. Allerdings ist er auch zu keinem anderen Zeitpunkt für Informationen so aufnahmebereit.

---

[211] Vgl. FIF (Hrsg.), Personalwirtschaft, S. 7 f.

Daher sollte die Einführung als Chance genutzt werden, die Mitarbeiter auf das Hotelunternehmen einzustimmen und ihre Einsatzbereitschaft auf Dauer zu aktivieren.
Als Hilfsmittel bieten sich *Checklisten* an, sowohl für die Vorbereitung auf die Einstellung als auch für die Einführung am ersten Arbeitstag selbst.

Abbildung 122: Beispiel einer Checkliste zur Vorbereitung der Einführung neuer Mitarbeiter

Aufgabe	Erledigungsvermerk	
	am	von
1. Information an die Mitarbeiter über den neuen Mitarbeiter - Name - Beginn der Tätigkeit - Instanzielle Einordnung - Aufgaben / Kompetenzen / Befugnisse - Bisherige Tätigkeit		
2. Festlegung der / des Verantwortlichen für die Einführung		
3. Erstellung des Einarbeitungsplanes (als Grundlage für die Kontrolle)		
4. Bereitstellung des Arbeitsplatzes (ggf. entsprechender Arbeitsmittel)		
5. Erstellung des Begrüßungsschreibens an den neuen Mitarbeiter - Arbeitsbeginn am 1. Tag - Treffpunkt - Evtl. noch benötigte Personalunterlagen		
6. Erstellung von Unterlagen für den Mitarbeiter (Unternehmensleitbild, ggf. weitere Informationen zum Unternehmen, zum Ort, zu Freizeiteinrichtungen u.ä.)		
7. Festlegung des Einführungsprogramms		
8. Ggf. Erstellung des individuellen Dienstplanes für den 1. Arbeitstag		

Quelle: In Anlehnung an Dettmer, Personalwirtschaft, S. 77

Abbildung 123: Beispiel einer Checkliste für die Einführung neuer Mitarbeiter

---
Name des neuen Mitarbeiters:
Eintrittsdatum:
Funktion (lt. Stellenbeschreibung):
Abteilung:
Vorgesetzter / Stellvertreter:

Die Einführung nimmt vor:

Einführungsprogramm:
1. Empfang / Begrüßung des neuen Mitarbeiters
2. Grundlegende Informationen über das Hotel
3. Darstellung der Unternehmensphilosophie
4. Vorstellung der Geschäftsleitung
5. Vorstellung bei der Personalabteilung und beim Betriebsrat
6. Rundgang durch das Hotel
7. Vorstellung am Arbeitsplatz
8. Einweisung am Arbeitsplatz
9. Einweisung in den Unfallschutz
10. Vertrautmachen mit der allgemeinen Organisation und Ordnung im Hotel
11. Vertrautmachen mit betriebsspezifischen Umgangsformen
12. Bekanntmachen mit dem Vorschlagswesen
13. Weitere Regelungen im Hotel und zu Freizeitmöglichkeiten

14. Kontrollgespräch / Erfolgskontrolle

In Abhängigkeit von den jeweiligen Stellen und betrieblichen Gegebenheiten können die Checklisten modifiziert werden.

Eine weitere Möglichkeit, die hohe Aufnahmefähigkeit der Mitarbeiter beim Eintritt in einen neuen Betrieb zu nutzen, sind *Einführungskurse oder -seminare*. Sie können auch dazu beitragen, dass sich die neuen Mitarbeiter besser mit dem Hotel und seinen Zielen identifizieren.

Abbildung 124: Beispiel eines Mövenpick Einführungskurses

Ziel:
Dieser Kurs will den erst seit kurzem im Unternehmen beschäftigten Mövenpick-Mitarbeitern ein Bild über ihren neuen Arbeitsplatz verschaffen. Nicht nur der eigene Betrieb, sondern das gesamte Unternehmen wird an diesem Tag näher gebracht. Dadurch wird den Teilnehmern ermöglicht, die vielen Einzelheiten und Feinheiten, die mit dem Namen Mövenpick verbunden sind, zu erfahren.
Inhalte:
- Mövenpick-Geschichte
- Mövenpick-Betriebe
- Mövenpick-Produkte und -Institutionen
- Mövenpick-Philosophie
- Marché-Philosophie
Kursleiter:
Schulungsleiter/in MPU-D
Dauer:
1 Tag
2 - 3 Stunden Marché
Zielgruppe:
Mitarbeiter, die neu im Unternehmen oder Betrieb sind

Quelle: Krichbaum / Hübner / Schneider, Aus- und Weiterbildung, S. 54

8.6 Der Personaleinsatz

Mit dem Einsatz des Personals müssen verschiedene Probleme gelöst werden:
1. Das Personal muss so eingesetzt werden, dass tages- oder jahreszeitliche *Schwankungen* in der Nachfrage berücksichtigt und ausgeglichen werden.
2. Die *Arbeitszeit* der Mitarbeiter ist so *auszulasten*, dass Leerzeiten so gering wie möglich gehalten werden. Auf Grund des hohen Personalkostenanteils ist das besonders wichtig.
3. *Freizeitansprüche* müssen und *Arbeitszeitwünsche* der Mitarbeiter sollen befriedigt werden. Das bedeutet, die Fünf-Tage-Arbeitswoche zu gewährleisten und unbeliebte Arbeitszeiten gerecht zu verteilen. Darüber hinaus sollten den Mitarbeitern mehr Freiräume und Wahlmöglichkeiten bei der Gestaltung der Arbeitszeit, wie z. B. bei der Wahl der freien Tage, eingeräumt werden.

Daraus ergibt sich die *Notwendigkeit* des flexiblen Einsatzes der Mitarbeiter.

8.6.1 Die Glättung des Arbeitsaufkommens

Die Glättung des Arbeitsaufkommens setzt bei den *Nachfrageschwankungen* an. Es wird von der Überlegung ausgegangen, den Nachfrage- und Beschäftigungsrhythmus einander anzugleichen, um den Einfluss der Nachfrageschwankungen auf den Umfang der benötigten Arbeitszeit bzw. Arbeitskräfte zu mindern und die verfügbare Arbeitszeit optimal auszunutzen. Das erfolgt auf der Basis der *Differenzierung* von Tätigkeiten.

Eine Reihe von Tätigkeiten im Hotel kann in Abhängigkeit von der Nachfrage differenziert werden in:[212]

1. *Sofortarbeit*
   Das sind Tätigkeiten, die abhängig vom Zeitpunkt sind, zu welchem der Gast die Leistungserstellung wünscht und die unmittelbar zu leisten sind, wie z.B. Steak braten, Information des Gastes.
2. *Sofortarbeit mit begrenzter Speichermöglichkeit*
   Das sind Tätigkeiten, die zwar abhängig von der Nachfrage sind, deren Verrichtung aber vor der eigentlichen Leistungserstellung erfolgen kann, wie z.B. Vorbereiten von Salaten, Frühstücksbüffet.
3. *Speicherarbeit*
   Das sind Tätigkeiten, die weitgehend unabhängig vom Zeitpunkt der Nachfrage erledigt werden können, wie z.B. Vor- und Zubereitungsarbeiten in der Küche oder Reinigungsarbeiten.

Die Glättung des Arbeitsaufkommens geht von der Prämisse aus, dass soviel wie möglich Sofortarbeit (1) in Sofortarbeit mit begrenzter Speichermöglichkeit (2) und in Speicherarbeit (3) umgewandelt wird.[213]

In der Küche kann das durch den Einsatz von Convenience Foods oder durch Outsourcing von arbeitsaufwendigen Vorbereitungsarbeiten erfolgen. In größeren Hotels kann man den Bereich der Küche in eine Zentralküche mit kontinuierlicher Produktion und in Satellitenküchen trennen, die die Endfertigung entsprechend der konkreten Nachfragesituation übernehmen.

---

[212] Vgl. Zegg, Arbeitsplatz, S. 164
[213] Vgl. ebenda

Im Servicebereich bietet sich die Arbeit mit Büffets oder Getränkestützpunkten an.
Beim Housekeeping bestehen Möglichkeiten, indem z.B. das Wäschewaschen oder die Kontrolle des Wäschevorrates an beschäftigungsschwachen Tagen vorgenommen wird.

In der Umwandlung von Sofortarbeit in Speicherarbeit bzw. Sofortarbeit mit begrenzter Speichermöglichkeit liegen auch Kostenersparnispotenziale.

Als eine weitere Prämisse ist zu berücksichtigen, dass die verbleibende Sofortarbeit mit möglichst geringer Personalbereitschaft bewältigt wird.[214] Um dies zu erreichen, muss sich der Personaleinsatz nicht an der maximalen Auslastung, sondern an der durchschnittlichen Auslastung orientieren. Bei kurzfristigen Veränderungen der Nachfrage entsteht dann ggf. ein Reservebedarf, der über die Teilzeitbeschäftigung abgedeckt werden kann.

Weitere Möglichkeiten zur vollen Nutzung der Arbeitszeit bestehen darin, dass z.B. in beschäftigungsschwachen Zeiten zusätzliche Dienstleistungen in das Angebot aufgenommen, Dienstleistungen reduziert oder Angebote überprüft und Sortimentsbereinigungen vorgenommen werden, um die Leistungsbereitschaft herabzusetzen. Daneben können durch Selbstbedienung oder Teilselbstbedienung Gäste stärker in die Dienstleistungserstellung einbezogen werden, was zur Reduzierung der benötigten Arbeitszeit führt.

Die notwendigen Informationen für entsprechende Entscheidungen liefern Arbeitsstudien.[215]

8.6.2 Die Arbeitszeitflexibilisierung

Die Arbeitszeit der Mitarbeiter in der Hotellerie ist dadurch geprägt, dass
1. die *wöchentlichen Arbeitszeiten* traditionell hoch sind. Arbeitsspitzen werden oft durch *Überstunden* bewältigt, was häufig zu langen *täglichen Arbeitszeiten* führt. Auf Grund der permanenten

---

[214] Vgl. ebenda
[215] Vgl. Abschnitt 4.3

Leistungsbereitschaft einerseits und der labilen Nachfrage andererseits treten *Leerzeiten* auf, die einen hohen Umfang aufweisen können.
2. *Arbeitsformen* im Hotel, wie der Schicht- oder der Teildienst, weit verbreitet sind. So ist der Teildienst in Restaurant und Küche häufig zu finden, während im Empfangsbereich im Schichtdienst gearbeitet wird.[216] Eine solche Organisation der Arbeit kann für den Hotelbetrieb und die Mitarbeiter mit Nachteilen verbunden sein.

Der *Schichtdienst* tritt als Früh-, Mittel-, Spät- oder Nachtschicht auf. Nachteilig ist, dass eine Anpassung an den Arbeitsanfall nicht möglich ist und es entweder zu Überstunden oder Leerzeiten kommt. Das hat nicht nur betriebswirtschaftliche Auswirkungen, sondern kann auch die Motivation der Mitarbeiter negativ beeinflussen.

Um eine bessere Anpassung an die Nachfrageschwankungen zu erreichen und Leerzeiten zu vermeiden, wird häufig der *Teildienst* mit zwei Arbeitsblöcken am Tag genutzt. Das ist betriebswirtschaftlich zwar günstig, aber negative Auswirkungen auf die Mitarbeiter sind dabei nicht von der Hand zu weisen.

Deshalb wird zunehmend – vielfach gestützt durch Vereinbarungen zwischen den Tarifpartnern – zu Arbeitszeitmodellen mit *flexiblen Arbeitszeiten* übergegangen.

Beispielsweise ist in Tarifverträgen vereinbart, dass innerhalb eines bestimmten Zeitraumes flexibel mit der Arbeitszeit disponiert werden kann, wobei Mindest- und Höchstarbeitszeiten festgelegt sind.

Das ermöglicht, das Personal im Zusammenhang mit dem Arbeitsanfall flexibler einzusetzen. Erfahrungen zeigen, dass auch die Zufriedenheit der Mitarbeiter steigt.

So erlaubt der Berliner Tarifvertrag für das Gastgewerbe von 1998, dass innerhalb von drei Monaten flexibel mit Arbeitszeiten disponiert werden kann. Danach haben die Hotelbetriebe die Möglichkeit, in Zeiten geringer Nachfrage mit einem Fünf-Stunden-Tag oder einer Vier-Tage-Woche zu arbeiten, während in Spitzenzeiten ein Zwölf-Stunden-Tag und eine Sieben-Tage-Woche möglich sind.

---

[216] Vgl. Zegg, Arbeitsplatz, S. 83

Als Instrument der Arbeitszeitflexibilisierung werden *Arbeitszeitkonten* genutzt. Grundlage der Arbeitszeitkonten sind die Monatsarbeitszeit und nicht mehr die Wochenarbeitszeit sowie flexible Tagesarbeitszeiten. Auf den Zeitkonten können Stunden auf- und abgebaut werden. Im Allgemeinen werden sie jedoch begrenzt, z.B. auf bis zu 40 Stunden im positiven Bereich und 20 Stunden im negativen Bereich.
Die Entlohnung erfolgt nicht nach der tatsächlichen Arbeitszeit, sondern auf der Grundlage einer durchschnittlichen monatlichen Vergütung.
Die Zeitkonten eignen sich vor allem für Arbeitszeitmodelle, die auf der Basis der Jahresarbeitszeit funktionieren.

Der *Vorteil* für das *Hotel* besteht darin, dass es flexibler auf Nachfrageschwankungen reagieren, die Arbeitszeit produktiver nutzen und Personalkosten einsparen kann.
Vorzüge ergeben sich auch für die *Mitarbeiter*. Ihre individuellen Bedürfnisse können durch die Möglichkeit des fortlaufenden Ausgleichs des Stundenkontos besser berücksichtigt werden, wodurch z.B. eine attraktivere Freizeitplanung und -gestaltung ermöglicht wird.

Die Flexibilisierung der Arbeitszeit ist an bestimmte *Voraussetzungen* gebunden:
Das Management muss genaue Kenntnis von der zu erwartenden Nachfrage haben. Dies kann über Erfahrungswerte aus der Vergangenheit, durch Vorausschau und Beurteilung der Spitzenzeiten der einzelnen Tage erreicht werden.
Es muss festgelegt werden, wie viele Mitarbeiter mit welcher Qualifikation zu welchem Zeitpunkt des Tages benötigt werden.
Es ist eine praktikable Zeiterfassung manuell im Dienstplan oder über EDV nötig. Das ergibt sich u.a. aus rechtlichen Gründen, da der Mitarbeiter eine monatliche Aufstellung über den Stand seines Arbeitszeitkontos verlangen kann.

Eine weitere Möglichkeit der Arbeitszeitflexibilisierung ist die bereits erwähnte *Teilzeitarbeit*. Sie kann in verschiedenen Varianten auftreten:

1. Beschäftigung mit einer *geringeren* als der *Normalarbeitszeit*.
   Sie ist für Stellen geeignet, bei denen die Leistungsbereitschaft über oder unter der Normalarbeitszeit liegt.
   Es kann aber auch eine normale Vollzeitstelle, z.B. an der Rezeption oder in der Verwaltung, als *Job-Sharing* auf zwei Teilzeitkräfte aufgeteilt werden. Dabei besteht gleichzeitig die Möglichkeit der Individualisierung, indem die Mitarbeiter die anfallenden Arbeiten nach Fähigkeiten, Fertigkeiten und Kenntnissen untereinander selbst regeln. Zu beachten ist allerdings, dass es dabei zu Konflikten unter den Job-Sharern kommen kann.
2. Für Zeiten mit hohen Nachfragespitzen (z.B. bei Veranstaltungen, Messen, an bestimmten Wochentagen) eignet sich zur Abdeckung der Spitzen die *Arbeit auf Anfrage*. Hierbei halten sich Hotels Arbeitskräfte bereit (z.B. Studenten), die sich bereit erklären, auf Anfrage und an vereinbarten Tagen tätig zu sein. Ähnlich ist es auch bei der *Arbeit auf Abruf,* wo Arbeitnehmer während einer bestimmten Zeit relativ kurzfristig zur Verfügung stehen.
   Der Status der Arbeitnehmer, die im Rahmen der Arbeit auf Anfrage oder der Arbeit auf Abruf tätig sind, unterscheidet sich hinsichtlich der vertraglichen Vereinbarungen.
3. Für Hotelbetriebe mit einem starken Saisoneinfluss ist die *Beschäftigung auf befristete Zeit* eine günstige Form der Teilzeitarbeit. Hierbei werden Saisonkräfte, Studenten oder ausländische Arbeitnehmer eingesetzt, die über Zeitarbeitsverträge tätig sind. Die Dauer des Arbeitsverhältnisses kann mit der Dauer und dem Umfang des Arbeitsanfalls aufeinander abgestimmt werden.
4. Die *Beschäftigung auf geringfügiger Basis* (sog. Minijobs oder 400-Euro-Jobs) ist in der Hotellerie eine häufig angewandte Form der Teilzeitarbeit, um einen Spitzenbedarf abzudecken. In diesem Zusammenhang ist erwähnenswert, dass durch Veränderung in den gesetzlichen Grundlagen insbesondere in den Jahren 1999 und 2000 diese Beschäftigungsverhältnisse zurückgingen. Die Reform zum 1. April 2003, wonach neben einer sozialversicherungspflichtigen Hauptbeschäftigung auch wieder eine geringfügige Nebenbeschäftigung für den Arbeitnehmer steuer- und sozialversicherungsfrei möglich ist, führte dazu, dass die Zahl der ausschließlich geringfügigen Beschäftigten in Hotellerie und Gastronomie im Dezember 2003 um 18,5 % im Ver-

gleich zum Vorjahr anstieg. Damit übten über 550.000 Personen eine geringfügige Beschäftigung aus, davon über 150.000 als Nebenbeschäftigung.[217]

Bei der Nutzung der Teilzeitbeschäftigung ist generell zu beachten, dass die Arbeitszeit der Teilzeitkräfte genau auf die Nachfrage ausgerichtet wird und die Arbeitszeit der Mitarbeiter voll ausgelastet ist. Das bedeutet, Teilzeitkräfte vor allem dann und dort einzusetzen, wo keine großen Vorbereitungszeiten notwendig sind.

8.6.3 Der flexible Einsatz in verschiedenen Arbeitsbereichen

Die Mitarbeiter können in verschiedenen Arbeitsbereichen eingesetzt werden, um einerseits die Leerzeiten zu verringern und andererseits die Arbeit (Arbeitsinhalte) für die Mitarbeiter interessanter zu gestalten.
Varianten dafür sind:
- Job rotation,
- Job enlargement,
- Job enrichment,
- Teilautonome Arbeitsgruppen.

Bei *Job rotation* erfolgt ein regelmäßiger, systematischer und turnusmäßiger *Tausch* des Arbeitsplatzes. Folglich kann Job rotation einer Arbeitsplatzmonotonie entgegenwirken und die Aneignung zusätzlicher Qualifikationen ermöglichen.
Sie ist vor allem dort geeignet, wo wenig qualifizierte Tätigkeiten auszuüben sind. So können z.B. Hilfskräfte je einen Monat in der Küche, in der Etage oder im Office eingesetzt werden.
Aber auch für Fachkräfte ist der Einsatz in verschiedenen Bereichen denkbar, z.B. am Empfang und in der Verwaltung oder im Etagen- und Bankettservice. Das entspricht auch dem Gedanken eines polyvalenten Einsatzes von Mitarbeitern.[218]
Bei Hotelketten ist Job Rotation auch für Führungskräfte denkbar. Das hat z.B. Mövenpick erfolgreich in Deutschland getestet, indem Hoteldirektoren für 14 Tage in einem anderen Hotel der Kette tätig

---

[217] Vgl. DEHOGA (Hrsg.), Jahrbuch 2003/2004, S. 86
[218] Vgl. Zegg, Arbeitsplatz, S. 84

waren. Jeder Hoteldirektor erhielt von seinem Kollegen einen konkreten Auftrag zur Analyse des Hotels. Auf diese Art und Weise konnten Erfahrungen eingebracht und Anregungen für die eigene Arbeit gewonnen werden.

Eine wichtige *Voraussetzung* für das Funktionieren von Job rotation ist die Vertrautheit der Mitarbeiter mit verschiedenen Arbeitsplätzen.

Job enlargement beinhaltet eine *Aufgabenerweiterung*. Verschiedene Tätigkeiten werden zu einer größeren Aufgabe zusammengefasst. Vor allem für kleinere Betriebe ist das eine Möglichkeit, das Personal flexibel einzusetzen. So ist z.B. dort eine Personalunion von Koch und Servicemitarbeiter oder von Empfangs- und Servicemitarbeiter denkbar.

Job enrichment bezeichnet die *Anreicherung* der Arbeit durch einen höheren *Schwierigkeitsgrad* oder höheren *Entscheidungsspielraum* für die Mitarbeiter. Das kann in der Hotellerie an den Arbeitsplätzen angebracht sein, die bisher nur geringe Anforderungen an die Mitarbeiter stellten, obwohl diese Mitarbeiter über höhere Qualifikationen verfügen. Job enrichment eignet sich ebenfalls für solche Stellen, bei denen durch die Übertragung von Verantwortung oder Entscheidungskompetenz immaterielle Anreize zur Mitarbeitermotivation gesetzt werden können.

Unter einer *teilautonomen Arbeitsgruppe* versteht man eine Gruppe, der nicht nur ein bestimmter Umfang an Arbeiten übertragen wird, sondern auch Planungs-, Regulierungs- und Kontrollkompetenz. Der Grad der Autonomie kann dabei unterschiedlich hoch sein.[219]

So können z.B. in einem Clubhotel die Aufgaben an der Rezeption, die Gästebetreuung, die Gästebewirtung (z.B. an der Poolbar) und die Gästeunterhaltung (Animation) zusammengefasst und einem Team übertragen werden. Die Gruppe entscheidet im Rahmen vorgegebener Ziele selbst über die Art der Ausführung, die Arbeitsmethoden, die Verteilung der Arbeiten innerhalb der Gruppe oder über Zeitvorgaben.

---

[219] Vgl. Kissling, Arbeitsgestaltung, S. 151 ff.

8.7 Mitarbeitermotivation und Führungsstil
8.7.1 Die optimale Leistung als Ziel des Motivierungsprozesses

Der Erfolg des Hotelbetriebes hängt nicht zuletzt davon ab, wie produktiv die Mitarbeiter bei der Erstellung der Hotelleistung eingesetzt werden. Ein zentrales Anliegen des Managements ist es daher, das in einem Mitarbeiter angelegte physische und psychische Leistungspotenzial zu erschließen, um es für die Umsetzung der Ziele des Hotelbetriebes zu nutzen. Daraus ergibt sich die Aufgabe, die optimale Leistung des Mitarbeiters zu ermöglichen.

Unter *optimaler Leistung* ist die Gesamtheit aller Leistungen zu verstehen, die der Mitarbeiter auf Grund seiner Qualifikation und in seiner Funktion dauerhaft erbringen kann.
Das bedeutet nicht nur, eine hohe Arbeitsmenge zu erzielen, sondern schließt auch die Art und Weise ein, wie diese Leistung erbracht wird. Das betrifft den sparsamen Umgang mit Material (z.B. Reinigungsmittel) oder Energie, die Schonung und Pflege der Einrichtungen, Ausstattungen, Ausrüstungen (z.B. Vermeidung von Bruch). Auch die Abgabe von arbeitsplatzspezifischen oder arbeitsplatzübergreifenden Verbesserungsvorschlägen, die Kooperationsbereitschaft oder Hilfsbereitschaft gegenüber anderen Mitarbeitern oder die aktive Bereitschaft zur Vermeidung von Leerzeiten u.a.m. gehören dazu.

Das sind *Verhaltensweisen*, die meist nicht unter die Pflichten fallen, die dem Mitarbeiter aus seinem Arbeitsvertrag erwachsen. Er kann sich zurückhalten, ohne dass ihm Pflichtverletzungen vorgeworfen werden. Er kann aber auch freiwillig o.g. Verhaltensweisen zeigen auf Grund einer positiven inneren Einstellung zu seiner Arbeit und zum Hotel. Der Mitarbeiter bringt auf diese Art und Weise Goodwill in seine Tätigkeit ein.

Die optimale Leistung besteht dann aus zwei Komponenten: dem arbeitsvertraglichen Pflichtbeitrag und dem freiwilligen Goodwill-Beitrag. Sie hängt u.a. ab von
- den physischen und psychischen Leistungspotenzialen des Mitarbeiters bzw. seiner Leistungsfähigkeit,
- der Bereitschaft des Mitarbeiters zur Leistung,

- seiner Persönlichkeit,
- der Arbeitssituation,
- dem Führungsstil.

Entscheidend für die optimale Leistung sind vor allem die Bereitschaft zur Leistung und der Führungsstil.

Abbildung 125: Einflussfaktoren der optimalen Leistung

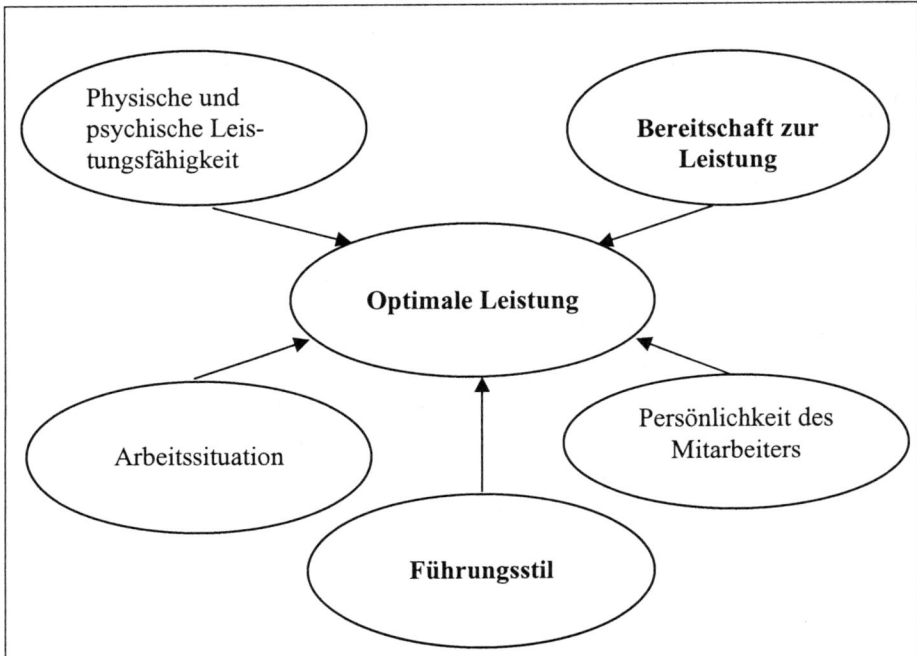

Um die optimale Leistung der Mitarbeiter zu erreichen, hat das Management die Aufgabe, den arbeitsvertraglich fixierten Pflichtbeitrag einzufordern und den freiwillig zu erbringenden Goodwill-Beitrag zu aktivieren und auszuschöpfen. Darauf ist die Motivation auszurichten.

8.7.2 Die Einflussfaktoren auf die Motivation

Die Bereitschaft zur Leistung kann beim Mitarbeiter von außen oder innen bewirkt werden.

Von außen geschieht das durch Zwang. Er kann dort gerechtfertigt sein, wo Arbeitsdisziplin und -ordnung mit allen Mitteln aufrechterhalten werden müssen. Zwang erzeugt jedoch im Mitarbeiter immer

eine Abwehrhaltung und blockiert das Goodwill-Potenzial. Insofern scheint er auch nicht geeignet, um die optimale Leistung zu erreichen.
Von innen kann die Bereitschaft zur Leistung durch Motivation bewirkt werden.

Motivation wird in einem doppelten Sinn verstanden. Einmal sind es die in einem Individuum wirkenden Beweggründe für ein bestimmtes Handeln und Verhalten. Zum anderen wird darunter der Prozess verstanden, in dem die Antriebe aktiviert, d.h. in tatsächliches Handeln umgesetzt werden.
Durch Motivation soll erreicht werden, einen Mitarbeiter innerhalb seiner Arbeitswelt zum Handeln anzuregen, um die Ziele des Hotels besser, leichter und schneller zu erreichen.[220] Sie führt zu einer positiven Einstellung gegenüber der Hotelunternehmung, was sich letztlich in einem positiven Arbeitsverhalten äußert, das geeignet ist, nicht nur die Unternehmensziele zu verwirklichen, sondern auch Ausdruck der Zufriedenheit des Mitarbeiters im Arbeitsprozess ist.

Die Motivation wird durch eine Reihe von *Faktoren* gefördert. Das können z.B. sein:
- Anreize materieller Art (z.B. Entlohnung, geldwerte Vorteile, Erfolgsbeteiligung) und immaterieller Art (z.B. Aufstiegsmöglichkeiten, Weiterbildung, Sicherheit des Arbeitsplatzes),
- die Arbeitsbedingungen (z.B. Arbeitszeiten, Arbeitsablauf, Arbeitsgestaltung),
- die Arbeitsorganisation (z.B. Job rotation, Job enlargement, Job enrichment),
- die Arbeitsaufgaben,
- die Information der Mitarbeiter,
- die Mitsprache der Mitarbeiter,
- der Führungsstil.

Diese Faktoren werden von den Mitarbeitern je nach ihrer Stellung im Hotelbetrieb oder ihrer Qualifikation unterschiedlich gewichtet. So haben z.B. bei an- und ungelernten Mitarbeitern materielle Anreize oder die Arbeitsbedingungen einen höheren Stellenwert als bei höher qualifizierten Mitarbeitern, denen immaterielle Anreize, wie

---

[220] Vgl. Kaspar, Management, S. 211

Aufstiegsmöglichkeiten, Arbeitsaufgaben oder das Image des Hotels wichtiger sein können. In der Hotellerie ist häufig zu verzeichnen, dass auf Grund eines niedrigen Lohnniveaus die Wirkung materieller Anreize überwiegt.
Diese Faktoren wirken auch i.d.R. nicht einzeln, sondern zwischen ihnen bestehen vielfältige Zusammenhänge.

Abbildung 126: Einflussfaktoren auf die Motivation

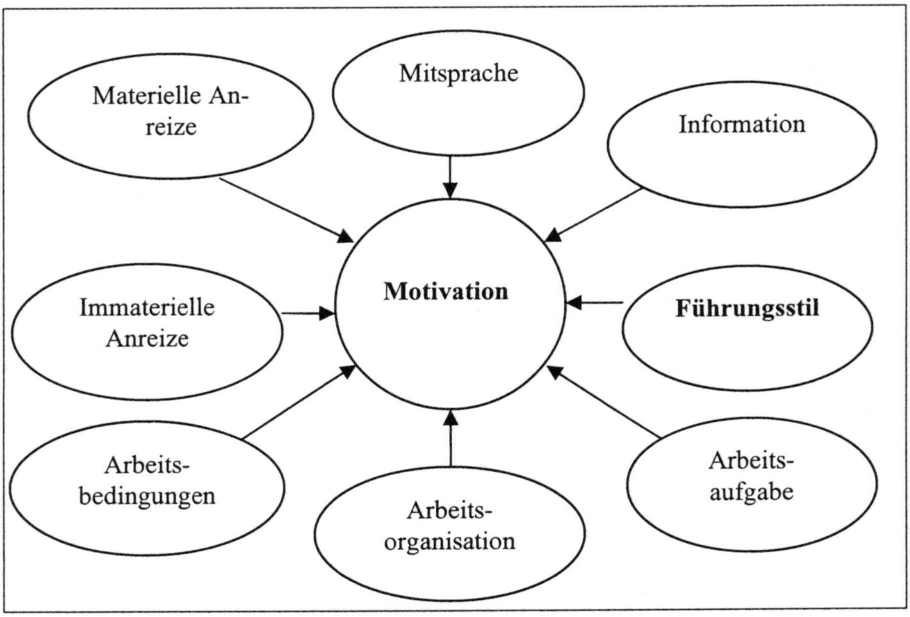

8.7.3 Die Ziele und Dimensionen des Führungsverhaltens
8.7.3.1 *Die Ziele des Führungsverhaltens*
Führungsverhalten wird durch den Führungsstil bewirkt. Unter dem *Führungsstil* ist die Art und Weise zu verstehen, wie eine Führungskraft den Mitarbeitern begegnet und auf ihr Verhalten einwirkt.
Die *Ziele* des Führungsverhaltens resp. Führungsstils bestehen darin,
- die Mitarbeiter zu veranlassen, eine optimale Leistung entsprechend ihrer Qualifikation, ihrer Funktion und unter gegebenen Bedingungen zu erbringen,
- alle Möglichkeiten auszuschöpfen, damit die Mitarbeiter für eine optimale Leistung auch ein Optimum an Belohnungswerten erhalten. Der Mitarbeiter muss erleben können, dass er für mehr

Leistung auch mehr Belohnung (materieller oder immaterieller Art) erhält. Das erhöht seine Arbeitszufriedenheit und schafft ein positives Arbeitserlebnis, trotz oft ungünstiger Arbeitsbedingungen im Hotel.
- einen qualifizierten Mitarbeiterstamm aufzubauen und zu erhalten. Eine hohe Fluktuation ist häufig ein Hinweis darauf, dass es Defizite im Führungsverhalten gibt.
- positive Führungsbeziehungen aufzubauen, um Spannungen in der Zusammenarbeit möglichst zu vermeiden.

Führung ist stets mit *Autorität* verbunden, die in unterschiedlichen Formen auftritt:[221]
1. als *formale* Autorität
   Sie ist stellengebunden und durch die Organisation gegeben, die Über- bzw. Unterstellungen sowie Rechte und Pflichten festlegt. Durch die formale Autorität ist die Führungskraft berechtigt und verpflichtet Anordnungen zu erteilen, Kontrollen durchzuführen, Leistungen zu beurteilen, Leistungen zu belohnen u.a.. Die formale Autorität ist nicht an die Person gebunden.
2. als *fachliche* Autorität
   Die fachliche Autorität beruht auf den Fähigkeiten der Führungskraft, in konkreten, für den betrieblichen Ablauf wichtigen Problemsituationen sachgerecht entscheiden und handeln zu können. Sie unterscheidet nach fachlichem Können (z. B. beim Küchenchef) und / oder der Erfüllung von Führungsaufgaben und Führungsqualitäten (z. B. beim Personalchef). Die fachliche Autorität ist an die Person gebunden.
3. als *personale* Autorität
   In der personalen Autorität werden die persönlichen Eigenschaften der Führungskraft im zwischenmenschlichen Bereich anerkannt, wie z.B. Vertrauen, Integrität oder Hilfsbereitschaft. Die personale Autorität ist ebenfalls an die Person gebunden.

Wird eine Stelle nicht nach anforderungsadäquater Befähigung, sondern auf Grund von Beziehungen besetzt, entsteht ein Widerspruch zwischen der beanspruchten Autorität, die sich aus der Stelle ergibt (formale Autorität) und der tatsächlich vorhandenen fachlichen und personalen Autorität. Das wirkt kontraproduktiv.

---

[221] Vgl. Zegg, Arbeitsplatz, S. 177

Autorität hat dann einen motivierenden Einfluss, wenn sie auf fachlicher und personaler Autorität basiert und nicht nur auf der formalen Überlegenheit, die sich aus der Position der Führungskraft in der betrieblichen Hierarchie ergibt.

8.7.3.2 Die Dimensionen des Führungsverhaltens

Die Art und Weise wie Mitarbeiter motiviert werden und wie sich die Beziehungen zwischen Führungskraft und Mitarbeiter gestalten, kann grundsätzlich in zwei Richtungen gesehen werden:

1. *aufgaben-, leistungs- bzw. zielorientiert*
   Bei der Aufgaben-, Leistungs- bzw. Zielorientierung werden die Beziehungen zwischen Vorgesetztem und Mitarbeitern durch die zu erbringenden Leistungen und zu erfüllenden Ziele bestimmt. Die Führungsfunktionen Planen, Organisieren und Kontrollieren sind darauf ausgerichtet.
2. *personen- bzw. mitarbeiterorientiert*
   Bei der Personen- bzw. Mitarbeiterorientierung stehen in den Beziehungen zwischen Vorgesetztem und Mitarbeiter die persönlichen Bedürfnisse und die Erwartungen der Mitarbeiter im Mittelpunkt.

Das Führungsproblem besteht darin, beide Aspekte zu integrieren. Je nachdem, wie die Dimensionen im Führungsverhalten ausgeprägt sind, spricht man von zielorientierten, aufgaben- bzw. leistungsbezogenen Führungsstilen oder von mitarbeiter- bzw. personenbezogenen Führungsstilen.

Auch in der Hotellerie ergibt sich das Problem, einerseits den Wirkungszusammenhang von Leistung und Zufriedenheit herzustellen und andererseits den Mitarbeiter nicht nur als Produktivitätsfaktor, sondern als Persönlichkeit mit eigenen Zielen, Motiven und Erwartungen zu sehen.

Die beiden Dimensionen im Führungsverhalten können sehr unterschiedlich ausgeprägt sein.

Eine der bekanntesten Darstellungen von Führungsverhalten in seiner Zweidimensionalität ist das Verhaltensgitter (managerial grid) von Blake und Mouton, das die sachlichen Aspekte (aufgaben-, leistungs-, zielorientiert) und die sozio-emotionalen Aspekte (mitarbeiter- / personenbezogen) berücksichtigt.

Abbildung 127: Das Verhaltensgitter von Blake / Mouton

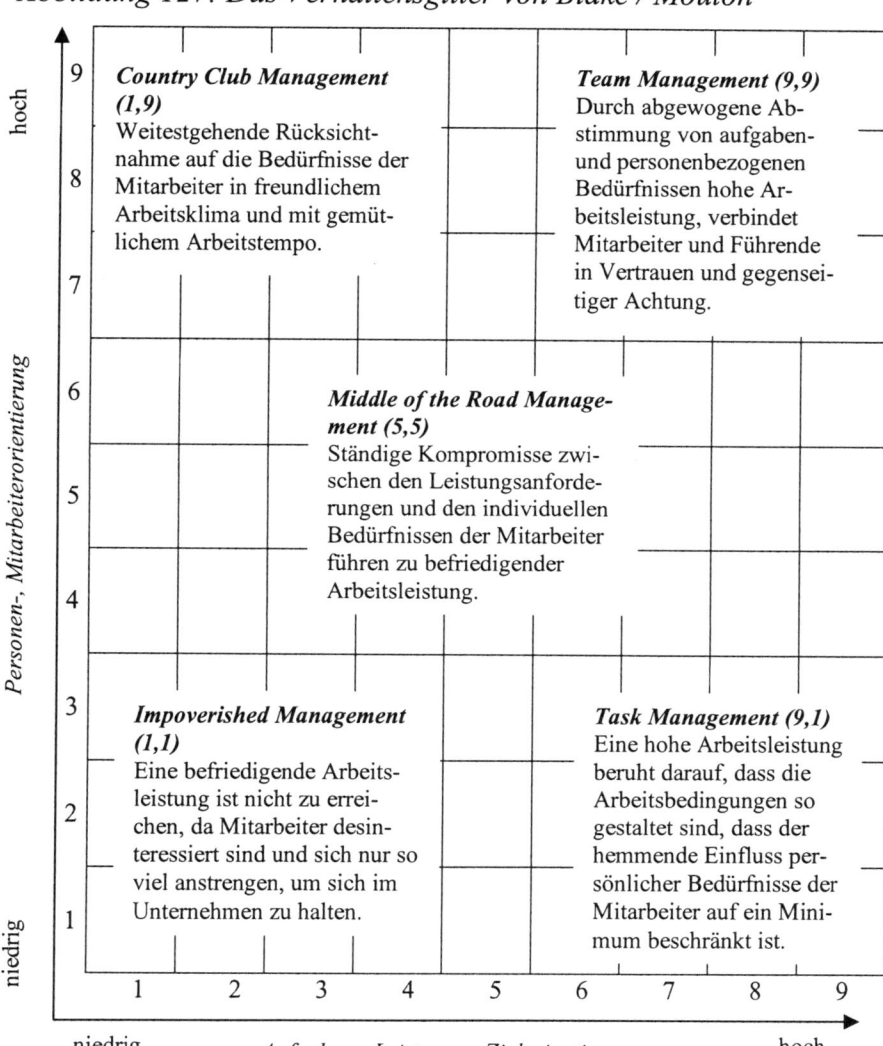

Quelle: Schierenbeck, Grundzüge, 15., S. 98

Aus dieser Darstellung kann geschlussfolgert werden, dass ein bestimmtes Führungsverhalten unterschiedliche Reaktionen bei den Mitarbeitern hervorruft und dass ein Führungsstil dann erfolgreich ist, wenn beide Dimensionen des Führungsverhaltens in hohem Maße ausgebildet sind.

Das unterschiedliche Führungsverhalten kann jeweils wie folgt charakterisiert werden: [222]

1,1 Führungsverhalten: Impoverished Management
Eine befriedigende Arbeitsleistung ist nicht zu erreichen, da die Mitarbeiter desinteressiert sind und sich nur so viel anstrengen, um sich im Unternehmen zu halten.
Typisch für ein solches Führungsverhalten ist eine niedrige Ziel- und Mitarbeiterorientierung. Der Vorgesetzte (z.B. der Schichtführer im Empfang) fühlt sich in keiner Weise für die Erreichung der Unternehmensziele verantwortlich, sondern beschränkt sich darauf, Vorschriften einzuhalten. Er zeigt wenig Interesse an den ihm unterstellten Mitarbeitern und übt kaum Einfluss auf sie aus. Er fungiert als „Bote", indem er Anweisungen von oben nach unten weitergibt.
Die Mitarbeiter reagieren mit geringer Kreativität, mangelndem Interesse am Betriebsgeschehen und arbeiten nur so viel, dass sie nicht in Schwierigkeiten kommen. Sie empfinden jedoch auch Mangel an Führung und Motivation und setzen ihr Goodwill-Potenzial nicht ein.

1,9 Führungsverhalten: Country Club Management
Es erfolgt die weitestgehende Rücksichtnahme auf die Bedürfnisse der Mitarbeiter in freundlichem Arbeitsklima und mit gemütlichem Arbeitstempo. Bei niedriger Zielorientierung, d.h. den betrieblichen Zielen wird geringes Interesse entgegengebracht, liegt eine hohe Mitarbeiterorientierung vor.
Der Vorgesetzte ist bestrebt, die zwischenmenschlichen Beziehungen angenehm zu gestalten. Er erlaubt eine entspannte Disziplin, übt „Verzeihen" und „Vergessen" und bevorzugt die Ideen und Wünsche der Mitarbeiter gegenüber seinen eigenen.
Die Mitarbeiter arbeiten in einer entspannten, ruhigen Atmosphäre. Sie haben allerdings keine klaren Vorstellungen von den Leistungen, die von ihnen erwartet werden und zeigen demzufolge auch eine geringe Kreativität. Sie würdigen die Bemühungen des Vorgesetzten, finden ihn sympathisch bis kumpelhaft, zeigen ihm gegenüber aber oft keinen Respekt. Engagierte und ehrgeizige Mitarbeiter, z.B. solche mit Karriereplänen, sind oft frustriert.

---

[222] Vgl. Zegg, Arbeitsplatz, S. 179ff.; Jamin u.a., Organisation, S. 61 ff.

9,1 Führungsverhalten: Task Management
Eine hohe Arbeitsleistung beruht darauf, dass die Arbeitsbedingungen so gestaltet sind, dass der hemmende Einfluss persönlicher Bedürfnisse der Mitarbeiter auf ein Minimum beschränkt ist. Bei diesem Führungsverhalten liegt eine hohe Zielorientierung und niedrige Mitarbeiterorientierung vor.
Der Vorgesetzte ist eindeutig leistungsorientiert. Er richtet sich nach den Zielen des Hotels, übernimmt volle Verantwortung für seinen Bereich und zeigt eine hohe Einsatzfreude, die er auch von seinen Mitarbeitern erwartet. Die Bedürfnisse seiner Mitarbeiter interessieren ihn jedoch kaum, an zwischenmenschlichen Beziehungen im Arbeitsprozess ist ihm wenig gelegen. Kommunikation findet nur statt, um Anordnungen weiterzuleiten.
Die Mitarbeiter haben eine klare Vorstellung von den Leistungen, die von ihnen erwartet werden. Sie bemühen sich, die Leistungsziele und Erwartungen zu erreichen und beklagen sich niemals in Anwesenheit des Vorgesetzten. Existierende Konflikte und Spannungen werden oft verschwiegen. Die Mitarbeiter erhalten selten Anerkennung für Ideen oder Vorschläge, was zu einer eingeschränkten Kreativität, möglicherweise sogar zu einer „negativen Kreativität" (z.B. unentschuldigtes Fehlen, Fluktuation) führen kann.

9,9 Führungsverhalten: Team Management
Durch die Abstimmung von aufgaben- und personenbezogenen Bedürfnissen werden hohe Arbeitsleistungen erreicht. Die Mitarbeiter und der Vorgesetzte arbeiten in Vertrauen und gegenseitiger Achtung. Bei diesem Führungsverhalten liegt eine hohe Zielorientierung bei gleichzeitiger hoher Mitarbeiterorientierung vor.
Der Vorgesetzte ist davon überzeugt, dass die Mitarbeiter ein Ziel brauchen und versucht, die persönlichen Bedürfnisse der Mitarbeiter mit den Unternehmenszielen so zu verbinden, dass eine optimale Leistung erreicht wird. Er ist bestrebt, Entscheidungen im Team zu treffen und fördert Selbstkontrolle sowie Selbstdisziplin. Auftretende Fehler werden nicht für Tadel benutzt, sondern als Lehrbeispiele. Die Mitarbeiter sehen im Vorgesetzen einen Berater, Trainer oder Helfer, der ein hohes Maß an Selbständigkeit fordert. Ihre Kreativität wird gefördert, indem ihnen individuelle Handlungsspielräume gewährt werden, die allerdings durch klare Zielvorstellungen abgegrenzt sind. Sie sind aktiv in Entscheidungsfindungen einbezogen, zeigen Teamgeist und äußern offen und ehrlich ihre Meinung.

5,5 Führungsverhalten: Middle of the Road Management
Ständige Kompromisse zwischen den Leistungsanforderungen und den individuellen Bedürfnissen der Mitarbeiter führen zu einer befriedigenden Arbeitsleistung. Dieses Führungsverhalten stellt einen Kompromiss dar.
Der Vorgesetzte ist in seinem Verhalten ausgewogen, ohne sich oder seine Mitarbeiter besonders zu fordern. Er stellt durchschnittliche Ziele, vermeidet extreme Situationen oder Streit und erwartet auch nur durchschnittliche Mitarbeiter. Er versucht immer, einen „Mittelweg" zu finden.
Die Mitarbeiter passen sich an, halten sich an Regeln und sind kompromissbereit. Ihre Leistungen sind mittelmäßig, und sie versuchen, „Schritt zu halten". Sie zeigen ein mittelmäßiges Arbeitstempo und lassen sich nicht aus der Ruhe bringen. Ihr Streben nach Sicherheit ist stark ausgeprägt. Sie suchen Anerkennung durch äußere Erfolgsmerkmale.

Durch die Klassifikation von Führungsverhalten lassen sich Führungsstile abgrenzen. In Alternativen kann verdeutlicht werden, inwieweit der Vorgesetzte die Mitarbeiter in den Willensbildungsprozess einbezieht.
Die alternativen Führungsstile reichen vom autoritären Führungsstil bis zum demokratischen Führungsstil. Dabei ist allerdings zu beachten, dass in der Praxis die Führungsstile in ihrer reinen Form kaum vorkommen. Das gilt auch für die Hotellerie.

Abbildung 128: Die Charakterisierung alternativer Führungsstile

Bezeichnung des Führungsstils	Charakteristik	
Autoritär	Vorgesetzter entscheidet, setzt durch, notfalls mit Zwang	Willensbildung beim Vorgesetzten
Patriarchalisch	Vorgesetzter entscheidet, setzt mit Manipulation durch	
Informierend	Vorgesetzter entscheidet, setzt mit Überzeugung durch	
Beratend	Vorgesetzter informiert, Betroffene äußern ihre Meinung	
Kooperativ	Gruppe entwickelt Vorschläge, Vorgesetzter wählt aus	Willensbildung beim Mitarbeiter
Partizipativ	Gruppe entscheidet in vereinbartem Rahmen autonom	
Demokratisch	Gruppe entscheidet autonom, Vorgesetzter wirkt als Koordinator	

Quelle: in Anlehnung an Schierenbeck, Grundzüge, 10., S. 85

8.7.4 Die Anwendung alternativer Führungsstile
8.7.4.1 Der autoritäre Führungsstil

Der autoritäre Führungsstil ist in der Hotellerie verhältnismäßig weit verbreitet, besonders in der Individualhotellerie.

Er ist dadurch gekennzeichnet, dass Entscheidungen ausschließlich vom Vorgesetzten getroffen werden und die Mitarbeiter diese in verbindlichen Anweisungen und Reglementierungen erhalten. Die Mitarbeiter haben sich grundsätzlich unterzuordnen. Es besteht meist wenig Kontakt zwischen Vorgesetztem und den Mitarbeitern. Informationen zwischen Vorgesetztem und Mitarbeiter bleiben auf ausgewählte, meist technisch-organisatorische Fragen beschränkt. Die Fähigkeiten der Mitarbeiter werden oft nicht genutzt, was dazu führt, dass Eigeninitiative und Kreativität fehlt.

Da keine Entscheidungsbefugnisse delegiert werden, ist der Vorgesetzte häufig überlastet und muss viel Zeit für die Kontrolle der Mitarbeiter aufbringen. Der Erfolg oder Misserfolg des Hotels bzw. einer Abteilung hängt stark vom Vorgesetzten ab, da von den Mitarbeitern keine Mitverantwortung übernommen und auch nicht gewünscht wird.

Bei einem autoritären Führungsstil ist außerdem die Entwicklung von Führungskräften aus den eigenen Reihen beeinträchtigt, da die Mitarbeiter nicht gewöhnt sind, Eigenverantwortung, Initiative und Selbständigkeit zu entwickeln.

8.7.4.2 Der patriarchalische Führungsstil
In der kleinstrukturierten Hotellerie ist der patriarchalische Führungsstil verhältnismäßig weit verbreitet.

Der patriarchalische Führungsstil ist dadurch geprägt, dass der Hotelier als Vorgesetzter ohne Anhörung der Beteiligten entscheidet, aber zugleich seine Mitarbeiter schützt und die Zwecke fördert, die nicht nur seinen Interessen, sondern auch denen seiner Mitarbeiter entsprechen.

Als Patriarch fühlt er sich für alle fachlichen und sozialen Fragen allein verantwortlich und stellt an sich selbst hohe persönliche Anforderungen. Das wird besonders in Familienbetrieben deutlich, wo der Patriarch oft auch der Gründer des Unternehmens und meist stark traditionsgebunden ist.

Die Praxis zeigt allerdings, dass mit einem solchen Führungsstil Probleme auftreten, wenn Zusammenhänge komplizierter oder Traditionen zum Ballast werden. Der Patriarch ist dann meist überfordert. Es entstehen auch Probleme, wenn er nicht zur Verfügung steht (z.B. im Krankheitsfall) oder wenn seine Nachfolge angetreten wird und der Nachfolger den hohen persönlichen Anforderungen nicht gerecht werden kann oder will.

8.7.4.3 Kooperative – demokratische Führungsstile
Die kooperativen bis demokratischen Führungsstile sind u.a. dadurch gekennzeichnet, dass die Mitarbeiter in die für sie wichtigsten Entscheidungen einbezogen werden und der Vorgesetzte und die Mitarbeiter im Team arbeiten. Die Kommunikation erfolgt auf gleichberechtigter Ebene. Notwendige Anordnungen werden zum Mitarbeitergespräch, wobei der Vorgesetzte zum Handeln anregt. Verantwortungen und Kompetenzen werden delegiert, womit Kontrolle zur Selbstkontrolle der Mitarbeiter möglich wird.

Diese Führungsstile entlasten den Vorgesetzten von zeitaufwendigen Detailaufgaben. Sie sind jedoch an bestimmte Voraussetzungen gebunden, wie z.B. an klare Organisationsstrukturen mit Kompetenz-

und Verantwortungsregelung. Sie setzen ein klares Zielsystem voraus, durch welches die Maßstäbe für die Mitarbeiter festgelegt sind. Ebenso sind qualifizierte Mitarbeiter nötig, die Verantwortung übernehmen können und wollen.

Zu beachten ist, dass kooperative, partizipative oder demokratische Führungsstile mehr Zeit für die Entscheidungsfindung benötigen. Unzureichend qualifizierte Mitarbeiter können sich durch die Übernahme von Verantwortung überfordert fühlen. Sie wünschen dann in Problemsituationen einen autoritären Führungsstil ohne eigene Verantwortung.

Der jeweils praktizierte Führungsstil ist stark von der Persönlichkeitsstruktur der Führungskraft geprägt und ist immer an bestimmte Voraussetzungen gebunden.

8.7.5 Die Effizienz von Führungsstilen

Die Effizienz von Führungsstilen ist nicht grundsätzlich und eindeutig bestimmbar. Ob ein bestimmter Führungsstil effizient ist oder nicht, hängt von Rahmenbedingungen bzw. verschiedenen *situativen Komponenten* ab:

1. von den zu verrichtenden *Aufgaben*
   Für Routineaufgaben oder Aufgaben, die wenig Eigeninitiative erfordern, ist ein autoritärer Führungsstil durchaus geeignet. Da solche Aufgaben eine geringe Originalität verlangen, klar überschaubar sind und kaum Kommunikation, sondern Pflichtbewusstsein und Zuverlässigkeit voraussetzen, kann vom Vorgesetzten ohne Einbeziehung der Mitarbeiter schnell und richtig entschieden werden.
   Bei nicht ständig wiederkehrenden Aufgaben, Aufgaben mit kreativen Arbeitsinhalten oder Aufgaben, die Eigeninitiative und Flexibilität der Mitarbeiter erfordern, ist eine intensive Kommunikation zwischen Vorgesetztem und den Mitarbeitern auf gleichberechtigter Basis erforderlich. Hier ist ein kooperativer, partizipativer oder demokratischer Führungsstil effizienter.

2. von der *Qualifikation* der Mitarbeiter
   Ein autoritärer Führungsstil kann effizient sein, wenn ein starkes Bildungs- bzw. Qualifikationsgefälle zwischen Vorgesetztem und Mitarbeitern besteht. Mitarbeiter fordern in diesem Fall ein geringeres Maß an Mitbestimmung, Verantwortung und Eigeninitiative und verhalten sich sicherheitsorientiert.
   Demgegenüber setzt ein kooperativer, partizipativer oder demokratischer Führungsstil ein geringes Niveaugefälle zwischen Führungskraft und Mitarbeitern voraus, d.h. es muss ein relativ hohes Qualifikationsniveau der Mitarbeiter vorhanden sein. Qualifizierte Mitarbeiter haben i.d.R. eine hohe Leistungsmotivation, sie sind aufgeschlossen und kreativ, so dass Aufgaben und Verantwortung delegiert werden können. Die Mitarbeiter sind folglich in der Lage, eigenverantwortlich Aufgaben effizient zu lösen.

3. von der *Motivationsstruktur* der Mitarbeiter
   Sie ist im Zusammenhang mit dem Qualifikationsniveau der Mitarbeiter zu sehen. So steht i.d.R. bei weniger qualifizierten Mitarbeitern der Wunsch nach Befriedigung materieller Bedürfnisse (Lohn) stärker im Vordergrund als immaterieller Bedürfnisse (Karrieremöglichkeiten). Daher können mit entsprechenden materiellen Anreizen bei an- und ungelernten Mitarbeitern und mit Hilfe eines autoritären Führungsstiles durchaus hohe Leistungen erreicht werden.

4. die zur Verfügung stehende *Zeit*
   Müssen Aufgaben ohne großen Zeitverzug ausgeführt werden (z.B. Einführung einer Neuerung), kann das eine stärkere Aufgaben- bzw. Zielorientierung notwendig machen. Demzufolge kann auch ein autoritärer Führungsstil geeignet sein, diese Aufgaben effizient zu lösen. Im Gegensatz dazu benötigen kooperative, partizipative oder demokratische Führungsstile stets Zeit für die Entscheidungsfindung, da die Mitarbeiter in den Prozess der Entscheidungsfindung einbezogen werden.

Es zeigt sich gerade auch in der Hotellerie, dass nicht ein bestimmter Führungsstil als ideal angesehen werden kann, sondern der jeweiligen Situation anzupassen ist.[223]

Ausgehend davon, dass das Qualifikationsniveau der Mitarbeiter in der Hotellerie zunimmt und hoch motiviertes Personal für die Qualität der Hotelleistung entscheidend ist, muss ein kooperativer, partizipativer oder demokratischer Führungsstil bevorzugt werden. Damit sind im Vergleich zum autoritären Führungsstil qualifiziertere Entscheidungen möglich. So entwickeln Mitarbeiter im Prozess ihrer Mitwirkung viel stärker Ideen und Vorschläge, mit denen auch komplizierte Probleme gelöst werden können. Durch die Delegation von Aufgaben und Kompetenzen nehmen das Verantwortungsbewusstsein der Mitarbeiter sowie ihre Motivation zu, was letztendlich einen positiven Einfluss auf die optimale Leistung hat.

Da Führungsverhalten auch durch die *Unternehmenskultur* bestimmt wird, ist für die Hotellerie ein weiterer Aspekt von Bedeutung. Gerade in international tätigen Hotelketten wird die Unternehmenskultur von Multinationalität der Gäste, Mitarbeiter oder des Führungspersonals sowie sozialen und kulturellen Gegebenheiten des jeweiligen Standortes beeinflusst. Daraus ergeben sich für die Führung der einzelnen Hotelbetriebe von Hotelkonzernen unterschiedliche Ansätze:[224]

- ein *ethnozentrischer* Ansatz, der multikulturelle Unterschiede und Gemeinsamkeiten nur gering berücksichtigt und die Unternehmenskultur des „Stammhauses" betont.
- ein *polyzentrischer* (bilateraler) Ansatz, der multikulturelle Unterschiede hervorhebt, aber die Gemeinsamkeiten nur gering ausprägt. Es werden die lokalen Strukturen betont und die Mitarbeiter zumeist vor Ort rekrutiert. Im Führungsstil werden die lokalen Gegebenheiten berücksichtigt.
- ein *regionaler* (regio-zentrischer) Ansatz, der bei einem offenen Arbeitsmarkt im Rahmen geschlossener Wirtschaftsräume (z.B. die EU) zwar multikulturelle Gemeinsamkeiten betont, jedoch die eigene Betriebskultur und den Führungsstil der Zentrale hervorhebt.

---

[223] Vgl. Schierenbeck, Grundzüge, 15., S. 99
[224] Vgl. Buer, Gestaltung, S. 299

- ein *globaler* Ansatz, der versucht sowohl die kulturellen Unterschiede als auch Gemeinsamkeiten im Personalmanagement zu berücksichtigen. Ein solcher Ansatz hat zur Folge, dass die unterschiedlichen Kulturen der Gäste und Mitarbeiter berücksichtigt werden und der Hotelbetrieb in die Kultur des Standortes eingefügt ist.

8.7.6 Die Vermeidung von Führungsfehlern im Motivationsprozess

Im Motivationsprozess treten häufig Führungsfehler auf, wie z.B. mangelnde Anerkennung der Leistung oder fehlende Mitarbeitergespräche, um die Probleme der Mitarbeiter zu erkennen. Auf Hinweise von Mitarbeitern wird oftmals nicht reagiert oder Vorschläge werden ignoriert. Ein ungenügender Informationsaustausch mit den Mitarbeitern ist ebenso verbreitet.

Solche Fehler führen dazu, dass die grundlegenden Bedürfnisse des Mitarbeiters im Arbeitsprozess nicht ausreichend befriedigt werden.[225] So wird einem vorhandenen Leistungsmotiv nicht entsprochen, wenn z.B.

- Gespräche mit Mitarbeitern fehlen oder die Mitarbeiter sich durch den Vorgesetzten nicht genügend informiert fühlen, werden vorhandene Kontaktbedürfnisse nicht befriedigt,
- Vorschläge von Mitarbeitern negiert oder blockiert werden, wird das Bedürfnis nach Anerkennung vernachlässigt,
- die Leistung des Mitarbeiters nicht anerkannt oder auf Vorschläge nicht reagiert wird.

Die Resignation des Mitarbeiters ist die Folge. Es kommt zur „inneren" Kündigung, d.h. einer bewussten oder unbewussten Distanzierung des Mitarbeiters vom Engagement an seinem Arbeitsplatz. Die „innere" Kündigung ist kein spontaner Entschluss, sondern ein Prozess, der sich allmählich entwickelt und erkannt werden kann.

---

[225] Vgl. Stopp, Kündigung, S. 3

Signale dafür können u.a. sein: [226]
- häufiges Fehlen, besonders in schwierigen Situationen,
- hoher Krankenstand,
- nachlassende Arbeitsquantität und -qualität,
- Desinteresse an betrieblichen Problemen,
- Arbeit nach Vorschrift,
- Unterlaufen von Anordnungen und destruktive Kritik,
- Desinteresse an Informationen,
- Nachlassende oder fehlende Bereitschaft zur Kooperation,
- Distanz oder Gleichgültigkeit Gästen gegenüber.

Sind Signale der „inneren" Kündigung erkennbar, bieten sich als Führungsmittel *Mitarbeitergespräche* an. Sie können genutzt werden, um die Gründe für die „innere" Kündigung zu erkennen und den Mitarbeiter neu zu motivieren. Das Feststellen von Bedürfnisdefiziten, die Schaffung von Anreizen und die Festsetzung eines gewünschten Verhaltens sind Inhalt eines solchen Gespräches. Das Ziel besteht darin, das Goodwill-Potenzial im Mitarbeiter zu aktivieren und ihn zur optimalen Leistung anzuregen.

Für ein erfolgreiches Gespräch sind Regeln der Gesprächsführung zu beachten. Eine Gesprächsführung, in der sich der Vorgesetzte weitgehend zurückhält und den Mitarbeiter zum offenen Sprechen anregt, ist zu bevorzugen.[227] Fehler, wie eine dominante oder oberflächliche Gesprächsführung durch den Vorgesetzten, die Verwendung von „Gesprächskillern" (z.B. Fragen, auf die nur mit Ja oder Nein geantwortet werden kann oder ständiges Unterbrechen sowie das Bewertung von Antworten), negative nonverbale Signale durch den Vorgesetzten, Zulassen von Gesprächsstörungen oder eine ungünstige Gesprächssituation sind unbedingt zu vermeiden. Der Vorgesetzte soll sich vielmehr auf das Gespräch gründlich vorbereiten. Dazu bietet sich eine Checkliste an, die ein erfolgreiches Gespräch ermöglichen soll.

Hinzuzufügen ist, dass sich Mitarbeitergespräche nicht nur eignen, um Defizite im Motivierungsprozess festzustellen, sondern als Füh-

---

[226] Vgl. ebenda, S. 5
[227] Vgl. Jung, Personalwirtschaft, S. 472

rungsmittel für die Leistungsbeurteilung und die Karriereplanung der Mitarbeiter genutzt werden können.

Abbildung 129: Beispiel einer Checkliste zur Gesprächsführung

Checkliste zur Gesprächsführung	
1. Inhalt	Was soll mit dem Gespräch erreicht werden? Was istnixhr verhandelbar? Was ist verhandelbar? Wo werden inhaltlich / fachlich / emotional die größten Schwierigkeiten gesehen?
2. Äußere Umstände	Vorbereitung desRaumes Ausschaöten von Störungen Festlegen der Gesprächszeit
3. Einstellung	Ich will verstehen, was der andere mir sagt. Ich will ohne Vorurteile in das Gespräch gehen. Ich will auf Angriffe oder Konter verzichten.
4. Gesprächseröffnung	Zuwendungf zum Partner Herstellung des Blickkontaktes Nennung / Vereinbarung des Anlasses,des Ziels und der Dauer des Gespräches
5. Gesprächsführung	Zuhören Sicht des Partners erfragen Gemeinsames Ordnen von Informationen Setzen und Bewertung von Prioritäten Festlegung gemeinsamer Lösungen Festlegung eines Kontrollzeitraumes

Quelle: Dettmer (Hrsg.), Personalwirtschaft, S. 119

Fragen und Aufgaben zum Kapitel 8

1. *Worin bestehen die Ziele und Aufgaben des Personalmanagements?*
2. *Welche Besonderheiten müssen im Personalmanagement in der Hotellerie berücksichtigt werden? Erstellen Sie sich eine Übersicht, in der die Besonderheiten und die Konsequenzen für das Personalmanagement deutlich werden!*
3. *Charakterisieren Sie das Personalproblem der Hotellerie und schlagen Sie Maßnahmen zur Lösung vor!*
4. *Welche Personalbedarfsarten können im Hotel unterschieden werden und warum ist eine solche Unterscheidung sinnvoll?*
5. *Welche Methoden der quantitativen Personalbedarfsplanung eignen sich für die Hotellerie? Begründen Sie Ihre Aussagen!*
6. *Berechnen Sie den Personalbedarf für eine Periode von 30 Tagen! Das Hotel verfügt über 100 Zimmer. Die durchschnittliche Auslastung beträgt 40 %. 60 % der Zimmer sind „Bleiberzimmer", 40 % der Zimmer sind „Abreisezimmer". Die durchschnittliche Bearbeitungszeit je „Bleiberzimmer" beträgt 20 Minuten, je „Abreisezimmer" 30 Minuten. Die durchschnittlich zur Verfügung stehende Arbeitszeit beträgt 156 Stunden im Monat. 15 % sind für Verteilzeit und andere Tätigkeiten (Reinigung öffentlicher Räume) zu berücksichtigen.*
7. *In welchen Personalmanagementprozessen können Stellenbeschreibungen genutzt werden?*
8. *Welche Aussagen liefert die Stellenbeschreibung für die qualitative Personalbedarfsplanung?*
9. *Nennen und bewerten Sie die Möglichkeiten der Personalbeschaffung!*
10. *Worauf hat das Management im Prozess der Mitarbeiterauswahl zu achten?*
11. *Warum ist die Einführung neuer Mitarbeiter eine Chance für Mitarbeiterengagement?*
12. *Begründen Sie die Notwendigkeit des flexiblen Personaleinsatzes!*
13. *Zeigen und bewerten Sie die Möglichkeiten des flexiblen Personaleinsatzes!*
14. *Was ist unter optimaler Leistung zu verstehen und welche Faktoren beeinflussen die optimale Leistung?*

15. Nennen und bewerten Sie am Beispiel Einflussfaktoren im Motivationsprozess!
16. Inwieweit hat Autorität einen motivierenden Einfluss auf das Verhalten von Mitarbeitern?
17. Worin bestehen die Ziele der Führungstätigkeit?
18. Diskutieren Sie am Beispiel das Verhalten von Führungskräften und Mitarbeitern bei unterschiedlicher Ausprägung von Ziel- und Mitarbeiterorientierung im Führungsstil!
19. Nennen und bewerten Sie die Komponenten zur Beurteilung von Führungsstilen in der Hotellerie!
20. Welche Ansätze sind in Führungsstilen international tätiger Hotelketten zu finden?
21. Welche hauptsächlichen Führungsfehler können im Motivationsprozess auftreten?
22. Welche Hinweise gibt es für die „innere" Kündigung von Mitarbeitern?
23. Bereiten Sie eine Checkliste für ein Mitarbeitergespräch vor, in dem Sie den Mitarbeiter überzeugen wollen, sein Goodwill-Potenzial stärker einzusetzen!

9 Investition und Finanzierung in der Hotellerie

9.1 Einordnung des Finanzierungsproblems in das Hotelmanagement

Zur Erhaltung ihrer Wettbewerbsfähigkeit sind Hotels gezwungen, ihr Angebot den sich verändernden Bedürfnissen ihrer Gäste anzupassen und neue Bedürfnisse zu wecken. Das erfordert Investitionen, d.h. finanzielle Mittel, mit denen ein bestimmtes Produkt-Markt-Konzept[228] umgesetzt werden kann.
Investition und Finanzierung sind in der Hotellerie sowohl eine Frage der Existenzgründung als auch der Existenzsicherung.

Bei der *Gründung* einer Hotelunternehmung entsteht das Problem, dass der Geldkreislauf beginnt, lange bevor das Hotel eröffnet wird. Es müssen Anlagen und Vorräte beschafft sowie Mitarbeiter eingestellt werden, noch bevor Umsatz getätigt wird. Damit entstehen Kosten, wie Vorinvestitionskosten und Voreröffnungskosten (Pre-Opening-Kosten).
Die Gründung einer Hotelunternehmung wird i.d.R. nicht mit genügend Eigenkapital finanziert. Vielfach muss Fremdkapital aufgenommen werden, um den Geldkreislauf in Gang zu setzen. Dabei sind vom Management Entscheidungen zu treffen, z.B. zu den Finanzierungsquellen, den Kapitalgebern, den Bedingungen, zu denen das Kapital zu bekommen ist oder wie es zurückgezahlt werden kann.

Nicht nur bei der Gründung einer Hotelunternehmung tritt das Problem der Finanzierung auf, sondern auch im laufenden Betrieb, bei der *Existenzsicherung*.
Der betriebliche Prozessablauf ist im Hotel durch zwei gegenläufige Ströme (Güterströme und Geldströme) sowie durch den leistungswirtschaftlichen und finanzwirtschaftlichen Bereich gekennzeichnet. Der leistungswirtschaftliche Bereich kann nur funktionieren, wenn die finanziellen Mittel zur Beschaffung der Produktionsfaktoren vorhanden sind und über den Markt, d. h. über den Absatz und den Konsum der Leistungen, zurückgewonnen werden.

---

[228] Vgl. Abschnitt 7.6

Dabei kommt beim Hotelbetrieb die Besonderheit hinzu, dass Leistungserstellung, Absatz und Konsum der Hotelleistung örtlich und zeitlich zusammenfallen.

Abbildung 130: Die Güter- und Geldströme im Hotel

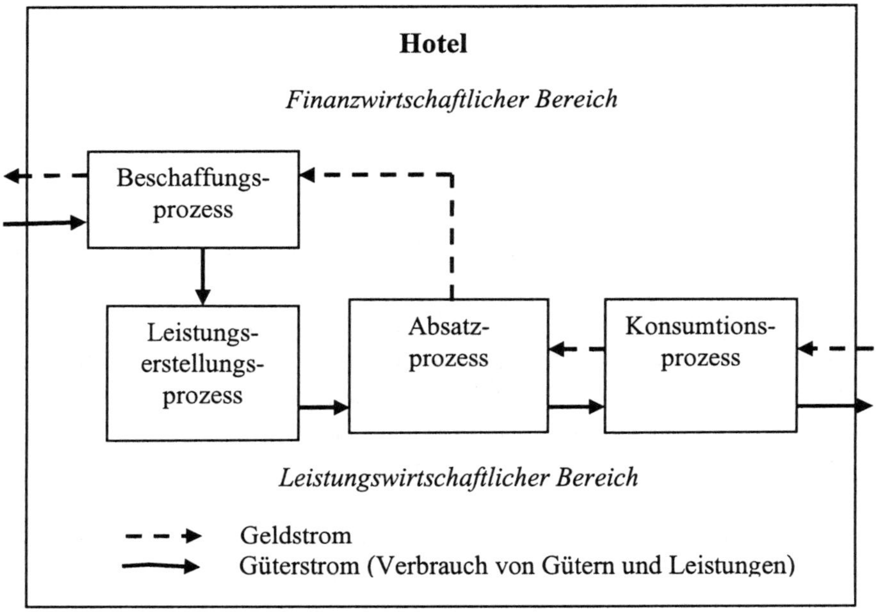

```
                                    Hotel
                          Finanzwirtschaftlicher Bereich

    ←---    Beschaffungs-  ←-------┐
    →       prozess                │
                │                  │
                ↓                  │
            Leistungs-          Absatz-      Konsumtions-
            erstellungs-   →    prozess   →  prozess       ←---
            prozess                           
                            
                      Leistungswirtschaftlicher Bereich

            ---→  Geldstrom
            ──→   Güterstrom (Verbrauch von Gütern und Leistungen)
```

Die Güterströme und Geldströme sind daher so zu gestalten, dass ein störungsfreier betrieblicher Leistungsprozess gewährleistet ist. Das ist Aufgabe des Managements.

Die Erhaltung der Wettbewerbsfähigkeit bedeutet für den laufenden Hotelbetrieb, dass auf Grund des Konkurrenzdruckes und der Notwendigkeit auf die Markterfordernisse einzugehen, kontinuierliche Modernisierungs- und Anpassungsinvestitionen in ein marktfähiges Hotelprodukt notwendig sind.

Darüber hinaus machen sich „Economies of Scale" dadurch bemerkbar, dass ein bestimmter Standard erst dann geboten werden kann, wenn eine entsprechende Betriebsgröße erreicht ist. Das ist mit entsprechenden Investitionen verbunden.

Bei Investitionsentscheidungen steht das Management eines Hotels vor folgenden *Herausforderungen*, denen durch die Finanzierung Rechnung zu tragen ist:

- Der *Kostendruck* steigt infolge der Verknappung von Ressourcen. So sind z.B. attraktive Hotelstandorte in Innenstadtlagen mit hohen und wachsenden Grundstückskosten verbunden.
- Durch das *Überangebot an Hotelkapazitäten* sinkt die Auslastung. Es verringern sich die Erträge, was letztlich zu sinkenden Eigenkapitalquoten führt. Dadurch ist nicht nur die Flexibilität von Hotelbetrieben eingeschränkt, sondern auch die finanzielle Stabilität und Kreditwürdigkeit der Hotels belastet.
- Der Hotelbetrieb ist ein *risikobehafteter Betrieb*, da ein starres Angebot einer sehr labilen Nachfrage gegenübersteht, die dem Einfluss vieler, vom Hotel nicht beeinflussbarer und auch unvorhergesehener Faktoren unterliegt. Der erwartete Erfolg einer Investition ist daher relativ unsicher.

Die Finanzierung eines Hotelbetriebes ist in den Bereich *unternehmenspolitischer* (im Unternehmensleitbild[229]) und *strategischer* Entscheidungen (im finanzwirtschaftlichen Konzept als Teil des Unternehmenskonzeptes[230]) einzuordnen.

In diesem Zusammenhang ist es Aufgabe des Managements, regelmäßig den notwendigen Kapitalbedarf zu ermitteln (z.B. im Rahmen des Investitionsbudgets[231]) und zu sichern und zwar so, dass für die Verwirklichung der Unternehmensziele stets genügend Kapital zur Verfügung steht. Damit sind Entscheidungen über den Zeitpunkt der Investition, die Finanzierungsformen, die Kapitalstruktur u.a.m. zu treffen.

Ausgangspunkt für Investitionen sind die im Produkt-Markt-Konzept getroffenen Entscheidungen. Hinzu kommen die Anforderungen, die sich an die äußere und innere Erschließung des Hotels ergeben (z.B. städtebauliche Einordnung des Hotels, An- und Abfahrten, Vorgaben durch den Denkmalschutz, Anordnung und Gestaltung von Räumen, Gestaltung des Freizeitbereiches usw.) und die vom Charakter des Hotels (Stadt- oder Ferienhotel, Luxus- oder Economy-Hotel, Kur- oder Tagungshotel) abhängen.

---

[229] Vgl. Kapitel 6
[230] Vgl. Abschnitt 7.6
[231] Vgl. Abschnitt 7.7.3

9.2 Die Finanzierungsanlässe und Investitionsarten

Finanzierungsanlässe können sein
- Investitionen,
- Umfinanzierungen,
- Anschlussfinanzierungen,
- Sonstige Anlässe.

9.2.1 Investitionen als Finanzierungsanlass

Investitionen binden finanzielle Mittel in bestimmte Objekte materieller und / oder immaterieller Art und sind Ausdruck der Kapitalverwendung.
Unter *vermögensbestimmtem Aspekt* (Umwandlung von Kapital in Vermögen) können Investitionen unterschieden werden in Investitionen in das Anlagevermögen und Investitionen in das Umlaufvermögen.
Finanzierungen in das Anlage- oder Umlaufvermögen sind mit Veränderungen auf der Aktivseite und der Passivseite der Bilanz verbunden.

Investitionen in das Anlagevermögen treten bei Neubau, Erweiterung, Modernisierung auf. Sie erhöhen, ersetzen oder erneuern das Anlagevermögen. Zum Anlagevermögen im Hotel zählen Grund und Boden, Gebäude und Einbauten, Einrichtungen und Maschinen, immaterielle Anlagegüter sowie Beteiligungen. Sie tragen mittel- und langfristig zum Unternehmenszweck bei und müssen auch so lange finanziert werden. Das bedeutet, dass Anlageinvestitionen einen *langfristigen Kapitalbedarf* haben. Sie können entweder durch Eigenkapital oder durch lang- und mittelfristiges Fremdkapital finanziert werden. Da Investitionen in Anlagegüter erst in längerer Zeit durch den Umsatz gedeckt werden, weisen sie im Vergleich zum Umlaufvermögen einen relativ langsamen Kapitalumschlag auf.

Abbildung 131: Beispiel für eine Anlageinvestition

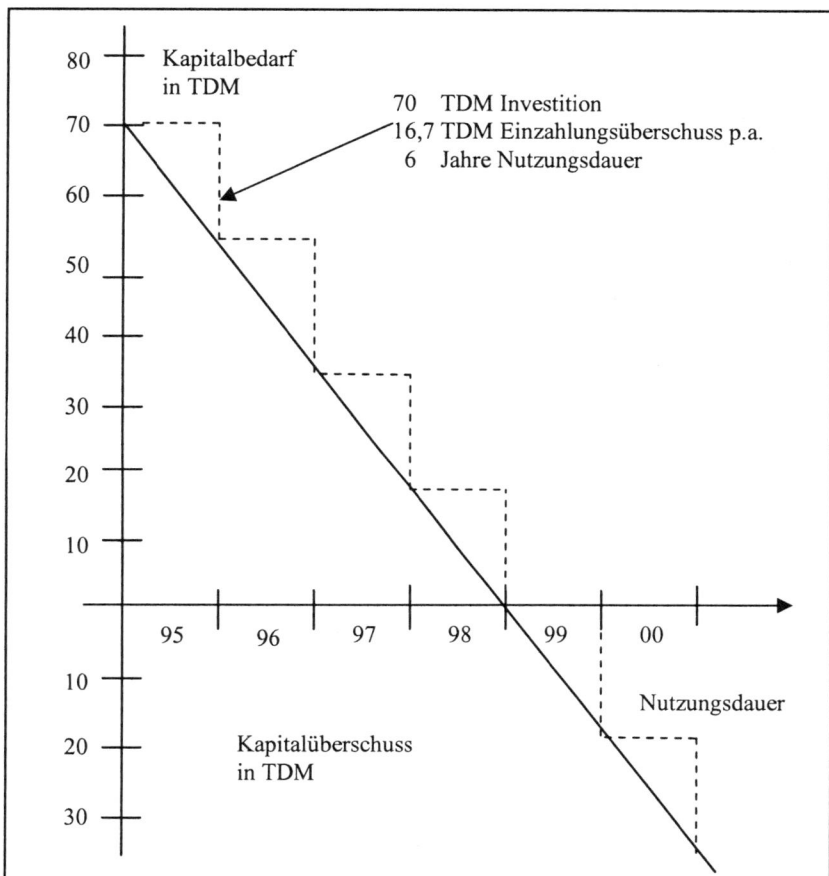

Quelle: In Anlehnung an Ehlebracht, Kapital, S. 3

Erläuterung:
Zu Beginn des Jahres 1995 werden Küchengeräte für 70 TDM angeschafft. Es wird von einer Nutzungsdauer von sechs Jahren ausgegangen. Es werden Einzahlungsüberschüsse (Cash Flow) von 16,7 TDM pro Jahr erwartet. Sie setzen sich zusammen aus den Abschreibungen von 11,6 TDM und einem angenommenen Gewinn von 5,1 TDM. Nach vier Jahren sind 70 TDM durch die Einzahlungsüberschüsse gedeckt. Ab dem fünften Jahr wird ein Kapitalüberschuss erreicht. Es besteht ein Kapitalbedarf von anfänglich 70 TDM, der sich nach vier Jahren sukzessive auf den Wert 0 reduziert. Fällt der Cash Flow geringer aus, erfolgt die Reduzierung langsamer.

Investitionen in das Umlaufvermögen erfolgen z.B. durch den Kauf von Waren, wie Rohstoffe, Getränke, Sanitärartikel. Der Kapitalbedarf für diese Investitionen ist schwankend. Der Zeitraum zwischen

Auszahlung und Einzahlung ist relativ kurz, d.h. hier liegt ein schnellerer Kapitalumschlag vor als bei Anlageinvestitionen. Der Kapitalbedarf ist daher kurzfristiger und in starkem Maße vom Umsatz abhängig, d.h. bei steigendem Umsatz steigt auch der Kapitalbedarf, sofern die Umsatzsteigerung nicht durch Preissteigerung bedingt ist. Für Saisonbetriebe ergibt sich daraus, dass sie sich nicht am durchschnittlichen Kapitalbedarf, sondern an den Spitzen orientieren müssen.
Investitionen in das Umlaufvermögen sind *kurzfristig* zu finanzieren.

Abbildung 132: Beispiel für eine Investition in das Umlaufvermögen

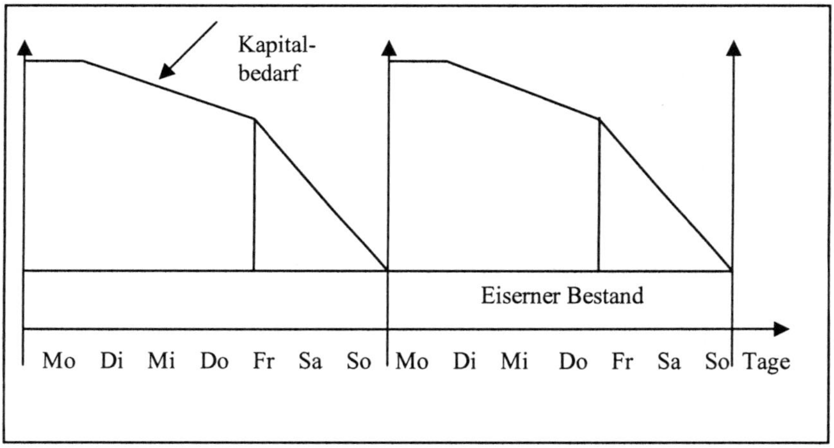

Quelle: In Anlehnung an Ehlebracht, Kapital, S. 4

Erläuterung:
Jeden Montag deckt der Hotelier seinen Bedarf an nicht tagesfrischen Lebensmitteln beim Großhändler. Bis auf einen eisernen Bestand sind die Lebensmittel bis zum Wochenende verkauft. Die Umsatzspitze liegt am Wochenende. Der Kapitalbedarf aus dem Wareneinkauf ist nur kurzfristig gegeben und schwankt im Verlauf der Woche stark. Mit Ausnahme des „eisernen Bestandes", der wie das Anlagevermögen langfristig zu finanzieren ist, kann kurzfristig finanziert werden.

9.2.2 Umfinanzierung als Finanzierungsanlass

Eine Umfinanzierung liegt vor, wenn ein Finanzierungsmittel durch ein anderes ersetzt wird, z.B. beim
- Ersatz eines Lieferantenkredits durch einen kurzfristigen Bankkredit,

- Ersatz eines kurzfristigen Bankkredits durch einen langfristigen Bankkredit,
- Umwandlung eines Darlehens in eine Beteiligung.

Es findet bilanzmäßig nur ein Tausch auf der Passivseite statt. Umfinanzierungen erfolgen oft aus Kostengründen.

9.2.3 Anschlussfinanzierung als Finanzierungsanlass

Eine Anschlussfinanzierung kann beim Fälligwerden eines Bankkredits notwendig werden. Wenn er nicht abgelöst werden kann, entsteht eine Finanzierungslücke, die durch einen neuen Kredit geschlossen werden kann.
Die Anschlussfinanzierung hat keine Auswirkungen auf die Aktivseite der Bilanz.

9.2.4 Sonstige Finanzierungsanlässe

Sie können eintreten z.B. bei
- Steuernachzahlungen wie Einkommens- oder Erbschaftssteuern bzw.
- sonstigen Auszahlungen an Gesellschafter, Erben usw..

Diese Finanzierungsanlässe führen nicht zu Veränderungen auf der Aktivseite der Bilanz.

9.3 Die Bedingungen für die Finanzierung

Da die Hotellerie gegenüber anderen Wirtschaftszweigen einige Besonderheiten aufweist, müssen bei den Investitionen und deren Finanzierung bestimmte Bedingungen beachtet werden:
1. die Kapitalintensität von Investitionen,
2. die Anlagenintensität der Investitionen,
3. ein geringer Kapitalumschlag,
4. ein geringer Eigenkapitalanteil,
5. eine tendenziell wachsende Verschuldung der Hotelbetriebe,
6. eine hohe Belastung des Hotelbetriebes durch den Kapitaldienst und
7. das Absatzrisiko von Hotelleistungen.

9.3.1 Die Kapitalintensität der Investitionen

Investitionen in der Hotellerie haben einen hohen Kapitalbedarf. Das betrifft nicht nur Hotelneubauten, sondern auch Modernisierungen, die als notwendige Konsequenz des Wettbewerbs unerlässlich sind. Hinzu kommt der Trend zum größeren Betrieb, der dementsprechende Investitionen erfordert.

Der Kapitalbedarf wird von unterschiedlichen Kosten beeinflusst. Das soll am Neubau dargestellt werden und betrifft folgende Kosten:
1. die Grundstückskosten
2. die Baukosten
3. die Einrichtungs- und Ausstattungskosten
4. die Vorinvestitionskosten
5. die Voreröffnungskosten (Pre-Opening-Kosten)

1. Die Grundstückskosten

Die Höhe der Grundstückskosten hängt vor allem ab
- vom *Typ des Hotels.*
  Stadthotels haben i.d.R. einen geringeren Flächenbedarf als Resorthotels mit umfangreichen Freizeitanlagen. Low-Budget Hotels können u.U. einen höheren Flächenbedarf haben, da sie bei günstigem Standort (z.B. Gewerbegebiet) auf flächensparende, aber baukostenintensive Bauten (z.B. Tiefgarage) verzichten können.
- vom *Standort* (von der Lage des Hotels).
  Grundstücke in Innenstadtlagen weisen i.d.R. höhere Kosten auf als Grundstücke in Stadtrandlagen bzw. in Gewerbegebieten. Aus diesem Grunde sind Low-Budget-Hotels häufig in Randlagen zu finden.
- von den Verhältnissen auf dem *Grundstücksmarkt* bzw. vom *Grundstückseigentümer.*
  Aus betriebswirtschaftlicher Sicht sollte für den Preis des Grundstückes ausschließlich der Ertragswert entscheidend sein. In der Praxis kommt es jedoch vor, dass der geforderte und gezahlte Preis weit darunter liegt, weil Grundstücke, aus welchen Gründen auch immer, unter dem Ertragswert oder zu einer niedrigen Erbpacht abgegeben werden. Das kann dazu führen, dass der Konkurrenzdruck für bereits bestehende Hotelbetriebe verstärkt wird.

Die Regel, dass die Grundstückskosten etwa 10 % der Investitionssumme betragen sollen, ist an vielen Standorten bereits außer Kraft gesetzt.

2. Die Baukosten

Die Baukosten in der Hotellerie unterliegen hinsichtlich ihrer Kalkulation spezifischen Bedingungen.
Die Bauwirtschaft kalkuliert im Wohnungsbau mit einem m^2-Preis auf der Grundlage von Regelstockwerken. Das ist für die Hotellerie nicht geeignet, da zumindest in der Vier- oder Fünf-Sterne-Hotellerie sehr unterschiedliche Stockwerkshöhen vorkommen. Daher wird in der Hotellerie nicht mit dem m^2-Preis, sondern mit einem m^3-Preis als Basis für die Baukosten gerechnet.[232]

Die Baukosten hängen von vielen Faktoren ab: dem Produkt-Markt-Konzept einschl. des Qualitätsstandards, der äußeren und inneren Erschließung des Hotels u.a.m.. So beeinflusst z.B. die *räumliche Konzeption* des Hotels, die eng mit dem Qualitätsstandard des Hotels verbunden ist, die Höhe der Baukosten. Das untere Preissegment verfügt neben den Gästezimmern oft nur über einen (kleinen) Empfang, Frühstücksraum oder ein kleines Restaurant, kleine Küchenräume usw.. Im oberen Preissegment sind die Dimensionen der genannten Räume größer sowie weitere öffentliche Räume vorhanden, wie Empfangshalle, aufwendige Treppenhäuser, Restaurants, Toiletten, Aufzüge, Garagen usw..
Weiterhin beeinflusst die *unterschiedliche Anzahl* von Wirtschafts-, Verwaltungs- und Technikräumen (Küche, Lager, Kühlhäuser, Büros) die Höhe der Baukosten.
Die Gästezimmer, öffentlichen Räume sowie Wirtschafts-, Verwaltungs- und Technikräume stehen in einem bestimmten Verhältnis zueinander, was bei der Kalkulation der Baukosten berücksichtigt werden muss. Im Drei- bis Fünf-Sterne-Bereich wird von einem „Drittelverhältnis" ausgegangen, d.h. jeweils ein Drittel Fläche wird für Gästezimmer, für öffentliche Räume und für die sonstigen Räume für Wirtschaft, Verwaltung und Technik beansprucht.

---

[232] Vgl. Gugg, Hotel, S. 2

In der internationalen Hotellerie wird in der Drei- bis Fünf-Sterne-Hotellerie bei einer Zimmergröße von mindestens 25 m² anteilig je 25 m² hinzugerechnet. Damit ergibt sich eine Fläche von 75 m² je Zimmer, die die Basis für die Baukostenberechnung bildet.
Bei einer durchschnittlichen Raumhöhe von 3,60 m ergeben sich dann je Zimmer 270 m³ umbauter Raum, der die Grundlage für die Kalkulation der Baukosten bildet.[233]

Die Baukosten steigen mit wachsendem *Qualitätsstandard*. Dieser zeigt sich nicht nur in den Zimmerausstattungen, sondern auch im Flächenbedarf für den Logisbereich und die öffentlichen Bereiche. Es ist der Trend zu größeren Zimmern einschließlich der Bäder zu verzeichnen. Das betrifft nicht nur den Luxus- und First-Class-Bereich, sondern ebenso den Mittelklasse- und Standardbereich.

Zu den Baukosten sind zusätzlich die *Baunebenkosten* (Gebühren für Architekten, Statiker, Behörde usw.) zu rechnen, die etwa 11 bis 16 % der Baukosten betragen.[234]

Die Tendenz bei den Baukosten ist steigend.

Abbildung 133: Die Investitionskosten pro Hotelzimmer

Kategorie	Durchschnittliche Zimmergröße	Investitionskosten pro Zimmer in DM
Ein-Stern-Hotel	18-22 qm	75.000 – 100.000
Zwei-Sterne-Hotel	20-22 qm	100.000 – 125.000
Drei-Sterne-Hotel	25-27 qm	150.000 – 180.000
Vier-Sterne-Hotel	28-32 qm	220.000 – 250.000
Fünf-Sterne-Hotel	Über 30 qm	275.000 und mehr

Quelle: Hank-Haase, Hotelmarkt 1994, S. 61

3. Die Einrichtungs- und Ausstattungskosten

Diese Kosten sind stark von der angestrebten Konzeption, von der Kategorie und der Ausstattungsqualität des Hotels abhängig.
Sie schließen nicht nur die Einrichtung der Zimmer ein, sondern auch anteilig die Einrichtung für den F&B-Bereich sowie für Küchen- und Technikräume. Man kann davon ausgehen, dass in Ab-

---

[233] Vgl. ebenda, S. 3
[234] Vgl. Seitz, Hotelmanagement, S. 97

hängigkeit vom Qualitätsstandard mit 15.000 bis 25.000 Euro pro Zimmer zu rechnen ist, wobei die zunehmende Technisierung und Computerisierung die Einrichtungs- und Ausstattungskosten zusätzlich ansteigen lässt.

4. Die Vorinvestitionskosten

Darunter fallen Beratungskosten (z.B. für Standortanalysen) und Notarkosten (z.B. für die Protokollierung von Verträgen). Es müssen auch anfallende Zinsen für Zwischenfinanzierungen oder Gebühren und Steuern berücksichtigt werden.
Die Vorinvestitionskosten sollten 25 % der gesamten Investitionskosten nicht überschreiten.[235]

5. Die Voreröffnungskosten (Pre-Opening-Kosten)

Dazu gehören die Kosten, die für die Leistungsbereitschaft des Hotels zur Eröffnung anfallen, wie z.B. Personalkosten in der Pre-Opening-Phase einschließlich Personalbeschaffungskosten, Energiekosten, Kosten für die Verwaltung, Marketingkosten, insbesondere für die Werbung, Kosten für die Erstausstattung der Warenlager, Küche und Keller oder Bargeldeinlagen für die Kassen.
Die Höhe der Voreröffnungskosten kann sehr unterschiedlich sein und hängt u.a. von der Größe des Hotels und der „Großzügigkeit" von Investoren bzw. Betreibern ab.

Bei der Realisierung von Investitionsvorhaben können eine Reihe von *Fehlern* beobachtet werden, die Auswirkungen auf die Kosten haben:
- Das ursprüngliche *Produkt-Markt-Konzept* muss *geändert* werden, weil es nicht ausreichend überlegt war und die vorherrschende Marktsituation am Standort nicht genügend berücksichtigt wurde.
- Die *Finanzierung* des Investitionsvorhabens ist *ungünstig*, auch aus Unkenntnis des Angebotes an Finanzierungsmöglichkeiten.
- Oft entstehen *Finanzierungslücken,* weil die Kapitalverzinsung während der Bauzeit nicht berücksichtigt wurde oder das in der Anlaufzeit notwendige Betriebskapital als zu niedrig angesetzt wurde.

---
[235] Vgl. Gugg, Hotel, S. 4

- Ein häufig auftretender Fehler sind *Kostenüberschreitungen*. Sie sind auf vielfältige Gründe zurückzuführen, wie
  - die Nichteinhaltung geplanter Parameter während des Bauprozesses (Größe, verwendete Materialien, Sonderwünsche),
  - ungenaue Planungen mit nachträglichen Änderungen, z.B. beim Ausbau oder der Einrichtung,
  - Nichtberücksichtigung von Kosten (z.B. Kapitalkosten) und Preissteigerungen während der Bauzeit,
  - Nichtbeachtung behördlicher Vorschriften (z.B. Denkmalschutz), die zusätzliche Kosten verursachen,
  - Fehlende oder unzureichende Kosten- und Terminkontrollen während der Bauausführung.

Ein Investitionsvorhaben vollzieht sich in verschiedenen *Phasen*, in denen die Kosten unterschiedlich hoch sind und unterschiedlich beeinflusst werden können.

Abbildung 134: Die Phasen eines Investitionsvorhabens

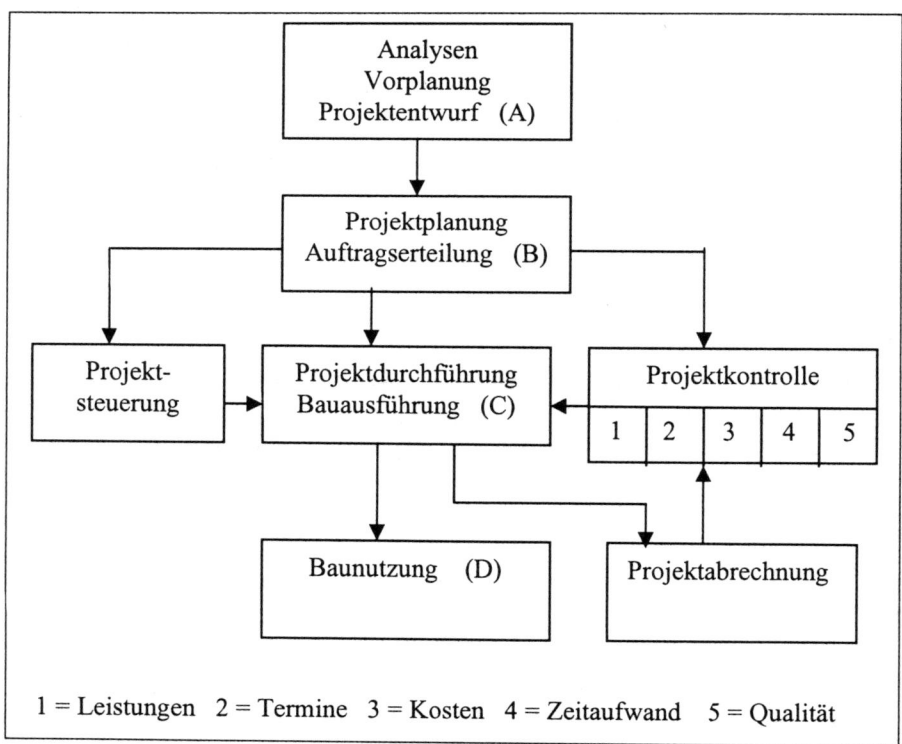

1 = Leistungen   2 = Termine   3 = Kosten   4 = Zeitaufwand   5 = Qualität

So sind in der Phase der Vorplanung (A) oder der Projekterteilung (B) die Kosten noch relativ niedrig, während sie in der Phase der Bauausführung (C) steil ansteigen.

Die Beeinflussbarkeit der Kosten ist in der Phase (A) noch relativ hoch. Sie nimmt jedoch mit zunehmender Dauer des Investitionsvorhabens ab.

Die kapitalintensiven Investitionen setzen nicht nur einen hohen Kapitalbedarf voraus, sondern sie stellen auch an die *Verzinsung des Kapitals* hohe Anforderungen. Daher muss ein bestimmtes Verhältnis zwischen der Investitionssumme und den Zimmererlösen erreicht werden. Häufig wird ein Orientierungswert angenommen, demzufolge der Zimmererlös bei einer 60-prozentigen Auslastung etwa 1/1000 der Investitionssumme pro Zimmer betragen sollte.[236]

9.3.2 Die Anlagenintensität von Hotels

Die Anlagenintensität drückt das Verhältnis von Anlagevermögen zum Gesamtvermögen aus.

$$Anlagenintensität = \frac{Anlagevermögen}{Gesamtvermögen}$$

Hotels weisen ein hohes Anlagevermögen auf, welches in einem Eigentümerbetrieb bis über 90 % der Bilanzsumme betragen kann.

Es bestehen Unterschiede zwischen *Eigentümer- und Pachtbetrieben*. Pachtbetriebe weisen einen geringeren Anteil des Anlagevermögens am Gesamtvermögen auf, da in deren Bilanz die Vermögensposition Grund und Boden nicht erscheint und die Position Gebäude und Einrichtungen einen niedrigeren Anteil aufweist als im Eigentümerbetrieb.

Die Anlagenintensität hat verschiedene *Auswirkungen:*
- Auch für die Hotellerie gilt, dass je höher die Anlagenintensität ist, umso höher ist der Fixkostenkoeffizient (d.h. der Anteil der fixen Kosten an den Gesamtkosten) und umso geringer ist die Flexibilität des Hotelbetriebes. Somit befinden sich Pachtbetriebe in einer günstigeren Situation als Eigentümerbetriebe.

---

[236] Vgl. Hänssler, Management, S. 321; Seitz, Hotelmanagement, S. 187

Abbildung 135: Das Anlagevermögen von Hotels (in % der Bilanzsumme)

Hotels	Eigentümerbetrieb	Pachtbetrieb
Stadthotels		
Normale Ausstattung	89,5	37,9
Gehobene Ausstattung	69,8	34,1
First-Class-Ausstattung	74,7	41,6
Kur- und Ferienhotels		
Normale Ausstattung	79,5	45,3
Gehobene Ausstattung	81,5	35,4
First-Class-Ausstattung	78,4	34,0
Hotels garnis / Frühstückspensionen		
Normale Ausstattung	92,8	46,2
Gehobene Ausstattung	81,6	39,6

Quelle: Maschke, Hotelbetriebsvergleich 2002, S. 59, 60, 128

- Kapitalintensive Investitionen in das Anlagevermögen müssen langfristig finanziert werden. Damit benötigen Hotelbetriebe relativ viel langfristiges Kapital, d.h. Eigenkapital oder langfristiges Fremdkapital.
- Da mit den Investitionen in das Anlagevermögen langfristige Entscheidungen getroffen werden, sind mehrfunktionale Lösungen zu bevorzugen, um – trotz der o.g. Einschränkung – ein flexibleres Reagieren auf sich ändernde Marktverhältnisse und Marktbedingungen zu ermöglichen.
- Der hohe Anteil von Anlagevermögen erfordert es, Investitionen sorgfältig zu planen. Dabei tritt das Problem der relativ langen Planungszeiträume bei Hotelprojekten auf. Sie können z.B. in der Luxushotellerie oder in der „Innenstadt"-Hotellerie mehrere Jahre betragen. Demgegenüber benötigen Planungen von Low-Budget-Hotels bei Systembauweise nur wenige Monate.

Im Vergleich zu anderen Wirtschaftsbereichen fällt auf, dass die Anlagenintensität in Hotels sehr hoch ist.

Abbildung 136: Der Vergleich der Anlagenintensität von Hotels mit anderen Branchen

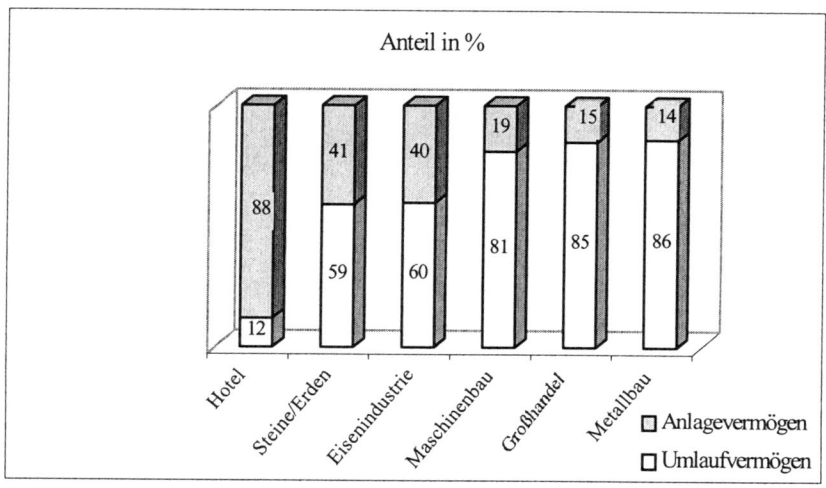

Quelle: Nagel, Unternehmensbewertung, S. 82

In diesem Zusammenhang kann auf Finanzierungsregeln hingewiesen werden.
Die *Goldene Finanzierungsregel* beinhaltet die horizontale Kapitalstruktur. Sie besagt, dass das *Anlagevermögen* und der „eiserne" Bestand des Umlaufvermögens *langfristig*, also mit Eigenkapital oder langfristig zur Verfügung stehendem Fremdkapital und das *Umlaufvermögen* (ohne den „eisernen" Bestand) mit *kurzfristig* zur Verfügung stehendem Kapital zu finanzieren sind.
Allerdings sind die Finanzierungsregeln theoretisch nicht zu begründen, sie erfahren allenfalls eine pragmatische Rechtfertigung, indem ggf. Kreditinstitute ihre Einhaltung als Qualitätsindikator ansehen.[237]
Das bedeutet, dass die Befolgung der Finanzierungsregeln allein noch keine risikolose Finanzierung bedeutet.
Wichtiger ist hingegen die *Fristenkongruenz der Mittel*. Sie berücksichtigt die voraussichtliche Nutzungs-(Lebens-)dauer des zu finanzierenden Wirtschaftsgutes. Fristenkongruenz ist dann gegeben, wenn die Kapitalbindungsdauer und Kapitalüberlassungsdauer übereinstimmen. Das schließt aus, dass Finanzierungslücken auftreten.

---

[237] Vgl. Schierenbeck, Grundzüge, 15., S. 632

9.3.3 Der Kapitalumschlag in der Hotellerie

Der Kapitalumschlag charakterisiert das Verhältnis von Ertrag (Umsatz) und eingesetztem Gesamtkapital und gibt an, wie häufig sich das eingesetzte Kapital durch den Umsatz umschlägt. Er ist ein Ausdruck dafür, wie das eingesetzte Kapital im betrieblichen Umsatzprozess genutzt wird, d.h. ein hoher Umschlag lässt vermuten, dass das Kapital effizient für die Erwirtschaftung von Erträgen eingesetzt wird.

Der Kapitalumschlag wird in den Kennzahlen Kapitalumschlagshäufigkeit und Kapitalumschlagsdauer ausgedrückt.

$$Kapitalumschlagshäufigkeit = \frac{Betriebserträge}{Bilanzsumme}$$

$$Kapitalumschlagsdauer\ (Tage) = \frac{365\ Tage}{Kapitalumschlagshäufigkeit}$$

Da Hotels – gemessen am Gesamtkapitel – einen vergleichsweise niedrigen Umsatz aufweisen, ist der Kapitalumschlag gering. Es dauert i.d.R. mehr als ein Jahr bis das eingesetzte Kapital durch den Umsatz gedeckt wird.

Auch hier zeigt sich, dass der Pachtbetrieb auf Grund der Vermögensstruktur flexibler reagieren kann. Das lässt die Schlussfolgerung zu, dass das unternehmerische Risiko des Pachtbetriebes nicht im Investitionsbereich liegt. Eher hängt der Erfolg des Pachtbetriebes vom Pachtaufwand ab.

Im Zusammenhang mit dem Kapitalumschlag sind für Betreiber und Investoren *Rentabilitätskennzahlen* von Interesse, da Rentabilitätskennzahlen die Fähigkeit des Managements widerspiegeln, den Leistungsprozess im Hotel so zu gestalten, dass Gewinn erzielt wird.

Abbildung 137: Die Kapitalumschlagshäufigkeit und Kapitalumschlagsdauer in Hotels

Hotels	Eigentümerbetrieb		Pachtbetrieb	
	KU	KD	KU	KD
Stadthotels				
Normale Ausstattung	0,60	603	2,75	133
Gehobene Ausstattung	0,68	540	3,80	96
First-Class-Ausstattung	0,85	431	3,84	95
Kur- und Ferienhotels				
Normale Ausstattung	0,67	541	4,00	92
Gehobene Ausstattung	0,73	459	3,45	105
First-Class-Ausstattung	0,68	535	3,04	120
Hotels garnis / Frühstückspensionen				
Normale Ausstattung	0,66	549	3,50	104
Gehobene Ausstattung	0,72	510	3,14	116

KU = Kapitalumschlagshäufigkeit pro Jahr,
KD = Kapitalumschlagsdauer in Tagen
Quelle: Maschke, Hotelbetriebsvergleich 2002, S. 37, 38, 117

Return on Investment (ROI)
Diese Kennzahl basiert auf der Leistungsfähigkeit des Hotels, gemessen am Umsatz und stellt die Beziehungen zwischen Gewinn, Umsatz und Kapital dar. Als *Kapitalrendite* (Gesamtkapitalrentabilität) drückt sie das Verhältnis des Gesamtkapitals und des Umsatzes zum Gewinn aus. Hiermit wird die Verzinsung des Kapitals gemessen. Der ROI kann definiert werden als Produkt aus Umsatzrentabilität und Umschlagshäufigkeit des Gesamtkapitals (ROI 1).

$$ROI(1) = \frac{Betriebsergebnis\ vor\ Steuern}{Umsatz} \cdot \frac{Umsatz}{Kapital}$$

Um die Wirkung von Fremdkapital auszuschließen, sind dem Betriebsergebnis vor Steuern auch die Fremdkapitalzinsen zuzurechnen, so dass sich ergibt (ROI 2):

$$ROI(2) = \frac{Betriebsergebnis\ vor\ Zinsen\ und\ Steuern}{Umsatz} \cdot \frac{Umsatz}{Kapital}$$

schlages beruht. Die Erhöhung der Kapitalumschlagsgeschwindigkeit wirkt sich also positiv auf den ROI aus.

Return on Invested Capital (ROIC)
Diese Kennzahl bezieht sich nur auf das investierte Kapital. Damit wird der Zusammenhang zwischen Gewinn vor Zinsen und Steuern und dem investierten Kapital erfasst, was für Investoren von Bedeutung ist.[238]

$$ROIC = \frac{Betriebsergebnis\ vor\ Zinsen\ und\ Steuern}{investiertes\ Kapital}$$

Return on Equity (ROE)
Mit dem ROE wird die Eigenkapitalrentabilität bewertet, die Auskunft darüber gibt, wie sich das Eigenkapital verzinst und ebenfalls für Investoren als ein Maßstab für die Attraktivität oder das Risiko von Investitionen gilt.

$$ROE = \frac{Betriebsergebnis\ vor\ Zinsen\ und\ Steuern}{Eigenkapital}$$

Der Vergleich zu anderen Wirtschaftsbereichen zeigt bei der Kennzahl Kapitalumschlag (KU) und den Rentabilitätskennzahlen Return on Invested Capital (ROIC), Umsatzrentabilität (UR) sowie Return on Equity (ROE) stark voneinander abweichende Werte für die Hotellerie.

---

[238] Vgl. Nagel, Unternehmensbewertung, S. 75

Abbildung 138: Der Vergleich von Kennzahlen der Hotellerie mit anderen Branchen

Branche	ROIC %	KU	UR %	Z %	A %	ROE %
Verarbeit. Gewerbe	14,1	1,79	6,6	1,3	4,4	49,5
Bekleidungsgewerbe	13,3	2,38	3,9	1,7	2,1	70,4
Einzelhandel	13,0	2,77	3,0	1,7	1,9	101,5
Großhandel	10,3	3,23	2,1	1,1	1,4	47,5
Maschinenbau	8,9	1,48	4,6	1,4	4,0	35,7
Eisenindustrie	7,0	1,48	2,7	2,0	5,0	18,2
Eigentümerhotels CH	5,3	0,57	1,4	7,8	8,0	4,5

ROIC = Return on Invested Capital KU = Kapitalumschlagshäufigkeit
UR = Umsatzrentabilität   Z = Zinsanteil am Umsatz
A   = Anteil Abschreibungen am Umsatz ROE = Eigenkapitalrentabilität
Quelle: Nagel, Unternehmensbewertung, S. 77

Die für die Hotellerie ungünstigeren Werte des ROIC oder ROE haben ihre wesentliche Ursache im geringen Kapitalumschlag. Das führt dazu, dass die Verzinsung des eingesetzten Kapitals in der Hotellerie einem hohen Risiko ausgesetzt ist.

So ist eine höhere Umsatzrendite in der Hotellerie erforderlich, um einen höheren ROI bzw. ROIC zu erreichen. Wenn der Umsatz nur gering sinkt, wird der Gewinn zum Verlust und der Kapitaldienst kann nicht mehr geleistet werden. Daraus ist auch der Schluss abzuleiten, dass besonders für fremdfinanzierte Betriebe ein schneller Kapitalumschlag wichtig ist.

9.3.4   Die Kapitalstruktur in der Hotellerie

Die Kapitalstruktur im Hotel ist durch einen *geringen Eigenkapitalanteil* und einen *hohen* Anteil an *Verbindlichkeiten* gekennzeichnet. Bei Unternehmensgründungen ist eigenes Gründungskapital häufig gering, so dass die Aufnahme von Fremdkapital notwendig wird. Aber auch bei Investitionen im laufenden Betrieb muss i.d.R. Fremdkapital wegen einer geringen Innenfinanzierungskraft aufgenommen werden.

Abbildung 139: Die Kapitalstruktur von Hotels (Anteile in % der Bilanzsumme)

Hotels	Eigentümerbetrieb		Pachtbetrieb	
	EK	V	EK	V
Stadthotels				
Normale Ausstattung	-	96,7	20,2	67,1
Gehobene Ausstattung	-	98,2	-	89,3
First-Class-Ausstattung	15,2	79,6	31,3	57,5
Kur- und Ferienhotels				
Normale Ausstattung	-	98,6	21,7	75,7
Gehobene Ausstattung	-	98,9	-	88,9
First-Class-Ausstattung	-	97,6	36,4	45,9
Hotels garnis / Frühstückspensionen				
Normale Ausstattung	25,7	71,6	3,8	70,3
Gehobene Ausstattung	-	97,0	15,8	63,5

EK = Eigenkapital inkl. Bilanzgewinn und Rücklagen
V = kurzfristige, mittelfristige und langfristige Verbindlichkeiten
Quelle: Maschke, Hotelbetriebsvergleich 2002, S. 61, 62, 128

In vielen Hotelbetrieben liegt eine unzureichende Eigenkapitalausstattung vor, oft weisen Hotels sogar ein Minuskapital auf. Finanzierungen müssen daher im Wesentlichen über Fremdkapital erfolgen. Darin unterscheiden sich die Eigentümerbetriebe nicht von den Pachtbetrieben.

Ein geringer Eigenkapitalanteil ist für die Finanzierung von Investitionen problematisch, da
- die Kreditwürdigkeit von Hoteliers und ihr finanzieller Spielraum stark eingeschränkt wird,
- häufig die für Fremdkapital geforderten Sicherheiten nicht gestellt werden können,
- mit der Aufnahme von Fremdkapital fixe Kosten entstehen, die den ohnehin hohen Fixkostenanteil in der Hotellerie erhöhen,
- ein hoher Fremdkapitalanteil die Eigenständigkeit des Hoteliers eingeschränkt, was sich negativ auf die unternehmerische Entscheidungsfreiheit auswirkt.

Die Möglichkeiten der *Innenfinanzierung* sind auf Grund eines geringen Gewinns bzw. Cash Flows eingeschränkt. Dabei ist weniger der prozentuale Anteil des Gewinns bzw. Cash Flows am Betriebsertrag interessant als vielmehr deren absolute Höhe, die für die Finanzierung von Investitionen zur Verfügung steht.

Abbildung 140: Der Cash Flow (CF) in Hotels

Hotels	Eigentümerbetrieb		Pachtbetrieb	
	CF^1 von Gesamterträgen in %	CF in T€	CF von Gesamterträgen in %	CF in T€
Stadthotels				
Normale Ausstattung	13,1	60,9	9,6	44,6
Gehobene Ausstattung	11,8	187,9	3,8	60,5
First-Class-Ausstattung	16,0	1.086,6	7,2	489,0
Kur- und Ferienhotels				
Normale Ausstattung	15,0	60,2	11,5	46,2
Gehobene Ausstattung	11,0	134,5	5,6	68,5
First-Class-Ausstattung	8,0	246,8	4,1	126,5
Hotels garnis / Frühstückspensionen				
Normale Ausstattung	23,2	131,2	10,0	48,8
Gehobene Ausstattung	25,3	244,2	10,4	100,4

1) *CF als Gewinn vor Einkommenssteuern und Abschreibungen*
Quelle: Maschke, Hotelbetriebsvergleich 2002, S. 45, 46, 121

Die geringe Höhe des Cash Flow lässt – mit Ausnahme der Hotels mit First-Class-Ausstattung – den Schluss zu, dass diese finanziellen Mittel kaum Möglichkeiten bieten, Rücklagen für angebotsverbessernde Investitionen zu bilden. Sie können allenfalls für die Finanzierung von Reinvestitionen, steuerlichen Belastungen oder den Unternehmerlohn genutzt werden.

Die Struktur der Verbindlichkeiten wird – vor allem im Eigentümerbetrieb – durch *langfristige* Verbindlichkeiten geprägt.
Die ungünstige Kapitalstruktur beeinflusst die *Liquidität* des Hotels. Ein hoher Anteil an Verbindlichkeiten bedingt wegen der Zins- und Tilgungsbelastung eine höhere Liquiditätsschwelle und ständigen Liquiditätszuschuss. Die Erwirtschaftung von liquiden Mitteln aus dem Umsatzprozess ist dabei ausschlaggebend und reicht häufig nicht aus. Dieses Problem kann sich besonders deutlich nach til-

gungsfreien Jahren, z.B. bei Krediten aus öffentlichen Förderprogrammen, zeigen.

Abbildung 141: Die Struktur der Verbindlichkeiten in Hotels (in % der Bilanzsumme)

Hotels	Eigentümerbetrieb			Pachtbetrieb		
	Verbindlichkeiten			Verbindlichkeiten		
	KV	MV	LV	KV	MV	LV
Stadthotels						
Normale Ausstattung	10,9	5,7	80,1	25,2	-	41,9
Gehobene Ausstattung	7,9	06	89,7	42,4	13,7	33,2
First-Class-Ausstattung	9,9	23,3	46,0	38,7	14,5	4,3
Kur- und Ferienhotels						
Normale Ausstattung	9,1	2,4	87,1	33,5	-	42,2
Gehobene Ausstattung	13,4	1,5	84,0	46,9	2,3	39,7
First-Class-Ausstattung	9,2	2,0	86,4	34,9	7,2	3,8
Hotels garnis Frühstückspensionen						
Normale Ausstattung	9,2	0,4	62,0	27,9	-	42,4
Gehobene Ausstattung	8,8	5,6	82,6	30,8	0,3	32,4

KV = kurzfristige Verbindlichkeiten, MV = mittelfristige Verbindlichkeiten, LV = langfristige Verbindlichkeiten
Quelle: Maschke, Hotelbetriebsvergleich 2002, S. 61, 62, 129

9.3.5 Der Verschuldungsgrad der Hotellerie

Verschuldung kennzeichnet generell die finanzwirtschaftliche Situation der Hotellerie. Viele Hotelbetriebe werden ausschließlich über Fremdkapital finanziert. Die Tendenz ist steigend.[239]
Die Verschuldung wird am Verschuldungsgrad (Verschuldungskoeffizient) gemessen. Er drückt das Verhältnis von Fremdkapital zu Eigenkapital bzw. zum Cash Flow aus. Es wird zwischen statischem und dynamischem Verschuldungsgrad unterschieden.

---

[239] Das lässt sich auch für die schweizerischen (Vgl. Bernet, Bieger, Finanzierung, S. 25) und die österreichischen Hotelbetriebe feststellen. So stieg z.B. in den österreichischen Hotels die Fremdkapitalbelastung pro Bett trotz rückläufiger Bettenzahlen innerhalb von zwölf Jahren um 151 % an. Vgl. ÖHT, Krisenmanagement, S. 6

Der *statische Verschuldungsgrad* leitet die Höhe der Verschuldung aus der bilanziellen Kapitalstruktur ab.

$$Statischer\ Verschuldungsgrad = \frac{Verbindlichkeiten}{Eigenkapital} \cdot 100$$

Abbildung 142: Der statische Verschuldungskoeffizient von Hotels

Hotels	Eigentümerbetrieb	Pachtbetrieb
Stadthotels		
Normale Ausstattung	-	395
Gehobene Ausstattung	-	-
First-Class-Ausstattung	559	220
Kur- und Ferienhotels		
Normale Ausstattung	-	360
Gehobene Ausstattung	-	-
First-Class-Ausstattung	-	175
Hotels garnis / Frühstückspensionen		
Normale Ausstattung	289	-
Gehobene Ausstattung	-	535

Quelle: Maschke, Hotelbetriebsvergleich 2002, S. 36, 37, 117

Der *dynamische Verschuldungsgrad* (oder Cash Flow-Quotient) orientiert sich am Cash Flow. Er zeigt, wie lange es dauert, wenn bei einer angenommenen gleichbleibenden Cash Flow-Höhe die Schulden des Betriebes getilgt werden (fiktive Schuldentilgungsdauer). Damit wird die Schuldentilgungskraft des Hotelbetriebes charakterisiert, die ein wichtiger Maßstab für Fremdkapitalgeber ist.

$$Dynamischer\ Verschuldungsgrad = \frac{Verbindlichkeiten}{Cash\ Flow}$$

Abbildung 143: Der Cash Flow-Quotient von Hotels

Hotels	Eigentümerbetrieb	Pachtbetrieb
Stadthotels		
Normale Ausstattung	12,3	3,2
Gehobene Ausstattung	11,3	8,2
First-Class-Ausstattung	6,9	3,7
Kur- und Ferienhotels		
Normale Ausstattung	10,1	1,5
Gehobene Ausstattung	12,1	4,7
First-Class-Ausstattung	18,0	7,1
Hotels garnis / Frühstückpensionen		
Normale Ausstattung	5,2	2,5
Gehobene Ausstattung	5,9	2,4

Quelle: Maschke, Hoteletriebsvergleich 2002, S. 37, 38, 117

Sowohl der statische als auch der dynamische Verschuldungsgrad lassen auf eine relativ geringe Investitionsneigung von Fremdkapitalgebern in der Hotellerie schließen.

Auch im Zusammenhang mit dem Verschuldungsgrad werden *Finanzierungsregeln* genutzt, die die *vertikale Kapitalstruktur* kennzeichnen. Sie fordern, dass das Verhältnis von Fremd- zu Eigenkapital (statischer Verschuldungsgrad) höchstens 1:1 bzw. 2:1 ist.[240]

$$\frac{Fremdkapital}{Eigenkapital} \leq 1 \; oder \; \frac{Fremdkapital}{Eigenkapital} \leq 2$$

Die Beachtung dieser Regel allein bedeutet aber nicht, dass damit die ertragswirtschaftliche oder finanzwirtschaftliche Stabilität des Hotelbetriebes gesichert ist. Entscheidend ist, wie der betriebliche Leistungsprozess durch Investitionen gestaltet und durch den Absatz der Hotelleistung eine ausreichende Liquidität gewährleistet wird. Allerdings wird die vertikale Kapitalstruktur auch von Fremdkapitalgebern zur Einschätzung der Kreditwürdigkeit des Unternehmens herangezogen.

---

[240] Vgl. Schierenbeck, Grundzüge, 15., S. 631

9.3.6 Die Belastung durch den Kapitaldienst

Mit der Aufnahme von Fremdkapital entstehen Fremdkapitalzinsen, die einen erheblichen Teil der Kosten darstellen.

Abbildung 144: Der Anteil der Fremdkapitalzinsen in Hotels (in % vom Betriebsertrag)

Hotels	Eigentümerbetrieb	Pachtbetrieb
Stadthotels		
Normale Ausstattung	7,9	0,9
Gehobene Ausstattung	7,6	0,8
First-Class-Ausstattung	7,8	0,3
Kur- und Ferienhotels		
Normale Ausstattung	7,4	0,9
Gehobene Ausstattung	7,3	1,1
First-Class-Ausstattung	6,6	0,2
Hotels garnis / Frühstückspensionen		
Normale Ausstattung	7,9	1,1
Gehobene Ausstattung	7,9	0,8

Quelle: Maschke, Hotelbetriebsvergleich 2002, S. 57, 58, 127

Fremdkapitalkosten sind *fixe Kosten* und belasten die ertragswirtschaftliche Situation des Hotelbetriebes. Auf Grund der ständigen Leistungsbereitschaft weist das Hotel einen hohen Anteil an fixen Kosten (70 bis zu 90 %) und eine relativ starre Kostenstruktur auf.
Hieraus ergibt sich für Investoren ein *Risiko*, da auf Grund der hohen Fremdkapitalbelastung die Hotels bei steigenden Zinsen schneller in die Verlustzone als andere Betriebe geraten. Auch bei sinkenden Umsätzen sind wegen der starren Kostenstruktur kaum Kostenanpassungen möglich. Es tritt Kostenremanenz auf. Der Kapitaldienst (Tilgung und Zinsen) wird für den Hotelbetrieb dann zum Problem.

9.3.7 Das Absatzrisiko der Hotelleistungen

Neben den unter Abschnitt 9.3.1 bis 9.3.6 beschriebenen *angebotsbedingten* Gründen, unter denen Investitionen in der Hotellerie zu finanzieren sind, kommen weitere Bedingungen hinzu, die *nachfra-*

geseitig determiniert sind und das Investitionsrisiko in der Hotellerie erhöhen.

Die Nachfrage nach Hotelleistungen ist äußerst labil und dadurch gekennzeichnet, dass sie konjunkturabhängig, preisempfindlich, wetterabhängig, von Modeerscheinungen usw. beeinflusst ist. Diese starke Abhängigkeit von Faktoren, die im Hotelbetrieb kaum oder gar nicht beeinflusst werden können, stellt ein Risiko für Investitionen und deren Finanzierung dar. Bleibt die erwartete Nachfrage aus, sind Umsatzeinbußen die Folge, und die Rentabilität und die Liquidität des Hotelbetriebes ist gefährdet.

Eine starke *saisonale Abhängigkeit* des Hotelbetriebes von der Nachfrage erhöht das Risiko für Investitionen besonders in der Ferienhotellerie. Da die Kapazitäten in den Feriengebieten auf die Nachfragespitzen ausgerichtet sind, gibt es in Zeiten schwacher Nachfrage überdimensionierte Angebote, die nicht genutzt werden, für die aber Kosten entstehen (Leerkostenproblem). Daher sind ausgeprägte Saisonbetriebe noch unattraktiver für Kapitalgeber.

Es kommt hinzu, dass sich die Nachfrage zunehmend in *veränderten Ansprüchen* an die Hotelleistungen äußert. Das erfordert Modernisierungsinvestitionen, die durchgeführt werden müssen, wenn das Hotel am Markt bleiben und keinen Substanzverlust erleiden will.

Die o.g. Bedingungen, unter denen in der Hotellerie zu investieren und zu finanzieren ist, haben zur *Folge,* dass die Hotellerie ein ungünstiges Image bei Investoren, Banken u.a. Kapitalgebern hat. Auf Grund der langen Fristen für die Kapitalrückgewinnung, einer niedrigen Rendite im Vergleich zu anderen Wirtschaftszweigen und dem erhöhten Risiko für den Absatz von Hotelleistungen halten sich Banken oft bei der Finanzierung von Investitionen in Hotels zurück. Besonders die kleinen Einzelunternehmen haben Probleme bei der Kapitalbeschaffung. Sie finden schwer Kreditgeber, da kein Markt für Beteiligungskapital besteht. Auch können sie oft nicht die von den Banken geforderten Kreditsicherheiten stellen. Das kann besonders Pachtbetriebe betreffen, da die Beleihung von Grund und Boden oder Gebäuden bei ihnen nicht möglich ist. Auf Grund des Risikos der Investition müssen dann ungünstige Finanzierungskonditionen bei der Fremdkapitalaufnahme in Kauf genommen werden.

9.4 Möglichkeiten der Finanzierung von Investitionen

Investitionen können mit Eigen- oder Fremdkapital finanziert werden. Bei der Entscheidung darüber muss der *Kalkulationszinsfuß*, d.h. der Zinssatz, zu dem Kapital bereitgestellt wird bzw. jederzeit wieder angelegt werden kann, berücksichtigt werden.
Beim Einsatz von Eigenkapital spielt die Rendite einer alternativen Anlage eine wichtige Rolle, beim Einsatz von Fremdkapital die Fremdkapitalkosten.
Die verschiedenen Möglichkeiten, Investitionen zu finanzieren werden auch in der Hotellerie genutzt. Für deren Beurteilung wird hier nach den internen (betrieblicher Umsatzprozess) und den externen (außerhalb des betrieblichen Umsatzprozesses) Quellen für die Finanzierung unterschieden, wobei die Besonderheiten der Hotellerie berücksichtigt werden.

9.4.1 Die Möglichkeiten der Innenfinanzierung

Die Möglichkeiten der Innenfinanzierung betreffen die *Überschussfinanzierung* oder auch Cash Flow-Finanzierung (d.h. Finanzierungen aus einbehaltenem Gewinn, Abschreibungsgegenwerten und Pensionsrückstellungsgegenwerten) und die *Finanzierung aus Vermögensumschichtungen* (d.h. Kapitalfreisetzungen im Anlagevermögen und / oder Umlaufvermögen).

9.4.1.1 *Die Überschussfinanzierung*

Die Finanzierung aus einbehaltenem Gewinn

Die Finanzierung aus einbehaltenem Gewinn wird auch als Selbstfinanzierung bezeichnet. Dabei handelt es sich um Finanzierungsmittel, die über den Umsatzprozess erwirtschaftet und im Unternehmen einbehalten werden. Sie können für Investitionen genutzt werden.

Abbildung 145: Übersicht über die wichtigsten Finanzierungsmöglichkeiten in der Hotellerie

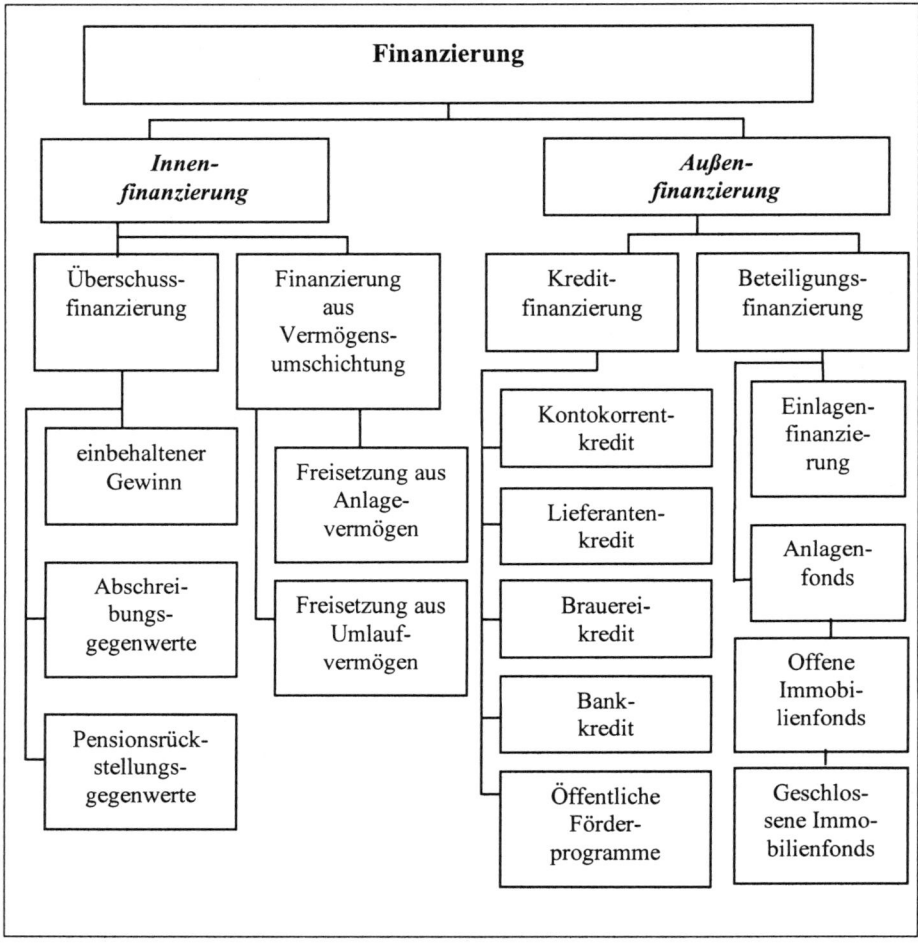

Der *Vorteil* der Finanzierung aus einbehaltenem Gewinn besteht darin, dass
- die Unabhängigkeit des Hoteliers nicht durch Fremdkapitalgeber beeinträchtigt wird,
- die Eigenkapitalbasis gestärkt, die Haftungsbasis erweitert und der Verschuldungsspielraum erhöht wird,
- die Liquidität nicht durch den Kapitaldienst beeinträchtigt wird, da das im Rahmen der Selbstfinanzierung aufgebrachte Kapital nicht bedient werden muss.

Nachteilig wirkt sich aus, dass
- die Vorteilhaftigkeit einer Investition weniger geprüft wird als bei der Aufnahme von Fremdkapital,
- die Gefahr besteht, dass die einbehaltenen Gewinne nicht immer unter dem Aspekt der höchsten Wirtschaftlichkeit investiert werden, da kein Zinsaufwand verursacht wird und es keine Rückzahlungspflicht gegenüber Dritten gibt.

Obwohl die Selbstfinanzierung oft die einzige Möglichkeit für eine Einzelunternehmung ist, das Eigenkapital zu erhöhen, wird diese Möglichkeit häufig überschätzt. Die geringe Rentabilität von Hotelbetrieben schränkt die Selbstfinanzierung ein. Das betrifft vor allem die Einzelunternehmung, bei der der Lebensunterhalt aus dem Gewinn bestritten werden muss.

Fehleinschätzungen der Selbstfinanzierungsmöglichkeiten können auch dazu führen, dass die Fristenkongruenz der Mittel nicht eingehalten wird und Anlageinvestitionen mit einer kurzfristigen Fremdfinanzierung erfolgen.

Finanzierung aus Abschreibungsgegenwerten

Die Abschreibungen dienen dem Ersatz von Anlagegütern nach Ablauf ihrer Nutzungsdauer. Als Kostenbestandteil in die Preise kalkuliert, werden die Abschreibungen im Umsatzprozess verdient und fließen über Umsatzerlöse als liquide Mittel in das Hotel zurück. Bis zur Reinvestition, d.h. nach Ablauf der Nutzungsdauer der Anlagegüter, können diese Mittel für andere Investitionen genutzt werden. Auf diese Weise wird ein *Kapitalfreisetzungseffekt* erreicht.

Auf Grund des hohen Anlagevermögens in der Hotellerie weisen (moderne) Hotels hohe Abschreibungsgegenwerte auf. Bedingung für ihre Nutzung als Finanzierungsmittel ist aber, dass sie auch über den Umsatzprozess erwirtschaftet werden können.

Unter bestimmten Voraussetzungen haben Abschreibungen *Kapitalerweiterungseffekt* (Lohmann-Ruchti-Effekt),[241] durch den zusätzliche Investitionen möglich sind. Die freigesetzten Abschreibungsgegenwerte werden dabei sofort wieder für zusätzliche neue Investitionen gleichwertiger Anlagen verwendet, wobei sich theoretisch über

---

[241] Vgl. Walterspiel, Einführung, S. 111 ff.

mehrere Jahre hinweg eine Kapazitätserweiterung von nahezu 100% ergeben kann. Für das Funktionieren des Kapitalerweiterungseffektes müssen jedoch bestimmte Voraussetzungen erfüllt sein:
- Die Anlagen haben die volle Leistungsfähigkeit bis zum Ende der Nutzungsdauer.
- Die erweiterte Kapazität führt nicht zum Preisverfall für die Hotelleistungen, d.h. die notwendigen Abschreibungen können in voller Höhe weiterhin aus dem Umsatzprozess erwirtschaftet werden.
- Gleichwertige Anlagen können zum unveränderten Wiederbeschaffungspreis investiert werden.

Da diese Voraussetzungen nur im Ausnahmefall gegeben sind, bleibt der Effekt praktisch eher unwirksam.

Finanzierung aus Pensionsrückstellungsgegenwerten

Verpflichtet sich eine Hotelunternehmung oder eine Hotelgesellschaft vertraglich, ihren Arbeitnehmern eine Altersversorgung zu gewähren, müssen dafür Rückstellungen in die Bilanz eingestellt werden. Die Auszahlung erfolgt zu einem späteren Zeitpunkt, wenn die Pensionsberechtigung eintritt oder der Arbeitnehmer aus dem Unternehmen ausscheidet. Bis dahin können die Rückstellungsgegenwerte zur Finanzierung von Investitionen genutzt werden.

Vom Charakter her handelt es sich bei der Finanzierung aus Pensionsrückstellungsgegenwerten um eine Fremdfinanzierung, wobei das Fremdkapital jedoch nicht von außen, sondern aus dem betrieblichen Umsatzprozess kommt. Davon hängt auch der Finanzierungseffekt ab. Ebenso wie die Abschreibungen müssen die Pensionsrückstellungen „verdient" werden. Es ist zu beachten, wie lange es dauert, bis die zurückgestellten Beträge ausgezahlt werden müssen und welche Erträge bis dahin mit den investierten Mitteln erzielt werden konnten. Eine hohe Fluktuation von Mitarbeitern in der Hotellerie schränkt deshalb diesen Finanzierungseffekt ein.

Pensionsrückstellungen sind eher für größere Hotelunternehmen eine Möglichkeit zur Finanzierung von Investitionen. So betrugen z.B. die Rückstellungen für Pensionen und ähnliche Verpflichtungen bei der Steigenberger AG im Jahr 2003 7.348 T€.[242]

9.4.1.2 Die Finanzierung aus Vermögensumschichtungen

Hierbei handelt es sich um Finanzierungsmöglichkeiten im Rahmen der Innenfinanzierung, wobei die Mittel nicht aus dem normalen Umsatzprozess fließen, sondern durch Kapitalfreisetzungen im Anlagevermögen und im Umlaufvermögen aufgebracht werden.

Kapitalfreisetzung im Anlagevermögen

Das erfolgt durch die Veräußerung von Anlagegütern, die nicht (mehr) benötigt werden. Das kann z.B. der Fall sein, wenn
- die Veräußerung von Anlagegütern ohne Beeinträchtigung der Leistungsfähigkeit oder der Marktposition des Hotels erfolgen kann (z.B. bei „Sale-and-lease-back-Verfahren"[243]) oder
- Veränderungen im Leistungsangebot vorgenommen werden, die bestimmte Anlagegüter überflüssig machen.

Kapitalfreisetzung im Umlaufvermögen

Das ist möglich z.B. durch
- den Abbau von Vorräten (z.B. im Rahmen von Sonderangeboten im F&B-Bereich) oder
- den Abbau von Forderungen (z.B. bei Tagungshotels mit einem hohen Debitorenanteil durch Einsatz von Factoring[244]).

Diese Kapitalfreisetzungen sind häufig mit Rationalisierungsmaßnahmen verbunden. Sie haben jedoch einen geringen Anteil.

Insgesamt gesehen sind die *Möglichkeiten der Innenfinanzierung* für die Individualhotellerie und die Kettenhotellerie unterschiedlich zu bewerten.

Für die *kleinen und mittleren Individualhotels* sind sie häufig unzureichend. Das hat zur Folge, dass sich einerseits die Absatzsituation für diese Unternehmen verschlechtert, weil auf dringende Moderni-

---

[242] Vgl. Steigenberger Hotels AG, Geschäftsbericht 2003, S. 35
[243] Vgl. 9.5.1
[244] Vgl. 9.5.2

sierungsinvestitionen oder Investitionen zur Qualitätsverbesserung verzichtet werden muss. Andererseits wächst die Verschuldung weiter an, weil die aus dem Umsatzprozess erwirtschafteten Mittel nur zur Deckung des privaten Verbrauchs ausreichen, nicht aber zur langfristigen Erhaltung bzw. Modernisierung der Substanz. Um wettbewerbsfähig zu bleiben, sind diese Betriebe gezwungen, sich weiter zu verschulden oder eine Einlagenfinanzierung vorzunehmen.
Für *größere Hotelunternehmungen oder Hotelgesellschaften* ergibt sich eine günstigere Situation hinsichtlich der Innenfinanzierung. Sie können allein schon auf Grund ihrer Betriebsgröße entsprechende Summen erwirtschaften, die für Investitionszwecke zur Verfügung stehen. Außerdem können in Hotels von Hotelgesellschaften Synergieeffekte genutzt werden.

9.4.2 Die Möglichkeiten der Außenfinanzierung
9.4.2.1 Die Beteiligungsfinanzierung
Die Beteiligungsfinanzierung beinhaltet die Bereitstellung von zusätzlichem Eigenkapital. Das kann in unterschiedlichen Formen erfolgen.

Die Einlagenfinanzierung

Bei der Einlagenfinanzierung erfolgt die Erhöhung des Eigenkapitals durch Kapitaleinlagen bereits vorhandener Anteilseignern oder / und neuer Anteilseigner.
In Abhängigkeit von der *Rechtsform* und der damit oft verbundenen Größe der Unternehmung (emissionsfähige oder nicht emissionsfähige Unternehmen) gibt es verschiedene Möglichkeiten der Kapitalbeschaffung über Einlagen mit unterschiedlichen Konsequenzen bezüglich der Geschäftsführung und der Gewinn- und Verlustbeteiligung.[245]
So steht bei einer *Einzelunternehmung* das Privatvermögen zur Verfügung oder es bietet sich die Möglichkeit, einen stillen Gesellschafter in die Unternehmung aufzunehmen.
Bei einer *offenen Handelsgesellschaft (OHG)* gibt es i.d.R. nur wenige Gesellschafter, die ebenfalls ihr Privatvermögen einbringen

---

[245] Vgl. Schierenbeck, Grundzüge, 15., S. 412

können. Die unbeschränkte Aufnahme von Gesellschaftern widerspricht dem Charakter der OHG.

Das gilt auch bei der *Kommanditgesellschaft (KG)* für die Komplementäre. Allerdings bietet sich hier die Möglichkeit der Aufnahme der Kommanditisten, um zusätzliches Eigenkapital zu beschaffen. Ihrer unbeschränkten Aufnahme sind jedoch auch Grenzen gesetzt, indem die Kommanditisten einem erhöhten Anlagerisiko unterliegen und die Fungibilität ihrer Beteiligung gering oder gar nicht gegeben ist.[246]

Letzteres gilt auch für die *Gesellschaft mit beschränkter Haftung (GmbH)*, obwohl der Anlegerschutz in diesem Fall rechtlich besser gewährleistet ist.[247]

Die *Vorteile* einer Einlagenfinanzierung sind darin zu sehen, dass
- sich keine negativen Auswirkungen auf die Liquidität ergeben, da keine Zahlungsverpflichtungen durch den Kapitaldienst entstehen,
- für das Kapital kein fester Rückzahlungstermin vorliegt und damit das Kapital langfristig zur Verfügung steht,
- der Eigenkapitalspielraum erweitert wird.

Jedoch können mit einer Beteiligungsfinanzierung u.U. bestimmte Konsequenzen bezüglich der Mitwirkung an der Geschäftsführung verbunden sein, was gerade in der mittelständisch geprägten Hotellerie problematisch ist. Die weit verbreiteten Familienbetriebe scheuen sich häufig vor einer Beteiligungsfinanzierung, weil sie um die Einschränkung ihrer unternehmerischen Selbständigkeit fürchten. Oft ist aber die Aufnahme neuer Partner die Voraussetzung für die Anschaffung unbelasteten Vermögens, welches wiederum die Sicherungsbasis für notwendiges längerfristiges Fremdkapital bietet.

Für kleine und nicht emissionsfähige Unternehmen besteht kein organisierter Kapitalmarkt wie für die emissionsfähigen Unternehmen. Sie sind häufig auf individuelle Regelungen angewiesen, um Kapitalanleger zu finden.

Für emissionsfähige Hotelunternehmen sind auf einem organisierten Kapitalmarkt die Bedingungen für eine Beteiligungsfinanzierung günstiger, da eine Kapitalerhöhung durch die Ausgabe neuer Aktien

---

[246] Vgl. ebenda
[247] Vgl. ebenda

erfolgen kann. Das Haftungskapital kann so aufgeteilt werden, dass Beteiligungen mit kleinen Beträgen möglich sind. Es kann weiterhin eine größere Anzahl von Eigentümern einbezogen werden, die „nur" an der Verzinsung des eingesetzten Kapitals und nicht an der Geschäftsführung interessiert sind u.a.m..

Finanzierung über Anlagefonds

Da es für einen Investor oft problematisch ist, die zur Finanzierung von Hotelinvestitionen erforderlichen finanziellen Mittel aufzubringen (z.B. für einen Neubau), bieten sich Anlagefonds als Kapitalsammelstellen an. Die Beteiligungsfinanzierung über Anlagefonds ist möglich über
- offene Immobilienfonds oder
- geschlossene Immobilienfonds.

Die *offenen Immobilienfonds* sind für jeden jederzeit zugänglich. Anlagen sind unbegrenzt möglich, es kann jederzeit verkauft und immer neue Objekte können in die Fonds aufgenommen werden. Diese Fonds werden häufig von Kleinanlegern genutzt, die an Vermögenszuwachs und Sicherheit interessiert sind.
Offene Immobilienfonds erfordern eine ständige Liquidität. Es sind sehr unterschiedliche Projekte in den Fonds zu finden, darunter auch wenige Hotels, da diese im Hinblick auf die Interessen der Kleinanleger eher uninteressant sind, weil es sich um eine risikobehaftete Investition mit geringen Renditen handelt.

Bei den *geschlossenen Immobilienfonds* ist das zu zeichnende Kapital zur Finanzierung von vornherein festgelegt. Auch stehen i.d.R. die einbezogenen Objekte fest. Sind die notwendigen Mittel erbracht, sind keine Beteiligungen mehr möglich, wobei die Beteiligung oft mit einem Mindestkapital verbunden ist.
Bei dieser Form der Immobilienfonds wird das steuerliche Engagement von Investoren angesprochen, indem die Abschreibung von Verlusten möglich ist. Daraus ergibt sich für den Anleger eine Minderung seines Einkommens und demzufolge hat er steuerliche Vorteile. Hotels ließen bisher hohe Verlustzuweisungen zu, die sofort als Kosten steuerlich geltend gemacht werden können. Daher wer-

den Hotels öfter über geschlossene Immobilienfonds finanziert (z.B. Hotel Adlon Berlin[248]).

Zunehmend setzen sich zwei Varianten durch, da die Möglichkeiten der steuerlichen Verlustzuweisungen zunehmend eingeschränkt wurden.[249]

Einerseits werden Hotelgesellschaften über Managementverträge als Betreiber tätig, wobei dem Anleger (Fondszeichner) keine Garantie über Renditen gegeben wird. Der Fondszeichner ist aber aus unterschiedlichen Gründen (z.B. Image der Hotelgesellschaft, Standort des Hotels, Konzeption des Hotels) von der Vorteilhaftigkeit der Investition und seiner Beteiligung überzeugt.

Andererseits schließen Hotelgesellschaften Mietverträge ab und garantieren dem Fondszeichner eine feste Verzinsung seines eingesetzten Kapitals.

Das Problem bei der Finanzierung durch Anlagefonds besteht in der Trennung von Kapital und Management und den damit verbundenen Interessenskonflikten.

9.4.2.2 Die Kreditfinanzierung

Bei der Kreditfinanzierung erfolgt die Beschaffung des Kapitals ebenfalls von außen. Mit der Kreditfinanzierung entstehen Gläubigerrechte, die damit verbunden sind, dass ein Rechtsanspruch auf die Rückzahlung des Kredites in nomineller Höhe vorliegt, ein Zins vereinbart wird und die Überlassung der finanziellen Mittel befristet ist. An der Geschäftsführung hat der Kreditgeber keinen Anteil.

Die Kreditfinanzierung ist insbesondere bei mittleren und kleinen Betrieben die am häufigsten genutzte Finanzierungsform.

Die in der Hotellerie hauptsächlich angewandten *Kreditformen* sind:
- der Kontokorrentkredit,
- der Lieferantenkredit,
- der Bankkredit,
- der Brauereikredit,

---

[248] Vgl. FUNDUS FONDS-Verwaltungen GmbH, Hotel Adlon
[249] Vgl. Gugg, Hotel, S. 11

Kredite aus öffentlichen Förderprogrammen spielen weiterhin eine wichtige Rolle.

Andere Möglichkeiten zur Finanzierung, wie der Wechselkredit, der Diskontkredit, der Lombardkredit, der Avalkredit sowie Kundenanzahlungen haben eine vergleichsweise geringe Bedeutung.

Der Kontokorrentkredit

Hierbei vereinbaren Bank und Hotelier einen *Kredithöchstbetrag* auf dem Kontokorrent-(Giro-)Konto, dessen Bereitstellung i.d.R. unbefristet gilt und ohne Rücksprache mit der Bank vom Hotelier in Anspruch genommen werden kann.
Der Kontokorrentkredit wird i.d.R. zur *kurzfristigen Finanzierung* genutzt, z.B. als Betriebsmittelkredit, Zwischenkredit in der Vorfinanzierung oder Saisonkredit in Zeiten besonderer Anspannung.
Die Höhe des Kontokorrentkredites ist betriebsindividuell bestimmt und hängt aus der Sicht des Hotelbetriebes u.a. von der Höhe der Warenvorräte und eventuellen Vorfinanzierungen von Betriebsausgaben vor Saisonbeginn ab.
Die zu zahlenden Zinsen richten sich nach den tatsächlich in Anspruch genommenen Kreditbeträgen. Die Kosten für den Kontokorrentkredit enthalten neben den Sollzinsen weitere Bestandteile, wie Kredit- oder Bereitstellungsprovision, Überziehungsprovision und Kontoführungsgebühren.

Der Lieferantenkredit

Er stellt eine *kurzfristige Kreditmöglichkeit* dar, bei der das vom Lieferanten gewährte *Zahlungsziel* in Anspruch genommen wird.
Der Lieferantenkredit tritt bei Warenlieferungen auf. Er wird häufig genutzt, weil er ohne Formalitäten bewilligt wird (ggf. lediglich ein Eigentumsvorbehalt), da der Lieferant am Absatz seiner Waren interessiert ist. Bei einer starken Marktstellung des Hotelbetriebes kann ein Lieferantenkredit u.U. „erzwungen" werden.
Die Kosten des Lieferantenkredits *(i)* werden durch *Skonti* beeinflusst und ergeben sich wie folgt:

$$i = \frac{Skontosatz \cdot 360}{Zahlungsfrist - Skontofrist}$$

Nachteilig ist, dass der Lieferantenkredit häufig teurer ist als der Kontokorrentkredit.

Der Bankkredit

Der Bankkredit ist die typische Form für *lang- und mittelfristige Kredite* in der Hotellerie. In Abhängigkeit von der Tilgungsart sind zwei hauptsächliche Formen zu unterscheiden:
- das Ratendarlehen und
- das Annuitätendarlehen.

Das *Ratendarlehen* ist in der Praxis häufig anzutreffen. Dabei wird der Kreditbetrag zu gleichbleibenden Tilgungsraten und sinkenden Zinsraten zurückgezahlt, wobei sich die Gesamtbelastung (Tilgung und Zinsen) um die gesparten Zinsen verringert. In den Anfangsjahren der Investition ergibt sich demzufolge eine hohe Belastung, die sich während der Laufzeit vermindert.

Abbildung 146: Das Ratendarlehen

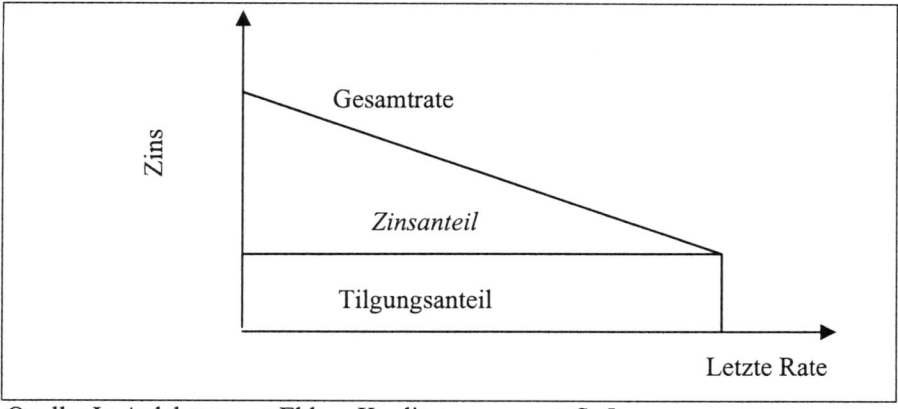

Quelle: In Anlehnung an Ehlert, Kreditmanagement, S. 5

Beim *Annuitätendarlehen* bleibt die Gesamtbelastung über die gesamte Laufzeit gleich, der Tilgungsanteil wächst um die gesparten Zinsen. Es sind gleichbleibende, aus Tilgung und Zinsen bestehende Beträge (Annuitäten) zu zahlen.

Für die Hotellerie hat das den Vorteil, dass die Gesamtbelastung in den schwierigen Anlaufzeiten geringer ist. Durch eine gleichbleibende Belastung ist die Liquiditätsplanung für den Hotelier erleichtert. Allerdings beeinflusst die Laufzeit des Kredits auch wesentlich die Höhe der Annuitäten.

Abbildung 147: Das Annuitätendarlehen

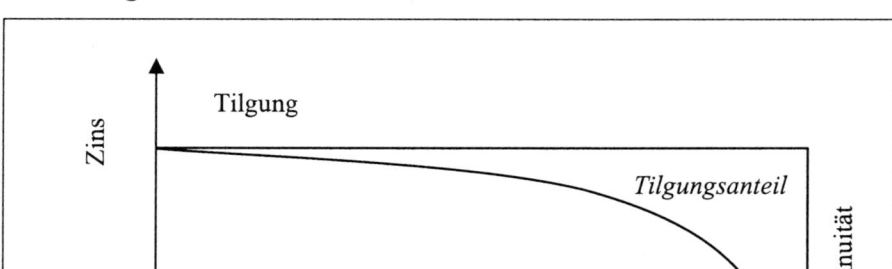

Quelle: In Anlehnung an Ehlert, Kreditmanagement, S. 5

Die Gewährung von Bankdarlehen ist an bestimmte *Kreditsicherheiten* gebunden. Das können sein:[250]
- die Person des Kreditnehmers (persönliche Vertrauenswürdigkeit, Vermögens- und Einkommensverhältnisse),
- Verpflichtungserklärungen (Bürgschaften, Sicherungsklauseln, Garantien),
- Bewegliche Sachen, Forderungen, Rechte (Verpfändung von Wertgegenständen, Sicherheitsübertragung),
- Grund und Boden (Hypothek, Grundschuld).

Die Kreditsicherheiten sind für kleine und mittlere Hotelbetriebe – bei einer ohnehin schmalen Eigenkapitalbasis – oft nicht vorhanden, so dass aus diesem Grunde Kredite nicht gewährt werden.

Bei der Kreditfinanzierung kann u.U. der *Leverage-Effekt* ausgenutzt werden.
Dieser Effekt besagt, dass die Eigenkapitalrentabilität auf Grund einer über dem Fremdkapitalzins liegenden Gesamtkapitalrentabilität erhöht werden kann. Voraussetzung ist ein Fremdkapitalzins, der

---

[250] Vgl. Schierenbeck, Grundzüge, 15., S. 419

unter der zu erwartenden Rendite des Investitionsvorhabens liegt. Der Leverage-Effekt besteht dann darin, dass das Fremdkapital zum Fremdkapitalzins aufgenommen wird, aber mit der Rentabilität des Gesamtkapitals investiert wird.

$$r_E = r_G + (r_G - i)\frac{F}{E} \cdot 100$$

Legende:
r = Rentabilität   E = Eigenkapital
G = Gesamtkapital   i = Fremdkapitalzins
F = Fremdkapital

Die Grenzen des Leverage-Effektes sind in der Hotellerie allerdings darin zu sehen, dass überhaupt Kapitalgeber gefunden werden müssen und Kreditsicherheiten oft fehlen. Außerdem erhöht die Fremdkapitalaufnahme die Zinsbelastung für das Hotel. Da Fremdkapitalzinsen fixe Kosten sind, die unabhängig von der Beschäftigung auftreten, erhöhen sich mit steigenden Zinsbelastungen die für den Break-even-Point[251] notwendigen Deckungsbeiträge. Der Leverage-Effekt ist also mit der Erhöhung des Break-even-Points verbunden. Damit besteht die Gefahr, dass der Hotelbetrieb schon bei geringen Umsatzrückgängen leichter in die Verlustzone gerät.

Der Brauereikredit

Diese Darlehensform stellt eine Sonderform der Kreditfinanzierung für das Gastgewerbe dar. Dabei werden Investitionen oder ein Teil davon durch Brauereien finanziert. Das erfolgt häufig im Zusammenhang mit einem Pachtvertrag. Mit dem Brauereidarlehen ist die Verpflichtung des Hoteliers verbunden, Bier und / oder alkoholfreie Getränke der Brauerei abzunehmen (daher auch als *Bierlieferungsvertrag* bezeichnet[252]). Die einzelnen Brauereien haben sehr unterschiedliche Konditionen.

Die *Vorteile* bei einer solchen Finanzierung bestehen darin, dass
- in der Regel keine banküblichen Sicherheiten erforderlich sind, da die Brauerei am Absatz ihrer Produkte interessiert ist und

---

[251] Vgl. Abschnitt 10.4.2
[252] Vgl. dazu auch Hänssler, Management, S. 389 ff.

- eine fachliche Beratung und Serviceleistungen durch die Brauerei erfolgen.

Nachteile sind u.a. darin zu sehen, dass
- die Verträge den Hotelier meist für mehrere Jahre an die Brauerei binden und bei Veränderung (z.B. der Präferenzen der Gäste) der Ausstieg aus dem Vertrag kaum möglich ist,
- die Verträge ein Bezugsvolumen festschreiben, das in der Regel sehr hoch ist. Bei Minderbezug muss zudem oft Schadensersatz geleistet werden.
- die Verpflichtung der Abnahme von Getränken oft nicht mit der Rückzahlung des Darlehens endet oder
- es für den Hotelier schwierig ist, den Vertrag aufzulösen, wenn der Betrieb verkauft werden soll oder das Pachtverhältnis endet.

Trotzdem werden Brauereidarlehen häufig genutzt. Vor einer Inanspruchnahme von Brauereikrediten müssen die Konditionen der Brauereien sorgfältig geprüft und stets ein Vergleich mit anderen Finanzierungsmöglichkeiten vorgenommen werden.[253]

9.4.2.3 Die Finanzierung über öffentliche Förderprogramme

Die Finanzierung über öffentliche Förderprogramme stellt eine Subventionsfinanzierung dar. Es gibt eine Vielzahl von öffentlichen Förderprogrammen, die vom Bund, den einzelnen Bundesländern oder der Europäischen Union aufgelegt sind. Sie haben das Ziel, kleine und mittlere Unternehmen zu fördern.

Dabei handelt es sich um Kredite, die den Hoteliers bei Vorliegen bestimmter Voraussetzungen und auf Antrag über die Hausbank zu *günstigen Konditionen* zur Verfügung gestellt werden, wie z.B. niedrige Kreditkosten, tilgungsfreie Jahre, lange Laufzeiten. Sie werden gewährt für Investitionen bei Neugründungen, Übernahmen und Beteiligungen.

---

[253] Vgl. Bruß, Checkliste, S. 1 f.

Wichtige Förderungen laufen über:
- *Die Förderung von Investitionen durch Zuschüsse im Rahmen der Gemeinschaftsaufgabe zur Verbesserung der regionalen Wirtschaftsstruktur (GA)*
  Sie beinhaltet Investitionszuschüsse, die auf den langfristigen Ausgleich der Wirtschaftskraft einzelner Regionen gerichtet sind. Die Bundesländer haben dazu spezifische Förderrichtlinien erlassen, die die regionalen Schwerpunkte berücksichtigen. So wurden von 1991 bis 2002 im Gastgewerbe über 2,5 Mrd. Euro sog. GA-Mittel bewilligt, womit Investitionen von rund 9,9 Mrd. Euro ausgelöst und 39.709 zusätzliche Arbeitsplätze geschaffen wurden.[254]
- *Die ERP-Darlehen (European Recovery Program)*
  Diese Darlehen weisen einen günstigen Festzinssatz über die gesamte Laufzeit, lange Laufzeiten und tilgungsfreie Jahre auf. Sie sind jederzeit rückzahlbar und werden Unternehmern für Existenzgründungen und Existenzaufbau (Erweiterung) eingeräumt. Es werden banktübliche Sicherheiten gefordert. Durch ERP-Mittel sind bis zu 50 % der Investitionssummen abdeckbar, wobei Kredithöchstbeträge gelten und der Kreis der antragberechtigten Unternehmen in Abhängigkeit von ihrer Umsatzgröße festgelegt ist.
- *Das Eigenkapitalhilfeprogramm*
  Dieses Programm dient zur Aufstockung des Eigenkapitals bis auf 40 % der Investitionssumme. Auch diese Kredite haben eine günstige Verzinsung (zinsfreie Jahre), lange tilgungsfreie Jahre sowie lange Laufzeiten. Es werden keine Sicherheiten wie Hypotheken oder Bürgschaften gefordert, aber das geplante Investitionsvorhaben wird auf der Grundlage einer Stellungnahme einer unabhängigen kompetenten Stelle (z.B. der IHK) geprüft.

Zu beachten ist, dass die Kredite aus öffentlichen Fördermitteln vor Beginn der Investitionsmaßnahme über die Hausbanken zu beantragen sind und das Antrags- und das Bewilligungsverfahren Zeit benötigen.

---

[254] Vgl. Bundesministerium für Wirtschaft und Arbeit (Hrsg.), Bericht, S. 47

9.5 Leasing und Factoring als Finanzierungsalternativen

9.5.1 Die Nutzung des Leasing in der Hotellerie

Da eine eindeutige Zuordnung des Leasing zu Finanzierungsformen nicht möglich ist, wird Leasing als eine Alternative für Finanzierungen bezeichnet.

Beim Leasing wird Vermögen (Anlagegüter) durch Fremdeigentum ersetzt. Dabei überlässt der Leasinggeber auf der Grundlage eines Leasingvertrages dem Leasingnehmer – dem Hotelier – ein Wirtschaftsgut für einen bestimmten Zeitraum zur Nutzung. Voraussetzung für die Leasingfähigkeit von Wirtschaftsgütern ist seine Fungibilität, d.h. das Wirtschaftsgut muss eine solche Beschaffenheit aufweisen, dass es nach Ablauf der vereinbarten Nutzungsdauer weiter verwertet werden kann.

In der Hotellerie kommen viele Wirtschaftsgüter als Leasingobjekte in Frage, z.B. EDV-Anlagen, Telefonanlagen, Fuhrpark, Berufsbekleidung, Wäsche, Fernseher, Teppiche, Küchengeräte und –maschinen usw..

Beim Leasing wird zwischen Financial-Leasing, Operating-Leasing und Sale-and-lease-back-Verfahren unterschieden.

Financial-Leasing basiert auf einem mittel- bis langfristigen Vertrag mit i.d.R. unkündbaren, festen Grundmietzeiten. Die Grundmietzeit liegt im Allgemeinen unter der betriebsgewöhnlichen Nutzungsdauer des geleasten Wirtschaftsgutes.

Beim *Operating-Leasing* handelt es sich um einen kurzfristigen Vertrag (z.B. für eine Saison oder bestimmte Tagungstechnik), der dem Leasingnehmer jederzeit ein Kündigungsrecht einräumt. Diese Form des Leasings ist der kurzfristigen Kreditfinanzierung ähnlich.

Beim *Sale-and-lease-back-Verfahren* (einer Sonderform des Financial-Leasing) kauft eine Leasinggesellschaft von einem Investor / Unternehmen z.B. eine Hotelimmobilie und vermietet diese dem Hotelunternehmen zur weiteren Nutzung zurück. In seiner Wirkung entspricht das einer Finanzierung aus Vermögensumschichtung.

Da beim Leasen das Wirtschaftsgut nicht gekauft, sondern gemietet wird, ergeben sich für das Hotel folgende *Vorteile*:
- Für die geleasten Güter werden keine Investitionen in Höhe des Anschaffungspreises notwendig. Es muss demzufolge weder Eigen- noch Fremdkapital aufgebracht werden.
- Da der Eigenkapitalspielraum nicht eingeschränkt wird, wird die Kreditwürdigkeit nicht belastet. Das kann wichtig sein, wenn bei der Aufnahme von Bankkrediten ein entsprechender Anteil von Eigenkapital verlangt wird.
- Leasingraten stellen abzugsfähige Betriebsausgaben dar und können steuerlich in voller Höhe geltend gemacht werden. Demgegenüber können Abschreibungen auf Anlagegüter nur über einen längeren Zeitraum verteilt werden.
- Leasingraten fallen erst an, wenn das Wirtschaftsgut in Betrieb genommen wird. Kosten für Fremdfinanzierungen entstehen jedoch schon, wenn noch gebaut wird.
- Durch Leasing kann einer Überalterung von Anlagen, Einrichtungen oder Ausstattungen vorgebeugt werden. Das ist im Hotel für solche Wirtschaftsgüter bedeutsam, die einem raschen Wandel durch technischen Fortschritt oder Mode unterliegen.
- Es müssen keine zusätzlichen Kapazitäten für Wartungs- oder Reparaturarbeiten bereitgehalten werden, da die Leasing-Gesellschaft diese Leistungen häufig mit übernimmt (z.B. die Wartung von EDV-Anlagen). In diesem Fall liegt ein sog. *Full-Service-Leasing* oder *Maintenance-Leasing* vor.

Nachteilig wirkt sich aus, dass
- die Liquidität des Hotels durch die monatlichen Leasingraten belastet wird,
- Leasing teurer ist als der Kauf des Wirtschaftsgutes mit Hilfe einer traditionellen Kreditfinanzierung, da der Leasinggeber nicht nur seine Aufwendungen ersetzen, sondern auch einen Gewinn erwirtschaften will,
- unter Umständen eine langfristige Bindung an einen Hersteller eintritt, wodurch die Flexibilität des Hotels eingeschränkt ist,

- eine zu optimistische Bilanz entstehen kann, da Leasinggüter in Abhängigkeit von der Gestaltung des Leasingvertrages ggf. nicht bilanziert werden.[255] Das kann Fehlentscheidungen begünstigen.

Daher sind generell bei der Entscheidung zum Leasing, Bar- oder Kreditkauf zu berücksichtigen
- die Nutzungsdauer des Wirtschaftsgutes. Wenn es sich um eine langfristige Nutzung handelt, ist der Kauf angeraten, wenn es um eine kurzfristige Nutzung geht, bietet sich eher Leasing an. Dabei sind die Kosten zu berücksichtigen, die beim Leasing etwa bei 130 % des Kaufpreises liegen können.[256]
- der Grad des technischen und moralischen Verschleißes des Wirtschaftsgutes. Bei einem hohen Verschleiß kann Leasing günstiger sein. Allerdings schlägt sich ein hoher Verschleiß i.d.R. auch in hohen Leasingraten nieder.
- die Bedingungen und die Gestaltung des Leasingvertrages sowie
- die Konditionen, zu denen eine traditionelle Finanzierung möglich ist.

9.5.2 Die Nutzung des Factoring in der Hotellerie

Unter Factoring wird die *Abtretung von Forderungen* aus Lieferungen und Leistungen eines Unternehmens an ein spezielles Finanzierungsinstitut (Factor), welches diese Forderungen bevorschusst und i.d.R. weitere Dienstleistungen übernimmt, verstanden.

Factoring bietet sich für Hotels in bestimmten Fällen an, wenn z.B. das Hotel expandiert und / oder stark im Tagungs- und Kongressgeschäft tätig ist oder eng mit Reiseveranstaltern zusammenarbeitet. Das erfordert im Hotel zumeist die Verwaltung einer relativ großen Anzahl von Debitorenkonten, was mit zusätzlichen, oft für das Hotel untypischen Aufgaben (z.B. Kreditprüfung, Mahnwesen, Risikoübernahme) verbunden ist. Die entstehenden Forderungen müssen i.d.R. durch Fremdkapital finanziert werden, so dass das Hotel wiederum von der Gewährung von Bankdarlehen oder Lieferantenkrediten abhängig ist.

---

[255] Vgl. Olfert, Finanzierung, S. 305
[256] Vgl. Swillims, Borgen, S. 6

Beim Factoring tritt der Factorkunde (das Hotel) seine Forderungen an einen Factor ab. Gegen Einreichung der Ausgangsrechnungen erhält der Hotelier vom Factor i.d.R. eine sofortige Zahlung von 80 bis 90 % des Rechnungsbetrages. Der Rest fließt als Sicherheitsbehalt auf ein Sperrkonto des Factors zur Verrechnung mit berechtigten Abzügen bei Zahlung der Debitoren (z.B. bei Skonti, Reklamationen). Nach Ausgleich der Rechnung durch die Debitoren wird der Sperrbetrag an das Hotel gezahlt.
Neben der *Finanzierungsfunktion* übernimmt der Factor weitere Funktionen, wie eine *Dienstleistungsfunktion* (Debitorenbuchhaltung, Mahnwesen, Rechnungsinkasso) und ggf. die *Delkrederefunktion*, d.h. er übernimmt im Falle der Zahlungsunfähigkeit der Debitoren das Risiko.

Factoring kann als Form der *Finanzierung aus Vermögensumschichtung* angesehen werden, wenn das Finanzierungsinstitut auch das Forderungsausfallrisiko, d.h. die Delkrederefunktion, übernimmt. Verbleibt dieses Risiko allerdings beim Hotel, erfolgt mit dem Ausgleich der Forderungen durch den Factor eigentlich eine *kurzfristige Kreditfinanzierung*.

Für die Verwaltung der Forderungen einschließlich des Mahnwesens, für die Überprüfung der Debitorenrisiken und für die Übernahme des Ausfallrisikos wird vom Factor eine *Factorgebühr* erhoben, die sich zwischen ein bis zwei Prozent der abgetretenen Forderungen bewegen kann. Weiterhin werden *Zinsen* – i.d.R. in banküblicher Höhe auf den jeweiligen Forderungsbestand vom Tage der Auszahlung der Forderung an das Hotel bis zum Tage des Zahlungseingangs vom Kunden – fällig.
Factoring kann als kurzfristige Fremdfinanzierung zweckmäßig sein, wenn im Tagungs- und Kongress- oder Reiseveranstaltergeschäft hohe Umsätze pro Jahr und hohe durchschnittliche Rechnungsbeträge der Einzelrechnungen pro Kongressveranstalter oder Reiseveranstalter vorliegen.[257]

Factoring wird meist als *offenes Factoring* praktiziert, d.h. der Kunde wird darauf hingewiesen, dass die Forderung an ein Factorinstitut abgetreten wurde, an welches die Zahlungen zu leisten sind.

---

[257] Vgl. Wiesenäcker, Bares, S. 12

Vorteile durch Factoring ergeben sich dadurch, dass
- die Liquidität des Hotels nicht belastet wird (Forderungen werden in Barmittel bzw. Bankguthaben umgewandelt),
- die zugeflossenen liquiden Mittel zur Reduzierung kurzfristiger Verbindlichkeiten genutzt werden können und sich dadurch
- das Verhältnis von Fremd- und Eigenkapital (Eigenkapitalquote) günstiger gestalten kann,
- Kosten, z.B. Personalkosten, durch den Wegfall einer aufwendigen Debitorenbuchhaltung und des Mahnwesens eingespart werden können.

Demgegenüber stehen die Kosten (Factoringgebühren und Zinsen), die mit dem Factoring anfallen.

9.6 Investitionsrechnungen als Entscheidungshilfe

Bei Investitionen ist nicht nur über deren Notwendigkeit zu entscheiden, sondern auch aus *Alternativen* zu wählen und der Nutzen eines Vorhabens zu prüfen.

Investitionsrechnungen können genutzt werden, um Entscheidungen über Investitionsvorhaben zu objektivieren. Allerdings sollten sie nicht überschätzt werden, da Investitionsrechnungen nur quantitative Faktoren erfassen können und wertmäßig nicht quantifizierbare Ergebnisse, wie die Qualität von Leistungen, unberücksichtigt lassen. Gerade letzteres ist aber für die Hotellerie von Bedeutung. Trotzdem können Investitionsrechnungen hilfreich sein, da sie die wirtschaftliche Vorteilhaftigkeit von alternativen Vorhaben ermitteln und so das Risiko von Fehlentscheidungen reduzieren können.

Zur Beurteilung von Investitionen können statische und dynamische Verfahren der Investitionsrechnungen angewandt werden.

9.6.1 Die Anwendung statischer Verfahren

Die statischen Verfahren sind vereinfachte Verfahren, die die durchschnittlichen Investitionsausgaben und Investitionseinnahmen pro Periode, nicht aber den zeitlichen Unterschied im Auftreten von Einnahmen und Ausgaben bei einer Investition berücksichtigen.
Das ist für die Hotellerie insofern problematisch, da die Einnahmen und die Ausgaben im Zeitverlauf sehr unterschiedlich sein können.

So kann man z.B. bei einem Hotelneubau mit einer Startphase von zwei oder drei Jahren rechnen, in der die Erlöse oft nur ausreichen, um die Fremdkapitalkosten zu decken. In einer Ausbauphase können die Erlöse nach und nach gesteigert werden, um erst in der Konsolidierungsphase die vollen Kosten zu decken.

Dennoch werden statische Verfahren der Investitionsrechnung im Vergleich zu den dynamischen Verfahren häufig genutzt, da sie relativ einfach zu handhaben sind. Es werden unterschieden
- die Kostenvergleichsrechnung,
- die Gewinnvergleichsrechnung,
- die Rentabilitätsrechnung,
- die Amortisationsrechnung.[258]

9.6.1.1 Die Kostenvergleichsrechnung
Die Kostenvergleichsrechnung kann genutzt werden, um die Kosten, die bei alternativen Investitionsvorhaben entstehen, zu vergleichen. Die Variante mit den geringsten Gesamtkosten wird bevorzugt.
Es werden berücksichtigt
- die Anschaffungskosten,
- die Betriebskosten (vor allem Material- und Personalkosten),
- die Kapitalkosten (Abschreibungen und Fremdkapitalzinsen) sowie
- die Nutzungsdauer der Investitionsobjekte.

Der Kostenvergleich wird i.d.R. als *Gesamtkostenvergleich* (Periodenkostenvergleich) durchgeführt. Dabei wird unterstellt, dass die Kosten während der gesamten Nutzungsdauer gleich bleiben.
Um sinnvoll vergleichen zu können, muss beachtet werden, dass die quantitativen und qualitativen Leistungsparameter der Investitionsobjekte gleich sind. Bestehen größere *quantitative* Unterschiede muss zusätzlich zum Gesamtkostenvergleich ein *Stückkostenvergleich* durchgeführt werden, der die unterschiedlichen Leistungsmengen berücksichtigt. Bei *qualitativen* Unterschieden ist eine *Gewinn- oder Rentabilitätsvergleichsrechnung* durchzuführen.

9.6.1.2 Die Gewinnvergleichsrechnung
Die Gewinnvergleichsrechnung berücksichtigt neben den Kosten auch die Erlöse, die durch die Investition erzielt werden können. Sie

---
[258] Vgl. Schierenbeck, Grundzüge, 15., S. 326

basiert auf dem durchschnittlichen Investitionsgewinn, ausgedrückt als Saldo der durchschnittlichen Kosten und Erlöse pro Periode[259] oder pro Leistungseinheit.

Die Gewinnvergleichsrechnung eignet sich zur Beurteilung eines einzelnen Investitionsobjektes oder für alternative Vorhaben.

Bei einer *Einzelinvestition* ist die Investition nach der Gewinnvergleichsrechnung dann von Vorteil, wenn mit dem Investitionsobjekt höhere Erlöse als Kosten erzielbar sind oder die Kosten mindestens gleich den Erlösen sind.

Die Gewinnvergleichsrechnung eignet sich zur Beurteilung *alternativer Investitionsvorhaben*, wenn die qualitativen Leistungsparameter der verschiedenen Investitionsobjekte voneinander abweichen. Bei der Beurteilung von Alternativen wird die Variante mit dem höchsten Gewinn bevorzugt.

Die Aussagefähigkeit der Gewinnvergleichsrechnung ist eingeschränkt, da die direkte Zurechnung von Gewinnen zu einem Investitionsobjekt nur bedingt möglich ist. Außerdem wird während der gesamten Nutzungsdauer von gleich bleibenden Gewinnen ausgegangen. Es muss auch beachtet werden, dass in der Einzelunternehmung aus dem Gewinn der Lebensunterhalt des Unternehmers und seiner Familie zu finanzieren ist.

9.6.1.3 Die Rentabilitätsrechnung

Die Rentabilitätsrechnung berücksichtigt die *Verzinsung des eingesetzten Kapitals*. Sie qualifiziert die Gewinnvergleichsrechnung und kann dann genutzt werden, wenn der Investitionsgewinn mit unterschiedlichem Kapitaleinsatz erfolgt und wenn Kapital nicht uneingeschränkt zur Verfügung steht.[260] Als Entscheidungskriterium dient die *Rentabilität,* die sich ergibt aus

$$Rentabilität = \frac{durchschnittlicher\ Periodengewinn}{durchschnittlicher\ Kapitaleinsatz}$$

Der *Return on Investment* (ROI) konkretisiert die Rentabilitätsmethode, indem Umsatzrentabilität und Kapitalumschlag einbezogen

---

[259] Vgl. ebenda, S. 335
[260] Vgl. ebenda, S. 337

werden. Dadurch können Unterschiede im Zustandekommen der Rentabilität dargestellt werden.

Mit der Rentabilitätsrechnung kann ermittelt werden, ob die erreichte Verzinsung den Anforderungen von Investoren entspricht.

Abbildung 148: Beispiel für statische Investitionsrechnungen

Rechengrößen \ Investitionsobjekte	A	B
A. Ausgangsdaten		
1 Anschaffungskosten	40.000 GE	50.000 GE
2 Betriebskosten, fix pro Periode	20.400 GE	23.200 GE
3 Betriebskosten, variabel pro ME	1,95 GE	1,20 GE
4 Voraus. Leistungsabgabe pro Periode	4.000 ME	5.000 ME
5 Wirtschaftliche Nutzungsdauer	6 Jahre	6 Jahre
6 Restverkaufserlös am Ende der Nutzungsdauer	0	0
7 Zinssatz	8 %	8 %
B. Gesamtkostenvergleich		
Betriebskosten, fix (A2)	20.400 GE	23.200 GE
Betriebskosten, variabel (A3 · A4)	7.800 GE	6.000 GE
Kalk. Abschreibungen (A1 - A6) : A5	6.667 GE	8.333 GE
Kalk. Zinsen (A1: 2) · (A7 : 100)	1.600 GE	2.000 GE
Durchschnittliche Gesamtkosten pro Periode	**36.467 GE**	39.533 GE
C. Stückkostenvergleich		
Kosten pro ME (B5 : A4)	9,11 GE/ME	**7,91 GE/ME**
D. Gewinnvergleich		
Erlöse pro Periode	37.600 GE	42.500 GE
Gesamtgewinn pro Periode (D1 - B5)	1.133 GE	2.967 GE
Gesamtgewinn des Investitionsobjektes (D2 · A5)	6.798 GE	**17.802 GE**
E. Rentabilitätsvergleich		
Durchschnittlicher Kapitaleinsatz	23.333 GE	29.167 GE
Investitionsrentabilität (D2 : E1) · 100	4,86 %	**10,17 %**
Umsatzrentabilität (D2 : D1) · 100	3,01 %	**6,98 %**
Kapitalumschlag (D1 : E1)	**1,6**	1,5

An diesem Beispiel wird deutlich, dass
- beim Gesamtkostenvergleich das Investitionsobjekt A günstiger zu bewerten ist,
- beim Stückkostenvergleich und beim Gewinnvergleich das Investitionsobjekt B günstiger ist,
- beim Rentabilitätsvergleich in Bezug auf die Umsatz- und Investitionsrentabilität Investitionsobjekt B zu bevorzugen ist, wobei

das Investitionsobjekt A einen höheren Kapitalumschlag aufweist.

9.6.1.4 Die Amortisationsrechnung

Die Amortisationsrechnung (Pay-Off- oder Pay-Back-Methode) ermittelt den *Zeitraum,* in welchem die Ausgaben für die Anschaffung des Investitionsobjektes aus den Einnahmeüberschüssen gedeckt werden können.

Abbildung 149: Die Amortisationsdauer

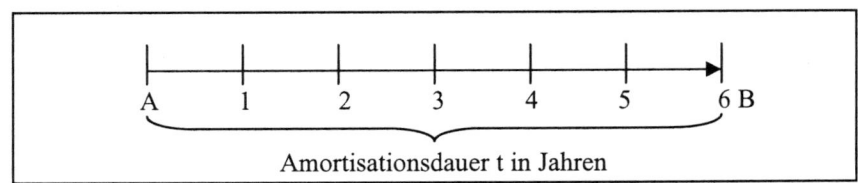

Legende:
A = Anschaffungszeitpunkt   B = Amortisationszeitpunkt

Aus der sich ergebenden Amortisationsdauer in Jahren kann das Risiko abgeschätzt werden, das mit der Investition verbunden ist. Je kürzer die Amortisationsdauer ist, umso geringer wird auch das Investitionsrisiko sein. Das setzt allerdings voraus, dass Investitionsvorhaben miteinander verglichen werden, die dieselbe Lebensdauer haben.[261]

Abbildung 150: Beispiel für die Amortisationsrechnung

	Investitionsobjekt A	Investitionsobjekt B
A. Ausgangsdaten		
1. Anschaffungskosten	70.000 GE	100.000 GE
2. Geplante Nutzungsdauer	6 Jahre	6 Jahre
3. Abschreibungen pro Periode	11.667 GE	16.667 GE
4. Geplanter Gewinn	5.100 GE	8.000 GE
B. Berechnung der Amortisationsdauer A1 : (A3 + A4)	4,17 Jahre	**4,05 Jahre**

Demnach wäre das Investitionsobjekt B zu bevorzugen. Auch bei der Amortisationsmethode ist zu beachten, dass von durchschnittli-

---

[261] Vgl. ebenda, S. 340

chen Werten ausgegangen und der unterschiedliche zeitliche Anfall des Gewinns nicht berücksichtigt wird.

9.6.2 Die Anwendung dynamischer Verfahren

Die dynamischen Verfahren heben die Mängel der statischen Verfahren auf, indem mehrere (möglichst alle) Perioden in die Rechnung einbezogen und die effektiven Zahlungsströme berücksichtigt werden. Das geschieht mit Hilfe der Abzinsung.
Dabei bieten sich an:
- die Kapitalwertmethode und
- die Methode des internen Zinsfußes.

9.6.2.1 Die Kapitalwertmethode
Bei der Kapitalwertmethode wird ein Kapitalwert ermittelt und mit den Investitionsausgaben (ursprünglicher Kapitaleinsatz) verglichen. Eine Investition kann dann als vorteilhaft eingeschätzt werden, wenn der Kapitalwert positiv ist, da in diesem Fall über die angesetzte Mindestverzinsung und die Amortisation des eingesetzten Kapitals ein Überschuss erreicht wird.
Der Kapitalwert wird errechnet, indem die jährlichen Einnahmenüberschüsse oder –unterdeckungen mit einem Abzinsungsfaktor, dem der Kalkulationszinsfuß zu Grunde liegt, multipliziert werden.[262]

$$C_0 = \sum_{t=0}^{n}(E_t - A_t) \cdot \frac{1}{(1+i)^t}$$

oder

$$C_0 = -I_0 + \sum_{t=1}^{n}(E_t - A_t) \cdot \frac{1}{(1+i)^t}$$

Legende:
C_0 = Kapitalwert (Barwert)   A = Ausgaben   E = Einnahmen
t = Periode   i = Kalkulationszinsfuß
I_0 = Investitionsausgabe (ursprünglicher Kapitaleinsatz)
$\frac{1}{(1+i)}$ = Abzinsungsfaktor

---

[262] Vgl. ebenda, S. 342

Die Höhe des Kapitalwertes hängt von der Höhe des gewählten Kalkulationszinsfußes ab. Mit steigendem Kalkulationszinsfuß sinkt der Kapitalwert des entsprechenden Investitionsvorhabens. Für die Abzinsung werden entsprechende Tabellen genutzt. Außerdem ist es möglich, eine rechnergestützte Investitionsrechnung durchzuführen.

Abbildung 151: Beispiel für die Kapitalwertmethode

Jahre	Rückflüsse auf Grund der Investition (Cash Flow) GE	Abzinsungsfaktor bei einem Kalkulationszinsfuß von 8 %	Kapitalwert (Barwert) GE
1	+ 12.000	$1 : 1,08 = 0.926$	11.112
2	+ 14.000	$1 : 1,08^2 = 0,857$	11.998
3	+ 17.000	$1 : 1,08^3 = 0,794$	13.498
4	+ 19.000	$1 : 1,08^4 = 0,735$	13.965
5	+ 15.000	$1 : 1,08^5 = 0,681$	10.215
	Summe Kapitalwert der Rückflüsse		60.788
	Kapitaleinsatz		- 60.000
	Kapitalwert der Investition		+ 788

Die Investition kann als vorteilhaft angesehen werden, da der Kapitalwert positiv ist.

9.6.2.2 Die Methode des internen Zinsfußes

Diese Methode bietet sich an, wenn aus dem Kapitalwert, der vom angesetzten Kapitalzinsfuß beeinflusst ist, keine Entscheidung abgeleitet werden kann. Der interne Zinsfuß liegt bei einem *Kapitalwert von Null*. Mit steigendem Abzinsungsfaktor sinken sowohl der Kapitalwert der Rückflüsse als auch der Kapitalwert der Investition, da die Rückflüsse immer stärker abgezinst werden.

Die Investition kann als vorteilhaft betrachtet werden, wenn der interne Zinsfuß über dem Kalkulationszinsfuß liegt.[263] Insofern stellt die Methode des internen Zinsfußes auch eine Umkehrung der Kapitalwertmethode dar.

Für die Berechnung des internen Zinsfußes werden zwei unterschiedliche *Versuchszinssätze* gewählt, die unter bzw. über dem Kalkulationszinssatz liegen. Für diese Zinssätze werden die Kapitalwerte der Investition tabellarisch ermittelt.

Abbildung 152: Die Ermittlung der Kapitalwerte mit Hilfe von Versuchszinssätzen (Kalkulationszinssatz: 8 %)

Jahr	Überschüsse	Versuchszinssatz 1 i = 0,06		Versuchszinssatz 2 i = 0,12	
		Abzinsungsfaktor	Kapitalwert	Abzinsungsfaktor	Kapitalwert
1	12.000	0,943396	11.321	0,892857	10.714
2	14.000	0,889996	12.460	0,797194	11.161
3	17.000	0,839619	14.274	0,711780	12.100
4	19.000	0,792094	15.050	0,635518	12.075
5	15.000	0,747258	11.209	0,567427	8.511
Summe			64.314		54.561
- Kapitaleinsatz			- 60.000		- 60.000
= Kapitalwert		C 01	4.314	C 02	- 5.439

Der interne Zinsfuß (r) kann auf zwei Arten ermittelt werden:
- Er kann *rechnerisch* ermittelt werden nach der Formel:[264]

$$r = i_1 - C_{01} \cdot \frac{i_2 - i_1}{C_{02} - C_{01}}$$

Legende:
r = interner Zinsfuß %   i = Versuchszinssatz 1 bzw. 2
C_{01} bzw. C_{02} = Kapitalwert bei i_1 bzw. i_2

Damit ergibt sich der interne Zinsfuß von 8,65 %.

$$r = 0,06 - 4.314 \cdot \frac{0,12 - 0,06}{-5.439 - 4.314} = 0,0865$$

---

[263] Vgl. ebenda, S. 347
[264] Vgl. Olfert, Investition, S. 205

- Er kann *grafisch* ermittelt und dargestellt werden, indem die ermittelten Kapitalwerte durch eine Gerade miteinander verbunden werden. Im Schnittpunkt der Geraden mit der Ordinate liegt der interne Zinsfuß.

Abbildung 153: Die grafische Darstellung des internen Zinsfußes

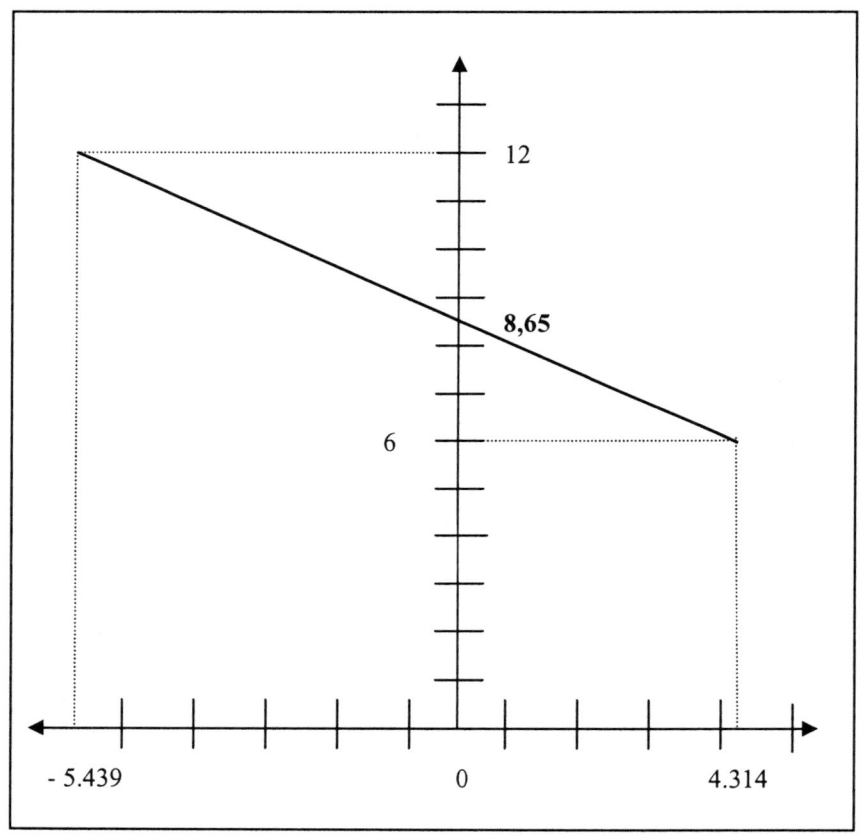

Im gewählten Beispiel ist die Investition vorteilhaft, da der interne Zinsfuß mit 8,65 % über dem Kalkulationszinsfuß von 8 % liegt.

Fragen und Aufgaben zum Kapitel 9

1. Unterscheiden und charakterisieren Sie Investitionen in das Anlagevermögen und in das Umlaufvermögen im Hotel und leiten Sie Schlussfolgerungen für die Finanzierung ab!
2. Nennen Sie angebotsseitige und nachfrageseitige Bedingungen, unter denen Investitionen in der Hotellerie zu finanzieren sind!
3. Welche Kosten sind bei Hotelneubauten zu berücksichtigen?
4. Was ist unter Anlagenintensität von Hotels zu verstehen?
5. Charakterisieren Sie den Kapitalumschlag in der Hotellerie und leiten Sie daraus Konsequenzen für Investitionen ab!
6. Welche Zusammenhänge bestehen zwischen Kapitalstruktur, Verschuldungsgrad und Kapitaldienst in der Hotellerie?
7. Was ist unter dem Absatzrisiko von Hotelleistungen zu verstehen?
8. Nennen und bewerten Sie die Möglichkeiten der Innenfinanzierung in der Hotellerie! Unterscheiden Sie dabei nach Individual- und Kettenhotellerie!
9. Erläutern Sie Finanzierungsmöglichkeiten aus Vermögensumschichtungen!
10. Bewerten Sie den Kontokorrentkredit und den Lieferantenkredit als Finanzierungsmöglichkeiten!
11. Was ist unter einem Ratendarlehen und einem Annuitätendarlehen zu verstehen?
12. Was ist unter dem Leverage-Effekt zu verstehen und worin bestehen die Grenzen des Effektes in der Hotellerie?
13. Beurteilen Sie Leasing und Factoring als Finanzierungsalternativen!
14. Nennen und beschreiben Sie die statischen Verfahren der Investitionsrechnung!
15. Worin bestehen Vor- und Nachteile der statischen Verfahren der Investitionsrechnung für die Hotellerie?
16. Was ist unter der Kapitalwertmethode zu verstehen?
17. Erläutern Sie die Methode des internen Zinsfußes!

10 Kostenmanagement im Hotel
10.1 Das Kostenproblem der Hotellerie

Die Erstellung der Hotelleistung bedeutet den Verzehr von Gütern und Dienstleistungen, der in Kosten quantifiziert ist. Die Hotellerie hat Besonderheiten, die im Kostenmanagement zu beachten sind:
1. Ein Hotel weist ein hohes Kostenniveau auf. So betragen z. B. die Aufwendungen für ein Stadthotel (normale Ausstattung mit Betriebserträgen in Höhe von 464,4 T€) 996,5 % der Betriebserträge beim Eigentümerbetrieb und 93,2 % beim Pachtbetrieb. Andere Betriebstypen weisen ähnlich hohe Kostenniveaus auf.[265]
2. Die zur Erstellung der Hotelleistung erforderlichen kapital- und anlagenintensiven Investitionen sowie der hohe personelle Aufwand wirken sich auf die Kostenstruktur aus. Die Personalkosten und die Warenkosten (für Speisen und Getränke) sind die größten Aufwandspositionen. Daneben charakterisieren hohe Fremdkapitalzinsen und Abschreibungen die Kostenstruktur.

Abbildung 154: Struktur der betriebs- und anlagebedingten Aufwendungen am Beispiel Stadthotel (normale Ausstattung)

Aufwendungen	in % der Betriebserträge	
Betriebsbedingte Aufwendungen		
Warenaufwand	21,1	
Personalaufwand	30,7	
Energieaufwand	5,5	
Steuern, Gebühren, Beiträge, Versicherungen	3,4	
Sonstiger Betriebs- und Verwaltungsaufwand	21,3	
Anlagebedingte Aufwendungen	Eigentümerbetrieb	Pachtbetrieb
Miet- und Pachtaufwand	0,8	11,5
Leasing	0,3	-
Abschreibungen	9,5	3,0
Fremdkapitalzinsen	7,9	0,9
Instandhaltungen	4,9	4,7

Quelle: Maschke, Hotelbetriebsvergleich 2002, S. 51, 52, 57

3. Die Kostenstruktur im Hotel ist dadurch geprägt, dass der überwiegende Teil der Kosten fixe Kosten sind, die durch den spezi-

---

[265] Vgl. Maschke, Hotelbetriebsvergleich 2002, S.45

fischen Leistungsprozess im Hotel in Form der Kapazitätskosten und Bereitschaftskosten entstehen.[266]
Die beschäftigungsabhängigen variablen Kosten sind vergleichsweise gering.

Abbildung 155: Die Kostenstrukturen in Abhängigkeit von den Stufen der Leistungserstellung (in %)

Betriebstyp	Auslastung in %	Kapazitäts-kosten	Bereitschafts-kosten	Beschäftigungskosten
Ein-Saison-Betrieb	50	34,8	40,4	16,8
	70	30,3	49,3	20,4
	100	26,1	48,6	25,3
Zwei-Saison-Betrieb	50	21,3	58,1	20,6
	70	18,0	57,6	24,4
	100	15,2	55,5	29,3
Ferienhotel	50	16,6	59,8	23,6
	70	13,7	58,9	27,4
	100	11,3	56,4	32,6
Hotel garni	50	22,7	64,2	13,1
	70	18,7	62,3	15,0
	100	16,3	65,0	18,7

Quelle: Kunz, Kosten, S. 70, 74, 80, 88

Die Differenzierung der Kosten in fixe und variable Kosten ist in der Praxis nicht immer einfach und teilweise auch mit einem hohen Aufwand verbunden. Eine Differenzierung ist jedoch im Rahmen des Kostenmanagements erforderlich, auch wenn Ungenauigkeiten in Kauf genommen werden müssen.

4. Die Kostenstruktur ist relativ starr. Bei Veränderung der Beschäftigung tritt Kostenremanenz auf. Kostenmanagement bedeutet in diesem Zusammenhang, die anfallenden Fixkosten auf eine Höchstzahl von Leistungen zu verteilen. Die Fixkostendegression als Merkmal kapital- und personalintensiver Unternehmungen (z.B. auch bei Transportunternehmungen, Theatern) bewirkt, dass mit zunehmender Auslastung die Fixkosten pro Leistungseinheit sinken. Das Fixkostenminimum pro Übernachtung als Leistungseinheit ist erreicht, wenn eine Kapazitätsauslastung von 100 % vorliegt, was jedoch im Hotel praktisch nur im Ausnahmefall erreicht wird.

---
[266] Vgl. Abschnitt 2.5

5. Der Kostenumfang und die Kostenstruktur sind im Hotel von sehr unterschiedlichen Faktoren abhängig:
- von der *Labilität der Nachfrage*. Sie bewirkt mehr oder weniger starke Absatzschwankungen und damit differenzierte Kostenumfänge und Kostenstrukturen.
- vom Umfang und dem Charakter der angebotenen *Leistungen*. So führen ein breites Bewirtungsangebot und eine umfangreiche Speiseproduktion in einem Hotel zu einem anderen Kostenumfang und anderen Kostenstrukturen als in einem Hotel garni, welches i.d.R. nur Frühstück und Getränke anbietet.
- vom *Qualitätsstandard* der Hotelleistung. So weist ein First-Class-Hotel auf Grund des größeren Dienstleistungsumfanges und der dafür notwendigen Voraussetzungen (z.B. Personal) ein anderes Kostenniveau und eine andere Kostenstruktur auf als ein Low-Budget-Hotel.
- von der *Betriebsgröße*. Mit wachsender Betriebsgröße steigt das Kostenniveau, und die Kostenstrukturen verändern sich.[267]

Abbildung 156: Waren- und Personalaufwand in Abhängigkeit von Betriebsgröße, Leistungsangebot und Qualitätsstandard

Hotels	Anteile in % vom Betriebsertrag	
	Warenaufwand	Personalaufwand
Stadthotels		
Normale Ausstattung	21,1	30,7
Gehobene Ausstattung	16,2	39,7
First-Class-Ausstattung	9,1	34,6
Kur- und Ferienhotels		
Normale Ausstattung	23,2	28,3
Gehobene Ausstattung	18,7	37,2
First-Class-Ausstattung	14,4	41,8
Hotels garnis / Frühstückspensionen		
Normale Ausstattung	5,5	29,0
Gehobene Ausstattung	4,9	29,9

Quelle: Maschke, Hotelbetriebsvergleich 2002, S. 51, 53, 124

---

[267] Vgl. INTERHOGA (Hrsg.), Unternehmensvergleich, S. 53 ff.

Weil in größeren Betrieben i.d.R. Dienstleistungsumfang und -niveau zunehmen, ist das höhere Kostenniveau auf einen wachsenden Anteil der Personalkosten (z.B. durch qualifizierteres Personal) zurückzuführen. Darüber hinaus ist zu beachten, dass sich in kleinen (Familien-)Betrieben der kalkulatorische Unternehmerlohn und die unbezahlte Familienarbeit in den Personalkosten nicht widerspiegeln. Mit wachsender Betriebsgröße sinkt der Anteil der Kosten für Materialaufwand. Er sinkt aber weniger als der Anteil der Personalkosten steigt, so dass insgesamt ein höheres Kostenniveau eintritt.
- vom *Standort* des Hotels. Er bestimmt wesentlich die Öffnungszeiten des Hotelbetriebes, den Nachfragerhythmus oder auch die Gästestruktur und Aufenthaltsdauer. So fallen bei einem häufigeren Belegungswechsel mehr Personalkosten, Reinigungskosten, Wäschekosten usw. an als das möglicherweise in Betrieben mit einer längeren durchschnittlichen Aufenthaltsdauer der Fall ist.
- von den *Eigentumsverhältnissen*. Auf Grund der Kosten für das eingebrachte Eigentum gibt es unterschiedliche Kostenumfänge und Kostenstrukturen in Eigentümer- und Pachtbetrieben.

Kostenmanagement beinhaltet die Führung des Hotels unter dem Kostenaspekt und unter Beachtung des Einflusses der o.g. Faktoren. Dabei nimmt auch in der Hotellerie der Kostendruck durch die allgemeine Verteuerung von Produktionsfaktoren zu.
Einschränkend muss berücksichtigt werden, dass
- Kostensenkungen und -einsparungen im Hotel nur bis zu einem bestimmten Grad möglich sind, wenn die Qualität der Hotelleistung nicht leiden soll und
- Kostenmanagement ein nach innen gerichtetes Vorgehen ist, dem der Marktbezug nicht unmittelbar zu Grunde liegt.

10.2 Die Nutzung von Informationen aus dem betrieblichen Rechnungswesen für Entscheidungen im Kostenmanagement

Im Rahmen des Kostenmanagements werden Informationen für die Entscheidungsfindung benötigt. Sie sind unerlässlich, um ein Problem zu erkennen, zu formulieren und die Konsequenzen zu beurteilen, die mit den jeweiligen Entscheidungen verbunden sind. Dabei steht das Management eines Hotelbetriebes vor der Herausforderung, dass

- der Wettbewerb auf dem Hotelmarkt schnelle Entscheidungen und eine hohe Flexibilität bei Entscheidungen verlangt,
- ausreichend und aktuelle Informationen vorhanden sein müssen, um ein Problem zu analysieren und umfassend bewerten zu können,
- in Anbetracht der Masse der täglich zu treffenden Entscheidungen und der dafür notwendigen Informationen die Gefahr besteht, das Wesentliche vom Unwesentlichen nicht mehr unterscheiden zu können.

Daher muss eine Selektion der Entscheidungen und eine Verdichtung von Informationen vorgenommen werden. Die für das Kostenmanagement notwendigen Informationen liefert das betriebliche Rechnungswesen.

Abbildung 157: Die Gliederung des betrieblichen Rechnungswesens

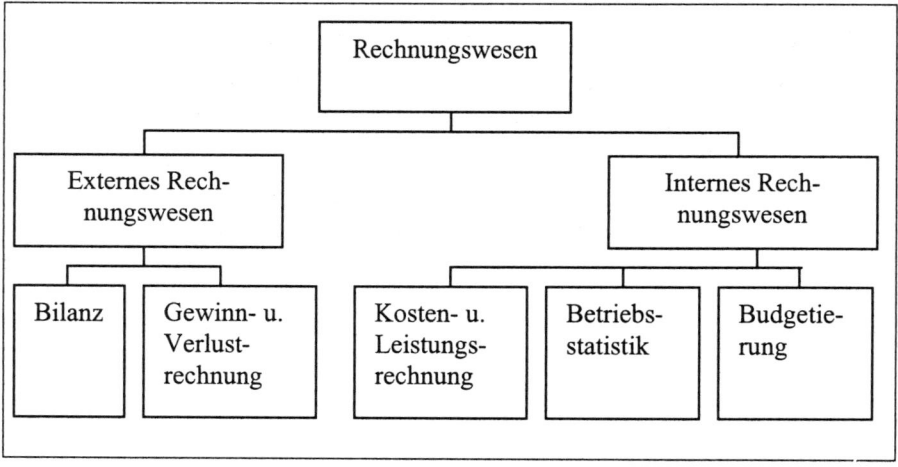

In den kleinen Hotelbetrieben wird die Bedeutung des betrieblichen Rechnungswesens oft unterschätzt, indem Datenaufzeichnungen nicht im erforderlichen Maße erfolgen, Teile des Rechnungswesens „ausgelagert" werden (z.b. die Buchhaltung an den Steuerberater) oder vorhandene Informationen nicht ausgewertet werden. Das hat häufig zur Folge, dass die notwendigen betriebswirtschaftlichen Daten nicht oder zu spät verfügbar sind, um für die Entscheidungsfindung genutzt werden zu können.

Die Informationen aus dem betrieblichen Rechnungswesen stehen als *Kennzahlen* zur Verfügung. Sie sollen bestimmte Anforderungen erfüllen. Eine Kennzahl muss:
- richtig ausgewählt sein,
- eine brauchbare Grundlage darstellen,
- vergleichbar sein,
- für mehrere Perioden berechenbar sein,
- genau und aktuell sein,
- eine Auswertung zulassen und
- richtig interpretiert werden.

Im Rahmen des Kostenmanagements werden u.a. folgende Informationen benötigt:
- über die *Quellen des Erfolges*.
  Hier ist die Kenntnis wichtig, welche Bereiche des Hotels bzw. welche Leistungen welche Kosten verursachen und in welchen Bereichen des Hotels bzw. mit welchen Leistungen Gewinn erwirtschaftet wird. Diese Informationen dienen z.B. zur Entscheidungsfindung bei der Gestaltung des Leistungsangebotes.
- über den *Erfolgsverlauf.*
  Dabei ist die Entwicklung solcher Kennzahlen von Interesse, die die Erreichung von Unternehmens- oder Bereichszielen widerspiegeln (z.B. die Umsatz-, Kosten- und Gewinnentwicklung). Das bedeutet, dass Daten über einen längeren Zeitraum verfügbar sein müssen, um z.B. für Entscheidungen im Rahmen der Budgetierung genutzt werden zu können.
- über die *Selbstkosten* und *Deckungsbeiträge* der angebotenen Leistungen.
  Sie sind notwendig, um Preise betriebswirtschaftlich zu begründen. Die Kenntnis der Selbstkosten und Deckungsbeiträge unterstützt und qualifiziert Entscheidungen in Bezug auf Preiserän-

derungen und Preisspielräume oder im Rahmen von Kosten- und Verbrauchskontrollen. Die Kostenträgerrechnung kann dafür genutzt werden.
- zur ständigen *Kontrolle der Wirtschaftlichkeit* des Hotels.
Das bedeutet die Überwachung des betrieblichen Geschehens mit Hilfe von Kennzahlen in dem Sinne, dass beim Übersteigen geplanter Größen (z.B. Wareneinsatz, Energieverbrauch, Werbekosten) schnelle Informationen erfolgen, die Entscheidungen für Gegenmaßnahmen (organisatorische Maßnahmen, Plankorrekturen) möglich machen.
- zur Begründung von *Veränderungen*.
Das betrifft u.a. Entscheidungen zu Angebotsveränderungen, wenn die bisherigen Leistungen nicht den notwendigen Umsatz oder Gewinn erwirtschaften, weil die Angebotsstruktur nicht mehr dem Bedarf entspricht. Das trifft auch bei einer Angebotserweiterung zu, wenn die Kapazitätsgrenze erreicht und eine Steigerung des bisherigen Leistungsangebotes nicht mehr möglich ist. Für diese Entscheidungen können Informationen mit Hilfe einer Break-even-Analyse gewonnen werden.[268]

Die Kostenarten-, Kostenstellen- und Kostenträgerrechnung sind Rechnungen, die im Kostenmanagement genutzt werden können und die Auskunft darüber geben, welche Kosten, in welcher Höhe, wo und wofür im Hotel anfallen.

10.2.1 Die Kostenartenrechnung im Hotel

Die Kostenartenrechnung dient der Erfassung und Gliederung aller in einer Periode anfallenden Kosten. Dazu werden aus der Finanzbuchhaltung die für die Betriebsabrechnung relevanten Kosten unter Berücksichtigung der Abgrenzung von Aufwand und Kosten und Ertrag und Erlös ermittelt. Instrument der Kostenartenrechnung ist der Kostenartenplan.

Der *Kostenartenplan* enthält die im Hotel auftretenden Kostenarten, deren Umfang und Gliederungstiefe entsprechend den betrieblichen

---

[268] Vgl. Abschnitt 10.4.2

Gegebenheiten festzulegen ist. Grundlage des Kostenartenplanes ist der Kontenrahmen.

Für das Gastgewerbe liegt ein *Sonderkontenrahmen (SKR 70)* vor, der die Besonderheiten des Hotel- und Gaststättengewerbes berücksichtigt. Dadurch ist eine einheitliche Grundlage für die Gliederung der Kosten gegeben. Im SKR werden die Kosten differenziert nach
- betriebsbedingten Kosten und
- anlagebedingten Kosten.[269]

Abbildung 158: Die Gliederung der Kostenarten im Hotel- und Gaststättengewerbe (Auszug aus dem SKR 70)

Betriebsbedingte Kosten
• Warenkosten
• Lebensmittel
• Getränke
• Sonstige Waren (z. B. Tabakwaren, Zeitungen, Ansichtskarten)
• Personalkosten
• Löhne und Gehälter
• Freiwillige soziale Aufwendungen, lohnsteuerpflichtig
• Gesetzliche soziale Aufwendungen
• Freiwillige soziale Aufwendungen, lohnsteuerfrei
• Aufwendungen für Altersversorgung
• Sonstige Personalkosten
• Energiekosten
• Strom
• Gas
• Wasser einschließlich Abwasser
• Heizung und Klimatisierung
• Steuern, Gebühren, Beiträge und Versicherungsprämien
• Nicht abziehbare Vorsteuer
• Getränke- und Vergnügungssteuern
• Gewerbesteuer
• Sonstige Steuern (z.B. Grundsteuer)
• Gebühren und Beiträge
• Versicherungsprämien
• Sonstige Betriebs- und Verwaltungskosten
• Aufwendungen für Abraum- und Abfallbeseitigung
• Reinigung
• Kfz-Kosten einschließlich Kfz-Steuern und Kfz-Versicherungen

---

[269] Vgl. INTERHOGA (Hrsg.), Hotel- und Gaststättenkontenrahmen, S. 18 ff.

• Sonstige Hilfs- und Betriebsstoffe   • Musik und Unterhaltung
...
• Sonstige Betriebskosten   • Fremdleistungen   • Bürobedarf   • Wartungskosten für Hard- und Software   • Post – und Telefonkosten   • Werbung
...
• Sonstige Verwaltungskosten
...
Anlagebedingte Kosten   • Mieten und Pachten   • Leasing   • Instandhaltung   • Absetzung für Abnutzung (AfA)   • Geringwertige Wirtschaftsgüter (GWG)
...
• Zinsen und ähnliche Aufwendungen
...
• Sonstige Aufwendungen
...

Quelle: INTERHOGA (Hrsg.), Hotel- und Gaststättenkontenrahmen, S.18 ff.

Entsprechend den betrieblichen Erfordernissen können weitere Untergliederungen vorgenommen werden, so z.B. die Lohnkosten nach operativen Abteilungen.
Die Tiefe der Gliederung ist von der Leistungsstruktur und der Betriebsgröße des Hotels abhängig, wobei zu beachten ist, dass sowohl die Übersichtlichkeit als auch die Aussagefähigkeit gewahrt bleiben.

Auf dem SKR 70 basierend haben DEHOGA und DATEV ein EDV-Programm erstellt, welches interessierten Betrieben als *kurzfristige Erfolgsrechnung* bzw. als *Chefinformation* im Sinne einer Betriebswirtschaftlichen Auswertung (BWA) zur Verfügung steht. Darin erfolgt auch der Ausweis der Umsatz- und Kostenstruktur, der Roherträge und Rohaufschläge[270] und des Betriebsergebnisses für den jeweiligen Monat und kumuliert für das Jahr. Außerdem enthält die Chefinformation in einer Kennzahlenanalyse wichtige Kennzah-

---

[270] Vgl. Abschnitt 10.3.1.3

len (z.B. zu Auslastung, Aufenthaltsdauer, Liquidität, Kapitaldienstgrenze). Auf diese Weise sind Veränderungen schnell zu erkennen und das Management kann entsprechend reagieren.[271]

Die kurzfristige Erfolgsrechnung ist wie folgt aufgebaut:[272]

Abbildung 159: Das Schema der Erfolgsrechnung (Chefinformation)

Betriebsumsatz
Beherbergung
Speisen
Getränke
Sonstiger Warenumsatz
Sonstiger Betrieblicher Umsatz
Warenkosten
Lebensmittel
Getränke
Sonstige Waren
Speisen-Rohertrag
Rohaufschlag
Getränke-Rohertrag
Rohaufschlag
Personalkosten
Energiekosten
Steuern / Versicherungen / Beiträge
Verwaltungskosten
Summe der betriebsbedingten Kosten
Betriebsergebnis 1
Miete / Pacht
Leasing
Instandhaltung
Abschreibungen
Abschreibungen GWG
Zinsen Fremdkapital
Sonstige Kosten
Summe anlagebedingter und sonstiger Kosten
Gesamtkosten
Betriebsergebnis 2
Sonstige Erträge
Vorläufiges Ergebnis

Quelle: INTERHOGA (Hrsg.), Hotel- und Gaststättenkontenrahmen, S. 40

---

[271] Vgl. INTERHOGA (Hrsg.), Hotel- und Gaststättenkontenrahmen, S. 39
[272] Vgl. ebenda, S. 40

10.2.2 Die Kostenstellenrechnung im Hotel

Die *Kostenstellenrechnung* erfasst in welchen Bereichen des Hotels Kosten entstehen. Sie basiert auf dem *Kostenstellenplan*.
Die *Kostenstelle* stellt einen organisatorisch und arbeitsmäßig abgegrenzten Bereich dar, auf den sich die anfallenden Kosten gemäß ihrer Verursachung verteilen lassen.
Die Einheitliche Betriebsabrechnung enthält mit der Differenzierung des Hotels in operative Abteilungen und Serviceabteilungen eine mögliche Kostenstellengliederung.

Abbildung 160: Kriterien für die Bildung von Kostenstellen und deren Verantwortlichkeiten

Kriterium	Kostenstellen, z.B.	Verantwortlichkeit, z.B.
1. Leistungsbereiche		
Kostenstellengruppe *Hauptleistung*	Etage	Hausdame
	Empfang	Empfangsdirektor
	Restaurant	Restaurantdirektor
Kostenstellengruppe *Nebenleistung*	Garage	Chefrezeptionist
	Sportanlagen	Sportdirektor
	Bankett-/ Tagungsräume	Bankettdirektor
Kostenstellengruppe *Hilfsleistung*		
Allgemeine Hilfs-Kostenstellen	Gebäude	Verwaltungsdirektor
	Verwaltung	Verwaltungsdirektor
	Heizung	Verwaltungsdirektor
Spezielle Hilfs-Kostenstellen	Küche	Küchendirektor
	Wäscherei	Beschließerin
2. Verkaufsbereiche	Logis	Verkaufsdirektor
	Restaurant 1	Restaurantdirektor
	Restaurant 2	Restaurantdirektor
	Bar	Barchef
	Hotelshop	1. Verkäuferin
3. Produktgruppen / Gästegruppen	Reisegruppen	Restaurantdirektor
	á-la-carte-Gäste	Restaurantdirektor
	Bankett / Tagung	Bankettdirektor

Quelle: In Anlehnung an Hosp / Huber, Rechnungswesen, S.116

Für Hotelbetriebe, die nicht auf dieser Grundlage arbeiten, können Kostenstellen nach unterschiedlichen Kriterien gebildet werden, wobei auch Mischkriterien möglich sind. Wichtig bei der Kostenstellenbildung ist, dass die Kostenstellen gleichzeitig Verantwor-

tungsbereiche darstellen, um Kosten auch wirksam beeinflussen zu können.
Mit zunehmender Betriebsgröße nimmt die Notwendigkeit der Bildung von Kostenstellen zu.

Instrument der Kostenstellenrechnung ist der *Betriebsabrechnungsbogen*[273], in dem entsprechend der Vollkostenrechnung die Einzel- und Gemeinkosten erfasst und diese auf die Kostenstellen verteilt werden.
Die Einzelkosten können direkt den einzelnen Kostenstellen zugerechnet werden. Bei den Gemeinkosten wird unterschieden zwischen denen, die direkt den Kostenstellen zugerechnet werden können (z.B. Personalkosten des Logisbereiches) und solchen, die mehreren Kostenstellen zugerechnet werden müssen (z.B. Wäschereikosten).
Eine direkte Zurechnung der Gemeinkosten kann erfolgen, wenn die Aufteilung nach Kostenstellen problemlos möglich ist, z.B. die Lohnkosten anhand von Lohnabrechnungen, Abschreibungen oder Reparaturkosten anhand der Einrichtungen. Die anderen Gemeinkosten müssen gemäß dem Verursachungsprinzip über Verteilungsschlüssel mehreren Kostenstellen zugerechnet werden, was in der Praxis nicht immer einfach ist.
In der Einheitlichen Betriebsabrechnung erfolgt die Verteilung von Personalaufwendungen und Sonstigen Aufwendungen auf operative Abteilungen (z.B. die Aufwendungen der Serviceabteilung Hauswäsche auf die operative Abteilung Logis auf der Basis des Verteilungsschlüssels Kosten pro kg Wäsche).[274]

10.2.3 Die Kostenträgerrechnung im Hotel

Die *Kostenträgerrechnung* zeigt für welche Leistungen welche Kosten anfallen. Dazu werden die im Zusammenhang mit der Erstellung, dem Absatz und dem Konsum der Hotelleistung entstandenen Kosten je Leistungseinheit (Kostenträger) erfasst.

Die Aufgabe der Kostenträgerrechnung besteht darin, die *Selbstkosten* je Leistungseinheit zu ermitteln und so Informationen für die Preisfestsetzung bzw. die Preiskontrolle zu liefern. Mögliche Leis-

---

[273] Vgl. Swillims, Kostenmanagement, S. 35 ff.
[274] Vgl. INTERHOGA (Hrsg.), Betriebsabrechnung, S. 160

tungseinheiten können die Beherbergungsleistungen (Übernachtungen), die Bewirtungsleistungen (Speisen, Getränke), die Komplementärleistungen (z.B. Leistungen im Fitnessbereich) oder auch Tagungsleistungen sein.
Die Kostenträgerstruktur ist vom Leistungsangebot und -umfang des Hotels abhängig.

Abbildung 161: Beispiele für mögliche Kostenträger im Hotel

Kostenstelle \ Kostenträger	Beherbergungsleistung	Küchenleistung (Speisen)	Kellerleistung (Getränke)	Fitnessleistung	Tagungsleistung
Allg. Hilfskostenstelle	X	X	X	X	X
Logis	X				
Restaurant		X	X		
Küche		X			
Keller			X		
Wäscherei	X	X	X	X	X
Sauna				X	
Hallenbad				X	

Die Kostenträgerrechnung wird in zwei Formen durchgeführt:
- als Kostenträgerzeitrechnung (kurzfristige betriebliche Ergebnisrechnung) und
- als Kostenträgerstückrechnung (Kalkulation).

10.3 Die Anwendung von Kalkulationsverfahren

Die *Kalkulation* ist Instrument der *Kostenträgerstückrechnung* und dient der Ermittlung der Selbstkosten. Das erfolgt durch die Verteilung der entstandenen Kosten auf die jeweiligen Kostenträger.

Für die Kalkulation werden Daten zum Umsatz und zur Umsatzstruktur sowie zu den Kosten und Kostenstrukturen benötigt. Sie kann auf der Basis der Vollkosten oder Teilkosten erfolgen.
Die Kalkulation kann im Rahmen der Planung als Vorkalkulation und im Rahmen der Kontrolle als Nachkalkulation vorgenommen werden.
Bei der *Vorkalkulation* werden die Selbstkosten, die in einer künftigen Periode entstehen, geplant. Sie berücksichtigt auch zu erwarten-

de Kosten- oder Beschäftigungsveränderungen. Informationen über die Selbstkosten sind wichtig, um im Preiswettbewerb begründete Entscheidungen treffen zu können, z.B. inwieweit und wie lange die Selbstkosten durch den Preis gedeckt werden. Die Selbstkosten sind somit *eine* Grundlage für Preisfestsetzungen.

Die *Nachkalkulation* basiert auf den Ist-Kosten der vergangenen Periode. Hiermit erfolgt eine Kontrolle der realisierten Preise. Auf dieser Basis ist es möglich, Entscheidungen zur Preisfestsetzung für die folgende Periode zu treffen. Damit dienen die Ist-Kosten als Grundlage für die künftige Vorkalkulation.

10.3.1 Kalkulationsverfahren für Bewirtungsleistungen

Die Selbstkosten für Bewirtungsleistungen (Speisen und Getränke) werden hauptsächlich nach der *Zuschlagskalkulation* ermittelt. Sie basiert als Vollkostenkalkulation auf der Trennung der Kosten in Einzelkosten und den nicht direkt zurechenbaren Gemeinkosten.

Für die Bewirtungsleistungen werden die Warenkosten (der Wareneinsatz) als *Einzelkosten* erfasst. Alle weiteren mit der Bewirtungsleistung entstehenden Kosten werden als *Gemeinkostenblock* auf die Einzelkosten aufgeschlagen.

Da Speisen und Getränke nach Art, Menge, Rezepturen, Arbeitsaufwand bei der Herstellung usw. sehr unterschiedlich sind, können bei der Ermittlung von Selbstkosten für Bewirtungsleistungen auch unterschiedliche Verfahren der Zuschlagskalkulation angewandt werden.[275]

10.3.1.1 Die einfache Zuschlagskalkulation
Bei dieser Form der Zuschlagskalkulation werden alle angebotenen Speisen und Getränke mit einem einheitlichen Zuschlagssatz kalkuliert. Dazu werden die gesamten *Warenkosten* ins Verhältnis zu den anfallenden *Gemeinkosten* gesetzt. Der wie folgt ermittelte Zuschlagssatz wird auf die Warenkosten aufgeschlagen:

$$\frac{Gesamtgeme\,inkosten\ (Periode)}{Gesamtware\,nkosten\ (Periode)} \cdot 100 = Gemeinkost\,ensatz\ in\ \%$$

Ein solches Vorgehen eignet sich, wenn der Anteil der Gemeinkosten relativ gering ist und es sich um ein enges und homogenes Angebot an Bewirtungsleistungen handelt, die ungefähr gleich hohe Warenkosten verursachen.[276] Das tritt aber nur im Ausnahmefall auf.

10.3.1.2 Die differenzierende Zuschlagskalkulation

Dieses Verfahren geht von unterschiedlichen Gemeinkosten in den verschiedenen Kostenstellen des Hotels aus und rechnet diesen nur die dort entstehenden bzw. entstandenen Gemeinkosten zu. Das Anliegen besteht darin, die entsprechenden Kostenträger nur mit den Gemeinkosten zu belasten, die auch in der Kostenstelle anfallen. So werden z.B. für den Kostenträger Speisen nur die Gemeinkosten der Kostenstelle Küche berücksichtigt.

Aus dem Verhältnis der Gemeinkosten der Kostenstelle zu den Einzelkosten der Kostenstelle wird ein prozentualer Gemeinkostenzuschlag gebildet, der den Warenkosten zugeschlagen wird.

$$\frac{Gemeinkosten\ der\ Kostenstelle}{Warenkosten\ der\ Kostenstelle} \cdot 100 = Gemeinkostensatz\ in\ \%$$

Bei den Warenkosten ist zu berücksichtigen, dass bei der Herstellung von Speisen und Getränken Verluste auftreten (z.B. Bratverluste, Schankverluste) oder Waren verderben können. Diese Verluste müssen in die Kalkulation mit einbezogen werden.

Abbildung 162: Beispiel für die Ermittlung des Gemeinkostensatzes

Gemeinkosten der Kostenstelle Küche	200.000 GE
Warenkosten der Kostenstelle Küche	110.000 GE
$\frac{200.000\ GE}{110.000\ GE} \cdot 100 = 181,8\%$	
Der Gemeinkostensatz der Kostenstelle Küche beträgt 181,8 %. Dieser Betrag wird den Einzelkosten des Kostenträgers (Warenkosten entsprechend der Rezeptur) zugeschlagen.	

---

[275] Vgl. INTERHOGA (Hrsg.), Kalkulationsmodelle
[276] Vgl. Hänssler, Management, S. 329

Der *Verkaufspreis* für eine Speise wird dann nach folgendem Schema berechnet:

Abbildung 163: Schema der Ermittlung des Verkaufspreises

Warenkosten (Wareneinsatz) lt. Rezeptur + Gemeinkostenzuschlag = Selbstkosten + Gewinn = Bedienungsgeldbasis + Bedienungsgeld[1)] = Umsatzsteuerbasis + Umsatzsteuer 16 % = Verkaufspreis (brutto)

[1)] Das Bedienungsgeld ist ein Entgelt, das lt. tariflichen Festlegungen für Servicekräfte im Bewirtungsbereich gezahlt werden kann. Es beträgt i.d.R. 12 – 15 % des vom Empfänger getätigten Umsatzes, wobei es sich nicht auf den Bruttoumsatz bezieht, sondern auf die sog. Bedienungsgeldbasis.

Die differenzierende Zuschlagskalkulation setzt eine Kostenstellenrechnung im Hotel voraus, die aus verschiedenen Gründen (z.B. der damit verbundene Arbeitsaufwand) in vielen kleinen und mittleren Hotels nicht durchgeführt wird.

Außerdem weichen die Gemeinkostenzuschläge oft von der wirklichen Kostenverursachung ab, da die Höhe des Wareneinsatzes und der Arbeitsaufwand zur Herstellung einer Speise (und den damit verbundenen Gemeinkosten) nicht übereinstimmen müssen. Deshalb wird z.B. einer Speise mit einem niedrigen Wareneinsatz, aber einem hohen Arbeitsaufwand ein zu niedriger Gemeinkostenzuschlag zugerechnet. Andererseits wird ein Gericht mit hohem Wareneinsatz, aber geringem Arbeitsaufwand mit einem hohen Gemeinkostenzuschlag belastet, da der Gemeinkostenzuschlag proportional zum Wareneinsatz steigt. Das ist der *Nachteil* dieses Kalkulationsverfahrens.

10.3.1.3 Die Rohaufschlagskalkulation

Bei der Rohaufschlagskalkulation wird vom *Umsatz* der Kostenträger ausgegangen und folglich der *Gewinn* in den Zuschlagssatz einbezogen. Es werden zwei Begriffe verwendet: der Rohertrag und der Rohaufschlag.

Der *Rohertrag* ist die Differenz zwischen Umsatz (netto) und den Warenkosten. Er ergibt sich aus dem Betriebsumsatz (alle Umsätze einschl. Bedienungsgeld ohne betriebsfremde Umsätze und ohne Umsatzsteuer) minus Warenkosten. Der Rohertrag, z.B. für Speisen, berechnet sich wie folgt:

Rohertrag Speisen = Betriebsumsatz Speisen – Warenkosten Speisen

Der *Rohaufschlag* ist die Spanne zwischen dem Rohertrag und den Warenkosten und wird wie folgt ermittelt:

$$Rohaufschlag = \frac{Rohertrag}{Warenkosten} \cdot 100\%$$

Der Verkaufspreis für eine Speise ergibt sich auf der Grundlage der Rohaufschlagskalkulation wie folgt:

Abbildung 164: Beispiel der Ermittlung des Verkaufspreises mittels Rohaufschlagskalkulation

1. Ermittlung des Rohertrages	
Betriebsumsatz Speisen	136.497,12 GE
- Warenkosten Speisen	50.070,31 GE
= Rohertrag Speisen	86.426,81 GE
2. Ermittlung des Rohaufschlages	
$\frac{86.426,81\,GE}{50.070,31\,GE} \cdot 100 = 172,6\%$	
3. Ermittlung des Verkaufspreises	
Warenkosten laut Rezeptur	5,00 GE
+ Rohaufschlag 172,6 %	8,63 GE
= Verkaufspreis (netto)	13,63 GE[1)]
+ 16 % USt.	2,18 GE
= Verkaufspreis (brutto)	15,81 GE
[1)] Ggf. ist Bedienungsgeld zu berücksichtigen.	

Entsprechend den betrieblichen Erfordernissen kann der Rohaufschlag für den Gesamtbetrieb, für Speisen und für Getränke (wie z.B. in der Chefinformation[277]), aber auch nach Waren- bzw. Arti-

---

[277] Vgl. INTERHOGA (Hrsg.), Hotel- und Gaststättenkontenrahmen, S. 40

kelgruppen, wie Bier, Wein, alkoholfreie Getränke ermittelt werden. Das setzt allerdings eine dementsprechende Umsatz- und Kostendifferenzierung voraus und ist nur ab einer bestimmten Betriebsgröße sinnvoll.

10.3.1.4 Die Faktorkalkulation
Zur Vereinfachung kann mit einem durchschnittlichen Kalkulationsfaktor gerechnet werden. Der Kalkulationsfaktor wird aus dem Verhältnis von Betriebsumsatz zu den Warenkosten ermittelt.

$$\frac{Betriebsumsatz}{Warenkosten} = Kalkulationsfaktor$$

Abbildung 165: Beispiel der Ermittlung des Kalkulationsfaktors und des Verkaufspreises für eine Speise

1. Ermittlung des Kalkulationsfaktors $$\frac{136.497,12 \text{ GE}}{50.070,31 \text{ GE}} = 2,726$$ 2. Ermittlung des Verkaufspreises Warenkosten lt. Rezeptur x Kalkulationsfaktor (gerundet) = Verkaufspreis (netto) + 16 % USt. = Verkaufspreis (brutto): 5,00 GE x 2,73 = 13,65 GE + 2,18 GE = 15,83 GE

Auch die Rohaufschlagskalkulation und die Faktorkalkulation haben den *Nachteil,* dass die Bewirtungsleistungen mit einem hohen Wareneinsatz auch mit hohen Zuschlägen belastet werden. Mit der Anwendung eines absoluten Rohaufschlages kann diesem Nachteil entgegengewirkt werden.

10.3.1.5 Die Kalkulation mit absolutem Rohaufschlag
Bei diesem Verfahren wird von der *Absatzmenge* und einem *benötigten Rohertrag* zur Deckung der Gemeinkosten und des angestrebten Gewinns ausgegangen. Der so ermittelte durchschnittliche absolute Rohaufschlag wird dann den Warenkosten eines jeden Kostenträgers zugeschlagen.

Da davon ausgegangen wird, dass unabhängig von der Höhe der Warenkosten z.B. jede Speise den gleichen Anteil zur Deckung der Gemeinkosten und des Gewinns trägt, wird sie mit gleich hohen Rohaufschlägen belegt und auf diese Weise der Verkaufspreis ermittelt.

Abbildung 166: Beispiel für die Kalkulation mit absolutem Rohaufschlag

Abzusetzende Speisen		10.000 ME
Warenkosten Speisen		50.070,31 GE
Benötigter Rohertrag zur Deckung der Gemeinkosten und des Gewinns		120.000,00 GE
Rohaufschlag absolut / Speise 120.000 GE : 10.000 ME = 12,00 GE		
	Warenkosten lt. Rezeptur	Verkaufspreis (netto) (Warenkosten lt. Rezeptur + Rohaufschlag)
Speise 1	3,00 GE	15,00 GE
Speise 2	5,00 GE	17,00 GE
Speise 3	9,00 GE	21,00 GE

Ein solches Vorgehen kann allerdings praktisch dazu führen, dass Speisen mit niedrigen Warenkosten einen vergleichsweise hohen Verkaufspreis haben, der für den Gast nicht nachvollziehbar ist und auf Grund der Transparenz des Lebensmittelmarktes keine Akzeptanz finden würde.[278] Das muss bei der Anwendung eines absoluten Rohaufschlages beachtet werden. Weiterhin berücksichtigt auch ein absoluter Rohaufschlag nicht die unterschiedlichen Arbeitsaufwendungen für die Herstellung verschiedener Speisen.

10.3.1.6 Das Prime-Cost-Verfahren

Das Prime-Cost-Verfahren ist eine Zuschlagskalkulation, bei der nicht nur die Warenkosten, sondern auch die *produktiven Lohnkosten* als Einzelkosten einbezogen werden. Dadurch können unterschiedliche Arbeitsaufwendungen berücksichtigt werden. Die produktiven Lohnkosten ergeben sich aus den Arbeitszeiten der sog. „produktiven" Mitarbeiter, die für die Zubereitung, das Anrichten

---

[278] Vgl. Hänssler, Management, S. 333

und Servieren benötigt werden. Andere Mitarbeiter, wie Reinigungs- oder Instandhaltungspersonal, werden nicht berücksichtigt, ebenfalls nicht der Küchenchef oder F&B-Manager. Bedingung ist auch, dass kein Bedienungsgeld, welches abhängig vom Umsatz ist, gezahlt wird.
Unter Prime Cost ist dann die Summe der Warenkosten und produktiven Lohnkosten zu verstehen.
Unter der Bedingung, dass mit einem Kalkulationsfaktor gerechnet wird, ergeben sich folgende Schritte:

1. Ermittlung des Umsatzes Speisen
2. Ermittlung der Prime Cost (Warenkosten Speisen + produktive Löhne)
3. Ermittlung des Kalkulationsfaktors (Umsatz Speisen : Prime Cost)

Abbildung 167: Beispiel für die Ermittlung des Kalkulationsfaktors Prime Cost

1.	Umsatz Speisen	627.192 GE
2.	Warenkosten Speisen + produktive Löhne = Prime Cost	239.555 GE 110.000 GE 349.555 GE
3.	Kalkulationsfaktor	627.192 GE : 349.555 GE = 1,79

Da zusätzlich zu den Warenkosten auch die Personalkosten in die Kalkulation einbezogen werden, kann mit dem Prime-Cost-Verfahren eine genauere Kalkulation durchgeführt werden. Auf Grund des sehr hohen Anteils von Personalkosten und dem wachsenden Personalkostendruck gewinnt das Prime-Cost-Verfahren an Bedeutung.

Die Ermittlung des *Verkaufspreises für einzelne Artikel* mit Hilfe des Prime-Cost-Verfahrens ist aufwändiger als bei der Zuschlags- oder Rohaufschlagskalkulation, da der Arbeitsaufwand, d.h. die produktiven Lohnkosten je Kostenträger (z.B. je Gericht), ermittelt werden muss.
Dazu wird wie folgt vorgegangen:
1. Ermittlung der durchschnittlichen Arbeitszeit pro Gericht in Minuten. Das kann auf unterschiedliche Art und Weise erfolgen:

a. durch genaue Zeitmessung. Das ist bei einem größeren Angebot sehr aufwendig, da die Herstellung verschiedener Gerichte auch unterschiedliche Zeiten beansprucht.
b. durch die Selektion von Gerichten, indem eine ABC-Analyse durchgeführt wird. Das empfiehlt sich bei Gerichten, die oft verkauft werden.
c. durch die Bildung von Gruppen mit einem annähernd gleichen Zeitaufwand und Zuordnung der jeweiligen Gerichte zu den Gruppen.

Abbildung 168: Beispiel für die Gruppenbildung

Gericht	Durchschnittliche produktive Arbeitszeit pro Gericht			
	Gruppe I 5 min.	Gruppe II 10 min.	Gruppe III 15 min.	Gruppe IV 20 min.
1				X
2	X			
...			X	
n		X		

2. Ermittlung der anfallenden produktiven Arbeitszeiten für die verkauften Gerichte in einer bestimmten Periode. Dazu wird die Anzahl der verkauften Gerichte pro Gericht ermittelt (Daten aus Verkaufsstatistiken oder Schätzungen), die mit den durchschnittlichen Arbeitszeiten pro Gericht multipliziert werden.

Abbildung 169: Die Ermittlung produktiver Arbeitszeiten

Gericht	Anzahl verkaufter Gerichte / Periode			
	Gruppe I 5 min.	Gruppe II 10 min.	Gruppe III 15 min.	Gruppe IV 20 min.
1	1.500			
2	...	3.000		
...	...		2.000	
n	...			650
Summe der verkauften Gerichte je Gruppe	36.000	9.040	7.000	7.500
Produktive Arbeitszeit insgesamt je Gruppe	180.000 min. (36.000 x 5)	90.400 min. (9.040 x 10)	105.000 min. (7.000 x 15)	150.000 min. (7.500 x 20)
Produktive Arbeitszeit gesamt	525.400 min.			

3. Ermittlung der durchschnittlichen produktiven Lohnkosten pro Minute.
   Die Basis sind die anfallenden Lohnkosten der produktiven Mitarbeiter in Küche und Service in der entsprechenden Periode. Sie werden zu den produktiven Arbeitszeiten pro Periode ins Verhältnis gesetzt.

4. Ermittlung der Prime Cost pro Gericht.
   Dazu werden die Warenkosten lt. Rezeptur und die produktiven Lohnkosten entsprechend der Arbeitszeit summiert.

5. Ermittlung des Verkaufspreises.
   Die Prime Cost werden mit dem ermittelten Kalkulationsfaktor multipliziert. Daraus ergibt sich der Nettoverkaufspreis. Unter Berücksichtigung der Umsatzsteuer ist der Bruttoverkaufspreis zu ermitteln.

Abbildung 170: Beispiel für die Ermittlung des Verkaufspreises mittels Prime-Cost-Verfahren

---

1. *Ermittlung der durchschnittlichen Arbeitszeit pro Gericht in Minuten*
   Im Beispiel soll die produktive Arbeitszeit 20 Minuten für das zu kalkulierende Gericht betragen.
2. *Ermittlung der produktiven Arbeitszeiten für alle Gerichte*
   Sie betragen im Beispiel 525.400 Minuten.
3. *Ermittlung der produktiven Lohnkosten pro Minute*
   Die anfallenden Lohnkosten für die produktiven Mitarbeiter in Küche und Service betragen pro Periode 110.000 GE. Damit fallen durchschnittlich 0,21 GE produktive Lohnkosten pro Minute an.
4. *Ermittlung Prime Cost*

Warenkosten lt. Rezeptur	5,00 GE
+ produktive Lohnkosten	
(20 Min. x 0,21 GE Lohnkosten)	4,20 GE
= Prime Cost	9,20 GE

5. *Ermittlung des Verkaufspreises*
   Prime Cost x Kalkulationsfaktor 1,79

= Verkaufspreis (netto)	16,47 GE
+ 16 % Ust.	2,63 GE
= Verkaufspreis (brutto)	19,10 GE

10.3.2 Die Kalkulation von Beherbergungsleistungen

Auch für die Beherbergungsleistung können die Selbstkosten mit verschiedenen Verfahren ermittelt werden.

10.3.2.1 Die Divisionskalkulation

Die Divisionskalkulation ist eine Vollkostenrechnung. Es werden die Selbstkosten ermittelt, indem die Gemeinkosten des Logisbereichs zur Anzahl der Übernachtungen ins Verhältnis gesetzt werden.

Bei der Bildung des Verkaufspreises sind dann der angestrebte Gewinn und anders als bei den Bewirtungsleistungen ggf. eine Kurtaxe oder Tourismusabgabe zu berücksichtigen, die an die Kommune abzuführen ist.

Abbildung 171: Beispiel für die Ermittlung der Selbstkosten und des Verkaufspreises mittels der Divisionskalkulation

Ausgangsdaten	
Gemeinkosten Logis	800.000 GE
Übernachtungen	20.600
Selbstkosten pro Übernachtung = 800.000 GE : 20.600 =38,83 GE	
Ermittlung des Verkaufspreises	
Selbstkosten / Übernachtung	38,83 GE
+ 10 % angestrebter Gewinn	3,88 GE
= Umsatzsteuerbasis	42,71 GE
+ 16 % USt.	6,83 GE
=	49,54 GE
+ Kurtaxe bzw. Tourismusabgabe	2,80 GE
= Verkaufspreis brutto	52,34 GE

Diese relativ einfache Berechnung kann bei gleichartigen Beherbergungsleistungen vorgenommen werden, d.h. wenn alle Zimmer des Hotels gleich sind (Größe, Ausstattung, Lage usw.), für alle Zimmer die gleichen Kosten anfallen und alle Zimmer gleichmäßig genutzt werden. Da das meist nicht der Fall ist, müssen die Beherbergungsleistungen kostenmäßig vergleichbar gemacht werden. Das kann durch die Äquivalenzzahlenkalkulation erfolgen.

10.3.2.2 Die Äquivalenzzahlenkalkulation

Die Äquivalenzzahlenkalkulation ist eine Abwandlung der Divisionskalkulation. Bei diesem Kalkulationsverfahren werden die unterschiedlichen Kategorien der Hotelzimmer berücksichtigt, indem unterschiedliche Kostenverhältnisse für Hotelzimmer zu Grunde gelegt und durch Verhältniszahlen (Äquivalenzzahlen) vergleichbar gemacht werden.

Entsprechend dem folgenden Beispiel ergeben sich die Schritte der Äquivalenzzahlenkalkulation:
1. Ermittlung von Kostenverhältnissen = investiertes Kapital pro Zimmer (Spalte 3)
2. Ermittlung der Äquivalenzzahlen (Spalte 4)
   Sie erfolgt aus den Kostenverhältnissen, indem das niedrigste Kostenverhältnis gleich 1 gesetzt wird.
3. Ermittlung von Recheneinheiten bzw. Äquivalenzmengen (RE) und Summenbildung (Spalte 6)
   Die Recheneinheiten dienen als neue Verhältniszahlen für die Berechnung der Selbstkosten.
4. Ermittlung der Selbstkosten (SK) mittels Verteilungsrechnung (Spalte 7)

$$\frac{\sum SK}{\sum RE} \cdot RE_{1...n} = SK_{1...n}$$

5. Ermittlung der Selbstkosten je Übernachtung (Spalte 8)

Abbildung 172: Beispiel für die Äquivalenzzahlenkalkulation

Anzahl der Zimmer (Kategorie)	Investiertes Kapital	Kostenverhältnis	Äquivalenzzahl	Übernachtungen	Äquivalenzmengen	Selbstkosten	Selbstkosten / Übernachtung
	Tsd. GE	Tsd. GE				GE	GE
1	2	3 (2:1)	4	5	6 (4x5)	7	8
10 (I)	92	9,2	1,0	2.100	2.100	52.631,58	25,06
15 (II)	186	12,4	1,3	3.200	4.160	104.260,65	32,58
10 (III)	154	15,4	1,7	6.000	10.200	255.639,10	42,61
20 (IV)	206	10,3	1,1	6.800	7.480	187.468,67	27,57
Gesamt 55					23.940	600.000,00	

Die unterschiedlichen Kosten für verschiedene Zimmerkategorien und die differenzierte Auslastung kann mit Hilfe dieser Rechnung berücksichtigt werden. Die ermittelten Selbstkosten pro Übernachtung können genutzt werden, um im Rahmen der Preispolitik[279] Entscheidungen zu treffen, die auch Informationen zu den Selbstkosten beachten.

10.3.2.3 Die Arrangementkalkulation

Die Arrangementkalkulation ist eine Mischkalkulation, die bei der Kombination von Beherbergungs- und Bewirtungsleistungen in einem Hotel angewendet werden kann, z.B. bei der Übernachtung mit Frühstück, mit Halb- oder Vollpension.

In der Arrangementkalkulation werden die Selbstkosten für die Beherbergungsleistung und Bewirtungsleistungen getrennt mit einem gewählten Kalkulationsverfahren berechnet und addiert. Zur Ermittlung des Verkaufspreises werden Bedienungsgeld, Umsatzsteuer und ggf. Kurtaxe bzw. Tourismusabgabe berücksichtigt.

10.4 Die Anwendung der Deckungsbeitragsrechnung und der Break-even-Analyse

Die bisher dargestellten Kalkulationsverfahren basieren auf der Vollkostenrechnung, bei der die Selbstkosten auf der Grundlage von Gemeinkostenzuschlägen ermittelt wurden.

Das hat zwar den Vorteil, dass Aussagen möglich sind, ob eine Leistung Gewinn oder Verlust bringt und eine Information über die langfristige Preisuntergrenze vorliegt.[280] Eine darauf aufbauende kostenorientierte Preisbildung berücksichtigt jedoch nicht die Marktverhältnisse, denn es werden weder die anzusprechende(n) Zielgruppe(n) und deren Ausgabebereitschaft bzw. Preisbewusstsein noch die Preise der Mitbewerber einbezogen. Es werden auch solche Faktoren vernachlässigt, wie das Preis-Leistungs-Verhältnis, der Standort, saisonale Nachfrageschwankungen, psychologische Aspekte, die Preisinterdependenz von Speisen und Getränken u. a..[281]

---

[279] Vgl. Abschnitt 11.6.2
[280] Vgl. Hänssler, Management, S. 339
[281] Vgl. Huber, Controlling, S. 37

Die Kalkulationsverfahren auf der Basis einer Vollkostenrechnung berücksichtigen auch nicht, wie sich die Kosten bei unterschiedlichem Beschäftigungsverlauf verhalten.

Um diesen Nachteil zu überwinden, kann die *Deckungsbeitragsrechnung* als Form der Teilkostenkalkulation angewandt werden. Bei der Deckungsbeitragsrechnung werden nicht mehr die Gemeinkosten verrechnet, sondern nur die variablen Stückkosten berücksichtigt.
Die Deckungsbeitragsrechnung basiert auf der Trennung der Kosten in fixe Kosten und variable Kosten.

Abbildung 173: Das Prinzip der Deckungsbeitragsrechnung

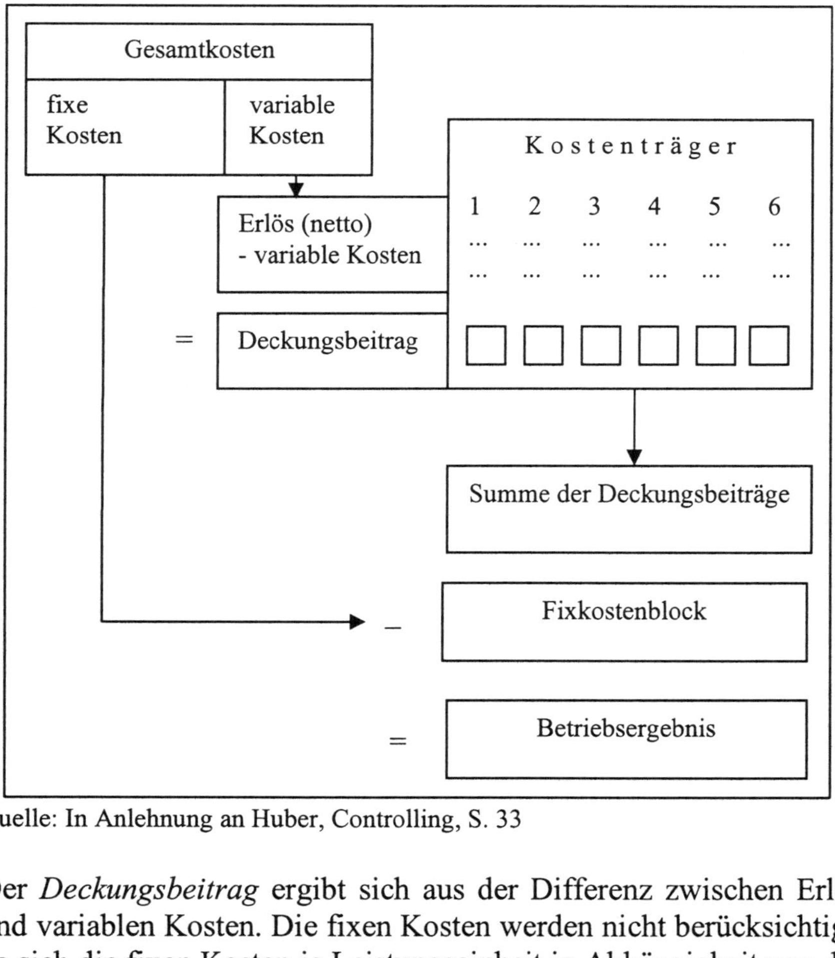

Quelle: In Anlehnung an Huber, Controlling, S. 33

Der *Deckungsbeitrag* ergibt sich aus der Differenz zwischen Erlös und variablen Kosten. Die fixen Kosten werden nicht berücksichtigt, da sich die fixen Kosten je Leistungseinheit in Abhängigkeit von der

Beschäftigung verändern und ihre verursachungsgerechte Verteilung oft nicht genau möglich ist. Der Deckungsbeitrag wird für die einzelnen Kostenträger ermittelt. Die Summe der Deckungsbeiträge aller Kostenträger steht zur Deckung des Fixkostenblockes und für die Gewinnerwirtschaftung zur Verfügung.

Die *Grenzen* der Deckungsbeitragsrechnung sind für den Hotelbetrieb in Folgendem zu sehen:
- Die Abgrenzung und Ermittlung von fixen und variablen Kosten ist in der Praxis oft problematisch und mit einem relativ hohen Aufwand verbunden.
- Die der Deckungsbeitragsrechnung zu Grunde liegende Trennung in fixe und variable Kosten ist immer eine kurzfristige Betrachtungsweise. Die fixen Kosten sind nur für einen bestimmten Zeitraum fix, auf längere Sicht sind sie ebenfalls variabel. Insofern liefert die Deckungsbeitragsrechnung nur Informationen für kurzfristige Zeiträume.
- Da die Deckungsbeitragsrechnung den Begriff der Selbstkosten nicht mehr kennt, fehlen Informationen zu den Selbstkosten, z.B. als wichtige Information für langfristige Preisentscheidungen.
- In der Hotellerie ist der Anteil der variablen Kosten relativ gering. Demzufolge liegen vergleichsweise hohe Deckungsbeiträge vor, die auch hohe Gewinnmöglichkeiten vermuten lassen können. Der hohe Anteil von fixen Kosten entspricht dem aber nicht. Dieser Nachteil kann durch eine mehrstufige Deckungsbeitragsrechnung gemindert werden.

Die *mehrstufige Deckungsbeitragsrechnung* betrachtet die Fixkosten nicht mehr als Fixkostenblock, sondern spaltet die fixen Kosten auf und ordnet Teile der fixen Kosten einem Kostenträger bzw. einer Kostenträgergruppe, einer Kostenstelle, einem Unternehmensbereich oder der Gesamtunternehmung zu. Damit ergibt sich eine Fixkostenhierarchie.[282]

---

[282] Vgl. Schierenbeck, Grundzüge, 15., S. 664

Abbildung 174: Das Prinzip der mehrstufigen Deckungsbeitragsrechnung

Nettoerlös
- variable (Erzeugnis-)Kosten
= Deckungsbeitrag I
- Erzeugnis-Fixkosten
= Deckungsbeitrag II
- Erzeugnisgruppen-Fixkosten
= Deckungsbeitrag III
- Kostenstellen- oder Bereichs-Fixkosten
= Deckungsbeitrag IV
- Unternehmens-Fixkosten
= Periodenergebnis

Die Deckungsbeitragsrechnung ist eine *retrograde Rechnung*, indem von einem gegebenen, am Markt erzielbaren Preis ausgegangen wird. Dadurch können die Marktverhältnisse besser berücksichtigt werden als das bei der Vollkostenrechnung der Fall ist.

Am Beispiel der Kalkulation von Bewirtungsleistungen stellt sich das wie folgt dar:
Es wird von einem Marktpreis ausgegangen, der durch die vorgesehene(n) Zielgruppe(n) und die Preise der Konkurrenten bestimmt ist.[283] Die variablen Kosten sind für die Bewirtungsleistung die Warenkosten. Variabel ist auch das Bedienungsgeld, da es sich auf den Umsatz bezieht. Es ist aber zu beachten, dass es sich beim Bedienungsgeld, ähnlich wie bei der Umsatzsteuer um einen „Durchläuferposten" handelt.

Abbildung 175: Das Kalkulationsschema für Bewirtungsleistungen nach der Deckungsbeitragsrechnung

Marktpreis
- Umsatzsteuer
= Zwischensumme
- Bedienungsgeld
= Grundpreis
- Warenkosten
= Deckungsbeitrag

---

[283] Vgl. Abschnitt 11.6.2.1

Die Deckungsbeitragsrechnung ist an die Umsatzplanung gebunden. Ausgehend von den geplanten Absatzmengen an Speisen und Getränken und den erzielbaren Preisen wird die Umsatzsteuer eliminiert sowie das Bedienungsgeld berechnet. Von der sich ergebenden Summe werden die Warenkosten subtrahiert. Der sich ergebende voraussichtliche Deckungsbeitrag wird dem notwendigen Deckungsbeitrag gegenübergestellt, der sich aus den fixen Personalkosten und den sonstigen betriebsbedingten Kosten, den anlagebedingten Kosten sowie dem erwarteten Gewinn ergibt. Stimmen voraussichtlicher und notwendiger Deckungsbeitrag überein, müssen keine Korrekturen vorgenommen werden. Ist das nicht der Fall, sind die einbezogenen Variablen entsprechend zu verändern (z.B. Preiserhöhung, Mengenerhöhung, Kostenreduzierung, Gewinnkorrekturen). Inwieweit das möglich ist, hängt von der konkreten Marktsituation ab.[284]

Abbildung 176: Das Schema des Vorgehens bei der Teilkostenkalkulation für Bewirtungsleistungen

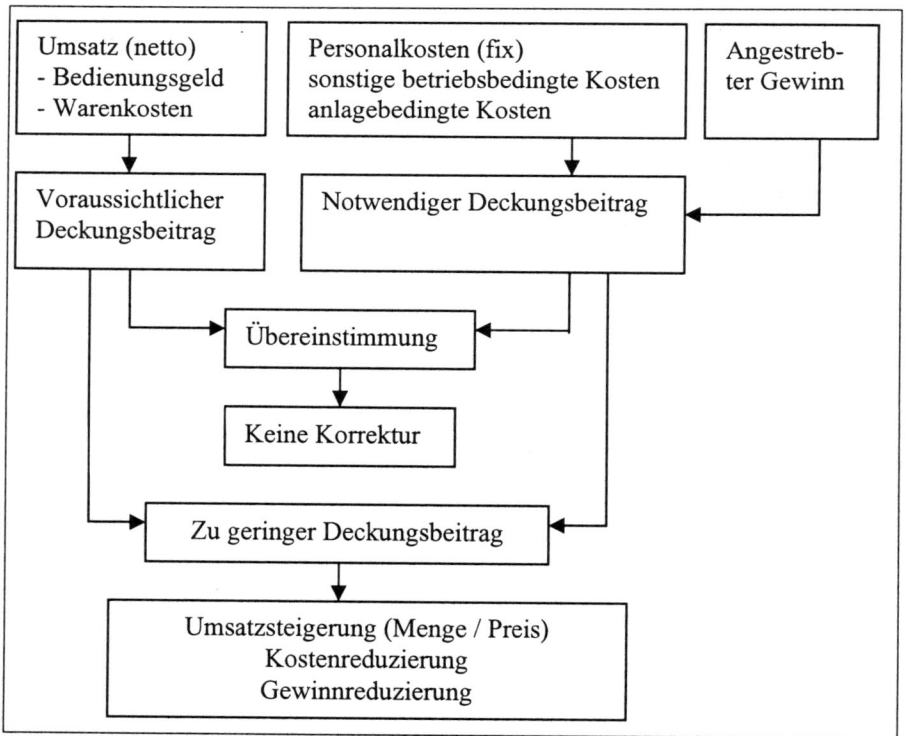

---

[284] Vgl. Hänssler, Management, S. 343

Es muss darauf hingewiesen werden, dass die Deckungsbeitragsrechnung als Teilkostenrechnung für kurze Zeiträume geeignet ist. Langfristig gesehen muss Vollkostendeckung erreicht werden.

10.4.1 Die Nutzung der Deckungsbeitragsrechnung bei Entscheidungen

10.4.1.1 Die Entscheidung zu Eigenfertigung oder Fremdbezug

Im Rahmen von Wirtschaftlichkeitsüberlegungen stellt sich die Frage, ob alle Leistungen im Hotel erstellt werden müssen oder ob der Fremdbezug nicht günstiger ist. Bevorzugte Hotelbereiche für den Fremdbezug von Waren und Dienstleistungen sind der Küchenbereich, der Patisseriebereich, die Wäscherei, die Gebäude- oder Zimmerreinigung. Das entspricht der stärkeren Hinwendung des Hotels auf seine Kernkompetenzen – Gäste zu beherbergen und zu bewirten. Es spielen dabei jedoch auch solche Überlegungen eine Rolle, dass in diesen Bereichen vielfach arbeitsaufwendige und gering qualifizierte Tätigkeiten ausgeübt werden, die häufig Personalprobleme verursachen.

Die Deckungsbeitragsrechnung kann die Entscheidung zur Eigenfertigung oder zum Fremdbezug begründen, indem die Variante mit dem höheren Deckungsbeitrag bevorzugt wird.

Bei der Entscheidung zur Eigenfertigung oder zum Fremdbezug sind weitere Faktoren zu berücksichtigen, wie
- die Sicherung einer entsprechenden Qualität der Leistungen,
- das Vorhandensein nicht ausgelasteter technischer oder personeller Kapazitäten im Hotel,
- notwendige Investitionen für die Eigenfertigung (Maschinen, Geräte, Räumlichkeiten),
- das Vorhandensein von Kapazitätsengpässen, die durch den Fremdbezug abgebaut werden können und wodurch die Qualität der Hotelleistung erhöht werden kann,
- der Grad der Abhängigkeit vom Lieferanten und dessen Zuverlässigkeit,
- der Umfang der notwendigen Lagerhaltung usw..

Abbildung 177: Beispiel zur Entscheidung zwischen Eigenfertigung oder Fremdbezug

Ausgangsdaten:	
Durchschnittlicher Verkaufspreis (netto) / Stück:	4,00 GE
Durchschnittliche Warenkosten / Stück bei Eigenfertigung:	1,00 GE
Durchschnittliche Warenbezugskosten / Stück bei Fremdbezug:	2,50 GE
Die personellen Kapazitäten für die Eigenfertigung sind vorhanden.	
1. Deckungsbeitrag bei Eigenfertigung:	
Verkaufspreis (netto) / Stück	4,00 GE
- Warenkosten / Stück	1,00 GE
= Deckungsbeitrag / Stück	**3,00 GE**
2. Deckungsbeitrag bei Fremdbezug:	
Verkaufspreis (netto) / Stück	4,00 GE
- Warenbezugskosten / Stück	2,50 GE
= Deckungsbeitrag / Stück	**1,50 GE**
In diesem Falle wird sich der Hotelbetrieb für die Eigenfertigung entscheiden.	

Wenn die personellen Kapazitäten für die Eigenfertigung nicht vorhanden sind, sondern zusätzliches Personal benötigt wird, fällt die Entscheidung anders aus. Unter der Annahme, dass monatlich 600 Stück produziert werden und monatlich zusätzlich 1.100 GE Lohnkosten anfallen, ergeben sich bei Eigenfertigung folgende Deckungsbeiträge:

Verkaufspreis (netto) / Stück	4,00 GE
- Warenkosten / Stück	1,00 GE
- Lohnkosten / Stück	1,83 GE
= *Deckungsbeitrag / Stück*	*1,17 GE*
In diesem Fall ist der Fremdbezug günstiger.	

10.4.1.2 Die Sortimentskontrolle und Entscheidungen zur Sortimentsveränderung

Die Deckungsbeitragsrechnung kann im Rahmen von Sortimentskontrollen und Sortimentsveränderungen, z.B. im F&B-Bereich, bei der Entscheidungsfindung genutzt werden.

Es werden für Artikel bzw. Artikelgruppen Deckungsbeiträge berechnet, um die Artikel aus dem Sortiment zu nehmen, die die niedrigsten Deckungsbeiträge erwirtschaften. Dabei werden nicht nur die *Stückdeckungsbeiträge* berücksichtigt, sondern durch die Einbeziehung der Absatzmengen auch die *Gesamtdeckungsbeiträge*. Die Bedeutung der Artikel für die Erwirtschaftung von Deckungsbeiträgen wird durch Rangfolgen sichtbar gemacht.

Abbildung 178: Beispiel der Ermittlung von Deckungsbeiträgen im Rahmen von Sortimentskontrollen

Artikel:	1	2	3	4	5
Anzahl verkaufter Artikel (m)					
Erlös pro Artikel (e)					
Gesamterlös (E = e x m)					
Variable Kosten pro Artikel (kv)					
Variable Kosten gesamt (K_v)					
Deckungsbeitrag pro Stück (db = e - kv)					
Rangfolge (db)	2	3	1	7	...
Deckungsbeitrag gesamt (DB = E – K_v)					
Rangfolge (DB)	4.	1.	3.	2.	...

Es wird in diesem Beispiel allerdings nicht berücksichtigt, dass die verschiedenen Artikel auch unterschiedliche Fertigungszeiten benötigen. Legt man diese zu Grunde (als Zeitaufwand in Minuten pro Artikel = t), so ergibt sich ein weiterer Deckungsbeitrag (db : t), der die Entscheidungen zur Sortimentsbereinigung beeinflusst.

10.4.1.3 Die Entscheidung zur Verlängerung von Öffnungszeiten oder zu Zusatzgeschäften

Bei der Verlängerung von Öffnungszeiten (z.B. Saisonverlängerung) steht immer die Frage, ob sich das unter wirtschaftlichen Gesichtspunkten lohnt. So kann mit attraktiven Preisen versucht werden, länger zu öffnen oder Zusatzgeschäfte im Beherbergungs- und / oder Bewirtungsbereich (z.B. Busreisegruppen) in auslastungsschwachen Zeiten zu tätigen. Die Deckungsbeitragsrechnung kann als Entscheidungshilfe genutzt werden, indem die *zusätzlichen Deckungsbeiträge* ermittelt werden, die zur Deckung des ohnehin anfallenden Fixkostenblocks zur Verfügung stehen.

10.4.1.4 Die Entscheidung zum direkten Absatzweg oder indirekten Absatzweg

Im Zusammenhang mit Überlegungen, ob die Hotelleistungen über Reiseveranstalter abgesetzt werden soll oder nicht, eignet sich die Deckungsbeitragsrechnung ebenfalls. Dabei sind die unterschiedlichen *Preise*, die beim Absatz über einen Reiseveranstalter und beim direkten Absatz an den Gast zu erzielen sind, die *Absatzmengen* (Auslastung der Kapazitäten) sowie ggf. auch die *Zimmerstruktur bzw. –nutzung* zu berücksichtigen.

Die Entscheidung wird außerdem von *Vertragsgestaltung* mit dem Reiseveranstalter (Garantievertrag, Allotmentvertrag), der angestrebten Gästestruktur aber auch der Risikobereitschaft des Hoteliers beeinflusst.

Dazu folgendes Beispiel:

Bei der Planung eines 100-Zimmer-Hotels sollen Entscheidungen zum Absatz getroffen werden. Auf Grund von Informationen aus der Marktforschung stellen sich 2 Varianten:
Variante 1: Zielgruppe Geschäftsreisende und direkter Absatz
Dafür wird in der Planung von 70 Einbett-Zimmern und 30 Zweibett-Zimmern ausgegangen. Der durchschnittlich erzielbare Erlös pro Zimmer (netto) wird beim Einbett-Zimmer mit 80,00 GE und beim Zweibett-Zimmer mit 110,00 GE zu Grunde gelegt und mit einer Auslastung von 55 % (= 201 Vollbelegtage – VBT) bei 365 Öffnungstagen im Jahr gerechnet.
Variante 2: Zusammenarbeit mit einem Reiseveranstalter
Er benötigt 40 Einbett-Zimmer und 60 Zweibett-Zimmer und sieht eine Auslastung von 65 % (= 237 VBT) vor. Der Reiseveranstalter garantiert für das Einbett-Zimmer 55,00 GE und für das Zweibett-Zimmer 75,00 GE (netto).
Die variablen Kosten betragen in beiden Varianten für das Einbett-Zimmer 12,50 GE und das Zweibett-Zimmer 16,00 GE.

Die erzielbaren Deckungsbeiträge werden wie folgt berechnet:

Abbildung 179: Die Ermittlung der Deckungsbeiträge für unterschiedliche Absatzwege

	Variante 1		Variante 2	
Zimmerart	EZ	DZ	EZ	DZ
Anzahl der Zimmer (m)	70	30	40	60
Erlös (netto) pro Zimmer (e) GE	80,00	110,00	55,00	75,00
Anzahl der VBT (T)	201	201	237	237
Erlös (E = e x m x T) GE	1.125.600	663.300	521.400	1.066.500
Summe Erlös GE	1.788.900		1.587.900	
Variable Kosten / Zimmer (kv) GE	12,50	16,00	12,50	16,00
Variable Kosten (Kv = m x T x kv) GE	175.875	96.480	118.500	227.520
Summe variable Kosten GE	272.355		346.020	
Deckungsbeitrag / Zimmer (db = e - kv) GE	67,50	94,00	42,50	59,00
Deckungsbeitrag (DB = E - Kv) GE	949.725	566.820	402.900	838.980
Summe Deckungsbeitrag GE	**1.516.545**		1.241.880	

> Unter dem Aspekt des zu erzielenden Deckungsbeitrages ist die Entscheidung gegen den Absatz über einen Reiseveranstalter zu treffen, obwohl damit eine höhere Auslastung erreicht wird. Allerdings ist beim direkten Absatz die Unsicherheit der Nutzung der Kapazitäten größer, so dass die Entscheidung auch von der Risikobereitschaft des Hoteliers abhängt.

10.4.2 Die Anwendung der Break-even-Analyse

Kostenmanagement beinhaltet auch Entscheidungen zum Preisspielraum für die Leistungen des Hotels.[285]

Die Preisobergrenze bildet der Marktpreis, die absolute Preisuntergrenze wird durch die variablen Kosten festgelegt. Auf Grund des hohen Anteils fixer Kosten spielt eine solche Preisuntergrenze in der Hotellerie praktisch keine Rolle. Vielmehr ist von Interesse, ab welcher Preishöhe die Deckung der variablen und fixen Kosten erfolgt und welche Auslastung erreicht werden muss, um die Gesamtkosten letztlich zu decken.

Dazu kann die Break-even-Analyse oder Gewinnschwellenanalyse herangezogen werden. Sie basiert auf der Teilkostenrechnung mit der Trennung in fixe und variable Kosten.

Der *Break-even-Point* (BEP) ist der Punkt, an dem Kostendeckung erreicht wird, d.h. an dem die Erlöse gleich den Kosten sind. In der grafischen Darstellung liegt der BEP dort, wo sich die Erlöskurve und die Gesamtkostenkurve schneiden. Die Gesamtkostenkurve ergibt sich aus den Kurven der fixen Kosten und der variablen Kosten.

Der Break-even-Point zeigt an

- die Anzahl der Übernachtungen, die nötig ist, um die Gewinnschwelle zu erreichen.

$$BEP_{\ddot{U}} = \frac{\textit{fixe Kosten}}{db}$$

Legende:
$\ddot{U}$ = *Anzahl der Übernachtungen* db = *Deckungsbeitrag pro Übernachtung*

---

[285] Vgl. Abschnitt 11.6.2.1

Abbildung 180: Die Darstellung des Break-even-Points

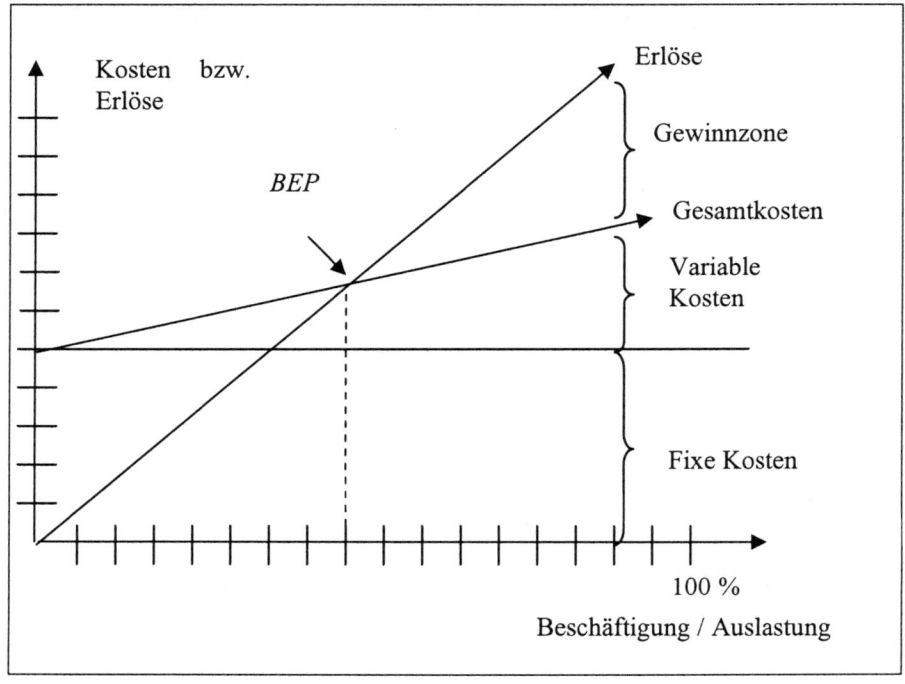

- die Höhe des Preises, bei dem die fixen und variablen Kosten gedeckt sind.

$$BEP_P = \frac{K_f + \left(k_v \cdot \sum Ü\right)}{\sum Ü}$$

Legende:
P = Preis K_f = fixe Kosten gesamt
k_v = variable Kosten pro Übernachtung

Folgendes Beispiel soll das verdeutlichen:

> Ein Hotel verfügt über 100 Betten und ist 365 Tage im Jahr geöffnet.
> Im zurückliegenden Jahr wurden 12.410 Übernachtungen und ein durchschnittlicher Bettenpreis von 90,00 GE einschl. Frühstück erzielt. Darin enthalten ist auch eine Umsatzsteuer von 16 %. Die Warenkosten je Frühstück betrugen 3,10 GE.
> Kurtaxe wurde in Höhe von 2,80 GE erhoben. An Logisgemeinkosten traten 600.000 GE auf, davon 92 % fix.
> Wie viele Übernachtungen (Ü) sind erforderlich, um den Break-even-Point zu erreichen? Wo liegt der kostendeckende Preis pro Übernachtung?

Die Anzahl der für den *BEP* notwendigen *Übernachtungen* kann in folgenden Schritten berechnet werden:

1. Ermittlung der fixen und variablen Kosten (K_f und K_v)
    K_f = 552.000 GE K_v = 48.000 GE

2. Berechnung der variablen Kosten pro Übernachtung (k_v)
    48.000 GE / 12.410 Übernachtungen   = 3,87 GE
    Warenkosten   + 3,10 GE
    K_v = 6,97 GE

3. Berechnung des durchschnittlichen Übernachtungspreises netto (P)
    Übernachtungspreis   = 90,00 GE
    Kurtaxe   - 2,80 GE
                                         = 87,20 GE
    16 % USt.   - 12,03 GE
    Durchschnittlicher Übernachtungspreis = 75,17 GE

4. Berechnung des durchschnittlichen Deckungsbeitrages pro Übernachtung (db)
    P   75,17 GE
    k_v - 6,97 GE
    db   = 68,20 GE

5. Berechnung des $BEP_Ü$
    $BEP_Ü$ 552.000 GE : 68,20 GE = 8.094

> 8.094 Übernachtungen müssen für den Break-even-Point erreicht werden. Mit jeder zusätzlichen Übernachtung liegt das Hotel in der Gewinnzone.

Der *BEP kostendeckender Preis* errechnet sich nach der o.g. Formel wie folgt:

$$\text{BEP}_p = \frac{552.000 + (6{,}97 \cdot 12.410)}{12.410} = 51{,}45 \text{ GE}$$

Bei einem Übernachtungspreis (netto) von 51,45 GE ist in diesem Fall Kostendeckung erreicht, d. h. mit jeder Geldeinheit, die über diesen Preis am Markt erzielt werden kann, wird Gewinn erwirtschaftet. Diese Information kann bei preistaktischen Erwägungen im Rahmen des Marketing berücksichtigt werden.

Fragen und Aufgaben zum Kapitel 10

1. *Charakterisieren Sie das Kostenproblem in der Hotellerie!*
2. *Nennen und erläutern Sie Faktoren, die den Kostenumfang und die Kostenstruktur im Hotel beeinflussen!*
3. *Welche Anforderungen sind an Kennzahlen zu stellen?*
4. *Über welche Informationen muss das Management verfügen, um Entscheidungen im Rahmen des Kostenmanagements zu treffen?*
5. *Charakterisieren Sie die Kostenartenrechnung im Hotel!*
6. *Charakterisieren Sie die Kostenstellenrechnung und zeigen Sie Möglichkeiten zur Bildung von Kostenstellen im Hotel!*
7. *Stellen Sie das Schema der Erfolgsrechnung im Gastgewerbe dar!*
8. *Nennen Sie Kostenträger im Hotel und zeigen Sie beispielhaft die Verteilung von Kosten verschiedener Kostenstellen auf die Kostenträger!*
9. *Nennen Sie Möglichkeiten der Zuschlagskalkulation für Bewirtungsleistungen!*
10. *Worin bestehen Nachteile der Zuschlagskalkulation für Bewirtungsleistungen?*
11. *Wie wird der Verkaufspreis für Speisen ermittelt?*
12. *Erläutern Sie die verschiedenen Verfahren der Rohaufschlagskalkulation und ihre Grenzen!*
13. *Rechnen Sie die Beispiele der Rohaufschlags- bzw. Faktorkalkulation nach!*

14. Erläutern Sie das Prime-Cost-Verfahren und rechnen Sie das Beispiel nach!
15. Stellen Sie das Prinzip der Divisionskalkulation für Beherbergungsleistungen dar!
16. Stellen Sie die Schritte zur Ermittlung der Selbstkosten nach der Äquivalenzzahlenkalkulation dar!
17. Stellen Sie das Prinzip der Deckungsbeitragsrechnung dar!
18. Worin bestehen die Vor- und Nachteile der Deckungsbeitragsrechnung im Hotel?
19. Nennen und beschreiben Sie die Möglichkeiten der Anwendung der Deckungsbeitragsrechnung!
20. Was verstehen Sie unter der Break-even-Analyse?
21. Wie kann der Break-even-Point (Übernachtungen) und der Break-even-Point (Preis) ermittelt werden? Rechnen Sie die Beispiele nach!

11 Hotelmarketing als Managementbereich
11.1 Die Besonderheiten des Hotelmarketings
11.1.1 Zum Begriff des Hotelmarketings

Einer der klassischen Marketingbegriffe beinhaltet die *Planung, Koordination und Kontrolle* aller auf die *aktuellen und potenziellen Märkte ausgerichteter Unternehmensaktivitäten.*[286] Folglich ist Marketing eine unternehmerische Grundhaltung, eine Hotelunternehmung auf den Markt ausgerichtet und damit marktgerecht zu führen. Das ist um so notwendiger, weil sich die generelle Situation auf dem Hotelmarkt auf Grund des Überganges zum Käufermarkt verändert hat:

- Es ist ein Angebotsüberhang durch ein schneller gestiegenes Angebot gegenüber der Nachfrage entstanden.
- Der Wettbewerb hat sich durch eine gewachsene Konkurrenz und zunehmende Austauschbarkeit von Hotelprodukten sowie einen zunehmenden Kostendruck verschärft.

Aus praxisbezogener Sicht kann Hotelmarketing so verstanden werden, dass
- die nachgefragte (Hotel-)Leistung,
- zur richtigen Zeit und am richtigen Ort,
- zum richtigen Preis,
- auf dem geeigneten Vertriebsweg,
- mit wirksamer Verkaufsförderung, Werbung und Öffentlichkeitsarbeit,
- den richtigen Gästen angeboten und
- damit ein angemessener Gewinn erzielt wird.[287]

11.1.2 Entwicklungsphasen des Hotelmarketings

Im Laufe der Zeit haben sich auch in der Hotellerie – allerdings erst später als in anderen Branchen – marktorientierte Führungskonzeptionen entwickelt.

---

[286] Vgl. Meffert, Marketing, S. 31
[287] Vgl. DEHOGA u.a. (Hrsg.), Marketing, S. 25

Abbildung 181: Entwicklungsphasen des Hotelmarketings

Phase	Zeitraum	Kennzeichen
Produktions- orientierte Unternehmung	50er Jahre	Aufnahmebereiter Markt, Nachfrageüberhang, Angebot von preiswerten Leistungen
Finanz- und organisationsorientierte Unternehmung	60er bis Anfang der 70er Jahre	Aufnahmebereiter Markt mit überproportionalem Wachstum, Massenhafte Nachfrage, Angebote der Kettenhotellerie, Zusammenschluss von Tourismusunternehmen, Beginn der Konzentration
Marktorientierte Unternehmung		Übergang zum Käufermarkt, Angebotsüberhang durch schnelles Wachstum des Angebotes, Zunahme des Wettbewerbs, Differenzierte Nachfrage
a.	Anfang / Mitte der 70er Jahre	Systematische Bearbeitung des Marktes mit Hilfe absatzfördernder Maßnahmen (Werbung, Verkaufsförderung) bei traditioneller Leistungserstellung
b.	Ende der 70er Jahre / Anfang der 80er Jahre	Produktentwicklung (z.B. Low-Budget-Hotels) ausgehend von differenzierter Nachfrage, dann Einsatz der absatzfördernden Instrumente zur Beeinflussung der Märkte

Quelle: In Anlehnung an Roth, Schrand (Hrsg.), Touristik-Marketing, S. 49

Die Marketingorientierung setzte in der deutschen Hotellerie Anfang bzw. Mitte der 70er Jahre relativ spät ein. Der Markt war durch eine ausreichend große Nachfrage nach Hotelleistungen gekennzeichnet. Das zog eine Angebotsentwicklung nach sich, die vor allem durch die Hotelgesellschaften forciert wurde und sich stark auf das obere Hotelsegment mit internationaler Ausrichtung orientierte. Die Hotelketten begannen über Werbung und Verkaufsförderung den Markt systematischer zu bearbeiten. Später gingen sie dazu über, gezielt neue Produkte zu entwickeln, um einer veränderten Nachfrage zu entsprechen (z.B. mit Low-Budget-Hotels). Damit drangen die Hotelketten in die Bereiche vor, in denen bisher die Individualhotellerie tätig war. Es entstand eine neue Marktsituation, die dazu führte, dass spätestens in den 90er Jahren die Bedeutung des Marketings auch für die Individualhotellerie zunahm. Das war verbunden damit, dass

- die Individualhotellerie auf Grund eines immer professionelleren Marketings der Kettenhotellerie an Marktanteilen verlor,
- sich Überkapazitäten entwickelt hatten, die zu sinkender Kapazitätsnutzung und hohen Leerkostenanteilen führten,
- sich die Nachfrage nach Hotelleistungen im Zusammenhang mit verändertem Verbraucherverhalten verlagerte (z.B. zunehmende Urlaubsreisen ins Ausland) und qualitativ veränderte (z.B. wachsende und differenziertere Ansprüche an die Hotelleistung),
- das Preisniveau und die Umsätze hinter den Erwartungen der Hoteliers zurückgeblieben waren und ein wachsendes Kostenniveau die Gewinne in der Hotellerie zunehmend schmälerte.

11.1.3 Hotelmarketing als Dienstleistungsmarketing

Das Hotelmarketing weist zum Konsumgütermarketing deutliche Unterschiede auf,[288] die im Wesentlichen in den Eigenschaften der Hotelleistung begründet sind. Als Dienstleistung ist die Hotelleistung bekanntlich immateriell, abstrakt, nicht transport- und nicht lagerfähig, substituierbar, heterogen, komplementär, gästepräsenzbedingt u.a.m..[289]

- Die *Immaterialität der Hotelleistung* bewirkt, dass eine Visualisierung des Hotelproduktes erschwert ist. Das hat Konsequenzen für die Werbung, indem die bildliche Darstellung der Leistungen eines Hotels wesentlich komplizierter ist als bei Sachgüterproduzenten.[290]
- Die *Nicht-Transportfähigkeit* der Hotelleistung hat zur Folge, dass der Nachfrager motiviert werden muss, am Standort des Hotels das Angebot an Hotelleistungen in Anspruch zu nehmen. Das hat nicht nur Konsequenzen für die Standortwahl eines Hotelbetriebes, sondern bedingt auch ein überbetriebliches Marketing, indem die natürlichen und soziokulturellen Faktoren des ursprünglichen Angebotes[291] am Tourismusort berücksichtigt werden müssen.

---

[288] Vgl. Barth, Theis, Hotel-Marketing, S. 22 f.
[289] Vgl. Abschnitt 3.3
[290] Vgl. Barth, Theis, Hotel-Marketing, S. 23
[291] Vgl. Kaspar, Tourismuslehre, S. 66 f.

- Das verlangt auch die *Komplementarität* der Hotelleistung. Eine Hotelleistung ist stets mit Leistungen verbunden, die von anderen Leistungsträgern (z.B. Reiseveranstalter und -mittler, Verkehrsunternehmen) oder öffentlichen Trägern (z.B. Gemeinden) erbracht werden. Aus diesem Grund wird das Marketing einer Hotelunternehmung auch durch das Marketing der genannten Träger beeinflusst.
- Die Existenz des *externen Faktors* bei der Leistungserstellung und das Zusammenfallen von Leistungserstellung, -nachfrage und -konsum bedingen, dass der Leistungsprozess in einem Hotel in hohem Maße von Nachfrageschwankungen abhängig ist.
- Die Hotelleistung besteht aus einem *Bündel von Einzelleistungen*, wobei dieses Leistungspaket – ausgehend von den Bedürfnissen und Erwartungen sehr unterschiedlicher Gäste – auch sehr unterschiedlich gestaltet werden kann. Daraus resultiert – ungeachtet des Trends einer zunehmenden Austauschbarkeit von Hotelprodukten – eine starke Individualität und eine vergleichsweise geringe Standardisierbarkeit der Hotelleistung. Das erschwert die Vergleichbarkeit mit Leistungen der Mitbewerber oder die Messbarkeit der Qualität der Hotelleistung.[292]
- Eine hohe Elastizität und Saisonalität der Nachfrage nach Hotelleistungen oder das Wirken von außerökonomischen Faktoren (Modeerscheinungen, Wetter usw.) machen die Nachfrage sehr labil und setzen – verbunden mit Überkapazitäten – den Hotelbetrieb einem hohen Absatzrisiko aus.

11.2 Schritte zur Erstellung eines Marketingkonzeptes

Hotelmarketing ist als ein systematischer und entscheidungsorientierter Prozess zu verstehen, der sich in den Phasen Marketingplanung, Marketingdurchführung und Marketingkontrolle vollzieht.

---

[292] Vgl. Kapitel 5

Abbildung 182: Hotelmarketing als Prozess

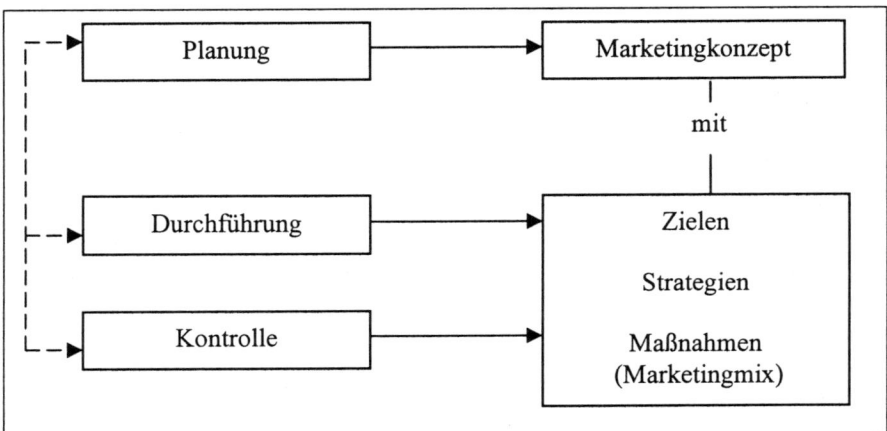

Im Rahmen der *Marketingplanung* werden Entscheidungen über die Ziele, die Strategien und die Maßnahmen (Mittel) getroffen. Dabei sind auch mögliche Alternativen zu betrachten. Wichtig ist dabei, die Verknüpfung mit anderen funktionalen Planungen, wie z.B. der Beschaffungsplanung, Personalplanung oder Finanzplanung[293] herzustellen.

Dabei tritt, wie auch bei anderen Planungen, die Schwierigkeit auf, dass Entscheidungen unter Risiko oder Unsicherheit getroffen werden müssen.

Das Ergebnis der Marketingplanung ist das *Marketingkonzept* (die Marketingkonzeption) des Hotels. Es beinhaltet auf der Grundlage der Marktdiagnose und Marketingprognose die Gestaltung der Beziehungen, die zwischen den Marketingzielen, den Marketingstrategien und dem Marketing-Mix bestehen.

Das Marketingkonzept kann in folgenden Stufen (Phasen) erarbeitet werden:
1. Gewinnung von Informationen, Marktdiagnose und Marketingprognose (Analyse und Interpretation von Daten),
2. Formulierung von Marketingzielen,
3. Festlegung von Marketingstrategien,
4. Festlegung von Marketingmaßnahmen (Marketing-Mix).

---

[293] Vgl. Kapitel 7

Abbildung 183: Schritte zur Erstellung eines Marketingkonzeptes

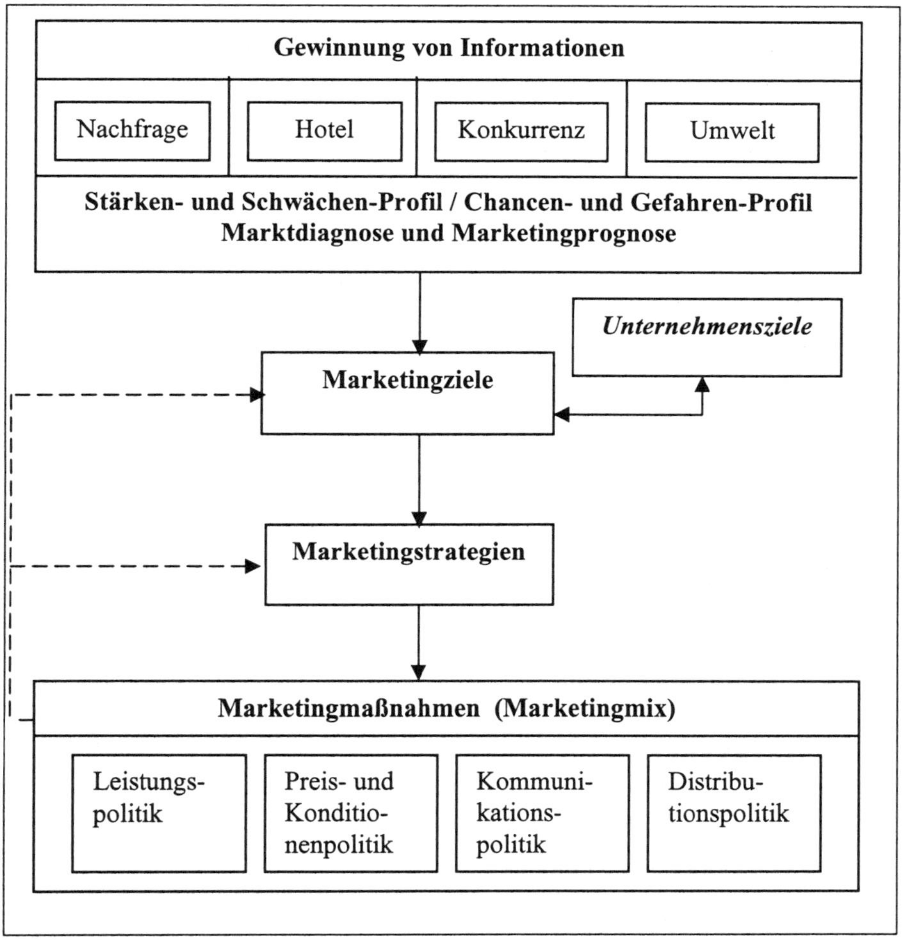

```
┌─────────────────────────────────────────────────────────────┐
│                  Gewinnung von Informationen                │
│  ┌──────────┐  ┌────────┐  ┌───────────┐  ┌──────────┐      │
│  │ Nachfrage│  │ Hotel  │  │ Konkurrenz│  │  Umwelt  │      │
│  └──────────┘  └────────┘  └───────────┘  └──────────┘      │
│    Stärken- und Schwächen-Profil / Chancen- und Gefahren-Profil │
│         Marktdiagnose und Marketingprognose                 │
└─────────────────────────────────────────────────────────────┘
                              │
                              ▼                ┌──────────────────┐
                    ┌──────────────────┐       │ Unternehmensziele│
                    │  Marketingziele  │◄──────│                  │
                    └──────────────────┘       └──────────────────┘
                              │
                              ▼
                    ┌──────────────────┐
                    │ Marketingstrategien│
                    └──────────────────┘
                              │
                              ▼
┌─────────────────────────────────────────────────────────────┐
│             Marketingmaßnahmen (Marketingmix)               │
│  ┌──────────┐ ┌───────────┐ ┌───────────┐ ┌─────────────┐   │
│  │Leistungs-│ │Preis- und │ │Kommuni-   │ │Distribu-    │   │
│  │politik   │ │Konditio-  │ │kations-   │ │tionspolitik │   │
│  │          │ │nenpolitik │ │politik    │ │             │   │
│  └──────────┘ └───────────┘ └───────────┘ └─────────────┘   │
└─────────────────────────────────────────────────────────────┘
```

11.3 Die Gewinnung von Informationen – Die Marktdiagnose und Marketingprognose

Der erste Schritt in der Marketingplanung ist die Beschaffung, Verarbeitung und Bewertung von Informationen. Daraus können Schlussfolgerungen im Sinne einer Marktdiagnose[294] und Marketingprognose[295] abgeleitet werden.
In diesem Schritt wird Marktforschung betrieben und eine Betriebsanalyse durchgeführt. Dabei ist zu entscheiden, welche *Informatio-*

---
[294] Vgl. Barth, Theis, Hotel-Marketing, S. 69 ff.
[295] Vgl. ebenda, S. 121 ff.

nen benötigt, welche *Methoden der Informationsbeschaffung* angewandt und welche *Informationsquellen* genutzt werden. Im Ergebnis dessen ergibt sich das Stärken-und-Schwächen- sowie ein Chancen-und-Gefahren-Profil, welche die gegenwärtige Marktsituation beschreiben und die Wettbewerbsstellung und die Marktattraktivität der Hotelunternehmung zeigen.[296]

Die *Marktdiagnose* basiert auf vergangenheits- und gegenwartsbezogenen Informationen. Um im Rahmen der Marketingplanung Entscheidungen zu treffen, sind auf der Grundlage der erarbeiteten Profile *Marketingprognosen* zu erstellen, die die künftige Marktentwicklung bewerten. Obgleich Prognosen nur wahrscheinliche Aussagen zulassen, verringern sie Unsicherheiten bei der Ziel- und Strategienfindung. Zur Erstellung von Marketingprognosen bieten sich unterschiedliche Verfahren an. Das können z.B. die Befragung, die Delphi-Methode als Form der Expertenbefragung, die Szenariotechnik[297], das Brainstorming oder mathematisch-statistische Methoden (z.B. Regressionsanalysen)[298] sein.

11.3.1 Der Umfang der Informationen

Um eine Marktdiagnose vornehmen und eine Marketingprognose erstellen zu können, sind Informationen über die Nachfrage, die Hotelunternehmung selbst, die Konkurrenz und die Umwelt notwendig.

11.3.1.1 Informationen über die Nachfrage

Da Hotelmarketing darauf ausgerichtet ist, den *richtigen Gästen* die richtigen Hotelleistungen anzubieten, nimmt die *Nachfrage* einen besonderen Stellenwert bei der Informationsbeschaffung ein. Die Ermittlung der Bedürfnisse bisheriger und potenzieller Gäste ist eine wesentliche Grundlage für ein erfolgreiches Hotelmarketing. Nur so ist es möglich, Gästezufriedenheit herzustellen und die Chance zu nutzen, Gäste langfristig an das Hotel zu binden oder auch neue Bedürfnisse zu wecken.

---

[296] Vgl. Abschnitt 7.3.1
[297] Vgl. Abschnitt 7.3.5
[298] Vgl. Barth, Theis, Hotel-Marketing, S. 121 ff.

Abbildung 184: Informationen über die Nachfrage

Die Analyse der Nachfrage betrifft die Gästestruktur, die Merkmale des Gästeverhaltens sowie das zeitliche Auftreten der Nachfrage. In diesem Zusammenhang interessieren vor allem Informationen, wie
- die Gästestruktur (Herkunft, Alter, Beruf und Einkommen, Saison, verschiedene Gästegruppen: Geschäfts-, Urlaubs-, Wochenendreisende, Einzel-, Gruppenreisende usw.),
- das Reise- bzw. Kaufverhalten der Gäste (Ausgabeverhalten, Buchungsverhalten, bevorzugte Zahlungsart, benutzte Verkehrsmittel, Informationsverhalten),
- die Aufenthaltsdauer,
- Gästeabwanderungen / Gästezuwanderungen (wohin / woher, warum), Gästetreue (Anteil der Stammgäste),
- die Gästezufriedenheit.

Das Ziel der Gewinnung von Informationen über die Nachfrage besteht darin, Marktsegmente abzugrenzen bzw. geeignete *Zielgruppen* zu bilden, d.h. Gästegruppen mit weitgehend homogenen Bedürfnis- und Verhaltensstrukturen.
Als Kriterien für die Bildung von Zielgruppen eignen sich:[299]
- *sozioökonomische Kriterien* (Geschlecht, Alter, Familienstand, Einkommen, Beruf, Bildung u.ä.). Verschiedene Gästegruppen zeigen ein unterschiedliches Reiseverhalten, z.B. hinsichtlich der

---
[299] Vgl. Barth, Theis, Hotel-Marketing, S. 72 ff.

Reisehäufigkeit, der Unterkunftsarten, benutzter Verkehrsmittel, der Organisationsform der Reise u.a..
- *geografische Kriterien* (Orte, Regionen, Herkunftsländer, Gemeindegrößen). So zeigen Untersuchungen (z.B. die Reiseanalyse U & R), dass Personen in Abhängigkeit von ihrer Zugehörigkeit zur Stadt- oder Landbevölkerung ein unterschiedliches Reiseverhalten aufweisen.
- *verhaltensorientierte Kriterien* wie Motive für die Inanspruchnahme der Hotelleistungen von z.B. Geschäftsreisenden, Urlaubsgästen, Wochenendgästen, Einzelreisenden, Gruppenreisenden; Prestigeorientierung, Preisorientierung u.a..
- *psychografische Kriterien,* die auf Grund einer zunehmenden Unberechenbarkeit der Gästewünsche und des Gästeverhaltens immer bedeutsamer werden. Solche Kriterien können sein der Lebensstil, die Bezugsgruppenzugehörigkeit, Hobbies, Neigungsgruppen oder auch situativ unterschiedliche Nutzenserwartungen der Gäste.[300]

Bei der Bildung von Zielgruppen sind u.a. folgende *Voraussetzungen* zu beachten:
1. Die Gästegruppe muss auf der Grundlage von quantitativen und qualitativen Kriterien eindeutig erfassbar, messbar und definierbar sein. Bei der Verwendung psychografischer Kriterien kann das problematisch sein.[301]
2. Das Segment muss über ein ausreichend großes Potenzial (Absatzvolumen) verfügen. Die Zielgruppe muss mindestens so groß sein, dass die Kosten einer separaten Marktbearbeitung durch das Absatzvolumen gedeckt sind.
3. Das Segment muss stabil sein und ein Wachstumspotenzial aufweisen. Das bedeutet, dass z.B. Informationen darüber vorhanden sein müssen, wie sich die Kaufkraft des Segmentes entwickelt.
4. Die Zielgruppe muss zu bearbeiten, d.h. vertriebstechnisch und unter ökonomischen Aspekt erreichbar sein.

---

[300] Vgl. DEHOGA u.a. (Hrsg.), Marketing, S. 71
[301] Vgl. Meffert, Marketing, S. 244

Die Segmentierung unterliegt allerdings der Gefahr einer Über- oder Untersegmentierung.[302]
Von einer *Übersegmentierung* kann gesprochen werden, wenn die Gästesegmente zu eng gewählt werden und nicht über ein ausreichendes Potenzial verfügen. Eine *Untersegmentierung* liegt vor, wenn zu viele Gästegruppen angesprochen werden und eine klare Linie in der Ausrichtung des Angebotes für den Gast nicht mehr erkennbar ist.

11.3.1.2 Informationen über das Hotel
Informationen über das eigene Hotel werden aus der Unternehmensanalyse gewonnen.[303]

Abbildung 185: Informationen über das eigene Hotel

Im Vergleich zu den Mitbewerbern oder zum Branchendurchschnitt sowie zur Umwelt werden die Stärken und Schwächen sowie Chancen und Gefahren aufgezeigt. Die bei der strategischen Planung dar-

---
[302] Vgl. DEHOGA u.a. (Hrsg.), Marketing, S. 72
[303] Vgl. Abschnitt 7.4.1

gestellten Inhalte der Unternehmensanalyse sind auch Gegenstand der Informationsbeschaffung im Rahmen der Marketingplanung.[304]

11.3.1.3 Informationen über die Konkurrenz

Bei der *Konkurrenzanalyse*[305] ist es zunächst wichtig, den *Konkurrenzkreis* festzulegen, damit der Vergleich mit den richtigen Mitbewerbern erfolgt. Dabei ist zu beachten, wer die *gegenwärtigen* und *potenziellen* Mitbewerber sind und welche weiteren Mitbewerber ggf. Teilleistungen (z.b. besondere Bewirtungs- oder Unterhaltungsleistungen) anbieten.

Abbildung 186: Informationen über die Konkurrenz

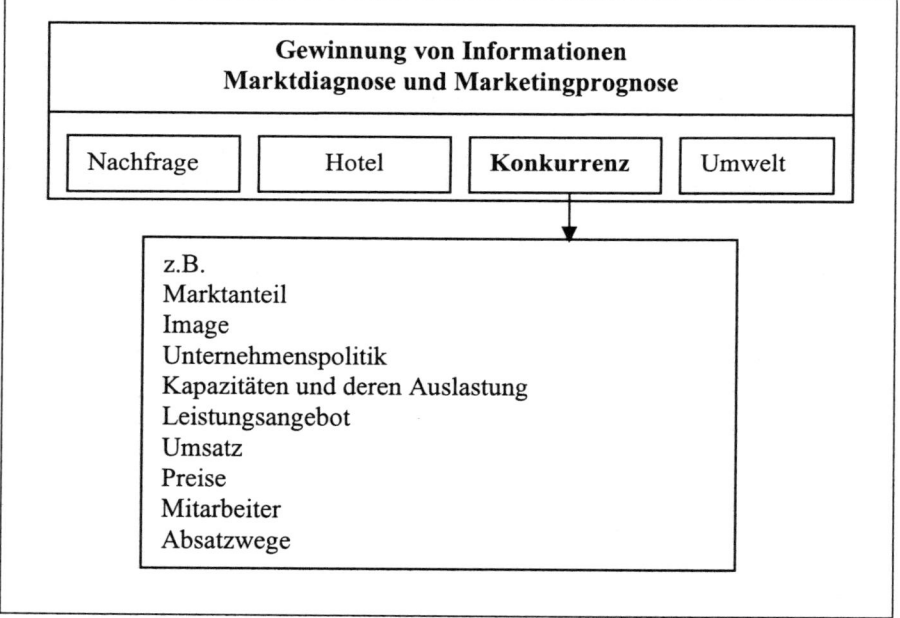

Das bedeutet, dass
- Hotels in einem Ort auch unterschiedlichen Konkurrenzkreisen zugeordnet werden können,
- nicht nur die Konkurrenten am Standort zu identifizieren sind, sondern auch diejenigen, die regional, national oder international agieren,

---

[304] Vgl. Abschnitt 7.3
[305] Vgl. DEHOGA u.a. (Hrsg.), Marketing, S. 58 f.

- eine ständige Beobachtung der Konkurrenten erfolgen muss, um ein erfolgreiches Marketing betreiben zu können.

Von wesentlicher Bedeutung ist die Analyse des *Leistungspotenzials* des / der Mitbewerber. Dazu sind sowohl Informationen in quantitativer Hinsicht als auch in qualitativer Hinsicht zu beschaffen.[306]
Das Problem einer Konkurrenzanalyse kann darin bestehen, dass nicht ausreichend Informationen über die Mitbewerber verfügbar sind.

11.3.1.4 Informationen über die Umwelt
Der Hotelbetrieb unterliegt vielfältigen Einflüssen, die aus der Umwelt der Unternehmung resultieren und im Marketing zu beachten sind.

Abbildung 187: Informationen über die Umwelt

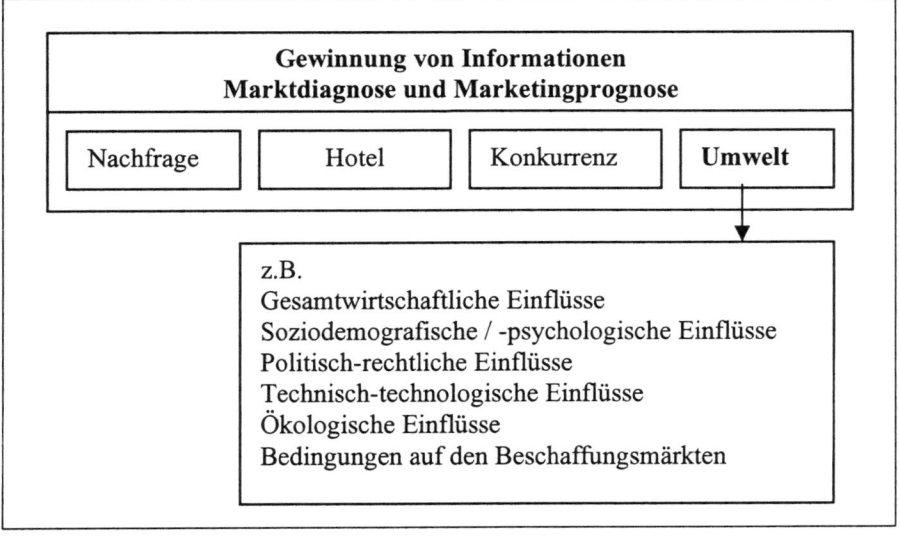

Demzufolge beschäftigt sich die Analyse der *Umwelt* mit der Untersuchung von makroökonomischen, politisch-rechtlichen, technologischen und soziokulturellen Rahmenbedingungen für die Hotelunternehmung.[307]

---
[306] Vgl. Abschnitt 7.4.2
[307] Vgl. ebenda

11.3.2 Die Verfahren zur Informationsbeschaffung

Die Informationsbeschaffung im Hotel erfolgt durch die bekannten Verfahren der Marktforschung, d. h. durch die Primärforschung (field research) und die Sekundärforschung (desk research).

Abbildung 188: Die Verfahren der Informationsbeschaffung im Hotel

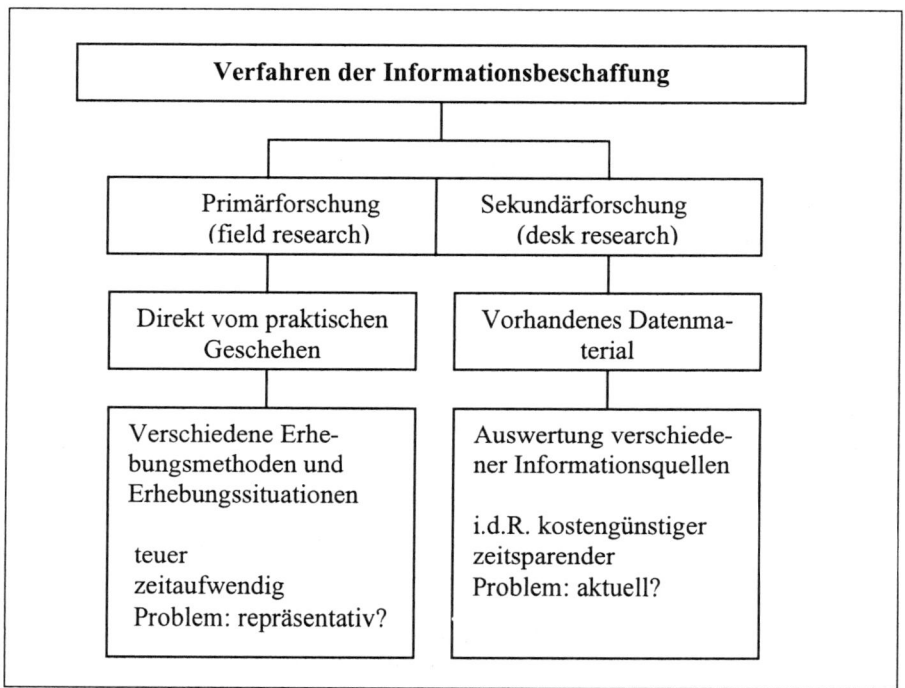

11.3.2.1 Die Sekundärforschung

Bei der *Sekundärforschung* wird auf bereits vorhandenes Datenmaterial zurückgegriffen, indem Informationen aus den unterschiedlichsten Quellen für eigene Zwecke analysiert und aufbereitet werden.

Die Sekundärforschung ist im Hotel i.d.R. kostengünstiger als die Primärforschung, da auf aufwendige eigene Recherchen verzichtet werden kann. Daher gilt, dass Sekundärforschung stets vor der Primärforschung durchzuführen ist. Primärforschung sollte dann betrieben werden, wenn die Informationen aus der Sekundärforschung (z.B. aus Prospekten, Preislisten, Werbeanzeigen oder Selbstveröf-

fentlichungen der Konkurrenten) nicht ausreichen. Bestimmte Informationen sind auch für ein Hotel nicht auf anderem Wege als über die Sekundärforschung zu erhalten (z.B. zu Kauffondsentwicklung oder zum Reiseverhalten).
Außerdem erleichtern Erkenntnisse aus der Sekundärforschung auch die Beurteilung von Informationen aus der Primärforschung.[308]

Abbildung 189: Die Methoden zur Informationsbeschaffung

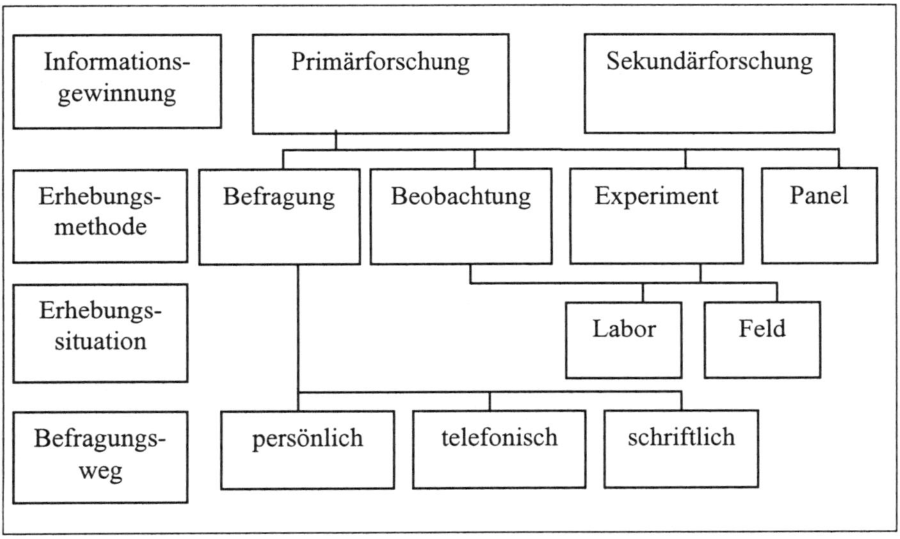

Informations-gewinnung	Primärforschung		Sekundärforschung	
Erhebungs-methode	Befragung	Beobachtung	Experiment	Panel
Erhebungs-situation			Labor	Feld
Befragungs-weg	persönlich	telefonisch	schriftlich	

Die Sekundärforschung hat allerdings den *Nachteil*, dass Daten oft nicht auf die Belange des Hotels zugeschnitten sind. Trotzdem können sie als Basisinformationen genutzt werden, um Probleme zu erkennen und Entwicklungen zu beurteilen.
Weiterhin ist zu berücksichtigen, das Informationen aus der Sekundärforschung immer vergangenheitsbezogen sind. Das bedeutet, dass ein gewisser Verzicht auf Aktualität in Kauf genommen werden muss und die Daten auf gegenwärtige Marktsituationen zu prüfen sind.[309]

---

[308] Vgl. Barth, Theis, Hotel-Marketing, S. 52
[309] Vgl. ebenda

11.3.2.2 Die Primärforschung

Bei der *Primärforschung* handelt es sich um Untersuchungen, die unmittelbar vom praktischen Geschehen ausgehen. Sie kann sich direkt mit Fragestellungen beschäftigen, die sich auf den speziellen Untersuchungsgegenstand beziehen. Die gewonnenen Daten dienen dazu, die Erkenntnisse aus der Sekundärforschung zu ergänzen oder zu aktualisieren. Der wesentliche *Vorteil* der Primärforschung liegt in der Aktualität von Informationen.[310] Sie ist jedoch i.d.R. kostenintensiver und zeitaufwendiger als die Sekundärforschung.

Da Daten im Rahmen der Primärforschung durch eine Total- oder Teilerhebung erfasst werden können und eine Totalerhebung auf Grund eines weitgestreuten Gästekreises für ein Hotel eher unwahrscheinlich ist, kann das *Problem* der Primärforschung darin bestehen, dass die ermittelten Daten nicht repräsentativ sind. Außerdem können sich z.B. Gäste durch eine Primärerhebung belästigt fühlen und bei einer Befragung nicht wahrheitsgemäß antworten oder sich bei einer Beobachtung anders verhalten als gewöhnlich.

Die Primärforschung bedient sich unterschiedlicher Erhebungsmethoden, wobei für ein Hotel im Wesentlichen die Befragung, die Beobachtung und das Experiment in Frage kommen.

Die Befragung
Die Gästebefragung ist wahrscheinlich in der Hotellerie die am weitesten verbreitete Methode der Informationsgewinnung. Sie stützt sich auf den direkten Kontakt zwischen Hotelmitarbeitern und den Gästen, wobei diese gezielt zu Meinungsäußerungen veranlasst werden.
Informationen über Leistungsdefizite, Zufriedenheit oder Unzufriedenheit und Wünsche der Gäste können sehr gut mit Hilfe von Befragungen gewonnen werden.[311]

---

[310] Vgl. ebenda, S. 55
[311] Vgl. Müller, Tourismus-Management, S. 133 f.

Abbildung 190: Merkmale der Befragung

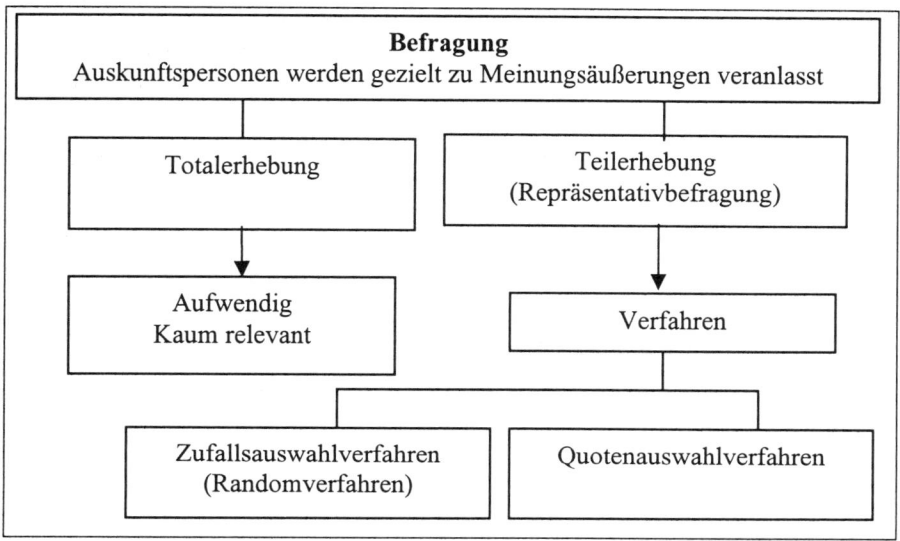

Die Befragungen können persönlich, telefonisch oder schriftlich erfolgen. Dabei kann sich das Hotel auf bekannte Personen (bisherige Gäste) stützen. Unbekannte Personen zu befragen macht i.d.R. wenig Sinn, da auf diese Weise meist nur allgemeine Informationen erlangt werden, die ggf. in der Sekundärforschung mit weniger Kosten und Zeit gewonnen werden können.[312]

Es werden i.d.R. Teilerhebungen nach unterschiedlichen Verfahren (Zufallsauswahl / Quotenauswahl)[313] durchgeführt.

Die *persönliche Befragung* (face to face) basiert auf standardisierten oder freien Interviews. Die Interviews können als Einzelinterview oder als Gruppeninterview (z.B. Gästezirkel) durchgeführt werden. Die persönliche Befragung erfordert einen hohen personellen Aufwand, wobei zu beachten ist, dass die Ergebnisse nicht nur von der Auskunftsbereitschaft der Gäste abhängt, sondern auch von der Qualifikation der Interviewer. Eine wichtige Gruppe bei der Gästebefragung sind die Stammgäste, die erfahrungsgemäß eher bereit sind, an einer Befragung teilzunehmen.[314]

---

[312] Vgl. Barth, Theis, Hotel-Marketing, S. 57
[313] Vgl. Meffert, Marketing, S. 199 f.
[314] Vgl. Barth, Theis, Hotel-Marketing, S. 59

Die Durchführung von Gästebefragungen ist in der Hotellerie nicht unproblematisch. Zwar bietet der unmittelbare Kontakt zwischen Hotelpersonal (Empfangs-, Service-, Verkaufs- und Direktionsmitarbeiter) und Gästen eine günstige Möglichkeit für mündliche Befragungen. Diese ist jedoch durch Zeit- und Personalmangel häufig eingeschränkt. Hinzu kommt, dass eine intensive Schulung des Personals zu Fragen der Marktforschung erfolgen muss, was oft nicht im Interesse der Hotelmitarbeiter ist. Günstig ist es, wenn Personal, welches ausschließlich für die Gästebetreuung zuständig ist, Befragungen übernimmt,[315] auf die sie gezielt vorbereitet werden können. Kettenhotels haben – auf Grund der möglichen Arbeitsteilung und Spezialisierung – in diesem Zusammenhang einen Vorteil.

Eine weitere Grenze für die mündliche Befragung besteht darin, dass eine offensichtliche Befragungssituation den Aufenthalt der Gäste im Hotel beeinträchtigen kann und Gäste dadurch nicht wahrheitsgemäß antworten.[316] Zu beachten ist auch der richtige Zeitpunkt der persönlichen Befragung (z.B. nach dem Restaurantbesuch, vor der Abreise) um Aussagen möglichst nah am Geschehen zu erhalten.

Persönliche Befragungen bieten sich auch bei Gesprächen mit Firmenkunden an, um Aussagen über Wünsche, Präferenzen, einzelne Angebotsteile usw. zu erhalten.

Eine *telefonische Befragung* kann mit bekannten Gästen durchgeführt werden. Sie eignet sich besonders, wenn es darum geht, schnell Informationen zu erhalten oder wenn die zu befragenden Sachverhalte bei den Gästen schnell in Vergessenheit geraten könnten. Das bedeutet, dass eine telefonische Befragung bald nach der Abreise der Gäste erfolgen sollte, wobei auszuschließen ist, dass die befragten Gäste nicht bereits an einer persönlichen Befragung während ihres Hotelaufenthaltes teilgenommen haben.[317]
Auch im Rahmen der Nachbetreuung von Gästen kann die telefonische Befragung genutzt werden.

In der Zusammenarbeit mit Firmenkunden eignen sich ebenfalls telefonische Befragungen, insbesondere auch in der Form, dass Informationen zu künftigen Veranstaltungen (Veranstaltungsintensität, Termine, Größen) beschafft werden können.

---

[315] Vgl. ebenda
[316] Vgl. ebenda
[317] Vgl. ebenda, S. 65

Ein Nachteil der telefonischen Befragung besteht darin, dass nur ein geringer Umfang an Fragen möglich ist und die Auskunftsbereitschaft am Telefon – insbesondere zu ungünstigen Zeiten – eingeschränkt sein kann.[318]

Die *schriftliche Befragung* wird auf der Grundlage von Fragebögen (Comment Cards) durchgeführt. Diese werden im Hotel hauptsächlich in den Zimmern oder Restaurants ausgelegt. Darüber hinaus können bereits beim Check In über das Anmeldeformular neben den persönlichen Daten weitere Daten beschafft werden, die Auskunft über gewünschte Sachverhalte geben (z.B. Zweck der Reise, bevorzugte Hotelkategorie, benutzte Verkehrsmittel[319] u.ä.). Das können vor allem kleinere Betriebe nutzen, die nicht über eine spezielle Marketingorganisation[320] verfügen.
Eine weitere Möglichkeit der Verteilung von Fragebögen ist der postalische Weg. Hier kann der Vorteil ausgenutzt werden, dass ein Hotel über eine Adressenübersicht (einschließlich der von Prospektanfragen) und einen weit gestreuten Gästekreis verfügt. Auf diese Weise kann der Aktionsradius der Befragung ausgedehnt werden. Günstig ist dabei auch die Anonymität der befragten Personen, die eine ggf. höhere Auskunftsbereitschaft erwarten lässt,[321] als bei der persönlichen Befragung.
Ein *Vorteil* der schriftlichen Befragung besteht in der Vermeidung der mit dem Einsatz von Interviewern verbundenen Kosten und des bewussten oder unbewussten Einflusses der Interviewer auf die Auskunftspersonen.
Allerdings gibt es auch Einschränkungen, die bei einer schriftlichen Befragung zu beachten sind. Das sind einerseits die Rücklaufquoten (zwischen 15 und 60 %).[322] Andererseits dürfen sich Gäste durch die Fragebögen nicht belästigt fühlen. Das ist bei der Fragebogengestaltung zu beachten und bedeutet u.a., dass die Fragen eindeutig formuliert sind sowie schnell und unkompliziert beantwortet werden können. Demzufolge ist der Fragenumfang eingeschränkt und Erklärungen oder Nachfragen sind nicht möglich.

---

[318] Vgl. ebenda,
[319] Vgl. Seitz, Hotelmanagement, S. 111
[320] Vgl. Barth, Theis, Hotel-Marketing, S. 39 ff.
[321] Vgl. Seitz, Hotelmanagement, S. 111
[322] Vgl. Berekoven, Eckert, Ellenrieder, Marktforschung, S. 113

Die Validität der Ergebnisse kann auch dadurch beeinflusst werden, dass die Fragen nicht in der vorgesehenen Reihenfolge beantwortet werden und dadurch Verzerrungen entstehen. Auch ist nicht sicher, ob der Befragte selbst oder andere Personen auf die Fragen geantwortet haben.[323]

Die Beobachtung
Die Beobachtung ist eine Methode, die systematisch bestimmte Sachverhalte zum Zeitpunkt ihres Geschehens erfasst und beurteilt.[324] Es können nur gegenwartsbezogene und keine vergangenheitsbezogenen Informationen gewonnen werden.
In der Hotellerie werden hauptsächlich Feldbeobachtungen durchgeführt, d.h. der Gast wird während seines Aufenthaltes im Hotel in „normalen" Situationen (z.B. am Frühstücksbüfett oder an der Rezeption beim Einchecken) beobachtet.
Die Methode eignet sich, um Aussagen über das *Verhalten* von Gästen oder den *Zeitpunkt* der Inanspruchnahme von Leistungen des Hotels treffen zu können. Auf der Grundlage der gewonnenen Informationen können Angebote gestaltet oder Öffnungszeiten (z.B. der Restaurants oder Fitnesseinrichtungen) festgelegt werden.
Voraussetzung für eine erfolgreiche Beobachtung ist, dass der Untersuchungszweck und die zu beobachtenden Sachverhalte vorher genau festgelegt werden.[325]

Die Beobachtung eignet sich ebenfalls im Rahmen der Konkurrenzanalyse. So können z.B. Besuche bei Mitbewerbern Informationen über die Gästestruktur (Beobachtung auf Parkplätzen, in der Hotellobby, in den Restaurants) oder das Leistungsangebot der Konkurrenten liefern.

Ein Vorteil von Beobachtungen ist darin zu sehen, dass Verhaltensabweichungen nahezu ausgeschlossen werden können,[326] da die Beobachteten meist unwissentlich an der Beobachtung teilnehmen. Auch ist die Gewinnung von Informationen nicht von deren Auskunftsbereitschaft abhängig.

---

[323] Vgl. Barth, Theis, Hotel-Marketing, S. 60
[324] Vgl. Meffert, Marktforschung, S. 34
[325] Vgl. Barth, Theis, Hotel-Marketing, S. 67
[326] Vgl. ebenda

Das Experiment
Bei einem Experiment kann die Wirkung veränderter Faktoren auf bestimmte andere Faktoren untersucht werden. Das heißt, es werden bewusst Veränderungen durchgeführt und die dadurch eintretenden Auswirkungen festgestellt. Die Informationen werden in Form der Befragung oder Beobachtung gewonnen.
So kann z.b. durch eine *Befragung* festgestellt werden, wie ein verändertes Speisenangebot bei den Gästen „ankommt".
Durch die *Beobachtung* kann die Wirkung von Preisveränderungen auf die Nachfrage festgestellt werden. Wenn z.B. in Hotels einer Hotelkette die Preise erhöht werden und in anderen Hotels mit vergleichbarer Leistungs- und Gästestruktur derselben Kette nicht,[327] können Informationen darüber gewonnen werden, wie die Gäste auf die Preisveränderungen reagieren.
Die Validität der gewonnen Informationen hängt davon ab, ob eine ausreichend große Anzahl von Gästen in das Experiment einbezogen wird.[328] Das kann bedeuten, dass das Experiment über einen längeren Zeitraum durchgeführt werden muss.

Das Panel
Bei einer Paneluntersuchung wird in regelmäßigen Abständen eine gleichbleibende Personen-, Haushalts- oder Betriebsgruppe zu im Prinzip gleichbleibenden Sachverhalten befragt. Dadurch ist es möglich, Veränderungen und Entwicklungen festzustellen, wie z.B. Markentreue oder den Erfolg von Werbekampagnen.
Für die Hotellerie bietet sich die Panelmethode unter dem Gesichtspunkt an, dass die Gästestruktur i.d.R. nicht homogen ist und Gästegruppen (Samples) gebildet werden können. Auf dieser Basis können gästegruppenspezifische Verhaltensänderungen erkannt werden.[329]
Beim Panel sind die Panelsterblichkeit (Ausscheiden von Personen aus dem Panel) und der Paneleffekt (Verhaltensänderungen von Personen durch die Einbeziehung in das Panel) zu beachten, die die Repräsentativität der Erhebung beeinflussen können.[330]

---

[327] Vgl. Dettmer, Betriebswirtschaftlehre, S. 166
[328] Vgl. Barth, Theis, Hotel-Marketing, S. 68
[329] Vgl. ebenda, S. 66
[330] Vgl. Meffert, Marketing, S. 201

Bislang wird die Panelmethode jedoch kaum angewandt. Allerdings können auch Erkenntnisse aus anderen Panels (z.B. Einzelhandelspanel, Verbraucherpanel[331]) im Rahmen der Sekundärforschung genutzt werden.

11.3.3 Die Informationsquellen

Für die Beschaffung der notwendigen Daten stehen der Hotelunternehmung interne und externe Informationsquellen zur Verfügung.

11.3.3.1 Die externen Informationsquellen
Der Hotelbetrieb kann im Rahmen der Sekundärforschung eine Vielzahl von sehr unterschiedlichen Informationsquellen nutzen. Dabei muss Sekundärforschung nicht immer mit umfangreichen Recherchen verbunden sein. Schon allein das kontinuierliche Verfolgen des Wirtschaftsteils der Tageszeitung kann Informationen über wirtschaftliche Entwicklungen liefern, die für die Hotelunternehmung von Interesse sein können.
Zu den Informationsquellen gehören auch Messebesuche (z.B. ITB oder regionale Tourismusmessen), wo Informationen oft aus „erster Hand" und relativ zeitig und kostengünstig zu erhalten sind (z.B. erste Ergebnisse der jährlichen Untersuchung U & R auf der ITB).

11.3.3.2 Die internen Informationsquellen
Zu den wichtigsten internen Informationsquellen gehören die Erfolgsrechnung sowie betriebliche Statistiken (Umsatzstatistik, Reklamationsstatistik usw.). In Anhängigkeit davon, wie das betriebliche Rechnungswesen organisiert ist, können auch betriebliche Kennzahlen genutzt werden, z.B. zu Umsatzentwicklungen und -strukturen, Kostenentwicklungen und -strukturen u.ä.. Daneben stehen weitere Kennzahlen wie Übernachtungen, Aufenthaltsdauer, Durchschnittspreise zur Verfügung.

---

[331] Vgl. Meffert, Marketing, S. 201; Dettmer, Betriebswirtschaftslehre, S. 167

Abbildung 191: Quellen der Sekundärforschung im Hotel

Externe Informationsquellen	Interne Informationsquellen
• Amtliche Statistiken (z.B. des / der StBA, StLA) • Amtliche Veröffentlichungen (z.B. BMWA, Landesregierungen) • Veröffentlichungen / Erhebungen von Tourismusorganisationen (DZT, regionale Tourismusorganisationen) • Veröffentlichungen von Verbänden, Banken, IHK (z.B. DEHOGA-Jahrbuch, Liste der Gewerbebetriebe der regionalen IHK, Mitgliederverzeichnisse) • Veröffentlichungen von Mitbewerbern (z.B. Anzeigen, Prospekte, Preislisten, Geschäftsberichte) • Veröffentlichungen wissenschaftlicher u.a. Institutionen (z.B.: Hotelbetriebsvergleich des DWIF, U & R, ETM) • Fachzeitschriften, Tages- und Wochenzeitungen, Zeitschriften, Verlagsdokumentationen (z.B. Branchenbilder Gruner & Jahr, Spiegel-Dokumentation Geschäftsreisen) • Datenbankrecherchen	• Buchhaltung (z.B. Finanzbuchhaltung) • Betriebsstatistik (z.B. Umsatzstatistik) • Kostenrechnung (z.B. Kalkulation) • Kurzfristige Erfolgsrechnung (z.B. monatliche Betriebsergebnisrechnung) • Gästekartei • Reservierungsstatistik • Anfragen und Gästekorrespondenz • Reklamationsstatistik • Berichte von Sales Managern • Aufzeichnungen von früheren Primärforschungen

Die *Gästekartei* hat bei den Informationsquellen einen besonderen Stellenwert. Ein Hotel hat den einzigartigen Vorteil, dass es auf der Grundlage des Meldescheines über persönliche Daten der Gäste verfügt und seine Nachfrager dadurch genauer kennt als andere touristische Unternehmen.

Eine Gästekartei kann Auskunft über die Gästestruktur und Verhaltensweisen geben. Neben den persönlichen Daten wie Geschlecht, Beruf, Alter, Nationalität, An- und Abreisetermin, Adresse können weitere Verhaltensmerkmale und Wünsche der Gäste in der Gästekartei erfasst werden wie Reisezweck, Reservierungsweg, Interessen, Hobbies usw..

Daten der Gästekartei können auch für die Primärforschung genutzt werden (z.B. Adressen für die schriftliche oder telefonische Befragung). Sie geben auch Hinweise zur Bildung von Gästesegmenten bzw. Zielgruppen.

Das erfordert jedoch einen dementsprechenden Karteiaufbau und eine korrekte Datenpflege. Hotelsoftware (z.B. FIDELIO) kann entsprechend genutzt werden.

Die Erfahrung zeigt, dass kleinere Hotels dieses Informationspotenzial oft vernachlässigen. Bei größeren Hotels ist festzustellen, dass gelegentlich Defizite in der Datenpflege auftreten. Es gibt auch Unsicherheit darüber, ob jeder Gast in die Gästekartei aufgenommen wird oder erst ab einer bestimmten Anzahl von Besuchen. Bei Kettenhotels oder Kooperationshotels muss entschieden werden, ob der Gast nach Besuch eines Kettenhotels bzw. Kooperationshotels auch in die Gästekartei der anderen Hotels derselben Kette bzw. Kooperation aufgenommen wird oder nicht.

11.4 Die Ableitung von Marketingzielen
11.4.1 Die Hierarchie der Ziele

Jedes Marketingkonzept erfordert eine der Marktdiagnose und Marketingprognose angepasste Zielsetzung. Die Marketingziele erfüllen Steuerungs- und Kontrollfunktionen, indem sie festlegen, welches Ergebnis durch ein bestimmtes Verhalten des Hotels auf dem Markt erreicht werden soll.

Das oberste Ziel jeder Marketingtätigkeit muss der langfristige *Ausbau der Marktstellung* des Hotels sein. Nur in einem wachsenden Markt kann die Verteidigung der Marktposition als Zielstellung dienen. Das bedeutet, dass Marketingziele einerseits lang- bzw. mittelfristige Ziele sind, da bedeutende Veränderungen der Marktstellung eines Hotels kurzfristig kaum zu erreichen sind. Andererseits können kurzfristige Marketingziele im Rahmen der operativen oder dispositiven Planung gesetzt werden, um die laufenden Marketingaktivitäten zu steuern und zu kontrollieren.

In einer marktgerecht geführten Hotelunternehmung haben die Marketingziele eine zentrale Rolle. Dennoch stellen sie keine autonomen Ziele dar, sondern sie leiten sich stets aus dem Unternehmenszweck und den Unternehmenszielen ab. Sie konkretisieren die relativ allgemein formulierten Unternehmensziele, indem sie die Erkenntnisse über die vergangene, gegenwärtige und künftige Marktentwicklung berücksichtigen (Marktdiagnose und Marketingprognose). So sind z.B. im Unternehmenskonzept leistungswirtschaftliche Ziele im Produkt-Markt-Konzept ausgewiesen.[332] Im Marketingkonzept wird das Produkt-Markt-Konzept hinsichtlich seiner Ziele, Potenziale und Strategien konkretisiert.

Abbildung 192: Die Hierarchie der Ziele

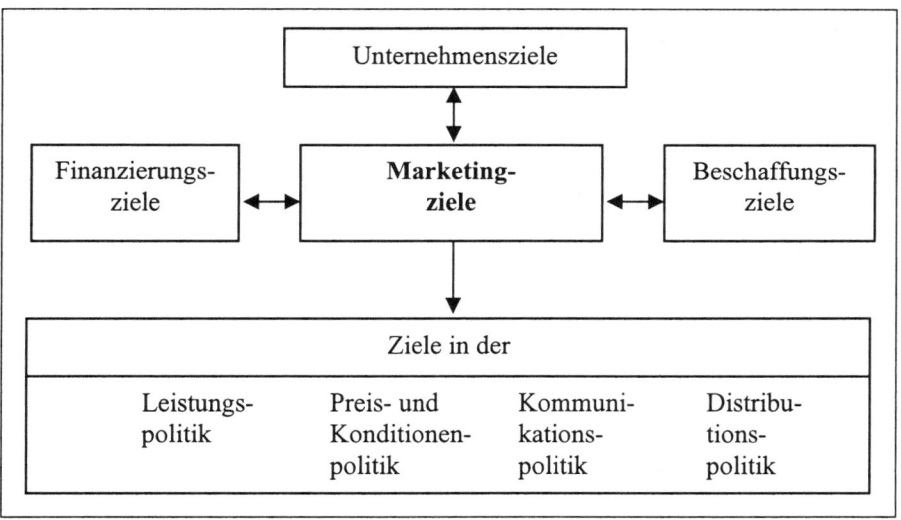

Die Marketingziele stehen auch in engem Zusammenhang mit Entscheidungen in anderen Unternehmensbereichen, z.B. im Bereich der Finanzierung oder der Beschaffung.

---

[332] Vgl. Abschnitt 7.5

11.4.2 Die Bestimmung von Marketingzielen

Marketingziele bezeichnen Soll-Zustände. Dabei handelt es sich um Ziele, die mittel- und langfristig zu erreichen sind und Gegenstand der strategischen Marketingplanung sind. Daneben gelten Ziele, die kurzfristig zu erreichen sind (z.B. Umsätze, Übernachtungen) und Gegenstand der operativen Planung sind.[333]

Es gibt verschiedene Möglichkeiten, die Marketingziele zu strukturieren:
- Marketingziele können nach quantitativen und qualitativen (psychografische) Zielen unterschieden werden.
Die *quantitativen Ziele* beinhalten ökonomische Sollzustände, die zu erreichen sind, während die *qualitativen Zielstellungen* außerökonomische Ziele darstellen. Beide stehen im Zusammenhang, denn oft sind außerökonomische Ziele (z.B. die Steigerung des Bekanntheitsgrades der Marke) Voraussetzung für das Erreichen quantitativer Ziele (z.B. Erhöhung der Auslastung).

Abbildung 193: Die Differenzierung von Marketingzielen

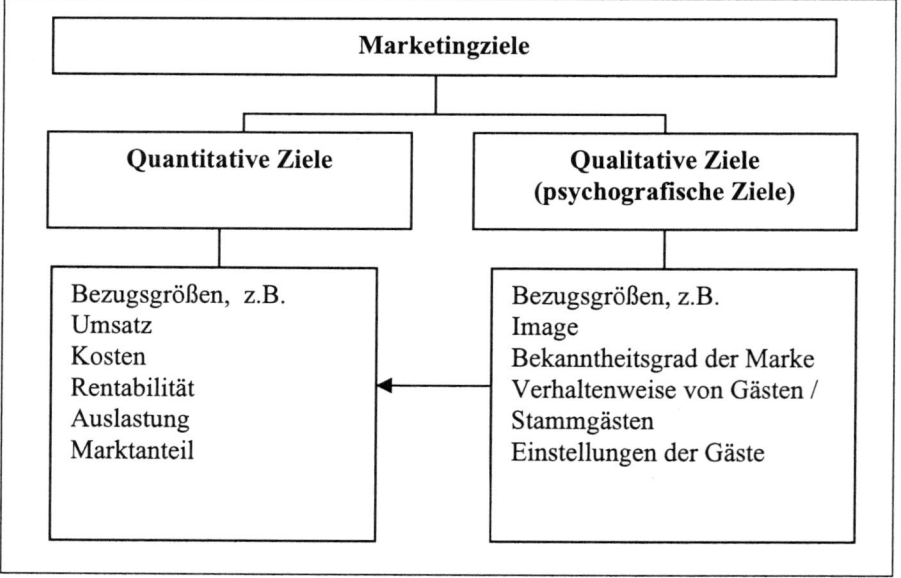

---

[333] Vgl. Abschnitt 7.6.2.1

- Die Marketingziele können weiterhin differenziert werden nach langfristigen, strategischen Zielen für die *gesamte Hotelunternehmung* (z.B. Erweiterung der Saison, Gewinnung neuer Zielgruppen) und *Bereichszielen* (z.B. Steigerung der Kapazitätsauslastung im Logisbereich).
- Marketingziele können auch nach *Marktzielen* (z.B. geografische Märkte, Marktsegmente), *Leistungszielen* (z.B. Angebotsschwerpunkte, Qualitätsstandard), *Bedürfniszielen* (z.B. Art und Umfang der zu befriedigenden Gästebedürfnisse) und *Wirkungszielen* (z.B. Umsätze, zu erreichendes Image) unterschieden werden.[334]

Wie auch bei anderen Zielen, sind bei der Formulierung von Marketingzielen bestimmte *Anforderungen* zu erfüllen.[335] Um ihrer Steuerungs- und Kontrollfunktion gerecht werden zu können, müssen sie messbar, kontrollierbar und realisierbar sein. Das bedeutet:
- Marketingziele sind *operational* nach Zielgröße, Zielausmaß, Objekt-, Zielgruppen- und Zeitbezug zu formulieren.[336]

Die *Zielgröße* stellt den Inhalt des zu erreichenden Ergebnisses dar.

Das *Zielausmaß* präzisiert die Zielgröße und wird meist in einer quantitativen Größe ausgedrückt. Dabei ist zu beachten, dass je länger der Zeithorizont, desto komplizierter ist die Zielgröße zu quantifizieren.

Der *Objektbezug* sagt aus, mit welchem Marktobjekt, d.h. mit welchem(n) Produkt(en) die Zielgröße erreicht werden soll.

Der *Zielgruppenbezug* weist auf das zu erreichende Marktsegment (Gästegruppe) hin.

Der *Zeitbezug* legt den Zeitraum fest, in welchem die Zielgröße zu erreichen ist.

Ein Marketingziel könnte in diesem Sinne z.B. wie folgt definiert werden:

> Erlössteigerung *(Zielgröße)* um 10 % *(Zielausmaß)* im Zeitraum Juli-September *(Zeitbezug)* durch Wochenendangebote *(Objektbezug)* für kulturinteressierte Gäste aus dem deutschsprachigen Raum *(Zielgruppenbezug)*.

---
[334] Vgl. Schweizer Hotelier-Verein (Hrsg.), Hotel-Marketing, S. 36 f.
[335] Vgl. Abschnitt 7.5.2
[336] Vgl. Roth, Schrand (Hrsg.), Touristik-Marketing, S. 68

- Marketingziele sind zu *gewichten*.
  Da nicht nur ein Marketingziel zu formulieren ist, sondern i.d.R. ein Zielbündel, ist darauf zu achten, dass die Ziele möglichst nicht miteinander konkurrieren. Ist das der Fall, müssen Prioritäten für die Reihenfolge der Zielerfüllung gesetzt werden, indem Primär- und Sekundärziele definiert werden.

- Marketingziele sind *realistisch* zu formulieren. Das bedeutet, dass die Marketingziele erreichbar sein müssen, die Mitarbeiter ansprechen und deren Motivation fördern. Insbesondere bei der Formulierung der Bereichsziele und der kurzfristigen Marketingziele sind die verantwortlichen Mitarbeiter in den Zielbildungsprozess einzubeziehen.[337]

11.5 Die Formulierung von Marketingstrategien

Wie im Abschnitt 7.5.3 dargestellt, dienen Strategien dazu, Ziele zu erreichen. Sie legen die Richtung fest, in welche sich die Hotelunternehmung bewegen will und beinhalten keine Details. Unter dem Aspekt, dass Marketing eine unternehmerische Grundhaltung darstellt, können die Marketingstrategien auch als Leitstrategien verstanden werden.

Die Marketingstrategien stellen die Bindeglieder zwischen den Marketingzielen und den operativen Maßnahmen im Marketingmix dar. Damit verlangen die jeweiligen Strategien auch bestimmte Marketingmaßnahmen. Andererseits können operative Maßnahmen auch auf die Marketingstrategien zurückwirken, wenn sich längerfristige und nicht vorhersehbare Änderungen in den Umweltbedingungen des Hotels ergeben.

In der Regel werden in der Hotelunternehmung mehrere Strategien verfolgt im Sinne eines Strategienmix.

Im Marketingplanungsprozess stellen sich für die Auswahl der geeigneten Marketingstrategien folgende Fragestellungen:[338]

- Mit welcher(n) Leistung(en) soll welcher Markt bearbeitet werden (Markt- bzw. Geschäftsfelder)?

---

[337] Vgl. Barth, Theis, Hotel-Marketing, S. 137
[338] Vgl. Roth, Schrand (Hrsg.), Touristik-Marketing, S. 72

- Wie sollen die Marktfelder beeinflusst werden (Marktimpulse)?
- Wie differenziert soll der Markt bearbeitet werden (Marktsegmente)?
- Welche Absatzgebiete sollen bearbeitet werden (Marktgebiete bzw. –areale)?

Abbildung 194: Die Marketingstrategien

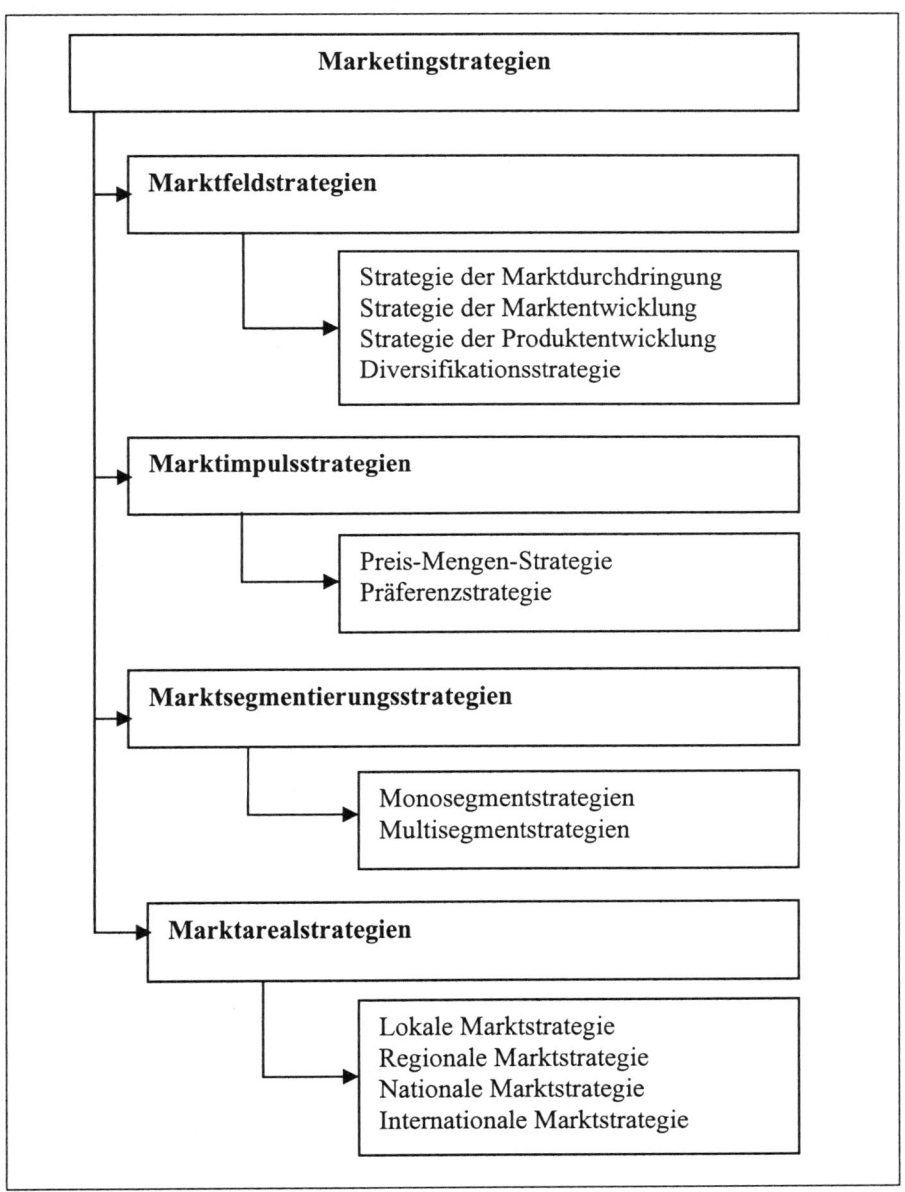

11.5.1 Die Marktfeldstrategien

Die Marktfeldstrategien sind Strategien, die sich mit der Produkt-Markt-Beziehung beschäftigen. Verschiedene Strategien kommen dabei in Frage:[339]

Die *Strategie der Marktdurchdringung* geht davon aus, das (die) bestehende(n) Produkt(e) auf dem bisherigen Markt mit größerer Intensität abzusetzen. Mit dieser Strategie können verschiedene Wirkungen angestrebt werden, z.B.:
- die Steigerung der Übernachtungen von bisherigen Gästen, also eine Erhöhung der Aufenthaltsdauer.
- eine höhere Anzahl von Stammgästen. So hat z.B. ein Hotel im Winter eine gute Auslastung, in den Sommermonaten ist sie jedoch unterdurchschnittlich. Durch Instrumente der Kommunikationspolitik (z.B. Werbung, Verkaufsförderung) werden bisherige Wintergäste auch für den Sommerurlaub interessiert.
- die Gewinnung von potenziellen Gästen der gleichen Zielgruppe.
- die Abwerbung von Gästen der Mitbewerber.

Bei der *Strategie der Marktentwicklung* wird ein bereits bestehendes Produkt auf einem neuen Markt angeboten. Das kann erfolgen
- auf bisher noch nicht bearbeiteten geografischen Märkten oder
- bei neuen Zielgruppen.

So kann z.B. ein Hotel in einer landschaftlich bevorzugten Lage, das bisher hauptsächlich auf Urlaubsgäste ausgerichtet war, vorhandene Räumlichkeiten für Seminare anbieten und damit eine neue Zielgruppe erschließen. Das hat ggf. auch den Vorteil, eine zeitlich unterschiedlich auftretende Nachfrage von Urlaubern und Seminarveranstaltern auszunutzen.

Die *Strategie der Produktentwicklung* beinhaltet das Angebot neuer Leistungen auf den bisherigen Märkten.
Eine solche Strategie kann nötig werden, wenn
- die Möglichkeiten der Marktdurchdringung und Markterweiterung ausgeschöpft sind,
- das bisherige Angebot einen Preisverfall erfährt,
- sich die Ansprüche und Erwartungen der Gäste verändern,

---

[339] Vgl. Abschnitt 7.5.3

- die Konkurrenzsituation Innovationen erforderlich macht.

Über eine innovative Produktentwicklung bietet sich für das Hotel auch die Möglichkeit, Gästebedürfnisse zu wecken. Dabei muss beachtet werden, dass nicht jede Produktveränderung eine Innovation darstellt. Eine Produkterneuerung ist auch notwendig auf Grund des physischen oder moralischen Verschleißes des Produktes.

Bei einer *Diversifikationsstrategie* werden neue Produkte auf neuen Märkten angeboten.
So kann ein Ferienhotel, das bisher undifferenziert auf Familienurlauber orientiert war, ein Wellnessangebot gestalten und damit bevorzugt gesundheitsorientierte Gäste ansprechen.

11.5.2 Die Marktimpulsstrategien

Marktimpulse können über den Preis oder die Qualität des Angebotes gesetzt werden. Darin unterscheiden sich auch die anzuwendenden Strategien.

Die *Preis-Mengen-Strategie* zielt auf einen Preisvorteil und / oder die Preisführerschaft ab. Bei niedrigen Preisen muss dann das Ergebnis über die Menge, d.h. die Anzahl der Übernachtungen, erreicht werden. Ein Preisvorteil kann erlangt werden, wenn die Hotelleistung kostengünstiger erstellt wird als es bei den Konkurrenten der Fall ist.
Eine solche Strategie kann in der Hotellerie nur bedingt angewandt werden. Oft ist eine kostengünstigere Leistungserstellung nur durch Einsparungen auf der Beschaffungsseite oder im Personalbereich möglich. Bei der personalintensiven Hotelleistung besteht jedoch die Gefahr, dass Qualitätseinbußen hingenommen werden müssen und das Mengenziel dadurch nicht erreicht wird, weil Gäste wegen sinkender Leistungsqualität ausbleiben.
Da bei einer Preis-Mengen-Strategie auf eine eigenständige Positionierung bewusst verzichtet wird, entsteht ein durchschnittliches Angebot mit austauschbaren Leistungen. In Verbindung mit einer Niedrigpreispolitik kann das auf einem durch Überkapazitäten geprägten Markt schnell zu einem ruinösen Preiskampf führen.

Bei der *Qualitätsstrategie* steht die Leistung im Vordergrund, mit welcher sich das Hotel am Markt profilieren und ein Image aufbauen will. Die Qualität der Leistung schafft beim Gast Präferenzen. Je größer dieses Präferenzkapital ist, umso weiter ist auch der Spielraum, in dessen Grenzen das Hotel seine Marketinginstrumente variieren kann. So können z.B. die Preise erhöht werden, ohne dass ein Rückgang der Nachfrage befürchtet werden muss. Der Wettbewerbsdruck nimmt ab und gegenüber den Mitbewerbern kann ein Vorsprung erreicht werden.

Es ist jedoch zu beachten, dass ein gewünschtes Image und Präferenzen nicht kurzfristig zu erreichen sind, sondern Ergebnis eines längerfristigen Prozesses sind. Darüber hinaus sind eine konstante Leistungsqualität und Innovationen erforderlich, um den Wettbewerbsvorsprung zu sichern. Daraus leitet sich ab, dass zur Durchsetzung der Qualitätsstrategie vor allem die qualitätsorientierten Marketinginstrumente eingesetzt werden müssen, wie die Produkt- und Kommunikationspolitik.

11.5.3 Die Marktsegmentierungsstrategien

Unter dem Aspekt der Marktbearbeitung können die Marktsegmentierungsstrategien auf eine undifferenzierte Marktbearbeitung, mit der die Masse der möglichen Gäste angesprochen wird und auf eine differenzierte Marktbearbeitung, bei der sich auf ein bestimmtes oder mehrere Segmente konzentriert wird, gerichtet sein.

Wenn bewusst auf eine segmentorientierte Marktbearbeitung verzichtet wird, spricht man auch von einer *Strategie der Marktstandardisierung,* bei der mit durchschnittlichen Leistungen möglichst viele Nachfrager angesprochen werden sollen. Eine solche Strategie macht in der Hotellerie nur dann Sinn, wenn eine konsequente Niedrigpreispolitik verfolgt und eine Preisführerschaft erreicht werden kann.[340]

Diese Strategie ist für die Hotellerie nur bedingt geeignet, da
- die Nachfrage nach Hotelleistungen äußerst vielfältig ist und auf ganz unterschiedliche Weise befriedigt werden kann,

---

[340] Vgl. Barth, Theis, Hotel-Marketing, S. 144

- jedes Hotel bestrebt sein muss, die Bedürfnisse seiner Gäste zu erfüllen, aber
- ein Hotel nur eine begrenzte Leistungsfähigkeit hat.

Die Notwendigkeit einer differenzierten, segmentorientierten Marktbearbeitung ergibt sich auch unter dem Kosten-Nutzen-Aspekt. Durch eine bewusste Beschränkung auf eine oder mehrere Gästegruppen kann ein besseres Verhältnis zwischen Aufwand und Ertrag erreicht werden als es bei einer undifferenzierten Marktstrategie möglich ist. So können Streuverluste bei Werbemaßnahmen oder Fehlinvestitionen vermieden werden.

Die differenzierte Marktbearbeitung kann auf unterschiedliche Weise erfolgen:

Monosegmentstrategien beziehen sich auf die Bearbeitung eines einzigen Marktsegmentes und eignen sich besonders für kleine und mittlere Hotelunternehmungen. Sie treten auf als[341]

- *Marktnischenstrategie*
  Hier wird ein Marktsegment bearbeitet, für dessen Bedürfnisse bisher noch kein Angebot vorhanden war. Eine solche Strategie kann solange erfolgreich sein, bis Konkurrenten in die Nische stoßen.
- *Strategie der Positionierung in einer Versorgungslücke*
  Mit ihr wird ein Marktsegment bearbeitet, in welchem Mitbewerber bereits tätig sind, ihre Kapazitäten aber nicht ausreichen, um den Bedarf zu decken. Dabei muss beachtet werden, dass auch andere, ggf. wettbewerbsstärkere Konkurrenten dieses Segment besetzen können.
- *Strategie der segmentorientierten Marktführerschaft*
  Davon kann man sprechen, wenn ein Hotelangebot in einem bestimmten Segment auch ohne vorhandene Versorgungslücke ausreichend wettbewerbsfähig ist. Über ein attraktives Preis-Leistungs-Verhältnis kann die Marktführerschaft in diesem Teilmarkt erlangt werden.

Multisegmentstrategien verfolgen das Ziel, durch eine differenzierte Angebotsgestaltung die Bedürfnisse unterschiedlicher Zielgruppen

---

[341] Vgl. ebenda, S. 143 f.

zu befriedigen. Dabei ist zu beachten, dass die anzusprechenden Segmente sich nicht gegenseitig ausschließen.[342] Allerdings lässt die Betriebsgröße der Hotels häufig eine Multisegmentstrategie nicht zu. Hotelketten und Hotelkooperationen haben bessere Möglichkeiten als Individualhotels.

11.5.4 Die Marktarealstrategien

Die Marktareal- oder Marktgebietsstrategien definieren den relevanten Absatzmarkt aus geografischer Sicht. Sie beinhalten Entscheidungen darüber, welche Marktgebiete bearbeitet werden sollen.

Für ein Hotel kann der Markt lokal, regional, national oder international abgegrenzt werden. Eine eindeutige Abgrenzung ist jedoch problematisch, weil für einzelne Leistungen des Hotels unterschiedliche geografische Märkte existieren können. So kann für die Bewirtungsleistungen ein lokaler Markt oder für das Tagungsangebot ein regionaler Markt relevant sein. Für die Beherbergungsleistungen kann hingegen ein regionaler, nationaler oder internationaler Markt, der theoretisch unbegrenzt ist, in Frage kommen.

11.6 Die Bestimmung der Marketingmaßnahmen – der Marketingmix

Die Marketingstrategien geben einen Handlungsrahmen vor, in dem die Marketinginstrumente auszuwählen sind. Auch in der Hotellerie stellen die „Marketinginstrumente ... die Gesamtheit der Aktionen bzw. Handlungsalternativen (dar), die sich auf eine Beeinflussung der Marktteilnehmer sowie der Makroumwelt richten".[343] Sie sind so auszuwählen, dass sie bei einer gegebenen Situation am Besten geeignet sind, die Marketingziele zu erreichen. In diesem Sinne stellen die Marketinginstrumente die taktische Komponente des Marketings dar. Taktische Marketingentscheidungen werden häufiger als strategische getroffen. Sie sind vergleichsweise schneller wirksam und ggf. auch schneller korrigierbar.

---

[342] Vgl. ebenda, S. 144 f.
[343] Meffert, Marketing, S. 114

Es werden i.d.R. mehrere Marketinginstrumente genutzt, um eine entsprechende Marktwirkung zu erreichen. Man spricht dann vom Marketingmix. Die klassische Marketingliteratur geht von vier Bereichen des Marketingmix aus und beantwortet folgende Fragestellungen, die auch für die Hotellerie gelten:[344]
1. Welche Leistungen sollen wie am Markt angeboten werden? (Leistungspolitik oder Produktpolitik)
2. Zu welchen Bedingungen sollen die Leistungen am Markt angeboten werden? (Kontrahierungspolitik)
3. Auf welchen Wegen sollen die Leistungen vertrieben werden? (Distributionspolitik)
4. Welche Informations- und Beeinflussungsmaßnahmen sollen ergriffen werden, um die Leistungen abzusetzen? (Kommunikationspolitik)

Bei der Gestaltung des Marketingmix sind folgende Grundsätze zu berücksichtigen:[345]

1. Schwerpunktbildung
Es ist die Entscheidung zu treffen, welche Marketinginstrumente dominierend und welche flankierend sind.[346] Das erfolgt in Abhängigkeit von der (den) gewählten Strategie(n). So ist z.B. die Leistungspolitik dominierend, wenn eine Qualitätsstrategie gewählt wurde.

2. Kombination der Instrumente
Meist werden zwei Instrumente kombiniert, um die Wirkung am Markt zu verstärken. Wenn z.B. die Leistungspolitik darauf ausgerichtet ist, einen bestimmten Qualitätsstandard zu bieten, dann muss das auch über die Werbung der vorgesehenen Zielgruppe vermittelt werden.

3. Harmonisierung der Instrumente
Die Marketinginstrumente müssen inhaltlich aufeinander abgestimmt sein. Wenn über die Werbung bestimmte Inhalte mitgeteilt werden, dann muss der Gast diese auch im Hotelprodukt wiederfinden.

---

[344] Vgl. ebenda, S. 114 f.
[345] Vgl. Roth, Schrand (Hrsg.), Touristik-Marketing, S. 93 f.
[346] Vgl. DEHOGA u.a. (Hrsg.), Marketing, S. 87

4. Synchronität der Instrumente
Die eingesetzten Instrumente sind zeitlich aufeinander abzustimmen. Das erfordert ggf. den zeitlichen Vorlauf eines Instrumentes gegenüber dem anderen. Wenn im Rahmen der Leistungspolitik des Hotels Pauschalangebote oder eine Spezialitätenwoche gestaltet werden, kann ein zeitlicher Vorlauf in der Verkaufsförderung notwendig werden, um Absatzmittler (Reiseveranstalter) oder Absatzhelfer (Reisebüros) zu informieren.

11.6.1 Die Leistungspolitik

Ausgangspunkt sind die äußerst vielgestaltigen Leistungen des Hotels, die im Ergebnis des Leistungsprozesses entstehen.
Die Leistungspolitik umfasst alle Maßnahmen, die sich auf die *marktgerechte Gestaltung* der Hotelleistung, d.h. auf die Angebotsgestaltung, beziehen. Sie ist der *originäre* Marketingbereich, da das Hotelprodukt bzw. die Hotelleistung die Voraussetzung für den Erfolg der Hotelunternehmung am Markt ist. Alle anderen Marketinginstrumente müssen sich daher an der Leistungspolitik orientieren.

Die marktgerechte Gestaltung der Leistungen bedeutet die Orientierung an den Bedürfnissen und Nutzenserwartungen der angestrebten Zielgruppe(n). Dabei ist die Frage zu klären, wie das Verhältnis von Standardleistungen und Zusatzleistung zu gestalten ist.

Unter der *Standardleistung* oder dem Produktkern ist die Leistung zu verstehen, die der Gast – unter Berücksichtigung der gewählten Hotelkategorie – als selbstverständlich voraussetzt und aus der sich der Grundnutzen für den Gast ergibt. Die Standardleistung schließt materielle und immaterielle Faktoren ein. Das sind
- als Bestandteil der Beherbergungsleistung z.B. die Gästezimmer, der Empfang, der Gepäcktransport,
- als Bestandteil der Bewirtungsleistung z.B. ein Angebot an Speisen und Getränken, Etagenservice, Blumenschmuck auf den Tischen im Restaurant,
- als Bestandteil von Komplementärleistungen z.B. das Vorhandensein einer Sauna, einer Kegelbahn.[347]

---

[347] Vgl. ebenda, S. 92

Dabei ist zu beachten, dass in Abhängigkeit vom gewachsenen eigenen persönlichen Lebensstandard der Gast in den Standardleistungen anspruchsvoller geworden ist und auf Grund von nachfrageseitigen Veränderungen die alleinige Bereitstellung von Standardleistungen nicht mehr ausreicht.

Abbildung 195: Der Zusammenhang von Gästebedürfnissen, Gästenutzen und Leistungen

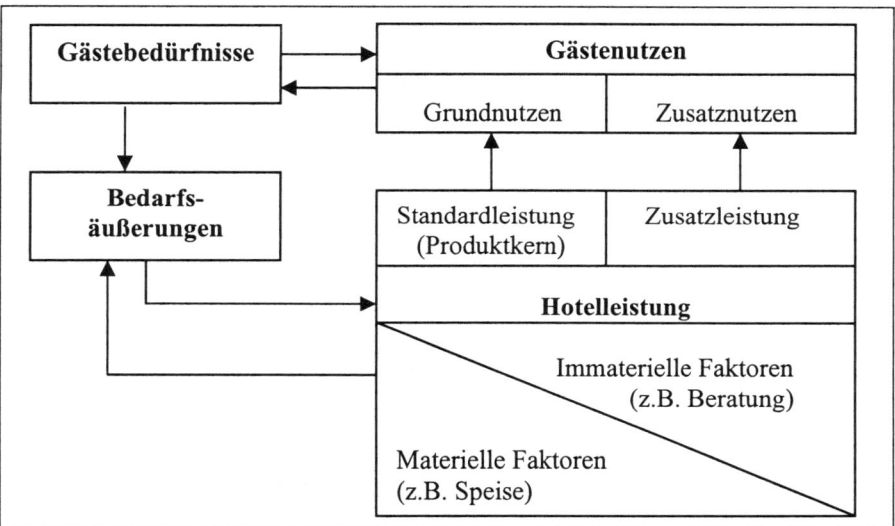

Die *Zusatzleistungen* sind solche Leistungen, die nicht als selbstverständlich angesehen werden, deren Angebot jedoch – entsprechend der Hierarchie der Gästeerwartungen – vom Gast als angenehm empfunden wird. Sie stellen etwas Besonderes oder eine Überraschung dar. Auch sie schließen materielle und immaterielle Faktoren ein. Aus diesen Leistungen erwächst dem Gast ein Zusatznutzen. Zusatzleistungen können beispielsweise ein besonderes Ambiente, freundliche und kompetente Mitarbeiter oder Leistungen sein, mit denen den spezifischen Bedürfnissen der Gäste entsprochen wird (z.B. Babysitter).[348] Auch das Angebot von umweltverträglichen Hotelprodukten ist in die Leistungen einzuordnen, die dem Gast einen Zusatznutzen vermitteln.

---

[348] Vgl. ebenda

Bei den Zusatzleistungen ist Kreativität gefordert, zumal sich hierüber der Wettbewerb zunehmend vollzieht, weil die Standardleistungen mehr oder weniger austauschbar geworden sind.

Auf Grund der Standortgebundenheit der Hotelleistung stellt der *Standort* ein wesentliches Element der Leistungspolitik dar. Die Vorteile eines Standortes können für das Leistungsangebot genutzt werden, die Nachteile eines Standortes müssen durch besonders kreative Leistungsgestaltung überdeckt werden.

Die *Standortwahl* für ein Hotel kann nicht allein aus Kostenaspekten abgeleitet werden. Es müssen auch Faktoren berücksichtigt werden, die sich aus den Bedürfnissen der Gäste ergeben. Das betrifft Faktoren des ursprünglichen Angebotes (z.B. klimatische, topografische, kulturelle Faktoren) sowie des abgeleiteten Angebotes (z.B. Verkehrsinfrastruktur, touristische Infrastruktur).

Im Rahmen von Wachstumsstrategien kann man bei Hotelketten beobachten, dass Prestige als Kriterium für die Standortwahl eine wichtige Rolle spielt. So sind an aufstrebenden Wirtschaftsstandorten, Großstädten oder Citylagen Hotelkonzerne vertreten, nur um am Standort präsent zu sein. Der Prestigenutzen wird dabei höher eingeschätzt als Gästebedürfnisse oder Kostenkriterien. Das ist auch eine der Ursachen für standortbezogene Überkapazitäten.

Standort und Betriebstyp sind eng miteinander verbunden. Die Entscheidung zu einem Betriebstyp begründet bestimmte Anforderungen an den Standort. So sind z.B. für ein Tagungs- und Kongresshotel Standorte mit entsprechender Verkehrsanbindung erforderlich oder für ein Ferienhotel Standorte in bevorzugter klimatischer oder topografischer Lage.

Die Berücksichtigung des Zusammenhangs von Standort und Betriebstyp ist besonders dann von Bedeutung, wenn der Hotelier in der Standortwahl nicht frei ist. Das ist z.B. bei einer Betriebsübernahme der Fall. Hier muss sich die Entscheidung über den vorgesehenen Betriebstyp an den gegebenen Standortbedingungen orientieren.

Die Standortfaktoren unterliegen im Laufe der Zeit *Veränderungen*, worauf die Hotelunternehmung oft keinen Einfluss hat. Deshalb sind die Standortfaktoren kontinuierlich zu beobachten, um diese Veränderungen rechtzeitig zu erkennen[349] und Schlussfolgerungen für die Leistungspolitik abzuleiten. Veränderungen können einen Standort auf- oder abwerten. Ihre Berücksichtigung in der Leistungspolitik kann auf unterschiedliche Weise erfolgen.

Positive Veränderungen stellen einen Vorteil für die Hotelunternehmung dar und können den Aktionsradius des Hotels erweitern. So kann z.B. die Errichtung eines Spaßbades in einer Gemeinde neue Gästegruppen ansprechen und Veränderungen in der Gestaltung des Hotelangebotes nach sich ziehen.

Negativen Veränderungen der Standortfaktoren kann entgegengewirkt werden, indem möglichst neue Vorzüge erkannt und in der Leistungs- und Kommunikationspolitik herausgestellt werden. Das kann dadurch erfolgen, dass

- eine Umgestaltung des Leistungsangebotes vorgenommen wird, die die neuen Bedingungen berücksichtigt. So kann z.B. der Nachteil einer Gewerbeansiedlung in der Nähe eines bis dahin ruhig gelegenen Hotels durch eine ausgefallene Gestaltung der Hotelanlage oder ein attraktives Unterhaltungsangebot gemildert werden. Mit dem neuen Angebot können dann bisherige und neue Gäste angesprochen werden.
- eine veränderte werbliche Ansprache der bisherigen Zielgruppe erfolgt, bei der die neuen Vorzüge herausgestellt werden. Als Beispiel kann der Bau einer Umgehungsstraße angeführt werden, infolgedessen die Nachfrage eines an der bisherigen Durchfahrtsstraße gelegenen Hotels drastisch sinkt. Der Hotelbetrieb kann darauf so reagieren, dass der bisherigen Zielgruppe ein neuer Vorteil „ruhig, aber verkehrsgünstige Lage" nahegebracht wird.[350]
- völlig neue Leistungen angeboten werden, die sich an den Bedürfnissen und Nutzenserwartungen neuer Zielgruppen orientieren. So könnte das an der bisherigen Durchfahrtsstraße gelegene Hotel sein Bewirtungsangebot als Gourmet-Restaurant verändern und damit eine neue Gästegruppe ansprechen.[351]

Neben dem Betriebstyp sind bei der Angebotsgestaltung die *Betriebsgröße* und die *Kapazitäten* der einzelnen Leistungsbereiche im

---

[349] Vgl. ebenda, S. 152
[350] Vgl. Barth, Theis, Hotel-Marketing, S. 153
[351] Vgl. Schweizer Hotelier-Verein (Hrsg.), Hotel-Marketing, S. 55

Hotel zu beachten, um Engpässe oder Kapazitätsüberhänge zu vermeiden.[352]

Die Leistungspolitik ist eng mit dem Qualitätsmanagement verbunden, da letztlich nur die Hotelleistung am Markt bestehen kann, die die Übereinstimmung von Gästeerwartungen und Gästewahrnehmungen sichert.

Im Rahmen der Leistungspolitik sind unter Wettbewerbsgesichtspunkten einzigartige, unverwechselbare Leistungen zu gestalten, die sog. *Unique selling proposition (USP)*. Das können vielfältige Einzelleistungen sein, mit denen sich das Hotel von seinen Mitbewerbern abheben kann, z.B. die Ausstattung mit Stil- oder Designermöbeln.
Im Gegensatz zu den SEP sind USP leichter zu kopieren, unterliegen stark Modeströmungen und müssen nach einer gewissen Zeit durch neue Ideen ersetzt werden.[353]

Ein weiterer Schwerpunkt ist die *Markenbildung*. Marken haben in der Hotellerie besonders durch das Vordringen der Kettenhotellerie an Bedeutung gewonnen, die ihre jeweiligen Hotelprodukte über einen *Markennamen* anbietet.[354]
Hotelketten vertreten oft eine Mehrmarkenstrategie, indem im Rahmen der Marktsegmentierung Hotelprodukte entwickelt werden, die entsprechend im Markt positioniert und eigenständig vermarktet werden (z.B. Accor). Elemente der Markenbildung, wie ein *einheitliches Auftreten*, die *Standardisierung* in Ausstattung und Service, ein *gleichbleibender Qualitätsstandard* sowie die Verwendung von *Markenzeichen* (Logo) dienen auch den Hotelketten zur Kennzeichnung der Hotelprodukte.
Ein ähnliches Vorgehen ist auch bei vielen Hotelkooperationen zu verzeichnen.
Durch die Markierung ist es möglich, die immateriellen Bestandteile der Hotelleistung durch Namen oder Zeichen „sichtbar" und wiedererkennbar zu machen, was sich positiv auf den Bekanntheitsgrad auswirkt. Aus Gästesicht ist die Marke eine Qualitätsgarantie, was der geringer gewordenen Risikobereitschaft der Nachfrager entge-

---
[352] Vgl. Barth, Theis, Hotel-Marketing, S. 156
[353] Vgl. DEHOGA u.a. (Hrsg.), Marketing, S. 50
[354] Vgl. Abschnitt 2.4.3

genkommt. In diesem Sinne ist die Marke nicht nur Kennzeichen der Leistung, sondern der Leistungsfähigkeit eines Hotelbetriebes.
Die Markenbildung ist nicht nur für Hotelketten und Hotelkooperationen ein Element der Leistungspolitik. Auch Individualhotels können sich über einen Markennamen (auch den Inhabernamen) i.S. einer Einzelmarke am Markt profilieren, indem diese für ein spezielles, unverwechselbares Produkt steht, mit dem der Gast eine ganz bestimmte Nutzenserwartung und Bedürfnisbefriedigung verbindet (z.B. Schindlerhof in Nürnberg-Boxberg, Pflaum's Posthotel in Pegnitz).

11.6.2 Die Preis- und Konditionenpolitik

Unter der Preis- und Konditionenpolitik sind alle Maßnahmen zu verstehen, die in der strategischen und taktischen Preisbildung sowie im Bereich der Rabattpolitik und der Zahlungsbedingungen ergriffen werden, um die Marketingziele zu erreichen.

11.6.2.1 Die Preispolitik
In der Preispolitik ist zwischen strategischen und taktischen Preisfestlegungen zu unterscheiden.

Die *strategische Preispolitik* beinhaltet die langfristige Festlegung der Preislage, innerhalb derer sich die Leistungen oder die Hotelunternehmung insgesamt bewegen sollen. Sie ist eng mit der Leistungspolitik verbunden, da im Prinzip keine Entscheidungen zur Leistungspolitik getroffen werden können, wenn nicht auch Festlegungen zu Preisen (und den Konditionen, zu denen die Leistungen abgesetzt werden) erfolgen. Die Nichtbeachtung des Zusammenhangs kann zu Fehlentscheidungen führen, weil letztlich die vorgesehenen Leistungen in einer bestimmten Menge und zu einem bestimmten Preis abgesetzt werden müssen, um Marketing- und Unternehmensziele zu erreichen. Insofern leiten sich preispolitische Entscheidungen aus den Marketing- bzw. Unternehmenszielen ab.

Abbildung 196: Die Instrumente der Preis- und Konditionenpolitik

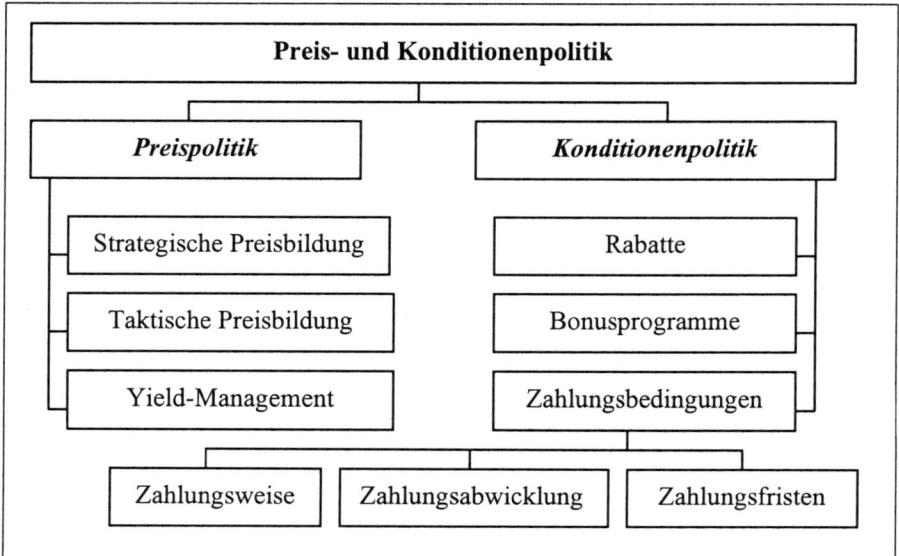

Auch in der Hotellerie werden *Anforderungen* an den Preis für Hotelleistungen gestellt. Sie bestehen in der[355]
- Preiswürdigkeit, d.h. der geforderte Preis für die Hotelleistung muss geringer sein als die Nutzenserwartung der Gäste,
- Verhältnismäßigkeit, d.h. der Gast muss davon überzeugt sein, dass die ihm gebotene Leistung ihren Preis wert ist,
- Konkurrenzfähigkeit, d.h. dass die angebotene Hotelleistung im Konkurrenzvergleich, den der Gast anstellt, die Gästebedürfnisse besser befriedigen kann als es die Hotelleistung des Mitbewerbers vermag.

Preispolitische Entscheidungen werden durch die gewählten Marktimpulsstrategien beeinflusst. Die Entscheidung für eine Preis-Mengen-Strategie bedeutet, die Preispolitik in den Mittelpunkt des Marketingmix zu stellen, während eine Qualitätsstrategie auf einen Leistungsvorteil und die Leistungspolitik ausgerichtet ist.

Die Preisfestlegung kann sich orientieren an
- den *Kosten*
  Im Rahmen der kostenorientierten Preisbildung sind die Preise festzulegen, die die Hotelunternehmung auf Grund der betriebs-

---

[355] Vgl. Hebestreit, Touristik-Marketing, S. 262

individuellen Kostensituation erreichen muss. Grundlage hierfür bildet die Kalkulation nach unterschiedlichen Verfahren, mit denen auch Preisuntergrenzen festgelegt werden können.[356]
- der *Nachfrage*
Hierbei müssen die Nutzenserwartungen und die Preisbereitschaft der Zielgruppe(n) berücksichtigt werden. Letztere hängt von der Dringlichkeit der Bedürfnisbefriedigung und der Kaufkraft der jeweiligen Zielgruppe(n) ab und ist Ausdruck einer unterschiedlich ausgeprägten Preiselastizität der Nachfrage. So weisen Geschäftsreisende i.d.R. eine sehr geringe Preiselastizität der Nachfrage auf, da der Hotelaufenthalt für sie zu einem bestimmten Zeitpunkt zwingend notwendig ist. Bei Urlaubsreisenden hingegen ist von einer höheren Preiselastizität der Nachfrage auszugehen, da sie in Bezug auf Zeit und Preis disponibler sind.
Die nachfrageorientierte Preisbildung bezieht ebenfalls die subjektive Wertschätzung der Gäste(-gruppen) ein.
- der *Konkurrenz*
Die Orientierung an den Preisen der Konkurrenz geht nicht von der betrieblichen Kostensituation aus, sondern vom Preisniveau der Konkurrenzbetriebe. Voraussetzung dafür ist, dass der Markt transparent ist und die Möglichkeiten des unmittelbaren Preisvergleichs gegeben sind. Auch spielt die konkrete Marktsituation eine Rolle. Wenn z.B. die Kapazitäten in hohem Maße ausgelastet sind, spielen die Preise der Konkurrenz für die eigenen Preisentscheidungen kaum eine Rolle. Schwierig gestaltet sich die konkurrenzorientierte Preisfestlegung, wenn Vergleichsmaßstäbe fehlen, so z.B. bei der Einführung neuer Angebote. Dann können zwei Strategien genutzt werden:
  - eine Marktabschöpfungsstrategie, indem der Preis zuerst hoch angesetzt wird, um später reduziert zu werden, wenn ähnliche Produkte auf den Markt kommen. Das kann angebracht sein, wenn die Nachfrage ziemlich unelastisch ist, z.B. im Geschäftstourismus oder wenn das Produkt so einzigartig ist, dass es trotz des hohen Preises eine große Nachfrage produziert.
  - eine Durchdringungsstrategie, indem das Hotel auf Grund einer gesicherten Exklusivität von Beschaffungsquellen

---

[356] Vgl. Abschnitt 10.3

durch einen möglichst niedrigen Anfangspreis ein schnelles Marktwachstum erzielen kann. Eine hohe Preiselastizität der Nachfrage ist allerdings Voraussetzung. Diese Strategie ist auch mit einem höheren Risiko verbunden.

Unter der *taktischen Preisbildung* sind *kurzfristige* Preisfestsetzungen zu verstehen, mit denen Marktpotenziale optimal abgeschöpft, die vorhandenen Kapazitäten gleichmäßiger ausgelastet und die Nachfrage gesteuert werden. Als Instrumente dienen die Preisdifferenzierung und Preispromotion.

Unter *Preisdifferenzierung* ist zu verstehen, dass für die gleiche Hotelleistung von unterschiedlichen Gästen und / oder zu verschiedenen Zeiten ein unterschiedlicher Preis gefordert wird. Dabei wird davon ausgegangen, dass
- der Markt für Hotelleistungen in Teilmärkte differenziert werden kann,
- der Markt unvollkommen ist, d.h. dass Anbieter und Nachfrager einen mehr oder weniger großen Preisspielraum haben,
- unterschiedliche Preiselastizitäten der Nachfrage gegeben sind.

In der Hotellerie sind Preisveränderungen schneller durchführbar als Leistungsveränderungen. Sie sind auf Grund der Immaterialität der Hotelleistung auch leichter kommunizierbar. Außerdem reagiert der Gast schneller auf Preisveränderungen als auf Leistungsveränderungen, das um so mehr, je austauschbarer die Hotelleistungen sind. Das bedeutet aber gleichzeitig, dass Hotelbetriebe, die eine Qualitätsstrategie gewählt haben, mit Maßnahmen der taktischen Preisdifferenzierung sehr vorsichtig umgehen müssen, um die Gäste nicht zu verunsichern.

Die Preisdifferenzierung kann nach unterschiedlichen Aspekten erfolgen:
- *Zeitbezogene Preisdifferenzierung*
  Bei dieser Methode werden zu unterschiedlichen Zeiten für i.d.R. die gleichen Leistungen unterschiedliche Preise verlangt. Die zeitbezogene Preisdifferenzierung ist in der Hotellerie relativ weit verbreitet und ist auf die ungleichmäßige Nutzung der Hotelkapazitäten zurückzuführen. Mit dieser Form der Preisdifferenzierung wird versucht, nachfrageschwache oder nachfrage-

starke Zeiten auszugleichen, d.h. die Nachfrage zu steuern. Das zeigt sich in Ferienhotels in unterschiedlichen Preisen für die Beherbergungsleistungen in der Vor-, Haupt-, Zwischen- oder Nachsaison. In Stadthotels können für die Wochentage und das Wochenende sowie an Tagen mit besonderen Höhepunkten (Veranstaltungen, Messen usw.) differenzierte Zimmerpreise realisiert werden. Auch bei Bewirtungsleistungen kann eine zeitbezogene Preisdifferenzierung angewandt werden (z.B. Happy Hour).

- *Personen- und zielgruppenbezogene Preisdifferenzierung*
Sie liegt vor, wenn unterschiedliche Preise in Abhängigkeit von personenbezogenen Merkmalen verlangt werden, wie z.B. das Alter (Kinderermäßigungen) oder die Zugehörigkeit zu bestimmten Zielgruppen (Senioren, Stammgäste, Automobilclub, Berufsverbände, Frequent Traveller, Firmen).
- *Funktionsbezogene Preisdifferenzierung*
Hier wird nach dem Verwendungszweck, d.h. einer unterschiedlichen Nutzung von Räumlichkeiten unterschieden (z.B. Vermietung von Tagungsräumen für eine Veranstaltung im öffentlichen Interesse oder für eine private Feierlichkeit).[357]
- *Sachbezogene Preisdifferenzierung*
Sie beruht bei Beherbergungsleistungen auf den Unterschieden in Größe und Ausstattung der Zimmer.
- *Auf die Nutzung freier Güter bezogene Preisdifferenzierung*
So kann z.B. der besondere Ausblick von bestimmten Zimmern eine Preisdifferenzierung rechtfertigen.

Unter *Preispromotions* sind solche Aktionen zu verstehen, bei denen i.d.R. für einen sehr kurzen Zeitraum besondere Preise angesetzt werden. Das kann z.B. ein „Preis nach Belieben des Gastes" an einem belegungsschwachen Wochenende sein oder anlässlich von Jubiläen ein „Preis wie vor x Jahren". Oft werden damit imagepolitische Zielstellungen verfolgt.

---

[357] Vgl. Barth, Theis, Hotel-Marketing, S. 191

11.6.2.2 Die Konditionenpolitik

Inhalt der Konditionenpolitik sind Rabatte, Bonusprogramme und Zahlungsbedingungen.

Rabatte sind Preisnachlässe, die dem Gast gewährt werden. Sie sind darauf gerichtet, die Kapazitäten höher und kontinuierlicher auszulasten, private und Firmen-Gäste zu binden sowie Gästetreue zu erhöhen. Sie werden auf unterschiedliche Weise gewährt:[358]

- Um eine bessere Kapazitätsauslastung besonders in belegungsschwachen Zeiten zu erreichen, wird ein Naturalrabatt gewährt, wenn z.B. zwei Wochen Hotelaufenthalt zum Preis für eine Woche angeboten werden.
- Mit Firmen werden sog. company rates vereinbart, die auf Grund eines gleichmäßig hohen Buchungsaufkommens für eine gewisse Zeit oder dauerhaft eingeräumt werden.
- Um eine langjährige Zusammenarbeit zu belohnen, sind im Firmengeschäft, aber auch für Stammgäste, Treuerabatte möglich.
- Weitere Rabattmöglichkeiten bieten sich im Leistungsverbund an. So können z.B. im Tagungsgeschäft die Tagungsräumlichkeiten rabattiert werden, wenn gleichzeitig Bewirtungsleistungen in einer bestimmten Höhe in Anspruch genommen werden.
- Auch Frühbucherrabatte, die das Ziel haben, das Buchungsverhalten potenzieller Gäste zu steuern, sind möglich.

Bonusprogramme gewähren beim Erreichen eines bestimmten Absatz- oder Umsatzvolumens einen Mengenrabatt. Sie haben insbesondere in der Kettenhotellerie für den Geschäftstourismus und im Verbund mit anderen touristischen Leistungsträgern, wie Flug- oder Mietwagengesellschaften an Bedeutung gewonnen. Mit Bonusprogrammen soll eine stärkere Gästebindung erreicht werden, die sich auch auf den privaten Bereich erstreckt.

Die *Zahlungsbedingungen* umfassen die Zahlungsweise, die Zahlungsabwicklung sowie die Zahlungsfristen.
Die *Zahlungsweise* ist im Hotel normalerweise so geregelt, dass die Hotelleistung erst nach ihrer Inanspruchnahme bezahlt wird.
Ausnahmen können in stark frequentierten Stadthotels bestehen, indem sog. Walk Ins (Gäste ohne Reservierung) eine Vorauszahlung

---
[358] Vgl. ebenda, S. 195 f.

leisten. Seltener werden Vorauszahlungen bei der Reservierungsbestätigung verlangt. In der Ferienhotellerie kann es u.U. vorkommen, dass nach bestimmten Zeitabständen eine Zahlung verlangt wird, z.B. die wöchentliche Zahlung.

Die *Zahlungsabwicklung* erfolgt über Barzahlung, EC-Karte (elektronisches Lastschriftverfahren), Kreditkarte, Traveller Check, Voucher oder besonders im Firmengeschäft auf Rechnung.

Es ist zu beobachten, dass die Barzahlung immer mehr abnimmt und die bargeldlose Zahlung von Gästen bevorzugt wird. Inzwischen gibt es ca. 17 Millionen Kreditkarteninhaber in Deutschland. Die Tendenz ist steigend. Die Akzeptanz von *Kreditkarten* wird heute von den Kreditkarteninhabern als Selbstverständlichkeit angesehen. Das weist auch eine Studie im Auftrag der EURO Kartensystem GmbH nach, die von der GfK Nürnberg durchgeführt wurde und den Einfluss der Kreditkarte auf Besuchs- und Zahlungsgewohnheiten in Hotels untersuchte. 94 % der 200 Testpersonen zahlten am liebsten mit der Kreditkarte, 5 % mit der EC-Karte. Die gleiche Studie stellt fest, dass die Akzeptanz von Kreditkarten als ein Qualitätsmerkmal angesehen wird und dem Image des Hotelbetriebes förderlich ist. Außerdem geben die Gäste, die mit „Plastikgeld" zahlen, im Durchschnitt bis zu 30 % mehr aus als Barzahler. Viele Gäste machen den Besuch z.B. eines Restaurants auch davon abhängig, ob Kreditkarten akzeptiert werden oder nicht.[359]

Ein Hotelbetrieb kann sich dieser Form der Zahlungsabwicklung kaum noch entziehen, zumal wenn er im Geschäfts-, Tagungs- und Kongressgeschäft oder international tätig ist.

Die Akzeptanz von Kreditkarten ist für den Hotelbetrieb mit Provisionskosten (2,5 – 7,5 %) verbunden, die ihm für die Übernahme des Bonitätsrisikos durch die Kreditkartenorganisation entstehen. Der DEHOGA hat für seine Mitglieder einen Rahmenvertrag für VISA und EUROCARD abgeschlossen, der günstigere Konditionen als für einen Einzelbetrieb enthält. Auch für das elektronische Lastschriftverfahren mittels EC-Karte besteht ein solches Rahmenabkommen.[360]

Die *Voucher* stellen Gutscheine dar, die Gäste von einem Reiseveranstalter für bestimmte Leistungen (i.d.R. Beherbergungs- und Bewirtungsleistungen) im Rahmen einer gebuchten Reise erhalten.

---
[359] Vgl. Grimm, Vertrauenssache, S. 2
[360] Vgl. DEHOGA (Hrsg.), Jahrbuch 1998/1999, S. 83 f.

Sie gelten als Nachweis dafür, dass der Gast diese Leistungen bezahlt hat. Den Rechnungsbetrag erhält das Hotel dann vom Reiseveranstalter oder Reisemittler.

Die *Zahlungsfristen* werden im Zusammenhang mit der Bezahlung auf Rechnung eingeräumt. Sie sind für die Zusammenarbeit mit Firmen bzw. Reiseveranstaltern interessant. Für Firmenkunden werden oft Konten eingerichtet, die eine Rechnungslegung für Zeiträume, z.B. für einen Monat, ermöglichen. Die eingeräumten Zahlungsfristen und möglichen Skonti orientieren sich an den üblichen Sätzen.

11.6.3 Die Anwendung von Yield-Management

Der Ansatzpunkt für Yield-Management ist der Zusammenhang, dass die Hotelleistung zu bestimmten Preisen und Mengen am Markt abgesetzt werden muss, um die Marketingziele und letztlich die Unternehmensziele zu erreichen. Dabei stehen Hotels häufig vor der Tatsache einer zu geringen Kapazitätsauslastung.

Es liegt der Gedanke nahe, dass die Erhöhung der Kapazitätsnutzung das höchste anzustrebende Ziel ist, um die Wirtschaftlichkeit des Hotels zu gewährleisten. Um Nachfrage anzuregen, werden dann Maßnahmen der taktischen Preisbildung (Preisnachlässe) genutzt. Dass dadurch oft nur geringe Deckungsbeiträge erreicht werden, wird nicht beachtet und die Frage nach den möglichen Umsätzen bzw. Erträgen (Opportunitätskosten) wird nicht gestellt.

Das lässt die Schlussfolgerung zu, dass zwar die Erhöhung der Kapazitätsauslastung ein sehr wichtiges Ziel für einen Hotelbetrieb darstellt, jedoch nicht um jeden Preis, da damit Umsatzverluste verbunden sein können. So kann ein Hotel frühzeitig seine Kapazitäten über Maßnahmen der Preisdifferenzierung zu niedrigen Preisen auslasten mit dem Ergebnis eines relativ niedrigen Umsatzes. Spätere Gäste, die bereit sind einen höheren Preis zu zahlen, können aber nicht beherbergt werden.

Das soll an folgendem Beispiel demonstriert werden:

> Ein Hotel verfügt über 200 Zimmer und bietet seine Zimmer in vier Preisgruppen an: 100 GE, 180 GE, 260 GE, 320 GE.
> Aus Erfahrung ist bekannt, dass die Nachfrage zu bestimmten Zeiten größer ist als die Hotelkapazität, dass die Gäste nicht gleichzeitig, sondern zu verschiedenen Zeitpunkten buchen und ihre Nachfrage eine unterschiedliche Preiselastizität aufweist.
> Es ist also zu entscheiden, wie viele Zimmer wann und wem zu welchem Preis verkauft werden mit dem Ziel, die Kapazitäten so auszulasten, dass der höchstmögliche Ertrag erzielt wird.

Unter der Annahme, dass die Kapazitäten zu 100 % auszulasten sind, ergeben sich folgende Umsätze:

Abbildung 197: Beispiel für unterschiedliche Ertragserzielung im Hotel

Nachfrage Anzahl der Zimmer	Preis-kategorie GE	Erträge (theoretisch) GE	Erträge bei 100 % Auslastung	
			Zuerst hohe Preise	Zuerst niedrige Preise
60	320	19.200	19.200	-
80	260	20.800	20.800	2.600
90	180	16.200	10.800	16.200
100	100	10.000	-	10.000
Σ 330			50.800	28.800

Es ist erkennbar, dass es verschiedene Möglichkeiten gibt, die auftretende Nachfrage zu befriedigen und die Kapazitäten auszulasten. Wenn zuerst die Nachfrage zu niedrigen Preisen befriedigt wird, entgehen im gewählten Beispiel 22.000 GE Erträge gegenüber der vorrangigen Befriedigung der höherpreisigen Nachfrage.

Neben den entgangenen Erträgen entstehen weitere negative Wirkungen, indem später auftretende Nachfrager auf Konkurrenzbetriebe „umgelenkt" werden müssen und diese Gäste ggf. nicht nur für einmal, sondern für immer verloren sind oder Imageverluste auftreten.

Für den Hotelier besteht demzufolge die Aufgabe, die richtige Anzahl von Hotelzimmern den richtigen Gästetypen (in Anzahl und

Art) zum richtigen Zeitpunkt (Buchungs- und Aufenthaltszeitpunkt) und zum richtigen Preis anzubieten. Damit sollen
- ein höchstmögliches Ergebnis erreicht werden, indem jedes Zimmer zu dem *erzielbaren* Höchstpreis verkauft wird und
- die Kapazitäten *optimal* genutzt werden, indem die zu einem *betriebswirtschaftlich vertretbarem* Preis absetzbaren Beherbergungsleistungen nicht verfallen.

Entscheidungen können mit Hilfe des Yield-Managements getroffen werden.

Unter Yield-Management (Revenue Management, Umsatz- oder Ertragsmanagement) ist die *gezielte Steuerung der Nachfrage* nach Hotelleistungen zu verstehen, mit der eine *optimale* (nicht maximale) *Auslastung der Kapazitäten* angestrebt wird.
Mit *Yield* wird in der Hotellerie der Ertrag bezeichnet, den jedes einzelne Zimmer pro Übernachtung erzielt. Er stellt das Verhältnis zwischen dem tatsächlich erzielten Zimmerpreis und dem auf der Kalkulation basierenden sog. Schrankpreis (Rack Rate) dar. Der Gesamt-Yield ist das Produkt aus durchschnittlich erzieltem Zimmerpreis und der erreichten Auslastung.

Da der Durchschnittspreis aber nicht die unverkauften Zimmer (Leerkosten) oder Kapazitätsveränderungen (z.B. infolge von Renovierungen) berücksichtigt, eignet sich die Kennzahl REVPAR (Revenue per available room) besser, die den Zimmerumsatz pro verfügbarem Zimmer ausdrückt.

$$REVPAR = \frac{Zimmerumsatz\ pro\ Nacht}{Anzahl\ der\ verfügbaren\ Zimmer\ pro\ Nacht} = YIELD$$

Wenn dem REVPAR die Kosten pro verfügbarem Zimmer (COSTPAR) gegenübergestellt werden, lässt sich ermitteln, ob Gewinn oder Verlust erwirtschaftet wird.

Aufgabe im Yield-Management ist es, den durchschnittlichen Zimmerpreis möglichst nahe an die Rack Rate anzunähern.[361] In diesem Sinne nimmt Yield-Management eine besondere Stellung in einer

---

[361] Vgl. Gugg, Preis, S. 2

aktiven Preispolitik ein, indem schnelle Reaktionen auf Marktveränderungen erfolgen können und das ertragsorientierte Marktverhalten des Hotels unterstützt wird.

Generell gilt, dass Yield-Management für Dienstleistungsbetriebe dann sinnvoll ist, wenn folgende *Voraussetzungen* gegeben sind:[362]
1. Es handelt sich um ein Produkt, dessen Wert bei Nichtabnahme verfällt.
2. Es handelt sich um einen Betrieb, der durch einen hohen Anteil von Fixkosten gekennzeichnet ist.
3. Der Betrieb verfügt über feste Kapazitäten, d.h. die Kapazitäten sind nicht beliebig zu erweitern.
4. Der Betrieb bietet sein Produkt bereits vor der Nutzung zur Buchung an.

Diese Voraussetzungen werden von Hotelbetrieben erfüllt. Hinzu kommt, dass
5. die Nachfrage nach Hotelleistungen in definierbare Segmente mit unterschiedlicher Preiselastizität ihrer Nachfrage unterteilt werden kann,
6. eine ungewisse, schwankende Nachfrage der verschiedenen Gästegruppen besteht,
7. das Buchungsverhalten der verschiedenen Gästegruppen nicht gleich ist und
8. Hotels auf Grund unterschiedlicher Größe, Ausstattungen oder Lage der Zimmer usw. eine Produktdifferenzierung vornehmen können, mit denen Preisunterschiede gerechtfertigt erscheinen.

Die Berücksichtigung dieser Zusammenhänge erfolgt im Yield-Management durch die Festlegung von Buchungslimits für unterschiedliche Produkte (Buchungsklassen). Dazu wird eine bestimmte Anzahl von Zimmern für die verschiedenen Produkte und zukünftigen Ankunftstage festgelegt, wobei die Aufenthaltsdauer (Verweildauer) und Buchungskonditionen für die jeweiligen Buchungsklassen berücksichtigt werden. Die Buchungsklassen können entsprechend der Nachfrageentwicklung geöffnet oder geschlossen werden. Um zu verhindern, dass vor allem die preisgünstigen Kontingente gebucht werden, können die Buchungsklassen mit Restriktionen belegt werden (sog. Fencing). Solche Restriktionen können sein:

---
[362] Vgl. Europäische Kommission, Yield Management, S. 6

- Ankunftstag / -zeit,
- Aufenthaltsdauer,
- Zeitraum zwischen Buchung und Hotelaufenthalt,
- Firmenzugehörigkeit u.a..

Yield-Management basiert auf Informationen aus der Vergangenheit sowie der Zukunft, die aus internen und externen Quellen gewonnen werden können und Aussagen über die Nachfrageentwicklung, die Kapazitäten und Kapazitätsentwicklung am Standort, die Ertragsentwicklung, die Kostenentwicklung und Kostenstruktur liefern.

Abbildung 198: Informationen und Prozesse im Yield Management

Informationen				
Welche				Woher
	Nachfrage	Kapazitäten	Kosten/Ertrag	
Vergangenheit	z.B. Gästestruktur Preiselastizität Buchungsverlauf Stornierungen No Shows Walk Ins	z.B. Zimmeranzahl Zimmerstruktur	z.B. Gesamtkosten variable Kosten Ertrag Ertrag je Zimmer	interne Quellen
Gegenwart	z.B. Reservierungsstand Marktinformationen Ereignisse (Veranstaltungen)	Marktinformationen		externe Quellen
Nachfrageprognose und Optimierung Segmentspezifische Preis-Produkt-Kombination Ertragsoptimierende Preis-Mengen-Steuerung				Datenverarbeitung
Ertragsoptimale Entscheidung				computergestützt manuell

Auf der Grundlage dieser Daten kann das System eine Nachfrageprognose erstellen, die die Grundlage für eine Optimierungsrechnung ist, die einen höchstmöglichen Ertrag zum Ziel hat. Das erfolgt computergestützt über Yield-Management-Systeme (z.B. Optims^{TM}). Auf Grund der damit verbundenen Systemkosten werden diese vor allem in großen Hotels, Hotelketten bzw. Hotelkooperationen angewendet.

Der Gedanke des Yield-Managements lässt sich jedoch auch in der Individualhotellerie umsetzen, wenn die bisherige Nachfragestruktur sowie künftige Nachfrage- und Konkurrenzentwicklungen bekannt sind. Dann kann eine manuelle Datenaufbereitung und Umsetzung in Preisempfehlungen erfolgen.

Sowohl für die computergestützte als auch für die manuelle Anwendung des Yield-Managements besteht die Schwierigkeit, dass Daten oft nur geschätzt werden können, wie z.B. die konkrete Nachfrage in einem bestimmten Segment an einem bestimmten Ankunftstag oder die Zahl der Stornierungen. Auch das Konkurrenzverhalten kann nicht mit Sicherheit voraus gesagt werden. Vom Umfang und der Aussagekraft der zur Verfügung stehenden Daten wird somit wesentlich die Qualität der mit Yield-Management gewonnenen Entscheidungsgrundlagen bestimmt.

Die *manuelle Anwendung* des Yield-Managements oder das sog. „Ampelsystem" kann relativ einfach erfolgen. Sie geht von der Nachfrageprognose aus und berücksichtigt die unterschiedlich hohe Nachfrage an einzelnen Tagen, die mit den Ampelfarben gekennzeichnet werden. So gibt es Tage, an denen[363]

a. das Hotel wahrscheinlich ausgelastet sein wird. Das können Messen, Events oder andere standortabhängige Ereignisse sein. An diesen Tagen ist davon auszugehen, dass die Nachfrage das Angebot übersteigen wird und die Zimmer zur Rack Rate, ggf. noch mit Aufschlägen, abgegeben werden. Um das zu verdeutlichen, erhalten diese Tage einen roten Punkt.

b. mit einer starken Nachfrage zu rechnen ist, das Hotel aber noch über freie Kapazitäten verfügt. Das bedeutet, dass nicht auf jeden Preiswunsch des Gastes eingegangen werden muss, sondern Preise in Anwendung kommen, die einen hohen Yield aufwei-

---

[363] Vgl. Gugg, Preis, S. 6

sen, sich also an der Rack Rate orientieren. Diese Tage werden mit einem orangefarbenen Punkt markiert.
c. nur eine niedrige Zimmerbelegung erreicht wird. An diesen Tagen kann mit vielfältigen Preisreduzierungen gearbeitet werden. Das wird mit einem grünen Punkt kenntlich gemacht.

Dieses Vorgehen wird mit fortschreitender Reservierung und Belegung wiederholt. Das bedeutet, dass sich die Kennzeichnung der Tage im Verlaufe der Zeit verändern kann, wenn es die Nachfragesituation erfordert.

Der Vorteil für die Individualhotellerie besteht darin, dass der Zusammenhang zwischen Auslastung, Zimmerpreis und Ertrag erkannt und weniger wahllos verkauft wird. Außerdem können die Verkaufsanstrengungen gezielt auf die Tage ausgerichtet werden, die noch eine geringe Belegung aufweisen.[364]

Für die computergestützte Anwendung des Yield Managements stehen in einem *Yield Management System* verschiedene Instrumente zur Verfügung, wie
- die Produkt- / Preis-Mengensteuerung,
- die Kapazitätssteuerung mittels Nesting und Überbuchung,
- die Steuerung der Aufenthaltsdauer,
- die Steuerung des Gruppengeschäftes.

Die Produkt- / Preis-Mengensteuerung
Darunter ist die Verteilung der Gesamtkapazität auf verschiedene Produkte / Preise / Buchungsklassen zu verstehen. Sie geht von der auftretenden Nachfrage aus und sieht eine Umsatzoptimierung vor. Die Produkt- / Preis-Mengensteuerung beruht auf der Preisdifferenzierung und der Marktsegmentierung nach Preis- bzw. Terminelastizität. Sie basiert auf der Annahme, dass niedrige Preissegmente früher und höhere Preissegmente später gebucht werden. Zu einem frühen Zeitpunkt sind es i.d.R. die preissensitiven und terminelastischen Individualgäste, die ein Zimmer zu einem möglichst günstigen Preis buchen wollen. Die terminabhängigen und weniger preiselastischen Geschäftsreisenden buchen oft erst im letzten Moment und sind auch bereit, einen hohen Preis zu zahlen.

---

[364] Vgl. ebenda

Die angestrebte Umsatzoptimierung wird dadurch erreicht, dass Kapazitäten für späte höherpreisige Reservierungen bereitgehalten werden und eine relative Verknappung des Angebotes in den niedrigen Preiskategorien erfolgt.

Die Kapazitätssteuerung
Kapazitätsteuerung kann auf der Grundlage der festgelegten Preise und Kontingente durch sog. Nesting und Überbuchung erreicht werden.
Nesting bedeutet eine flexible Kontingentierung, bei der z.B. das ertragsstärkere Kontingent zu Lasten des ertragsschwächeren Kontingentes bei entsprechender Nachfrage erhöht wird. Somit können für die starke Nachfrage mehr Buchungen akzeptiert werden als Kapazitäten vorgesehen waren.[365] Das setzt allerdings freie Kapazitäten im benachbarten Kontingent voraus. Durch Nesting kann die Ablehnung von unerwarteter hochpreisiger Nachfrage vermieden sowie Ungenauigkeiten in der Nachfrageprognose ausgeglichen werden.
Die *Überbuchung* soll verhindern, dass durch Stornierungen, No Shows und frühere Abreisen (sog. Nichtwahrnehmungen) ein Umsatzverlust eintritt. Bei der Überbuchung wird die Gesamtkapazität oder einzelne Kontingente um eine vorab definierte Größe (Überbuchungsrate) mehr belegt. Diese ist dann optimal, wenn die Summe der Leerkosten für die ungenutzten Kapazitäten und die Überbuchungskosten, die entstehen, wenn Gäste wegen der Überbuchung abgelehnt werden müssen, ein Minimum darstellen. Die Überbuchung setzt die laufende Erfassung der Stornierungen, No Shows, Walk Ins, früherer oder späterer Abreisen voraus, auf deren Grundlage Voraussagen und differenzierte Überbuchungsraten für die unterschiedlichen Produkte, Buchungsklassen oder Marktsegmente möglich sind. Dadurch können die Überbuchungsraten ständig aktualisiert werden.
Es ist zu beachten, dass bei der Überbuchung die Gefahr besteht, dass die Nichtwahrnehmung am Ankunftstag niedriger als vorausgesagt ausfällt. Im günstigsten Fall kann der Gast durch ein Upgrading zufriedengestellt werden, wenn in einer höheren Produktkategorie noch Kapazitäten vorhanden sind. Im ungünstigsten Fall entstehen nicht nur zusätzliche Kosten für die anderweitige Unterbringung,

---

[365] Vgl. Daudel, Vialle, Yield Management, S. 117

sondern auch ein Imageverlust, der durch die verärgerten Gäste hervorgerufen wird.

Die Steuerung der Aufenthaltsdauer
Die Annahme oder die Ablehnung einer Buchungsanfrage ist neben der verfügbaren Kapazität und dem Preis auch von der Verweildauer des Gastes abhängig.
So kann z.B. ein Gast ein Zimmer zu einer Rate x und einer Aufenthaltsdauer y buchen. Ein anderer Gast kann auch für die Aufenthaltsdauer y buchen, aber zu einer Rate x + n. In einem anderen Fall kann der Gast zwar auch zur Rate x buchen, aber seine Verweildauer beträgt y + n.
Unter Berücksichtigung einer unterschiedlich langen Aufenthaltsdauer und der verfügbaren Zimmerkapazität ergeben sich im Entscheidungsprozess eine Vielzahl von Kombinationsmöglichkeiten.
Über das Yield-Management-System kann die Aufenthaltsdauer gesteuert werden, indem die buchbaren Kontingente für Gäste mit einer geringen Aufenthaltsdauer begrenzt werden. Unter der Bedingung einer ausreichend hohen Nachfrage ist es auch möglich, die Verfügbarkeit der preisgünstigen Produkte mit längerer Aufenthaltsdauer zu begrenzen, wenn durch die Gäste mit kürzerer Aufenthaltsdauer, aber im höherpreisigen Segment mehr Umsatz erzielt werden kann.

Die Steuerung der Gruppennachfrage
Die Notwendigkeit der Steuerung der Gruppennachfrage ergibt sich daraus, dass die Aufnahme von Gruppen (z.B. Reisegruppen, Tagungen, Kongresse) in auslastungsschwachen Zeiten umsatzerhöhend wirkt, jedoch in Zeiten starker Nachfrage zu Umsatzeinbußen (Opportunitätskosten) führt, wenn eine höherpreisige Nachfrage abgelehnt werden muss. Es wird daher geprüft, ob ein zusätzlicher Umsatz durch das Gruppengeschäft erzielt werden kann. Dabei spielen die Gruppengröße und die Gruppenrate eine Rolle. Um möglichst auszuschließen, dass eine höherpreisige Nachfrage durch die Gruppe verdrängt wird, bieten sich verschiedene Möglichkeiten an.
So kann bei einer gegebenen Gruppenrate die Gruppengröße begrenzt werden oder bei einer gegebenen Gruppengröße wird eine höhere Gruppenrate fällig, um die Verdrängung späterer höherpreisiger Buchungen zu kompensieren.

Dieser Verdrängungseffekt muss in den Verhandlungen mit Tagungs- und Kongressveranstaltern, Reiseveranstaltern oder Firmen beachtet werden.

Es ist zu betonen, dass Yield-Management – unabhängig davon, ob es manuell oder computergestützt erfolgt – nur Preisempfehlungen gibt. Die Entscheidung, zu welchem Preis das Zimmer letztlich abgesetzt wird, muss immer das Empfangs- bzw. das Verkaufspersonal treffen. Daher hängt der Erfolg des Yield-Managements wesentlich von qualifizierten Mitarbeitern ab, die in der Lage sind, mit Hilfe des „Ampelsystems" oder der rechnergestützten Empfehlung die richtigen Entscheidungen zu treffen. Das bedeutet, dass die Mitarbeiter die unterschiedlichen Produkte und die betriebswirtschaftlichen Zusammenhänge kennen und die Sozialkompetenz besitzen, den Gast zu beraten und Preisdifferenzierungen verständlich zu machen.[366]

11.6.4 Die Kommunikationspolitik

Unter der Kommunikationspolitik sind gezielte und planmäßige informierende Maßnahmen zu verstehen, die geeignet sind, Gäste und die Öffentlichkeit zu einem bestimmten Verhalten zu veranlassen, welches zur Erfüllung der Marketingziele und letztlich der Unternehmensziele beiträgt. Die Kommunikationspolitik im Hotel steht in engem Zusammenhang zur Leistungspolitik, da der immaterielle Charakter der Hotelleistung besser durch die Instrumente der Kommunikationspolitik sichtbar gemacht werden kann.
Die in der Hotellerie genutzten Instrumente sind hauptsächlich die klassischen Kommunikationsinstrumente Werbung, die Öffentlichkeitsarbeit (Public Relations) und die Verkaufsförderung (Sales Promotion).

Die Ziele in der Kommunikationspolitik sind ökonomischer, aber viel stärker noch außerökonomischer Art.[367] Die Steigerung des Logisumsatzes um zehn Prozent als ein ökonomisches Ziel ist für die Kommunikationspolitik kaum sinnvoll, weil das Ursache-Wirkungs-Prinzip nicht greift. So ist nicht eindeutig nachvollziehbar, ob die

---
[366] Vgl. o.V., Preispolitik, S. 92
[367] Vgl. Roth, Schrand (Hrsg.), Touristik-Marketing, S. 112

Unsatzsteigerung durch die Werbung oder ggf. durch eine veränderte Produktgestaltung erreicht wurde.

Die Ziele der Kommunikationspolitik bestehen daher häufiger als[368]
- kognitive Ziele, d.h. Aufmerksamkeit erregen, Bekanntheitsgrad erhöhen, Wissen über das Hotel und seine Produkte schaffen u.a.,
- affektive Ziele, d.h. Interesse wecken, Emotionen auslösen, ggf. Gästeeinstellungen verändern u.a.,
- konative Ziele, d.h. das Informationsverhalten beeinflussen, Kaufabsichten fördern, Reaktionen auf bestimmte Aktionen des Hotels auslösen u.a..

11.6.4.1 Die Werbung

Die Werbung ist das wichtigste Instrument der planmäßigen Beeinflussung. Darunter sind alle Maßnahmen zu verstehen, durch welche der Werbende (das Hotel) bei bestimmten Personen (Zielgruppen) auf Distanz und ohne persönliche Kontakte eine Beeinflussung anstrebt mit dem Ziel, dass der Umworbene aus freiem Entschluss im Unternehmensinteresse handelt.

Bei der Werbung sind *Besonderheiten* zu berücksichtigen, die aus den Eigenschaften der Hotelleistung resultieren:
- Die Hotelleistung ist immateriell und visuell nicht direkt darstellbar. Deshalb hat das Hotelprodukt eine hohe Erklärungsbedürftigkeit. Das hat besondere Konsequenzen für die Werbeargumentation,[369] indem aussagefähige Situationen im Hotel (z.B. mit Personen der gewünschten Zielgruppe) oder Rahmenbedingungen (z.B. die Lage in einem Ferienort) einbezogen und visuell dargestellt werden.
- Der Gästekreis der Hotellerie ist weit gestreut. Das führt zu erheblichen Streuverlusten und betont deshalb die Rolle der Direktwerbung für Hotelleistungen.[370] Allerdings ist dabei zu berücksichtigen, ob es sich um Übernachtungsgäste handelt, deren werbliche Erfassung schwieriger ist als bei Restaurantgästen, die eher aus dem lokalen Umfeld kommen.

---

[368] Vgl. ebenda
[369] Vgl. Barth, Theis, Hotel-Marketing, S. 201 ff.
[370] Vgl. ebenda

- Im Hotel muss die Werbung auch dazu genutzt werden, die saisonalen Auslastungsschwankungen auszugleichen. Werbemaßnahmen sind daher auch darauf auszurichten, Kapazitätsüberhänge zu mindern.
- Da die Hotelleistung nicht transportfähig ist, müssen die Werbemaßnahmen den Gast so beeinflussen, dass er ein ganz bestimmtes Hotel, an einem bestimmten Ort und zu bestimmten Zeiten aufsucht.

Hotelwerbung muss – wie jede andere Werbung auch – sorgfältig geplant werden, da sie relativ kostenintensiv ist. Das bedeutet, dass im Rahmen der Erstellung des Marketingkonzeptes auch Entscheidungen bezüglich der Werbeplanung zu treffen sind.
Ausgehend von den festzulegenden Werbezielen erfolgt die Werbeplanung unter sachlichem, zeitlichem und finanziellem Aspekt.

In der *sachlichen Werbeplanung* erfolgt die Bestimmung der
- Werbungstreibenden (z.B. Einzelwerbung oder Gemeinschafts- bzw. Sammelwerbung),
- Werbesubjekte (anzusprechende Zielgruppe(n)),
- Werbeobjekte (Hotelbetrieb als Ganzes, Leistungen des Hotels, Leistungsbereitschaft),
- Werbebotschaft (z.B. Gästenutzen, USP),
- Werbemittel (visuelle, akustische u.a.),
- Werbeträger (persönliche und sachliche Medien).[371]

In der *zeitlichen Werbeplanung* ist zu entscheiden,
- *wann* die ausgewählte(n) Zielgruppe(n) die Werbebotschaft empfangen soll(en), um die gewünschte Wirkung zu erreichen,
- über welchen *Zeitraum* sich die Werbemaßnahmen erstrecken sollen.

Dabei ist zu beachten, ob es sich um eine neue Leistung oder einen neuen Hotelbetrieb handelt oder ob es eine Wiederholungswerbung ist.[372]

---

[371] Vgl. ebenda
[372] Vgl. ebenda, S. 216 ff.

Bei der *finanziellen Werbeplanung* geht es um die Bestimmung des Werbebudgets, die auf unterschiedliche Art und Weise erfolgen kann.[373]

Abbildung 199: Der Einsatz von Werbemitteln und Werbeträgern in der Hotellerie

Direktwerbung
• Hotelprospekt
• Werbebrief
Wertwerbung
• Werbezugaben (Obstkorb auf dem Zimmer)
• Werbebewirtung (Drink an der Hotelbar)
• Werbegeschenke (give-away)
• Werbepreisausschreiben
In-House-Werbung (z.B. Schaukästen, Schilder in Fahrstühlen)
Außenwerbung
• Dauerwerbung (z.B. Fassaden)
• Plakatwerbung
• Verkehrsmittelwerbung
Werbung mit klassischen Medien
• Tages- und Wochenzeitungen
• Publikumszeitschriften
• Fachzeitschriften
• Hörfunk, Fernsehen (v.a. lokale, regionale Sender)
• Dias, Videofilme (z.B. für Reisemittler oder PCO)
Werbung in neuen Medien
• Kiosksysteme an Bahnhöfen, Flugplätzen
• Internet
Mund-zu-Mund-Werbung

Quelle: In Anlehnung an Barth, Theis, Hotel-Marketing, S. 217 ff.

Die Bedeutung der verschiedenen Werbemittel und Werbeträger ist in der Hotellerie sehr unterschiedlich.
Bei der Werbung in den klassischen Medien überwiegt die Werbung in den Printmedien. Über die Hälfte der Werbeaufwendungen fließt in die Tageszeitungen. Demgegenüber hat die Fernseh- oder Hörfunkwerbung einen untergeordneten Platz. In den letzten Jahren hat jedoch die Werbung über neue Medien, vor allem über das Internet, stark zugenommen.

---

[373] Vgl. ebenda

Abbildung 200: Verteilung der Werbeaufwendungen für Individualhotels und Hotelketten insgesamt 2003

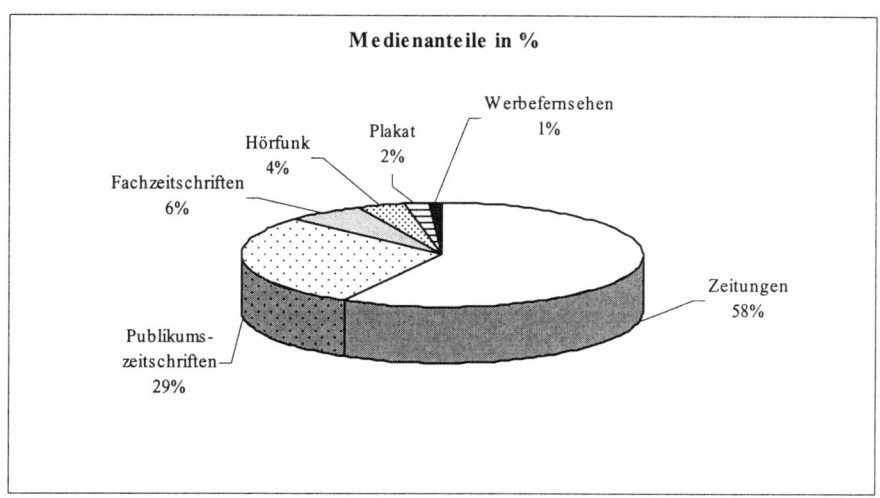

Quelle: Nach Daten Nielsen Media Research in: G+J Branchenbild Hotel, Gruner + Jahr Marktanalyse, Hamburg 2004

Der Hotelprospekt
Der Hotelprospekt ist noch immer das klassische und am häufigsten eingesetzte Werbemittel. Mit Hilfe des Hotelprospektes ist es möglich, Informationen über das Leistungsangebot zu kommunizieren und die Vorzüge des Hotels in Bild und Text darzustellen. Von Vorteil ist, dass er i.d.R. für längere Zeit genutzt werden kann.
Bei der Gestaltung des Hotelprospektes sind grundsätzliche Kriterien zu beachten:
- Ausgehend davon, dass der angesprochene Gast im Kontakt mit einem Werbemittel mehrere Wirkungsphasen entsprechend der bekannten AIDA-Formel (Attention – Interest – Desire – Action) durchläuft, muss zunächst klar sein, welche Zielgruppe(n) durch den Hotelprospekt angesprochen werden soll(en). In Abhängigkeit von der Zielgruppenstruktur kann es daher sinnvoll sein, verschiedene Prospekte (oder Teile davon) zu gestalten, um den Ansprüchen der unterschiedlichen Gruppen gerecht zu werden. Wenn das nicht erfolgt, besteht die Gefahr, dass bei Gästen Irritationen entstehen sowie der Eindruck hervorgerufen werden kann, dass bei keiner Gästegruppe eine optimale Bedürfnisbefriedigung erfolgt.

- Trotz der Immaterialität der Hotelleistung und dem Problem ihrer Visualisierung und Verbalisierung, müssen die zu übermittelnden Informationen klar, prägnant und glaubwürdig sein. So kommt der Gast auf der Grundlage des Prospektes mit ganz bestimmten Vorstellungen und Erwartungen in das Hotel, die er mit den angetroffenen Leistungen vergleicht. In diesem Sinne kann der Hotelprospekt auch ein Instrument im Qualitätsmanagement sein.[374] Die Informationen sollen darüber hinaus originell (höherer Wiedererkennungswert) und aktuell sein sowie einem logischen Aufbau folgen.
- Farben, Formen, Größe (z.B. im Hinblick auf Portokosten) und ein harmonisches Verhältnis zwischen Text und Bild sind weitere wichtige Kriterien. Dabei sollen (aktuelle) Bilder die Atmosphäre, in der die Hotelleistung erbracht wird, widerspiegeln, sowohl im Hotel selbst als auch am Standort und sie sollen verbale Aussagen unterstützen. Mit Text soll sparsam umgegangen werden, um den Gast nicht mit Informationen zu überfordern. Außerdem ist in Abhängigkeit vom Betriebstyp der Stil zu beachten, der sich z.B. in einem Luxus-Hotel von dem eines Budget-Hotels unterscheidet. Besondere Sorgfalt ist bei fremdsprachigen Prospekten geboten.
- Die Gestaltung des Hotelprospektes muss professionell erfolgen, um die gewünschte Werbewirksamkeit zu erreichen.

Die *Werbeerfolgskontrolle* kann in der Hotellerie nur bedingt für einzelne Werbemaßnahmen durchgeführt werden, da der Erfolg meist nicht nur auf Grund einer Werbemaßnahme eintritt. So eignet sich eine Umsatzkontrolle nur, wenn speziell für besondere Leistungsangebote – etwa im Restaurant – geworben wurde. Bei einer sich wiederholenden Anzeigenschaltung ist sie ungeeignet. Auch der außerökonomische Werbeerfolg, z.B. ein höherer Bekanntheitsgrad, lässt sich an einzelnen Komponenten schwer überprüfen.

---

[374] Vgl. Abschnitt 5.1.2

11.6.4.2 Die Verkaufsförderung

Unter der Verkaufsförderung sind alle Maßnahmen zu verstehen, die Gäste zu einem gewünschten Verhalten anregen. Solche Verhaltensweisen können sein, dass sofort, wieder oder erstmalig gebucht wird, Plätze im Restaurant bestellt werden oder an einer Aktion teilgenommen wird. Das Ziel besteht darin, den Absatz zu steigern. Die Maßnahmen der Verkaufsförderung setzen kurzfristig zusätzliche Anreize für Gäste.

Die fließenden Grenzen zwischen den Kommunikationsinstrumenten zeigt sich bei der Verkaufsförderung. So kann z.B. eine bestimmte Aktion mit Prominenten ebenso eine Maßnahme der Öffentlichkeitsarbeit sein. Hinweise auf zusätzliche Angebote auf Tischaufstellern können gleichzeitig auch der In-House-Werbung zugeordnet werden.

Die Maßnahmen der Verkaufsförderung lassen sich in innerbetriebliche und außerbetriebliche Maßnahmen unterscheiden.[375]

Die *innerbetrieblichen Maßnahmen* betreffen die Mitarbeiter und die Gäste während ihres Aufenthaltes im Hotel.
Dabei ist zu beachten, dass die Mitarbeiter eine besondere Rolle spielen. Das Ziel von mitarbeiterbezogenen Maßnahmen der Verkaufsförderung besteht darin, die Mitarbeiter in den Verkaufsprozessen zu unterstützen und sie dadurch für eine aktive Verkaufstätigkeit zu motivieren.
Auch einzelne Leistungen selbst können verkaufsfördernd wirken, wie die Zubereitung am Tisch des Gastes.

---

[375] Vgl. Barth, Theis, Hotel-Marketing, S. 233 ff.

Abbildung 201: Beispiele für innerbetriebliche Maßnahmen der Verkaufsförderung

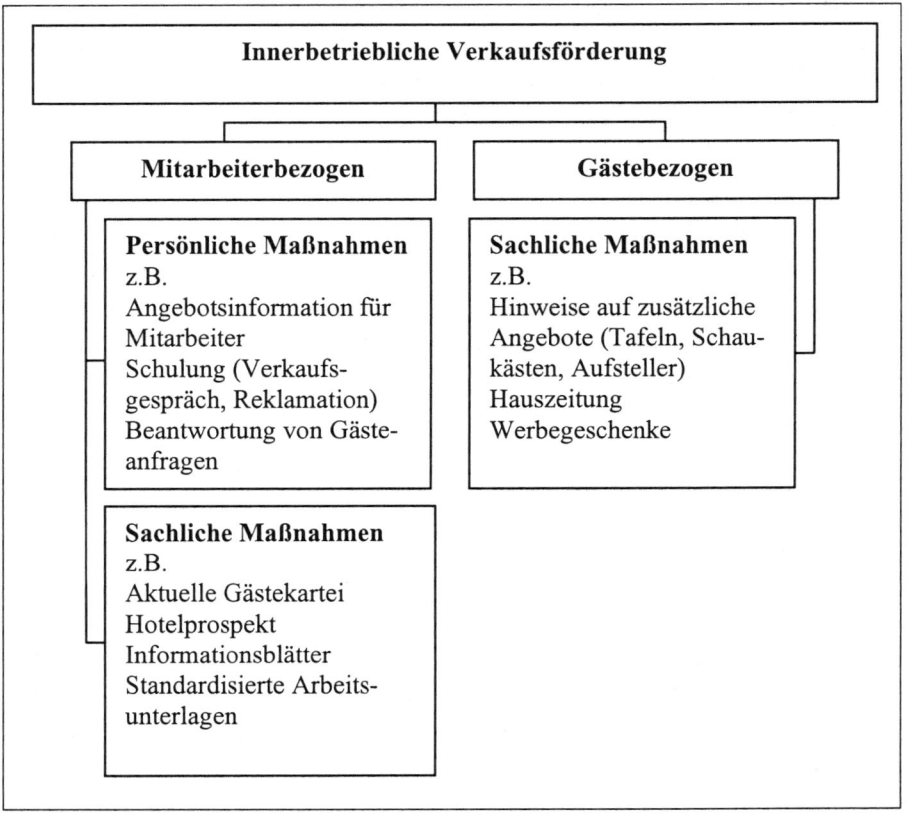

Die *außerbetrieblichen Maßnahmen* der Verkaufsförderung lassen sich in eine direkte und eine indirekte Verkaufsförderung unterscheiden.[376]

Die Maßnahmen der direkten Verkaufsförderung richten sich an bisherige und potenzielle Gäste. Sie werden allerdings dadurch erschwert, dass das Hotel über einen weit gestreuten Gästekreis verfügt.

Die Maßnahmen der indirekten Verkaufsförderung haben auf Grund der begrenzten direkten Möglichkeiten mehr Bedeutung. Sie richten sich an externe Absatzhelfer und Absatzmittler und beinhalten persönliche und sachbezogene Maßnahmen.[377]

---

[376] Vgl. ebenda, S. 238 ff.
[377] Vgl. ebenda, S. 239 ff.

Abbildung 202: Beispiele für Maßnahmen der außerbetrieblichen Verkaufsförderung

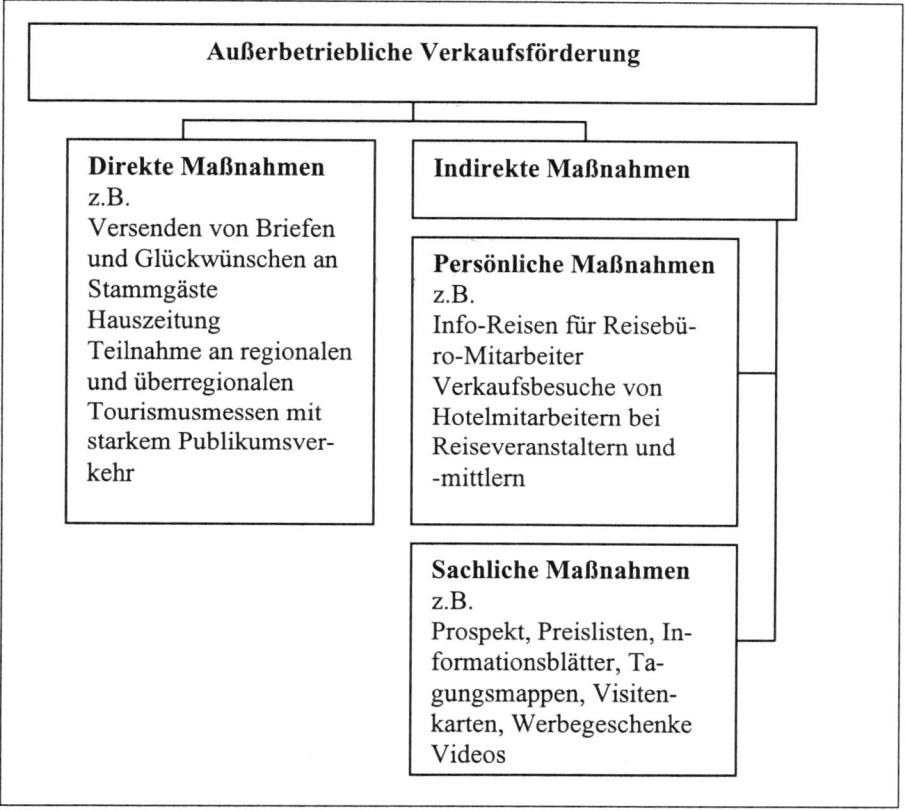

11.6.4.3 Die Öffentlichkeitsarbeit

Die Öffentlichkeitsarbeit ist nicht primär auf den Absatz der Hotelleistung, sondern vielmehr auf die Gestaltung der Beziehungen zwischen dem Hotel und seiner Umwelt gerichtet. Die Notwendigkeit ergibt sich daraus, dass der Erfolg eines Hotels auch von einem positiven Meinungsbild in der Öffentlichkeit abhängt.

Unter der Öffentlichkeitsarbeit sind daher alle Maßnahmen zu verstehen, die darauf gerichtet sind, Vertrauen und Ansehen in der Öffentlichkeit zu schaffen.

Ziele der Öffentlichkeitsarbeit bestehen darin, ein positives Erscheinungsbild des Hotels aufzubauen, den Bekanntheitsgrad zu steigern, die Motivation der Mitarbeiter durch das Image zu erhöhen oder die Personalbeschaffung zu fördern.

Die Zielgruppen der Public Relations sind die engere Öffentlichkeit und die weitere Öffentlichkeit.

Abbildung 203: Die Öffentlichkeit für ein Hotel

Engere Öffentlichkeit	Weitere Öffentlichkeit
z.B. • Bisherige Gäste • Mitarbeiter und deren Angehörige • Einheimische / Nachbarn • Lieferanten • Eigentümer, Gesellschafter, Aktionäre • Lokale Tourismusorganisationen • Taxifahrer • Sekretärinnen	z.B. • Potenzielle Gäste • Mögliche Mitarbeiter • Reiseveranstalter / -mittler • Touristische Organisationen • Behörden und Verwaltungen • Hausbank(en) • Wirtschaftsverbände und -organisationen

Öffentlichkeitsarbeit beginnt im Hotel selbst, indem die Mitarbeiter vom Zweck und von den Zielen der Hotelunternehmung überzeugt sind und sich mit ihnen identifizieren. Transparenz der Vorgänge im Hotel durch regelmäßige Information der Mitarbeiter ist in diesem Zusammenhang genau so wichtig wie Maßnahmen, die Mitarbeiter fördern und motivieren.[378]

Wichtige Maßnahmen im Rahmen der Öffentlichkeitsarbeit sind:
- die Kontaktpflege zu Personen und Institutionen des wirtschaftlichen, kulturellen und sozialen Umfeldes des Hotels. Darin eingeschlossen sind Einheimische, Angehörige von Mitarbeitern, Lieferanten oder auch Taxifahrer und Sekretärinnen ortsansässiger Unternehmen, die direkt oder indirekt mit dem Hotel in Kontakt stehen. Hotelbesichtigungen, Stammtische, Exklusiveinladungen oder Sponsoring bei öffentlichen Veranstaltungen u.a. bieten sich an, um Vertrauen in die Unternehmung zu schaffen.
- die Kontaktpflege zu öffentlichen Meinungsträgern. Darunter zählen die Kontakte zur Presse. Die dafür genutzten Medien hängen u.a. vom Leistungsangebot des Hotels, seinen Marktgebieten sowie seinem Bekanntheitsgrad ab. Einladungen von Pressevertretern in das Hotel, Pressemitteilungen und Presse-

---

[378] Vgl. Abschnitt 8.7

mappen sind Maßnahmen, die dazu beitragen, den Bekanntheitsgrad des Hotels zu erhöhen.
- die aktive Mitarbeit von kompetenten Vertretern des Hotels in Organisationen (z.B. im örtlichen Tourismusverein) oder Institutionen (z.B. in der IHK).

11.6.5 Die Distributionspolitik

Da die Hotelleistung nicht transportfähig, sondern standortgebunden ist, ist sie physisch nicht distribuierbar. Es kann jedoch das Anrecht auf die Hotelleistung vor ihrer Inanspruchnahme abgesetzt werden.

Die Distributionspolitik im Hotel beinhaltet daher die Auswahl der *Absatzwege* und *-organe*, über die der Absatz dieses Leistungsanspruchs vorgenommen werden kann. Dabei können der direkte oder der indirekte Absatzweg sowie unterschiedliche Absatzorgane gewählt werden.

Für einen *direkten Absatzweg* spricht die Nichtlagerfähigkeit und die hohe Erklärungsbedürftigkeit der Hotelleistung, für den *indirekten Absatzweg* hingegen der beschränkte Aktionsradius des Hotels, der weitgestreute Gästekreis[379] sowie die Möglichkeit über Absatzmittler und Absatzhelfer ein größeres Marktabschöpfungspotenzial zu erschließen.
Kriterium für die Entscheidung zu den Absatzwegen sind einerseits die Vertriebskosten (Personalkosten, Provisionen für externe Absatzhelfer, Vertragsabschlusskosten).[380] Andererseits muss überlegt werden, ob über den Absatzweg die gewünschte(n) Zielgruppe(n) erreicht werden kann (können) und kein unerwünschter „Gästemix" zustande kommt (z.B. Individualgäste – Busreisegruppen).

Die Entscheidung über den Absatzweg und die Absatzorgane sind längerfristige Entscheidungen, die jedoch kontinuierlich zu überprüfen sind.

---

[379] Vgl. Barth, Theis, Hotel-Marketing, S. 184
[380] Vgl. ebenda

Abbildung 204: Absatzwege und Absatzorgane[381]

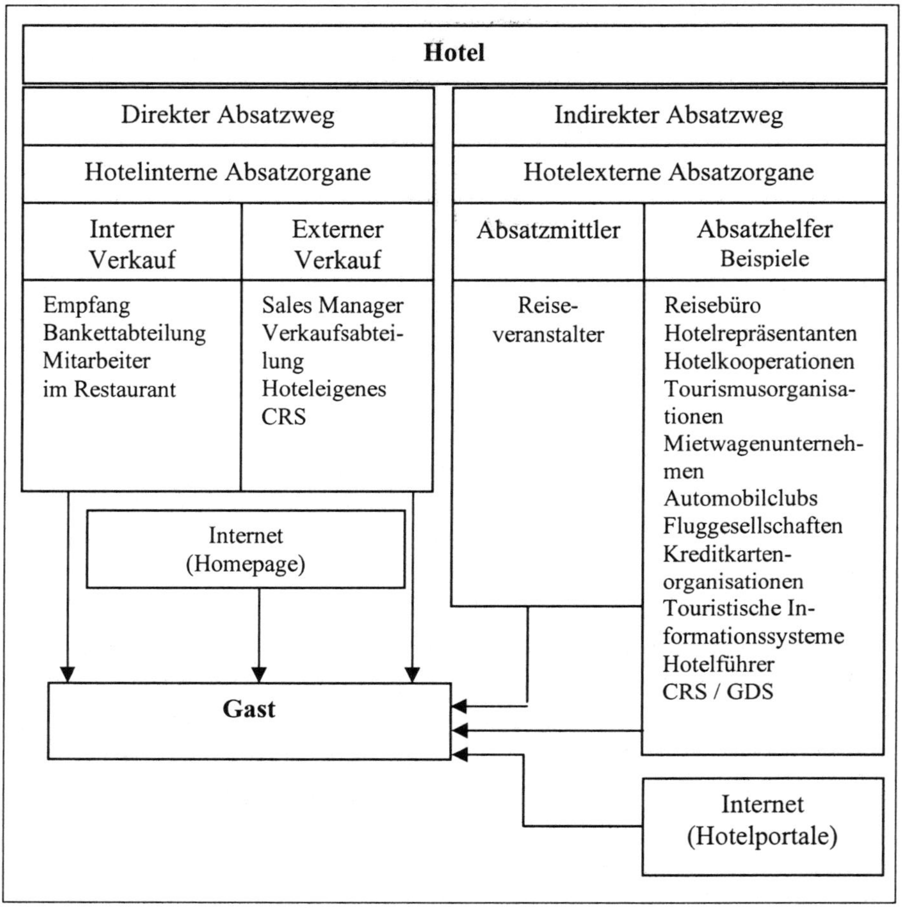

Hotel			
Direkter Absatzweg		Indirekter Absatzweg	
Hotelinterne Absatzorgane		Hotelexterne Absatzorgane	
Interner Verkauf	Externer Verkauf	Absatzmittler	Absatzhelfer Beispiele
Empfang Bankettabteilung Mitarbeiter im Restaurant	Sales Manager Verkaufsabteilung Hoteleigenes CRS	Reiseveranstalter	Reisebüro Hotelrepräsentanten Hotelkooperationen Tourismusorganisationen Mietwagenunternehmen Automobilclubs Fluggesellschaften Kreditkartenorganisationen Touristische Informationssysteme Hotelführer CRS / GDS
Internet (Homepage)			
Gast			
		Internet (Hotelportale)	

Obgleich die Online-Buchungen sowohl national als auch international erst einen geringen Anteil an den Hotelbuchungen haben, ist davon auszugehen, dass dieser Vertriebsweg sich in den nächsten Jahren sehr schnell entwickeln wird. Es gibt eine Vielzahl von Reservierungsdienstleistern, die Hotels an die Global Distribution Systeme (GDS) anbinden oder online via Internet (Hotelportale) zu unterschiedlichsten Konditionen vermarkten.[382]

Insofern sind die Entwicklungen, die sich im deutschen Reisemarkt insgesamt vollziehen, auch für die Hotellerie interessant.

---

[381] Vgl. ebenda, S. 172 ff.
[382] Vgl. o.V., Distribution, S. 49 ff; o.V., Anschluss, S. 43 ff.; o.V., Online, S. 45 ff.; Barth, Theis, Hotel-Marketing, S. 250

Allerdings ist festzustellen, dass nach wie vor die traditionellen Buchungswege (telefonische oder schriftliche Buchung) in der deutschen Hotellerie typisch sind. So zeigte eine Umfrage unter mehr als 100 Mitgliedern des Hotelverbandes Deutschland folgendes Bild:[383]

Abbildung 205: Buchungswege der Hotels in Deutschland 2003

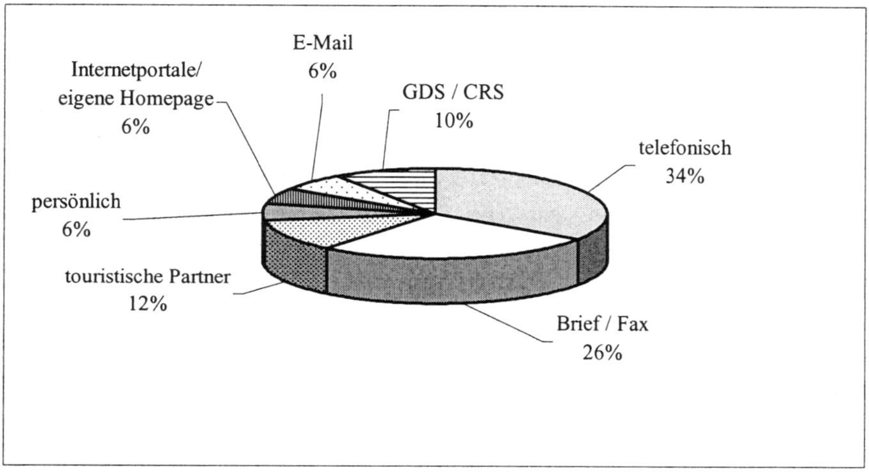

Quelle: Hotelverband Deutschland, Hotelmarkt 2004, S. 56

In dieser Umfrage wurde deutlich, dass die unterschiedlichen Absatzmöglichkeiten auch für eine Preisdifferenzierung und damit zur Steuerung der Nachfrage genutzt werden. Darin liegt jedoch auch eine Gefahr, indem auf Grund der Vielfalt der Vertriebsmöglichkeiten die Übersicht für das Hotel verloren geht und die ggf. negative Wirkungen auf das Betriebsergebnis nicht ausbleiben.

11.7 Die Marketingkontrolle

Im Prozess der Marketingkontrolle werden die Marketingziele, -strategien und -maßnahmen überprüft.
Die Marketingkontrolle bezieht quantitative Aspekte (z.B. Umsatz, Belegungsquoten, Marktanteile, Betriebsergebnis) sowie qualitative Aspekte (z.B. Zufriedenheit der Gäste, Einstellungen von Gästen, Qualität) ein.

---

[383] Vgl. Hotelverband Deutschland, Hotelmarkt 2004, S. 56

Sie kann sowohl den Gesamtmix als auch einzelne Maßnahmen (z.B. Kontrolle des ökonomischen Werbeerfolges oder des kommunikativen Werbeerfolges) betreffen.[384]

Die Marketingkontrolle kann als Parallelkontrolle erfolgen, die der Steuerung und Regelung laufender Marketingaktivitäten dient oder als Ex-Post-Kontrolle, die nach Abschluss von Marketingaktivitäten durchgeführt wird.[385]

In Form einer ergebnisorientierten Kontrolle kann sie als interne oder externe Vergleichsrechnung durchgeführt werden. Für die interne Marketingkontrolle bietet sich in Hotelbetrieben auch die Chefinformation[386] an. Für die externe Vergleichsrechnung stehen dem Hotelier Betriebsvergleiche (z.B. der Hotelbetriebsvergleich des DWIF) zur Verfügung, die Branchendurchschnitte und Orientierungswerte aufweisen.

Abbildung 206: Die Marketingkontrolle im Hotel

Marketingkontrolle		
Zeit	Parallelkontrollen	Ex-Post-Kontrollen
Inhalt	Quantitative Aspekte	Qualitative Aspekte
Umfang	Gesamtmix	Submix
Formen	Interne Vergleichsrechnung	Externe Vergleichsrechnung
Instrumente	DEHOGA-DATEV Chefinformation	Hotelbetriebsvergleiche

---

[384] Vgl. Meffert, Marketing, S. 561 ff.
[385] Vgl. ebenda, S. 557
[386] Vgl. Abschnitt 10.2.1

Die Marketingkontrolle steht in engem Zusammenhang mit der Marketingplanung. Indem in der Marketingplanung Sollgrößen und Sollzustände formuliert werden, kann die Marketingkontrolle durch deren Überprüfung Abweichungen feststellen und damit Ausgangsdaten für die zukünftige Marketingplanung liefern.

Fragen und Aufgaben zum Kapitel 11

1. *Welche Besonderheiten der Hotelleistung sind im Hotelmarketing zu berücksichtigen?*
2. *Wieso kann man von einem hohen Absatzrisiko der Hotelleistung sprechen?*
3. *Beschreiben Sie, dass Hotelmarketing ein systematischer, entscheidungsorientierter Prozess ist!*
4. *Zeigen Sie die Schritte zur Erstellung eines Marketingkonzeptes und erläutern Sie diese kurz!*
5. *Zeigen Sie beispielhaft, welche Informationen ein Hotelbetrieb für Entscheidungen im Rahmen der Marketingplanung benötigt!*
6. *Welche Kriterien eignen sich für die Zielgruppenbildung?*
7. *Welche Voraussetzungen sind bei der Bildung von Zielgruppen zu berücksichtigen?*
8. *Was ist unter Unter- und Übersegmentierung zu verstehen?*
9. *Welche Vor- und Nachteile haben unterschiedliche im Hotel angewandte Erhebungsmethoden der Primärforschung?*
10. *Auf welche Quellen kann ein Hotelbetrieb bei der Informationsbeschaffung zurückgreifen?*
11. *Ordnen Sie Marketingziele in eine Zielhierarchie ein!*
12. *Welche Anforderungen sind bei der Formulierung von Marketingzielen zu erfüllen? Formulieren Sie unter diesen Aspekten ein Marketingziel für ein selbstgewähltes Hotel!*
13. *Stellen Sie beispielhaft unterschiedliche Marketingstrategien für ein Hotel dar!*
14. *Welche wesentlichen Aspekte sind bei der Leistungspolitik im Hotel zu beachten?*
15. *Welche Rolle spielt der Standort in der Leistungspolitik des Hotels?*
16. *Nennen Sie Beispiele für Preisdifferenzierungen!*
17. *Welche Gefahren hat die taktische Preisbildung im Hotel?*
18. *Welche Voraussetzungen müssen für die Anwendung von Yield Management gegeben sein?*

19. Charakterisieren Sie die manuelle Anwendung von Yield-Management!
20. Wie kann durch Yield-Management eine Produkt-/ Preis-/ Mengensteuerung erfolgen?
21. Was ist bei der Überbuchung im Rahmen von Yield-Management zu berücksichtigen?
22. Welche Aufgaben hat die Werbung im Hotel und was ist dabei besonders zu beachten?
23. Welche Rolle spielen die Mitarbeiter bei der Verkaufsförderung?
24. Diskutieren Sie Pro und Contra für einen direkten oder indirekten Absatzweg für Hotelleistungen!

12 Öko-Management im Hotel
12.1 Die Notwendigkeit des Öko-Managements im Hotelbetrieb

Unter Öko-Management wird entsprechend dem verwendeten Managementbegriff[387] die zielgerichtete Gestaltung, Lenkung und Entwicklung eines Hotelbetriebes in seiner Beziehung zur ökologischen Umwelt verstanden.

Öko-Management ist darauf gerichtet, die Beeinträchtigungen der Umwelt durch den Hotelbetrieb (und seiner Gäste) so gering wie möglich zu halten und somit zu einem Gleichgewicht beizutragen.

Das bedeutet ökologische Gesichtspunkte zusätzlich zu den ökonomischen und sozialen Aspekten im gesamten Managementprozess zu berücksichtigen, ökologische Zielstellungen in die Unternehmenspolitik zu integrieren und das Verhalten des Hotelbetriebes darauf auszurichten.

Abbildung 207: Die Herstellung des Gleichgewichtes unterschiedlicher Interessen

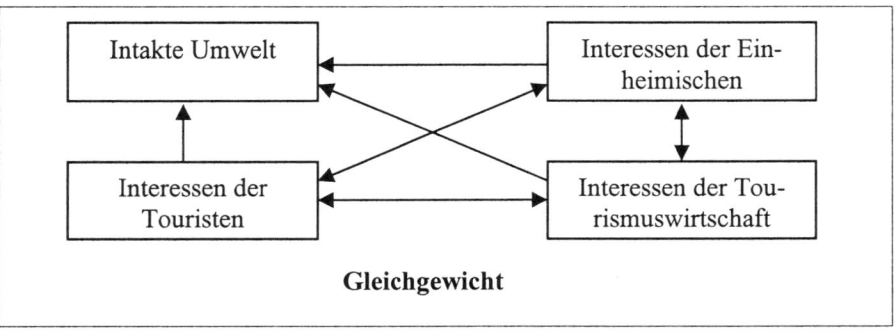

Es ist davon auszugehen, dass touristische Aktivitäten die ökologische Umwelt beeinflussen. So weisen Einzeluntersuchungen die Umweltbelastung durch Hotelaufenthalte nach, wenngleich die Schwankungsbreite der Ergebnisse relativ groß ist.[388]

---

[387] Vgl. Abschnitt 1.1
[388] Vgl. Petermann, Entwicklung 1998, S. 60 ff.

Abbildung 208: Umweltbelastungen durch Hotelübernachtungen im Vergleich zum Pro-Kopf-Verbrauch im Haushalt

Umweltbelastung	Pro Übernachtung[1]	Durchschnittlicher täglicher Pro-Kopf-Verbrauch im Haushalt
Abfall	1,2 – 5 l[2]	1 l
Wasserverbrauch	41,5 – 245 l[3]	130 l
Energieverbrauch	6,8 – 36,7 kWh	18 kWh

[1] Verschiedene Hotelkategorien wurden berücksichtigt.
[2] Abfallmenge im Küstentourismus 0,9 Liter
[3] Wasserverbrauch Campingplatz 145 Liter; Küstentourismus 250 Liter; 4–Sterne-Hotel 360 Liter; Luxushotel im Mittelmeer- und Alpenraum 600 Liter; Center Park 200-530 Liter
Vgl. verschiedene Quellen, zitiert in: Petermann, Entwicklung 1998, S. 60 f.

Eine Hotelunternehmung beeinträchtigt die Umwelt durch[389]
- Landschaftsverschmutzung,
- Wasserverbrauch und –verschmutzung,
- Luftverschmutzung,
- Landschaftgefährdung,
- Landschaftszersiedelung oder auch
- Pflanzen- und Tiergefährdung.

Landschaftsverschmutzung
Die Landschaft wird einerseits beeinträchtigt durch den Abfall aus dem Leistungsprozess des Hotels (Abfallaufkommen und –entsorgung) und andererseits durch das Verhalten der Hotelgäste außerhalb des Hotels.
Die Höhe und die Struktur des Abfallaufkommens ist im Hotel von verschiedenen Faktoren abhängig, wie z.B. der Betriebsart, dem Standard des Hotels, dem Gewicht des Logis- und F&B-Bereiches, der Saisonabhängigkeit des Standortes.

---

[389] Vgl. Opaschowski, Ökologie, S. 53 ff.

Abbildung 209: Die Jahres-Müll-Bilanz eines Hotels
(Hotel mit 240 Betten, 84 % Auslastung, Müll-Gesamtmenge 686,2 m³)

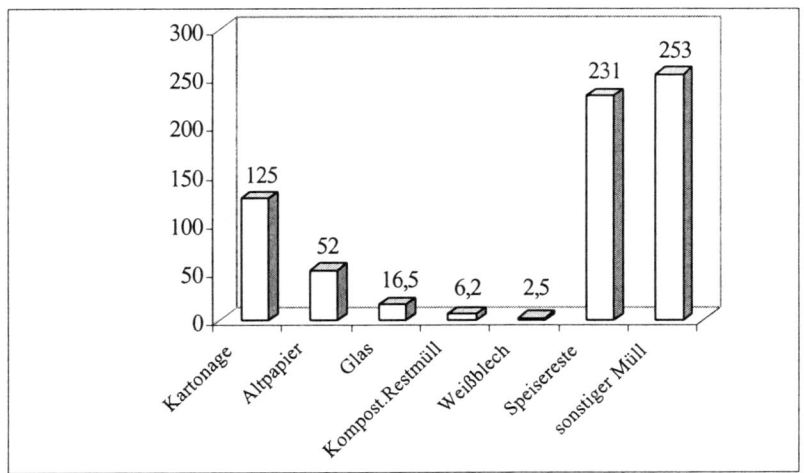

Quelle: DEHOGA (Hrsg.), Jahrbuch 1994/1995, S. 387

Untersuchungen zeigen, dass
- in First-Class-Hotels der Stadt- und Ferienhotellerie sowie in Apartmenthotels die höchsten Restmüllmengen[390] pro Gast auftreten,[391]
- die Wertstoffquote zwischen den einzelnen Betriebsarten zwischen 50 und 75 % schwankt.[392]

Es ist auch zu beachten, dass in Gebieten, die durch Massentourismus geprägt sind, saisonal ein besonders hoher Entsorgungsdruck entsteht. Es steigen sowohl das absolute Müllaufkommen proportional mit wachsender Gästezahl als auch das Pro-Kopf-Aufkommen. Vor allem kleine, sensible Destinationen stoßen dann in der Müllentsorgung an ihre Grenzen.

---

[390] Unter Restmüllmenge werden die Stoffe verstanden, die nach Trennung der Wertstoffe oder getrennt gesammelter Schadstoffabfälle der öffentlichen Entsorgung zur Deponierung oder Verbrennung übergeben werden. Vgl. Maschke, Möller, Scherr, Hotelbetriebsvergleich 1995, S. 133
[391] Vgl. Maschke, Möller, Hotelbetriebsvergleich 1997, S. 160
[392] Unter der Wertstoffquote wird der Volumenanteil der gesammelten Wertstoffe (Altglas, Altpapier, Speisereste, „gelbe Tonne" am Gesamtabfallaufkommen des Betriebes (Wertstoff + Restmüll) verstanden. Vgl., Maschke, Möller, Hotelbetriebsvergleich 1997, S. 161

Wasserverbrauch und -verschmutzung
Abhängig von den klimatischen Bedingungen, den technischen Standards in Ausstattungen und Ausrüstungen von Hotelbetrieben, der Bedeutung des Beherbergungsbereiches und dem Verhalten der Gäste schwankt der *Wasserverbrauch* pro Gast bzw. pro Übernachtung beträchtlich.
So weisen Stadthotels und Hotels in Kur- und Ferienorten mit First-Class-Ausstattung auf Grund eines hohen Produktstandards, der Dominanz des Beherbergungssektors und verbrauchsintensiver Anlagen den höchsten Wasserverbrauch pro Gast auf.[393]
Verbrauchssteigernde Einflussfaktoren auf den Wasserverbrauch sind das Vorhandensein von Hallenbad, Whirlpool, Gartenanlagen, eigener Wäscherei, aber auch ein mehr als 50 %iger Anteil des Logisumsatzes am Betriebsumsatz.[394]
Da in verschiedenen Untersuchungen starke Schwankungen des Wasserverbrauches pro Gast bzw. pro Übernachtung ausgewiesen werden, lässt das auf Einsparungsmöglichkeiten schließen, ohne den Komfort für die Gäste einzuschränken.[395]

Das Problem des Wasserverbrauchs wird ebenfalls durch den Massentourismus verstärkt. Der dadurch enorm steigende Wasserverbrauch führt einerseits in halbtrockenen und trockenen Gebieten sowie auf Inseln (z. B. auf Mallorca) zu Versorgungsengpässen. Hinzu kommt, dass die Verbrauchsspitzen in den niederschlagsarmen Zeiten auftreten und eine Nutzungskonkurrenz zur Trinkwasserversorgung der Einheimischen und zur Landwirtschaft eintritt. Andererseits kommt es zu einer starken Belastung von Wasserreserven, was zu ökologischen Schäden (z.B. Schädigung bzw. Veränderung der Vegetation, Verödung von Landschaften, Übernutzung von Grundwasserreservoiren) führen kann.[396]

Nicht nur der Wasserverbrauch ist ein durch Touristen verursachtes Problem, sondern auch die *Wasserverschmutzung*, indem *Abwässer*

---

[393] Vgl. Maschke, Möller, Hotelbetriebsvergleich 1997, S. 143
[394] Vgl. Maschke, Möller, Scherr, Hotelbetriebsvergleich 1995, S. 145
[395] Der DEHOGA weist für vergleichbare Beherbergungsbetriebe (z.B. Betriebe mit einem Logisanteil bis zu 2/3 des Gesamtumsatzes; Umsatz 100 TDM bis 1.000 TDM) Schwankungen im Wasserverbrauch von 29,5 bis 211,2 Liter pro Übernachtung aus. Vgl. DEHOGA (Hrsg.), Betrieb, S. 54
[396] Vgl. Petermann, Entwicklung 1998, S. 61

durch den Betrieb des Hotels belastet und Gewässer durch *Aktivitäten von Hotelgästen* außerhalb des Hotels verschmutzt werden (z.B. „Sonnenölteppiche" auf Seen).
Besonders in massentouristisch geprägten Destinationen führt das zu Problemen, wenn ungeklärte Abwässer in Meere eingeleitet werden oder wenn die Entsorgungsinfrastruktur nicht mit der Entwicklung des Tourismus abgestimmt ist.[397]

Luftverschmutzung
Die Umwelt wird belastet durch die Anreise der Gäste mit dem eigenen PKW, der PKW-Nutzung von Mitarbeitern oder durch Heizungsanlagen des Hotels (z.B. bei Verwendung fossiler Brennstoffe).

Landschaftsgefährdung
Sie wird verursacht durch anlagengebundene Freizeitaktivitäten der Hotelgäste (z.B. mit Aufstiegshilfen, Liften u.ä.) und die damit verbundenen Eingriffe in die Landschaft, was im schlimmsten Fall zu deren Zerstörung führen kann.

Landschaftszersiedlung
Durch Hotelbauten wird Land verbraucht, was eine Zersiedelung der Landschaft zur Folge hat. So wird z.B. davon ausgegangen, dass ein Hotelgast ca. 30 m² erschlossenes Land braucht bzw. pro Übernachtung 1/5 m² benötigt werden.[398]

Pflanzen- und Tiergefährdung
Sie resultiert aus dem Ausbau der Infrastruktur, wie Freizeitanlagen im Hotel, An-, Um- und Neubauten, aber auch Versorgungsleitungen (Hochspannungsleitungen), die zur Gefahr für Tiere werden können. Ebenso störend können sich Saisonverlängerungen auswirken, wenn die notwendigen Ruhepausen für die Natur eingeschränkt werden oder ganz entfallen.
Auch Aktivitäten der Hotelgäste gefährden Pflanzen oder Tiere (z.B. Störung von Tieren durch Tiefschneefahren oder Skifahren abseits von Loipen).

---

[397] Vgl. ebenda, S. 61 f.
[398] Vgl. Krippendorf (Hrsg.), Alpsegen, S. 41

Eine *intakte Umwelt* ist für die Hotellerie aus zwei Gründen wichtig:

1. Touristen suchen bestimmte Tourismusorte auf, weil sie dort die gewünschten Faktoren des ursprünglichen Angebotes finden, z.B. ein entsprechendes Klima, ein besonderes Landschaftsbild (Berge), das Meer oder bestimmte Sehenswürdigkeiten.
Die Entscheidung für einen Hotelbetrieb ist i.d.R. nachgeordnet. Das bedeutet, dass das Vorhandensein solcher Faktoren Einfluss auf Standortentscheidungen in der Hotellerie hat.

2. Für den Hotelbetrieb stellen diese Faktoren Qualitätsfaktoren dar.[399] Der Erfolg des Hotelbetriebes ist nicht zuletzt von der Beschaffenheit der Faktoren bzw. von deren Qualität abhängig. Verändern sich die Faktoren negativ, bleiben die Gäste aus.

Daraus ergibt sich die *Notwendigkeit*, einen Hotelbetrieb so zu führen, dass die Beeinträchtigungen der Umwelt durch den Hotelbetrieb und seiner Gäste so gering wie möglich gehalten werden, damit die Qualität des ursprünglichen Angebotes und die damit verbundene Attraktivität für die Touristen nicht sinkt.

Angesichts der Situation auf den touristischen Märkten und speziell auf dem Hotelmarkt ist das besonders wichtig, denn
- der Gast kann souverän aus einem vielfältigen Hotelangebot auswählen,
- die schnellere Angebotsentwicklung gegenüber der Nachfrage hat zu Überkapazitäten und sinkenden Auslastungsraten geführt,
- die Preissensibilität der Gäste hat zugenommen,
- der Einfluss der Hotelketten steigt ständig. Auf Grund der Betriebsgröße, der Professionalität eines gestaffelten Managements und nutzbarer Synergien haben Hotelketten bessere Möglichkeiten und Voraussetzungen für ein gezieltes Öko-Management als die Individualhoteliers.

Auf dem Hotelmarkt ergeben sich auf Grund des intensiven Wettbewerbs durch ein konsequent und glaubwürdig betriebenes Öko-Management Wettbewerbsvorteile.

---

[399] Vgl. Abschnitt 5.1.1

Sie bestehen: [400]
1. in der Bindung bisheriger und in der Gewinnung neuer Gäste durch den angebotenen Zusatznutzen und daraus resultierend
2. im Gewinn von Marktanteilen bei rechtzeitiger Reaktion auf das veränderte Gästeverhalten oder auf zu erwartende gesetzliche Regelungen,
3. in der Reduzierung des Verbrauchs von natürlichen Ressourcen,
4. in einer Imageverbesserung, durch die eine stärkere Gästebindung erreicht werden kann. Dadurch eröffnet sich die Möglichkeit der Herausbildung von Präferenzen und demzufolge erweiterter Preisspielräume.
5. in einer stärkeren Identifikation der Mitarbeiter, die für das Hotel ein Produktivitätspotenzial darstellen. Eine Imageverbesserung z.B. als umweltbewusster Arbeitgeber kann sich positiv auf die Fluktuation auswirken.

12.2 Das Nachfragepotenzial für umweltverträgliche Hotelprodukte

Um ein Nachfragepotenzial zu erschließen, ist es notwendig, Veränderungen zu betrachten, die sich auf der Nachfrageseite vollziehen.
Es ist festzustellen, dass
- die Verbraucher in Bezug auf die Umwelt sensibler geworden sind. Sie werden in ihrem Alltag täglich mit Umweltproblemen konfrontiert und spüren selbst die damit verbundenen Auswirkungen (z.B. steigende Kosten für Strom, Wasser, Müllentsorgung),
- die Umwelt einen höheren Stellenwert bei den Verbrauchern eingenommen hat, was sich z.B. in einem sparsameren Umgang mit Ressourcen ausdrückt.

Folglich sind günstige Voraussetzungen für das Öko-Management im Hotel aus Nachfragersicht gegeben. Es bleibt jedoch die Frage bestehen, ob die gewachsene Sensibilisierung gegenüber der Umwelt und die Ansätze eines ressourcensparenden Verhaltens im Alltag auch zu einem umweltbewussten Verhalten im Urlaub führen.

---

[400] Vgl. Pompl, Touristikmanagment 1, S. 91 f.

Dieses Verhalten scheint zumindest widersprüchlich zu sein. Zwar hat eine intakte Umwelt im Wertespektrum auch für den Urlaub einen höheren Stellenwert erhalten und Gäste haben umgedacht. Allerdings hat das Umdenken noch nicht zu einem "Umhandeln", d.h. zu entsprechenden Verhaltensweisen, geführt.

Urlauber suchen die unberührte Natur. Sie wollen eine "schöne Natur" und eine "saubere Landschaft" oder kommen mit bestimmten Erwartungen an den Urlaubsort und damit in ein Hotel. So ist z.B. für 80 % der deutschen Urlauber eine intakte Umwelt am Urlaubsort für die persönliche Zufriedenheit sehr wichtig. Fast ¾ der Urlauber fühlen sich durch Urlaubsorte mit verbauter Landschaft abgeschreckt.[401]

Urlauber bemerken während ihres Aufenthaltes am Urlaubsort auch „Umweltsünden" und sehen z.B. auch Möglichkeiten zur Müllvermeidung am Urlaubsort.[402]

Abbildung 210: Der Stellenwert ausgewählter Umweltaspekte bei Urlaubsreisen

Umweltaspekt	in % der Urlauber
Verbaute Landschaft schreckt ab	71,3
Unmittelbares Naturerleben	54,6
Über Umweltprobleme geärgert	16,6
Pro Urlaubstag 2,-DM für Umwelt	40,1
Respekt vor Einheimischen	75,6

Quelle: Laßberg, v., Urlaubsreisen, S. 35

Andererseits ist zu verzeichnen, dass die Belastung der Umwelt durch ein Hotel bzw. durch einen Hotelaufenthalt vielen Gäste nicht bewusst ist. Der Hotelaufenthalt wird mit Attributen wie „Freizeit", „Abschalten" und „Wohlbefinden" verbunden, so dass das Problem der Umweltbelastung selten mit einem Hotelaufenthalt in Verbindung gebracht wird.

Die Aufgabe des Hotelmanagements ist es in diesem Zusammenhang, die Gäste während ihres Aufenthaltes im Hotel stärker für die Umwelt zu sensibilisieren und ein erhöhtes Bedürfnis nach umweltfreundlichen Hotelprodukten zu wecken.

---

[401] Vgl. Laßberg, v., Urlaubsreisen, S. 35
[402] Vgl. Feige, Möller, Belastungen, S. 35 ff.

Abbildung 211: Einschätzung der Umweltbelastung von Hotelgästen

Einschätzung	% der Gäste
Umweltbewusstsein als gesellschaftlicher Wert	88
Verantwortung des Einzelnen für die Umweltbelastung	60
Verantwortung eines jeden Bürgers für den Umweltschutz	64
Umweltbelastungen durch einen Hotelbetrieb	36

Quelle: Steigenberger Hotels AG, zitiert in: DEHOGA (Hrsg.), Jahresbericht 1995/1996, S. 388

Häufig ist auch zu beobachten, dass ökologische Aspekte bei Urlaubern keine besonders große oder so gut wie keine Rolle bei Reiseentscheidungen spielen.

Abbildung 212: Bedeutung von ökologischen Aspekten bei Reiseentscheidungen von Urlaubern (1996)

Sehr große Bedeutung	2,8 %
Große Bedeutung	17,7 %
Keine besonders große Bedeutung	43,4 %
So gut wie keine Bedeutung	36,1 %

Quelle: Baltes, Umweltbewusstsein

Wenn aber umweltorientierte Hotels höhere Auslastungsgrade und einen hohen Anteil an Stammgästen aufweisen,[403] so zeigt das, dass ein entsprechendes Marktsegment bzw. Nachfragepotenzial für umweltfreundliche Hotelprodukte vorhanden ist.
Durch solche Produkte fühlen sich die Gäste angesprochen, für die Umweltverträglichkeit einen *Zusatznutzen* neben dem Nutzen aus der Beherbergung, Bewirtung, Unterhaltung usw. darstellt. Sie erwarten vom Hotel eine umweltfreundliche Orientierung, die bisher in Hotelangeboten noch nicht ausreichend zu finden ist.
Diese Gäste könnten als *umweltbewusste Gäste* bezeichnet werden. Sie stellen höhere Anforderungen bezüglich der Berücksichtigung ökologischer Aspekte im Hotelangebot und in der Betriebsführung. Allerdings ist zu beachten, dass auch diese Gäste ein unterschiedliches Verhalten zeigen und das Bewusstsein nicht in jedem Fall das Handeln der Gäste bestimmt. Oft ist ihr Bewusstseinsgrad höher einzuschätzen als ihr Aktivitätsgrad.

---

[403] Vgl. Bleile, Tourismusmärkte, S. 34

Eine von WÖHLER[404] durchgeführte Clusteranalyse zeigt drei wesentliche Gruppen der umweltbewussten Gäste:

Abbildung 213: Die Differenzierung von umweltbewussten Gästen

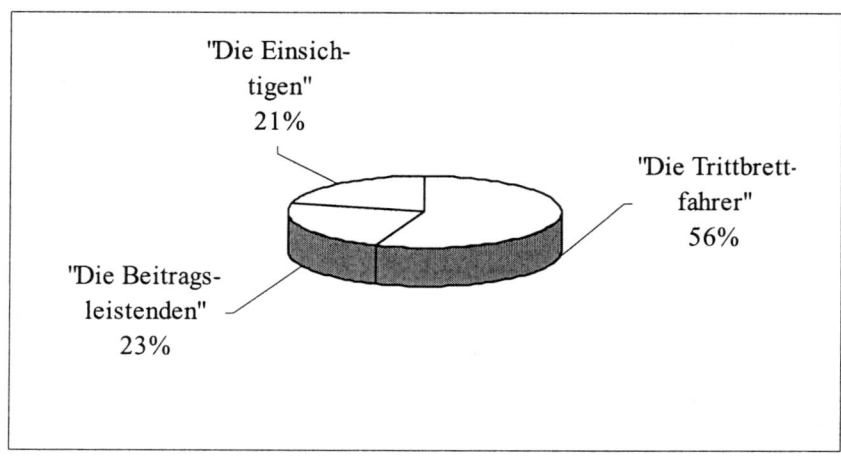

Quelle: nach Schertler, Wöhler (Hrsg.), Umweltmanagement, S. 80

Das Verhalten der o.g. Gruppen lässt sich wie folgt charakterisieren:[405]

Die „Beitragsleistenden"
- Sie verhalten sich umweltfreundlich,
- erwarten ein umweltfreundliches Angebot und
- sind auch bereit, mehr für umweltfreundliche Produkte zu zahlen.

Die „Einsichtigen"
- Sie verhalten sich teilweise umweltfreundlich,
- können jedoch durch eine konzentrierte Ansprache (Informationen) und Möglichkeiten zum umweltfreundlichen Handeln sensibilisiert werden.

Die „Trittbrettfahrer"
- Sie treten für eine intakte Umwelt ein,
- tun aber nichts dafür und
- sind auch nicht bereit, einen höheren Beitrag dafür zu leisten.

---

[404] Vgl. Schertler, Wöhler (Hrsg.), Umweltmanagement, S. 80
[405] Vgl. ebenda

Auch andere Untersuchungen belegen, dass Urlauber unterschiedlich bereit sind, einen persönlichen Umweltbeitrag zu leisten. So waren z.B. 1996 ca. 40 % der Urlauber entschlossen, einen „Umweltbeitrag" von 2,00 DM pro Urlaubstag mehr zu zahlen, 25 % waren noch unentschlossen.[406] Bei einer Reisedauer von durchschnittlich 13,8 Tagen bedeutet das – bezogen auf die Entschlossenen (40,1 Millionen) – rund 1,1 Milliarden DM, die für Umweltschutzmaßnahmen in Zielgebieten zur Verfügung gestanden hätten.
Die Bedingung, die Urlauber daran knüpfen ist, dass ihr Geld auch tatsächlich für Umweltmaßnahmen im besuchten Zielgebiet verwendet wird, damit sie selbst einen Nutzen davon haben. Das heißt für den Gast, dass er in „seinem" Hotel umweltfreundliche Produkte in Anspruch nehmen will. Die Umweltverträglichkeit muss der Gast als Zusatznutzen für sich selbst wahrnehmen können.

Bei der Gewinnung von Gästen für umweltverträgliche Hotelprodukte ist zu berücksichtigen:
- Zukünftige Gäste müssen sensibilisiert werden.
  Das kann über Informationen erfolgen, indem z.B. auf die Absichten des Hotels, Hintergründe, Auswirkungen, konkrete Maßnahmen des Hotels oder den notwendigen eigenen Beitrag der Gäste hingewiesen wird.
  Die Darstellung der Absichten und des Verhaltens des Hotels im Unternehmensleitbild, in der Öffentlichkeitsarbeit und in der Werbung sind Möglichkeiten. So kann ein Hotel Imageprofilierung betreiben, wobei ein "Ettikettenschwindel" auszuschließen ist.
- Die Erwartungen der Gäste müssen erfüllt werden.
  Es dürfen keine Versprechungen gemacht werden. Für den Gast muss nachvollziehbar sein, dass seine bisherigen Nutzenserwartungen erfüllt werden und ein zusätzlicher ökologischer Nutzensvorteil für ihn entstanden ist.
- Das umweltbewusste Handeln der Gäste muss gefördert und erleichtert werden.
  Das bedeutet, Möglichkeiten für ein entsprechendes Verhalten der Gäste zu schaffen. In vielen Fällen ist das eine Frage der Organisation im Hotel (z.B. Mülltrennung im Zimmer, wiederverwendbare Jutebeutel für Einkäufe im Zimmer).

---

[406] Vgl. Laßberg, v., Urlaubsreisen, S. 58

12.3 Die Ebenen, Instrumente und Maßnahmen des Öko-Managements

Öko-Management ist durch folgende Merkmale gekennzeichnet:
- Öko-Management ist *integrierend* und bezieht viele am Hotelbetrieb Beteiligte ein, wie Mitarbeiter, Gäste, Lieferanten, Mitbewerber, Einheimische.
- Öko-Management ist ein *komplexes* Herangehen. Es berücksichtigt die Beziehungen des Hotelbetriebes zu seiner Umwelt und die Auswirkungen, die sich innerhalb und außerhalb des Hotelbetriebes ergeben.

Abbildung 214: Integrierendes Öko-Management

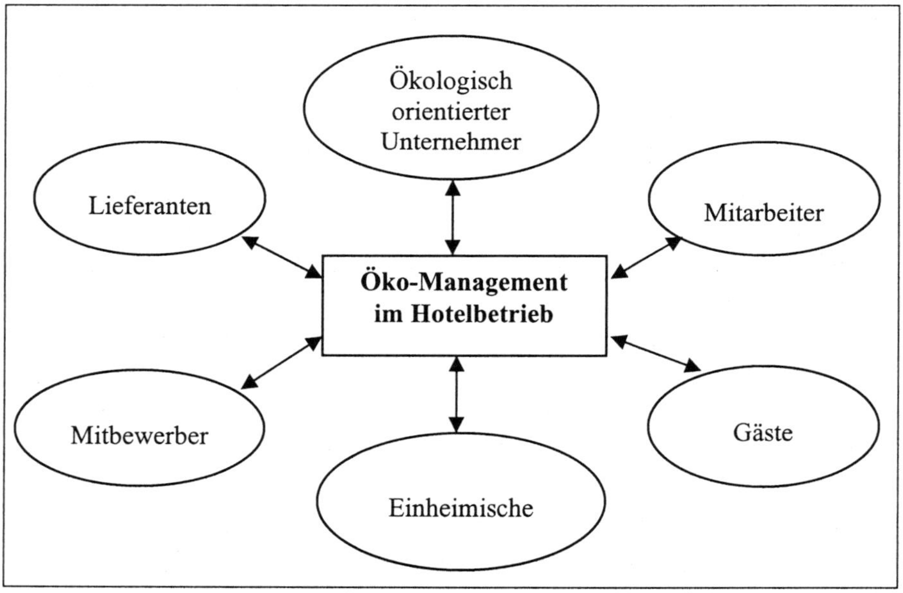

```
                    Ökologisch
                    orientierter
                    Unternehmer

   Lieferanten                          Mitarbeiter

                  Öko-Management
                  im Hotelbetrieb

   Mitbewerber                          Gäste

                    Einheimische
```

- Öko-Management hat einen *mehrdimensionalen* Ansatz. Es erfasst nicht nur materielle Aspekte (z.B. sparsamer Einsatz von Ressourcen), sondern geht auch von Sinnaspekten aus (z.B. der Überlegung, welchen Sinn eine entsprechende Maßnahme hinsichtlich der Umwelt hat) und muss funktionelle Aspekte beachten (z.B. wie bestimmte Tätigkeiten organisiert werden müssen).
- Öko-Management ist *handlungsorientiert*. Das bedeutet, dass es mit Handlungsanweisungen für Mitarbeiter und Gäste verbunden

sein muss, um die ökologischen Zielsetzungen des Hotelbetriebes auch durchsetzen zu können.
- Öko-Management ist auf *allen Ebenen* des Hotelmanagements umzusetzen. Es spiegelt sich sowohl in Festlegungen im Rahmen des Unternehmensleitbildes und des Unternehmenskonzeptes als auch in vielfältigen Aktivitäten und Maßnahmen wider.

12.3.1 Die Ebenen des Öko-Managements

Obwohl Öko-Management eine Vielzahl von Einzelmaßnahmen beinhaltet, erschöpft es sich nicht darin. Vielmehr ist auf allen Managementebenen der Gedanke des Öko-Managements umzusetzen.

Abbildung 215: Die Ebenen und die Instrumente des Öko-Managements

Die normative Managementebene
Managementphilosophie
Unternehmensvision
Unternehmenskultur
Unternehmenspolitik
Unternehmensleitbild

Die strategische Managementebene
Strategische Erfolgspotenziale
Strategische Geschäftsfelder
Strategien
Unternehmenskonzept

Die operative Managementebene
Verschiedene Aktivitäten und Maßnahmen
Verschiedene Instrumente

12.3.1.1 Die normative Managementebene

Hier werden generelle Ziele, Normen, Verhaltensweisen des Hotelbetriebes in Bezug auf die Umwelt festgelegt. Sie sind langfristig, d.h. auf die Lebens- und Entwicklungsfähigkeit des Hotelbetriebes gerichtet. Ausgangsbasis ist eine entsprechende Managementphilosophie (Werthaltungen, Vorstellungen, Einstellungen), die den Öko-

logie-Gedanken integriert. Sie spiegelt sich in der Unternehmenspolitik wider, welche im Einzelnen zum Ausdruck kommt in[407]
- der Unternehmensvision als Bild des Hotelbetriebes in der Zukunft, welches eine leitende Funktion haben soll,
- der Unternehmenskultur, den Normen, Wertvorstellungen, Denkhaltungen, die das Verhalten der Mitarbeiter aller Bereiche und damit auch das Erscheinungsbild des Hotelbetriebes prägen,
- den Unternehmensleitlinien.

Umweltrelevante Unternehmensleitlinien lassen sich in vielen Hotels finden.

Abbildung 216: Umweltrelevante Unternehmensleitlinien am Beispiel Renaissance Hotel Heidelberg

1.	Die Unternehmensleitung des Renaissance Hotel Heidelberg gibt dem Erhalt der natürlichen Umwelt und der Lebensgrundlagen zukünftiger Generationen oberste Priorität und betrachtet daher den Umweltschutz als wichtigen Bestandteil der Unternehmensführung. Das Hotel unterstützt dabei die Stadt Heidelberg in ihrer Umweltpolitik zur Realisierung eines nachhaltigen Tourismus.
2.	Wir sind bestrebt, Ökonomie und Ökologie in Einklang miteinander zu bringen. Umwelt- und Ressourcenschutz ist für die Unternehmensführung eine wichtige Managementaufgabe. Die Vorgesetzten haben eine Vorbildfunktion für die Mitarbeiter.
3.	Umweltschutz wird in unserem Unternehmen von den Mitarbeitern auf allen Ebenen getragen und als wichtiger Bestandteil ihres Tätigkeitsfeldes aufgefasst. Dabei wird besonderer Wert auf geeignete Maßnahmen zur Integration ausländischer Mitarbeiter gelegt.
4.	Wir beziehen unsere Gäste, Kunden, Lieferanten, Dienstleister und alle weiteren Partner in unsere Bestrebungen für einen verbesserten Umweltschutz ein. Ein wichtiges Kriterium bei der Kooperation mit Herstellern, Lieferanten und Dienstleistern ist die Berücksichtigung von Umweltstandards.
5.	Der Umweltschutz ist integraler Bestandteil unserer Öffentlichkeitsarbeit. Transparenz und Verständlichkeit unserer Bemühungen im Umweltschutz werden in unser Unternehmen integriert.

Quelle: UmweltWirtschaftsForum, 5. Jg., H.1, 1997 - Springer Verlag

---

[407] Vgl. Kaspar, Management, S. 58 ff.; Kapitel 6

Abbildung 217: Umweltrelevante Unternehmensleitlinien am Beispiel der Hotelkette Grecotel, Griechenland

* Planung und Verwirklichung eines geeigneten Programms zur Verbesserung der Umwelt, sowohl für Saisonbesucher als auch für Einheimische, das auch Hoteliers und andere Verantwortliche der Tourismusbranche ermutigt, ähnliche Initiativen zu ergreifen.
* Unsere Ziele müssen - unter Zugrundelegen der örtlichen Verhältnisse - realistisch gesetzt werden. Zur Erreichung dieser Ziele wird es kurz-, mittel- und langfristige Programme geben.
* Jedes Umweltprojekt, jede Umweltmaßnahme muss den bestehenden GRECOTEL-Standard ergänzen bzw. verbessern. Eine Verschlechterung unserer Leistungsqualität ist somit ausgeschlossen.
* Besonderer Wert wird gelegt auf die Meinung und Vorschläge der Gäste, unseres Personals, sowie anderen Interessenten. Unser Programm wird dementsprechend kontinuierlich überarbeitet.
* In allen Hotels der GRECOTEL-Kette werden Umweltkontrollen durch eine unabhängige Privatgesellschaft durchgeführt. Die Ergebnisse dieser Kontrollen finden schrittweise Anwendung.
* Sicherung und Schutz von Landschaft, Tierwelt und historischen Stätten in der Umgebung unserer GRECOTELS haben Vorrang vor regionalen oder allgemeinen Projekten.
* GRECOTEL beabsichtigt, Informationen über ähnliche Umweltprogramme - durchgeführt von anderen Mitgliedern der Tourismusbranche oder lokalen Behörden - zu sammeln, um eine bessere Nutzung der verfügbaren Ressourcen zu erreichen und die Wiederholung von Maßnahmen zu vermeiden.
* Wir legen das Hauptgewicht auf die Verwendung natürlicher, recyclebarer, einheimischer Materialien und Rohstoffe, Wasser- und Energiesparmaßnahmen, Müllvermeidung sowie Reduzierung der Wasser- und Luftverschmutzung.
* Wir wollen das Umweltbewusstsein innerhalb unseres eigenen Unternehmens, der einheimischen Bevölkerung, unserer Gäste und Geschäftspartner verstärken.
* Bei allen GRECOTEL Neubauten und Renovierungsplänen werden verbesserte Umwelttechniken berücksichtigt.

Quelle: Grecotel

12.3.1.2 Die strategische Managementebene

Auf der strategischen Ebene wird das Unternehmensleitbild in entsprechende *Strategien zur wettbewerbsorientierten Gestaltung* des Hotelbetriebes umgesetzt.
Dazu werden die Strategischen Erfolgspotenziale und Strategischen Geschäftsfelder des Hotels bestimmt sowie Strategien zur Umset-

zung der im Unternehmensleitbild getroffenen Entscheidungen entwickelt.

Dabei ist die Frage zu beantworten, inwieweit umweltverträgliche Hotelprodukte ein Strategisches Erfolgspotenzial darstellen können. Wenn man davon ausgeht, dass die Anforderungen an die Qualität der natürlichen Faktoren des ursprünglichen Angebotes wachsen und Erscheinungen des Massentourismus diese Qualität beeinträchtigen, dann können strategische Erfolgspotenziale in diesem Zusammenhang sein:

- eine konsequente Spezialisierung des Hotels auf die Bedürfnisse und Nutzenserwartungen umweltbewusster Gäste (z.B. als Bio-Hotel).
- die schnellere Einführung neuer Produkte als die Mitbewerber (z.B. die Verwendung von Lebensmitteln aus biologischem Anbau, der Bezug von Bioprodukten, der Einsatz von Baumaterialien mit hohen biologischen Qualitäten).
- Mitarbeiter, die sich mit der Managementphilosophie des Hotels in Bezug auf die Umwelt identifizieren und das im täglichen Handeln auch umsetzen.

Bei der Entwicklung von Strategien hat das Hotel zwei generelle Möglichkeiten.

Sie können passiv auf die Erfüllung gesetzlicher bzw. behördlicher Auflagen reagieren oder sie verhalten sich aktiv und offensiv zu ökologischen Forderungen, indem sie diese in alle Phasen des Betriebsablaufes integrieren, um so Wettbewerbsvorteile zu erlangen. Dazu können Überlegungen in einem *Ökologie-Portfolio*[408] getroffen werden, wobei zu beantworten ist, welche Auswirkungen bestimmte Vorhaben haben und welche strategischen Prioritäten des Handelns sich daraus ableiten.

Unter ökologischem Aspekt können bekannte Strategien verfolgt werden, z.B.:

Die Strategie der Marktentwicklung
Neue Gäste werden durch das bereits vorhandene, schon umweltfreundliche Angebot gezielt angesprochen, indem der Zusatznutzen im Angebot deutlicher herausgestellt wird.

---

[408] Vgl. Hopfenbeck, Zimmer, Tourismus-Management, S.153

Während z.B. bisher undifferenziert Familienurlauber angesprochen wurden, werden jetzt die Zielgruppen der Gesundheitsurlauber und der jungen Senioren verstärkt "bearbeitet".

Abbildung 218: Beispiel eines Ökologie-Portfolios

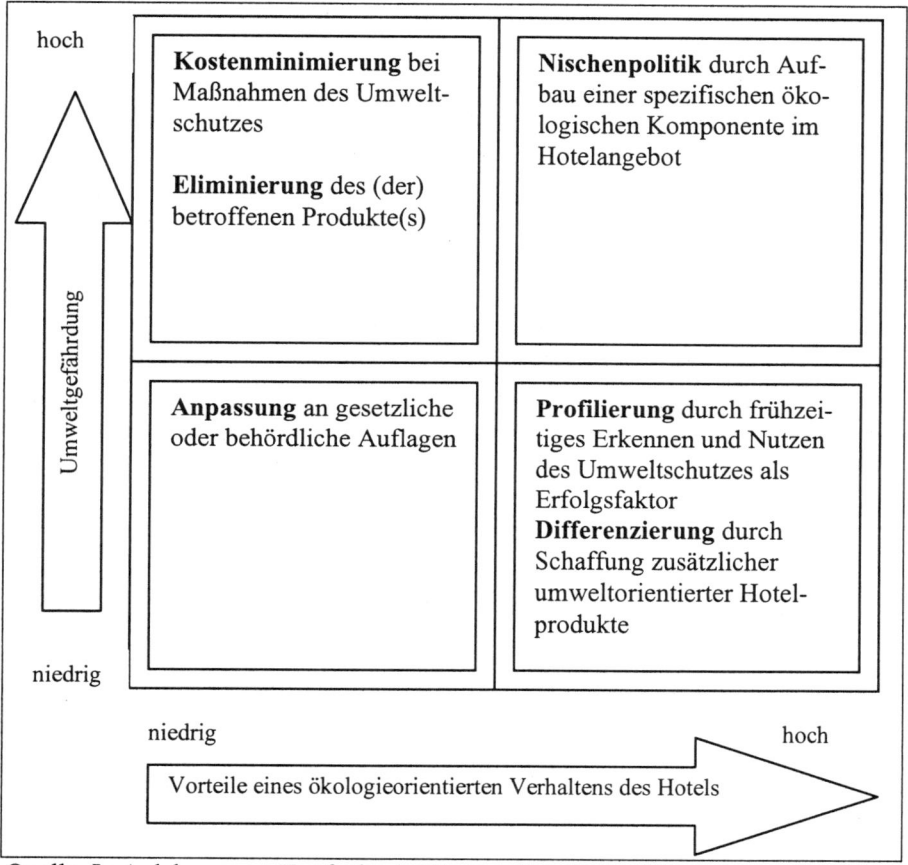

Quelle: In Anlehnung an Hopfenbeck, Zimmer, Tourismus-Management, S. 136

Die Strategie der Produktentwicklung
Bisherige Gäste werden durch ein neues Angebot und dessen Zusatznutzen gezielt angesprochen und können somit zu Stammgästen werden und langfristig ein bestimmtes Gästepotenzial sichern.
Während das Hotel bisher mit austauschbaren Bewirtungsleistungen auf dem Markt vertreten war, wird jetzt z.B. durch regionalen Einkauf oder durch die Nutzung von Produkten aus biologischem Anbau ein neues Bewirtungsangebot geschaffen.

Die Strategie der Diversifikation
Es wird ein völlig neues Angebot für neue Gäste geschaffen. So kann z.B. durch den Umbau eines Hotels nach biologischen Aspekten und die Verwendung von Produkten aus biologischem Anbau eine gezielte Ansprache von neuen Gästen erfolgen, für die Umweltfreundlichkeit einen zusätzlichen Nutzen darstellt.

Die Strategie der Imageprofilierung
Über die umweltverträgliche Gestaltung des Angebotes wird ein Image geschaffen, mit dem sich das Hotel vom Mitbewerber abheben, Präferenzen schaffen, höhere Preise realisieren und seine Marktanteile erhöhen kann.

12.3.1.3 Die operative Managementebene
In der operativen Ebene erfolgt die Umsetzung der Strategien durch eine Vielzahl konkreter Maßnahmen. Das schließt „erste" Schritte, wie das Führen eines sog. Umweltordners[409] ebenso ein, wie Maßnahmen des sparsamen Umgangs mit Energie, Wasser u.a. Komplexen.

12.3.2 Die Instrumente und Maßnahmen im Öko-Management

Für diese Maßnahmen können in den Hotelbetrieben Orientierungen (z.B. Ökologische Kennziffern aus Betriebsvergleichen), Empfehlungen oder Tipps von Verbänden (z.B. DEHOGA oder IH&RA) u.ä. genutzt werden.

Kriterien für die Maßnahmen sind:
- die ökologische Bedeutsamkeit,
- die ökonomische Vertretbarkeit,
- ein ausgewogenes Kosten-Nutzen-Verhältnis,
- keine Qualitätsverluste für die Gäste,
- eine schnellstmögliche Umsetzung in den Hotelbetrieben und
- die Bewährung in der Praxis.[410]

---

[409] Vgl. DEHOGA (Hrsg.), Betrieb, S. 14
[410] Vgl. ebenda, S. 11

Instrumente, die in diesem Zusammenhang genutzt werden können sind u.a.:

- *Checklisten* und *Ratgeber* von Verbänden, Organisationen und Unternehmen (z.B. DEHOGA, Deutscher Reisebüro Verband, Schweizer Hotelier-Verein, TUI).

So hat der DEHOGA einen 40-Punkte-Katalog erarbeitet, auf dessen Grundlage es möglich ist, Hotelbetriebe auf ökologische und ökonomische Schwächen zu überprüfen und empfohlene Umweltschutzmaßnahmen anzuwenden. Dieser Katalog beinhaltet:

- Erste Schritte zum Umweltmanagement
- Maßnahmen in Bezug auf die Energie
- Maßnahmen in Bezug auf Wasser / Abwasser
- Maßnahmen der Abfallvermeidung
- Maßnahmen der Abfalltrennung
- Maßnahmen in Bezug auf die Luft und das Klima
- Maßnahmen, die die Umwelt vor Ort betreffen.[411]

- *Benchmarking* auf der Basis von Umweltkennzahlen, die als Richtwerte für Einsparungspotenziale gelten können (z. B. ökologische Kennzahlen für acht verschiedene Betriebsgruppen des DEHOGA oder Nutzung des Hotelbetriebsvergleiches des DWIF),
- Vermittlung und Nutzung von *Best Practices,*
- *Wettbewerbe* (z. B. von Landesverbänden des DEHOGA),
- *Vergabe von Preisen* (z.B. IHA-Environmental-Award-Programm).

Instrumente wie das Öko-Audit oder die Öko-Bilanzen werden noch verhältnismäßig wenig genutzt.[412]

Ein *Öko-Audit* ist als Umweltmanagementsystem auf eine kontinuierliche Verbesserung des betrieblichen Umweltschutzes gerichtet

---

[411] Vgl. DEHOGA (Hrsg.), Betrieb

[412] Seit Februar 1998 sind touristische Dienstleister in den Anwendungsbereich des Umwelt-Audit-Gesetzes aufgenommen worden. Damit haben auch Hotelbetriebe die Möglichkeit der freiwilligen Teilnahme am EG-Umwelt-Audit nach der EG-Umwelt-Audit-Verordnung.

und bestimmt Umweltstandards, die im Hotel erreicht werden sollen.[413]

Erfahrungen haben auch gezeigt, dass die damit verbundenen Anforderungen für mittelständische Betriebe jedoch relativ hoch sind. Es ist hinzuzufügen, dass die Einführung von Umweltmanagementsystemen durch verschiedene Programme der Bundesländer finanziell gefördert wird.

Abbildung 219: Beispiele für ökologische Einzelmaßnahmen

Komplex	Maßnahmen (Beispiele)
Energieeinsparung	Einsatz von Leuchtstoffröhren, Energiesparlampen, Bewegungsmeldern, Dimmern, Zeitschaltuhren, Thermostaten, Überprüfung von elektrischen Anlagen, Heizungsanlagen, Absenken von Raum- und Wassertemperaturen
Wassereinsparung	Kontrolle der Leitungs- und Kanalsysteme, Wasserverbrauchsstellen, volle Füllmengen bei Wasch- und Spülmaschinen, Durchlaufstopp, Waschen bei 60 Grad C, variable Wäschewechsel, Aufbereiten von Regenwasser
Abwasserentlastung	Einsatz umweltschonender Wasch- u. Reinigungsmittel, Aufbereitung von Abwasser
Abfallvermeidung	Einkauf von Produkten mit umweltgerechter Verpackung, Verzicht auf Portionspackungen und Einweggeschirr, Nutzung von Mehrwegpackungen
Mülltrennung	Kartonagen / Altpapier, Glas, Weißblech, Plaste, kompostierbarer Müll, Speisereste, Sondermüll
Umweltbewusster Einkauf	Produkte aus ökologisch orientiertem Anbau, Recyclingpapier für den Gäste- und Bürobereich
Sonstige Maßnahmen	Gestaltung der Außenanlagen, Verwendung natürlicher Pflanzen, Abhol- / Zubringerdienst für Gäste, Anreiz für Mitarbeiter zur Nutzung ÖPNV, Ausrüstung betriebseigener Fuhrpark

Quelle: In Anlehnung an DEHOGA (Hrsg.), Betrieb, S. 12 f.

Öko-Bilanzen beurteilen die Umweltbelastung von Produkten bzw. Prozessen, indem Stoffflüsse und die damit verbundenen Umwelt-

---

[413] Im Mai 1998 wurde das STB Akademie und Sport-Hotel in Bartholomä (PLZ 73566) als erstes Hotelunternehmen durch einen bei der Deutschen Akkreditierungs- und Zulassungsgesellschaft für Umweltgutachter akkreditierten und zugelassenen Umweltgutachter validiert und registriert. Das dazugehörige Umweltprogramm sah u.a. vor, den Anteil regionaler Produkte im Einkauf von 10 auf 25 % im Jahr 2000 zu steigern oder den Energie- und Wasserverbrauch pro Gast bereits im ersten Jahr um 10 % zu senken.

wirkungen (z.B. Materialverbrauch, Energieeinsatz, Abfall, Emissionen) erfasst und unter ökologischem Aspekt beurteilt werden. Für die Hotellerie können vereinzelt Produkt-Öko-Bilanzen als Entscheidungshilfe z.B. bei der Verwendung von Einwegprodukten, genutzt werden. Allerdings sind Ergebnisse von bisher erstellten Öko-Bilanzen sehr unterschiedlich.[414]

12.4 Grenzen des Öko-Managements im Hotelbetrieb
12.4.1 Der Konflikt zwischen Ökologie und Ökonomie

Ökologische Maßnahmen verursachen auch Kosten. Daraus wird häufig pauschal die Unvereinbarkeit von Ökologie und Ökonomie abgeleitet. Bei der kritischen wirtschaftlichen Lage von Hotels scheint das verständlich zu sein.
Es handelt sich hierbei jedoch um eine relativ einseitige Sicht, bei der die unterschiedlichen Maßnahmen und Zeithorizonte unberücksichtigt bleiben.
Ökologische Maßnahmen im Hotel müssen in Bezug auf ihre Kosten differenziert werden nach:
- *Maßnahmen, die kostensenkende Wirkung* haben und sofort ökonomische Vorteile bringen. Ihre Umsetzung stellt vielfach ein organisatorisches Problem dar. Das betrifft z. B. Maßnahmen, wie der Verzicht auf Portionspackungen, die Überprüfung der Funktion der Hardware oder die Nutzung alternativer Energiequellen.
- *Maßnahmen, die kostensteigernde Wirkungen* haben, *aber später* ein *Einsparungspotenzial* darstellen, wie z.B. der Einsatz von Energiesparlampen oder der Umbau des Hotels nach biologischen Gesichtspunkten. Bei der Entscheidung ist zu berücksichtigen, dass sich Maßnahmen über einen bestimmten Zeitraum amortisieren und dann wieder Einsparungspotenziale darstellen können. So amortisieren sich z.B. die in der Anschaffung teureren Energiesparlampen im Dauerbrennbereich in kurzer Zeit.[415]
- *Maßnahmen, die kostensteigernde Wirkung* haben. Hier ist auch zu beachten, dass solche Maßnahmen u.U. die Vorwegnahme

---

[414] Vgl. DEHOGA (Hrsg.), Betrieb, S. 69 ff.
[415] Vgl. ebenda, S. 22

künftiger gesetzlicher Forderungen bedeuten kann, die später ohnehin notwendig werden. Der Hotelier hat hier die Alternative, die Maßnahmen durchzuführen oder darauf zu verzichten. Ein vorzeitiges Durchführen der Maßnahmen kann aber einen Wettbewerbsvorteil darstellen und demzufolge wirtschaftliche Vorteile bringen.

Abbildung 220: Beispiele für Einsparungen im Hotel

Im F&B-Bereich
Einsparung durch Verzicht auf Portionspackungen und Einsatz größerer Gebinde bei
- Kaffeesahne   bis zu 70 %
- Konfitüre / Cornflakes   bis zu 60 %
- Honig   bis zu 40 %
- Butter   bis zu 25 %

Im Logis- und F&B-Bereich
Einsparung durch Kontrolle von Wasserverbrauchsstellen:
- Ein tropfender Wasserhahn verbraucht 2.000 Liter / Jahr.
- Eine laufende Toilettenspülung verbraucht 70.000 Liter / Jahr.

Einsparung im Energiebereich
- Der Verzicht auf Kochwäsche und Vorwaschgang (außer bei stark verschmutzter Küchenwäsche) und Waschen bei 60 Grad C spart bis zu 25 % Waschmittel und fast die Hälfte der Stromkosten.
- 1000 Liter Wasser erhitzt auf 60 Grad C kosten mit Strom 32,00 DM, mit Gas 12,00 DM.

Quellen: DEHOGA (Hrsg.), Betrieb, S. 31; DEHOGA (Hrsg.), Jahresbericht 1994/1995, S. 390

Kostensteigernde Maßnahmen und kostensparende Maßnahmen sind daher stets im Zusammenhang zu betrachten. Entscheidungen im Rahmen des Öko-Managements unter dem Aspekt des Konfliktes Ökologie versus Ökonomie sind also differenziert zu fällen. Mit einem veränderten Bewusstsein und Goodwill, der Analyse von betrieblichen Prozessen, internen sowie externen Vergleichen an Richt- und Orientierungswerten ist der Konflikt in weiten Teilen lösbar.[416]

---

[416] Vgl. Viegas, Ökomanagement, S. 56 ff.

12.4.2 Die Überlastung und Überforderung des Hoteliers

Die Hotellerie ist durch *kleine und mittlere Unternehmen* geprägt. Durch die Überlastung mit Tagesaufgaben bleibt dem Hotelier oft keine Zeit, sich mit Fragen des Öko-Managements zu beschäftigen oder er fühlt sich damit überfordert.

Auf Grund der geringen Größe von Hotelbetrieben scheinen sich viele Maßnahmen auch nicht zu lohnen. Daher werden sie oft gar nicht durchgeführt oder der Hotelier reagiert nur auf gesetzliche oder behördliche Auflagen.

Die Orientierung an empfohlenen Maßnahmen oder Richtwerten von Berufsverbänden kann diese Grenze ausweiten.

Es muss erwähnt werden, dass Kettenhotels auf Grund ihrer Betriebsgröße und der damit möglichen und erforderlichen Aufgabenteilung sowie des Nutzens von Spezialwissen günstigere Voraussetzungen für die Durchsetzung des Öko-Managements haben.

12.4.3 Mangelnde Kooperationsbereitschaft

Allein kann ein Hotelbetrieb im Öko-Management nichts ausrichten. Daher ist die Kooperation mit anderen, an der Hotelunternehmung direkt oder indirekt Beteiligten, wie z.B. den Mitbewerbern, den Lieferanten, den Einheimischen oder der lokalen bzw. regionalen Tourismusorganisation, notwendig.

Von deren Kooperationsbereitschaft hängt häufig nicht nur der Erfolg der Maßnahmen des Hotels ab, sondern auch die Glaubwürdigkeit des Öko-Managements für die Gäste.

12.4.4 Die Einstellungen und Verhaltensweisen der Mitarbeiter

Bei der Umsetzung des Öko-Managements sind die Mitarbeiter eine wesentliche Schnittstelle. Die Einstellungen und Verhaltensweisen der Mitarbeiter, ihre Identifikation mit dem Hotelbetrieb oder auch die Fluktuationsrate im Hotel spielen eine wichtige Rolle bei der konkreten Durchführung von Maßnahmen.

Öko-Management bedeutet daher auch, Mitarbeiter dafür zu motivieren und Anreize zu schaffen, z.B. durch Information und Schulungen der Mitarbeiter, durch Belohnungen oder Zielvereinbarungen u.a.m.. Erfahrungen zeigen, dass Mitarbeiter oft noch ungenügend in die Erarbeitung bzw. Umsetzung von Maßnahmen einbezogen werden. Zeitmangel, Kostengründe oder mangelnde Akzeptanz seitens der Mitarbeiter sind häufig die Gründe dafür. Umweltschutzbezogene Arbeitsanweisungen und deren Kontrolle sowie Schulungen der Mitarbeiter erfolgen auch zu wenig.

12.4.5 Der Gast als externer Faktor

Der Gast ist als externer Faktor in den Prozess der Umsetzung einzubeziehen. Er muss letztlich das Angebot annehmen und sich entsprechend verhalten. Dazu braucht er entsprechende *Informationen* und *Handlungshilfen,* um im gewünschten Sinn reagieren zu können. Dabei ist entscheidend, wie glaubwürdig die Maßnahmen des Öko-Managements dem Gast erscheinen.

Solche Informationen können z.B. *Umweltgütesiegel bzw. Umweltauszeichnungen* darstellen.[417]

Jedoch ist die Orientierung für den Gast auf Grund einer Vielzahl von Umweltauszeichnungen erschwert. Es gibt auch kaum Informationen über die (Werbe-)wirksamkeit von Umweltgütesiegeln oder Umweltauszeichnungen.

Allerdings zeigt sich auch, dass es im Dialog zwischen dem Hotelier und dem Gast Reserven gibt, um nachzuweisen, dass Öko-Management letztlich zu einer engeren Gästebindung und zu neuen Gästen führen kann.

---

[417] Vgl. Hamele, Umweltauszeichnungen

Fragen und Aufgaben zum Kapitel 12

1. Begründen Sie die Notwendigkeit des Öko-Managements im Hotel!
2. Nennen Sie die Zielstellung des Öko-Managements im Hotel!
3. Inwieweit kann man aus Nachfragersicht von günstigen Voraussetzungen für das Öko-Management von Hotelbetrieben sprechen?
4. Charakterisieren Sie das Nachfragepotenzial für umweltverträgliche Hotelprodukte!
5. Was ist bei der Gewinnung von Gästen für umweltverträgliche Produkte zu berücksichtigen?
6. Was verstehen Sie unter der Feststellung, dass Öko-Management integrierend ist?
7. Was ist unter der Feststellung zu verstehen, dass Öko-Management auf allen Ebenen des Hotelbetriebes umzusetzen ist?
8. Nennen und erläutern Sie Beispiele für Strategien unter dem Aspekt des Öko-Managements!
9. Nennen und bewerten Sie Instrumente im Rahmen des Öko-Managements von Hotels!
10. Setzen Sie sich mit den Grenzen des Öko-Managements kritisch auseinander!

Formelsammlung

Nutzung der angebotenen Kapazität

$$Auslastung = \frac{\text{Übernachtungen}}{\text{angebotene Bettentage (Betten} \cdot \text{Öffnungstage)}}$$

Zimmerbelegung

$$Zimmerbelegung\ in\ \% = \frac{\text{belegte Zimmer}}{\text{angebotene Zimmer}} \cdot 100$$

Doppelbelegungsfaktor

$$Doppelbelegungsfaktor = \frac{\text{Übernachtungen}}{\text{vermietete Zimmer}}$$

Berechnung des quantitativen Personalbedarfs

$$P = \frac{ST \cdot Ö_d}{S_d} \qquad P = \frac{AM \cdot BZ \cdot V}{AS}$$

Anlagenintensität

$$Anlagenintensität = \frac{\text{Anlagevermögen}}{\text{Gesamtvermögen}}$$

Kapitalumschlagshäufigkeit

$$Kapitalumschlagshäufigkeit = \frac{\text{Betriebserträge}}{\text{Bilanzsumme}}$$

Kapitalumschlagsdauer

$$Kapitalumschlagsdauer = \frac{365\ \text{Tage}}{\text{Kapitalumschlagshäufigkeit}}$$

Return on Investment (1)

$$ROI = \frac{Betriebsergebnis\ vor\ Steuern}{Umsatz} \cdot \frac{Umsatz}{investiertes\ Kapital}$$

Return on Investment (2)

$$ROI = \frac{Betriebsergebnis\ vor\ Zinsen\ und\ Steuern}{Umsatz} \cdot \frac{Umsatz}{investiertes\ Kapital}$$

Return on Equity

$$ROE = \frac{Betriebsergebnis\ vor\ Zinsen\ und\ Steuern}{Eigenkapital}$$

Statischer Verschuldungsgrad

$$Statischer\ Verschuldungsgrad = \frac{Verbindlichkeiten}{Eigenkapital} \cdot 100$$

Dynamischer Verschuldungsgrad

$$Dynamischer\ Verschuldungsgrad = \frac{Verbindlichkeiten}{Cash\ Flow} \cdot 100$$

Vertikale Finanzierungsregel

$$\frac{Fremdkapital}{Eigenkapital} \leq 1 \ oder\ \frac{Fremdkapital}{Eigenkapital} \leq 2$$

Kosten des Lieferantenkredits

$$i = \frac{Skontosatz \cdot 360}{Zahlungsfrist - Skontofrist}$$

Leverage-Effekt

$$r_E = r_G + (r_G - i)\frac{F}{E} \cdot 100$$

Rentabilität

$$Rentabilität = \frac{durchschnittlicher\ Periodengewinn}{durchschnittlicher\ Kapitaleinsatz}$$

Kapitalwertmethode

$$C_0 = \sum (E_t - A_t) \cdot \frac{1}{(1+i)^t}$$

$$C_0 = -I_0 + \sum (E_t - A_t) \cdot \frac{1}{(1+i)^t}$$

Interner Zinsfuß

$$r = i_1 - C_{01} \cdot \frac{i_2 - i_1}{C_{02} - C_{01}}$$

Einfache Zuschlagskalkulation

$$Gemeinkostensatz\ \% = \frac{Gesamtgemeinkosten\ (Periode)}{Gesamtwarenkosten\ (Periode)}$$

Differenzierende Zuschlagskalkulation

$$Gemeinkostensatz\ der\ Kostenstelle\ \% = \frac{Gemeinkosten\ der\ Kostenstelle}{Warenkosten\ der\ Kostenstelle}$$

Rohertrag, Beispiel Speisen

Rohertrag Speisen = Betriebsumsatz Speisen – Warenkosten Speisen

Rohaufschlag, Beispiel Speisen

$$Rohaufschlag\ Speisen = \frac{Rohertrag\ Speisen}{Warenkosten\ Speisen} \cdot 100$$

Kalkulationsfaktor, Beispiel Speisen

$$Kalkulationsfaktor\ Speisen = \frac{Umsatz\ Speisen}{Warenkosten\ Speisen}$$

Äquivalenzzahlenkalkulation (Selbstkosten mittels Verteilungsrechnung)

$$SK_{1...n} = \frac{\sum SK}{\sum RE} \cdot RE_{1...n}$$

Break-even-Point (Übernachtungen)

$$BEP_{\ddot{U}} = \frac{fixe\ Kosten}{Deckungsbeitrag\ pro\ \ddot{U}bernachtung}$$

Break-even-Point (Preis)

$$BEP_P = \frac{K_f + (K_v\ pro\ \ddot{U}bernachtung \cdot \sum \ddot{U}bernachtungen)}{\sum \ddot{U}bernachtungen}$$

Literaturverzeichnis

Bagemihl, J.: Die strategische Bedeutung von Yield Management im Hotelgewerbe, Trier 1994

Baltes, J.: (Umweltbewusstsein), Umweltbewusstsein bleibt im Urlaub zu Hause, in: fvw International, Nr. 11 / 1996

Barth, K., Theis, H.J.: (Hotel-Marketing), Hotel-Marketing, 2. Aufl., Wiesbaden 1998

Berekoven, L., Eckert, W., Ellenrieder, P.: (Marktforschung), Marktforschung – Methodische Grundlagen und praktische Anwendung, 7. Aufl., Wiesbaden 1996

Bernecker, P.: (Fremdenverkehr), Fremdenverkehr und Fremdenverkehrspolitik. Grundlagenlehre des Fremdenverkehrs, Wien 1962

Bernet, B., Bieger, Th.: (Finanzierung) Finanzierung im Tourismus. Herausforderungen und Lösungsansätze im Lichte der neuen Finanzierungsbedingungen, Bern u.a.1999

Bethge, H.-J., Groos, W., Wolf, K. (Hrsg.): Heidelberger Handbuch für Hotellerie und Gastronomie, Lose-Blatt-Sammlung, Stuttgart laufend

Bleile, G.: (Tourismusmärkte), Tourismusmärkte: Fremdenverkehrsmarkt – Hotelmarkt – Touristikmarkt – Bädermarkt – Luftverkehrsmarkt im Wandel, München u.a. 1995

Bohl, A.: (Jahr), Ein tolles Jahr, in: NGZ – Der Hotelier, Nr. 5 /1998

Bounken, R.B.: Kundensegmentierung und Prozessmanagement in der Hotellerie, Wiesbaden 1997

Bruhn, M.: (Qualitätsmanagement), Qualitätsmanagement für Dienstleistungen, 2. überarb. u. erw. Aufl., Berlin u.a. 1997

Bruß, H.-C.: (Checkliste), Checkliste: Biervertrag in: Heidelberger Handbuch für Hotellerie und Gastronomie, Lose-Blatt-Sammlung, Stuttgart, E 9 – 3

Buer, C.: (Gestaltung), Gestaltung von ganzheitlichen Managementsystemen im Hotel, Dissertation an der Universität St. Gallen, Bern u.a. 1997

Bundesamt für Naturschutz (Hrsg.): Biodiversität und Tourismus, Berlin u.a. 1997

Bundesministerium für Wirtschaft und Arbeit (Hrsg.): (Bericht), Tourismuspolitischer Bericht der Bundesregierung, Dokumentation Nr. 521, o. O., 2004

Cimbal, A.: (Mitarbeiter), Mitarbeiter per Mausklick, in: NGZ – Der Hotelier Nr. 10 / 2000

Cimbal, A.: Per Mausklick ins Internet, in: NGZ – Der Hotelier, Nr. 9 / 2000

Daudel, S., Vialle, G.: (Yield Management), Yield Management – Erträge optimieren durch nachfrageorientierte Angebotssteuerung, Frankfurt am Main u.a. 1992

DEHOGA (Hrsg.): (Budget), Das Budget in der Hotellerie, Gastgewerbliche Schriftenreihe Nr. 65, Bonn 1992

DEHOGA (Hrsg.): (Betrieb), So führen Sie einen umweltorientierten Betrieb, 2., überarb. u. erw. Aufl., Bonn 1997

DEHOGA (Hrsg.): (Konjunkturbericht Winter 2003/04) Konjunkturbericht Gastgewerbe, Winter 2003/04, Ausblick Sommer 2004, Berlin 2004

DEHOGA (Hrsg.): Jahresbericht 1994/1995, Bonn 1995

DEHOGA (Hrsg.): Jahrbuch 1995/1996, Bonn 1996

DEHOGA (Hrsg.): Jahrbuch 1996/1997, Bonn 1997

DEHOGA (Hrsg.): Jahrbuch 1997/1998, Bonn 1998

DEHOGA (Hrsg.): Jahrbuch 1998/1999, Bonn 1999

DEHOGA (Hrsg.): Jahrbuch 1999/2000, Berlin 2000

DEHOGA (Hrsg.): Jahrbuch 2003/2004, Berlin 2004

DEHOGA, ÖHV SHV, SWV, (Hrsg.): (Marketing), Marketing der Gastfreundschaft, Bern u.a. 1994

Dettmer, H.(Hrsg.): (Betriebswirtschaftlehre), Betribwirtschaftslehre für das Gastgewerbe, Hamburg 1996

Dettmer, H. (Hrsg.): (Personalwirtschaft), Personalwirtschaft für das Gastgewerbe, Hamburg 1998

Dettmer, H. (Hrsg.): Managementformen im Tourismus, situationsorientiert, Wien 1999

Doepner, F.: (Kaufmann), Der selbständige Kaufmann muss früh aufstehen, in: fvw International, Nr. 27 / 1999

Dr. Gugg & Hank-Haase Partnerschaft: Der Hotelmarkt in Deutschland 1999, Frankfurt am Main 1999

Dröscher, J.: Bundesweiter umweltorientierter Hotelbetriebsvergleich, Limburgerhof 1997

Educational Institute of American Hotel & Motel Association (Hrsg.): (USALI), Uniform System of Accounts for the Lodging Industry, 9nd rev. ed., East Lansing 1996

Ehlebracht, K.: (Kapital), Ohne Kapital geht gar nichts, in: Heidelberger Handbuch für Hotellerie und Gastronomie, Lose- Blatt-Sammlung, Stuttgart, Q 1 – 1

Ehlert, K.: (Kreditmanagement), Kreditmanagement, in: Heidelberger Handbuch für Hotellerie und Gastronomie, Lose-Blatt-Sammlung, Stuttgart, Q 4 – 1

EU, Generaldirektion XXIII: (Agenda 2010), Agenda 2010 for small business in the „World's Largest Industry" – Schlusskommuniqué. Llanudno, Wales 1998

Europäische Kommission: (Yield Management), Yield Management in kleinen und mittelständischen Unternehmen der Tourismuswirtschaft – Zusammenfassung, Luxemburg 1997

European Foundation for Quality Management: (Eckpfeiler), Die acht Eckpfeiler der Excellence. Die Grundkonzepte der EFQM und ihr Nutzen, Brüssel 1999

European Foundation for Quality Management: (Excellence), Excellence einführen, Brüssel 1999

Feige, M., Möller, A.: (Belastungen), Kommunale Belastungen durch fremdenverkehrsbedingte Müllaufkommen, München 1992

FIF (Hrsg.): (Personalauswahl), Personalauswahl im Tourismus, in: Akzente 19 / 1997, Bern 1997

FUNDUS FONDS-Verwaltungs-GmbH: Hotel Adlon, Köln u.a. 1995

Gewald, S.: (Hotel-Controlling), Hotel-Controlling, München u.a. 1999

Grimm, Björn: (Vertrauenssache), Vertrauenssache. Kreditkarte – mehr als ein Zahlungsmittel, in: Heidelberger Handbuch für Hotellerie und Gastronomie, Lose-Blatt-Sammlung, Stuttgart, P 4 – 1

Gugg, E.: (Hotel), Was kostet ein Hotel? in: Heidelberger Handbuch für Hotellerie und Gastronomie, Lose-Blatt-Sammlung, Stuttgart, Q 7-1

Gugg, E.: (Preis), Ein Preis für alle Fälle, in: Handbuch für Hotellerie und Gastronomie, Lose-Blatt-Sammlung, Stuttgart, O 7 – 2

Hafner, H.: (Profitabilität), Profitabilität durch Kundenzufriedenheit, Wien 1998

Hamele, H.: (Umweltauszeichnungen), Das Buch der sieben Siegel, Umweltauszeichnungen im Tourismus, ECOTRANS e.V. 1994

Hank-Haase, G.: (Hotelmarkt 1994) Der Hotelmarkt in Deutschland, Dr. Gugg & Dr. Hank-Haase Partnerschaft Frankfurt am Main 1994

Hank-Haase, G.: (Hotelmarkt 1996), Der Hotelmarkt in Deutschland 1996, Dr. Gugg & Dr. Hank-Haase Partnerschaft, Frankfurt am Main 1996

Hänssler, K. H.: (Management), Management in Hotellerie und Gastronomie, 3., völlig überarb. Aufl., München u.a. 1997

Hartl, F., Mücke, R.: Die Verschuldung der Freizeitwirtschaft. Ein Versagen des Markts für Beteiligungskapital? in: Revue de Tourisme, Nr. 1 / 1995

Hartung, T.: (Betten-Millionäre), Die Betten-Millionäre sahnen weiter ab, in: fvw spezial, Hotel, Nr. 10 / 2000

Hebestreit, D.: (Touristik), Touristik-Marketing, 3., erw., überarb. Aufl., Berlin 1992

Henschel, K.: (Hotellerie), Stellung der Hotellerie im Rahmen des Veranstaltungswesens, in: Schreiber, M. (Hrsg.): Kongress- und Tagungsmanagement, München u.a. 1999

Henschel, K.: (Tourismus), Internationaler Tourismus, München u.a. 2002

Henschel, K.: Kettenhotellerie vs. Individualhotellerie? Zu Entwicklungen auf dem Hotelmarkt, in: Groß, M. S., Dreyer, A. (Hrsg.): Tourismus 2015, Tatsachen und Trends im Tourismusmanagement, Hamburg 2004

Henselek, H.: (Planung), Hotelmanagement – Planung und Kontrolle, München u.a. 1999

Heyer, A.: (Bewegung), Bewegung im Feld, in: NGZ – Der Hotelier, Nr. 7 + 8 / 2000

Heyer, A.: Progressive Entwicklung, in: NGZ – Der Hotelier, Nr. 7 + 8 / 2000

Hopfenbeck, W., Zimmer, P.: (Tourismus-Management), Umweltorientiertes Tourismus-Management, Landsberg am Lech 1993

Hopfenbeck, W.: (Managementlehre), Allgemeine Betriebswirtschafts- und Managementlehre, 2., überarb. Aufl., Landsberg am Lech 1989

Hosp, H., Huber, H.: (Rechnungswesen), Rechnungswesen FV IV, Wien 1991

Hotelverband Deutschland (IHA) e.V. (Hrsg.): (Hotelmarkt 2004), Hotelmarkt Deutschland 2004, Branchenreport des Hotelverbandes Deutschland (IHA), Berlin 2004

Huber, H.: (Controlling), Controlling im Hotel- und Restaurantbetrieb, Wien u.a. 2000

Hunziker, W., Krapf, K.: (Fremdenverkehrslehre), Grundriss der Allgemeinen Fremdenverkehrslehre, Zürich 1942

INTERHOGA (Hrsg.): Gastgewerbliche Kennziffern schnell und einfach berechnen – Betriebliche und ökologische Bewertung, Gastgewerbliche Schriftenreihe Nr.1, Bonn 1997

INTERHOGA (Hrsg.): Kalkulationsmodelle für den Gastwirt, Gastgewerbliche Schriftenreihe Nr. 37, Bonn 1997

INTERHOGA (Hrsg.): Unternehmensvergleich für das Beherbergungsgewerbe, Gastgewerbliche Schriftenreihe Nr. 62, Bonn 1997

INTERHOGA (Hrsg.): (Betriebsabrechnung), Einheitliche Betriebsabrechnung, Gastgewerbliche Schriftenreihe Nr. 89, Bonn 2000

INTERHOGA (Hrsg.): (Hotel- und Gaststättenkontenrahmen) Hotel- und Gaststättenkontenrahmen und Chefinformation, Gastgewerbliche Schriftenreihe Nr. 9, 9., überarb. Aufl., Bonn 2000

Jamin, K., Schaetzing, E., Spitschka, H.: (Organisation), Organisation und Datenverarbeitung in Hotellerie und Gastronomie, 2., verb. Auflage, München 1982

Jäntsch, T.: (Qualitätsmanagementsysteme), Qualitätsmanagementsysteme in der mittelständischen Hotellerie, in: DWIF (Hrsg.): Jahrbuch für Fremdenverkehr 1999, München 2000

Jung, H.: (Personalwirtschaft), Personalwirtschaft, München u.a. 1997

Kaspar, C.: (Einführung), Einführung in das Tourismus-Management, Bern u.a. 1992

Kaspar, C.: (Management), Management im Tourismus, 2., vollst. überarb. u. erg. Aufl., Bern u.a. 1995

Kaspar, C.: (Tourismuslehre), Die Tourismuslehre im Grundriss, 5., überarb. u. erg. Aufl., Bern u.a. 1996

Keller, P. (Globalisierung), Globalisierung und Tourismus: Ein faszinierendes Forschungsthema, in: Keller, P. (Hrsg.): Globalisierung und Tourismus, St. Gallen 1996

Kempinski AG: (Annual Report), Annual Report of Kempinski Aktiengesellschaft for the 1996 Financial Year, Neu Isenburg 1997

Kissling, C.: (Arbeitsgestaltung), Partizipative Arbeitsgestaltung in der Hotellerie, Dissertation an der Hochschule St. Gallen, St. Gallen 1993

Kotler, P., Bowen, J., Makens, J.: Marketing for Hospitality and Tourism, 2nd ed., New York 1999

Krichbaum, S., Hübner, U., Schneider, J. (Hrsg.): (Aus- und Weiterbildung), Aus- und Weiterbildung in Hotellerie und Gastronomie, Stuttgart u.a. 1994

Krippendorf, J. (Hrsg.): (Alpsegen), Alpsegen, Alptraum. Für eine Tourismus-Entwicklung im Einklang mit Mensch und Natur, Bern 1986

Kunz, B.R.: (Kosten), Die Kosten des Hotels in ihrer Struktur und in ihren Abhängigkeiten, 3. Aufl., Bern u.a. 1986

Langer, G.: (Unternehmensführung), Zeitgemäße Unternehmensführung im Gastgewerbe, Innsbruck 1987

Laßberg, D. v.: (Urlaubsreisen), Urlaubsreisen und Umwelt, Ammerland 1997

Liebermann, W.: Yield Management in der Hotellerie: Entzauberung der Mythen, in: Top hotel, Nr. 7 - 8 / 1992

Maschke, J., Möller, A., Scherr, S.: (Hotelbetriebsvergleich 1995), Hotelbetriebsvergleich 1995, München 1997

Maschke, J., Möller, A.: (Hotelbetriebsvergleich 1997) Hotelbetriebsvergleich 1997, München 1999

Maschke, J.: (Hotelbetriebsvergleich 2002), Hotelbetriebsvergleich 2002, München 2004

Meffert, H.: (Marketing), Marketing, 7., überarb. u. erw. Aufl., Wiesbaden 1986

Meffert, H.: (Marktforschung), Marktforschung, Wiesbaden 1986

Mihalic, T., Kaspar, C.: Umweltökonomie im Tourismus, Bern u.a. 1996

Möller, A.: Umweltmanagement im Gastgewerbe – Überforderung oder Perspektive in: DWIF (Hrsg.), Jahrbuch für Fremdenverkehr 1998, München 1999

Müller, Hansruedi: (Tourismus-Management), Qualitätsorientiertes Tourismus-Management, Bern u.a. 2000

Münster, M.: (Hotelketten), Europas Hotelketten haben Appetit auf mehr, in: fvw International, Nr. 8 / 2000

Münster, M.: (Konzentrationswelle), Konzentrationswelle zwingt viele Hotels zum Handeln, in: fvw International, Nr. 27 / 1999

Münster, M.: (Interconti), Interconti als Türöffner für den Weltmarkt, in: fvw International, Nr. 14 / 2000
Nagel, C.: (Unternehmensbewertung), Strategische Unternehmensbewertung am Beispiel von Hotelunternehmen, Dissertation an der Hochschule St. Gallen, Bern u.a. 1993
o.V.: (Anschluss), Passender Anschluss gefällig? in: NGZ - Der Hotelier, Nr. 6 / 2000
o.V.: (Boom), Der Boom der Billigheimer, in: Top hotel, Nr. 1 - 2 / 1996
o.V.: (Distribution), Distribution total Global, in: NGZ - Der Hotelier, Nr. 5 / 2000
o.V.: (G+J Branchenbild), G+J Branchenbild Hotels, Gruner & Jahr Marktanalyse, Hamburg 2000
o.V.: (Hotellerie 2004), Hotellerie in Zahlen 2004, in: Top hotel spezial, Landsberg 2004
o.V.: (Online), Online wird zum Standard, in: NGZ – Der Hotelier, Nr. 7 + 8 / 2000
o.V.: (Preispolitik), Preispolitik zentrales Thema bei der IHA, in: Tagungs-Wirtschaft, August 1995
o.V.: Budget-Hotels im Aufwind, in: Top hotel Nr. 8 - 9 / 2000
ÖHT: (Krisenmanagement), Erfolgreiches Krisenmanagement. Grundlagen zur Unternehmenssanierung im Tourismus, Wien 1997
Olfert, K.: (Finanzierung), Finanzierung, 7., aktualisierte und erw. Aufl., Ludwigshafen 1992
Opaschowski, H.: (Ökologie), Ökologie von Freizeit und Tourismus, Opladen 1991
Petermann, Th.: (Entwicklung 1998), TA-Projekt Entwicklung und Folgen des Tourismus, TAB Arbeitsbericht Nr. 52, Büro für Technikfolgen-Abschätzung beim Deutschen Bundestag, Bonn 1998
Pillmann, W., Predl, S. (Hrsg.): Strategies for Reducing the Environmental Impact of Tourism, Wien 1992
Pillmann, W., Wolzt, A. (Hrsg.): Umweltschutz im Tourismus. Vom Umdenken – zum Umsetzen, Wien 1993
Poluschny, P.: Kostenrechnung für die Gastronomie, München u.a. 1998
Pompl, W.: (Touristikmanagement 1), Touristikmanagement 1, Berlin u.a. 1994
Pompl, W.: Touristikmanagement 2, Berlin u.a. 1996

Reith, W.: (Betriebswirtschaftslehre), Betriebswirtschaftslehre und gastgewerbliche Betriebslehre, Bd. 1 und 2, Wien 1987
Richter, M.: (Personalführung), Personalführung im Betrieb, München u.a. 1985
Romeiß-Stracke, F.: (Service-Qualität), Service-Qualität im Tourismus, München 1992
Roth, P., Schrand, A. (Hrsg.): (Touristikmarketing), Touristikmarketing, 2., völlig überarb. und erw. Aufl., München 1995
Schierenbeck, H.: (Grundzüge, 10.), Grundzüge der Betriebswirtschaftslehre, 10. völlig überarb. und erw. Aufl., München u.a. 1989
Schierenbeck, H.: (Grundzüge, 15.), Grundzüge der Betriebswirtschaftslehre, 15., überarb. und erw. Aufl., München u.a. 2000
Schultze, J.-G.: (Diagnose), Diagnose des strategischen Handlungsbedarf für Hotelketten, Bern u.a. 1993
Schwaninger, M.: (Gestaltung), Organisatorische Gestaltung in der Hotellerie, Bern u.a. 1985
Schweiz Tourismus Zürich u.a. (Hrsg.): Qualitäts-Gütesiegel für den Schweizer Tourismus –Leitfaden, Bern 1997
Schweizer Hotelier-Verein (Hrsg.): (Hotel-Marketing), Hotel-Marketing, 5. Aufl., Bern 1990
Seitz, G.: (Hotelmanagement), Hotelmanagement, Berlin u.a. 1997
Statistisches Bundesamt: Klassifikation der Wirtschaftszweige mit Erläuterungen, Stuttgart 1993
Statistisches Bundesamt: (Tourismus 1999), Tourismus in Zahlen 1999, Wiesbaden 1999
Statistisches Bundesamt: (Tourismus 2000/2001), Tourismus in Zahlen, Wiesbaden 2001
Statistisches Bundesamt: (Tourismus 2003), Tourismus in Zahlen, Wiesbaden 2004
Steigenberger Hotels AG: (Geschäftsbericht 2003), Geschäftsbericht 2003, Frankfurt am Main 2004
Stopp, U.: (Kündigung), Völlig schnuppe! Wie die „innere" Kündigung eines Mitarbeiters entsteht, wie sie der Vorgesetzte erkennen und vermeiden kann, in: Heidelberger Handbuch für Hotellerie und Gastronomie, Lose-Blatt-Sammlung, Stuttgart, H 5-7
Swillims, W.: (Borgen), Borgen und Schmausen, in: Heidelberger Handbuch für Hotellerie und Gastronomie, Lose-Blatt-Sammlung, Stuttgart, Q 6 – 2

Swillims, W.: (Kostenmanagement), Kostenmanagement im Restaurant und Hotel, München 1994
Swillims, W.: (Controlling), Controlling im Gastgewerbe, Haan-Fruiten 1997
Ulrich, H.: (Management), Management, Bern 1984
Ungefug, H.-G.: Reiseverkäufer und Kunden verlieren den Überblick, in: fvw International, Nr. 21 / 1996
Viegas, A.: (Ökomanagement), Ökomanagement im Tourismus, München u.a. 1998
Vogel, H.: Yield Management – Optimale Kapazität für jedes Marktsegment zum richtigen Preis, in: fvw International, Nr. 22 / 1989
Walterspiel, G.: (Einführung), Einführung in die Betriebswirtschaftslehre des Hotels, Wiesbaden 1969
Waltz, H.: (Stellenbeschreibungen), Stellenbeschreibungen für den Wirtschaftbereich in Hotellerie und Gastronomie, Stuttgart 1991
Wiesenäcker, P.-L.: (Bares), So gut wie Bares, in: Heidelberger Handbuch für Hotellerie und Gastronomie, Lose-Blatt-Sammlung, Stuttgart, Q 6-1
Wöhler, K., Schertler, W. (Hrsg.): (Umweltmanagement), Touristisches Umweltmanagement, Limburgerhof 1993
WTO: (Tourism), Tourism Highlights 1999, Madrid 1999
www.deutsche efqm.de
www.hotelsterne.de
Zegg, R.: (Arbeitsplatz), Arbeitsplatz Hotellerie, 2., durchges. Aufl., Bern u.a. 1995
Zehle, K.-O.: Yield Management. Eine Methode zur Umsatzsteigerung für Unternehmen der Tourismusindustrie, in: Seitz, E., Wolf, J. (Hrsg.): Tourismusmanagement und –marketing, Landsberg am Lech 1991
Zeithaml, V.A. / Parasuraman, A. / Berry, L.L.: (Qualitätsservice), Qualitätsservice. Was Ihre Kunden erwarten – was Sie leisten müssen, Frankfurt am Main 1992

Sachwortverzeichnis

A
Ablauforganisation, 100 ff.
Abschreibungen, 261, 283, 285 f., 290, 299, 303, 305 f., 312, 321, 323
Amortisationsdauer, 306
Angebot
 abgeleitetes, 71 f., 386
 ursprüngliches, 71 f., 108, 357, 386, 426, 436
Absatz, 258, 280, 287, 314, 323, 329, 340, 342 ff., 411, 413
 - helfer, 384, 412, 415 f.
 - mittler, 384, 412, 415 f.
 - organe, 415 f.
 - prozess, 258
 - risiko, 263, 281 f., 353
 - weg, 360, 415 f.
Abteilungsbericht, 177 f.
Abteilungsbudget, 183 f.
Abteilungsgewinn, 192, 285
Abzinsungsfaktor, 307 f.
Amortisation, 303, 306 f.
Ampelsystem, 401, 405
Anlageintensität, 269, 271
Annuitätendarlehen, 293
Anwesenheitsfaktor, 217
Äquivalenzzahlenkalkulation, 334 f.
Arbeitsablaufstudie, 101 ff., 217
Arbeitsplatzstudie, 101 f.
Arbeitsstudie 101, 104, 216, 229
Arbeitszeit, 197 ff., 205 ff., 217 f., 229 ff.
 - flexibilisierung, 231, 233
 - konten 233
Arbeitszufriedenheit, 241
Arrangementkalkulation, 337
Aufbauorganisation, 91, 96 f., 99 f.
Aufenthalt, 65, 68, 70 f., 81, 357, 366, 368, 370, 378, 391, 394, 397, 399 f., 402, 404, 411, 377, 421, 428 f.
Außenfinanzierung, 288 ff.

B
Baukosten, 45, 264 ff.
Bedienungsgeld, 327, 330, 336, 339 f.
Befragung, 356, 363 ff.
Beherbergungsbereich, 84 ff., 424
Beherbergungsbetrieb, 3, 129, 203
Beherbergungsgewerbe, 3 ff., 7, 10, 11, 14, 22 ff., 40, 49, 204
Beherbergungsleistung, 3 f., 48, 70, 71 f., 85, 173, 323, 334, 336, 382, 384, 393, 398
Beherbergungsstätten, 3 f., 23, 67
Beobachtung, 361, 363 f., 368 f.
Bereitschaftskosten, 65 f., 314
Beschäftigung, 60, 66 ff., 204 ff., 212 f., 216, 230, 233 f., 295, 313, 324, 337 f., 346
Beschäftigungskosten 66, 313

Beteiligungsfinanzierung, 288 ff.
Betrieb
- erwerbswirtschaftlich, 10 f., 21 f.
- groß, 13 f., 16, 22
- klein und mittel, 13 ff., 22, 30, 37 f., 40, 45, 87, 92, 143, 215
- nicht erwerbswirtschaftlich 10 f., 22
Betriebsbereitschaft, 65 f., 68
Betriebsgröße, 2, 13 ff., 17, 22 f. 27 f., 32, 37, 40, 58, 84, 87, 93, 97, 101, 146, 258, 288, 312, 314 f., 320, 322, 328, 382, 388, 426, 443
Bettentage, 60, 62
Bewegungsstudie, 102
Bewirtungsbereich, 84, 89 ff., 343
Bewirtungsleistung, 3 f., 7, 69, 70 ff., 89, 173, 323, 325 ff., 334, 336, 339 f., 382, 384, 393 f., 396, 437
Brauereikredit, 291, 295 f.
Break-even-Point, 295, 318, 336, 345 ff.
Budget, 36, 57, 142, 175 ff., 183 f., 195
Budgetierung, 34, 175, 177, 183 ff., 316 f.
Budgetkontrolle, 177, 185, 192

C
Cash Flow, 153, 176, 261, 277 ff., 308
Chefinformation, 320 f., 328, 418

Convenience Food, 69, 87, 230

D
Deckungsbeitrag, 319, 338 f., 343
Desk research, 362 f.
Dienstleistung, 49, 69, 76, 78, 84, 86, 87, 106, 108, 111, 113, 117, 121, 131, 148, 210, 231, 312, 314, 341, 352
Dienstleistungsfunktion, 70, 300
Dienstleistungskette, 113
Dienstleistungsmarketing, 352 f.
Dienstplan, 141, 143, 197 ff., 227, 233
Distributionspolitik, 383, 415 f.
Divisionskalkulation, 334 f.
Divisionsorganisation, 94 f.
Doppelbelegung, 188 f.

E
Eigenfertigung, 341 f.
Eigenkapital, 257, 259 f., 263, 270 f., 274 ff., 278, 280, 283 ff., 288 f., 294, 297 f., 301
- hilfeprogramm, 297
- quote, 259, 301
- rentabilität, 274 f., 294
Eigentümerbetrieb, 13, 30, 32, 34, 269 f., 273, 276 f., 312
Einheitliche Betriebsabrechnung, 178, 322 f.
Einlagenfinanzierung, 284, 288 f.
Einrichtungs- und Ausstattungskosten, 264, 266 f.

Einsatzbedarf, 189, 213 f., 223
Einzelkosten, 323, 325 ff., 330
ERP-Darlehen, 297
Ersatzbedarf, 214

F
Factoring, 287, 300 f.
Faktor
- externer, 78, 104, 108 f., 353, 444
Faktorkalkulation, 329 f.
Field research, 362
Finanzierung, 192, 257 ff.
373, Fixkosten, 67 f., 313, 338 f., 343, 399
- block, 337 f., 343
- degression, 313
- koeffizient, 269
Fluktuation, 89, 206 ff., 241, 245, 286, 427, 443
Franchising, 44, 46, 52 ff.
Freisetzungsbedarf, 214
Fremdbezug, 341 f.
Fremdfinanzierung, 285 f., 299, 301
Fremdkapital, 257, 260, 270 f., 273, 275 f., 278 f., 280 ff., 289, 294 f., 298, 300, 302 f., 312, 321
Fristenkongruenz, 271, 285
Führungsstil, 209, 237 ff., 246 ff.
Führungsverhalten, 240 ff.
Funktionsdiagramm, 98 f., 95
Funktionsentkopplung, S. 32 f., 44
Funktionssystem, 89 ff.

G
Gap-Analyse, 151 f.
Gäste
- befragung, 115, 121, 364 ff.
- kartei, 371 f., 412
- nutzen, 385, 407
- struktur, 315, 344, 357, 368 f., 371, 400
- verhalten, 357 f., 427
- zufriedenheit, 113 f., 119, 126, 357
Gastgewerbe, 5 ff., 24, 39 f., 174, 204 ff., 295 f., 318
Gemeinkosten, 177 ff., 192, 196, 323, 325 ff., 329 f., 334, 336 f.
Gesamtkapitalrentabilität, 273 f., 294, 304
Gesamtkosten, 269, 303, 305, 312, 321, 337, 345 f.
- kurve, 346
- vergleich, 303
Geschäftsfeld, 2, 144, 150, 152, 162 ff., 169, 174, 376, 433, 435
Gewinn- und Verlustrechnung, 176 f., 316
Gewinnvergleichsrechnung, 320 f.
Globalisierung, 43 ff.
Goldene Finanzregel, 271
Goodwill, 101, 210, 237 ff., 239, 253, 422
GOP, 35 f., 180
Grundbedarf, 189, 212 ff, 223
Grundnutzen, 120 f., 384 f.
Grundstückskosten, 259, 264 f.

H

Handelsdienst, 75
Handelsfunktion, 68, 70
Hauptleistung, 72
Hilfsleistung, 69, 72
Hotel, 2 f., 5, 7 f., 11 f., 21 f., 25 ff., 67 f., 270 ff., 314, 425
- funktionen, 68
- gesellschaft, 13, 17, 21, 31, 34 ff., 43, 45 f., 49 f., 118, 125, 224, 286, 288, 291, 351
- kapazitäten, 44 f., 60 ff., 188, 193, 259, 393, 397
- kategorie, 20, 84 f., 87, 128, 133, 215, 218, 367, 384, 422
- kette, 2, 16, 28 f., 31, 34, 43, 46 ff., 52, 58, 95, 178, 223, 235, 251, 351, 369, 382, 386, 388 f., 401, 409, 426, 435
- klassifizierung, 52, 85, 87, 126 ff.
- kooperation, 16 ff., 27 ff., 29, 43, 46, 50, 53 ff., 128, 168, 382, 388 f., 416
- leistung, 84, 86, 91, 106 ff., 113 ff., 151, 163, 168, 173, 203, 207 ff., 237, 250, 258, 263, 280 f., 286, 312, 314 f., 323, 341, 343, 351 ff., 356, 358, 379 f., 384 f., 386, 388 f., 392, 396, 398 f., 405 ff., 410, 413, 415
- markt, 18, 28 f., 41 ff., 50 f., 56, 316, 350, 426
- prospekt, 408 ff.
- zimmer, 85 f., 90

Hotellerie
- im weiteren Sinne, 5, 205 f.
- im engeren Sinne, 5
- Individual, 14, 17 f., 28 ff., 33, 50, 58, 287, 351 ff., 382, 389, 401 f., 426
- Ketten, 13 f., 16, 27 ff.

I

Immobilienfond, 284, 290 f.
Informationsquelle, 356, 370 f.
Innenfinanzierung, 276 f., 283 ff.
Investition, 149, 152 ff., 184, 193 ff., 257 ff.
Investitionsbudget, 185, 192 ff., 259
Investitionsrechnung, 302 ff.

J

Jahresbudget, 141 ff.
Job enlargement, 236, 239
Job enrichment, 236, 239
Job rotation, 235 f., 239
Job-Sharing, 234

K

Kakulation, 100, 324 ff., 339 f.
Kalkulationsfaktor, 331, 333, 339
Kalkulationsverfahren, 324 f., 327, 335 ff.
Kalkulationszinsfuß, 283, 307 ff.
Kapazität, 60, 185, 188 f., 193, 195, 259, 282, 286, 299,

341 f., 345, 352 f., 379, 381,
386, 388, 391 ff., 396 ff., 407,
426
Kapazitätsanpassung, 68
Kapazitätsauslastung, 58, 68,
148, 213, 313, 359, 374, 394,
396
Kapazitätskosten, 62, 312 f.
Kapazitätssteuerung, 402 f.
Kapital
- bedarf, 259 ff., 264, 269
- bindungsdauer, 271
- dienst, 263, 275, 281, 284,
289
- erweiterungseffekt, 285 f.
- freisetzung, 283, 285, 287
- intensität, 263 f.
- rendite, 273
- struktur, 259, 271, 275 ff.,
279 f.
- überlassungsdauer, 271
- umschlag, 260, 262 f., 272
ff., 304 f.
- wert, 307 f.
Käufermarkt, 43, 47, 350 f.
Kommunikationspolitik, 378,
380, 383, 387, 405 f.
Komplementärleistungen, 5,
11, 32, 49, 70 f., 324 f., 385
Konditionenpolitik, 389 f.,
394
Konkurrenzanalyse , 161 f.,
360 f., 368
Kontokorrentkredit, 284, 291
f.
Konzentration, 17 f., 22, 37
ff., 54 , 351

Kooperation, 17f., 29, 56 ff.,
164, 168, 208, 252, 372, 434,
443
Kosten
- arten, 312, 318 f.
- management, 312 f., 315
ff., 345
- remanenz, 281, 313
- stelle, 318, 321 ff., 326 ff.
- struktur, 64, 69 f., 312 ff.,
320, 324, 370, 370, 400
- studie, 101, 103
- träger, 103, 317 f., 323 f.,
325 ff., 329, 331, 338
- vergleichsrechnung, 302 f.
Kredit
- aus Förderprogrammen,
291, 296
- finanzierung, 291 ff., 294
f., 298 f., 301
- sicherheiten, 282, 294 f.
Kritisches Ereignis, 114 ff.
123

L

Landschaft, 422, 424 ff., 428,
435
Lean-Management, 86, 94
Leasing, 297 ff.
Leerkosten, 63, 282, 352, 398,
403
Leerzeit, 205, 229, 232, 235,
237
Leistung, optimale, 237 ff.,
245, 251
Leistungsbereitschaft, 61, 65
f., 68, 73, 78, 194 f., 198, 205,
212 f., 231 f., 234, 267, 281,
407

- bündel, 71, 106 f., 110 f., 122
- erstellung, 10, 32 ff., 64 ff., 95, 147, 162, 167, 172, 194, 214, 230 f., 258, 313, 351, 353, 379
- politik, 353, 383 f., 386 ff., 405
- potenzial, 170 ff., 237, 361
- ziel, 245, 375

Leverage-Effekt, 294 f.
Lieferantenkredit, 262, 291 f., 300
Liniensystem, 92
Liquidität, 277, 280, 282, 284, 289 f., 293, 299, 301
Logisumsatz, 58, 405
Lohnkosten, produktive, 330 f., 333

M

Managementebene, 140 ff., 175, 433, 435, 438
- gebühr, 35 f., 180
- vertrag, 13, 22, 32, 34 ff.

Marke, 18, 32, 42, 46 ff., 53 f., 58, 388 f.
Markenhotellerie, 18, 32, 47, 58
Marketing
- durchführung, 354
- kontrolle, 354, 417 f.
- konzept, 353 ff., 402 f., 407
- mix, 354 f., 382 f., 390
- planung, 354 f., 355, 360, 373, 376, 418
- prognose, 354 ff., 372 f.
- strategien, 354 f., 376 f., 382

- ziele, 354 f., 372 ff., 382, 389, 396, 405, 417

Markt
- analyse, 160
- anteilsportfolio, 152 ff.
- attraktivität, 146, 161, 356
- diagnose, 354 ff., 372 f.
- forschung, 356, 362, 366
- nische, 11, 381
- segmentierung, 42, 47, 377, 380, 388, 402 ff.

Matrixorganisation, 92 f.
Mietdienst, 73, 75
Mitarbeiter
- auswahl, 209, 222, 225
- gespräch, 248, 252 f.
- motivation, 208 f., 236, 237 ff.
- orientierung, 121, 242, 244 f.
- zufriedenheit, 119, 121, 126

Motivation, 203, 238 ff., 244, 251, 376, 413

N

Nebenleistung, 72
Null-Basis-Budgetierung, 195 f.

O

Öffentlichkeitsarbeit, 350, 405, 411, 413 f., 431, 434
Öko-Audit, 439
Öko-Bilanzen, 439 ff.
Ökologie-Portfolio, 436 f.
Opportunitätskosten, 396, 404
Organigramm, 96 ff., 216
Organisation, 84, 88, 90, 91, 97, 100, 215 f., 220, 232, 241, 215, 431

Outsourcing, 63, 69, 73, 89, 230

P
Pachtbetrieb, 13, 21 f., 30, 32, 34, 269 f., 272 f., 276 f., 278 ff., 312, 315
Parahotellerie, 4 f., 10, 12, 24 f.
Pensionsrückstellungen, 286
Personal
- bedarf, 189, 199, 209 ff., 215 ff., 221 ff.
- beschaffung, 212, 222 ff., 413
- bestandsplanung, 211 f.
- einsatz, 143, 197 f., 207 ff., 229, 231
- einstellung, 221
- entwicklung, 208, 212, 223
- freisetzung, 212
- gewinnung, 203
- kosten, 87, 89, 97, 103, 189, 203, 209, 213, 229, 233, 312, 314 f., 319, 321, 323, 331, 340, 415
- planung, 207 ff., 354
Planung, 140 ff., 197, 373
Portfolio, 152 f., 438
Potenzialanalyse, 146 f.
Preis, 149, 161, 167, 173, 186, 325, 339 f., 343 f., 337 f.
- bildung, 336, 389 ff., 396
- differenzierung, 392 f., 396, 402, 405
Preis-Leistungs-Verhältnis, 41, 48 f., 110, 148, 336, 381
Pre-Opening-Kosten, 257, 264, 267

Prime-Cost-Verfahren, 330 ff.
Produktionsfunktion, 68 f.
Produktive Fläche, 84, 86
Produktlebenszyklus, 150 ff.
Produkt-Markt-Konzept, 172, 175, 192, 257, 259, 265, 267
Profit Center, 94, 177 f.

Q
Qualität, 86, 106 ff., 302, 315, 341, 353, 359, 379 f., 417
Qualitätsauszeichnung, 124 ff.
Qualitätselemente, 106 f.
Qualitätsmanagementsystem, 116 ff.
Qualitätssicherung, 116 ff., 123, 125
Qualitätsstandard, 115 ff., 265 f., 314, 375, 383, 388

R
Rack Rate, 398, 401 f.
Ratendarlehen, 293
Rentabilität, 272 ff., 282, 285, 294, 302, 304 f., 374
Reservebedarf, 189, 213
Return on Equity, 274
Return on Invested Capital, 274 f.
Return on Investment, 273, 304
Rohaufschlag, 321, 327 ff.
Rohertrag, 321, 327 ff.

S
Sachkosten, 191 f.
Sale-and-lease-back-Verfahren, 287, 298
Selbstfinanzierung, 283 ff.

Service
 - abteilung, 177 ff., 322 f.
 - kette, 113 ff.
 - qualität, 108
Sofortarbeit, 230 f.
Sortimentsbereinigung, 343
Spartenorganisation, 94
Speicherarbeit, 230 f.
Speise, 11 f., 312, 321, 323 ff.
 - komponente, 69 f.
 - produktion, 69, 313
 - umsatz, 76
Stabliniensystem, 93 f.
Standort, 19, 22, 3, 47, 49, 52 ff., 58, 78 f., 110, 259, 264 f., 267, 291, 315, 336, 352, 361, 386 f., 400 f., 410, 415, 422, 426
Stellenbeschreibung, 95, 218 f., 220 f., 228
Strategie, 150 ff., 157, 159 163, 165 ff., 354, 373, 376
 - der Diversifikation, 167, 170, 338
 - der Imageprofilierung, 438
 - der Kostenführerschaft, 167
 - der Marktdurchdringung, 166, 169 f., 377 f.
 - der Marktentwicklung, 166, 170, 377 f., 436
 - der Produktentwicklung, 150, 169 f., 377 f., 437
 - der Qualitätsführerschaft, 167
Stückkostenvergleich, 303
Szenario-Technik, 154 ff.

T
Tagungs- und Kongressbereich, 77, 300 f.
Tagungs- und Kongresshotel, 20, 82, 92, 260, 386
Tagungs- und Kongressleistung, 324
Teilkosten, 177, 324, 337, 340 f., 345
Teilzeit, 199 f., 205 f., 213, 231, 233 ff.

U
Überbuchung, 402 f.
Überkapazität, 43, 45, 47, 62, 64, 66, 352 f., 379, 386, 426
Übersegmentierung, 359
Umsatzrentabilität, 273 ff., 304 f.
Umweltanalyse, 136, 144, 159 ff., 165
Uniform System of the Lodging Industry, 176 ff.
Unproduktive Flächen, 84, 86
Unternehmensanalyse, 138, 144, 147, 157 ff., 360
Unternehmenskonzept, 141, 143 ff., 170 ff. 192, 373, 433
Unternehmenskultur, 136, 433 f.
Unternehmensleitbild, 136 ff., 141, 143, 170, 174 f., 431, 433, 435 f.
Unternehmenspolitik, 136, 421, 433 f.
Unternehmensstrategie, 144 f., 163, 166, 169
Unternehmenszweck, 9 f., 260
Untersegmentierung, 359

V
Verkaufsförderung, 350 f., 378, 384, 405, 411 ff.

Verkaufspreis, 326 ff., 333 f., 336, 342
Verschuldungsgrad, 278 ff.
Vollzeit, 199, 205, 235
Voreröffnungskosten, 257, 264, 267
Vorinvestitionskosten, 257, 264, 267

W
Wareneinsatz, 317, 325, 329, 327
Warenkosten 65 f., 312, 319, 321, 325 ff., 333, 339 f., 342, 347
Werbung, 350 ff., 378, 383, 405, ff., 411, 431
Wettbewerbsstellung, 138 f., 146, 356

Y
Yield, 68, 398, 402
Yield-Management, 68, 390, 396, 398 ff.

Z
Zahlungbedingungen, 390
Zeitstudie, 100, 217
Zertifizierung, 114
Ziel
 - ausmaß, 375
 - bildung, 140, 163, 376
 - größe, 375
 - system, 163 f.
Zielgruppe, 166 f., 173 f., 356, 358 f., 372, 374 f., 378, 381, 383 f., 387, 391, 393, 406 f., 409, 414 f., 417, 437
Zimmerkapazität, 57, 185, 188, 404

Zusatzbedarf, 213
Zusatznutzen, 385 f., 427 ff., 431, 436 f.
Zuschlagskalkulation, 325 ff., 330